合衆国労働運動史 1

フィリップ・S・フォーナー 著
伊藤 健市 訳

関西大学出版部

【本書は関西大学研究成果出版補助金規程による刊行】

訳者前書き

本書は、フィリップ・S・フォーナー著の『合衆国労働運動史（*History of the Labor Movement in the United States*）』（既刊11巻）の第1巻の邦訳である。第1巻は、その副題（From Colonial Times to the Founding of the American Federation of Labor）が示すように、植民地時代からアメリカ労働総同盟《AFL》が創設されるまでの３００年近い時期を対象とする、本文５２４ページの大著である。

ここでは、アメリカにおける労働史の研究においてフォーナーの業績をどのように位置づければ良いのか、別の言い方をすれば、彼が労働史研究においてどのような貢献をしたのかを明らかにするため、まず、労働史研究のこれまでの展開を概説しておきたい。これまでの展開の過程で、「旧来の」労働史の時代から「新しい」労働史の時代への転換があったとするのが通説であることを、まず指摘しておきたい。

学問分野としての労働史の研究は、ジョン・R・コモンズを中心とするウィスコンシン学派の１９１８年刊行の『合衆国労働史（*History of Labor in the United States*）』全4巻をもって嚆矢とすることに異論はないであろう。彼は、同書の他に、『史料によるアメリカ産業社会史（*A Documentary History of American Industrial Society*）』全10巻とも関係していた。彼自身は、『合衆国労働史』のうち第I巻と第Ⅲ巻の序論を執筆しただけで、第Ⅲ巻は労働史の歴史的側面ではなく構造的側面に関するエッセイを集めたものであり、すべて彼の弟子や同僚によって書かれた。１８９６年から１９３２年までを扱った、シリーズのなかでもっとも著名な第Ⅳ巻は、彼の弟子であるセリグ・パールマンと孫弟子のフィリップ・タフトの著作である。

『合衆国労働史』は、その後何十年にもわたって労働史の分野を定義し、支配してきた。１９１８年から50年代にかけて書かれたほとんどすべての労働史は、ウィスコンシン学派のアプローチの一部を共有していたといっても過言ではない。それは、ノーマン・J・ウェアが、同学派とは別の枠組みで執筆していたにもかかわらず、「仕事（ジョブ）」を意識したＡＦＬスタイルの労働組合主義に反対する労働運動である、労働騎士団や世界産業労働者組合《IWW》を失敗する運命にあるユートピアとして扱うという、同学派の考えに沿った結論に導いた点に如実に表れている。

では、コモンズを中心とするウィスコンシン学派の特徴はどこにあったのか。それは何よりも、彼らが歴史家ではなく経済学者（労働経済学者）であった点に求められる。同学派は、労働と労働組合主義に関する、ある種の理論を明らかにした。とくにコモンズは市場の範囲と構造の変化が労働運動の歴史に及ぼす影響を強調した。同学派は、労働経済学者として、労働市場の成長と発展、労働組合の制度的発展、有名なストライキ、労働組合と雇用主との間の定型化された団体交渉の他、賃金率、実質所得、組合員数などの測定可能な変化の指標に関心をもっていた。同学派にとって、アメリカ史は労働者と組合が適応した環境であった。

以上が「旧来の」労働史の時代の特徴であった。ただし、パールマンは第Ⅳ巻で、労働組合の歴史は物質的にも精神的にも環境にたえず適応してきたと述べたり、アメリカの労働者は「階級意識のあるプロレタリアート」としてではなく、「彼ら自身の自由の理想をもつアメリカ市民の集団として」奮闘してきたと述べるなど、「新しい」労働史の視角を一部表明していた。だが、第2次世界大戦が終わるまでに、専門的な訓練を受けたアカデミックな歴史家が労働史の分野に進出することはほとんどなかった。

半世紀以上にわたって、労働史の研究は労働経済学者のほぼ独占領域であった。結局のところ、彼らは労働運動に関する知識に貢献したにもかかわらず、アメリカの労働者の歴史はほとんど知られないままにしておかれたのである。

こうした状況を打破する動きが1960年前後に起きた。先鞭をつけたのは、「新しい」労働史の誕生を告げたと評価される著作（*The Lean Years*）を59年に公刊したアーヴィング・バーンスタインであり、翌年にはデイヴィッド・ブロディがウィスコンシン学派の労働史に対する歴史家の新たな批判の始まりと特徴づけられる著作（*Steelworkers in America*）を公刊した。ブロディの著作は、移民の一般労働者と合衆国生まれの熟練労働者の文化と行動とを比較したことで、工業化と移民がアメリカの近代化に及ぼす影響に関する文献と評価された。この2人以外にも、デイヴィッド・モンゴメリー（*Beyond Equality*, 1967）、メルヴィン・ドゥボフスキー（*When Workers Organize*, 1968）などもいた。彼らは、63年刊行のエドワード・P・トムソンの『イングランド労働者階級の形成（*The Making of the English Working Class*）』の影響を受けた。彼は、労働者の綿密な現地調査によって、アメリカの労働史学ではほとんど夢にも思わなかった労働者階級の経験を労働史家の前に広げてみせたのである。「アメリカ労働者階級の形成」を明らかにしようとしたアメリカの歴史家は、彼の方法と概念を自分たちの研究に適用しようとした。こうした研究動向のなかから、労働史の適切な研究は労働者であるべきであって、労働者の組織ではないとして、ウィスコンシン学派の労働組合に特化した労働史の限界を明確に指摘するハーバート・ガットマンの78年の著作（*Work, Culture, and Society in Industrializing America*）が登場する。

「旧来の」労働史、「新しい」労働史という概念は、誰が使い始めたかは明確でないが、1970年頃から使われていることは間違いない。ブロディは2005年に公刊した著作（*Labour Embattled*）のなかで、社会史の分野の画期的な出版物であった先のトムソンの著作を、「新しい」労働史にとって「必要なモデル」を提供したと結論づけている。トムソンの著作は、「旧来の」労働史から「新しい」労働史への移行を示すもっとも重要な標識であった。さらに、第2次世界大戦後、労働史の領域に労働者階級や移民出身の研究者が参入したことよって、初めて労働者が研究の対象として受け入れられるようになった。彼らは、労働経済学者の歴史研究に欠けていた歴史家本来の視角を労働史に適用し、成功した。ここに労働史が歴史家の研究領域として確立したのである。

イギリスではウェッブ夫妻、アメリカではウィスコンシン学派とマルクス主義者であるフォーナーに代表される「旧来の」労働史は、極論すればＡＦＬ流の労働組合主義を象徴する労働組合に組織化された労働者の物語に限定されていた。これに対し、「新しい」労働史は、労働組合に組織化された少数派と同様、労働組合の外にいた多数派である労働者階級全体をその領域として取り上げ、労働者を自らの歴史を創った活動的な市民として扱った。そこでは、政治活動、都市の歴史、社会の流動性、民族、人種、家族、白人、黒人、ヒスパニック、ジェンダー、マイノリティーといった切り口が提示された。たとえば、ジェンダーに関する新しい学問体系では、女性の仕事、キャリア、人生の軌跡が男性のそれとどのように異なるかを明らかにした。また、女性とその仕事が男性とその組合によってどのように疎外されていたのかを解明しようとした。

また、製造過程合理化の強制によって、アメリカの労働者の運命を決定する上で強力で積極的な役割を果たしてきた企業経営者と製造現場に焦点を当てる、ハリー・ブレイヴァマン（『労働と独占資本（*Labor and the Monopoly Capital*）』（１９７４年））やダニエル・ネルソン（『20世紀新工場制度の成立（*Managers and Workers*）』（１９７５年））らの業績は労働史に新たな地平を加えた。ここに加えなければならないのがサンフォード・M・ジャコービィである。彼は、『雇用官僚制（*Employing Bureaucracy*）』（１９８５年）と『会社荘園制（*Modern Manor*）』（１９９７年）によって「人事管理史」という新たな領域を開拓した。とくに、アメリカ労働史研究の優れた業績に授与されるフィリップ・タフト賞を受賞した後者は、労働史研究に大きく貢献した。

さらに近年では、労働者階級の経験を理解する鍵は労働史ではなく文化研究とする見解や、労働関係と労働者の社会運動に関する国境を越えた研究、さらには大陸横断的な研究に焦点を当てるグローバル労働史も登場している。それに供するデータベースは、ロンドンとニューヨークのタイムズ紙の索引を使用して、世界中のあらゆる場所での労働争議に関するすべての言及について、年度、行動の種類、国、都市、産業に関する情報として構築・整備されている。

「旧来の」労働史として一括りにされるウィスコンシン学派とフォーナーの業績であるが、そこには違いがあるのかないのか、この点を明らかにしておきたい。フォーナーの第1巻は、公刊直後に複数の雑誌の書評欄で取り上げられた。そこでの評価はあまり芳しいものではなかった。端的に言えば、同巻は多くの書評家から『合衆国労働史』の複製のように受け止められた。だが、両者には明確な違いがある。ウィスコンシン学派は、歴史家ではなく、あくまでも労働経済学者として従来の歴史の主要なテーマを無視し、その関心を前述のように、労働市場の成長と発展、労働組合の制度的発展、賃金率、実質所得、組合員数などの測定可能な変化の指標に限定した。これに対し、フォーナーはアメリカ独立革命、奴隷制との闘い、南北戦争、大衆民主主義の台頭、ポピュリズム、進歩主義、その他多くの主要な歴史的論争、そして、それぞれにおける労働者と労働運動の役割など、広範な歴史的問題に関心を置いている。

ただし、アメリカ独立革命の原因と結果、ジェファソニアン・デモクラシーとジャクソンニアン・デモクラシーと労働者との関係、奴隷制、南北戦争と復興などの歴史的な大義と結果に対して、多くの紙数を費やしたフォーナーにも限界があった。労働と労働組合主義に関する理論を一定明らかにしたウィスコンシン学派に対し、彼はマルクス主義者として執筆しており、歴史的主題としての労働者階級の理論や労働組合の理論を提示することも、詳述することもしていない。さらに、彼は労働者がアメリカの民主主義の成長においてもっとも進歩的な力であったことを記録するのに専念した結果、「純粋で単純な」労働組合主義の出現と勝利に結びついた、労働慣行の歴史（労働過程論）、組合の規則などには注意を払わなかった。これに対し、ウィスコンシン学派は、アメリカ企業経営者の新しい労働慣行、科学的管理、人事慣行の革新、従業員代表制と会社組合制度、健康と安全キャンペーン、利益分配プラン、会社が資金を提供する私的年金といった問題について議論している。残念ながら、フォーナーは第2巻以降で若干触れているものの、その多くを無視した。それらの批判的考察は先のネルソンやジャコービィの業績に頼るしかない。

フォーナーと「新しい」労働史との関係についても少し触れておこう。『合衆国労働運動史』は、既述のように1947年から2022年にかけて刊行された11巻からなる。第1巻刊行時には「新しい」労働史の影響は及ぶべくもなかった。ただ、82年刊行の第6巻で、ニュージャージー州バイヨンヌにあるスタンダード石油の製油所に対する15年から翌年の一連のストライキに関する章（第4章）において、ガットマンの解釈を批判している箇所がある。「その労働がなければこの国の歴史はまったく違っていたであろう女性と非白人を学術的な忘却から救った」といった表現が、フォーナーを評価する際に用いられる。彼は、この言葉の通り、民族と人種問題を含めて、黒人労働者、移民労働者、女性労働者などの役割を徹底的に研究している。移民に関しては、アイルランド系移民と「48年組（世代）」と称されるドイツ系移民、後者の労働者政党を通した影響が言及されている（第1巻第12・14章）。女性に関しては、トマス・ダブリンのマサチューセッツ州ローウェルの女子工員を対象とする研究（*Women at Work*, 1979）が「新しい」労働史の業績として引き合いに出されるが、第1巻（第11章）にはその先駆となる考察がある。

フィリップ・シェルドン・フォーナー（1910～94）は、ロシアからのユダヤ人移民の両親のもと、ニューヨーク市のローワーイーストサイドで生まれた。1932年にニューヨーク市立大学シティカレッジ（創設者は、1858年に日米修好通商条約を締結したタウンゼント・ハリス）で学士号を取得した。師は、グローヴァー・クリーヴランド、ヘンリー・フォード、ジョン・R・ロックフェラーらの伝記で有名な歴史家アラン・ネヴィンズであった。33年にコロンビア大学で修士号を取得すると同時に、シティカレッジの歴史学講師となり、41年には博士号を取得した。だが同年、彼は前年春にニューヨーク州議会に設立された「同州の教育制度を調査するための合同立法委員会（通称ラップ・クーデット委員会）」の教育における共産主義の影響の調査により解雇された。その後、67年に黒人大学として著名なリンカン大学の、81年にはラトガース大学のそれぞれ歴史学教授となった。この空白期間は、執筆活動の他、ニューヨーク市を拠点とするシタデル・プレスの校長兼編集長や、ニューヨーク市のジェファソン社会科学学校（ジェフスクール。44年にニューヨーク労働者学校を引き継いで発足した、アメリカ共産党の成人教育機関）で教鞭を執って糊口を凌いだ。79年、ニューヨーク州高等教育委員会は、ラップ・クーデット委員会の行為を「学問の自由に対する甚だしい侵害」と表現し、フォーナーに正式に謝罪した。

フォーナーは、『合衆国労働運動史』11巻や奴隷制廃止論者の指導者フレデリック・ダグラスの伝記全5巻を含め、生涯で１００冊以上の本を執筆し、編集した。『アメリカ 自由の物語（*The Story of American Freedom*）』（１９９８年）の著者、エリック・フォーナーは甥である。

最後に、翻訳書の刊行に当たり、関西大学研究成果出版補助金規程により多額の補助金を賜った。この場を借りて関係各位に御礼申し上げたい。また、本書の出版申請に関して、関西大学商学部の木村麻子教授と青森中央学院大学経営法学部の楠奥繁則准教授より「推薦の辞」を賜った。また、校正に関しては関西大学出版部の門脇卓也・桃夭舎の高瀬桃子の両氏にお世話になった。ここに記して感謝の意を表したい。思わぬ誤訳があるかも知れないが、言うまでもなく、それは訳者の責任である。読者諸氏のご批判を賜れば幸いである。

２０２４年　盛夏

伊藤　健市

序文

この国の労働運動史の研究が本格的に始まったのは20世紀になってからである。1886年に、後にウィスコンシン大学教授となられたジョンズ・ホプキンズ大学のリチャード・T・イーリ教授が『アメリカにおける労働運動（*Labor Movement in America*）』を公刊されたとき、教授は自身のテーマのほんの一部をなぞっただけであることを認められた。教授は序文で、「私はこの本を単なるスケッチとして提供する。この本の後に、『新世界における労働者の歴史』といったタイトルに相応しい本が続くと信じている」と書いておられる。その1年後、南北戦争後の著名な労働組合主義者ジョージ・E・マクニール｛1878年初頭に組織された国際労働組合に関係していた。第25章を参照のこと｝編集の『労働運動―今日の問題（*The Labor Movement — the Problem of To-day*）』が公刊された。同書には、植民地時代から86年までのアメリカ労働運動史の記述と、多くの労働組合の歴史についての特別な議論が含まれていた。彼は、「我々が提示する歴史は、労働団体の記録、新聞、パンフレット、そしてこの国のあらゆる地域の多くの思想家の多様な経験から集められた事実を編集したものである」と書いている。

労働団体の記録、新聞、パンフレットからは、マクニールの貴重な本に掲載されたものよりもはるかに多くの事実を見つけられる可能性があった。だが、その前にこうした資料を収集するという困難な作業を成し遂げなければならなかった。こうした作業のほとんどはイーリ教授自身によって行われた。教授は20年間に膨大な労働文献のコレクションを御自身で収集され、それは最終的にシカゴのジョン・クリーラー図書館｛長い独立運営の歴史を経て、現在はシカゴ大学が運営｝に引き継がれた。労働研究におけるもっとも重要な研究は、ウィスコンシン大学のジョン・R・コモンズ教授と彼の共同研究者であるジョン・B・アンドルーズ博士とヘレン・L・サムナー博士によって行われた。マディソンに本部を置くアメリカ産業研究局の後援のもと、これらの学者は20世紀初頭に全国の図書館、書店、歴史協会、個人のコレクションを徹底的に調査し、合衆国の労働団体の発展に光を当てるパンフレットや新聞のファイルを発見された。この調査は、これまで知られていなかった労働資料の膨大なコレクションを生み出し、その多くはウィスコンシン州歴史協会に寄託された。1910年には、調査で収集された資料の約10分の1が10巻からなる『史料によるアメリカ産業社会史（*A Documentary History of American Industrial Society*）』として公刊され、これにより研究者は1820年から80年までの労働運動に関する膨大な量の根本資料を利用できるようになったのである。

一方、コモンズ教授の指導のもと、彼の教え子（デイヴィッド・J・サポス、E・B・ミッテルマン、H・E・ホーグランド、セリグ・パールマン）は、サムナーとアンドルーズとともに、アメリカの労働運動の最初で真に詳細な歴史の準備を始めた。コモンズと同僚らによる、植民地時代から1896年までを網羅した『合衆国労働史（*History of Labor in the United States*）』の最初の2巻が1918年に公刊された。ドン・D・レスコーヒャーとエリザベス・ブランダイスによる第Ⅲ巻とセリグ・パールマンとフィリップ・タフトによる第Ⅳ巻が1930年代までの労働運動の物語をまとめて1935年に公刊された。

コモンズ教授と同僚らの研究、とくに処女地を開拓した第Ⅰ・Ⅱ巻の研究は非常に網羅的であったので、長年にわたってアメリカの労働運動史のほとんどすべては、『合衆国労働史』で詳述されたものを概括的に要約したものにすぎないことが明らかになった。しかし、時間の経過とともに、合衆国の労働運動史を新たに研究する機が熟したことが明らかになった。1つには、アメリカの労働の歴史を扱った重要な文献が、一部は労働組合主義者によって書かれた回顧録の形で、その多くは大学での未発表の論文や学位論文の形で、『合衆国労働史』の第Ⅰ・Ⅱ巻出版以降に出現してきたことがある。このモノグラフ資料は、特定の時代や特定の分野における労働運動の成長に新たな光を当て、この問題に関するこれまでのすべての著作で得られた結論を再評価する必要をもたらした。しかし、より重要なのは、コモンズ教授と同僚らの研究は、多くの貴重な資料を含んでいたにもかかわらず、ある種の明確な限界に悩まされているという認識が高まったことである。労働運動における最近の出来事は、これらの限界を強調しただけであった。

コモンズ・ウィスコンシン学派の労働運動の実用主義理論は、『合衆国労働史』の全巻全章に浸透している。この学派は、労働運動を労働組合を結成し、その政策を「環境」に適応させる実験的なプロセスとみなしている。この学派は、アメリカの労働者が階級意識をもつことを妨げてきたと主張されるアメリカの特殊性（封建的な制約の欠如、自由な土地、階級の流動性、民主的な政治制度など）に常に大きな重点を置いている。このように、階級《クラス》意識がヨーロッパの労働運動の統一理念となっていたのに対して、この学派によると、「仕事《ジョブ》意識」がアメリカの労働運動のなかで一定の地位を占めていた。この学派によると、アメリカで唯一生き残ることができた労働団体は、この基本的な違いを認識し、個々の労働者の仕事を中心に組織を展開させたものであった。労働者の連帯と共通の行動の原則、産業別労働組合における熟練者と未熟練者の、外国生まれとアメリカ生まれの、黒人と白人の、そして女性と男性の団結、そして賃金と仕事の支配《ジョブ・コントロール》という限られた目標以外の問題をあえて提起した労働団体は、アメリカの労働者全体に受け入れられる唯一の「意識」に反し、失敗する運命にあった。そして、この学派によると、労働史もまた、アメリカの労働団体が追求すべき唯一の賢明な政策は超党派のそれであることを証明していた。この学派の目には、過去に独立した政治活動に取り組んだ労働運動は常に失敗に終わり、労働組合を著しく弱体化させるものと写った。サミュエル・ゴンパーズの指導下でのアメリカ労働総同盟《AFL》は、この学派にとってアメリカの労働運動が追求すべき正しい政策の最高の実例となり、『合衆国労働史』の全巻は、事実上、ゴンパーズ主義——職業別労働組合主義、労働組合に政治的信条がないこと、労働と資本との利益共同体——の弁明書となった。

このアメリカの労働史の理論が定式化されつつあったときでさえ、生命そのものが労働と資本との基本的な関係における関心の相違を示しており、コモンズ・ウィスコンシン学派の主張を反証していた。最近の出来事は、アメリカの労働運動史に関するこうした分析を完全に破壊した。産業別労働組合会議《CIO》の台頭、産業別労働組合主義を通じた大量生産型産業の組織化、最近の黒人労働者と白人労働者との間の闘争で確立された効果的な統一、そして1935年以来の政治の場における労働運動とファシズムとの世界的な闘争によってもたらされた大きな影響力は、この学派が労働運動で成功を収めるために採用しなければならなかった政策に関していかに誤算していたかを示しているだけでなく、大量のアメリカ人労働者を組織化する任務を達成するには、この学派が歓迎した政策を放棄しなければならなかったことも示している。

アメリカの労働史としてのコモンズ教授と同僚らの仕事のもう1つの重要な欠点は、それがより大きな経済的、政治的、社会的状況における労働運動を扱っていないことである。最近の研究は、アメリカの民主主義の成長に対する労働者の貢献を強調し、我々の民主主義制度を形成する上でフロンティアが果たした役割についての我々の理解を限定し、深める必要性を示し、我々の歴史における決定的な闘争の多くは、党派間の闘争としてではなく階級闘争の観点から研究されなければならないことを立証した。

本巻は、未出版の手稿、新聞、パンフレット、およびアメリカの歴史、経済、関連分野における既存のモノグラフ資料に基づいて、合衆国における労働運動の歴史に新たな解釈を提示しようとするものである。本巻は、労働運動の起源から1881年のAFLの設立までの成長を追跡している。現在準備中の後続の巻では、労働史における最近の物語を掲載する予定である〔周知の通り、著者没後の2022年に第11巻が刊行された〕。

この歴史は、労働組合の成長にかなりの紙幅を割いているが、合衆国における労働組合主義の歴史だけを意図したものではない。この国の歴史を通じて、顕著な民主的・社会的闘争における労働者階級の役割に特別な注意が払われてきており、これからも払われ続けるであろう。我々の歴史を通じても、労働者階級は、現下の要求のための闘争に集中しながら、貧困と不安といった問題に対するより基本的な解決策を模索してきた。多くの人は、賃金制度を廃止し、現在の社会秩序を新しくてより良い社会制度に置き換える必要性について話したり、書いたりした人々に引き寄せられた。

労働者階級からは、我々の民主主義に顕著な貢献をした偉大なヒーローやヒロインが出てきた。これら男女の物語は、我々に伝えられてきた歴史からは取り残されているが、本巻では詳細に語られている。

著者は本巻の執筆に協力してくださった多くの方々から多大なる恩義を受けました。数多くの図書館や歴史協会が、未出版の手稿、新聞、パンフレット、既刊・未刊のモノグラフ研究のコレクションを提供してくださいました。この場を借りて、ウィスコンシン州歴史協会、議会図書館、アメリカ古書学会、ニューヨーク歴史協会、シカゴのジョン・クリーラー図書館、アメリカ哲学協会、フィラデルフィアの図書館協会、ニューヨーク・ボストン・シカゴ・バッファロー・デトロイトの各公共図書館、以下に挙げる大学の図書館のスタッフに感謝の意を表します。それは、ウィスコンシン、ハーヴァード、サザン・カリフォルニア、ニューヨーク、チューレイン、ノースカロライナ、シカゴ、シラキュース、ロチェスター、バッファロー、ウェスタン・リザーヴ、イェール、プリンストン、ペンシルヴェニア、ミシガン、コロンビアの各大学です。また、サミュエル・ゴンパーズの書簡と著作の使用を許可してくださったフローレンス・ソーン氏と、ミシガン大学図書館のラバディ・コレクションから資料を快く提供してくださったアグネス・イングリス嬢にも感謝の意を表します。

ニューヨーク大学英語学科のウィリアム・オルセン氏に感謝します。氏は丹念に原稿全体を読んでくださり、改善のための貴重なアドバイスも提示してくださいました。シドニー・ジャクソン博士、クレア・グリーン博士、A・ランディ氏、ソフィア・テヴァン夫人、エリザベス・ローソン夫人も同様に原稿全体を読んでくださいました。全員の思いやりある批判は非常に有益でした。クイーンズ大学のヘンリー・デイヴィッド博士はゲラ刷りを読んでくださり、感謝しても余りある数多くの提案をくださいました。

もちろん、著者が本書にあるすべての誤りと、本書で表明されたすべての見解に対して責任を負うことは言うまでもありません。

フィリップ・S・フォーナー

目次

訳者前書き（i）

序文（vii）

凡例（xvii）

第1章　労働者アメリカに来たる……1

ヨーロッパの労働情勢 2　アメリカに辿り着く 4

第2章　植民地時代アメリカの労働者……7

奴隷と年季契約奉公人 7　賃金労働者の出現 10　労働条件と労働団体 12　民主主義のための闘い 15

第3章　労働者とアメリカ独立革命……19

独立革命の背景 19　自由の息子 20　政治活動 23　独立への道 26　独立戦争 28　勝利 31

第4章　アメリカ産業の発展、1783～1880年……33

産業発展の障害 33　輸送の役割 36　工場制度の台頭 37　南北戦争前夜の産業の拡張 39　南北戦争期の産業の発展 42　南北戦争後の産業の拡大 43　独占へと向かう傾向 43　経済危機と労働者の応答 45

第5章　初期の労働組合……………………………………………………49
独立革命後のアメリカの労働条件 49　商人資本家の登場 51　一時的な労働団体 52　最初の労働組合 53　組合の方針と慣行 54　労働者と裁判所 59

第6章　労働者とジェファソニアン・デモクラシー……………………63
ジェファソニアン・デモクラシーの起源 63　デモクラティック・リパブリカン協会 66　連邦派の反攻 67　ジェファソン支持者の勝利 69　労働者と出港禁止令 71　労働者と1812年戦争 73　民主主義の伸展 74

第7章　労働組合主義と労働争議、1819〜1837年………………77
労働条件 77　労働者の覚醒 81　都市の中央労働組合 90　全国的な労働団体 91　10時間労働 93　労働者と大衆 96

第8章　初期の労働者政党…………………………………………………99
政治的覚醒 100　労働者政党の綱領 101　フィラデルフィア 104　ニューヨーク 106　ニューイングランド 115　衰退と消滅 115　功績 116

第9章　労働者とジャクソニアン・デモクラシー…………………119
ジャクソンに対する労働者の評価 119　銀行戦 120　ニューヨークにおける労働者の役割 125　ロコフォコ党の台頭 127　ロコフォコ主義の拡張 133　ロコフォコ主義の功績 135

第10章　空想的社会改良主義の時代……………………………………141
労働組合の衰退 141　機械の普及 142　空想的社会改良家の信条 143　オーエン主義 146　フーリエ主義 147　生産者協同組合 151　消費者協同組合 153　土地改革 155　空想的社会改

良家と労働組合主義 159

第11章　10時間労働を求める運動、1840～1860年 ……………… 163
労働組合主義の復活 163　工場労働者と労働運動 164　10時間労働の哲学 170　ニューイングランド労働者協会 173　10時間労働を求めるストライキ 177　10時間労働法 179　ニューイングランドにおける衰退 181　ペンシルヴェニア州での高まり 181　1850年代の活動 182　ニュージャージー州での政治活動 184　10時間労働を求める運動の成果 186

第12章　1850年代の労働組合と労働争議 ……………… 189
労働条件 189　地方の労働組合 190　移民労働者 193　イギリスの影響 195　ドイツ系アメリカ人の労働運動 196　全国的な労働団体 202　失業者のデモ 204　労働組合主義の復活 206　ニューイングランドの製靴工ストライキ 207　労働者と政治 211

第13章　南北戦争前南部の労働者 ……………… 215
奴隷制 215　抵抗 217　白人労働者と奴隷制 223　奴隷制のジレンマ 229

第14章　北部の労働者と奴隷制 ……………… 231
不確定要素 232　労働者と奴隷制廃止論者 234　賃金奴隷制と動産奴隷制 236　奴隷制拡張の影響 240　奴隷所有者の計画 243　共和党の出現 246　1856年の選挙 249　共和党保守派との闘い 251　リンカンと労働者 253　1860年の選挙 255

第15章　労働者と南北戦争 ……………… 259
労働者と分離独立の危機 260　武器をとる 267　何のために戦う 270　イギリスの労働者と南北戦争 272　黒人労働者の貢献 276

第16章　労働者とカッパーヘッズ …… 281

労働者と徴兵 281　カッパーヘッズのプロパガンダ 284　戦時下の対比 284　戦時下のストライキ 286　カッパーヘッズ運動の失敗 288　リンカンに帰依する労働者 290　労働新聞の役割 292　民主・共和労働者協会 293　勝利 294

第17章　1861〜1866年の労働運動 …… 297

労働組合復活の理由 297　女性労働者 299　労働組合の成長 302　鋳型工組合 304　労働新聞 307　雇用主の反撃 309　労働者需給の逼迫 312　政治活動 314　全国的な視野 315　8時間労働に向けて 318

第18章　1866〜1872年の労働運動 …… 325

全国労働組合の結成 325　第1回大会 326　全国労働組合の強化 330　8時間労働 331　女性労働者と女性の権利 335

第19章　1866〜1872年の労働運動（続き） …… 341

労働者と再建 341　黒人労働者の団体 346　1869年の黒人労働者の大会 352　全国有色人種労働同盟 353

第20章　1866〜1872年の労働運動（完結） …… 359

労働者の国際的な団結 359　アメリカにおける国際労働者協会 362　協同組合運動 365　通貨制度改革 368　政治活動 371　全国労働組合の衰退 375

第21章　労働騎士団の誕生 …… 379

労働騎士団の儀式 379　ウリア・S・スティーヴンズの役割 380　労働騎士団の初期の構造 383

第22章　1873～1878年の長引く不況……385
組合員数の減少 385　労働組合主義の存続 386　不況下の生活 387　失業者のデモ 390　ラサール派とマルクス主義者 393　社会主義運動の統合 394

第23章　大不況への挑戦……399
繊維産業でのストライキ 399　1875年の長期ストライキ 400　モリー・マグワイアズ 404　1877年の大ストライキ 407

第24章　独自の政治活動、1873～1878年……417
グリーンバック党の台頭 417　労働者政党とグリーンバック党 420　全国グリーンバック労働党 423　中国人の排斥 427　カリフォルニア州での扇動家の一時的な影響 429　社会主義者の運動 431

第25章　現代労働運動の始まり、1878～1881年……435
労働組合主義の復活 435　国際労働組合 437　労働騎士団 441　1870年代の「新しい労働組合主義」448　葉巻工 450　職業同盟・労働組合総連合 453

事項索引　(8)
人名索引　(1)

凡　例

・本書は、フィリップ・S・フォーナー（Philip S. Foner）著の *History of the Labor Movement in the United States, Volume 1: From Colonial Times to the Founding of the American Federation of Labor*（International Publishers Co., Inc., 1947）の訳である。ただし、巻末の略伝は割愛した。

・原著に関しては、1970年以前に出版され、発行後10年以内に日本語訳が出ていない著作物は、11年目以降は誰でも自由に翻訳出版できるという「翻訳権10年留保」に該当するものとして訳出していることを予め断っておきたい。訳出に当たり底本としたのは、同書の1967年発行の第3刷である。

・傍点は原著ではイタリックになっていることを示す。なお、原著イタリックのうち、書籍・雑誌・新聞を指すものは、その限りではない。

・「　」は原著では〝　〟となっていることを示す。——については、原則としてそのまま表記している。［　］は著者の追記、（　）は原著の、｛　｝は訳者の注記である。

・原著のアダム・スミス、カール・マルクス、フリードリヒ・エンゲルス、サミュエル・ゴンパーズ関連の引用については、邦訳があったとしても、すべて訳し直した。

・本文で重要な意味をもつ「詩歌」は、その訳にまったく自信はないが、雰囲気を味わってもらうために拙訳を付け、訳文は斜体で表記した。

・訳者注記の作成に当たっては、『英米史辞典』（研究社）、『原典アメリカ史』（岩波書店）、『史料で読むアメリカ文化史』（東京大学出版会）の他、アメリカ史の研究書・概説書にお世話になった。ここに記して感謝の意を表したい。

・原著には、今日の社会的見地に照らして、不適切とも思われる表現があるが、原著のオリジナリティ、および刊行時の時代的背景を考慮して、原著に沿った訳とした。

第1章　労働者アメリカに来たる

キャプテン・ジョン・スミス〔1580〜1631。軍人、探検家。ヴァージニア会社の後援のもと、ジェームズタウンに上陸し、植民地建設に努めた。アメリカに関する最初の地図『ヴァージニアの地図』などを著した〕はかつて、植民地時代のアメリカについて、「そこからは労働以外に何も期待できない」と書いた。これは、アメリカに巨額の利益の源泉としての期待をかけていたイングランドの商人資本家への助言のつもりで書いたものであった。彼らはすぐに、スミスが正しいことを知った。ヴァージニア、マサチューセッツ湾、ペンシルヴェニアの各植民地には、マルコ・ポーロが訪れたような略奪に適した素晴らしい都市はなかった。新世界の富は、採鉱、森林の伐採、作物の植栽と収穫、建造物・道路・橋梁の建設といった過酷な労働からもたらされなければならなかった。ヴァージニア会社は、1616年から翌年の冬に、有望な投資家に向けた広告用印刷物に、新世界にその資源を開発するための「より多くの働き手」がいれば、すぐに膨大な利益をもたらすであろうと書いていた。

では、これらの働き手はどこから来るのか。アメリカには、捕えて奴隷として売れるインディアンがいることはいた。だが残念なことに、インディアンは自分たちの部族のもとへ逃げ、その後、大勢で戻って来て、頭皮を剥ぐことで元の主人に御礼参りをする傾向があった。そのため、ニューアムステルダムでは、政府はすべての主人にインディアン労働者に賃金を支払うよう命じた。政府は、この決定が「あらゆる危害を適時にかつ可能な限り防止するために」必要であることを雇用主たちに得心させた。それというのも、インディアンは「他の不適切な手段に訴えても賃金を受け取る」と脅していたからである。インディアンを奴隷にしようとする試みは結局うまくいかなかった。

雇用主は、ヨーロッパの植民地開発会社に対して、労働者を求める訴えを増強したが、彼らが必要としているのは、「労働に手を出すくらいなら飢えで餓死する」ことを好む趣味の良さと上品さを兼ね備えた紳士ではなく、あくまでも永続的で収益性の高い入植地を建設し維持できる男女である、と具体的に指定していた。植民地の資本家は、ヨーロッパの貧困層をアメリカに移住させるための一大宣伝戦を始めた。リーフレットやパンフレットは、アメリカでは「イングランドやウェールズの3倍の労働賃金」を確保でき、貧しい召使いの少女たちは裕福な夫を得ることができると労働者に吹き込んでいた。仲介人は貧困に喘ぐ地域を巡回し、新世界の輝かしい展望について詳しく語った。ヴァージニア会社は1630年に、以下のような簡潔な碑文が刻まれたコインを流通させることまで行った〔本書では、Englandにイングランドとイギリスという訳語を当てている。1707年、イングランド王国とスコットランド王国の連合（Union）が実現し、グレート・ブリテン連合王国（United Kingdom of Great Britain）が成立するまではイングランド、それ以降はこの王国の通称イギリス（Great Britain）の訳語を当てる。１７９８年には、アイルランドがイギリスと統合されグレート・ブリテンおよびアイルランド連合王国（United Kingdom of Great Britain and Ireland）となる｝。

イングランドには土地は少なく、働き手は有り余っているが、ヴァージニア植民地では土地は無償で手に入り、働き手が足りない。

疑い深い人たちには、アメリカの最初の入植者たちから手紙が届いた。その多くは偽造されたもので、親族や友人に家財をまとめて新たな生活を始めるよう促した。ある特派員は、「労働者が週に4日あるいは5日働けば、豪奢な生活ができる」と書いている。アメリカは「豊かな国、本当に豊かな国」であった。

ヨーロッパの労働情勢

豊かな国、アメリカ。イングランドもそうであったが、民衆にとってはそうではなかった。イングランドでは封建制が死の床にあった。時折、それは活力の発作的な形跡を示すこともあったが、資本主義経済に完全に取って代わられた。この新しい経済が進展するにつれ、それは重要な漸進的変化と悲惨さの増大の両方をもたらした。たとえば、毛織物工業の急速な台頭により、ますます多くの土地が穀物栽培ではなく羊の飼育に充てられるようになった。土地は囲い込まれ、借地人は羊に場所を空けるために追い出され、少数の羊飼いが多数の農場労働者に取って代わった。土地も仕事もない貧困者の数は急増し、修道院の解体で貧しい人々は慈善事業からの援助を受けられなくなり、彼らの窮状はさらに悪化した。

新世界から金と銀が流入した結果、物価は4倍に急騰した。しかし、１６００年の賃金は、1世紀前の購買力の4分の1しかなかったと推定されている。

賃金率は実質的に固定されたままであり、１５６３年に制定された徒弟法｛職人や徒弟や農業労働者の賃金水準及び労働条件を規制することで、工業と農業を安定させ、人口増に起因する貧困や失業といった社会問題の解決を図ろうとした法律｝によって、同法で定められた最高賃金を超える賃金を受け取る者は21日間、そうした賃金を支払う者は10日間の禁固刑をそれぞれ言い渡された。同じ法律で、治安判事は1年の時期と商品の価格に応じて固定賃金を修正する権限を与えられた。多くの場合、治安判事は雇用主でもあったので、賃金を最低水準に設定し、労働者が餓死しないようにするのを地元の教区に任せた。しかし、教区が貢献することはほとんどなく、多くの労働者が餓死した。

１６２８年には、家族を扶養するための推定最低額は年間20ポンド11シリングであったが、労働者の賃金が8ポンド8シリング9ペンスを超えることはめったになかった。23年にウィルトシャーの羊毛労働者は、「勤勉な労働をもってしても生計を立てられなかった。なぜなら、織物業者がその意志で作業を極端に困難にし、彼らが望む額に賃金を引き下げたからである……」と不満をぶちまけた。約7年後、東部諸郡の織物労働者は、その賃金が、「パンが不足しているためにベッド、車輪、作業工具を……売る」のを余儀なくされるほどに引き下げられたと非難した。

労働者がイングランドに留まる限り、生活水準を向上させようにもなす術がなかった。より収益性の高い雇用を求めて仕事を辞めることなどできるはずもなかった。それというのも、親方・奉公人法のもとでは、仕事を辞めた労働者は3カ月間投獄される可能性があったからである。当該労働者は、しばしば本人も雇用主であった治安判事の前に立たされ、自身のために証拠を提出することすら許されなかった。さらに、刑期は彼が不在のために雇用主に支払うべき罰金を免除するものではなかった。同じ契約違反で労働者に繰り返し刑期が科されることもあった。

　こうして、名目上は自由であったが、多くのイングランド人労働者は事実上の奴隷として生活していた。そして、このことがスコットランドの鉱夫ほど身につまされていた者はいなかった。１６０６年にスコットランドの法律では、逃亡した鉱夫は名うての盗人とみなすと規定された。当人を匿ったり、あるいは雇用したりして、通知後24時間以内に当人を引き渡さなかった者には１００ポンドの罰金が科されることになっていた。同じ法律によって、鉱山所有者には「すべての放浪者と屈強の乞食を逮捕する」全権が与えられ、所有者自身が定めた条件で彼らを鉱山で働かせることができた。

　自らを守るために、労働者は労働組合《レイバー・アソシエーション》を結成しようと幾度となく試み、実際に何度もストライキを行ったが、そのたびに政府は雇用主の利益を守るために迅速に行動した。早くも１３４９年に、パン屋の使用人のグループがロンドンで、「以前に与えられた賃金の2倍または3倍以外では親方のためには働かないと仲間内で共謀した」として起訴された。60年に議会は、石工と大工のすべての同盟と結社は無効と宣告し、すべての「石工と大工は、彼が仕える親方から強要された条件であろうとも、彼がやらなければならない仕事を行うべし」と宣告した。再び１５４８年に議会は、団結して「一定の代価と率で」、「一定の時間」しか働かないと表明した労働者は誰であれ罰せられると宣告した。その処罰の内容はこうであった。

　「初犯に対しては罰金10ポンド、……またはパンと水しか与えられない20日間の禁固刑。再犯に対しては罰金20ポンド……あるいは晒し台の刑を受け、3度目に対しては罰金30ポンド……、あるいは晒し台に座って片方の耳を切り取られ、4度目以降は悪名高い犯罪者とみなされるものとする」。

　その後、刑罰の厳しさはいくらか緩和されたが、１８２０年代になるまで、労働者の地位を向上させようとする試みを法律が支持したことはなかった。アーノルド・T・ロジャーズ教授は、6世紀にわたるイングランド〔とイギリス〕の労働条件を徹底的に研究された結果、１５６３年から１８２４年にかけて、「法律によって捏造され、その成功に関心のある当事者によって実行された」共謀(*)は、「同国の労働者を騙し、彼を土地に縛り付け、彼から希望を奪い、彼を取り返しのつかない貧困に陥れる」ために企てられたと結論づけておられる。

（＊）早くも１７７６年に、アダム・スミスは『諸国民の富』でこの共謀についてコメントし、政府が「親方とその労働者との間の不和を調整」しようとした際の「助言者になるのは常に親方であった」と説明し、「我々は、労働の代価を引き下げるための団結を禁止する議会の法律を数多くもっていないが、それを引き上げるための団結を禁止する法律は数多くもっている」と追記している。

イングランドの支配階級は、労働者の組織化を妨げられたが、抗議デモは止められなかった。16世紀の同国では、失業者の暴動が頻発していたので、ヴェニス大使は本国宛の手紙に、「事態がこのまま進展することはないにしても、この騒乱がどこで終わるかは定かでない」と書いた。多くの裕福なイングランド人はこの大使の恐れを共有し、「不満を抱いた者や悪意ある者を母国から一掃する」ことを植民地に期待した。

ヨーロッパの他の地域でも、支配階級は不安に苛まれ、彼らは大西洋を越えて乳と蜜の流れる土地｛豊饒の土地のこと。言うまでもなく『旧約聖書』の言葉｝を宣伝するためにやってきた代理人を歓迎した。アイルランドの農民や職人がこのメッセージをことさら受け入れた。それというのも、イングランドの法律は、アイルランドのリネンと家畜に高い関税を課し、スコットランドとアイルランドの全住民から自治政府を奪い、彼らが属してもいない国教会に10分の1税を支払わせていたからである。ドイツでも、農民や職人は入植者を募る目的で1677年にライン地方を訪れたウィリアム・ペン｛1644〜1718。ペンシルヴェニア植民地を創設した政治家｝が配布したパンフレットを熟読した。ドイツの農民や職人が残忍な地主や君主によってひどい搾取を受けたことや、三十年戦争｛1618年から48年にかけての、ドイツ（神聖ローマ帝国）を舞台とした宗教的・政治的諸戦争の総称｝とその後の紛争で何十万人もの罪のない人々が虐殺されたことに関する当時の多くの記述を読めば、なぜ多くの人がペンの勧めに従う準備を整えていたのかが理解できよう。

要するに、ヨーロッパの貧しい人々がアメリカにやって来たのは、彼らが母国で飢餓と宗教的・政治的な抑圧に直面していたからである。スコットランド人の農夫で靴職人で5人の子の父親でもあったジョン・マクビースの話は、移住の根底にあった動機を示している。彼は船上で面談したある役人に次のように語った。

「［私は］自分の国を離れました。なぜなら、作物が不作になり、家畜も死んで、占有地の地代が上がって、長い間パンも高値が続いたからです。私は、自国で自身と家族を養うための雇用を得ることができず……。すでにアメリカにいる私の友人と妻の友人から聞いた話で、妻と子供たちがアメリカで快適な生活を手に入れられると確信し、労働の代価が非常に高額であるとの保証もあり、移住する勇気をもらいました」。

アメリカに辿り着く

しかし、ヨーロッパの悲惨さからの脱出は、先のパンフレット類が描いていたほど簡単な話ではなかった。イングランドからの渡航には6から10ポンドの費用がかかり、労働者にとってはとてつもない金額であった。かのトマス・ジェファソン｛合衆国第3代大統領｝はかつて、「この地に移住した我が祖先たちは、弁護士ではなく労働者であった」と語っていた。

アメリカに辿り着くと、これら労働者のほとんどは年季契約奉公人《インデンチャード・サーヴァント》として何年も拘束された。彼らはヨーロッパの商人や船長と契約を結び、2から7年の間、渡航費の見返りに「雇用主が彼らを雇ってくれる仕事ならどんなものであれ」やらなければならなかった。ヨーロッパで契約書に署名しなかった年季契約奉公人もいたが、そうした連中はアメリカ到着後に渡航費用を工面する何日間かの猶予を認められた。彼らのほとんどは、アメリカの農園主《プランター》や商人が喜んで渡航費用を前払いしてくれ、それを彼らの収入から返済すればすぐに自由の身になれると信じていた。だが、彼らの多くは自分たちの希望が「無惨にも打ち砕かれ」、「退屈で骨の折れる、金にならない奉公という複雑で哀れな境遇すべてに巻き込まれている」のを知ることになる。

多くの場合、移民は生き残った乗客が渡航中に亡くなった連中の船賃を負担することに同意せざるを得なかった。航海は非常に凄惨で多くが亡くなった。「船上の惨状はひどいものであった」とゴットリーブ・ミッテルベルガーが経験談に基づいて次のように書いている。「悪臭、毒気、悪寒、嘔吐、種々の船酔い、発熱、赤痢、頭痛、暑気、便秘、腫れ物、壊血病、癌、口内炎など、これらすべてが古くて急いで塩漬けにされた食品や肉類に由来し、さらには汚くて腐敗した水にも由来しているので、多くが悲惨な死に方をした」。もう1人の生存者もこう語っている。「飢えを凌ぐために、家鼠や二十日鼠を食べなければならなかった。我々は二十日鼠1匹に8ペンスから2シリング、水1クォート（約1ℓ）に4ペンス払った」。

１７６７年6月、サウス・カロライナ・ガゼット紙（植民地時代最初の女性新聞発行者エリザベス・ティモシーにより発行された）の編集者がチャールストンの住民に、到着したばかりのアイルランド人の年季契約奉公人３００人を支援するよう要請した。彼は彼らの宿泊施設を訪れ、それぞれの部屋で「1度に2から3人が借り主として記録され、多くが死にかかっていて、何人かは気を失っており、数週間前に両親が息を引き取ったので素っ裸のまま横たわっている幼子がいる」のを発見した。

ニューヨーク、フィラデルフィア、ボストン、チャールストンでは、船長やその代理人であった商人が、植民地の新聞に次のような広告を掲載して、顧客に人間商品の到着を知らせた。「新しいドックに現在係留されているスチュワート船長の『スノー・ヘンリー』号で販売される高級アイルランド産バターとジャガイモ、それに何人かの男性年季奉公人をお選びください」。

もう1つの典型的な広告はこう書かれていた。「織機職人、建具屋、靴屋、鍛冶屋、煉瓦焼き職人、煉瓦積み職人、木挽、仕立屋、コルセット職人、肉屋、椅子職人、さらには何人かの手に職をもつ、奉公人には誂え向きの若者の一団が……たった今ロンドンから到着しました。フィラデルフィアのエドワード・ホウン商会は、これら若者を即金か小麦、パン、小麦粉のいずれかによって、非常に手頃な値段で商う手はずを整えています」。

競売に付された全員が、自由意志でアメリカにやって来たわけではなかった。なかには些細な罪で植民地での労働を宣告された囚人もいた。他の者、とくに子供は、ロンドン、ブリストル、リヴァプールで、「人間泥棒」とか「誘拐斡旋業者」と呼ばれる仲介人に誘拐されていた。その後、積荷で多くを占めるようになったのは、アフリカで捕らえられ、腕・足首・首を2人1組にして鎖でつながれて船倉に詰め込まれ、凄惨な航海の後にアメリカで売られた黒人であった。

植民地時代のアメリカへの移民のおそらく半数は年季契約奉公人

であった。1770年までに25万人が入国し、そのうち10万人以上が誘拐の被害者や服役中の囚人であった。この頃までに、サウスカロライナ植民地だけで年間3000から4000人の黒人奴隷が輸入され、植民地人口の約20％に相当する50万人近い黒人奴隷がいた。

当時の入植者の大多数は労働者であった。イングランドとヨーロッパ大陸では、彼ら労働者とその祖先は職人、日雇い労働者、小規模商人、農民であった。そのほとんどはアメリカでは、「調子のいい宣伝パンフレット類が約束した幸運な境遇」や十分な「仕事に対する報酬」を見つけられなかったが、この大陸で新たな文明と新しい民主主義を構築したのは紛れもなく彼らとその子孫であった。

第2章　植民地時代アメリカの労働者

植民地時代を通じて、自由労働者はアメリカの労働者のなかでもっとも数が少なく、もっとも重要度が低かった。独立革命当時、ペンシルヴェニア、メリーランド、ヴァージニアの各植民地では、おそらく4人に3人が年季契約奉公人であったか、あるいはかつてそうであったことがあり、３００万人の入植者のうち6人に約１人が黒人奴隷であった。北部に住んでいた黒人は4万人に満たなかった。南部の少なくとも5つの植民地では、黒人は白人人口と同数かあるいはそれを凌駕していた。

奴隷と年季契約奉公人

南部のタバコ、コメ、インジゴ藍の大農園《プランテーション》（綿花と砂糖が重要になるのは約半世紀後のことであった）では、奴隷制がかなり早い時期に年季契約制度に取って代わった。農園主《プランター》は、奴隷――生涯を通じて労働者であり、その子供も所有者の財産となった――が、契約期間が終わった後に暇を取る奉公人よりも収益性のある投資対象であるのを発見した。さらに、所有者はしばしば遊休奴隷を雇うことができた。奴隷の維持費は年季契約奉公人の半分以下であったという事実は、奴隷制を南部のプランターと北部の商人の双方にとって望ましい労働制度にした（ただし、奴隷の購入コストは奉公人より3倍以上高かったと言われている）。

しかしながら、植民地時代のアメリカでは、奴隷制はすぐには発展しなかった。最初の黒人は年季契約奉公人としてやって来て、その契約期間が終わると解放された。奴隷制が始まったのは１６６０年代になってからであった。64年から82年の間に、多くの植民地で奴隷法《コード》が制定され、黒人の年季奉公人が奴隷に変わった(＊)。黒人の子供はその母親の所有者の財産であると法的には宣言された。奴隷は、一堂に会したり、武器を所有または所持すること、書面による許可なしに所有者のプランテーションを離れること、白人に不利な証言をすることを禁じられた。黒人の奴隷が白人を殴った場合、誰の過失であったかにかかわらず40回の鞭打ちを受けたが、所有者が奴隷を殺しても犯罪にはならず、「正当防衛以外に」奴隷を殺す所有者はいないと想定されていた。56年にメリーランド植民地のある奴隷所有者が熱いラードを浴びせて奴隷を殺したとき、彼は当該奴隷が「矯正の見込みがない」という理由で無罪になった。１７３５年にニューヨーク植民地のジョン・ヴァン・ザントが奴隷を鞭打って殺したとき、検死官の陪審員は、その死は「神の裁き」によるものであると結論づけた。

（＊）しかしながら、植民地時代のニューイングランドでは、黒人は法律で財産と人間の両方とみなされていたため、黒人は二重の地位を占めていた。

母国での貧困と迫害から逃れるためにアメリカにやって来た何千人もの年季契約奉公人は、多くの場合、「母国に……取り残された者よりもひどい疫病」に遭遇した。彼らの運命は黒人奴隷のそれよりもひどかった。実際、一部の観察者はもっとひどいと信じていた。それというのも、奴隷所有者は、生涯の財産である奴隷なら世話をする必要があると感じていたが、年季契約奉公人は数年後に暇を取るのを知っていたからである。さらに、年季契約奉公人が過酷な労働と残忍な刑罰で障害を受け、労働不能になったとしても、所有者にはその責任を負う義務はなかった。

たしかに、法律は「何人であれ男性奉公人あるいは女性奉公人の目あるいは歯を強打するか、その他の方法で彼・彼女を傷つけたり、身体の一部を毀損した場合、奉公人をその奉公から解放しなければならない」と規定する場合もあった。しかし、これは何の気休めにもならなかった。なぜなら、年季契約奉公人は、告発を望んだとしても、所有者が支配する法廷で自分の主張を証明できなければ、自分が罰せられることを知っていたからである。たとえば、ニューヨーク植民地では、自身の訴えを立証できなかった年季契約奉公人は、「そうした不当な訴えごとに、……契約期間以外に無給で6カ月の奉仕を命じられた」。

年季契約奉公人と同様、徒弟——長年にわたって事実上の奴隷状態にあった児童や青年期の若者——も数多くの不満を抱えていた。彼らは仕事のコツを教わるはずであったが、裁判記録に頻繁に記載されている苦情は、あまりに多くの親方が徒弟にそうしたコツを伝授せず、同時に「正当な理由もなく、もっとも残酷で節度のない方法で」彼らを殴打し、「粗悪なパンの切れ端」を食べさせ、一般的に「［彼らの］生活上の必需品や便利な用具を奪った」ことを暗示している。

植民地時代のアメリカの自由を奪われた労働者は、「エジプトの奴隷の境遇よりもひどい労役のもとで」うめき声を上げていた。ある同時代人は、年季契約奉公人と黒人奴隷には、「『手頃な食べ物も適切な着衣のいずれも』なかったが、［富裕層が］享受していた快適さのほとんどは、彼らの根気強い労働によるものであった」と述べている。彼らの多くが所有者から逃げたのも不思議ではない。プランターや商人が引き離そうと懸命に努力したにもかかわらず、白人年季契約奉公人と黒人奴隷は、共通の自由を求めて共通の抑圧からしばしば一緒に逃げた。1747年9月10日付のペンシルヴェニア植民地のガゼット紙〔1782年12月創刊。1729年10月2日にベンジャミン・フランクリンが発行人になった〕に掲載されたある通告には、「定期購読者から逃走した者——白人男性と黒人各々1名——が一緒に逃げたと思われる」と書かれていた。10月8日号に掲載された別の通告には、「白人年季契約奉公人のアン・ウェインライトとジューン・バイラード所有の黒人女性の奴隷が一緒に逃げた」と書かれていた。

捕えられた逃亡奉公人は激しく鞭打ちされ、しばしばRという文字の烙印を押され、常に余分な奉公期間——ある場合には犯罪ごとに2年もの期間——を強いられた。1641年、メリーランド植民地の代議会は、奉公人が「植民地から脱出する意図をもって」所有者から逃亡するのを死刑に値する重罪とみなす法律を可決した。

　だが、こうした厳罰をもってしても逃亡は止められなかった。裁判記録には、マサチューセッツ湾植民地のアイザック・ロビンソン(*)の話が記されている。彼は、「所有者から何度も逃げ、他の者も誘惑して逃走させた」ために数十回にわたって残忍な鞭打ちを受け、フランシス・ベイツは「仲間の奉公人を挑発して」何度も逃げたために厳罰に処された。


(*) ロビンソンは、アメリカでもっとも初期の労働オルグの1人と考えられる。もう1人はメリーランド植民地の黒人奴隷サムで、「当該植民地で何度も黒人の反乱を企てた」として1688年に有罪判決を受けた。

　植民地時代のアメリカでは、束縛された奉公人の組織的な集団脱走が頻繁に起きただけでなく、自由を奪われた労働者が労働条件に抗議して行った数多くのストライキの記録さえある。


　自由を奪われた労働者は、逃亡する代わりに組織的な反乱を頻繁に起こした。植民地時代のアメリカでは、40件以上の奴隷の逃亡計画が知られている。そのなかには、黒人奴隷と白人の年季契約奉公人が一緒に企図したものもあった。1730年のチャールストンの逃亡計画はあまりにも広範囲に及んでいたので、ある同時代人は、「もし圧倒的な力を有する神が彼らの逃亡計画を明らかにされていなければ、我々は全員血に染まっていたであろう」と述べている。9年後、チャールストン近郊のストノ川近くで200人以上の奴隷が反乱を起こした。彼らは急襲され、全員が殺される前に、家屋や収穫物を燃やし、奴隷に親切であった1人を残して奴隷所有者数人を殺した。

　すべての奴隷反乱が南部で起こったわけではない。1712年には、ニューヨーク市で23人の武装した奴隷が「所有者から受けた……酷使」に対して反乱を起こした。これは鎮圧されたが、34年3月18日付のニューヨーク植民地のガゼット紙（1725年11月8日創刊の同植民地最初の新聞）の特派員は、奴隷所有者に「王陛下の要塞守備隊がいなければ、ニューヨーク市はおそらく灰燼に帰し、住民の大部分が殺害されていた可能性が高い」と警告した。

　逃亡者に加えられた厳しい鞭打ちは、奴隷の反乱に加担した者が受けた野蛮な刑罰に比べれば取るに足らないものであった。1708年にロングアイランドのジャマイカで、反乱を企てたとして女姓の奴隷が火炙りの刑に処された。炎がゆっくりと彼女を焼き尽くすまで、水を満たした角状の器が彼女の口が届く所に置かれ、次に「他の人々への恐怖として」、その口元から何度も引き離された。12年のニューヨーク植民地での蜂起で捕らえられた21人の奴隷の処刑について、ハンター総督は、「ある者は焼かれ、ある者は絞首刑にされ、ある者は車輪で骨を折られ、ある者は町で生きたまま鎖で吊るされたので、考えられるもっとも見せしめになる刑罰が科された」と記している。

　残虐行為は奴隷反乱の危機を終わらせるものではなく、奴隷には食事、衣服、待遇の改善など、いくつかの譲歩が認められた。奴隷制があまり利益をもたらさなかった北部では、黒人奴隷への恐怖が高まり、奴隷を自由労働者に置き換える提案がなされた。

賃金労働者の出現

自由労働者階級が出現したのは海港の町や都市であった。長い間、ボストンやフィラデルフィア、さらにはニューヨークの経済生活は海運業と連動していた。当初、イギリス船とオランダ船が植民地の通商の大部分を担っていたが、入植者は程なく自分たちの船を建造するようになった。それで、大工、鍛冶屋、建具師、船大工、コーキン工〔船の甲板などの継ぎ目に槇皮《まいはだ》などを詰める作業員〕、縄製造工、縫帆工、その他の技工や労働者の需要が生まれた。早くも１６８５年にウィリアム・ペン〔第1章4ページを参照のこと〕は、フィラデルフィアには「大工、建具師、煉瓦積み職人、石工、配管工、鍛冶屋、ガラス職人、仕立屋、靴屋、肉屋、パン屋、醸造工、手袋製造工、皮鞣し工、毛皮工、車大工、水車大工、船大工、小舟大工、縄製造工、縫帆工、型製造工、旋盤工など、ほぼすべての種類の凄腕の熟達した職人が居住している」ことを観察していた。2年後、ボストンを訪れたフランス人は、「当地にはあらゆる種類の職人がいて、とくに船を建造する大工がいる」と記している。

通商貿易が拡大し、富が増えるにつれて、銀細工師、金細工師、時計職人、宝石職人など贅沢品分野の腕の立つ職人も登場した。１７２０年、ニューヨークには13人の銀細工師、4人の時計職人、2人の金細工師、1人の宝石職人がいた。

当初、賃金労働者である技工や職人はほとんどいなかった。大きな町では、彼らはしばしば小さな工房も兼ねた自宅で商品を生産し、妻子がそれを商っていた。もう1つのタイプの職人は渡り職人の石工、大工、靴屋、蝋燭屋で、道具をもって農家に立ち寄り、農家から供給された原材料を加工した。彼らにはお金あるいはトウモロコシまたは小麦で支払われた。植民地の鍛冶、大工、織物、靴作りといった労働の多くは、これら移動〔巡回〕労働者によって行われた(＊)。

(＊) それにもかかわらず、移動労働者が仕事をする機会は長年にわたって限られたままであった。なぜなら、地方の各家庭はほぼミニチュア版の工場であったため、それぞれの農民は自身も大工、鍛冶屋、靴屋であり、1人で他の十数人の職人の仕事を行っていたからである。ニューヨーク植民地のムーア総督は、１７６７年になっても、植民地のほとんどの農家では、衣服は「家族の使用のために作られたものであり、そのどれもが市場に出すつもりのないものであった……、すべての家には、布を紡いで毛羽を立てられるようになるとすぐに仕事に取りかかる子供で溢れていた」と報告している。

人口が増加するにつれて、多くの渡り職人が、通常は小さな村に定住し、自分の家を借りたり建てたりして、部屋の１つで工房を開いた。近郊に住む農民が農産物を売るために町に出た折りに、自家製造が難しい商品を買った。

日用雑貨品の需要が高まるにつれて、職人でもある工房主は、自身の労働だけでは市場に供給できないことに気づいた。そうした工房主は、10から20ポンド（50から１００ドル）で通常は熟練労働者である年季契約奉公人を雇えた。彼らは7年間、食事と貸間、特別行事用の服1着のために働いた。１７０９年の4月、6月、7月にフィラデルフィアにやって来た１８３８人の年季契約奉公人のうち、56人がパン屋、87人が石工、124人が大工、68人が靴屋、99人が仕立屋、29人が肉屋、45人が粉屋、14人が革鞣し屋、7人が靴下繕い屋、6人が床屋、4人が錠前職人、95人が服地と亜麻布の織物職人、82人が桶屋、13人が馬具職人、2人がガラス吹き職人、3人が帽子職人、8人が石灰焼き職人、2人が彫版職人、3人が煉瓦職人、2人が銀細工師、48人が鍛冶屋、3人が図面師、6人が轆轤《ろくろ》師であった。

黒人奴隷は、植民地時代の工房で熟練労働者としても使われ、通常は月単位あるいは年単位で雇われていたが、次第に自由労働者の需要が高まった。年間を通じて仕事が行われるプランテーションや農場にいた年季契約奉公人や奴隷にはそれなりの価値はあったが、仕事が季節ごとに行われる工房や工場の自由労働者ほども収益性はなかった。年季契約奉公人や奴隷は、閑散期も服を着て食事を与えられ、保護されなければならなかったが、自由労働者は、もはや不要と告げるだけで事足りた。奉公人や奴隷が逃亡すれば、所有者はかなりの投資を失った。アダム・スミスが『諸国民の富』で述べているように、「ボストン、ニューヨーク、フィラデルフィアでは、……自由労働者が行う仕事は、奴隷が行う仕事よりも最終的には安くつく」のである。

1715年までに、植民地の新聞には時計職人から毛皮職人まで、さまざまな種類の自由労働者の求人広告が掲載されていた。70年にニューヨーク植民地に設置された職業紹介所は、親方手工芸者《マスター・クラフツマン》（以下では親方と略す）に「近くに行商人宿があって、ほぼすべてのジャーニマン（親方のもとで働く職人）が仕事を求めて立ち寄りたがる、北部教会近くにあるスリー・ライオンズという看板を上げているパブで、クーター氏に申し込めば、そうしたジャーニマンを補充できる」と通知していた。このようにして、賃金労働者階級が植民地時代のアメリカに誕生し、その数は年季契約奉公人の年季満了や自由労働者の移住によって増加した。熟練労働者は、ジャーニマン、細工師《アーティフィサー》、手工芸者《ハンディ・クラフツマン》、技工《アーチザン》、職人《メカニック》として知られていたし、未熟練労働者は一般労働者《コモン・レイバラー》または溝掘り人と採掘人であった（ここで言う熟練労働者は、それぞれ語源に違いがあり、使い分けられていたようだが、アメリカでは植民地時代から建国後の時期にあっては区別なく使われていた（森杲『アメリカ職人の仕事史』中公新書、1996年）ので、以下では区別の必要がない限り「職人」とか「職工」という訳語を当てる）。

造船、醸造、製粉、桶・樽製造、皮鞣し、馬具、製鉄は、多くの労働者を必要とするほど十分に発展した主要な植民地産業であった。ニューイングランドと中部植民地の各溶鉱炉は、木樵、石炭積み込み作業員、荷車屋、その他の一般労働者の他に8から9人を雇っていた。造船は、ボストン、ニューヨーク、フィラデルフィア、ニューポート、チャールストンでは間違いなく最重要な産業であった。1720年にボストンには年間約200隻の造船能力がある14の造船所があった。12年にニューポートには1ダース以上の造船所が、18年にフィラデルフィアには少なくとも10の造船所があった。これら造船所は、熟練工も未熟練工も含めて多くの労働者に職を提供した。たとえば、13年にはボストン港とセーレム港だけで少なくとも3500人の船員がいたと推定されている。独立革命の前夜までには、製材所と製鉄所が大勢の労働者を雇っており、多くの労働者はニューヨーク、ボストン、フィラデルフィアの大きな工房でも織物職人、靴職人、家具職人として雇われていた。

しかしながら、イギリス政府が労働者の数を制限していたこともあって、典型的な植民地の工房にはそれほど多くの労働者はいなかった。1750年には、そのような工房は、所有者兼雇用主である親方、2人か3人のジャーニマン、同数の徒弟で構成されていた。親方は依然賃金労働者と一緒に働いていた。彼は資本と原材料を提供し、完成品を販売した。

労働条件と労働団体

植民地時代のアメリカの労働条件を分析するにあたっては、労働力不足が「イギリスや大陸で同じような仕事をしている人よりも高い生活水準を労働者に保証した」ことを常に念頭に置いておかなければならない。この問題のある研究者は、「植民地時代の労働者は同時代のイギリスの労働者の賃金を30から100%上回る実質賃金を得ていた」と推定している。熟練した職人は植民地時代全期を通してヨーロッパから移入され、彼らを移住させるために植民地の実業家は非常に魅力的な条件を喜んで提供した。

植民地時代のアメリカのさまざまな職業における賃金に関する入手可能な調査は、周到な一般的な結論を下すにはあまりにも包括性に欠けている。でも、いくつかの統計は引用可能である。1630年のマサチューセッツ湾植民地の大工の賃金は、食事付きで1日約23セント、食事なしで33セントであり、食事付きの一般労働者の賃金は1日当たり11セントと低かったが、72年の煉瓦積み職人と石工の賃金は食事付きで1日22セントであった。70年の大工は1日約50セント、肉屋は30セント、靴屋は70セント、一般労働者は21セントであった。一般的な賃金は週に約2ドルであった。疑いなく、これらの労働者のなかには自耕自給農業で収入を補える者もいた。

しかしながら、植民地時代の賃金労働者の生活が豊饒（第1章の4ページを参照のこと）であったわけではない。失業中、植民地時代の労働者はしばしば子供たちを飢えさせ、自身も刑務所入りを免れることができなかった。1737年、ニューヨーク植民地の副総督は、植民地の多くの労働者が「仕事不足から貧困に陥った」のに気づいていた。また、植民地時代のニュージャージーでは、65年に非常に多くの労働者が失業したので、代議会はより困窮した家族が穀物を買えるよう1家族当たり200ポンドを充当しなければならなかった。

物価高と通貨の変動がしばしば実質賃金を減額させた。物価が下落したとしても、労働者は利益を得られなかった。それというのも、多くの植民地裁判所が「生活必需品価格の下落に準じて、賃金の減額に甘んじるよう」命じたからである。物価が上昇すると、裁判所は最高賃金率を定め、労働者がその賃金率を超える賃金を求めたり受け取ったりした場合には、多額の罰金を科した(*)。ニューイングランドの裁判記録には、「ウィリアム・ディキシーは1日に3シリング受け取ったことに対して罰金3シリングを支払った。ジェームズ・スミスは2シリング、ジョン・ストーンとジョン・シブリーは法外な賃金に対して、それぞれ3シリングを科された」と書かれている。雇用主は、この訴訟は「アメリカの労働者が自分の身を守るのに」必要であると主張した。あるアメリカの雇用主は1769年に、「高い賃金が労働者を惨めにすることが多いのは確かである。

彼らは一般に余暇と現金を使って道徳を堕落させ健康を損なうことがあまりにも多い」と述べている。

（*）植民地時代の賃金統制法のほとんどは、労働力不足と労働者を仕事に留まらせることができなかったために失敗したが、そうした法律の要求は植民地時代全期を通じて行われた。そうした法律が存在したほとんどすべての場合、雇用主ではなく労働者が起訴された。

賃金を抑えるために、製造業者はしばしば黒人奴隷を雇った。この慣行を止められず、南部の白人労働者は北部の植民地に移住し始めたが、北部の労働者も同じ競争に直面した。1707年に、フィラデルフィアの自由職人は、「雇用不足と賃金の低さは、1日単位で働くために雇われた……黒人の数によって引き起こされた」と抗議した。30年後、ニューヨーク植民地の自由労働者が「奴隷に手業《てわざ》を教える有害な慣行」に抗議し、彼らは他の植民地に移住することを余儀なくされた。

もう1人の競争相手は、冬の間に町に来て、春の植え付けに間に合うように農場に戻った半農半職人であった（職人的農民という概念もある）。ニューヨーク植民地のある職人は1757年に、「農民は、鋤、砕土器、その他の農具を作ったり修理したりすることを除いて、鍛冶屋、石工、大工、桶屋、またはその他の機械製作技術に手出しすることなく、適切な職業に就くべきである」と書いている。

労働者は、成長する資本主義とともに生じるこれらの問題は、労働組合（原文は trade union なので、厳密に訳せば職業（種）別組合もしくは職業（種）別職人組合である。本書が対象としている時期には、鉄道労働者や鉱夫などの産業別組合も登場するが、trade union は職業別組合であり、以下では職業別組合、労働組合、組合と訳す。なお、7箇所登場する craft union も職業別組合と訳し、クラフト・ユニオンとルビを振る）の力によって労働日を制限し、より高い賃金とより良い労働条件を求めて断固として闘うことでしか解決できないと学ぶ必要があった。初期のアメリカでは、階級の境界線は流動的であった。依然として親方はその作業台で働いていたし、多くの場合、彼とそのもとで働く労働者はしばしば協力して、確立された規範の遵守を拒否した大商人と闘った。熟練した労働者は親方になれたし、未熟練労働者は他の場所に移動するか帰農できた。

それでも、労働団体は植民地時代のアメリカで誕生した。(**) ボストンのジャーニマンのコーキン工が1741年に共同声明を発表し、「自分たち自身とその家族を著しく貧困に陥れた」慣行である、貨幣や商品に代わる工房発行の約束手形では仕事の報酬を受け取らないとした。彼らはこれに続けて、将来的には「自分たちの勤めに対し、公正で合法的な公的信用証券以外の報酬」は受け取らないと予告した。同年2月12日付のボストン・ウィークリー・ニュースレター紙（1704年4月24日創刊）は、「この賞賛に値する優れた先例に、他の多くの細工師や手職人がすぐに続くであろう」と短評した。

（**）植民地時代のアメリカにはいくつかの同業組合《ギルド》があった。そのなかでもっともよく知られていたのは、1724年に設立されたフィラデルフィアの大工ギルドであった。これらの植民地時代の職人ギルドは、ヨーロッパのギルドの慣行にならって、それぞれの業種を規制し、賃金・労働時間・労働条件を決定し、さらには職人技や道具の善し悪しを検査しようとしたがさほど成功しなかった。植民地時代のアメリカの労働者はあまりにも広範に分散していたので、ギルドによって規制され監督されることはなかった。通常、これらのギルドには親方だけが所属していた。

1734年1月28日付のニューヨーク・ウィークリー・ジャーナル紙（1733年11月5日創刊）に掲載された以下の広告は、女性奉公人が自分たちの労働条件を改善する目的で組織化していたことを示している。

「この町には、この厳しい時代に奉公に出ようとする多くの女性がいますが、世間の人々は私たち女性の労働条件を当然知るべきですし、私たちは夫に打ち負かされるべきではないことが理に適っていると思っています。彼らは強すぎて、おそらく優しい女性にいたずらするかもしれません。もしご婦人方の奉公人になるのを望み、その婦人の夫のために従事するなら、彼女ら奉公人はすぐに供給されるでしょう」。（広告からのこの引用は綴りと文法の貧弱さが原因で非常に難解である。一応上記のように訳出したが訳者なりの要約を付けておく。この広告を書いた人物はジャーナルの読者に、女性奉公人は主人であるご婦人方の夫に虐待されていると語っている。最後の一文は、女性奉公人が、自分たちを雇うのは夫ではなく妻であることを要請しているとの内容で、もし夫が妻のために雇ったのであれば、容易に性的ハラスメントにつながる可能性がある。ここでの要請はすべての女性奉公人に代わって行われている。つまり集団的な要請で、これをフォーナーは「組織化」と呼んでいるのであろう）。

独立革命以前で労働組合にもっとも近いものは、いくつかの主要な町で結成された親方、ジャーニマン、徒弟の慈善団体であった。その目的は、一般的には、「事故で支援を必要とする会員や会員の未亡人や未成年の子供たちを援助する」ことにあった。慈善団体は、疾病手当を支払い、窮乏した会員に資金を提供し、場合によっては金を貸し、貯蓄用の「金庫」を提供した。慈善団体は通常、賃金、労働時間、労働条件といった問題を扱わなかった。しかし、1767年にニューヨーク市の住宅塗装工の慈善団体は、親方が近隣の植民地から職人を少額の賃金で雇い入れるのを阻止し、それによってニューヨーク市の賃金を引き下げるのを阻止してくれるよう参議会に陳情した。慈善団体が結成される前は、そうした陳情はいつも無視されていた。参議会がこの陳情を受理したとき、ただちに委員会が任命され、「可及的速やかに」報告するよう命じられた。

植民地時代には何件かのストライキが行われた。(*) 1684年、ニューヨーク市当局に雇われていた荷馬車の御者が、積荷1個当たりの代価が引き上げられるまで、道路からゴミを撤去するのを拒否した。ストライキを行った者は、「命令に従わず、自分たちの持ち場で職務を果たさなかったこと」で、「停職処分を受けたり、解雇された」。1週間後、御者たちは仕事への復帰を求めた。彼らは「制定された法律と命令」に従うよう命じられ、それぞれ6シリングの罰金を支払うようにも命じられた。約1世紀後の1770年、ニューヨーク市の樽職人は「定められた賃率に従わない限り、樽を売らない」ことを決定した。それを実行した樽職人は、通商を制限しようとする共謀罪で裁判にかけられ有罪判決を受け、「教会または宗教上の慣例として」50シリングを払うよう命じられた。同市で働いていた者は解雇された。

（＊）これらは実際には雇用主に対する真の意味での労働者のストライキではなく、地元当局によって定められた代価に対する親方の抗議であった。ジョン・R・コモンズ教授と同僚は、1786年のフィラデルフィアの印刷工ストライキがアメリカ史上最初の本格的な労働者のストライキであったと述べている。しかしながら、リチャード・B・モリスは、1768年にニューヨークのジャーニマン仕立工のストライキがあった可能性を指摘している。68年3月31日、20人のジャーニマン仕立工が、自分たちは家族ともども「食事付きで1日3シリング6ペンス」で働いていたと公表した。

1763年10月29日付のチャールストン・ガゼット紙に掲載された非常に興味深い報告によると、黒人の煙突掃除夫は、「たがいに団結して、通常の代価を上げ、彼らの法外な要求が守られない限り仕事を拒否する傲慢さをもっていた」。

数年前の1758年には、強力な海運商人が団結して、船大工、有能な船員、一般労働者の賃金水準を引き下げたが、ニューヨーク市当局は寛大であった。6年後、植民地全体の雇用主団体が同市で創設された。当該団体の会員は、いかなる労働者も「当該植民地で最後に仕えた男女雇用主からの書面による推薦状」を提出しない限り、「召し使うのを許されない」ことに同意した。これら雇用主に罰金は科されなかったし、共謀罪で起訴されることもなかった。

1746年、サヴァナ〔ジョージア植民地東部の港町〕で多くの大工がストライキを行った。植民地の管財人は、ストライキを鎮圧するために議会制定法をただちに発動した。同年12月29日付の彼らの行動に関する報告書の一部にはこう書かれている。

「サヴァナの数人の大工によって読まれ、署名され、前記の町の複数の場所に掲示されている告知で、それによって彼らは団結し、そこに明記された特定の代価以下では働かないことを決意した」。

「命令する」。

「制定された議会法は、……総督と補佐官に送付され、彼らは同法の結果を国民に知らせ、同法を施行するよう命令される」。

民主主義のための闘い

17世紀の間、いくつかの植民地では、奴隷と年季契約奉公人を除く民衆は投票ができた。18世紀には、投票のための財産資格が導入され、貧困層の選挙権が剥奪された。ペンシルヴェニア植民地では、1750年の選挙権は50ポンドの「法定貨幣」または50エーカーの土地を所有しているかどうかにかかっていた。その結果、投票できたのは農村人口の8%とフィラデルフィア住民の2%にすぎなかった。ニュージャージー植民地の選挙権は、少なくとも100エーカーの土地を所有する自由土地保有農《フリー・ホルダー》に制限され、サウスカロライナ植民地では「定住プランテーション」または100エーカーの未開拓の土地所有者に制限されていた。マサチューセッツ湾植民地の弁護士ジョサイア・クィンシー〔1744-75。独立戦争前夜の愛国者で独立革命運動のリーダー。肺結核で早世〕は、サウスカロライナ植民地の代議会について、「代議会に議員がいるのは事実だが、彼ら議員は誰を代表しているのか。労働者、職人、商人、農民、農夫、それともヨーマン〔自由土地保有農の別名〕なのか。そうではない。議員は、ほぼ全員が裕福なプランターを代表している」と語っていた。

民衆の間で怒りが高まった。彼らは投票権を奪われ、自分たちがその教義を信じてもいない国教会を支持するために課税され、広大な土地を奪取・保持する投機家や地主階級に土地を購入する機会を奪われ、借金に陥った場合には投獄され、上流階級と区別するために粗末な衣服を着るよう強制され、一般に赤貧と無知なまま生きることを運命づけられたかの如く扱われたくなくて、アメリカに渡ってきていた。また、彼らは怒りを表明することもできなかった。暴動は投票日にしばしば起こり、当日は棍棒や石で武装した小商店主、職人、労働者が投票所に行進し、投票用紙を要求した。こうしたデモは次のような散文や詩による文学的抗議で補足された。

さあ、楽しい時間がやって来る／四輪馬車に乗るジェントルマンは／貧乏人のことなど歯牙にもかけない／気にかけるのは貧乏人に重労働させること

　マサチューセッツ湾植民地で起きた2つの事件は、民衆が支配階級の前に屈するつもりがないことを明らかにした。1667年、船大工のエマニュエル・ダウニングはエセックス郡で逮捕された。その理由は、「彼が他のいかなる人よりも彼［国王］を気にかけていなかった」し、「我々の君主である国王チャールズⅡ世の王冠と尊厳に抗して、非常に高尚な性格を有する多様で治安攪乱的で危険な演説をした」ためであった。また、ジョセフ・ダッドレー総督のよく知られた事件もある。1705年の冬のある日、ボストンへと続く路上で何人かの荷馬車の御者と遭遇した総督は、傲慢にも自分の馬車が通るので道を譲るよう御者たちに命じた。だが、彼らは拒み、その1人が総督に、「私はあなた同様血の通った人間です……あなたこそ道を譲るべきではないですか」と告げた。御者たちは逮捕され、後に釈放されたが、貴族社会全体でこの事件が議論された。悲嘆に暮れた下層階級は次第に手に負えない存在になった。しかし彼らの抗議は、下層階級が「少数の、非常に少数の裕福な家族の傲慢な支配」を終わらせるために蜂起したときの貴族の叫び声に比べれば、実際には穏やかなものであった。

　ヴァージニア植民地は、1676年にナサニエル・ベーコン率いるプランター貴族に対する反乱を経験した。国王の調査官の報告書は、この反乱は「もっとも卑劣な者たちの貧困と傲慢さから生じたもので、彼らの不満は彼らを誤解させやすくしている」と記していた。彼の反乱軍は、ある同時代人によって「その経済状態が、変化によってより悪化するのを許さないような〔最低水準にある〕、もっとも卑劣な種類の人間からなる暴徒」と描写された。この同時代人は、暴徒が「プランター貴族の土地を彼らの間で分け合う」と話しているのを聞いてショックを受けた。

　ベーコンは熱病で急死したが、反乱がバークリー総督によって血に染められる前に、民衆のために多くの民主的権利を獲得していた。財産のない自由（市）民が植民地代議員を選出するのを禁止する法律は廃止された。すべての教区の自由土地保有農と自由民は、教会の教区委員を選出する権利を得た。

　反乱が鎮圧された後、これらの民主的な改革はどれも残っていなかったが、彼らの記憶は生き続けた。ベーコンはまさに「独立革命の啓蒙家」であり、民衆のリーダーはその後何世代にもわたって「ベーコン主義者」と呼ばれた。

　そのようなベーコン主義者の1人が、1689年にニューヨーク

市民を指揮して商人貴族政治に対抗し、要塞を占領し、あげくに政府を転覆させたジェイコブ・ライスラーであった〔ドイツ生まれの商人ライスラーは北部辺境のフランス勢力に対する遠征軍派遣の失敗と反独立革命勢力の巻き返しで失脚し、1691年に処刑された〕。ベロウモント総督によって、「民衆のクズ。テーラー主義者〔修正されたカルビン主義の一形態。すべての人間は自由意志をもつとし、罪を犯す傾向としての堕落と、自由意志による悪行の選択としての罪を区別する〕やその他の恥ずべき人々」と分類された同市の職人と労働者がライスラー党の多数派を形成した。この運動が敗北する前に、いくつかの重要な民主的権利が獲得された。公安委員会は民衆によって選出され、財産をもたない自由民に投票権が与えられ、植民地政府の代表者はすべての有権者によって選出された。

ライスラー政権は打倒されたが、反乱の間に行われた多くの民主的な進歩は続いた。ニューヨーク市の選挙権は、独立革命前の他の植民地よりも寛大なものであった。同市の白人総人口の約10％が選挙権を有していた。政府は商人、王室の役人、弁護士、土地所有者によって支配されていたが、職人の政治運動の機会は存在した。

この機会は、1734年の市会議員選挙戦中に訪れた。この選挙運動では、コスビー総督と商人を代表する宮廷党が、市会議員と参議会員〔参事会員ともいう〕を再選することで市政府の支配権を維持しようと決意していた。彼らに対抗して配置されたのは、職人によって支持され、ジョン・ピーター・ゼンガーのニューヨーク・ウィークリー・ジャーナル紙〔1733年11月5日創刊。フォーナーはニューヨーク・ジャーナル紙としているが訂正した〕の支援を受けた民衆党であった。選挙戦中に民衆党が配布したチラシで、ニューヨーク市の労働者は「同市の真の利益よりもご機嫌取りあるいは日和見主義者、あるいは帽子についた羽飾りを好む虚栄心が強い仲間の誰かを選ばないよう説得された。また、彼らの従者を選ばないようにとも説得されていた」。チラシは有権者に「貧しい正直者［は］、金持ちの間抜けよりも好ましい」ことを思い出させた。選挙戦の終盤、労働者は次の歌で投票所に集められた。

俺らの国の権利を守ろう／勇敢で正直な男たちのように／俺らは投票し、そこには1つの目的がある／それゆえ、もう一度投票する

選挙は民衆党の勝利であった。労働者のジョン・フレッド、煉瓦積み職人のヨハネス・バーガー、塗装職人のウィリアム・ローム、パン職人のヘンリー・ボガート、その他の職人が参議会員に選出され、参議会は1735年まで民衆党が完全に支配した。コスビー総督は、ロンドンの英国上院〔原文はLords of Tradeとなっている。Lords of Trade and Plantationsの誤りかとも考えたが、内容的にはHouse of Lordsが近いと考え「英国上院」とした〕に「ニューヨーク市の誤った民衆」について不満をぶちまけ、もう1人の保守派は同市が「完全に党派の言うがままに操られ、その大部分が下層階級者」であったと語った。

民衆の勝利に激怒したコスビー総督はゼンガーに対して強硬な措置をとった。歌、バラード、それにニューヨーク・ウィークリー・ジャーナル紙の何号かは、総督参議会と最高裁から非難された。彼自身も扇動的文書誹毀の罪で逮捕された〔1734年11月17日の日曜日のこと〕。彼の弁護は、88歳のフィラデルフィアの著名な弁護士アンドリュー・ハミルトンが無報酬で引き受けた。出版の自由という論点を強調しつつ彼は、「法廷に提出された問題は、……些細な問題でも個人的な問題でもなく、不運な出版者の大義でもなく、ニューヨーク市だけの

大義でもない……。それは自由の大義である。そして私は、この日のあなた方の率直な行動が、あなた方の同胞の愛と尊敬をあなた方に与えるだけでなく、奴隷の生活よりも自由を好むすべての人が、あなた方を祝福し、誇りに思うであろう……ことに疑いの余地はない」と弁じた。

判決は「無罪」で、これによってアメリカで出版（報道）の自由の先例が確立された。

その後、ニューヨークの保守派は市政府の支配権を取り戻したが、植民地時代のアメリカの富裕層や「家柄の良い」人々は、同市の人々の政治的高揚が引き起こしたパニックからけっして立ち直れなかった。彼らの恐怖は、1740年に貴族政治主義者とマサチューセッツ湾植民地の民衆の間で闘争が始まったときにさらに大きくなった。戦慄する事実は、植民地時代の銀をヨーロッパに送り、紙幣による債務の支払いを拒否していた忌々しい債権者に対して、農民と職人が一緒に行進していたことであった。商人貴族は、貧しい人々を搾取して「広大な土地を懐にした」、「貪欲で、容赦のない簒奪者」と非難された。困窮した農民や町の職人は、紙幣を発行する「土地銀行〔土地開発銀行、不動産を基礎とする発券銀行。農地を担保に長期低利の貸し付けを行う銀行〕」の設立を求めた。

ボストンの商人貴族にとって、「基本的に闘争とは、植民地の公職を支配するために民衆と裕福な地主階級のどちらが出てくるかを決めることである」のは明らかであった。当然彼らは土地銀行という提案と闘い、植民地の代議会で土地銀行が合意されると、国王と議会に訴え、英国政府は土地銀行を解散させた。

その結果、どの植民地においても、民衆は上流階級の権力を制限できなかった。下層階級の民主的権利を回復し、他の権利を獲得しようとするすべての運動は、一部は英国国王と議会の時宜を得た援助によって粉砕された。だが、地主、専門職業人、商人の貴族政治の勝利は一時的なものでしかなかった。これらの闘争で、都市の労働者、職人、地方の農民が重要な同盟関係を構築した。彼らはアメリカ独立革命の間にこの同盟を実現することになる。彼らは国内でのより大きな自由を求める闘争と独立運動を統合することによって、アメリカでより民主的な政権のために闘い、勝利した。

第3章　労働者とアメリカ独立革命

アメリカ独立革命期｛この時期は１７６３年のフレンチ・インディアン戦争の終結から89年のワシントン政権成立による新共和国の発足までの26年間。１７６３年から75年の独立戦争勃発の抵抗期、75年から83年の平和条約までの独立戦争期、83年から89年までの連邦形成期に分けられる｝に、労働者はイギリスの政策に抵抗し、アメリカにおける自分たちの経済的・政治的利益を推進する際に団結して階級として行動した。

アメリカ独立革命は同時に行われた2つの大きな運動の集大成であった。1つは、植民地をイギリスの抑圧的な帝国支配から解放する運動であり、もう1つは、アメリカの政治、経済、社会制度を民主化するための運動であった。独立革命が成功したのは、共通の敵を倒すために協力した労働者、大多数の小規模農場主、さらにはプランター商人貴族の一部が団結したおかげであった。

独立革命の背景

敵の経済的武器はイギリスの重商主義政策であり、アメリカの植民地はイギリスの製造業者、商人、地主の利益の極大化だけを目的に存在していた。入植者は自分たちの商品をイギリスにしか送れず、イギリス以外の港に送る場合には最初にイギリスに送らなければならなかった。彼らが輸入できるのは、イギリスで生産された商品か、イギリス経由で植民地に送られた商品だけであった。彼らは、羊毛、紡ぎ糸、毛織物をある植民地から別の植民地へ、あるいは「いかなる場所にも」輸出することを許されず、帽子や鉄製品の輸出も許されなかった。鉄材の切断工場や圧延工場、さらには鍛造工場や溶鉱炉の建造もできなかった。１７６３年以降、彼らはアパラチア山脈西部地域に定住することを禁じられ、64年の通貨法｛イギリス政府が北米植民地における通貨の発行を禁止した法。植民地人は、本国商人への負債を正貨以外で支払うことは許されなかった。砂糖法、軍隊宿営法、印紙法とともに植民地統制政策｝によって、彼らは法定紙幣を使用し、植民地に造幣局や土地銀行｛第2章18ページを参照のこと｝を設立する権利を奪われた。

入植者がしばしば違法な生産や密輸でこれらの制約を回避できたのは事実である。だが、それは１７６３年以降次第に困難になった。なぜなら、イギリス実業家たちの苦情に対して、より厳格な点検と執行が行われたからである。あるボストン市民は65年に「入植者はボタンも蹄鉄も鋲釘も作れないが、イギリスの煤けた金物屋や立派なボタン職人は、自分たちの敬意の崇拝が卑劣なアメリカの共和主義者によってもっともひどい虐待を受け、傷つけられ、騙され、強奪されていると大声で叫び、大騒ぎするであろう」と嘆いていた。

国王の家臣を除くアメリカのすべての階級がこれらの制約に苦しんでいた。１７６３年の国王宣言（布告）｛フレンチ・インディアン戦争終結の年、イギリス国王が植民地人のアレゲーニー山脈西部への進出を規制するために出した｝は、南部のプランターが西部の土地への投機を通じて富を取り戻すという展望を打ち砕き、土地に飢えた貧しい農民とフロンティアに逃避するという都市職人の望みの糸を断ち切った。植民地貿易の制約は商人に損害を与え、農産物の価格を下げ、とくに船員や造船所労働者の賃金を下げ、失業をもたらした。労働者は、これらの制約が独立した生産者になるのを妨げたので熱り立った。紙幣の禁止は債務者への圧力を高め、商人間の取引を著しく妨げた。要するに、「一握りのイギリス資本家が、イギリス政府《ウェストミンスター》で何百万人ものアメリカ人の福祉よりも大きな影響力をもっていた」のである。

それでも、アメリカの経済的自由に対するこれらの制約は、それだけではイギリスの植民地政策に反対するすべての入植者を団結させられなかった。それというのも、そうした制約は時代が変わるごとに、異なる階級や部門に影響を与えたからである。この点に関し、1763年以降に採用された別の専制的措置が大きく寄与した。65年の印紙法は、アメリカ全土のあらゆる法的文書、すべての新聞または商業手形に税金を課し、74年〔73年の間違い〕の茶法は東インド会社に〔北米植民地への茶の直送と独占販売〕権を与え、イギリス製のお茶を投棄したことに対する罰則としてボストン港を封鎖した法令もそうした措置で、これら一連の措置が反発を募らせていたすべての階級や部門を団結させた。多くのアメリカ人は、イギリス議会が印紙税を課せられるのであれば、人頭税や土地税、そして65年に発行されたパンフレットに追加された「太陽の光、我々が呼吸する空気、さらには我々が埋葬される土地に対する」税金も課せられることに気づくようになった。

入植者は、請願、デモ、不買同盟〔イギリス製品不買同盟。ニューヨーク商人から始まって、ボストンとフィラデルフィアの商人、一般市民に波及〕によってイギリス政府の抑圧的な措置と闘い、「代表権なしの課税は専制政治〔パトリック・ヘンリーの「代表なくして課税なし」が一般的〕」、「人間の生得の権利〔自然権〕」、「自由と財産」が、そのもとで彼らが闘った民主的なスローガンであった。

イギリスとの論争は、植民地貴族の弾圧やイギリスの支配からの開放を意味する自由の感情で民衆の心を満たした。アメリカはすべての「国内外の寡頭政治」から自由であるべきであった。

しかし、植民地時代の支配階級の多くにとって、中産階級と下層階級のアメリカ人の「平準化原則」と「民主的概念」は、イギリスの暴政によって課された印紙法や茶法よりも脅威的であった。そのため、独立戦争が勃発する前の20年間における植民地の対英反対運動を通じて、彼ら支配階級は自分たちに不利にならないように闘争を行おうとしたし、その保守的なやり方がもはや不可能になったときには民衆の運動を止めようとした。ガヴァヌーア・モリス〔1752～1816。政治家・外交官。1787年の憲法制定会議にペンシルヴェニア邦代表として出席し、憲法前文を書いたと認められている〕は植民地貴族を代弁して次のように書いた。

「暴徒は考え、推論し始める……。私は、イギリスとの紛争が続けば、私たちは放埒な暴徒の支配下に置かれることになると、恐怖に脅え震えながらも理解している。したがって、本国との再結合を求めることは、すべての人の利益になる」。

自由の息子

1765年後半には、イギリスとの戦いの指揮は、それまで植民地時代のアメリカの政治生活を支配してきた保守的な商人やプランターの手に完全に委ねられることはなくなった。大きな町の職人や労働者は独自の武装組織を結成し、躊躇いがちな保守派を突き放し、よりゆっくりと行動しようとする人々を刺激し、革命戦争でイギリスの支配が覆されるまで数え切れないほどの方法で革命を前進させた。彼らは自らを「世直し人《レギュレーター》」と自称し、ペンシルヴェニア植民地では「朋友《アソシエイター》」、コネチカット植民地では「堅い契りの仲間《ユナイテッド・カンパニー》」と呼ばれたが、通常は「自由の息子《サンズ・オブ・リバティー》」として知られていた(*)。〔「自由の息子」はニューヨークとボストンでもっとも活発な反対運動を展開し、不買同盟違反者には公衆の面前で、「タール塗り、羽毛まぶし」の刑を科した〕

(*) 特定の職業の労働者が「自由の息子」と提携した別の組織を通じて活動する場合もあった。こうして、ニューヨーク市の船員は「ネプチューンの息子」を通じて革命活動の多くを続けた。

これらの革命団体は、技工でもある小商店主、職人、日雇い労働者、大工、建具屋、印刷工、船大工、鍛冶屋、コーキン工〔第2章10ページを参照のこと〕、ロープ職人、船員、石工、その他歴史書に名前がほとんど記録されていない都市下層階級でおもに構成されていた。商人や専門職が「自由の息子」でリーダーシップを発揮した。傑出したリーダーには、マサチューセッツ湾植民地のサミュエル・アダムズ、サウスカロライナ植民地のクリストファー・ガズデン、ニューヨーク植民地のジョン・ラム、ロードアイランド植民地のスティーヴン・ホプキンスなどがいた。だが、労働者階級は弁護士、プランター、さらには商人のリーダーと緊密に協力していた。こうして、革職人のエベニーザー・マッキントッシュと、職人と労働者を中核とした会員制組織《クラブ》であるノースエンドのコーカス〔地域の党員会合で、党幹部会の意もある〕のリーダーのポール・リヴィア〔銀細工師で、1775年4月18日の夜、イギリス軍の侵攻をボストンからレキシントンまで騎行で触れ回ったことで有名な人物〕は、ボストンのアダムズと頻繁に相談し、職人のウィリアム・ジョンソンはチャールストンのガズデンと緊密に協力していた。

こうした人々の指導のもとで、「自由の息子」はイギリス政府の抑圧的な措置に反対してデモを行い、印紙法の廃止を確保し、不買同盟の施行とイギリス製の紅茶のボイコットを可能にした。彼らは、印紙を販売するために任命された役人を辞任させ、他の役人を町から追い払った。彼らは、不買同盟に従わない商人に公に謝罪するよう強制し、革命の大義に有害な行為に固執した者にはタールを塗り、羽毛をまぶして侮辱した。

自由の敵にとって、「自由の息子」は常に「暴徒」であり、「スコットランド人やアイルランド人、外国の放浪者との混血の暴徒」であり、「受刑者の子孫」であり、「不和と派閥を口汚なく、煽りたてる息子たち」であった。だが、アダムズにとって、「自由の息子」とその同盟者である小農場主(*)は、「すべてのコミュニティの強さ」であったし、彼が不買同盟運動の実施を委ねたのは、これらの「職人と農民の尊敬に値する2つの団体」であった。彼は町の労働者と小規模農民の「確固たる愛国心」が「この国を最終的に救わなければならない」と語った。もう1人の独立革命の指導者ジョゼフ・ウォーレン博士は、1774年6月に不買同盟の施行に関して筆を執ったとき、職人の愛国心への信頼を、「私は、ニューヨークが私たちを丁重に援助してくれないのではないかと心配しているが、ニューヨークはおそらく私たちを見捨てることを恥じているかもしれない。少なくとも、ニューヨークの商人が私たちを売ると申し出たら、ニューヨークの職人は競売を禁止するであろう」と表明した。

（＊）一部の植民地では、「自由の息子」に組織された技工、職人、日雇い労働者が、後背地の急進的な農民との同盟関係を構築しようとした。たとえば、ボストンの自由少年団《リバティー・ボーイズ》は、植民地全体の農村部の急進派と接触し、多くの町や村で反印紙法決議の通過を確保することに成功した。しかし、ニューヨーク市では、「自由の息子」は、協力に熱心な農民と統一戦線を形成するために何もしなかった。

トーリー党〔１６８０年代に成立し、１８３０年代に保守党と呼ばれるようになった政党〕の党員の敵対的な目の前で、さまざまな武器で武装し、暴君に支配されるのではなく「血のなかで徹底抗戦する構え」を固めた「自由の息子」は、自由の木《リバティー・ツリー》〔ボストン広場《コモン》の近く、ワシントン街とエセックス街の角にあった楡の木〕のメダルを首からぶら下げて、軍の如く隊列を組んで市民集会が開かれていた場所に向かって行進した。宿屋や居酒屋では毎週教育集会が開かれ、読み書きのできない人々のために直近の新聞、パンフレット、チラシなどが読み上げられた。そして、歌の祭典では、彼らは革命的な歌で声を張り上げ、貴族たちに対して、イギリスの暴政だけでなく国内のそれからも解放されることを警告した。そうした革命的な歌の1つは次のように流れた。

「自由の息子」よ、来たれ／皆の者、心を一つにして来たれ／「敢然と自由に立ち向かう」が我らがモットー／簡単に恐れおののいてはならない
圧倒しなければならない圧制の紐帯／今こそそのとき、こんな好機は二度と来ない／我らがモットーこそ真実だと皆に証明しよう／そして、皆を奴隷状態から解き放とう

女性がコーラスに加わる場合もあった。それというのも、「自由の息子」にはアメリカ初の女性の賛助団体——「自由の娘」〔「自由の息子」と違い、糸を紡ぎ布を織るといった平和的な闘争を行った。糸紡ぎ車は抵抗運動の象徴でもあった〕——がいたからである。これら女性陣は、お茶を嗜むのを拒絶し、イギリス製品のボイコットで不買同盟を実効性あるものにし、「自由を失うよりは手織りの上着を着た方がまし」というスローガンのもと、自家製の衣服を広めた。「自由の娘」の祭りが独立革命を非難した男によって中断されたとき、女性たちはこの侵入者を捕まえ、上半身を裸にし、タールと羽毛がなかったので、糖蜜を塗り、花の綿毛で覆った。「自由の娘」は、女性の居場所は家にあると定めた神の意志に反して行動したとして非難されたが、「自由の息子」は彼女らの支援を歓迎し、「我々のそばにいる女性と一緒に、我々はトーリー党の全党員を震えさせられる」と嬉々として宣言した。

印紙法が廃止された後も、「自由の息子」はその組織を続け、ニューヨーク市の「自由の息子」の代表者は、他の地域での団体の結成を支援した。さまざまな団体が「自由の息子」のもとで大同団結し、同様の活動がボストンやチャールストンでも行われた。

これら急進的な団体は、最初の効果的な植民地間同盟を画しただ

けでなく、労働者階級の連帯を構築するのにも寄与した。１７６８年にイギリス軍がボストンで屯営したとき、当局は労働者に兵舎を建設するよう要求した。不買同盟によって失業していたにもかかわらず、大工や煉瓦積み職人は建設作業を拒否した。特別手当や高賃金をもってしても彼らを動かせなかった。彼らは非常に「頑固」なことを証明したので、ゲージ将軍は労働者を派遣するようニューヨーク市に請わざるを得なくなった。リヴィアが「自由の息子」の構成員である同市の大工や石工の支援を得るべく同地に向けて疾駆した。彼の話を聞いた大工や石工は、「この国の敵」のために働かないことを即決した。

「自由の息子」はアイルランドのダブリンでも誕生し、精神的にも財政的にもアメリカ人を支援し、「世界中の『自由の息子』」を称える乾杯の音頭をとり、アイルランドのリベラル派や急進派をワシントンの軍隊でともに戦うために徴募した。イギリスでさえ、一団の職人がアメリカの自由少年団に対して、「君たちは我慢すればいいだけで、そうすれば君たち自身の自由とイギリスの自由が守れる」と主張した。

こうした国際的な連帯を歓迎した「自由の息子」の決意は、コンコードの戦いで戦死したアメリカ人の未亡人や遺児に送金したロンドン憲法協会〔１７７１年にジョン・H・トゥックが結成し、植民地人支援のための募金を計画した彼は78年に投獄された〕によってさらに強化された。イギリスの織物職人、船員、仕立屋、鉱夫は、アメリカ市場喪失の結果としての失業に耐え、「餓死寸前の状態」にあったにもかかわらず、「自由の息子」に対して、不買同盟を継続するよう激励した。ゲージ将軍は１７６８年に、「ロンドンとダブリンで起きた暴動と反乱のニュースは……、アメリカの種々の党派によって、彼らの独立の計画に有利な出来事として受け入れられている」と報告した。

政治活動

これらの国内的および国際的な関係は、後にアメリカの労働者に有利に働くようになり、独立革命期の政治活動の分野で彼らが得た経験もそうであった。彼らは選挙権を有していなかったので、植民地政府にはほとんど影響力を行使できなかった。しかし、国王の合法的な政府が崩壊し始め、超法規的な委員会や議会による統治の時代が始まると、職人は保守派に自分たちの力を否が応でも認めさせた。フィラデルフィアのある職人が、１７７０年９月27日付のペンシルヴェニア・ガゼット紙に次のように書いて、国中の同僚の感情を代弁した。

「職人の肯定的または否定的な声が干渉することをけっして許さずに、ある有力な男たちの一団が人を指名し、議会人、委員、補佐人などの候補者を決定するのが慣例となっている……。我々は長期にわたって、こうした慣例を我慢してきたので、これらの郷士は、職人（特にこの郡では圧倒的に数が多い）には相談を受ける権利がない、つまり、実際には自分で話したり考えたりする権利がないと躊躇うことなく言うようになった。我々には、選出したり、選出されたりする平等な権利が必要ではないのか……。私は、これほど大きな住民を代表するために、１人か２人の職人が選出されることが絶対に必要であると考える」。

1773年にニューヨークの保守的な商人が独立革命の進行を制御するために「51人委員会」を組織したとき、職人は独自の組織である「職人委員会」を立ち上げて独立した行動をとった。この職人委員会は、かつての「自由の息子」であり、その親団体と同じように、国内外の「不倶戴天の敵」の打倒を強く求めた。職人委員会は、イギリスによって港が封鎖された「ボストンの貧困層を救済するための」資金を調達する集会を招集し、厳格な不買同盟協定を施行し、通信連絡委員会（アメリカ独立革命期に情報の交換や宣伝を目的に設置された愛国派の革命的地方組織。ボストン茶会事件以降のイギリス政府による統制政策の強化に抵抗して、この委員会が世論形成で果たした役割は大きく、独立革命権力機構の下部組織として活動した）を組織し、大工や石工に影響を与え、彼らがボストン海峡を要塞化するためにボストンに行くのを阻止し、商人にはその船をイギリス軍や軍需品の輸送に使うのを拒否させた。職人委員会は、「自由の息子」が求めていた「これまで投票から除外されてきた階級の平等な権利」と、口頭ではなく投票での選挙という問題を再度提起した。

勝利は勝ち取られた。選挙権は、居住を唯一の要件とすることで、ほとんどの労働者に拡大された。職人委員会によって提起された要求である大陸会議の召集が合意された。保守的な商人が大陸会議の代表者を「51人委員会」からのみ選出することを提案したとき、物事を進めるための最後の努力がなされた。職人は独自の候補者全員を指名することでこれに応え、最終的に商人と職人の代表が協議し、合意に達した。統一を実現するために、職人委員会はその候補者名簿の撤回に同意し、商人はより規模の大きな「100人委員会」で職人と団結することに同意した。

他の植民地でも同じような統一に向けた動きが見られた。チャールストンの職人は、商人が始めた当初の不買同盟が職人のもっとも深刻な不満のいくつかを無視していたことに不満を募らせていた。彼らの要求の1つは、職人として雇われた奴隷の輸入の禁止であった。当初の不買同盟協定が作成されてから4日後に、職人は「自由の木」の下で会合し、2つの修正案を起草した。1つは、奴隷を植民地に連れてこないことを規定するもので、もう1つはイギリスから輸入された商品を事業継続の意思のない業者から購入しないことを規定するものであった。チャールストンの商人は、奴隷貿易の禁止期間を延長することによって職人の提案を修正した。だが、職人はこの修正案を拒否し、小規模プランターと協力して商人に圧力をかけた。プランターは、彼らの代理人に対し、職人の修正案の受け入れを拒否した商人と売買しないよう命じた。その結果、商人は、職人、プランター、商人からの同数の代表で構成される不買同盟協定を起草するための合同委員会を要求した。最終的に、それぞれ13人ずつの商人とプランターと職人からなる一般委員会が、統一不買同盟協定を作成し、施行した(*)。

(*) 1770年にニューヨークのある職人が、「職人にはイギリス製品の輸入について自分たちの感情を吐露する権利はないという、我が商業界の何人かの名士の主張ほど破廉恥な間違いはない」と書いている。

この時期、チャールストンの職人は独自の代表者を選出した。1768年10月1日付のボストン・クロニクル紙のチャールストン発の記事は、「この都市の主要な職人の多くが、次の植民地議会でチャールズタウンの住民を代表する6人の紳士を選出するために、縄製造所に隣接する野原にある木の下に集まった」と報じた。ボストンの職人は、この報道を読むと、町民会《タウンミーティング》の会場に向かって行進し、選挙権に対する法的制限を無視し、政府の真の権限を掌握した。ある貴族は１７７０年に、「ボストンの商人」は、「今では、最下層の人々の暴徒によって行われている彼らの町民会でのすべての議論において、完全に蚊帳の外に置かれた」と書いている。アメリカ関税委員会は、「これら町民会で、政府のもっとも重要な点について最下層の職人が遠慮会釈なく議論している」と付け加えた。

その後、他の都市や町の１７７０人の職人がチャールストンに続いた。１７７２年にフィラデルフィアで愛国者協会が設立されたのは、「ここでも大西洋の対岸でも、同じものを侵害しようとするあらゆる試みに対して、我々と我々の子孫に対する我々の正当な権利と特権」を守るためであった。2年後、同協会はフィラデルフィア職人協会と名乗り、辺鄙な地方の小規模農場主と団結した。

１７７６年、ペンシルヴェニア植民地で超法規的な地方会議が「人民の権威のみに基づいて……、新しい政府を樹立するという明確な目的のために」召集された。21歳以上で、1年間納税者であり、市や郡の住民であったすべての植民地の住民は、独立革命の大義を支持する宣誓をすれば、憲法制定会議の代議員を選出する権利をもっていた。労働者と農民をしっかりと代表するこの会議から、当時のもっとも民主的な憲法が誕生した。それは、言論と信教の自由を保障し、辺鄙な地方の代表を増やし、税金を払ったすべての住民が投票して公職に就くことを可能にした。反動主義者は当該文書を「無教養の愚民政治の最たるもの」と呼び、フィラデルフィアの郷士ジェームズ・アレンは「すべての権力はアソシエイター（既出の通り、ペンシルヴェニア植民地の「自由の息子」）の手にある……」と悲しげに叫んだ。

どの植民地においても、保守派は独立革命運動が「見下げた輩全員を頂上に押し上げた」という事実を嘆いた。ジョージア植民地の総督は、サヴァナでは「教区委員会は、おもに大工、靴職人、鍛冶屋などからなる最下層の民衆の寄せ集めであった……」と涙ながらに語った。反動的なペンシルヴェニア人であるジョセフ・ギャロウェイ（第1回大陸会議の代表。急進派に対抗してイギリスとの連合を提案したギャロウェイ連合案で有名）は、次の対句で怒りを露わにした。

夜になると煉瓦積み工や大工が嘘をつき／次の日に、リクルゴスとソロンといった賢人が起きる（リクルゴスはスパルタの国家体制を作った伝説上の立法者、ソロンはギリシャ7賢人の1人）。

庶民はこれらの攻撃を軽視しなかった。サウスカロライナ植民地チャールストンのある牧師は、「そうした職人と田舎の道化師には、政治や、国王、諸侯、庶民がしたこと、あるいはするかもしれないことについて議論する権利はない」と主張した廉で彼の信徒によって解任された。ロードアイランド植民地ニューポート発行の１７７４年9月26日付のマーキュリー紙が、「すべてのこのような牧師……職人や（悪名高いいわゆる）田舎の道化師は、国王、諸侯、庶民、聖職者の真の絶対的な支配者である……」と伝えたとき、同紙は植民地の人々を代弁した。

独立への道

戦いが流血で終わるのを防ぐためにイギリス議会の穏健派に頼っていた保守派とは異なり、ある議員が脅したように、「自分たちの森を焼き払って火を灯す」必要があったとしても、イギリスの支配者はアメリカに対する支配を続ける決意であることを職人は知っていた。労働者はすでに革命の大義のために命を捧げていた。1770年3月5日、5人の労働者がボストン広場でイギリス兵に撃たれた。このボストン大虐殺(*)の犠牲者は、奴隷状態から逃れた黒人船員のクリスパス・アタックス、縄製造所労働者のサミュエル・グレー、若い船員のジェームズ・コールドウェル、職人のパトリック・カー、建具師徒弟のサム・マーヴェリックで、5人全員が共同墓地に埋葬された。

（＊）低賃金でパートタイム労働を受け入れたイギリス兵に対するボストンの労働者の激しい反感は、ボストン大虐殺において重要な要因であった。

ボストン大虐殺の後、職人は避けられない紛争に向け自ら軍備をしっかり整え、地元の民兵を編成し、武器と弾薬の蓄えをかき集め、「自由の息子」の会合で戦術に磨きをかけた。イギリス軍のほとんどが宿営していたボストンでは、職人は「イギリス兵の動きを監視し、トーリー党員の動きに関するあらゆる情報を得る」ための驚嘆すべき諜報網を構築した。

職人は、ゲージ将軍が軍需品をポーツマスから移動しようとしているのをすぐに察知し、諜報委員会の委員リヴィアは、ポーツマスの自由少年団に知らせるため夜通し馬を走らせた。近隣の町や村の職人や小規模農場主の助けを借りて、自由少年団は、イギリス兵がポーツマスに到着する前に軍需品を押収した。その後、リヴィアは再度騎乗し、アダムズとジョン・ハンコックを逮捕しようとするゲージ将軍の作戦を2人に警告し、安全な宿営地に案内した。最終的に諜報委員会は非常に重要な情報を入手した。間諜たちは、1775年4月18日の夜、800人のイギリス軍兵士全員が戦闘態勢を完璧に整えて兵舎を出、ボストンの北18マイルのコンコードにある憂国の士の軍需品を押収しようと移動しているのを探知した。キリスト教会の尖塔に掲げられたランタンの点滅で周辺住民に合図を送り、リヴィアは英雄詩で謳われた騎行を始めた。レキシントンでイギリス軍は民兵軍から銃撃され、コンコードでは「自由の息子」によって編成された民兵軍と応戦した。イギリス軍は、300人近くの死傷者や捕虜を残して撤退したのに対し、アメリカ軍は約90人の損失に留まった。

5日後の日曜日、ボストンの職人イスラエル・ビッセルは、草臥れた馬でニューヨーク市に入り、コンコードとレキシントンのニュースを広めた。小商店主や職人、それに労働者が同市の武器庫をこじ開け、弾薬と約600丁のマスケット銃を押収して、皆に配った。こうして武装した自由少年団は義勇軍を編成し、同市の統治を掌握し、税関と公共倉庫を乗っ取り、イギリス軍に予定されていたボストンの2隻分の物資を船から降ろした。数週間後、「自由の息子」の民兵がボストンに向かっていたイギリス軍と衝突し、多くの兵士を説得して脱走させ、残った兵士を拘束した。

「世界中で聞かれた銃声」は他の植民地でも同じような効果をもたらした。ジョージア植民地のサヴァナで、「自由の息子」は弾薬庫をこじ開け、600ポンドの火薬を手に入れ、港でイギリス船から銃と火薬を押収し、連隊を編成し始めた。「自由の息子」の一員であるマッカーシーが逮捕され投獄されると、自由少年団は留置所に押し入って彼を解放し、通りを軍の隊形で行進した。フィラデルフィアの職人と進歩派の商人は軍事連合を結成した。「自由の息子」はニュージャージー植民地のニューアークで会合し、「この憂慮すべき危機に対して、アメリカの自由を支持するために命と財産を危険にさらす用意がある」と全会一致で決議した。

独立革命と独立戦争が人々の前に立ちはだかった。しかし、1年近くにわたって、それは不満の是正を求める武力による要求という形をとった。労働者は自分たちの自由のために戦わなければならないのを知っていたが、保守派は依然として調停が可能であると信じていた。大陸会議の支配的な勢力として、彼らは分離の要求を緩やかに推し進め、アメリカ人は「独立を望んでいない」と国王に保証した。職人は地方の議会と大陸会議の代議員に独立のために戦うよう指示していたし、ガズデンはサウスカロライナ植民地議会で、自由だけでなくアメリカの独立を支持するとの宣言を行うよう迫った折りに、チャールストンの職人の胸中を代弁したと語った。職人から大陸会議代表に選出された彼は、1776年2月10日に、靴直し職人で、コルセット製造工で、役人で、織屋の一介の労働者が書いた『常識《コモン・センス》』〔君主制の悪とイギリスからの分離・独立の利益を説いた。植民地人に独立の決意を促す上で重要な役割を果たした〕と題するパンフレット〔このパンフレットの刊行は1月10日のこと〕の一部、「議論の期間は終わった。最後の手段としての武器が争いを決しなければならない」を読み上げた。トマス・ペインの力強い言葉と反論の余地のない議論は、入植者がジョージⅢ世に忠実であり続けることができず、彼らの自由を守れないことを証明した。彼は、独立は結果として民主的な政府形態をもたらし、アメリカに「人類のための避難所」、「世界の抑圧された人々のための安息の地の切り札」を設立すると述べ、人々の希望を「私たちの前には、地球上でもっとも高貴で、もっとも純粋な憲法を制定するためのあらゆる機会と励ましがある。私たちには世界を再び始める力がある」と表明した。

しかし、世界をもう一度やり直したくない連中が多数いた。大陸会議のノースカロライナ植民地商人代表であるジョセフ・ヒューズは、「我々は独立などしたくない。革命など一切望んでいない」と言った。独立は、「共和主義的な暴政——すべての可能な暴政のなかで最悪でもっとも品位を傷つけるもの」をもたらすであろうとも言った。

1776年5月29日、ニューヨーク植民地の職人委員会は、同植民地の代議員が独立に賛成票を投じるよう求めた。保守派が多数を占める植民地議会は、大陸会議の代議員にそのように指示するのを拒否し、6月11日、植民地を代表して発言する権限がないことを代議員に通告した。だが、ヴァージニア植民地のリチャード・ヘンリー・リー〔1732〜94。アメリカ独立革命期の政治家。1758年にヴァージニア植民地議会の議員になった。6月7日に、独立決議案を提案〕は、「これらの統一植民地は自由で独立した国家であり、そうあるべきである」という有名な決議をすでに発表していた。独立宣言を起草するための委員会がすぐ〔6月10日〕に任命され、トマス・ジェファソンはグラーフという名の煉瓦積み職人の家で偉大な革命文書を書いた。

独立宣言のニュースは労働者たちを喜びで満たした。さらに、いくつかの植民地では労働者だけが大喜びした。エドワード・マクラディは、「サウスカロライナ植民地には、独立の大義に身も心も捧げていた政党が1つしかなかった。それは、クリストファー・ガズデン率いる……民衆で［構成される］かつての自由の木党であった」と書いている。

もし職人と労働者が彼らの思い通りにしていたら、イギリスとの決別がもっと早く到来していたのは明らかである。だが、1770年以降、裕福なプランター、弁護士、商人が独立革命運動の主導権を握り、次第に職人を従属的な地位へと追いやった。もちろん、そうなるのは避けられなかった。農業が支配的な国では、職人や技工や日雇い労働者は農民よりはるかに数が少なく、商人やプランターほども影響力がなかった。道路が整備されておらず、コミュニケーションが困難な地方よりも都市の方が組織化が容易であったので、革命運動の初期の段階では、都市の下層階級がきわめて大きな影響力を行使できた。独立宣言以降の革命闘争を通して、職人と労働者は自分たちよりも保守的な勢力を刺激できたが、彼らは革命運動を長期にわたって指導するほどの力はまだ持ち合わせていなかった。

それにもかかわらず、今日の労働者階級の革命的な祖先が提供した貢献を過小評価してはならない。彼らは、「イギリスから植民地を解放し、アメリカにより大きな民主主義を確立する運動の先鋒」として働き、「当時の大規模な街頭デモの大部分を構成し、中心的支持力《バックボーン》を形成し、さらに請願を広め、チラシを配布し、イギリス軍と戦い、港にお茶を捨てるのに必要な軍隊を提供した」のであって、もし彼らがいなかったら革命は死産であったろう。

独立戦争

労働者階級の革命的な情熱は独立戦争の勝利をもたらすのにも貢献した。パドック大尉が率い、職人だけで構成されたボストンの砲兵中隊はアメリカ軍の将校を何人も輩出した。ペンシルヴェニア第11連隊の2つの中隊に所属し、職業が記載されている57人のうち、伝説や詩で読まれる「戦いにかかわった農民」は7人だけで、残りはあらゆる職業の労働者と一般労働者で構成されていた。さらに、その任務が肝要で、勝利への貢献が顕著な者もいて、彼らは独立革命の労働力――御者、鍛冶屋、鉄砲鍛冶、さらには10種以上の工芸職人――を供給した。彼らは、ある指令書によれば、「場合によっては、〔兵器や装備の修理を行う〕技術兵はもとより、攻撃または防御のいずれかでは兵士の役割も果たした」。

年季契約奉公人も革命軍に入り、彼らの親方は満期に足りない期間に対して報酬を受け取った。ペンシルヴェニア州ランカスター郡では、非常に多くの年季契約奉公人が軍に加わったので、1781年に同郡の収入役は、「税金で徴収するよりも多くの邦〔憲法制定（1788年）以前は邦、それ以降は州〕の金が必要になる」として、親方への支払いを拒否した。大陸会議の法律により、軍に加わった年季契約奉公人は全員が自由（市）民と宣言された。

黒人労働者――自由民と奴隷――は、独立戦争で一定の役割を演じたが、それは一般には評価されていない。開戦前のイギリスに対する蜂起に参加することは許されなかったが、多くの奴隷は当初、兵役の見返りに自由を約束するイギリス側に付いた。これを阻止するために、多くの邦は大陸軍〔1783年まで連合植民地軍はこう呼ばれた〕に加わった奴隷に自由を与えた。ロードアイランド邦は1778年から翌年にかけて、ワシントンに黒人連隊を提供した。マサチューセッツ邦の72のタウンとペンシルヴェニア邦の黒人が入隊し、混成大隊で戦った。〔独立戦争時にイギリスが雇った〕あるヘッセン人傭兵の将校は日記で、「［アメリカ人のなかに］大勢の黒人がいない連隊はなかったし、そこには頑強で、壮健で、勇敢な仲間がいる」と書いていた。黒人兵士セーレム・プアは、マサチューセッツ邦議会の特別教書で、バンカーヒルの戦いにおいて「優秀な兵士であるのはもとより、経験豊富な士官のように行動した」と14人の将校から賞賛され、彼ら将校は「上述の黒人は1人の凛々しくて勇敢な兵士として中心にいた」と続けた。マサチューセッツ邦はまた、大陸軍のマサチューセッツ第4連隊で17カ月間兵士に変装して従軍した黒人女性デボラ・ガネットに敬意を表した。彼女は、「女性としての英雄的行為の並外れた事例」として同邦から34ポンドの恩賞を与えられた。

　アメリカ独立革命軍の軍隊は人民の軍隊であった。それは飢えと寒さと敗北に苦しみながらも勝利のために戦った軍隊であった。ヴァリーフォージュ〔ワシントン軍が越冬した野営地〕における惨めな大陸軍についてのジョージ・ワシントンの感動的な記述は、我々の革命の父祖たちの携帯装備を次のように明らかにしている。

「裸体を覆う衣服もなく、横たわる毛布もなく、靴もなく、男たちの脚から流れた血で行軍をたどることができ、ほとんどの場合、食料もないまま霜と雪のなかを行軍し、クリスマスには敵から1日の行軍の距離に冬の宿営地を設営し、兵舎が建てられるまで彼らを覆うものもないなかで、一言の不平も言わずに従うのが、私の考えでは、それに匹敵するものがほとんどない、忍耐と服従の印である」。

　ヴァリーフォージュにおけるワシントン軍の兵士たちの窮状は、すべてがイギリスの封鎖によるものではなく、その多くは軍隊に物資を供給するはずであった商人や製造業者の「強欲と利益への渇望」によるものであった。ワシントンは、「投機家、さまざまな種類の蓄財家と相場師が」、「我々の大義の殺人者」であったと書いている。これら暴利を貪る者は自宅に留まり、彼らのために戦ってくれる代役を雇い、職人や小規模農場主や上流階級の愛国的な人々が自分たちの命と財産を国に捧げていたときに、政府との契約や通貨投機、さらには土地の売買で富を築いた。

　銃後の国民の間でも「我々の大義の殺人者」に対する怒りが高まっていた。物価は300％急騰した。〔第2代大統領〕ジョン・アダムズの妻、〔女性の権利に関する初期の主張者として名高い〕アビガイル・アダムズは1777年4月に、「部分的な生活必需品不足を生み出した商人や独占者などに対する大きな非難の声が上がった」と書いている。人々は邦と町が物価とすべての商品の流通を管理するよう要求していた。コネチカット邦が先陣を切り、76年に同邦政府は物価と賃金を固定する法律を可決したが、その前文で独占者を激しく非難した。まもなく、ニューヨーク、ニュージャージー、ペンシルヴェニアの各邦とニューイングランドのすべての邦が、賃金と価格を固定し、商品の流通を統制する法律を可決した。

執行機関が存在しなければ法律で価格を統制できなかった。雇用主が価格水準に違反しながらも賃金を法定水準に維持するのは容易であった。労働者は、自分たちが「飽くことのない富への渇望」の犠牲になっているのを知って激怒した。１７７９年1月、フィラデルフィアで賃上げを求める船員のストライキが起きたものの、軍隊に粉砕され、スト参加者は投獄された。不満が高まり、一部の労働者は弱体化した。彼らは、「ある寡頭政治の支配を、それに劣らず抑圧的で利己的な別の寡頭制の支配と交換するためだけに」血を流していると感じていた。しかしながら、そのような雰囲気は世間一般の風潮ではなかった。下層階級は独自の方法で価格統制法を施行する決意を固めた。マサチューセッツ邦ビヴァリーでは、働く女性が商人の倉庫を襲撃し、商人に合法的な価格で商品を売るよう強要した。

もっとも効果的な行動はフィラデルフィアで起こった。ペンシルヴェニア邦では１７７８年10月に価格固定法を可決していたが、79年夏まで施行されなかった。同年夏の大規模な集会で施行委員会が選出され、「我々は武器を手にしており、その使用方法も知っている。価格固定法が施行されるまでそれを置くつもりはない」とのおおまかな指示が出された。委員会は新たな価格表を発表し、それに違反した者は厳しく処罰されると商人に警告した。驚いた独占者は同調行動をとり、物価は下落した。ペインと監査委員会がフィラデルフィアのロバート・モリス〔１７３４～１８０６。財政家。ウィング・モリス商会を設立して海運業に従事し、独立革命には愛国派として関わり、独立戦争の遂行で決定的な重要性をもった武器を調達した。大陸会議では財務総監として手腕を発揮した〕を訪れて積み荷の小麦粉を押収したとき、富裕な商人と金融業者は、「人が適切と考える条件と考慮に基づいて財産を処分するのを妨げることは、自由の原則と矛盾する」と不満を漏らした。

イギリス人とそのトーリー党の反逆者は、大衆の憤りを独立革命に向けようとした。彼らは労働者に、大義の放棄は「そうでなければ直面することになる不確実性や貧困ではなく、永続的な名誉と即時の報酬をもたらすであろう」と保証したものの、降伏した労働者はほんの数人であった。より特徴的なのは、船員、時計職人、仕立屋、靴職人で構成されるボルティモア・ホィッグ・クラブの行動であった。１７７７年、同クラブはトーリー党の印刷工ウィリアム・ゴダードに、「朝までに町を出て、3日以内に国を出る」よう命じた。国を出なければ、彼は「レギオン〔古代ローマ帝国の軍団〕の憤りにさらされる」ことになるであろうと告げた。

イギリス軍司令官のクリントンは、ペンシルヴェニア第11連隊が「12カ月近くにわたって、給与を紙幣で受け取っていなかった」という理由で反乱を起こす恐れがあるのを聞いて、兵士に魅力的なメッセージを送ったり、交渉のための特使も派遣したりしたが、彼ら特使の数人が兵士に捕縛され、絞首刑にされるなど酷い目に遭った。彼らの遺体は、独立革命に対するペンシルヴェニア邦の労働者の忠誠心を疑問視する人々への教訓として、5日間風に揺れるまま放置された。

勝利

１７８１年のコーンウォリス〔軍人・植民地行政官。１７８１年ヨークタウンの戦いで植民地軍に包囲された末降伏し、本国軍の敗北を決定づけた〕の降伏とその後の講和条約は、アメリカの労働者の至福の時代《ミレニアム》の到来を導くものではなかったが、独立革命はアメリカの民衆が自由に向けて長い道のりを歩む最初の完全な一歩であった。闘うべき多くのものが残っていた。制度としての奴隷制は続いていたが、その廃止はすでに始まっていた。80年にマサチューセッツ邦が奴隷制を廃止し、同じ年にペンシルヴェニア邦が段階的な解放を目指す法律を可決した。ロードアイランド邦は、実現には第２の革命が必要であるという原則を次のように述べている。

「なぜなら、アメリカの住民は一般的に自分たちの権利と自由を守ることにかかわっており、そのなかでも個人の自由は最大のものと考えなければならず、また、自由のすべての利点を享受するのを望む者は、進んで個人の自由を他の者にも拡大すべきだからである……」。

独立革命は年季契約制度を一段落させた。何千人もの年季契約奉公人が軍隊への入隊によって自由を獲得し、新たな年季契約奉公人の移入は事実上停止した。１７８４年1月24日に開催されたニューヨーク市民の集会は、「イギリス政府の恣意的な支配下にある間に、これまで本邦で認められていた白人の売買」の廃止を求めた。なぜなら、そのような売買は、「この国が幸運にも確立してきた自由の理念」に反するからである。

独立革命は、１７６３年の国王布告が入植を禁止していた広大な地域を開放した。最初に利益を得たのは投機家であり、ペン家やフェアファクス家、さらにはグランヴィル家の人々とその他の忠誠派〔独立反対派〕の広大な土地は少数の独占者の手に落ちたが、フロンティアのコミュニティの大幅な人口増は民衆も利益を得ていたことを示している。

独立革命の成果は諸邦の憲法に記録された。そうした憲法のほとんどは富裕層に有利なものであったが、民主的な進歩はすべての邦憲法で基本法となり、生命、自由、幸福を追求する権利といった教義は、ほぼすべての邦憲法の権利章典に挿入された。多くの邦では、教会は解体され、信教の自由が保障され、口頭での投票が禁止され、広大な土地を少数の家族の手に委ねていた長子相続や限嗣財産相続といった封建的な慣行が廃止された。最後に、憲法制定特別会議の代議員を選出し、憲法草案を批准する国民の権利が近代史で初めて認められた。

独立革命はアメリカの経済生活をイギリスの重商主義政策の制約から解放し、貿易を拡大し、自国産業の育成を可能にした。次にこれはアメリカの労働運動を生み出し、その将来の闘争において、アメリカの自由のために亡くなった職人や技工や日雇い労働者の願望を実現することになった。

独立革命から、アメリカの労働者は貴重な経験を得た。「自由の息子」では集団行動と軍事行動のもつ価値を学び、通信連絡委員会を通して他の都市や国の労働者と緊密に連絡を取ることの価値を学んだ。町民会、邦議会、大陸会議での活動から、共通の国家目標に向けて同盟者と協力する方法を学んだ。さらに、独立革命はアメリカの労働運動のイデオロギーを形成する上で強力な影響力をもった。次の声明がその典型である。１８３６年6月、フィラデルフィアのジャーニマン製靴工組合は、労働団体に所属する靴職人は誰であれ雇用しないとの雇用主の警告にこう応じた。

「我々がどのような団体の団員になるかを語るのは我々の特権である。それは我々の先祖——平等な権利と平等な特権を守るために、自らの血で土を濡らした１７７６年の疲れ切った退役軍人——によって我々に遺贈されたものであり、我々、つまり彼らの子孫は、父祖がその血で購った遺産を自由に誰に邪魔されることなく享受できる」。

多くの世代にとって、7月４日は１８８６年以降の5月１日と同じように祝われた。それはパレード、宴会、祭りの日であり、労働者階級の要求を劇的に表現する日であった。ある工場労働者は、44年7月４日にフォールリヴァーで行われた祝賀会のために次の歌を書いた。

俺たちはその日が再度訪れたことを祝う／その日は俺たちに独立心を授けてくれたし／我が祖先を暖める自由の業火を授けてくれた／その火は子孫のなかでまだ燃え続けている
それでは、大空に向かって響けとばかりに歌おう／自由の友が集えば／自由の敵に一撃を見舞う／自由の敵を震え上がらせるように
今日という日はたがいに誓い合う日／働く人のために闘うことを／誠をもって俺らの闘争を続けよう／そうすれば俺らの銃とサーベルは救われる

生命、自由、幸福の追求という偉大な革命的表現は、より高い賃金、より短い労働時間、より良い労働条件を求める労働者の願望というバックボーンをもっている。そして、彼らの独立革命期の父祖が払った犠牲は、「１８２０年代」、「30年代」、「40年代」の労働者を刺激し、彼らの労働によって生み出された富のより大きな分け前を要求した。

第4章　アメリカ産業の発展、1783〜1880年

アメリカの労働運動は偶然の産物ではなかったし、労働組合主義を経験した移民がその成長のスピードを加速させたが、ヨーロッパからこの国に持ち込まれたものでもなかった。それはアメリカ産業の成長によって引き起こされた社会的・経済的な力の産物であったし、アメリカ固有のものであり、この国の産業の発展に必然的に伴うものであった。

産業発展の障害

独立戦争は、イギリスの重商主義体制がアメリカの貿易と産業に課した手枷足枷を打ち砕いたが、政治的独立が経済の安定を一斉にもたらしたわけではなかった。独立革命直後、イギリス、フランス、スペインがアメリカ国旗を掲げた船舶に課した制限によって、貿易は大きく妨げられた。アメリカの船舶は、一例を挙げれば、収益性の高い西インド貿易から完全に閉め出された。同時に、独立戦争中に出現した有望産業の成長が、アメリカ市場へのヨーロッパ製品のダンピングで突然抑制された。連合規約〔1781年3月1日に成立した合衆国最初の国家基本法。最初の連邦憲法と言うべきもの〕のもとでの強力な中央政府の欠如は、事態を悪化させるだけであった。邦際通商が発展し、いくつかの邦はヨーロッパ製品のために自由港を設置したが、他の邦の貿易業者が高額の手数料を払ったとしても製品の販売を許可しなかった邦もあった。

幸いなことに、こうした状況は長くは続かなかった。1800年までに、アメリカ商人は世界貿易における以前の地位を回復しただけでなく、あっという間に先頭に躍り出て、イギリスとフランスがヨーロッパで戦っている間に、海運業のかなりの部分を乗っ取った。さらに、ヨーロッパの凶作がアメリカ産食料品に対する膨大な需要を生み出した。外国貿易における合衆国の登録トン数は、1795年の15万7000トンから1807年には100万トン以上に増加した。

しかしながら、産業の成長ははるかにゆっくりとしたものであった。1787年に採択〔翌年発効〕された合衆国憲法は、州際通商の障害を取り除いたが、アメリカに一夜にして新たな経済生活を創り出せず、1800年にいたっても、ほとんどのアメリカ人は依然として孤立した農民であった。輸送・通信施設が非常に限られていたため、工業製品の市場はほぼ存在せず、農村世帯の大半は自給自足であった。アレグザンダー・ハミルトン〔1755／57〜1804。政治家。初代財務長官として工業化の基礎を築き、「アメリカ工業の父」と呼ばれる。政敵アーロン・バーとの決闘で落命したことで有名〕は1791年に〔『工業に関する調査』で〕、多くの地区で「住民の衣服の3分の2、4分の3、いや5分の4は自家製であった」と推定している。

産業の興隆を妨げた障害は他にもあった。資本家は製造業への投資には関心がなかった。セーレム｛マサチューセッツ州北東部の港市｝のイライアス・ハスケット・ダービーやフィラデルフィアのスティーヴン・ジラードといった豪商は、外国貿易で莫大な身代を築いた。1805年までに、海運業から上がる利益は年間5000万から7000万ドルに及んだ。多くの産業企業が完全に失敗したことで、ほとんどの商人は余剰資金を不動産に投資すべきであると確信した。新進気鋭の実業家ロバート・リーは、10年8月14日付のニューアーク・センチネル・オブ・フリーダム紙に宛てた手紙で、「製造目的のための資本の不足、またはより大きな利益の見込みがある、あるいは所有者にとってより多くの便宜と容易さをもって雇用できる他の雇用経路への転用機会の不足」に不満を漏らした。

もう1つの障害は、国民の堕落、悪徳、士気の低下をもたらすと信じて、産業の興隆を軽蔑する風潮であった。多くの人が、間違いなく1782年｛84年の誤り｝に刊行された『ヴァージニア覚書』の影響を受けていた。同書のなかでトマス・ジェファソンは、アメリカ国民が作業台で汗を流しているのを見ることはけっしてないであろうとの希望と、「製造業の一般的な作業のために……、我々の作業場がヨーロッパに残る」のがアメリカにとって最善であるとの希望を表明した。彼は後にこの点に関する見解を変え、多くのジェファソン信奉者は産業発展の熱烈な支持者となった。1794年1月25日、ジェファソン派の新聞コロンビア・センチネルは、読者に対して、イギリス製の製品の使用を止めて、「アメリカ製品の優先購入」を始めるよう促した。そうすれば、「ヨーロッパ諸国によって課された抑圧的な負担」にもかかわらず、アメリカの産業は生き残り、力強く成長できると同紙は付け加えた。もう1つのジェファソン派の機関紙であるフィラデルフィアのオーロラ《黎明》｛1790年創刊時はフィラデルフィア・ジェネラル・アドヴァタイザー｝は、アメリカ産業の興隆を助けるために保護関税を要求した。1802年1月29日付の同紙は、「なぜ自由共和国の製造業者は、専制君主の臣民と同じくらい政府から保護されるべきではないのか」と問いかけている。

しかし、多くのアメリカ人は、産業はヨーロッパに留まるべきであり、大都市は「人間の道徳、健康、自由にとって有害である」ことに同意した。マンチェスター、バーミンガム、リーズ、その他のイギリスの製造業の中心地からもたらされた大量失業、児童労働と女性労働の惨状、労働者階級の悲惨な生活状態に関するニュースは、ジェファソン信奉者の立場の正しさを確信させた。

次第に状況は変化し、ヨーロッパでの食料品の需要が輸送施設の必要性を高めた。まもなく、この必要性を満たす有料道路《ターンパイク》と運河が建設され、それによる通信環境の改善の結果、地方の商人は東部で衣類や靴などを買い付け、それを小麦やトウモロコシの価格高騰で自家製よりも上質な商品を買えるようになった農民に売るようになった。

移民と自然生殖も工業製品の市場を拡大させ、輸送がこの市場を利用可能にした。当初、イギリスの製造業者がこの拡大する市場の成果を手にしたが、出港禁止法、つまり通商を禁じる法と1812年戦争により、アメリカ市場を席巻していた外国製品の洪水は止まった。

出港禁止法に続く出来事により、アメリカの製造業者は一時的に国内市場を独占した。海運貿易の減少により、資本家は投資を他の分野に振り替え、産業がそうした資本のかなりの部分を吸収した。最後に、１８１２年から15年の米英戦争は、多くのアメリカ人にこの国の独立には国内製造業が必要であると確信させた。ジェファソンは16年に、「今我々は、製造業者を農家と肩を並べる存在に引き上げなければならない。我々は、我々の生活を快適にする物を自身で作るべきか、あるいはそれなしで済ますか、それとも海外の一国の意志に任すのか……。経験は、製造業が今や我々の快適さと同様、我々の独立にも必要なことを私に教えてくれている」との所見を開陳した。

愛国心と産業の発展が同一のものとなった。当然のことながら、製造業者はこのテーマを強調するのを好まなかった。１８０８年のフィラデルフィアで行われた夕食会で、コネチカット州の製造業者デイビッド・ハンフリー大佐は、「我が国にとっての最良の戦争形態――紡毛機と紡績機からなる大砲と飛び杼《ひ》と橇のマスケット銃」に乾杯との音頭をとった。

１８０６年から16年の10年間に、綿織物、毛織物、製粉、鍛冶、製靴、絨毯、綿の袋詰め、捺染、陶器、ガラス製品、石鹸、封蝋、製紙に関係する工場が誕生した。プロヴィデンス地域〔ロードアイランド州北東部〕だけでも、09年から15年の間に製粉所は41から１６９に、紡錘工場は2万から13万５０００にそれぞれ増加した。19世紀初頭から１８１０年にかけて、綿工業の紡績機の数は30倍近く増え、次の5年間で再び6倍以上増えて約50万台という驚異的な数字に達した。繊維産業に投下された資本の総額は、15年には５０００万ドルに達したと推定されている。

しかしながら、数年後にはこれらの施設はほとんど姿を消した。イギリスとの講和条約の締結直後にヨーロッパから大量の物資の流入が始った。イギリスの製造業者は、今度は生産コストを下回る価格で製品をアメリカで販売することによって、意図的にアメリカ産業を破壊しようとした。ヘンリー・ブルーアム〔１７７８〜１８６８。１８１０年からホイッグ党の下院議員。所得税廃止、奴隷制廃止、過酷な刑法改正、労働者への教育の推進などを主張〕は、１８１６年にイギリス議会で、「戦争が自然の成り行きに反して存在させた合衆国の新興製造業者を、供給過剰によって揺りかごのなかで窒息死させるために、最初の輸出で損失を被らせることは十分に価値あることである」と述べている。

イギリスの製造業者には多くの利点があり、この政策を実施できた。イギリスの製品はアメリカで生産されたものよりも安価で優れていた。さらに、アメリカの製造業者は現金をほとんどもっていなかったので、アメリカの製品よりも長期の信用条件で購入できた。

１８１３年にわずか１３００万ドルに過ぎなかった輸入額は、16年には１４７０万ドルに増加した。合衆国の住民は、10年から14年の間に、1人当たり平均2・50ドルの輸入品を消費していたが、15年から20年のそれは13・50ドルであった。その結果、アメリカで新たに興隆した産業の多くが消滅した。15年にはロードアイランド州で１５０近い工場が操業していたが、1年後には古参のサミュエル・スレーターの工場を除いてすべて閉鎖された。深刻な恐慌がアメリカを襲った19年までに、アメリカのほとんどの製造施設は「解体され、所有者は破産し、資産は莫大な犠牲を払って売却された」。

ヘンリー・クレイ〔1777～1852。連邦上下院議員を歴任した政治家。アメリカ体制（American system）を唱え、保護関税収入による内陸開発で国民経済の発展を図ることを主張した〕は、1820年に議会に対して、幹線道路沿いにはかつて繁栄していた工場の亡霊が見られ、「そうした工場の所有者は、もはや外国との競争の圧倒的なプレッシャーで身動きがとれなくなった」と語った。

　しかし、容赦ない競争と経済不況の影響にもかかわらず、アメリカの産業は再び躍進した。旧来の工場が復活し、より近代的な機械を装備した新しい工場も出現した。

　南部の奴隷所有者の権力《スレイヴ・パワー》が中央政府を支配している限り、アメリカの実業家が「外国との競争の圧倒的なプレッシャー」を克服するのに必要な関税法やその他の法案の制定を妨げ、産業発展の大きな障害になった。だが、市場は急速に拡大し、需要が非常に大きかったので、外国の製品だけではそれを満たせなかった。1820年から40年の間に、合衆国の人口はほぼ倍増し、全国各地から、織物工場、靴工場、鋳物工場、製鉄所、蒸留所、皮革工場で生産された商品を求める声が上がった〔「奴隷所有者の権力」とは、南部の奴隷所有階級が全国的に政治力を行使していた事態を指す言葉である。建国から48年間に大統領となった者のうち、奴隷を所有していなかったのはジョン・アダムズとその子ジョン・クィンシー・アダムズだけであった〕。

　1844年にフリードリヒ・エンゲルスは〔『イギリスにおける労働者階級の状態』で〕、「アメリカは無尽蔵の資源、広大な石炭と鉄の鉱脈、比類のないほどの豊富な水力、なかでもとくにエネルギッシュで活動的な人口をもっているので……、10年足らずの間に、粗い綿製品ですでにイギリスと競合し、南北両アメリカの市場からイギリス人を駆逐し、中国ではイギリスと並んで独自の市場を保持する製造業を生み出した……」との所見を披露している。

輸送の役割

　またしても、輸送が市場の拡大を可能にした。1820年代には何百隻もの蒸気船が川と海岸を定期航行していた。内陸部のほぼすべての地域が、有料道路、川、湖、運河を介して沿岸部の都市とつながっていた。25年にエリー運河が建設され、工業製品をアパラチア山脈の西に、食料品を東に運び、輸送コストを85％も削減した。最後に、エリー運河は、28年4月25日付のバッファロー・リパブリカン紙によれば、「もっとも注意深い人でさえ、完成あるいは提案された鉄道や運河に関する望ましい情報を得るのが困難である」と言われるほどに輸送が急拡大する時代が始まった。

　これらのプロジェクトの多くは、純粋に投機的なもので、実現することはなかった。1837年恐慌は、運河や鉄道の過剰な拡張と不当な投機が一因となって、他の多くのプロジェクトの完了を早めた。しかし、50年までに運河網は十分に整備され、石炭と鉄をピッツバーグからフィラデルフィアへ、小麦とトウモロコシを西部からニューヨーク市へ、工業製品をニューイングランドからオハイオ州以西へと運んだ。

　鉄道は運河よりも速くて安価であったため、次第に運河に取って代わった。さらに、鉄道は年間を通じて物資を輸送できたが、水路は年間4カ月以上凍結していた。

　1832年に操業開始したニューヨーク・セントラル鉄道は、50年までにオールバニーとスケネクタディ間の17マイル少々の路線から、ニューヨーク市からバッファローまで拡張された巨大鉄道網へと成長した。40年代には、アメリカに６０００マイルの線路が敷設され、その大部分は東部にあった。50年代には2万１０００マイルの線路が敷設され、その大部分は西部にあった。50年代の始めには、オハイオ、インディアナ、イリノイ各州の鉄道走行距離は合計で９１３マイルであったが、60年には全国の総走行距離3万７９３マイルのうちの８０００マイルにまで伸張した。

南部だけでもこの10年間に７５６２マイルの新しい線路が敷設された。１８５０年にはテネシー州には1マイルの線路もなかったが、10年後に１１９７マイルになった。

１８５０年代の鉄道走行距離の伸張により、西部全体が工業化された東部の容易に手の届く距離に入った。さらに、この非常に重要な地域の人口の大幅増を可能にした。40年には、オハイオ、インディアナ、イリノイ、ミシガン、ウィスコンシン各州の人口は２９０万——その半分以上はオハイオが占める——であった。60年には、イリノイ州だけで１７１万２０００人、インディアナ州は１３５万人、ミシガン州は74万９０００人、ウィスコンシン州は77万６０００人で、この時点のオハイオ州の人口は２３３万９０００人であった。

輸送は重要な産業であり、鉄、鉄鋼、石炭とともにアメリカの産業発展の基盤となった。１８１２年にはフィラデルフィアからピッツバーグまで駅馬車で6日、34年には運河で3日と19時間かかったが、54年には鉄道で15時間になった。

技術の進歩もアメリカ産業の発展に一役買った。フィッチとフルトンの蒸気船、ホイットニーの綿繰り機、そして互換性部品システムは、エンゲルスがアメリカの「エネルギッシュで活動的な」と呼んだ人々の頭脳の産物であった。ワシントンの特許庁を席巻した多くの発明も同様であった。１７９０年から１８１０年にかけて、年間平均77件の特許状が発行され、その数は１８３０年には５４４件、50年には９９３件、60年には４７７８件へと増加した。この同じ年の間に、合衆国はイギリスとフランスを合わせたよりも多くの特許を実際に付与してきた。41年にあるイギリス人が議会で次のように証言した。「私は、本当に新しい発明、すなわち、新しい機械によって、あるいは新しい様式である工程を実行することにおける新しいアイディアの大部分は、いずれにしても、外国、とくにアメリカで生まれたものであると理解している」。

工場制度の台頭

アメリカの工場制度《ファクトリー・システム》は繊維産業で最初に発展した。イギリスは繊維機械やその設計図、あるいはその雛形の輸出を禁止し、繊維労働者の移住も禁止することで、工場制度の発展を躍起になって阻止しようとしたが、アメリカ人が繊維機械の実験をするのを止められなかった。ロードアイランド州では、クエーカー教徒の裕福な商人ウィリアム・アルミーとモーゼス・ブラウンが繊維産業確立の可能性を調査・研究していた。

１７８９年、イギリスの機械工スレーターがアメリカに渡って来た。ブラウンの奮闘を知った彼は、綿紡績工場の支配人としての尽力を申し出た。ブラウンはこの申し出を快く受け入れ、資金を提供した。スレーターは記憶を頼りにアークライト紡績機の設計図を引き、それをポータケットの鍛冶屋デイビッド・ウィルキンソンに渡した。ウィルキンソンは1790年にアークライト紡績機の初機を作り、合衆国での稼働に成功した。1年後には、児童が見張り番をし、水力で運転されるいくつかの機械が満足のいく出来映えの糸を生産した。

アメリカの工場制度はスレーターのポータケット工場から始まったが、機械は原綿を糸にするためだけに使われ、機織りは地方の小家屋《コテージ》で農民によって行われていたことから、本格的な工場には程遠いものであった。

1815年にアメリカで最初の近代的な工場が登場した。その5年前、フランシス・C・ローウェルは綿工場の組織を研究するために渡英した。多くの新しいアイディアをもってアメリカに戻った彼は、12年にニューイングランドの商人たちを説き伏せ、自分の工場に投資させた。これら資本家はボストン製造会社を設立し、マサチューセッツ州ウォルサムに綿工場を建て、そこで初めて綿布の全製造工程が1つ屋根の下に纏められた。最初の綿布は16年2月2日に織機から産み出され、ここに繊維産業における大量生産が始まった。

その後すぐに、工場制度はマサチューセッツ、ニューハンプシャー、メインの各州に広がった。ローレンス、ローウェル、ドーヴァー、マンチェスター、ホリョーク、チコピーは繊維産業の中心地となり、ボストンの名門諸家――ローウェル、アボット、アップルトン、ローレンス――が所有し、支配した。不在所有者であるこれら資本家は、非常に多くの労働者が病み、不潔な環境で暮らしていた工場町を訪れることはほぼなかった。

毛織物の生産における工場制度の出現ははるかに遅かった。1830年になっても、自家使用の家内生産と問屋制家内工業に基づく国内生産が依然として工場生産を上廻っていた。そして60年になっても、フィラデルフィアでの作業のほとんどは、自分で織機と道具を所有し、商人資本家によって提供された原料を織る手織機織人によって行われていた。

1820年代から30年代にかけて毛織物工場がニューイングランドで出現した。60年までに、64万本の紡錘と1万6000台の織機を備えた1700の工場があり、年間生産額は9000万ドル、6万人以上の労働者を雇用していた。長靴《ブーツ》製造業と短靴《シューズ》製造業もゆっくりと工場生産の段階に入った。40年以前には、作業は商人資本家が所有する中央作業室で働く工場内労働者と工場外労働者――このなかには女性もいた――に分けられていた。工場外労働者は、商人資本家から供給された皮と縁取り材料と縫い糸を使って靴を縫い合わせていた。縫製は、家で作業し、出来高払いで支払われる女性によっても行われた。

専門化と分業はすでに存在していたが、機械は1840年代にマッケイ社製のミシンが導入されるまでほとんど使われなかった。55年には、裁断機、靴底をつける機械、研磨機、さらには靴の外側と踵の部分を染色する機械が登場した。これらの機械の多くは蒸気や水力で駆動されていたが、靴の機械に完全に動力が適用されるのは南北戦争後のことである〔この段落と次の段落の指摘は、以降の章で取り上げられる製靴業での労働運動の分析にとって重要である〕。

工場制度は１８５５年頃に靴産業で成立したが、その頃にはすでに職能の専門化、分業、機械の広範囲にわたる普及、大量生産が行われていた。60年の国勢調査は、製靴業は工場制度の特徴を日々想定していると述べている。工場制度は、蒸気動力と製靴業の省力化のすべての工夫の助けを借り、各階が別の作業に当てられる、数階建ての大きな施設で行われていた。

国勢調査はまた、製造業に従事する全労働者の少なくとも12分の1が製靴業で雇用されていたと報告しており、１８６０年には1万２４８７の事業所があり、12万３０２９人の労働者を雇用し、９１８９万１４９０ドル相当のブーツとシューズを生産していた。

南北戦争前夜の産業の拡張

南北戦争が始まったとき、鉄の生産はようやく成熟産業へと発展しつつある段階にあった。この産業はほぼ封建的な基盤に基づいて組織されていた。ニュージャージーとペンシルヴェニア両州に広大な鉱区を所有していた数人の個人が、鉱山や工場で労働者を雇用し、彼らの生活を完全に支配していた。すべての家、商店、教会、学校は〔石油王や新聞王と類似の〕鉄王に所有され、支払いは商品で行われ、労働者は鉱山や工場の所有者に常に借金していた。

１８３０年代には企業が製鉄業を支配した。当時のアメリカでは、10年に5万５０００トン、30年に18万トン、60年に98万８０００トンの銑鉄が生産され、鉄の生産量ではイギリスに次いで2番目であったが、どちらかといえば大差のついた2位であった。

ピッツバーグは重要な製鉄の中心地としてゆっくりと発展した。１８２６年には、この地域全体で7つしかなかった圧延工場で６０００トンの鉱石を消費していたが、50年には14工場で5万９０００トンを、57年には21工場で13万２６００トンを消費するようになった。南北戦争以前の製鉄業は産業の需要よりも農業のそれに向けられていた。農業の需要に合わせていた時代には、錬鉄の製造業者は「地方の鉄匠、専門的または必要に応じて鍛冶屋、農民、荷馬車の御者、工場《こうば》の所有者の需要を満たすように成形された棒鉄」を供給した。59年に始まる産業の需要に合わせる時代には、鉄の需要は「完成した鉄製品の生産と産業機械・商業機械の生産に従事する産業から次第に来るようになった」。

アメリカの産業が発展するにつれて、石炭産業はもっとも重要な地位に浮上した。１８２５年以前には、この国で採鉱された石炭は評価されるほどの量——20年に5万トン未満——ではなかった。ほとんどの鉱床がまだ利用できなかっただけでなく、経済生活でも石炭はほとんど使われていなかった。蒸気機関はほとんどなく、大部分の機械は水力で駆動されていた。木材は家庭用燃料であり、木炭は鉄を溶かすために使われた。初期の鉄道のほとんどは木材を燃料とする機関車を使用し、オハイオ川の蒸気船は50年代初頭まで木材の使用を止めなかった。

状況はすぐに変化し、運河の建設が石炭の販路を提供した。市場はもはや純粋に局地的なものではなくなったが、輸送問題が本当の意味で解決されたのは１８４０年代に最初の鉄道が石炭地帯に入ってからである。

１８３０年代になると、石炭が家庭用燃料として木材に取って代わった。39年には、〔溶鉱炉に送り込む〕熱風の導入により、無煙炭を溶鉱炉で使用できるようになった。鉄の生産量が増加し、溶鉱炉、圧延工場、鉄鋼所の数が増えるにつれて、石炭の生産量も急増し、60年にはすでに１４３３万４０００トンに達し、そのうち８５０万トンが無煙炭であった。

この石炭生産の増加は、アメリカが農業経済から工業経済へと急速に変化しつつあることを示す確かな兆候であった。もう１つの兆候は株式会社の台頭であった。南北戦争以前は個人所有と合名会社が特徴的であったが、株式会社は織物産業、製鉄業、石炭産業で急速に発展した。鉄道建設の分野では、株式会社以外の形態は存在しなかった。ボルティモア・オハイオ鉄道の建設には約１５００万ドル、ニューヨーク・セントラル鉄道には３０００万ドル、エリー鉄道は約２５００万ドルの費用がかかった。これらの巨額の資金の多くが裕福なプロモーターの懐を肥やすために使われたとしても、アメリカの個人やパートナーシップが、これらの鉄道建設に必要な資金をこぞって提供していた。

アメリカの経済・政治生活に対する実業家の影響は、南北戦争以前から始まっていた。たとえば、１８５０年には、「ボストン・アソシエイツ」として知られる15家族が、国内の綿紡錘の20％、マサチューセッツ州の鉄道走行距離の30％、同州の保険資本の39％、そして同州の金融資産の40％をそれぞれ支配していた。これらの家族――ローレンス、ローウェル、アップルトン、カボット、ドワイト、エリオット、ライマン、シアーズ、ジャクソンなど――は、マサチューセッツ州の報道機関、説教壇、学校、工場、議会、要するに同州の経済、政治、文化生活を支配していた。

アメリカの政治に対する実業界の支配も南北戦争以前から始まっていたし、独占の傾向もそうであった。ピッツバーグ・モーニング・ポスト紙は１８４９年に、製鉄業でのこのような傾向に言及して、「裕福な独占者たちは、自分たちに合うように価格を決めるために、小規模な商売をしている人たちを潰して、彼らを追い出したいと切望している」と断言した。

いくつかの産業では、実際に１８５０年の事業所数は40年のそれよりも少なく、60年には50年よりもさらに少なくなっていた。たとえば、綿製造業では、事業所の数は40年の１２４０から50年には１０９４に、60年には１０９１に減少した。しかし、この同じ年の間に、投資された資本は2倍に、使用された原料の量は3倍以上に、雇用された労働者の数はほぼ70％増加した。同様の動向は毛織物産業でも見られ、50年から60年の間に事業所数は10％以上減少したが、生産高は増加した。

企業合同化〔トラスト化〕はまだ広く普及していなかったが、いくつかの産業では、小規模な事業所を排除し、より大規模な事業所を創出するという明確な動向が見られた。

アメリカは農業国から工業国へと移行しつつあり、南部の奴隷制によるアメリカの政治生活の支配がこの変革が進展速度を制限したとしても、それを完璧に抑制できなかった。製造業の生産総額は、１８４０年から60年の間に４億８３２７万８０００から18億８５８６万１０００ドルへと4倍近く増加した。生産高が５

００ドル以上の製造事業所の労働者数は、40年の79万１０００から60年には１３１万１０００人に増えた。40年の２２８万４６３１に比して、60年には2倍を超える５２３万５０００以上の綿紡錘が稼動していた。60年には１９００以上の毛織物工場が40年の２０６９万６９９９ドルに比して、６８８６万５０００ドル相当の製品を生産していた。同じ時期に、絹製造業はほぼゼロから６５０万ドルに増加した。50年から60年にかけて、ストーブ製造業の価値は約６００万から１１００万ドル近くに増加し、工具と農業機械は約１０５０万から２１００万ドルに、家具と室内装飾品は７００万から２８００万ドルに、輸送機関は１８００万から３６００万ドルにそれぞれ増加した。

　１８２０年から60年の間に、アメリカの人口は１０００万人未満から３１００万人に増加し、10年ごとに前年の約3分の１ずつ増加した。都市は貿易と産業の拡大とともに繁栄した。都市に住む人の割合は20年に４・９％、40年に８・５％、60年に16・１％であった。１７９０年には８０００人以上の都市はわずか6都市であったが、１８６０年には１４１都市になった。10年には10万人以上の都市はなかったが、60年までにニューヨーク、フィラデルフィア、ボルティモア、ボストン、ニューオーリンズ、シンシナティ、セントルイス、シカゴの8都市が10万人を上回った。１７９０年のニューヨーク市の人口は４万９４００人であったが、１８６０年には１１７万４７００人に増加した。同年、フィラデルフィアの人口は56万５５２０人、シカゴは10万９２６０人、ボルティモアは21万２０００人、ニューオーリンズは16万８１７０人であった。

都市人口の驚くべき増加は、アメリカ産業の興隆を反映している。１８６０年の製造業に関する以下の国勢調査の数字が、この増加の背景を示している。

　カール・マルクスは１８５８年に、「[合衆国]で工場制度への必然的な移行が行われれば、その後の集中は、ヨーロッパやイギリスに比べても、履くと一跨ぎで7リーグ｛約4・8km｝進む｛イギリスの童話に出てくる｝魔法の長靴で進むであろう」と正確に予測した。アメリカは60年に世界の産業界で第4位を占めた。94年には世界の工業製品の約3分の1を生産して第1位を占めた。その年のアメリカの生産総額は94億９８００万ドル、英連邦《ユナイテッド・キングダム》は42億６３００万ドル、ドイツは33億５７００万ドル、フランスは29億ドル、オーストリアは15億９６００万ドル、ヨーロッパ全体では１７３億５２００万ドルであった。

地　　域	企業数	投下資本額	平均労働者数	年間製造額
ニューイングランド	20,671	$257,477,783	391,836	$468,599,287
中部諸州	53,387	435,061,964	546,243	802,338,392
西部諸州	36,785	194,212,543	209,909	384,606,530
南部諸州	20,631	95,975,185	110,721	155,531,281
太平洋岸諸州	8,777	23,380,334	50,204	71,229,989
準州	282	3,747,906	2,333	3,556,197
合　　計	140,533	$1,009,855,715	1,311,246	$1,885,861,676

南北戦争期の産業の発展

この目覚ましい発展は南北戦争によって加速された。戦時中とその直後の年月は、アメリカの経済生活に革命的な変化をもたらした。1860年から70年にかけて、製造事業所の総数は8％、製造された製品の価値は100％増加した。工場労働者の数は131万1000人から205万4000人〔43ページでは273万3000人〕に増えた。

南北戦争そのものが産業の成長をおおいに刺激し、大規模製造業の台頭を早め、鉄道網や電信網の構築を助長した。それは、農業機械、缶詰食品、既成服、靴の生産を急成長させた。収穫機の使用は農業に革命を起こし、穀物の大規模生産を可能にし、フロンティアを西に漸進させた。戦争が終わる頃には、工場制度はアメリカの多くの労働者に押しつけられた。小規模生産者になることで賃金制度から逃れるという、彼らが長きにわたって抱いてきた願いは急速に薄れつつあった。小さな町の職人でさえ、その安価な製品が鉄道によってどこにでも運ばれた、工業都市の機械化された工場と競争するのが次第に困難になっているのに気づいた。

戦時中、工房から機械化された工場への移行は驚くべき速さで行われ、その変化は新しい機械の特許件数が1861年の3340件から65年に6220件に跳ね上がったという事実に反映されている。しかし、何よりもそれは特定の職業の変化に見られる。船舶接合業では柄穴《ほぞあな》加工機、平削り盤、糸鋸が導入された。葉巻業では手動プレス器と成型機が採用された。木材成形品の平削り機、道路の清掃機、輪や側板を曲げるための機械は別の技術革新であった。戦争終結時までに、大規模な機械生産は靴、金属製品、葉巻、印刷、繊維、その他多くの産業を特徴づけるものとなった。64年初頭、ある労働者が、南北戦争時代の傑出した労働新聞フィンチャーズ・トレイズ・レヴューに、製靴業で進行中の技術革新についての分析を投稿した。

彼は、マサチューセッツ州リンから次のように書いている。「製靴業で起きている静かで着実な技術革新、とくにリンで起きているそれを知っている人は比較的少ない……。この間［1861年4月］、とくに過去1年から2年の間に成し遂げられた、靴作りに機械が導入されたことによる急速な進歩は、これまでの予測のすべてを越えている。手作業はすでに例外となり、機械が原則になったと言っても過言ではない。小さな靴屋の工房と作業台は急速に消え去り、まもなく我々の記憶からも消え失せ、そうした工房や作業台の代わりに、巨大工場が蒸気機関とその慌ただしく回転する車輪が出す賑やかな音とともに出現し、古代の由緒ある大都市での皮鞣しという忍耐を要する作業に従事する労働者の様相を一変させようとしている」。

このときまでに、熟練した職人は「未熟者《グリーン・ハンド》」を凌ぐ強みを自分がほとんどもっていないことに気づいた。ある大規模製靴工場の職工長《フォアマン》は、「通りから1人の未熟練労働者を連れてきて、2日間教えれば、靴屋の技を学ぶのに何年もかけていた労働者と同程度に仕事の一部を行えるようになる」と語った。樽製造業では、機械製の桶板が、どんな労働者でも数日で学べる「組み上げ」という比較的単純な仕事だけを残して、桶屋の技でもっとも熟練を要する段階をなくした。同じく葉巻製造業では、成型機によって、雇用主はそれまで熟練した職人が行っていた作業に数日間訓練した少女を充てられるようになった。こうして、簡単な訓練を受け、それまで熟練した職人が受け取っていた金額の半分で働く、「部分的に熟練した」労働者である少年・少女が生まれた。南北戦争中、彼・彼女らはそれまでは熟練した職人の独壇場と考えられてきた分野に殺到した。

南北戦争後の産業の拡大

南北戦争と奴隷所有者の権力の惨敗の後、資本主義は「猛烈な速度で」発展した。マルクスが指摘したように、「公有地の莫大な部分を鉄道や鉱山などによる開発のために投機的な企業に譲渡すること」は、利益が急速に蓄積されるところに投資しようとする「もっとも卑劣な金融貴族の創造」につながった。産業の固定資本は、１８４９年の５億３３２４万５３３１から79年には27億９０２７万２６０６ドルに増加し、保護された国内市場向けに当時生産されていた工業製品額は、59年の18億８５８６万１６７６から79年には53億６９５７万９１７１ドルに増加した。

南北戦争後の20年間の経済の拡大は工業生産統計に反映されている。１８６０年から80年の間だけでも、鉱業に投下された資本は20倍以上に増加し、総生産額は９０００万から2億５０００万ドルに増加した。60年には１４００万トン、84年にはほぼ1億トンの石炭が採掘された。74年から82年の間に、ベッセマー鋼インゴットの生産量は19万１９３３から１６９万６４５０トンに跳ね上がった。65年にマサチューセッツ州では71万８６６０足のブーツとシューズが製造され、20年後には年間２６３３万３０７５足が製造された。60年には3万６２６マイル、84年には12万５７３９マイルの鉄道が運行されていた。60年から70年の間に、鉄道走行距離はほぼ80％増加し、その後の10年間も同じ増加率が維持された。

１９００年の合衆国国勢調査によると、１８６０年に18億８５８６万２０００ドルと推定されていた製造業生産額は、70年には33億８５８６万ドル、80年には53億６９５７万９０００ドルとなり、ほぼ4倍に増加した。同じ時期に、製造業に投下された資本は10億９８５万６０００から27億９０２７万４０００ドルに急増し、雇用された労働者の数は１３１万１０００から２７３万３０００人に増加した。

独占へと向かう傾向

高度に機械化された産業組織の出現に伴い、集中化の傾向が見られた。この傾向は、以前から始まっていたが、南北戦争中に驚くほどのスピードで進行した。結局のところ、機械を導入し、工場を拡張し、政府との有利な契約をめぐって競争できたのは大企業だけであった。その結果、多くの中小企業は消滅するか、大企業にまるごと乗っ取られる、という帰結に至った。

１８６５年には、ほとんどの事業は依然として小規模で行われていたが、小規模な競合企業の統合が行われるまでに何年もかからなかった。小規模な競合企業を吸収して粉砕することで、数千万ドルの資本を持つ巨大な独占が出現した。

どの産業も中央集権化の影響を受けたが、もっとも顕著であったのは電信、鉄道、製塩・製胡椒、石油の各産業であった。当初、多くの小さな競合企業の手中にあった電信業は、ほどなく主要な2社、ウエスタン・ユニオン社とアメリカン社の支配下に置かれた。これら2社も実際には1つの企業であり、同じ資本家が「両社を事実上1つの会社とするほど相互に株式を所有し合っていた」。1864年にライバルグループが合衆国電信会社を設立したが、2年後に600万ドル相当の株式をもつ新会社が、その時点で4000万ドルの資本と7万マイルの電線を支配していたウエスタン・ユニオン社に吸収された。

南北戦争が終わるまでに、フィラデルフィアからサスケハナ川までの1本の短い路線から出発したペンシルヴェニア鉄道〔1846年に設立された20世紀前半期アメリカ最大の鉄道会社。その歴史のなかで、少なくとも800の鉄道会社と合併あるいは株式所有していた〕は、250社以上の企業を代表する138以上の小鉄道を吸収し、1871年までに3000マイル以上の路線を支配し、年間収入は4000万ドルを超えた。南北戦争中にピッツバーグ・フォートウェイン・アンド・シカゴ鉄道を買収したことで、ペンシルヴェニア鉄道はミシガン湖と大西洋岸を結ぶ最初の幹線を完成させた。その他の大規模な鉄道の統合も南北戦争によって加速され、エリー鉄道はいくつかの小規模鉄道を吸収した。シカゴ・アンド・ノースウエスタン鉄道は、ボストンとニューヨーク州オグデンスバーグ間の路線やイリノイ州クィンシーとオハイオ州トレド間の4路線はもとより、ペニンシュラ支線も吸収した。

石炭を運ぶ鉄道は、炭鉱地帯の支配から得られる利益を予見し、すぐに土地に対する請求権を獲得した。1871年までに、レディング鉄道はすでに約7万エーカーの土地を所有しており、株主への年次報告書は、「この行動の結果、何世紀にもわたって線路を介して輸送できる全石炭トン数を供給できる一連の炭田を確保し、我が鉄道に帰属させられた」と自慢した。同鉄道の石炭子会社はスクールキル郡の全炭鉱の75％以上を支配していた。

要するに、中小企業を中核とした国が南北戦争を始め、工場制度が支配的になり、集中化の傾向が最高潮に達したのである。たしかに、巨大トラストは1880年代まで全国的な規模には達しなかったが、南北戦争がその傾向を加速させた。戦争中、石油精製業で最初のコンビネーションが完成し、ロックフェラー帝国が形成され始め、66年にコマーシャル・アンド・ファイナンシャル・クロニクル紙は次のように報じることができた。

「我が国の資本は、以前よりも大きな規模で作動する傾向が強まっている。中小企業は裕福な会社とより不利な立場で競争し、徐々にそうした会社に吸収されつつある。このように、我が国の大商業都市のいくつかには、5年前に5万ドルの価値があると噂されていたよりも多くの10万ドル相当の価値のある人物がいる。この評判の高い資本の多くが架空のものであることは間違いない。しかし、資本が大規模に集中することによって富裕層に蓄積された力は、金融市場の観測筋の注目を集めている。これは時代の兆候の1つであり、おそらく我が国の産業および商業企業の将来の成長に少なからず影響を与えるであろう」。

それはまた、政府、学校、報道機関、教会を含むアメリカ社会全体に「少なからず影響」することにもなった。なぜなら、この産業の拡大と増加する富の集中の物語は、何らかの形での腐敗の物語でもあるからである。鉄道会社は、政府からの土地の払い下げ、融資、補助金を確保し、それによって国のもっとも豊かな資源を奪うために、一連の詐欺行為の嵐に巻き込まれた。ユニオン・パシフィック鉄道は、１８６６年から72年の間に下院議員や州議会議員に50万ドル近くの賄賂を支出し、セントラル・パシフィック鉄道は、75年から85年の間に年間約50万ドルもの賄賂を渡した。ホーア上院議員は最初の大陸横断鉄道の完成に際して、こう述べている。

「大陸を結びつけ、我が国の海岸を洗う2つの大海を結びつける世界最大の鉄道が完成したとき、私は、その強大な事業の悉くが1つ余さず詐欺に遭っていたという議会の3つの委員会の全会一致の報告によって、我が国の国家的勝利と高揚が苦々しさと恥辱に変わったのを見てきた」。

3つの委員会の1つであるポーランド委員会は、クレディ・モビリエの汚職事件〔１８７２年に暴露された汚職事件。クレディ・モビリエ社は、ユニオン・パシフィック鉄道の建設工事を請け負ったが、同社の大株主が同鉄道の株主も兼ねており、２３００万ドルの利益を着服した〕を調査し、１８７３年に提出された報告書で次のように宣言した。

「この国は急速に巨大な企業で満たされつつあり、それら巨大企業は、莫大な資金の集合体を操り、支配し、それによって大きな影響力を行使し、権力を掌握している。多くの州議会は、こうした影響力にしばしば支配されており、事実上、巨大企業が州の支配勢力になっていることは周知の事実である。数年のうちに、連邦議会もある程度同様の影響を受けるようになるであろう」。

経済危機と労働者の応答

しかし、アメリカの経済生活の加速は一定ではなかった。数年ごとに産業は停頓し、商店や工場は閉鎖され、労働者は解雇され、中小企業は大企業に飲み込まれた。１８１９年、37年、54年、57年、60年、73年は深刻な経済危機の時期で、その間、この国には悲惨な状況が続いていた。

危機のたびに、人々はなぜ産業が急に落ち込むのかと尋ね始めた。そしてそのたびに、上流階級の代弁者《スポークスマン》は同じ答え——過剰生産——を返した。あまりにも多くの工場、あまりにも多くの運河、あまりにも多くの鉄道、あまりにも多くの銀行が存在した。あまりにも多くの綿布が織られ、あまりにも多くの食糧が生産され、あまりにも多くの靴が製造された。あまりにも多くのものは利益を生み出せなかった。そのため、産業は停頓し、労働者は失業した。

これらの商品を生産した人々は、彼らが生産したものの多くを買うのに十分な収入を得ていないと誰も言わなかった。また、ニューイングランドの綿工場は何十年にもわたって平均して年間10％の投資を行ってきたと誰も言わなかった。スレーターは40年間で70万ドルの富を蓄積し、「ボストン・アソシエイツ」は織物労働者が餓死しているのと同時に何百万ドルも稼いでいたと誰も言わなかった。さらに、製鉄所の労働者がほぼ封建的な労働条件下で生活する一方で、製鉄所が１８５０年代に40から１００％に及ぶ配当を宣言したと誰も言わなかった。最後に、鉄道発起人、鉄生産者、材木王、石油王が、人々に帰属する資源なかでもっとも優れた天然資源を奪取し、独占することによって莫大な富を築いたと誰も言わなかった。

権力者の誰もこうしたことを言わなかったが、初期のアメリカのマルクス主義者ヨーゼフ・ヴァイデマイヤーは１８５３年の夏に、「通商の停止は、まさに今日では社会の構造全体を革命的な方法で揺るがしている。それらは、2つのもの（生産能力と市場）の成長の格差によって生み出される。それというのも、市場の消費能力の向上は、産業の生産能力の向上に追いつかないからである」と語っていた。73年に始まり79年まで続いた不況の悲惨な時期に、ある労働者はこう記した。

「1世紀で何が変わるのか。我が国の何千マイルもの鉄道、数え切れないほどの工房や工場《こうば》、鉱山や加熱炉、莫大な富を見よ。これらはすべて1世紀の間に労働者によって生み出されたものである。労働者には自分が創り出した成果の分け前と自慢できるものがあるのか。文字通り何もない。労働者には鉄道も、工場も、加熱炉も、鉱山もない。資本がすべてを巧妙に専有してきた」。

1世紀にわたるアメリカの経済発展の驚くべき物語は、その大部分が労働者の物語である。なぜなら、労働者なしにはこの産業の発展は起こり得なかったからである。南北戦争中に次のように書いたイリノイ州の鉱夫組合の組合員ほど、こうした状況をうまく表現した者はいなかった。

「労働者がいなければ、私たちのすべての発明品はどこにあるのでしょうか。労働者がいなければ、私たちのすべての鉱物資源はどこにあるのでしょうか……。労働者がいなければ、過去75から80年の間に開発されてきた蒸気力はなかったでしょう。なぜなら、労働者がいなければ、この偉大な発明品はけっして開発されなかったからです。ワットが資本家であったなどと誰も言えないからです。私は、歴史がワットは労働者であったことを証明すると思います。労働者がいなければ、私たちの鉄道や蒸気船はどこにあるのでしょうか。労働者がいなければ、私たちの運河は掘られず、私たちの川は魚の池でしかなかったでしょう。私たちの鉱物資源は地の底に埋もれたままであったのではないでしょうか。もし私たちが全員資本家であったら、私たちの金はどこにあるのでしょうか。私たちの何百万トンもの鉄鉱石、鉛、銅、そして最後に重要なことですが、私たちの何百万トンもの石炭は、裕福で繁栄しているイリノイ州のどこにあったのでしょうか……」。

この組合員がこれらの言葉を記したとき、エイブラハム・リンカンが大統領であった。彼はおそらくこの一文を読んでいないが、もし読んでいたら、その基本的な点には諸手を挙げて賛同していたであろう。なぜなら、彼自身がこう語っているからである。

「最初に費用のかかる労働がなければ、我々は良き成果を享受しようにもできない。そして、そうした成果のほとんどが労働によって生み出されるのと同じように、そのような成果に対する権利はすべて、労働によってそれを生み出した人々に帰属することになる。しかし、世界のあらゆる時代において、ある人は労働し、ある人は労働なしに大きな割合の果実を享受してきた。これは間違っており、続けるべきではない。それぞれの労働に対して、その労働の全生産物を、あるいは可能な限りそれに近いものを確保することは、いかなる良き政府にとっても価値ある目標である」。

南北戦争期の傑出した労働運動指導者ウィリアム・H・シルヴィスは、「労働は、政治的、社会的、商業的な構造全体の基盤である」と述べた（彼は後の章で取り上げる鋳型工組合の結成に大きく関与した。第14、16～20章を参照）。彼は、労働は「すべての富の創造者」であると宣言したが、資本は労働が生み出した富の莫大な部分を専有した。彼は、「鉄道網、運河、鉱物資源、工場、壮大な都市、公共建築物、そして、もし富が少数の個人によって支配され、その利益のために支配されている一方で、偉大な大衆である『生産階級』が貧困に陥っている場合の国内の改善」に何の価値があるのかと疑問を呈した。

アメリカは、労働者が知っていたように、すべての人に幸福のための経済的基盤を提供するのに十分な富があった。しかし、この幸福を享受するには、労働者は団結して国民所得のより大きな割合を資本から奪い取らなければならなかった。労働組合と政治団体の指導のもとで、アメリカの労働者は闘争を通じて、より高い賃金、より短い労働日、より良い労働条件、多くの民主的改革、そして社会における彼らの重要性に見合った地位向上を確保した。

第5章　初期の労働組合

劣悪な労働条件と自給自足の生活に直面したアメリカの労働者は次の３つのうちのどれかを選択できた。１つ目は、現在の仕事に留まり、雇用主から提供された賃金と労働条件を受け入れること。２つ目は、仕事を離れて、別の場所でより良い生活を求めること。３つ目は、同僚と団結して、必要な改善を雇用主に強制すること。一部の労働者は仕事に留まり、自分たちの地位を変える闘いをすることなく搾取を受け入れた。なかには別の地域に移動したり、フロンティアで自営農民になるか、もしくは独立生産者になるなどして現状から逃避しようとする者もいた。だが、合衆国憲法が承認される前から、アメリカの労働者は生活条件を改善するために労働組合で仲間と団結していた。

独立革命後のアメリカの労働条件

アメリカの労働者は独立戦争後の通商貿易の拡大からほとんど利益を得ることはなかった。初期の工場では、労働者は惨めな賃金のために長時間労働した。子供たちが繊維工場の主要労働力を構成していた。サミュエル・スレーターが最初に雇った９人の工員は、12歳未満の少年７人と少女２人であった。１８２０年には、工場労働者の半数は「９歳か10歳の少年と少女」で、週33から67セントの賃金で１日12から13時間働いていた。次のような当時の典型的な広告が、５月４日付のロードアイランド州のマニュファクチャラーズ・アンド・ファーマーズ・レコード紙に掲載されている。「人手を求む――紡績工場で働ける子供が５から８人いる家族」。ニューイングランドの政治家ジョサイア・クィンシー｛第２章15ページを参照のこと｝が06年にポータケットの織物工場を訪れたとき、工場主は誇らしげに仕事をしている子供の数を指摘した。この工場主は、いたずらをせず、遊びで時間を無駄にしないことで、これら子供は家族を助けるだけでなく、神にも仕えていると語った。しかしながら、彼は次のような児童労働の能弁な弁護には感銘を受けなかった。

「しかし、この問題の反対側では、彼よりも説得力のある雄弁が振るわれていた。それは、有機体の発生的特質が空気、空間、運動を必要とする年頃の子供に、偏狭な部屋でフライヤー｛糸に撚りをかける装置｝と歯車のなかで仕事に励む彼らへの同情心を私たちに呼び覚まさせたが、彼ら全員の表情には鈍い落胆が垣間見えた」。他の繊維労働者のほとんどは、近在の農家の娘で、換気の悪い会社の寄宿舎で鮨詰め状態で生活していた。その勤務時間は、朝５時から夜７時までと長く、賃金はわずかなもので、週平均２から３ドル強であった。

こうした工場生活から遠く離れた事業所で働く熟練労働者の暮らし振りは少しはましであった。１７８０年代後半には、ニューヨーク市の大工、石工、鍛冶屋は1日4シリング、未熟練労働者である溝掘り人や煉瓦職人の下働きは1日2シリング稼いでいた。それでも、ニューヨークの保守派であるジョン・ジェイ〔１７４５～１８２９。１７８９年に合衆国最高裁判所の初代長官に任命され、94年にはイギリスとの間でジェイ条約を締結した。独立革命に際しては、第1・2回大陸会議に出席。合衆国憲法の批准に際し、ハミルトンやマディソンと共に『フェデラリスト』を共同執筆した。95年に最高裁判所長官を辞任後、ニューヨーク州知事に就任〕は、「職人と労働者の賃金は……非常に贅沢である」と抗議した。この「贅沢」の程度は、91年1月13日付のニューヨーク・デイリー・アドヴァタイザー紙に掲載された、「我々の小規模商人、車夫、日雇い労働者などの多くは、貧困の境界線上でその日暮らしをしている」との記事で明らかにされた。ニューヨークの６００人のジャーニーマン〔親方のもとで働く職人〕は97年に、自身と家族を扶養するための「十分な炉火と食料が不足している」として生活保護を訴えた。彼らは、独立革命以降物価が50％上昇したにもかかわらず、賃金は横這いであったと愚痴をこぼした(＊)。9年後、ある熟達した製靴職人が、「朝5時から夜12時か1時まで働いて、週にたった8・5ドルしか稼げなかった」と証言した。

これらの賃金でさえ定期的に支払われておらず、一般的には雇用主が所有または管理する店舗でしか換金できない代用紙幣で支払われた。そうした店舗で請求された高い価格で、わずかな稼ぎのかなりの部分が消えてしまった。その結果生じる労働者の苦しみは、独立革命後にアメリカに来たイギリス人が書いた次のような記述で明らかにされている。

「私が話をしたすべての職人は、彼らが労働に対して報酬を得る際に経験した困難さを訴えた。彼らが受け取ったものの多くは、必需品や衣類として店に注文されて与えられたものであった。こうした状況下で店主が請求した追加価格は、彼らの判断では週当たり75セントの明らかな損失をもたらした」。

労働者は、1日25セントや50セントでどういった類いの生活を送れたのであろうか。1789年のニューヨークに関する最近の研究によると、「もっとも質素な食べ物、飲み物、衣服、もっともみすぼらしいあばら家が労働者の生存条件であった」と指摘している。「95年には、救貧院で貧困者を扶養するのに1日10セントの費用がかかったが、この金額は当然、食料、衣服、燃料の卸売り購入価

（＊）以下の表は、最初の組合が結成された頃の賃金と生活費との関係を示している（1900年＝100）。

年度	名目賃金	生活費	実質賃金	年度	名目賃金	生活費	実質賃金	年度	名目賃金	生活費	実質賃金
1791	23	42	55	1794	29	53	55	1797	31	60	52
1792	25	46	54	1795	33	61	54	1798	33	60	55
1793	27	49	55	1796	33	65	51	1799	29	57	51

資料）Jurgen Kuczynski, *A Short History of Labour Conditions in the United States of America, 1789 to the Present Day*, London, 1943, pp.20-21. 以下も参照のこと。Hansen, "Wholesale Prices for the United States," *Publications of the American Statistical Association*, Vol. XIV, p. 804. *New York Daily Advertiser*, Sept. 7, 1785.

格に基づいており、家賃は除外されていた。しかしその年には、1789年同様、妻と1人の子供に恵まれた普通の労働者は、自分たち3人を扶養するための金額は、1人当たりに換算すると救貧院の収容者1人分より少なかった」。

日の出から日没までが労働日であった。これは、夏は14から16時間を意味し、食事のために2時間以下の休憩があり、冬は1日9から12時間を意味し、食事のために1時間以下の休憩があった。賃金は通常、労働時間数ではなく日単位で支払われるため、雇用主は同じ賃金でより多くの時間を確保できる晩春、夏、初秋に仕事をさせたいという誘惑に駆られた。

商人資本家の登場

これだけではなかった。アメリカの経済生活の大きな変化は、職人の技能の重要度を低下させた。工房を構える親方手工業者（親方）は、もはや数人の地元の顧客のために注文を受けて製造することはなかったし、1人あるいは2人のジャーニマンと徒弟しか雇わないということもなくなった。親方は今では南部と西部の市場に向けて製造し、需要が高まるにつれて工房を大きくし、より多くの労働者を雇った。

しかし、競争も激化した。有料道路《ターンパイク》と運河は生産者が同じ市場で競争することを可能にし、その競争に対応するために雇用主は賃金を下げ、労働時間を延長した。

この傾向は商人資本家《マーチャント・キャピタリスト》の登場後に強まった。生産者が遠く離れた市場で直面した大きな困難の1つは、与信枠と融資枠の深刻な不足であった。長靴《ブーツ》や短靴《シューズ》などの工業製品を購入した農民は現金をほとんどもっておらず、小規模な製造業者や地元の小売業者は信用で販売する余裕がなかった。これで、多額の資本だけでなく、海外から信用を得られる沿岸都市の輸入商人が俄然有利になった。小規模製造業者は、会員への融資を1つの機能とする協会を組織するなど、すべて自力で事態に対処しようとしたが、これは何の効果もない一時凌ぎの方便でしかなかった。

こうした状況が商人資本家を誕生させた。彼は製造方法を知っている必要はなく、工房や作業場を所有せず、労働者すら雇っていなかった。彼は原材料を購入し、それを完成品に製造してくれる生産者を見つけ、完成品を販売する市場を確保した。彼は自己資本があるか、多額の信用を得ていた。どちらの場合も、かなり長期の信用条件で販売できた。

商人資本家の領域が拡大するにつれて、工房を所有する親方は労働請負業者にすぎなくなった。彼は、商人資本家から受け取った価格と労働者に支払った賃金との差額である利益を増やすために、労働者をチームに分け、専門化と分業によって仕事を迅速化し、熟練者と未熟練者を対立させ、女性と子供を雇って男性の4分の1の賃金で男性の仕事をさせ、あらゆる方法で労働者にさらなる労働力の行使を強要した。通常の賃金を払おうとしていた少数の雇用主は、商人資本家に脅され、黙従せざるを得なくなった。賃金を削減し、搾取工場での労働時間の増大で利益を急増させ続けることが、雇用主にとっても資本家にとってもスローガンとなった。

労働者と雇用主との関係は、この展開によって大きな影響を受けた。だからといって、アメリカにおける労働組合主義の出現が、市場の拡大と商人資本家の台頭だけで説明できるわけではない。労働組合が結成されたのは、労働者が生計を賃金に依存していたからであり、彼らは経験を通じて、個人の力だけでは生活水準を維持したり向上させたりするために何もできないことを学んでいたからである。商人資本家の参入は、アメリカで賃金労働者階級が誕生したときには必然化されていた新しい事態の出現を早めた。

一時的な労働団体

独立宣言に具体的な意味をもたせるために、アメリカの労働者は独立革命直後に最初の労働組合を結成した。これらの組合は、熟練した職人によって組織されたもので、未熟な工場労働者によって組織されたものではなかった。工場労働者に不満の理由があったことは明らかである。しかし、彼らのかなりの数は組織化が期待できない子供であり、他のほとんどは若い女性で、組合を組織して運命の改善を強要する代わりに、状況が堪え難いにものなったときには仕事を辞めて農場に帰った。だが、熟練した職人にはそのような選択肢はなかったし、不十分な賃金を補うための農場や菜園を所有している者はほとんどいなかった。組織がなければ、彼らは「貧困の境界に住み、その日暮らし」を続けたであろう。

独立革命の前後に、労働者と雇用主は多くの問題で協力し、「病気や事故によって支援を必要とする仲間を保護し、未亡人や孤児を救済するという賞賛に値する目的のために」互助会といったものさえ結成していた。この間、労働者は不十分な賃金と劣悪な労働条件に不満を訴え、仲間内には憤懣やる方ない感情が横溢していた。早くも1773年に、メリーランド州の聖職者ジョナサン・バウチャーは、「雇用主も被雇用者も……、もはや双方とも愛情や至誠のようなものとともに生きているわけではない。そして、労働者階級は金持ちを自分たちの保護者、パトロン、後援者とみなすのではなく、今では、悪いことをしても罪にならない、多くの成長しすぎた巨人とみなしている」との所見を述べた。要するに、労働者と雇用主との協力関係は、商人資本家が出現する前に崩壊しつつあった。搾取の強化による商人資本家の出現は、この崩壊を早めたのである。

この協力関係の最初の重要な断絶は、ジャーニーマンが雇用主と労働者が所属していた互助会を脱会し、独自の慈善団体を結成したときに起こった。ジャーニーマンである印刷工、大工、靴職人、帽子屋、仕立屋、煉瓦積み工の互助会は1790年代にはごく一般的な存在であったが、そうした互助会だけでは十分ではなかった。労働者は、雇用主が自分たちを窮地に追い込むのを防ぐことが、自分たちが困窮しているときにたがいに助け合うのと同じくらい重要なことに気づくようになった。この理解が深まると、労働組合が出現した。

最初の恒久的な労働組合が結成される前に、熟練労働者は労働条件を改善する目的で一時的な協会（組合）で団結した。1778年、ニューヨークのジャーニマンの印刷工が団結して賃金の引き上げを要求した。彼らは雇用主に手紙を書き、「生活必需品が桁外れの価格に上がっているので、我々が現在もらっている賃金で働き続けることは期待薄である。それゆえ、現在のわずかな報酬に週3ドルの追加を要求する」と伝えた。彼らは要求が認められないなら、働き続けるつもりはないと宣言した。追加が渋々認められた後、印刷工は彼らの組織が存続する理由がないと考え、先の協会を放棄した。

最初の本格的なストライキは、アメリカ初の恒久的な労働組合が結成される6年前の１７８６年に行われた。1日1ドルの賃金確保を決意したフィラデルフィアの印刷職人は会合を開き、決議を採択した。そのなかで彼らは、将来「このフィラデルフィア市と同郡の印刷施設では、週6ドル未満では働かない」と発表し、「我々は、週6ドル未満で働くのを拒否したために解雇される仲間を支援する」と結論づけた。雇用主が要求を拒否すると、印刷工はストライキを行うか、あるいは当時そう呼ばれていた「罷業《ターンアウト》」を行い、要求を勝ち取った。

その後、別のターンアウトがすぐに続いた。フィラデルフィアの大工が１７９１年に10時間労働を求めて行い、ボルティモアの船員が95年に賃上げを求めて行い、同年ニューヨークの大工と石工が1日2シリングの賃上げを求めて行った。雇用主は非常に警戒していたので、ニューヨーク・デイリー・アドヴァタイザー紙の記者は、同年3月30日付の同紙で、「この機会に市民の側が黙認することは、おそらく、肉体労働で生活している他のすべての描写のなかで同様の試みを刺激するだけでなく、彼らのサーヴィスがもっとも望まれていると感じる季節に彼らの賃金を上げるための繰り返しの努力を誘発するであろう……」と警告した。

これらのストライキはすべて、闘争が続いている間だけ続いた一時的な協会に主導されていた。経験は労働者に、一時的な組織では賃金率を引き下げようとする雇用主の恒常的な圧力に直面した場合、それを維持できないことをすぐに教えた。必要とされたのは、定期的に会合を開き、緊急事態用の資金をもち、来るべき闘争のための計画をもつ常設の組織であった。

最初の労働組合

１７９０年代以降、複数の都市の熟練したジャーニマンが互助会を労働組合に変え、賃上げと労働時間の短縮を求めて闘い、療養中の仲間を支援するようになった。雇用主は、この労働組合主義への移行を阻止しようとしたし、少数の議会も影響を受け、労働者が慈善団体を使って賃金水準を固定するのを禁止する法律を可決した。こうした法律に対する答えとして、フィラデルフィアの印刷工は互助会を解散し、労働組合として再設立した。こうした組合の目的は、１８０５年に採択されたニューヨーク市の製靴職人の規約前文で次のように明らかにされている。

「我々、ニューヨーク市の製靴職人は、我々の正当な権利がもつ意味を痛感し、我々の労働に対する十分な報酬と我々が考えるものよりも賃金を引き下げようとする雇用主が常に利用する策略や陰謀を防ぐために、我々の団体の規約として以下の条項に全会一致で合意した」。

ここで、ニューヨーク市の製靴職人は、雇用主が賃金を引き下げようとするいかなる試みにも対応できるように、労働者は安定した継続的な組合を結成しなければならないと主張している。この規約前文は、早くも1805年に、アメリカの労働者がその労働に対する「十分な報酬」と考えるものを決定する権利を維持する決意を固めていたことも明らかにしている。

合衆国で最初に恒久的な組合を維持した労働者の団体は、それまでの試みが失敗に終わった後の1792年にフィラデルフィアの製靴職人によって結成された（これは1年を経ずして消滅）。94年に、この団体はフィラデルフィア製靴職人連合協会として再建され、1806年まで存続した。99年に、同連合協会は恒久的な組合として最初のストライキを行った。この賃金の削減に対抗するストライキは、それが記録に残る最初の同情ストライキであったという点でも重要である。ブーツ職人はシューズ職人が要求を確保するのを助けるべくターンアウトした。同連合協会は会員の1人ずつに費用を払って親方である靴屋の工房にピケを張った。ストライキは約10週間続いたが敗北した。しかし、12年間に及ぶ同連合協会の存在は、賃上げを求める多くの勝利した闘争によって特徴づけられた。

フィラデルフィアの製靴職人が組織されてから数カ月後、ボルティモアの仕立職人とニューヨークの印刷職人が組合を結成した。1794年に結成されたニューヨーク活版印刷工協会は10年以上存続した。もう1つのニューヨークの組合である家具・椅子職人組合は96年に発足し、1837年まで存続した。03年にはニューヨーク船大工職人組合が、06年にはニューヨーク市家屋大工組合がそれぞれ結成された。同じ年にニューヨークの仕立職人も組合を結成した。当時の新聞の記事から判断すると、これら最後の3つの団体は19年に至っても機能していた。05年に結成されたニューヨーク製靴職人協会は40年後に全盛を極めた。(*)

（*）ある都市の特定の職業の組合が解散し、新しい名称で存続することはよくあった。ニューヨーク活版印刷工協会は、1799年にフランクリン協会として再編成され、1804年まで存続した。別のあるいは2代目のニューヨーク活版印刷工協会は09年に結成され、18年まで存続したが、45年1月21日付のニューヨーク・デイリー・プレビアン紙の記事は、この年まで存続していた可能性を示唆している。

しかしながら、初期の組合の多くはそれほど長くは続かなかった。ストライキの敗北はしばしば組合の終焉を意味した。ストライキの勝利で組合の目的が達成されたと信じた組合員が組合を解散する場合もあった。長年にわたって国内の広範な地域で存続できるだけの強さと分析力を十二分に兼ね備えていたのは印刷職人と製靴職人だけであった。1810年までに、フィラデルフィア、ニューヨーク、ボルティモア、ピッツバーグ、ボストン、ワシントン、ニューオーリンズに製靴職人と印刷職人の常設組織が存在した。

組合の方針と慣行

最初のアメリカの労働組合は短命で、そのほとんどが活動記録や議事録を残していなかったため、これらの労働団体がどのようなもので、どのように機能していたのかを知るのは容易ではない。幸いなことに、印刷職人と製靴職人の組合の活動記録が保存されており、初期のアメリカの労働組合慣行の研究を可能にしてくれる。

組合員になると、労働者は通常、賃率一覧表《ウェイジ・スケール》を守り、議事録を秘密にし、組合員が「他の誰よりも優先して」雇用を得るのを助けると宣誓した。組合員は、一般的に約40か50セントの入会金と、月に6から10セントの通常の組合費を支払った。組合員は月例集会に出席することを要求されたが、労働者は仕事を求めて都市から都市へと移動したので、通常3カ月間の不在は許された。戻ってきて町を離れていたことを証明した上に、「1カ月分の組合費を納めれば」、依然「正規組合員と認められた」。

　組合員は、集会では節度をもって秩序ある行動するよう求められた。委員長が開会を宣した後に沈黙を守らなかった組合員は、誰であれ通常6セント程度の罰金を科される可能性があった。また、組合集会を理由なく欠席したことに対しても罰金が科され、最初の違反に対しては10から12セント、2回目は20から25セント、3回目には50セントが科された。欠席に関して、ニューヨーク製靴職人協会の規約は、「会議に出席し、幹部役員と協力して本協会の福利を増進するのは個人会員の義務である。そうすることで、協会員は自分たちの個人の福利も増進していることを思い出すであろう」と記している。

　仮入会後に、家族を苦しめ、雇用主が損失を被る原因となった「度重なる泥酔状態」、「重大な不道徳」、「集会中に社交室で同僚組合員に暴言を吐いた」、「頻繁な仕事の怠慢」などで有罪とされた場合、組合員は除名される可能性があった。ニューヨーク活版印刷工協会の協会員が除名されたのは、彼が「24インチ角の大判用紙の半紙を間違えたのに、雇用主に事情を話さず、請求書に署名することさえ怠って同市を離れた」として有罪と判断されたためであった。これは「ニューヨーク活版印刷工協会の品位を著しく辱める行為であり、会員としての自身をも辱める行為」とみなされた。組合はその構成員が「全員最高の労働者」であることを誇りにしていた。

　アメリカ最初の労働組合は、主として地方の手工業が抱える問題に関心をもつ職業別組合《クラフト・ユニオン》で、他の都市の組合と有機的なつながりはなく、同じ地域の異なる職業の組合ともそうであった。これらの組合は、基本的には単一の産業のなかで地方で活動する少人数のグループであったし、これらの組合の組合員は単一の工芸または技能を有する労働者に限定されていた。この初期の時代には、商品生産には分業はほとんどなかった。製靴職人組合のほとんどの組合員は1人で靴全体を作っていた。組合員である印刷工は活字を刻むだけでなく、それを組んで印刷もした。熟練した賃金労働者は小さな工房で働き、他の職業の労働者と接触することはなかった。これら労働者が厳格な職業別組合を結成するのは当然であった。

　当初、組合員は「初心者、逃亡徒弟、修業途上のジャーニマン」や、「彼らが得られるもののために働く」と言われていた他のすべての未熟練労働者の雇用に抗議し、自分たちの技能を守るためだけに闘った。だが、そのときでさえ、熟練労働者は負け戦を戦った。商人資本家に扇動された雇用主は、熟練したジャーニマンに支払われていたよりもかなり低い賃金でより多くの徒弟を使うようになった。分業は手工業界でいくらか前進し始めていた。熟練労働者は、これら「未経験の」労働者が専門とする仕事の特定の段階を徒弟に教えることを余儀なくされた。まもなく、熟練労働者は徒弟と同じ賃金で働くようになった。雇用主は、製品の品質よりも量と価格に関心をもち、短期間の訓練で専業化した多くの労働者がより迅速かつ安価に生産できるようにした。

熟練したジャーニマンは、この新しい傾向に激しく抵抗した。彼らの多くは雇用主ではなく徒弟を非難した。経験を通してジャーニマンは、徒弟を組織し、熟練を要する仕事と要しない仕事の賃率一覧表を設定することによってのみ、自分たちの賃金水準を維持できることを学んだ。ジャーニマン製靴職人は早くも１８０５年にこの教訓を学び、その規約で徒弟も組合員資格を有すると規定した。

経験は熟練したジャーニマンにもう1つの教訓を教えた。雇用主が組合員になれば労働組合は効果的に機能しないということである。雇用主が組合員になったのは2つの要因の結果であった。第1に、労働者は、工房で働いていた雇用主は生産階級の一員であり、「現在有用な労働なしで生活している、あるいは今後も生活しようとするすべての人々」である資本家や銀行家といった怠惰な搾取階級の一員ではないと感じていた。第2に、いくつかの職業では、「階級の入れ替わり《クラス・コミューティング》」が頻繁にあった。印刷業界では、雇用主になった労働者は、ジャーニマンに組合基準で賃金を支払えば、雇用主であっても組合に留まることができた。階級の入れ替わりが稀であったブーツ業界やシューズ業界では、雇用主が組合員になれる規定はなかった。これが製靴職人組合がより大きな闘争性を発揮できた理由の1つである。

雇用主が組合員であることの弱点を最初に認識した組合の1つが、ニューヨーク活版印刷工協会であった。この協会は１８０９年に、「雇用主と被雇用者との間には共通の利益がある」とする決議を承認したが、8年後、1人の雇用主会員が他の雇用主と共謀して協会を破壊しようとしているのを察知し、当該雇用主を追放すると同時に規約を改正して雇用主の排除を規定した。その理由は以下のとおりである。

「経験によれば、人間の行動はほぼ完全にその利益に影響されており、本協会の構成員が真逆の動機と別個の利益によって動かされる場合には、本協会が規律正しくかつ有益であることはほぼ不可能である。本協会は、ジャーニマン印刷工の協会であり、ジャーニマンの利益は雇用主のそれとは別個であり、いくつかの点で雇用主のそれと対峙しているため、我々は、雇用主が我々の協議事項に何らかの発言権や影響力をもつことは不適切であると考える」。

経験を強調することは、これら初期のアメリカの労働組合を理解するための手がかりを提供してくれる。労働者は経験から、より良い労働条件を確保するための努力をどのように進めるか、また、そうした労働条件を雇用主から奪取するための闘争における戦術をどう改善するかを学んでいたのである。

当初、組合の戦術はかなり単純なものであった。組合員は会合し、賃率一覧表を作成し、要求した賃金を支払わない雇用主のもとでは働かないことを誓約した。１８０２年までに、一部の組合は賃率一覧表を雇用者に提示する委員会を選出した。提示された一覧表を受け入れて賃金を支払った雇用主は、ときには特別決議で栄誉を讃え、一方、受け入れを拒否した雇用主は、ストライキに直面し、その工房は「徒歩委員会《トランピング・コミッティ》」〔ピケを構成する集団のこと〕によってピケを張られた。

スト参加者はストライキ手当を受け取った。10年までに、製靴職人と印刷職人は、「定められた代価以下で働くのを拒否した結果、雇用主から解雇された仲間」に定期的に手当を支払った。

労働協約は労働組合戦術の次のステップであった。早くも1799年に、フィラデルフィアの製靴職人とその雇用主との間で労働協約が締結された。10年後、ニューヨーク活版印刷工協会は3人からなる委員会を任命し、市全体で統一された賃率一覧表を確定するために、印刷業界の全雇用主で構成される委員会と協議し、数回の協議の後、合意をみた。ニューヨークの印刷工は早くも1815年に、雇用主が仕事を市外に発注するのを阻止するために、東部の諸都市で統一された賃率一覧表を確定しようとしたが失敗した。

多くの組合は雇用主が労働協約に従って行動するのを監視する「徒歩委員会」を設置した。監視には1人の人間を任命して報酬を支払う方が優れていることが判明すると、「巡回代表《ウォーキング・デレゲート》〔移動委員や職場委員〕」が出現した。しかし、ほぼすべてのストライキでは無給の委員会が使われた。

労働者が早くから学んだもう1つの教訓は、クローズド・ショップの必要性であった(*)。雇用主は、組合に未加入の労働者を賃率一覧表よりも低い額で雇うことで労働協約を何度も破った。1カ月も経たないうちに、組合員の賃金は新規採用者の水準に引き下げられた。組合員が未組織の労働者と同じ職場で競争しなければならない限り、いかなる組合も有効ではなかった。なぜなら、未組織労働者は組合がその影響力と活動によって確保したすべての利益を享受し、ストライキの際には雇用主と協力して組合に対抗するからである。ニューヨーク活版印刷工協会は1809年に、上記の問題を「我々は、ニューヨーク市のすべてのジャーニマン印刷工が立ち上がって、仲間の職人と団結することで全体の福利という目的の推進が義務であり利益であると考える」と簡潔に述べている。

(*) クローズド・ショップの起源は、フィラデルフィアの製靴職人が雇用主に組合員のみを雇用するよう強制した1794年にさかのぼる。

しかし、クローズド・ショップは規律によってのみ確立できた。この点を理解したニューヨーク・ジャーニマン製靴職人協会は、1805年に、次のようなクローズド・ショップ条項を規約に盛り込んだ。「当協会のいかなる会員も、ジャーニマン製靴職人が当協会に加入しない限り、当協会に属していないジャーニマン製靴職人もしくは徒弟を雇用している雇用主のために働いてはならない」。もし協会員が協会に加入していない人と「隣り合わせの席で働いた」のに、次の月例会議で協会長に報告しなかった場合、当該協会員は1ドルの罰金を支払わなければならず、その後この規約に違反すれば除名された。

他の製靴職人組合も同様の協定——かならずしも書面によるものではなく——を締結しており、ほとんどの場合、厳格に施行されていた。ある労働者はフィラデルフィアでの裁判で、「もし私がこの団体に加入しなければ、誰も私が働いていた席に座ったり、同じ家で食事をしたり、宿泊したり、ましてや同じ雇い主のために働いたりする者はいなかったであろう」と証言している。

「移動証明書《トラベリング・カード》」はクローズド・ショップを強化するもう1つの手

段であった。この制度は印刷工の間で非常に効果的であった。あるジャーニマンはワシントンの組合に復職を願い出た際にこう訴えた。「私は長い間ニューヨークに行きたいと思っていましたが、当協会からの証明書を携帯してなければ、そこで雇用を得られません。もちろん、当協会が私を協会員に復帰させてくださらない限り、私は証明書を得られません。私は今ここに、最高の敬意を表し、復帰させていただけるよう真剣にお願い申し上げる次第です」。

労働者は常にスト破り《スキャップ》に対して強い憎悪感を抱いていた。1800年に賃上げを求めてストライキを行ったニューヨークの船員のグループは、操船していたスト破りに激怒し、「ドラムを叩き横笛を吹きつつ国旗を掲げて」埠頭まで行進した折りに、「スト破り《ラッツ》」を守るためにその場に居合わせたギャングと流血の乱闘になった。06年に、フィラデルフィアのある製靴職人は、労働裁判中に立ち上がって、「スト破りは人間の屑の隠れ家である」と大声で叫んだとき、法廷侮辱罪で5ドルの罰金を科された。

ストライキ中のスト破りは、組合員が犯す可能性のある最悪の犯罪であり、即時に除名された。ニューヨーク活版印刷工協会は、「当協会の規約を遵守し、定められた代価以下で働くのを拒否した結果、雇用主に解雇された」労働者の代わりに働いて有罪と判定された協会員を除名しただけでなく、彼の氏名を「合衆国のさまざまな活版印刷工協会に報告」すべきであると規定した。この「スト破りリスト」の交換は、異なる都市の地方組合間に有機的なつながりがなかった時代に、労働者の連帯が出現した兆候の1つであった。(*)

(*) しかしながら、このような連帯を達成するために、この時期に少なくとも1つの努力が払われていた。1796年初頭、フィラデルフィア家具職人連合協会は、賃上げを求め、雇用主の「協会所属のジャーニマン家具工としてではなく、個人として雇用する」という決定を打ち砕くためにストライキを行い、「職人である彼らの同胞」に対して、「彼らの相互の独立性を保護するための連携構想を練る目的で」集まるよう別の組合に促す声明を出した。この訴えの1つは、「我々は、ここフィラデルフィアで、さらにはアメリカ全土の職人組合の各支部が、ここで記述している協会に対して行われた、あるいは行われる可能性のある、いかなる攻撃をも撃退するために、すぐに行動を起こすことを希望し、懇願する」とし、「私たちは、すべての協会の団結した努力が、単一の協会の個々の努力よりも、それぞれの協会の独立性のより恒久的な確立を生み出さなければならないと感じているので、感情と援助の伝達のために、あなた方に声を上げて呼びかける必要があることに気づいた。では、同胞の市民の皆さん、アメリカの働く市民として非常に有用な団体の独立性を決定する大義のために、いつでもたがいに援助する用意があると急いで宣言しましょう」と続いていた。

1810年にフィラデルフィアの印刷工が賃上げを求めてストライキを行ったとき、ニューヨークでは雇用主が印刷工に対して通常の2倍の賃金を約束する広告を出した。フィラデルフィアの組合はニューヨークの仲間の組合と連絡を取り合った。彼らは「賃上げを求める要求でフィラデルフィアの活版印刷工仲間」を迅速に支持し、「……我々は、現在の状況下でフィラデルフィアの我々の仲間によって空席になった職は、いかなるものであれ奪わないことをたがいに誓約する」と断言した(**)。

(**)彼らの雇用主が1803年に労働者にストライキ破りをするよう宣伝し、彼らが「フィラデルフィア市と同郡の親方製革工に適用することによって、安定した雇用と寛大な賃金が得られる」と保証したとき、フィラデルフィアのジャーニマン製靴職人協会は以下の通知を新聞に掲載した。

「通知：連邦のすべての地域のジャーニマン製靴職人に」。

「諸君のフィラデルフィアの同胞たちは、彼らが満場一致で賃上げを求めて罷業《ターンアウト》することをあなた方に知らせるのに、この方法をとっています。それゆえ、彼らは、ニューヨークで確立された賃金以上のものを要求していないので、彼らの同業仲間は、フィラデルフィアの雇用主が彼らを唆そうとするいかなる広告にも注意を払わないであろうと考えています。特に、親方製革工が過去20年間にわたって支払われてきた賃金を引き下げる決議をしたので、そう考えるのです」。

これはアメリカで最初の労働組合が誕生してから20年も経たない頃の話である。だが、いくつかの組合は、団体交渉、最低賃金の要求、「クローズド・ショップ」を確保する努力、スト破りのリスト、ストライキ基金、熟練労働者と未熟練労働者との団結、「移動証明書」、同じ職業の異なる地方組合間の連帯といった方針をすでに確立していた。

これら方針の結果、重要な経済的利益が確保された。マサチューセッツ州の大工の賃金は、1791年の1日74セントから1820年には1・13ドルに、塗装工のそれは1800年の1日1・15ドルから20年には1・34ドルにそれぞれ上昇した。他の職業に関する統計は入手できないが、組合活動が賃金の大幅な上昇をもたらしたことを疑う理由はないようである。

労働者と裁判所

さらに、これらの結果は、労働者の団結が共謀と判断されている間に、雇用主が賃金を強制的に引き下げ、ブラックリストを作成するために結合することを認めた裁判所の激しい抵抗にもかかわらず達成された(*)。労働運動指導者のスティーヴン・シンプソンは、1831年に出版された『労働者便覧』にこう記している。

「もし職人が彼らの賃金を上げるために団結すれば、法律は彼らを社会の利益に反する共謀者として罰し、地下牢が強盗と同じように彼らを待っている。しかし法律は、資本家が団結して労働者の収入を剥奪し、彼を乾燥して堅くなったパンと瓢箪型の細口瓶1本の水だけの生活に落ちぶれさせるのを、公正で賞賛に値する行為としている。このように、権力は正義を覆し、自然の秩序を乱す」。

(*)雇用主は、初期の労働組合が出現する前から団結していたが、今では労働者の要求に対抗し、「彼ら［組合］を完全に解体する」ために活動を強化している。ときには、雇用主は単にスト破りを採用する時間を稼ぐためだけに組合が求める条件を受け入れ、その後、組合員を締め出した。

合衆国では、18世紀のイギリスの労働者の団結を禁止する法律のようなものは制定されなかったが、アメリカの労働団体の共謀を告発する際には、イギリスの判例が踏襲された。この告発は、イギリスの慣習法における共謀の法理に基づいていた。共謀の法理とは、裁判所が和解のために裁判官に持ち込まれた個人間の訴訟から発展させた原則と行動規則の体系であり、それによれば、第三者または公衆の危害を企てた2人あるいはそれ以上の人間はいかなる者であれ共謀の罪で起訴され、法的に処罰される可能性があった。要するに、労働者は個人として得られない利益を得るために団結することはできなかった。たとえば、1805年11月のフィラデルフィアの製靴職人の事件では、検察側は、ジャーニマンの誰もが「自分にとって適切と考える賃金であれば、合法的に要求できるが、2人以上が同じ代価を要求することに同意した場合、彼らは法律違反で有罪である……」と認めた。

この法理は労働組合主義の核心を突いた。それというのも、労働者の大多数は個々には交渉力がなかったので、労働者が自らを向上させる唯一の方法は団体交渉しかなかったからである(＊)。

（＊）1937年、チャールズ・エヴァンズ・ヒューズ合衆国最高裁判所長官は、全国労働関係委員会対ジョーンズ&ラフリン事件で、多数派を代表して次のように宣言した。「はるか前に、我々は労働団体の設立理由をこう述べた。我々は、労働団体は諸般の状況の必要性から組織されたものであり、1人の従業員は雇用主との交渉において無力であり、……労働組合は、労働者に雇用主と対等に交渉する機会を与えるためには不可欠である」。

国家の名のもとに起訴されたが、雇用主によって扇動され、資金提供されたこれら初期の反労働者的な裁判のすべてを詳細に説明することは紙幅の関係で許されない。しかし、1つの事例を検討することで、それらすべてに関わる基本的な問題の理解は可能である。

1805年11月、フィラデルフィアの8人の製靴職人が「賃上げのための団結と共謀」を企てた罪で大陪審に起訴された。この事件は、司法を支配した連邦派《フェデラリスト》とイギリスの慣習法が独立革命によって一掃されたと主張するジェファソン派のデモクラティック・リパブリカンズ〔詳しくは第6章66ページを参照のこと〕との間の政治的闘争の一部であったことから全国的に注目を浴びた。雇用主側の弁護士は、著名な王党派〔国王派。独立革命中、イギリス国王に忠誠心を抱き、イギリスからの分離独立に反対した人々〕の息子で熱心な連邦派であり、イギリスの慣習法の擁護者ジャレド・インガソルであった。製靴職人側の弁護士は、イギリスの慣習法を同国の専制政治の残滓とみなし、慣習法の妥協のない敵となったジェファソン派の第一人者シーザー・A・ロドニーで、彼は程なくジェファソン政権の司法長官になった。

裁判が始まる前に、労働者は一般市民に対して、アメリカのすべての進歩的な運動にとって危険な先例の確立に反対するため自分たちとともに闘うよう訴えた。この訴えは、1805年11月28日付のジェファソン派の新聞オーロラ〔1790年創刊時はフィラデルフィア・ジェネラル・アドヴァタイザー〕に掲載され、製靴職人協会の会長ジェームズ・ゲガンと書記のジョージ・キーマーによって署名された。

この訴えは、「もし労働の代価を規制しようとする者たちの連合が犯罪に転換され、国家の自由に対する陰謀と同じ非難的な言葉でレッテルを貼られるなら、その見通しはペンシルヴェニア州にとって非常に悲しいものである……」と宣言した。

この訴えは、「我々がここで言ったことは、我々の行為を国民に知らせ、その行為がどのような見せかけで行われたとしても、自由の名は幻影にすぎないことを明らかにする（示す）であろう。もし我々の国の法律が認めていることを行うために、我々の生存に必要なわずかな食い扶持を差配する厳格な監督者をもつことになるのであれば、もし我々が我々の家族のために公正で正当な支援を得ようと努力したために、我々を一家団欒から引き離すことになるのであれば、そして、もし我々が、我々の労働に対して十分な報酬と考えるものを受け取ったり、または拒否したりする権利を主張しただけで、重罪犯や殺人者として扱われることになっているのであれば、繰り返しになるが、自由の名は幻影にすぎないことを明らかにする（示す）ものである」と結論づけた。

裁判は市庁舎の法廷で、2人の宿屋の主人、1人の商人、3人の食料雑貨屋、それに煙草屋・時計職人・熟練した仕立屋の親方それぞれ1人ずつで構成される9人の陪審員の前で行われた。検察側の最初の証人ジョブ・ハリソンは自称スト破りの労働スパイであった。もう1人の証人アンソニー・ベネットは、組合員から殺すと脅されたと証言した。組合に加入しなければ殺されるとどのようにして知ったのかと問われると、ベネットは、「連中は殺すぞと脅しました。面と向かってではなく、聞いたところでは、連中はジャガイモで窓を割り、私を虐待しようとしました」と答えた。

検察側の主たる主張は、組合が潰されなければ、製造業はフィラデルフィアを離れるであろうというものであった。インガソルは尊敬に値する市民の陪審員に、これらの労働団体が、「あなた方の国の法律に従う」のではなく、「彼ら自身の気紛れや斑気《むらき》に従って法律を変え」ようとしているときに、「あなた方の国にほんの少ししか滞在したことのない人たちで構成された」労働団体が存在するのを許せるのかと尋ねた。

ロドニーの弁護は、イギリスの慣習法に対する見事な攻撃に基づいていた。彼は、アメリカの雇用主は1349年にイギリスで可決された労働者規制法の背後に隠れていると主張した｛ここで著者のフォーナーは少し誤解している。労働者規制法は1351年に制定されている。1349年は労働者条令で、これを修正・強化したのが労働者規制法である｝。この法律は、黒死病｛ペスト｝を生き延びたすべての労働者に、雇用主の利益のために国家が定めた賃金で働くことを強制した。彼は、アメリカ国民が犠牲を払い、長くて困難な戦争を戦ったのは、このためであったのかと尋ねた。彼は、組合が実業家をフィラデルフィアから追い出したという告発を軽蔑しただけであった。その告発は事実に反しているだけでなく、取るに足りないものであった。

ロドニーは、「その労働者は、彼が快適に生活できるようにするのに十分な雇用を得るに値するのは確かである」と主張し、それに加えて、製靴職人協会は「商業、農業、芸術、その他の目的を促進する団体と同様、自らを創造する権利をもっていた」とも主張した。

愛国心に対する検察側の訴えは、裁判で危機に瀕しているのは公共の福祉ではなく、雇用主の利益であるという事実を隠すための隠れ蓑であったとロドニーはこう続けた。「この大義の裁判に出席している手ごわい親方連中と、それを起訴するために雇われた市のもっとも著名な弁護士の何人かを見ると、さらに、それが彼ら弁護士の顧客の誰によっても受け入れられていないのを見ると、あなた方を納得させるために強力な議論が必要になるが、それは純粋に愛国的な動機から行われている」。彼は正義を求める真摯な訴えで次のように締め括った。

「もしあなた方が私たちの政府と法律に不平等の精神を持ち込もうとされるなら、もしあなた方が労働者とジャーニマンがあまりにも大きな自由の一部を享受していると考えておられるのであれば、……そうした意向と見解は、あなた方が被告を有罪にすることにつながるでしょう。一方、もしあなた方が私たちの政府の賢明で自由な原則に満足しておられるのなら……、もしあなた方が、階級間の区別を認めない権利の平等を市民に保障する私たちの憲法のもとで享受されている恩恵に満足しておられるのなら、私は無罪の評決を求めるつもりです」。

陪審員の構成は評決を既定の結論とした。労働者は「賃金を上げるために団結するのは有罪」とされ、それぞれ8ドルの罰金を科された。

この判決はその後の評決の先例となった。1809年にニューヨークで仕立屋が共謀で有罪となり、1ドルと経費分の罰金を科された。ボルティモアとピッツバーグでは、14年と翌年に製靴職人が有罪となり、罰金を科された。06年から15年の間に、製靴職人を共謀の罪で起訴した6件の記録された事件のうち、4件で労働者に有罪が宣告された（残り2件のうち、1件は職人の勝利、もう1件は和解であった）。軽い罰金は民衆の怒りを証明するものであるが、判決は雇用主と裁判所の目的が労働組合主義をアメリカ人の生活から排除することにあった点も示している。それで、ピッツバーグで行われた製靴職人の15年の裁判の記録官は、「陪審員の評決は、西欧諸国の資本家の成功した事業に対して非常に有害であったこれらの団体に終止符を打ったことから、コミュニティの製造業の利益にとって最重要なものであった」と記したのである。

一時期、雇用主と裁判所は労働組合主義の発展を妨げるのに成功した。1806年にフィラデルフィア製靴職人の（行為）が裁判所によって非合法化されると、彼らは生産者協同組合の結成に目を向けた。しかし、裁判所の判決も雇用主の強制のいずれも、アメリカの労働運動の発展を止められなかった。フィラデルフィア活版印刷工協会がストライキ中のニューヨークの仲間に送った、「賞賛に値する闘争を粘り強く続け、危険と困難なしに偉大な闘争が達成されたことは未だないことを覚えておいてください」とのメッセージは、そうした団体の前進する必要性と意志を表明したものの典型である。

第6章　労働者とジェファソニアン・デモクラシー

本物のホイッグ党員と上機嫌な職人よ、それぞれ皆来たれ／恐怖や政治上のパニックを知らぬ者よ／
皆で軍隊の隊列を整え、皆で楽隊を招集せよ／皆の心と手で古き大義を支持するために

この1785年の労働者の詩歌の「古き大義」は、独立戦争中に人々が戦った「自由の大義」を意味していた。今では、それを維持するための新たな闘いが必要とされていた。この新たな闘いはジェファソニアン・デモクラシーのためのものであった〔ジェファソニアン・デモクラシー（あえて訳せば「ジェファソン流の民主主義」）とは、第3代大統領トマス・ジェファソンの民主主義に基づく政治思想とその実践のこと。彼は、自営農民こそが新共和国の基本と考えた。工業はヨーロッパに任せ、黒人奴隷は外地に移送し、不足する労働力はヨーロッパから白人を移住させて埋め合わせ、自営農民に必要な土地は西部で調達し、その際抵抗するインディアンはいかなる手段を講じても排除する。政治はこのような自由農民が直接参加できる小さな自治社会を基本単位とする。こうした直接民主制を基礎に、農民から選ばれた代表による代議政治が郡と州で行われ、こうした州が対等な立場で連合して合衆国を形成する。この思想は、次の第4・5代大統領マディソンとモンローにも引き継がれた。この3代の大統領の24年間に及ぶリパブリカン政権の時代をジェファソニアン・デモクラシーの時代と呼ぶ〕。

ジェファソニアン・デモクラシーの起源

ジェファソニアン・デモクラシーの直接の起源は、独立革命を戦った兵士が故郷に戻ったときに家が抵当に入れられ、家族が借金を抱え、自分たちの政府が裕福な商人と大地主の手にあることを知った日にさかのぼる。商人や大地主は、土地、兵役証明書、国庫支払令状、さらには大陸証券への投機で富を蓄積していた。民衆は、独立戦争に勝利したときのように、平和を勝ち取るために政治的に組織された。すべての州で、戦後の重荷を小規模農場主と職人さらには労働者から取り除くための政治キャンペーンが行われた。これらのキャンペーンのほとんどでは、選挙権が通常は資産家に制限されていたため、労働者階級は不利な立場に立たされた。

投票のための財産資格を求めない数少ない州の1つがペンシルヴェニアであった。ニューヨーク州では、20ポンドの自由土地保有者《フリー・ホルダー》あるいは年間40シリング相当の集合住宅《テネメント》の居住者が議会議員に投票できた。フリー・ホルダーである職人はほとんどいなかったが、その多くは年間40シリング相当の集合住宅を借りていた。年が進むにつれて、ますます多くの職人と労働者が財産資格を取得した。

労働者のなかには、独立した政治活動の観点から考えている者もいた。1784年10月9日、フィラデルフィアのある職人が同僚労働者に対して、来るべき選挙で自分たちの候補者を指名するよう促した。

彼は、「人類のすべての不幸は、自由（市）民が自らの感情を維持も、行使もしないことから生じたものである。自由民が、他の点と同様、彼らの政治的および宗教的信念においても、この点で平等に独立すべきでない理由は説明できない」と語った。

この職人の助言は守られなかったが、翌年の春、ニューヨーク市で職人たちは州議会に自分たちの公認候補を推薦した。この運動は職人が職人協会〔組合〕を設立しようとしたが失敗したときに始まった。アーロン・バー〔1756〜1836。トマス・ジェファソンの第1期の副大統領。初代財務長官のアレグザンダー・ハミルトンとの1804年の決闘は有名〕は、労働者に「あまりに大きな政治的影響力」を与えるという理由で法案への反対を主導した。州議会が法案を可決した後、改正協議会が法案に拒否権を行使した。

この敗北の後、職人は州議会で真の代表を獲得することを決意した。ある職人が1785年4月14日付のニューヨーク・パケット《郵便物》紙で、「博識な弁護士、裕福な商人、傲慢な地主は、すでに彼らの利益を代表する者を……列席させている」と述べた。そうであるなら、「正業に就いている職人や車夫」は、彼らの主張を押し進められる自分たち自身の階級の人間によって代表されるべきではないのかと彼は問うて、こう続けた。「優秀な者、強靱な者、屈強な者は、どういった目的で常に一括りに分類されているのか。弱い者、貧しい者、力のない者を餌食にするために……。商人と弁護士以外に我々の信頼に値する人はいないのか」。彼らが「自由の息子」の旗のもとで行進した日々を思い出して、職人協会は独立革命後のアメリカで最初の職人の公認候補を推薦した。1人を除く公認候補全員が選出され、そのなかには2人の労働者――靴屋と鍛冶屋――がいた。他のほとんどは「〔冒頭でみた自由の〕大義に友好的」であった。

1790年代には、金持ち一派による中央政府の支配に対する同様の憤りが、全国の職人や労働者による政治団体の結成につながった。

1790年代に合衆国政府が商業・金融貴族にどのように乗っ取られ、労働者がその簒奪にどのように反対したかをここで詳細に示すのは明らかに不可能である。いくつかの事実が、ジェファソニアン・デモクラシーの時代におけるアメリカの労働者の多様な政治活動を示唆してくれるに違いない。

多くの小規模農場主が新憲法の批准に反対したのとは異なり（彼らは「大家《たいけ》の傲慢さから――富裕層の暴政から――［そして］税収官吏と徴税人の無情な暴挙から」けっして安全ではないことを恐れていた）、職人と労働者はトマス・ジェファソンを範として新憲法を支持した。彼らは、国家経済の安定を達成することと、大量の失業を引き起こしていたアメリカ市場へのイギリス製品のダンピングを止めることに、雇用主と同じくらい熱心に取り組んでいた。彼らは、権利章典が憲法に反対する人々が予想するある種の弊害を防ぐのに役立つと信じていた。1788年初頭、ポール・リヴィア〔第3章21ページを参照のこと〕とベンジャミン・ラッセル〔1761〜1845。アメリカのジャーナリスト。ボストンのコロンビアン・センティネル紙を創刊〕の指導のもと、ボストンの職人は全会一致で憲法の批准に賛成し、マサチューセッツ州がすぐに憲法草案を批准することを切望する決議を採択した。ニューヨークとフィラデルフィアでも、職人と労働者が批准に向けて世論を喚起した。批准の敵が、新憲法を「無理やり押しつける」のが好きでないと抗議するのを聞いたフィラデルフィアのある職人はこう答えた。

「もしF―氏が、過去3カ月間そうであったように、そして、単に良い連邦政府の欠如によって引き起こされた貿易の衰退から、借入金または信用で調達したもの以外に喉に押し込む糧食がなければ、彼は新憲法を検討するのに3カ月も4カ月も必要としなかったであろう」。

強力な中央政府を切望していた職人と労働者は、コミュニティの他の人々と協力して、権利章典を求めるジェファソンの要求を押し進めた。最初の10項に及ぶ修正案が最終的に憲法に盛り込まれたのは、この圧力の結果であった。ある研究者が言うように、「これら修正案は人民から出てきて、人民の利益のために直接創られた」。

だが、信教の自由、出版の自由、言論の自由、集会の自由、請願の自由をすべての人に保障する証書の条項だけでは十分ではなかった。権利章典が意味のあるものになるか、空文になるかは、民衆にかかっていた。ニューアーク・ガゼット紙は、1794年3月19日に、「アメリカの自由を支持しなければならないのは、職人と農民、あるいは（一般にそう呼ばれているように）貧しい階級の人々でなければならない」と書いたとき、この事態を正確に述べていた。

それというのも、自由が再び危険にさらされていたからである。ジェファソンがフランスでのミッション｛公使としての務め｝を終えて帰国したとき、裕福な商人や投機家が憲法採択後の国を支配していることに愕然とした。アレグザンダー・ハミルトン｛第4章33ページを参照のこと｝と連邦派《フェデラリスト》は、共和国を君主制に転覆させようとする決意を公然と表明していた。連邦派は民主主義を「最悪の政府」と呼んで憎んでいた。ジョン・ジェイ｛第5章50ページを参照のこと｝は、「国を所有する者が国を統治すべきである」と言ったとき、そうした感情を連邦派のために要約した。民衆は政治的特権を委任されるにはあまりにも無知であった。職人と労働者のための適切な場所は作業台にあり、小規模農場主のための適切な場所は鋤にあった。国政は「富裕層と良家の出」のために留保されていた。

ハミルトンの効果的な援助によって、「富裕層と良家の出」は自分たちだけで立派にやった。彼の資金調達計画だけでも、連邦派の商人や銀行家に莫大な利益をもたらした。彼らは、農民や労働者から1ドルにつき1セントで購入した兵役証明書やその他の有価証券の額面価格を政府から支払われた。そして、これらの同じ農民や労働者は、計画の運営のための収入を提供するために、高い物品税を支払うことを余儀なくされた。最後に、ジェームズ・マディソン｛1751〜1836。合衆国第4代大統領。大陸会議の代表として活躍し、合衆国憲法制定会議では指導的役割を演じ、『フェデラリスト』を共同執筆した。1812年戦争で指導力のなさで不評を買った｝は、「この商況のすべての恥ずべき状況のなかで、この仕事を公然と推し進めるのにもっとも積極的であった議会議員が、その報酬を手にしているのを見るのは、最大の恥辱の1つである」と腹蔵なく話した。

民衆が自分たちが勝ち取った未来が危険にさらされているのに気づき始めた瞬間、フランスで大きな出来事が発生したというニュースが入ってきた。フランス革命は、そのインスピレーションを得た国で革命的な情熱を再燃させようとしていた。連邦派の間には喜びはなかったが、アメリカ国民は祝福した。1794年、ニューヨークの職人は、「アメリカで火をつけられ、フランスで一面の炎となって燃え広がった自由の光が世界を照らし、専制政治を焼き尽くしてくれますように」と決議した。

しかしながら、「すべての暴君、略奪者、投機筋への資金提供者」を排除するのは簡単ではなかった。連邦派は強力で、よく組織され、決断力があった。彼らは贈収賄や選挙工作さらには汚職行為に供する豊富な資金をもっていた。広範囲に分散している人々が集まって一緒に行動するのは難しかった。そうした人にはお金がほとんどなく、連邦派の報道機関に異議を唱える新聞もほとんどなく、彼らを代弁する聖職者もほとんどいなかった。だが、都市や大きな町には技工や職人そして労働者が暮らしていた。「自由の息子」に属し、今でも慈善団体や労働組合を結成している人々は、組織化の方法を知っていた。1792年までに、これら老練な労働者と好戦的な農民は、独立革命の利益を守るために力を発揮した。

デモクラティック・リパブリカン協会

これらの新しい組織はデモクラティック協会あるいはリパブリカン・クラブと呼ばれた。その最高指導者は知識人や富裕層の出であったが、おもな会員は都市労働者と小規模農場主で構成されていた。ユージーン・P・リンクが行った最近の研究によると、フィラデルフィア協会の206人の身元確認できた会員のうち103人が職人で、チャールストン・クラブの177人の身元確認できた会員のうち34人は同じ階級の出であった。

デモクラティック協会からはフランス国民との連帯の表明が頻繁に行われた。「合衆国の国民へ」という演説で、そうしたクラブの1つがこう宣言した。

「自由の火花を散らした私たちアメリカ人は、私たちからそれを奪ったフランスで鮮やかな炎を燃やしているときに、高みの見物を決め込み、それが消えるのを眺めているだけでいいのでしょうか。専制君主が幅を利かせているなら、他の国々と同じように専制君主がいるに違いないとあなた方は思わないのでしょうか。もしすべての暴君が自由な人々に対して団結するなら、すべての自由な人々は暴君に対して団結すべきではないでしょうか。そうです。私たちはフランスと団結して、生死をともにしましょう」。

デモクラティック協会の各会合は、講演、公開討論の場、討議、決議の作成と採択、国民への演説、大統領・連邦議会・州議会への訓戒に充てられた。同種の協会は、連邦議会と州議会の非公開審議に対してたえず激しく非難してきた。また、立法者・行政官・裁判官に対して、弁護士や古典学者しか理解できない「陰険で、複雑で、時代遅れの形式的手続き」と「時代遅れの言い回し」の使用を止めるよう要求した。民衆には聞く権利があり、「独裁者」の巧妙な理論が彼らを沈黙させることはできなかった。

デモクラティック協会には、独立革命後の民衆のための教育への要求と、そうした協会の指導者であるジェファソンによって進められた教育に関する進歩的な理論を実践した功績がある。フィラデルフィアのデモクラティック協会が述べたように、「適切な原則に基づく公立学校の設立は、独立と共和主義の未来を保証するであろう」。通信連絡委員会（第3章24ページを参照のこと）によって、種々の協会は公教育を国家の問題とした。当時、州立学校は設立されていなかったが、我々の公立学校制度の創設は、アメリカの労働者が非常に重要な役割を果たしたこれら協会の活動の直接の成果であった。少なくとも10の大学とアカデミーが、これら民衆受けする協会の会員によって設立あるいは支援された。

　しかしながら、教育は学校に限られたものではない。報道機関は常に知識を広めたり、隠したりする上で不可欠な力であった。種々のデモクラティック協会が報道機関の必要性を感じていたのは、「アメリカの新聞の大部分が反民主主義者の手中に一切合財あるように見えた」からであった。教育を受けていない貧しい農民ウィリアム・マニングの言葉を借りれば、「労働者は干し草のなかのピンを探した方が、このようなごた混ぜの矛盾の山から彼がもつのに必要な知識を集めようとするよりも、ましである」。彼は１７９７年に、『自由の鍵』を出版し、生計を立てるために働くすべてのアメリカ人が属することのできる「労働団体《レイバリング・ソサエティ》」を提案した。この「労働団体」は、約1世紀後に労働騎士団によって有名になった原則に基づいていた。彼は、「……労働は、すべての人が支えられる、すべての財産の唯一の生みの親であるので、天職は名誉あるものであり、労働者は尊敬されるべきである」と語った。「労働団体」のもっとも重要な機能は、労働者階級に「月刊誌［と］週刊新聞」を提供することにあった。

　デモクラティック協会の活動の成果としての週刊労働新聞は誕生しなかったが、そうした協会は国民の福祉に関するすべての問題に紙上で口を差し挟んだ。ニューヨークのデモクラティック協会は、１７９４年４月20日付のニューヨーク・ジャーナル紙に、ヴァーモント州チッテンデンの連合デモクラティック協会の原則と規約を完全に記載した補遺の費用を支払った。他の協会では、決議、回状、愛国的な演説、および議事録を可能な限り新聞で報道した。そうした協会は数多くのパンフレットを出版したが、その1つはトマス・ペインの『人間の権利』であり、次の一節を強調した。「労働者の賃金を規制し、制限するためのいくつかの法律が存在する。議員が農場や家を賃貸しするように、労働者に取引をする自由を与えたらどうであろうか。個人的な労働は彼らがもっているすべての財産である。なぜ彼らが享受しているわずかな自由が侵害されるのか」。

　労働組合主義のこうした擁護の特徴づけは不思議ではない。なぜなら、１７９０年代に結成された職人協会は、デモクラティック・リパブリカン・クラブと緊密に協力して活動していたからである。両者の会員と指導層はしばしば重複していた。7月4日が訪れるたびに、大工、印刷屋、靴職人、桶屋、家具屋の職人協会は、コミュニティのリパブリカン・クラブに正式に参加し、「7月4日が、抑圧されてきた人々が立ち上がり、彼らの権利を主張するための記念日となることを証明しますように」と乾杯した。

連邦派の反攻

　連邦派は、手の込んだ赤の恐怖（ここでは第2次世界大戦後の反共主義の「赤狩り」ではなく、魔女狩りに起源をもつ進歩的自由主義者を社会的に追放すること）によって、各種デモクラティック協会や多くのジェファソン系の新聞と闘った。連邦派は、デモクラティック協会が、バイエルンのイルミナティ（１７７６年に結成された自然神教の秘密結社）として知られる巨大で秘密の破壊的な国際機関の一部であり、「血腥いフランスのジャコバン派」によって組織され、パリから金銭的支援を受けていたと激しく非難した。イェール大学のティモシー・ドワイト学長は、もし人々の運動が神聖な崇拝を継承すれば、「ジャコバンの狂乱の踊り」になり、彼らの詩篇は「マルセイユの賛美歌」になり、聖書は「焚き火に投げ込まれ」、アメリカ人の妻や娘たちは「合法的な売春の犠牲者になり、素面《しらふ》で侮辱され、堕落させられ、繊細さと美徳の追放者になり、神と人間の嫌悪者となる」と警告した。

あるジェファソン信奉者は１７９７年に、「人類の自由を回復しようとしたり、恣意的な権力の進展を阻止しようとするすべての試みは、今ではジャコバン主義と呼ばれている」と書いている。

赤の恐怖は自由の行進を遅らせるかもしれないが、止めることはできなかった。１７９５年までに、デモクラティック協会は崩壊し始めたが、その活動はタウンミーティングや聖タマニー協会で継続された。大衆受けする協会はその目的を果たし、ジェファソン率いるデモクラティック・リパブリカン党の結党を具体化するのに役立った。

リパブリカン党（後の共和党と紛らわしいので、リパブリカンズまたはジェファソニアンズと呼ばれる。１８００年の大統領選で、ジェファソンが連邦派の現職アダムズを破って以降、彼とマディソンとモンローの3人が2期ずつ政権を担当した）は、多くの製造業者、商人、専門職業人を包含していたが、その党員の大部分は自作農、職人、手工芸者、日雇い労働者で構成されていた(*)。とりわけ活動的であったのは海運労働者で、彼らはアメリカ人の船員を投獄し、アメリカの船を拿捕するというイギリスの慣行によって深刻な影響を受けた。これら海運労働者は、あらゆる反民主主義的な勢力に対して断固たる反対を表明した。ハミルトン系の新聞のコラムニストで、民衆運動の不倶戴天の敵であったウィリアム・ウィロックスに宛てた手紙で、「１人の船員」は、「もしあなたの名前がそのような下劣な新聞記事に掲載され続けるなら、あなたはすぐに死体になるであろう」と書いている。

（＊）ボストンとニューヨークでは、一部の労働者が保護関税の要求に惹かれてフェデラリスト党を支持した（フェデラリスト党は、１７９０年代前半に財務長官ハミルトンの経済政策を支持して結集し、党を結成。ジェファソン指導下のリパブリカン党と対抗した。強力な中央集権政府、憲法の緩やかな解釈、国立銀行の設立、製造工業の振興、公債の償還などを推進し、対外的にはイギリスを支持した）。

その嘘で人々を怖がらせることができなかった連邦派は、武力とテロに目を向け、連邦議会を通じて外国人・治安諸法（フランス革命思想の伝播を恐れた連邦派の政権が１７９８年に制定を推進した4つの法律の総称。外国人移民の帰化の期間や資格を定め、治安維持のための取締規定を定めた）を乱発した。以前は、急速に成長している商業や産業が豊富で安価な労働力の供給を求めていたので、連邦派はヨーロッパの労働者を歓迎していた。ハミルトンは、「ヨーロッパから国外追放されることで自らの状況を改善し、合衆国の産業と国富を増大させた」とこれらの移民を賞賛した。移民が受け入れ国に産業と富を加えただけでなく、新たな母国を非常に気に入っていたために、より高い賃金とさらなる民主的な権利を要求したとき、連邦派は彼らを国外追放するか、市民権の取得を非常に困難にしようとした。

5から19年の居住を求める帰化法は、１７９８年のアイルランド暴動が鎮圧されたときに大量に渡米したアイルランド人労働者をとくに対象としたものであった。アイルランド人労働者は、種々の労働組合、聖タマニー協会、デモクラティック（民主）党（1828年の選挙でジャクソンが当選した頃にデモクラティック・リパブリカンズからリパブリカンズの部分が落ちて、デモクラティックの名が残り民主党となる）などで積極的に活動していた。ある連邦派は、これらのアイルランド人は「地獄のこちら側でもっとも神を刺激する民主党員」であると考え、彼らを母国に送還するよう促した。ハリソン・グレイ・オーティスは妻に宛てた手紙で、「もし野蛮なアイルランド人やその他の人々が入国と選挙権を見境なく与えられるのを防ぐために何らかの手立てが講じられなければ、自由と財産はすぐに終焉を迎えるであろう」と書いた。

連邦派への批判を打ち砕くもう1つの手段が、「合衆国の平和と安全」にとって危険であると考える外国人を自らの裁量で国外退去させる権限を大統領に与えた外国人法であった。反外国人法案に反対する議会での戦いを主導していたエドワード・リヴィングストン（1764～1836。弁護士、政治家。外国人・治安諸法に反対し、1800年にはイギリスに犯罪者の身柄引き渡しを許可した大統領を批判した。1831年から33年まで国務長官を務めた）は、そのような攻撃は容易に市民に拡大される可能性があると語り、実際拡大された。連邦派は議会を通して治安法（1798年に第2代大統領アダムズ政権下で制定された）を無理やり通した。同法は、「合衆国政府、または合衆国議会のいずれかの議会または合衆国大統領に対して、彼らを軽蔑または評判を失墜させる意図をもって、……虚偽の、恥ずべき、悪意のある文書を書いたり、印刷したり、発表したり、出版したりする者に対して、2000ドル以下の罰金と2年以下の禁固刑を科した」。

連邦派によって「扇動の放浪使徒」とのレッテルを貼られたマサチューセッツ州の渡り職人デイヴィッド・ブラウンは18カ月の禁固刑と400ドルの罰金を言い渡された。その上に以下のリーフレットをピン留めしたダムに自由の柱を立て、マサチューセッツ州デダムに自由の柱を立て、その上に以下のリーフレットをピン留めした罪で有罪となった。

「ここには、公共財産のすべての利益を受けている500万人のうちの1000人がいて、残りのすべてはそれに関与していない。実際、我々のすべての政権は、少数の人が国全体を所有し、残りの人が他の人の借地人になるように、できるだけ早く貴族院と下院に話を持ちかけている。コミュニティの労働する部分と、コミュニティの労働する部分を抹殺するために悪魔が種々の考えを吹き込む、あらゆる手段を発明した怠惰な悪党との間には、［常に］実際の闘争があった……。私は、人々の信頼が失われた後も長期にわたって支持された政府を知らない。なぜなら、人々は政府であるからである」。

脅迫、投獄、罰金は、1800年にジェファソンが第3代合衆国大統領に選出を妨げるものではなかった。彼の在任中の最初の職務行為の1つは、外国人・治安諸法に基づくすべての起訴と判決を無効にすることであった。

ジェファソン支持者の勝利

ほとんどの労働者は投票できなかったが、ジェファソンの大統領選挙キャンペーンにおける彼らの役割はきわめて重要であった。ニューヨーク市では、多くの職人や労働者が州議会議員に投票できるようになった点が想起される。ハミルトンは1796年に、議会選挙がニューヨーク市の「貧富の問題」になったことすら認めた。

ニューヨーク州議会が大統領選挙人に投票したので、ニューヨーク市でリパブリカン党が勝利すれば、ジェファソンには12の選挙人票が保証されることになる。[*] 勝利は、技工、職人、事務員、ジャーニマン、労働者の投票にかかっていた。勝利するために、連邦派は労働者にジェファソンと彼らの仕事のどちらかを選ぶよう言って、彼らを強制しようとした。[**] 1800年4月28日付のニューヨーク・デイリー・アドヴァタイザー紙は、商人と労働者を次のように脅そうとした。

(＊) 1800年3月4日、ジェファソンはマディソンに宛てた手紙で、「ニューヨークでは、すべては同市の選挙での勝利にかかっています」と書いている。彼は続けて、全国キャンペーンにおける同市の選挙の重要性をこう指摘した。「……もしニューヨーク市の選挙がリパブリカン党の候補者に有利であれば、問題はリパブリカン党になるでしょう。もしニューヨーク市の連邦派の候補者が優勢であれば、公算は連邦の問題に有利になるでしょう。なぜなら、ニューヨークに対して優勢に立つには、ニュージャージーとペンシルヴェニアの両州からのリパブリカン党への投票が必要であり、我々はそれを自信をもって数えることができないからです」。

(＊＊) あるジャーニマン印刷工は、ニューヨークの雇用主の慣行を次のような苦々しい見解で要約している。「あなた方のすべての労働者に、連邦派の善良で、完全な特質をもたせるようにしよう……。もし労働者の誰かが自由と平等について立派なことを話していると思うなら、すぐに解雇しなさい。そして、もしあなた方の地区の治安判事が良識のある連邦派〔でない〕なら、あなた方は彼らに支払うべきものを几帳面に支払う必要はない」。

「商人たちよ、あなた方の港で朽ち果てることを宣告されるであろう。なぜなら、船を守る海軍がジェファソンによって滅ぼされるからである。車夫たちよ、君達は荷車を燃やしてもかまわない。なぜなら、商人はもはや君達に仕事を与えられないからである。我々の埠頭で聞こえる槌の音や、活気ある産業のざわめきも耳には届かないであろう。いと高き方〔神〕の神殿は、フランスでは普通の売春婦によって擬人化される、理性の女神の高慢な暴言によって冒涜されるであろう」。

同紙は、「では、政府の安定、財産の安全、宗教の保護、法律の忠実な執行に対して友人であるあなた方は……」と結論づけた。

裕福な商人、銀行家、弁護士が現れたが、職人や労働者も現れた。ジェファソンのためにニューヨーク市を支えたのは彼らであった。

連邦派が断言した恐怖は何も起こらなかった。ジェファソン政権期に、いくつかの州では投票のための財産資格が撤去され、民主主義が拡大された。フロンティアの新規加入州では、普通選挙権がほぼ当然のことと考えられていた。1804年、メリーランド州の住民は州憲法を改正し、財産をもたない人にも選挙権を拡大した。数年後、サウスカロライナ州は白人市民のための普通選挙権を制定した。

労働組合主義者にとって重要な闘いは、アメリカにおけるイギリスの慣習法の使用に反対するジェファソンと彼の党との闘争であった。ジェファソン派は、慣習法は「裁判官によって公布された不文律……すなわち、裁判官の気まぐれ、偏見、狂信によって公布された不文律」で構成されていると述べた。1805年のフィラデルフィアの製靴職人の起訴と有罪判決は、慣習法の共和政体化の進行を加速させた。イェール大学法科大学院のウォルター・ネレス教授は、「南北戦争以前の時代を通じて、ジェファソン支持者の力は途方もないものであった。そうでなければ、もっと多くの［共謀］事件があったであろう。そして、トーリー主義が時折訴訟を起こして勝訴したとき、勝利におけるその節度は十分に助言された」と書いておられる。

　ジェファソンの再選から3週間後の1804年11月22日、ニューヨーク・イヴニング・ポスト紙は、職人や労働者、その他の民衆が政治に干渉しなかった古き良き時代を思い起こすために、全国的な追悼の日を呼びかけた。「真実は、民主主義とジェファソン支持者の治世が国中で勝利を収め、人格者、良識人、さらには資産家は静かに座って怒りの激流を受け入れる以外に何も残っていない、ということである」。連邦派は、「静かに座って」いる代わりに州政府と裁判所に集結し、そこで彼らは「ジャコバンの怒り」からの避難場所を見つけられると信じていた。彼らは票を得るために、いくつかの州で党名をフェデラル・リパブリカンズに変えた。ハミルトンは、「ジャコバン」によって支配されているすべての都市に支部をもつキリスト教立憲協会を提案することまでした。彼は、職人を会員にするため、「異なる階級の職人」に特別な訴えを起こすことを提案した。

　これらは民主主義を阻止しようとする連邦派の主要な策略ではなかった。早くも1803年に、彼らはジェファソンを打倒しようとする武装クーデター計画を練っていた。もう1つ練られていたより広範な計画は、ニューイングランド諸州を連邦から分離し、イギリス領と再統一することを目的としたものであった。駐米イギリス公使のアンソニー・メリーは本国政府に、「連邦派は当然、機会が訪れたときにイギリスが支持し援助してくれることを期待している」と伝えた。

　反ジェファソン派が頼りにしていた同盟国はイギリスだけではなかった。アーロン・バーはスペインに援助を求めた。連邦派がニューイングランド諸州を連邦から分離させようとしている一方で、彼は西部諸州を東部諸州から分離しようとしていた。

労働者と出港禁止令

　イギリスの援助はまもなく始まった。1807年に枢密院令を発表し、イギリスが承認しない限り、アメリカがヨーロッパ大陸と貿易するのを禁止した。イギリスの船長たちはアメリカ船を拿捕し続け、アメリカの船員を強制徴募し続けた。ナポレオンの〔ヨーロッパ大陸の封鎖を命じる〕「ベルリン勅令とミラノ勅令」はイギリスの政策と符節を合わせ、イギリス諸島とアメリカとの貿易を禁止し、アメリカ船の拿捕を始めた。12月22日、ジェファソンは、交戦国がその慣行を修正するまで、アメリカとの間のすべての海運を禁止する出港禁止令〔1809年3月に撤廃〕でそれに応えた。イギリスの枢密院令は、連邦派の全面的な支持を受けた。駐米イギリス公使フォスターは、連邦派の会議の1つに出席し、「これらの提案を要約すると、我々は枢密院令を撤回したり、いかなる方法でも修正したりすべきではないということである……。要するに、彼らはイギリスが対処の仕方によってアメリカをイギリスが望むような、いかなる関係にも導けると考えているように思われる」と説明した。

これらの理不尽な計画の成功は民衆の反応に大きく依存していた。連邦派は、ジェファソンの政策がアメリカ産業の成長を刺激しているという事実を無視して経済的損失を誇張し、出港禁止令によって引き起こされた苦境を挙って懸念するようになった。連邦派のなかには、出港禁止令によって失業者が彼に敵対するようになることを期待する者もいた。連邦派系の新聞には、「通りに生えている草や埠頭で腐朽している船」についての記事が掲載された。1808年7月12日付のニューヨーク・コマーシャル・アドヴァタイザー紙は、「労働者の活気あるざわめき」は、「かつては国の繁栄の象徴として耳に心地よかったが、今では貧乏人の呻き声、労働者の泣き言、惨めな乞食の請願によって引き継がれた」と社説で論じた。チャールストンでは、労働者に対する冷淡さで有名な連邦派の雇用主が、「額に汗して生活している日雇い労働者は、この惨めな政策の実施によってわずかな利益ですら減少しているのに気づいている」と観察していた。

多くの海港町には多くの苦しみがあったが、これらの怪しげな話に騙された労働者はほとんどいなかった。彼らは、「ボストンのイギリス派は、我々の交易の略奪と我々の船員の捕獲を奨励してきたので、政府は怒りの連鎖を防ぐために出港禁止令を講じる必要に迫られている。もし農民の生産物が少なければ、同派はそれに対して責任を負わなければならない。もし我々の海港で破産が起きたら、同派はそれに対して責任を負わなければならない。農民、職人、船員、商人の現在の困難に対して責任を負うのは旧いトーリー主義である」と違った見方をしていた。

失業者はジェファソンを呪わず、連邦派にも票を投じなかった。1808年1月8日付のニューヨーク・デイリー・アドヴァタイザー紙に掲載された通知は、失業中の船員全員に対し、市政府に働き口を要求する大規模な集会に参加するよう呼びかけたが、彼を非難する声はその告知にもその後の集会でも見られなかった。数日後、失業中のジャーニマンと船大工が集まってニューヨーク市に援助を求めた。「出港禁止令の結果として失業した者」を対象とした公共事業プログラムが策定された。

ジェファソンの政策への支持を公然と表明した労働者は連邦派の雇用主によって解雇され、他の労働者は出港禁止令に抗議する請願書に署名しなければ職を失うと脅された。脅しに失敗すると雇用主は偽の請願書を作成した。マサチューセッツ州議会に転送されたそうした請願書の1つには船員の署名はなかった。議会は署名者と面談する委員会を強制的に任命した。最終的に6人の署名者が見つかった。彼らは、それまで見たことのない男が海岸地区を遊説し、船員を呼び止め、書類に署名するよう求めたと証言した。

1808年のニューヨーク市の選挙の中核をなす争点は出港禁止令であった。同令の歯に衣着せぬ敵バレント・ガードナーが連邦派によって指名されたが、リパブリカン党は同令に賛成票を投じて擁護したG・S・マンフォード下院議員を指名し、彼が圧倒的多数で選出された。

労働者と１８１２年戦争

１８１１年12月11日、ワシントンのイギリス公使は、「連邦政府の指導者は、私に対して、戦争に賛成票を投じるつもりだが、討論では沈黙を守ると何の躊躇いもなく話した。彼らは、制限や輸入禁止法には終わりがないと考えているが、戦争になれば、それは政権を崩壊させ、彼らは自分たちの思い通りにして、イギリスと強固な平和を築くであろうと付け加えた」と説明した。

戦争が近づくにつれて、連邦派は十分な準備のための全法案に反対票を投じた。１８１２年戦争が始まると、彼らは妨害工作を強化した。ニューイングランドの連邦派の知事は、民兵に対する連邦政府の要請を拒否した。連邦派の商人や銀行家は、自国への融資を拒否した。連邦派の実業家は敵との広範な貿易を続けた。この貿易があまりにも広範であったので、イギリスはこれらの物資がなければカナダにいる自国軍隊は飢餓に苦しんでいたことを認めた。最近公開されたイギリス公文書館の文書が明らかにしたことによれば、連邦派はニューイングランド諸州を連邦から分離するための軍事支援を求める目的で、カナダのイギリス軍司令官ジョン・シャーブルック卿に特務機関員《エージェント》を派遣していた。「この措置は、合衆国の権威を麻痺させ、この国の有害な民主主義を粉砕することになるであろう」とこの特務機関員は語っている。シャーブルック卿は１８１４年11月20日にバサースト卿に宛てて次のような手紙を書いた。

「これら諸州のそれぞれに非常に強力な民主主義政党があることを閣下がお知りになられるのは当然のことです。そして、連邦からニューイングランドを分離しようとする試みがなされた場合には、おそらくこの措置に抵抗する一般政府の援助を受けることになりますので、連邦派の党は、この早い時期に、イギリスがこれらの状況下で軍事援助を必要とする場合には、彼らの目的を達成するためにそれが提供されるかどうかを確認したいと考えているようです」。

戦争が始まると、労働者はマディソン大統領の志願兵徴募に本腰を据えて応じた。ノーフォーク、ニューヨーク市、フィラデルフィア、ニューアーク、チャールストンでは、労働者は真っ先に入隊した。ニューヨーク活版印刷工協会はその会員に国土防衛を呼びかけ、兵役に服した協会員の妻子を支援する特別基金を設立した。チャールストンの職人は陸軍中隊を編成し、独立革命の父祖の勇気を見倣うことを誓った。連邦派が１８１４年夏にアメリカを敗北させようと企んでいる間に、ニューヨーク市の労働者や他の市民は差し迫った侵略から同市を守るために要塞を構築した。8月27日、次のようなニューヨーク市民への訴えがニューヨーク・コロンビアン紙に掲載された。「惰眠から目を覚ませ。すべての市民よ立ち上がれ、そしてすぐに兵士となり、ニューヨーク市を最後まで死守する準備をせよ。今はつべこべ言っている場合ではない。我々は行動しなければならず、血気に逸らなければ、我々は負けてしまう」。

数日のうちに、2万5000人の労働者が武装し、ニューヨーク市を守る訓練を受けた。ニューヨーク製造会社とイーグル製造会社の労働者は、1つの群〔2個以上の大隊と本部からなる軍の単位〕として志願し、勤務時間の前後に訓練を受け、彼らの労働日を武器と弾薬の製造に費やした。ニューヨーク活版印刷工協会の書記デイヴィッド・H・レインズは、会員印刷工だけで構成される中隊を編成した(*)。他の市民はブルックリンのフォートグリーンで複数の要塞を構築した。ジャーニマン大工協会の500人の協会員は2週間無給で働いた。組合員である製革工、配管工、家具職人、椅子職人は、商人、商店主、女性、市職員と並んで塹壕を掘った。8月17日には、ニュージャージー州パターソンから数百人の組合員労働者が塹壕掘りを手伝いに来た。約150人の自由黒人がこの作業に加わった。

（*）1814年9月、フィラデルフィア活版印刷工協会は、「同市の防衛のために現在建設中の要塞」に各協会員の1日分の労働を割り当てることを決議した。その後、10月14日に同協会は、「援助を必要とするかもしれない……、現在国の軍務で不在の協会員の妻たち」の援助を投票で決めた。

ニューヨークを防衛しようとする人々のこの大変な努力は、この戦争でもっとも人気を博した歌の1つである「愛国者の坑夫」に影響を与えた。

俺たちの権利を守るために／火打ち石と引き金の代わりに／ブルックリン・ハイツでみる／われらが愛国者の坑夫／どの年代の男たちも／肌の色も階級も職業も関係なく／熱心に取り組む〔長歌のため、以下省略〕

イギリス軍はこの壮大な防御の前に尻込みし、ニューヨーク市占領計画を放棄した。

1812年戦争に参加した黒人のアメリカ人は、ニューヨーク市の防衛に加わった150人だけではなかった。〔1813年9月10日の〕エリー湖の戦いでは、ペリー艦隊〔オリヴァー・H・ペリー。幕末に来航したマシュー・ペリーの兄〕の水兵の10人に1人が黒人であった。ニューオーリンズの戦いでは、黒人兵士の一隊がアンドリュー・ジャクソンの指揮下で戦った〔1812年戦争中のもっとも輝かしい勝利で、ジャクソン将軍は国民的英雄になり、大統領への道を開いた〕。頑固親父〔「オールド・ヒッコリー」、ジャクソンの渾名〕は特令で黒人に敬意を表し、そのなかで黒人の勇気が彼の最高の期待を「上廻った」と指摘した。

民主主義の伸展

1812年戦争でアメリカが勝利して独立を確保した後、ジェファソン支持者は民主主義の伸展に向けた闘いに再度取り組んだ。17年にコネティカット州でリパブリカン党とイギリス聖公会が連合してアメリカ宗教寛容改革党を結党し、宗教的寛容、新憲法、さらには種々の政府改革、特に一般成年男子の普通選挙権を求めるキャンペーンを展開し、同党は選挙を実施した。18年6月、ナイルズ・レジスター紙は勝利を次のように嬉々として伝えた。「解放だ。コネティカット州議会は、税金を支払い、民兵の任務を遂行するすべての人に選挙権を拡大する法律を可決したぞ」。保守系のコネティカット・クーラント《新報》紙は絶望し、新憲法が批准された後の18年10月20日に、「致命的な文書が署名され、封印され、引き渡された。何千人もの人々が盲目的に導かれてある行為を行い、それによって彼らは自らの破滅を封印し、彼らの子供と子孫を束縛してきた」と記した。

　数年後、ニューヨークとマサチューセッツの両州がコネティカット州に続き、投票のためのすべての財産資格を一掃した。他の州もすぐに追随した。

　保守派はジェファソン主義の最後の勝利をこう嘆いた。富と財産のある人たちが、「日雇い労働を求めて街に殺到する連中の手と権力のもとに置かれてしまう」。１８２１年11月、著名な連邦派のピーター・ジェイは、「連邦には普通選挙権への情熱が浸透している」という事実に言及した。彼は、「財産をもたない人たちが、それをもつ人たちよりも多くなると、その結果は深刻に感じられるのではないかと心配している」と結論づけた。

　ジェファソンは冷静にこの結果に対峙した。１８１６年に彼は、「私は人民を恐れる者の1人ではない。富裕層ではなく彼らが、我々の継続的な自由への依存者である」と記している。

第7章　労働組合主義と労働争議、1819〜1837年

1819年から22年の経済不況は、ストライキと共謀罪をどうにか生き延びてきた組合さえも崩壊の憂き目に遭わせた。失業はごくありふれたことで、フィラデルフィアでは2万人、ニューヨーク市でも同じ数の労働者が失業していた。20年にニューヨークに到着したある印刷工は、「当地に家族ともども着いたとき、懐にはわずか2ドルしかなかった。お茶も砂糖も肉なく、食事といえばバターを塗ったパンと冷たい水だけで8日間暮らした。難儀な時代であった」と書き留めている。

労働条件

失業者の苦しみを和らげるために役人は何もしなかった。遠く離れたルイジアナ州では、ジェファソン派民主党員のエドワード・リヴィングストンが議会に公的救済制度を提案していた。彼は、「政界は、そのすべての構成員の身嗜み、評判、財産を完全に保護する義務があり、また、必要最低限の生活を自分で手で調達できない人々にそれを提供する義務もある」とし、失業は市場を肥大化させた産業の不自然な成長の結果であり、利益を生み出した労働者は「餓死するか、もしくは公共の慈善の対象になる道しか残されていなかった」と主張した。それゆえ、コミュニティと雇用主は、「その繁栄の不幸な手先となった人々の支援をたまさか強制されたからといって不満を言うべきではない」とも主張した。社会は、「生命の保全が第1の目的であり、財産は二次的なものにすぎないこと」をけっして忘れてはならない。「公正な契約では、契約当事者の1人が餓亡した場合、他の者が控除なしに全財産を享受できるように明記できると考えられないのか」。こうした考えはルイジアナ州議会にとってあまりにも先を行きすぎていた。

フィラデルフィアの裕福な実業家マシュー・ケアリーは、広く配布されたパンフレット『この国の裕福な人たちへの訴え……生存のために唯一依存できるものがその手を使った労働である人々の性格、行動、状況、展望について（論考I）』で、貧困層に関する上流階級の一般的な「誤った見解」を次のように列挙している。

「1、働くことができ、かつ、働く意思のあるすべての男性、女性および成長した子供が職を得られること」。

「2、貧困者は、勤勉や分別さらには節約により、慈善的な援助に依存することなく、またこれらの立場からの当然の結果として、常に快適に生活できる」。

「3、貧困者の苦しみと苦悩は、完全ではないにしても、おもに彼らの怠惰、放蕩、浪費から生じる」。

「4、貧困者を支援するための税金、および慈悲深い個人または慈悲団体によって彼らに提供される援助は有害である。なぜなら、貧困者がそうしたものに依存するのを奨励することによって、彼らの怠惰と不摂生を助長するからで、要するに、そうしたことは救済しようとする貧困と苦痛を生み出すか、少なくとも増大させるからである」。

だが、労働者階級の苦しみと上流階級の冷淡さが、〔第6代大統領の〕ジョン・クインシー・アダムズが「一般的な不満の塊」と呼ぶものを生み出した。この感情は、数年ごとに新たな産業不況が国と貧困層を襲い、その苦しみを再び耐え忍ばなければならなかったという事実によって、さらに強まった。1829年には再び失業がありふれたものとなった。同年1月、ニューヨーク・コマーシャル・アドヴァイザー紙の編集者は、「この瞬間に、過去何年にもわたって経験したことがあるとしても、それよりも間違いなく厳しい苦境がある」と記した。ニューヨーク・タイムズ紙の特派員は、「これまで一度も施しを求めたことのない何千人もの勤勉な職人が、援助を申請するという屈辱的な状態に追い込まれ、その男らしい頬に涙を流して、家族に食べ物や衣類を提供できない己の無能さを告白した」と報じた。繁栄が戻ったとき、労働者はその分け前にほとんど与れなかった。平均的な労働者は、同時代人が語るところの「飢餓の瀬戸際にあり、彼が老いるまで生きたとしても、老後に何も残せず、慈善団体に支えられる浮浪者になり、最終的には教区の費用で埋葬される」といった状況下で暮らしていた。感動的な「マネイアンク〔フィラデルフィアのスクールキル川沿いの田舎風の地区〕の労働者の大衆への訴え」は、29年不況から数年後の33年8月時点での多くの労働者の状況を次のように記述している。

「私たちは雇用主から、1年のこの季節に、朝5時から日没まで14時間半、朝食に30分、夕食に1時間の休憩で、残り13時間は非衛生な雇用条件のもとで重労働を義務づけられています。そこでは、涼風はけっして感じられず、あまりに暑過ぎて、窒息しそうになります。窓を通して太陽を見ることもなく、塵と木綿の小さな微片で濃密になった大気をたえず吸い込んで、健康、食欲、さらには体力を崩壊の淵へと追いやっています」。

「私たちは、夏の長くて蒸し暑い日中に、不潔で健康に悪い工場の空気のなかで働くことを余儀なくされた過度に緊張した時間のせいで、自分の仕事をほとんど遂行できないほど衰弱していると感じることがよくあります。そして、夜間に取れるわずかな休息だけでは、消耗した身体的なエネルギーを補充するのに十分ではなく、翌朝には前日工場を後にしたときと同じように疲れ衰弱した状態で仕事に戻らなければなりません。それにもかかわらず、私たちはうんざりするほどある仕事をやらなければならず、さもなければ家族はすぐに餓死寸前の状態になるでしょう。なぜなら、私たちの賃金は生活必需品を調達するには十分ではないからです。たった1ドルの貯蓄だけでは、病気やあらゆる種類の困窮に備えられません。それというのも、私たちの現在の欲求は私たちが受け取るわずかな額を消費し尽くしてしまうからで、私たちが長い間病床に伏してしまうと、私たちはどん底の生活に陥り、しばしば完全な破滅、貧困、貧窮に終わるからです」。

「私たちの出費は、おそらく他のほとんどの労働者よりも多いので、絶対的な欲求を満たすためには働けるすべての家族の賃金が必要です（家の世話と食事を提供する小さな女の子を1人だけ除いて）。その結果、女性は自分のドレスも子供のドレスも作る時間がありませんが、もちろん、欲しいものすべての取引には集中しなければなりません」。

未熟練労働者の窮状はさらに悲劇的であった。多くの未熟練アイルランド農民は、ナポレオン戦争後の穀物価格の下落を受けて、イギリスの地主が彼らを土地から追い出したときにアメリカにやって来た。何千人もの農民はまったく仕事をみつけられず、職にありついた者も運河や有料道路での過酷な労働条件のもと、1日50から87セントの賃金で働いていた。ケアリーは未熟練労働者の状況について次のようにコメントしている。

「我々の何千人もの労働者が、扶養下にある家族を置き去りにして、1日62か75か87セントで、食事代として週に1ドル半から2ドル支払う、運河での職を求めて何百マイルも移動している。彼らはしばしば沼地で労働し、ときには取り返しのつかない程健康を害する環境下で働いている。彼らが貧しい家族の元に戻った際には、苦労して稼いだ割りには端金しか手にしておらず、健康を台無しにし、病床に伏して働けなくなる。毎年何百人もの人々が、助けを得られない家族を残して亡くなっている。その悲惨な運命にもかかわらず、死も眼前に迫っているのに、彼らの働く場所はすぐに別の人に取って代わられる」。

１８２９年、フィラデルフィアの著名な女性90人と男性１３８人からなる委員会が、陸軍用にシャツを作っている女性内職労働者が受け取った賃金に抗議する請願書を陸軍省に送付した。当該委員会によると、熟達した女性裁縫師が朝から夜まで働いても1日50セントしか稼げなかった。さらに、彼女らはしばしば失職した。陸軍省は、この問題は「フィラデルフィア市における製造業の利益とこの種の労働の一般的な代価と密接に関連している」ため、手の打ちようがなかったと回答した。

この種の労働の代価は他の都市でも同じであった。ニューヨーク州の女性たちはパンタロンを1着4セントで、綿のシャツを5セントで仕立てていた。同州のある医師は、「最大限の緩まない勤勉さをもってしても、彼女らはパンタロンを1日に3着、またはシャツを1枚以上は縫えない」と断言している。M・イリー牧師は、１８２９年に、ケンタッキー、ヴァージニア、テネシー各州の奴隷は、ニューヨーク市で働く女性より実際には「はるかに良い報酬」を得ていると述べた。ケアリーによると、綿工場の労働者はまだ奴隷のレベルにまでは達していないものの、「なかには急速にそこまで落ちている者もいる」という。夏期に日の出とともに始まり夜10時まで続く仕事で、印刷工、染色工、ミュール紡績工は週に2・50から5・80ドル受け取っていた。女性は週に平均2・25ドル、12歳未満の子供は50セント稼いでいた。

工場労働者は法外な値段を付けた会社の売店での購入をしばしば余儀なくされた。実際、賃金は店舗用金券《ストアー・オーダーズ》〔工場内店舗でのみ使用できる金券〕で頻繁に支払われた。その結果、工場労働者の暮らしは赤貧状態にあった。19世紀のアメリカの著名な労働統計学者キャロル・D・ライトは、「借金せずに暮らせたのはきわめて少数者だけであったし、口座の残高では労働者が一般に損失を被った」と力説している。失業すると、これらの労働者は救済を拒否され、出身地の町や村に戻るよう命じられた。

ウォルサム、ローウェル、ローレンス、ドーヴァー、チコピーでは、女子工員は会社の寄宿舎で暮らしており、彼女たちの日常生活は注意深く看視されていた。寄宿舎の寮母は、遅くまで外出していたり、礼拝に出席しなかったり、不満事を話し合ったりした少女の名前を報告するよう指示されていた。報告された少女は即座に解雇された。

工場でも、会社が少女を完全に支配していた。ほとんどの繊維工場の規則では、彼女らは「会社が支払うのが適切と判断し、会社が課す罰金も払える」賃金で働くという誓約書に署名する必要があった。些細な規則違反でも罰金が科された。ある規則は、「人々に仕事の始まりを知らせる鐘は5分間鳴らされ、さらに5分間鳴らされる。その最後の一打ちで入り口は閉鎖され、開けるには誰であれ12・5セントの手数料が科される」と素っ気なく告げていた。パターソンの工場労働者は、雇用主が「時間に遅れたときに、毎日の労働の稼ぎから4分の1を差し引くといった慣行を一様に行ってきたが、俺たちは5分しか遅れていなかった」とたえず不平を漏らしていた。この罰金制度の結果として、パターソンでは「小さくて幼い子供たちが、冬期の厳寒の日中に、数分の遅れで雇用主の機嫌を損ねて解雇されないよう、その手に堅くなった一切れのパンをもって雪や嵐のなかを走っているのを目にするのは」珍しいことではないと言われていた。

女子工員は、後に「黄犬契約」として知られるようになったものに署名することさえ強制された。その「契約」はこう記している。「私たちは、それによって仕事が妨げられたり、もしくはどのような仕事に対してであれ、会社の利益を損なうかもしれない組合とは関係しないことに同意します。もし私たちが関係した場合、その時点で私たちに支払われるべき総額が没収され、それを会社の使用に供することにも同意します」。賃金はしばしば年に2回支払われるので、この条項はかなりの重みをもっていた。[*] さらに、工場の所有者は効果的なブラックリスト制を有していたので、以前の雇用主からの「正規の解雇」であることを示せない少女は新しい会社で仕事を得られなかった。「正規の解雇」は丸1年働いており、その間「反抗」の罪を犯していない者にのみ与えられた。

(*) 適切に資金調達されていた工場では、賃金は毎月支払われたが、ほとんどの工場では賃金は3カ月もしくは6カ月ごとにしか支払われなかった。さらに、賃金が現金で支払われることはほとんどなかった。労働者は通常、会社の売店でのみ商品と交換できる商品引換券《トークン》で支払いを受けるよう求められた。会社の寄宿舎に住むよう強制されていた独身労働者の賃金は、部屋代と食事代を控除されたことで、労働者が使える残金はほとんどなかった。

以上が1819年恐慌に続く数年間のアメリカの労働者の状況で、20年代から30年代にかけて労働組合主義の復活を引き起こした状況であった。より多くのアメリカの労働者が、団結しなければ賃金は低迷したままであり、労働時間は「日の出から日没」まで続き、過酷な生活が続くことを理解し始めていた。団結すれば、労働者は適切な賃金、より短い労働時間、さらには、より良い労働条件を獲得できることも理解し始めていた。

労働者の覚醒

早くも１８２３年には、労働者が覚醒した兆候が明らかになった。ニューオーリンズの印刷工たちが3月下旬に職人会館で会合し、「雇用主から賃金の定期支給を受けていないために共済会が衰微の極みにある」ことに促されて、労働組合を結成した。すぐに、ニューヨーク、フィラデルフィア、ボルティモア、チャールストン、ウィルミントン、その他の都市でさまざまな職業の労働者が組織され、賃金の引き上げと労働時間の短縮を要求し、条件が満たされなければストライキを行うと脅した。

これら新たに結成された組合は、以前の労働団体の多くの特徴をもっていたが、同時に新天地を開拓した。初期の労働団体は、（ともに協会を意味する）ソサエティやアソシエーションを自称していたが、エリー運河の開設を祝うニューヨークの祝賀会には織物職人の組合《ユニオン》が参加していた。同じ年にニューヨークでは、女性の仕立て屋が組織化され、より高い賃金を求めてストライキを行うという、アメリカ史上最初の「すべて女性」によるストライキが目撃された。

大工、石工、石切工、帽子屋、仕立屋、艤装工、沖仲士、高級指物職人、製靴職人、その他の労働者は、かなり安定した組合を結成し、より高い賃金を求めて多くのストライキを成功させた。１８２7年、フィラデルフィアに存在した複数の組合は、アメリカ人労働者の最初の全市規模での連合体である同業者連合職人組合を結成した（この団体の名称について、川田寿教授は「合同職工組合」（『アメリカ労働運動史（上巻）』勁草書房、１９５５年）、津田真澂教授は「職業労働団体連合」（『アメリカ労働運動史』総合労働研究所、１９７２年）、長沼秀世教授は「技能職団体連合」（『アメリカの社会運動』彩流社、２００４年）とされている）。この組合は、すべての労働者が、職業にかかわらず、階級としての一致団結した取り組みによってのみ解決できる共通の問題を抱えていることを認識していた。ある意味では、（第6章で考察した）デモクラティック・リパブリカン党（建国期に農業利益を代表するジェファソンを指導者として結成された政治集団）における20年以前の労働組合の政治活動が、アメリカの労働運動を始めたのは事実であるが、今日我々が理解しているようなアメリカ労働運動の起源は、27年にこの同業者連合職人組合がフィラデルフィアで結成された日に設定できる。

フィラデルフィアの同業者連合職人組合は、１８２５年から35年の10年間に労働者階級の間で燎原の火のように広がった10時間労働を求める運動から生まれた。この運動自体は、最初の恒久的な組合が結成される前から始まっていた。それというのも、こうした運動は、フィラデルフィアの大工が10時間労働と残業代の追加支払いを求めてストライキを行った１７９１年にまでさかのぼれるからである。我々には、このストライキの結果がどうなったかは窺い知れないが、それがアメリカの労働者が1日の労働時間を短縮するためにとった最初の一歩であったことだけは知っている。

１８２５年、ボストンの大工が労働時間短縮を求める最初のストライキを始めた。ストライキ自体は敗北したが、それに対する反対派の性格は闘争の分析を十分価値あるものにしている。労働者は、このストライキで初めて、雇用主と商人資本家が手を組み、諸方策を共有して、より良い条件を求めるあらゆる運動に大攻勢をかけ、搾取を正当化するために偽善的な道徳的議論に訴えるのを知った。大工たちは、10時間労働は労働者にとって悪いことであると言われたと語っている。それは、「我々［雇用主］が、彼らが切望していることに対して、彼らを勤勉と時間の節約といった方向から誘惑することで、我々の徒弟に非常に不幸な影響を与え」、「ジャーニマン（親方のもとで働く職人）自身を多くの軽率な誘惑と軽率な行為にさらすであろう」と言われたのである。雇用主や商人資本家に言わせれば、労働組合は非アメリカ的なものであった。労働組合は「我が国のアメリカ生まれの職人がこれまで知らなかった不満と反抗の精神」をもつ外国人によってヨーロッパから伝来したものであった。成長するままに捨ておけば、こうした労働者の結合は、事業に人為的で不自然な方向転換をもたらし、「そのすべての部門を独占に変える」傾向があるのと同じように、すべての階級に損害を与えるであろう、と言われた。

これは、ニューイングランドの有力な独占者からの発言であった。資本家たちは建設業界を完全に支配していたので、大工が1日10時間働くのを許可する前に、四季を通してすべての建築工事を中止すると脅すことができた。

1827年の春、フィラデルフィアの労働者は同市の職人と労働者に宛てた匿名のパンフレットに刺激を受けた。それは、労働者に対して、普通選挙権という計り知れない恩恵を何か価値あるものにするべく、「十分な知識」を得るために闘うよう呼びかけ、とくに労働者のための無料の労働新聞、図書館、閲覧室、公開討論の場を推奨した。労働者がこれらの施策を利用するには、市全体で10時間労働を制定する必要があるとこのパンフは結論づけている。その成果の1つは、職人図書会社の設立にあった。同社は、その年にフィラデルフィアで週刊紙メカニックス・フリー・プレス（同紙は1837年の不況で廃刊されるまで、平均約1500という高い部数（最高部数を誇ったニューヨークの新聞でもめったに4000は超えなかった）を維持した）を発行した。同紙は、そのすべての発刊号が現存しているアメリカ初の労働新聞である。もう1つの成果は、10時間労働を求めてストライキをするよう大工を鼓舞したことにあった。

フィラデルフィアの大工は、「すべての人には、造物主に由来する、己の心を育て、自己を向上させるために日々十分な時間をもつ正当な権利があると我々は信じている」と語った。フィラデルフィアの他の労働者は、ストライキを自分たち独自のものとみなし、「まだ生まれていない何千人も」が利益を得るであろうと言った。ストライキは敗北したが、それは労働者に、すべての労働者の団結した行動だけが雇用主との闘いに勝利できると教えた。これをもとに、1827年秋に15の組合が同業者連合職人組合を結成した。その目的は、組合規約の前文によれば、「人間の労働の本質的価値の低下から必然的に生じる荒廃的な弊害を回避すること、職人階級と生産階級を、彼らの応用力と創意工夫、国家に対する彼らの計り知れない有用性、そして彼らの成長する知性が要求し始めている真の独立と不平等［原文のまま］の状態に引き上げること」にあった。

この前文は、驚くほど現代的な響きをもつ、真に注目すべき文書である。それは、労働者の生活水準の向上は雇用主に利益をもたらすと主張しており、雇用主は自らの利益のためにより高い賃金を容認すべきであると主張している。なぜなら、前文によれば、高い賃金は購買力と一般的な繁栄を意味し、一方、低い賃金は一般的な事業の停滞と倒産を意味するからである(*)。

「もし多くの人が労働によって、自身とその家族のために生活の快適さと便利さの十分かつ豊富な供給を確保できるようになれば、物品、とくに住居や家具や衣類の消費量は、現在の少なくとも2倍になり、もちろん雇用主だけが生存または蓄積できる需要も同様に同じ割合で増えるであろう……。それゆえ、(たとえば)帽子屋の真の利益は、コミュニティのすべての構成員が、最高等級の物品の豊富な供給で、彼ら自身とその家族の頭を覆えるようにすることにある。なぜなら、このようにして創出され、全体として大衆の購買能力に依存する旺盛な需要は、彼が家賃を支払い、彼の家族を快適に扶養できるようにするものであるからである……」。

その一方で、労働者がろくな賃金をもらっていない場合、「彼らの物品に対する需要は、人々が強制的に消費できないようにされたことから必然的に途絶えざるを得ず、その結果、商売は振るわなくなり、損失と倒産が日常茶飯事となる」。

1831年まで存続したフィラデルフィアの同業者連合職人組合は、そのエネルギーの大部分を政治活動に注ぎ込んだ。同組合の労働運動の興隆に対する最重要な貢献は、さまざまな職業の労働者間の連帯の模範となったことにあった。こうした傾向の次なる展開は、同年のニューイングランド農民・職人・労働者協会の結成であった。

フィラデルフィア同業者連合職人組合と同様、ニューイングランド農民・職人・労働者協会も労働時間短縮を求める闘争の産物であった。この頃には、ニューヨークとある程度はフィラデルフィアで10時間労働が確保されていたが、ニューイングランドの人々は依然として日の出から日没まで働いていた。1827年にはボストンの大工と石工は労働時間短縮の確保には失敗したものの、それを求める運動は続き、北はニューハンプシャー州、南はコネティカット州に広がった。32年2月20日付のボストン・トランスクリプト紙は、「ニューイングランドのさまざまな地域で会合が開かれ、採択

(*)当時のほとんどの労働文献がこのテーマを強調していた。この点は、ウィリアム・M・ガウジの広く流布した小冊子、『合衆国における紙幣と銀行業短史』でも次の如く見事に述べられている。「地域社会の真の欲求と、彼らの支払能力を考慮すれば、おそらく、1つの有用な職業あるいは専門職にはあまりにも多くの人がいることに気づくであろう。たとえば、教育を受けた医師の数は人口に比して多すぎるわけではない。だが、少なからぬ数の医者は雇用されないままでいる一方で、多くの人が医療的な助言に対して支払えないため、病気に伴う諸々の弊害に苦しんでいる。靴屋や仕立屋、あるいは高級指物師があまりにも多いとは言えないが、多くの人は衣服や家具を無頓着に提供されている」。彼は、進歩的なフィラデルフィアの編集者で、労働運動に積極的にかかわったし、同業者連合職人組合の前文の起草に関与した可能性がある。

された決議は、今後1日の総労働時間とみなすべき量として10時間を推奨している」と報じている。ロードアイランド州プロヴィデンスで開催された類似の会合から、「土地の耕作者、職人、あらゆる階層の労働者」を団結させ、「怠惰で貪欲で貴族的な抑圧を「打倒する」」運動の組織化を求める声が上がった。

ニューイングランド農民・職人・労働者協会は、規約を起草する最初の会合を１８３２年2月にボストンで開催した。その条項の１つは、専業農家を除くすべての組合員が賃金を減らさずに1日10時間だけ働くことを誓約すべきであるというものであった。この条項を施行するのは不可能であると判断されたため、この誓約に従って失業した組合員を救済するための闘争資金が用意された。しかし、この資金は、ボストンの船大工の10時間労働を求めるストライキを粉砕するべく雇用主が用意した2万ドルと比べると、あまりにも貧弱なものであった。労働日の短縮を求めて労働組合が直接的に行動を起こそうとする試みに落胆した同協会は、政治活動へと方針転換した。さまざまな州で組織された警戒委員会が労働条件に関するデータを収集し、「同協会が採用した基準に従った労働時間」を規制する目的で州議会に請願書を提出した。4度の会議の後、同協会はその時間の大部分を政治活動に費やすようになった。合衆国の労働運動に対する同協会のもっとも重要な貢献は、それがすべての労働者集団——工場労働者、一般労働者、熟達した職人など——を単一の組織に包含する最初の試みを行ったという事実にあった。同協会の創設者たちは、真の組合は「最高の芸術家から最低の労働者まで、日々の骨の折れる仕事がその生存手段である、すべての市民を受け入れるべきである」と信じていた。その創設者——ロードアイランド州で発行された週刊労働新聞ニューイングランド・アーティザン《技工》の編集者チャールズ・ダグラス博士、同紙の「巡回販売員」であったセス・ルーサー、労組幹部のジョン・B・エルドリッジとサミュエル・ホイットコム・ジュニア——は、労働者の連帯を堅く信じ、「ニューイングランドのすべての町と郡における労働者の団体」の必要性を強調したとき、彼らはあらゆる種類の労働者を念頭に置いていた。

ニューイングランド農民・職人・労働者協会の幹部は、その現下の好戦的な態度が労働組合を組織する際に大きな意味をもつと思われる多くの工場労働者を勧誘できるものと期待していた。１８２８年、ニュージャージー州パターソンの工場所有者が昼食の時間を12時から1時に変えようとしたとき、ほとんどが子供である工員がアメリカで記録された最初の工場労働者によるストライキを行った。ある観察者は、「もし彼らが時間変更に同意すれば、次には食事時間をすべて奪われるであろうことを恐れて、子供たちはそれを支持しないであろう」と語っている。この労働争議を鎮圧するために民兵が召集された。その年の後半、ニューハンプシャー州ドーヴァーの繊維工場で働く４００人の少女がストライキを行い、町を練り歩きながら、ドーヴァーの少女のなかで誰が「共有すべき奴隷に類する衝撃的な運命に耐えられるのか」と問いかけた。

結成直後、ニューイングランド農民・職人・労働者協会は労働組合主義の教義を女子工員に広めるための講師を任命した。女性を組織化しようとする講師の努力は成功しなかった。同協会は、工場労働者を何人も勧誘できなかったが、工場が監獄状態にあることを世間に知らせ、工員を国の法律の監督と保護のもとに置く運動を開始した。また、小さな子供たちを「健康的なレクリエーションと精神文化のための時間なしに」工場で働かせる慣行を非難した。

　労働運動に対するニューイングランド農民・職人・労働者協会のもっとも重要な貢献の1つが、その幹部の1人ルーサーが行った講演の出版であった。彼は、初期労働運動におけるトマス・ペインに該当する人物であったし、彼の『ニューイングランドの労働者への呼びかけ』は1830年代に広く読まれた。この『呼びかけ』は行動の呼びかけであると同時に、独立宣言を嘲笑うかのようなニューイングランドの工場の状況を徹底的に分析したものでもあった。彼が情熱的な分析を書いたのは、独立革命の理想を回復させるためであった。

　ルーサーは、独立戦争期の偉大な愛国者たちの苦しみと窮乏に言及することから始めた。我々が、「彼ら愛国者の不滅の熱意とたゆまぬ努力を読むと、我々の権利が危険にさらされているだけでなく、そうした権利の一部が独占された富の強力で非人道的な支配によってすでに我々から奪われているときに、警鐘を鳴らすことが我々の義務であると感じる」と彼は言った。これら富の独占者は、アメリカ国民にイギリスの素晴らしい例に倣うよう助言していると彼は語っている。彼は、イギリスの君主制の輝きの陰で、その国民の半分が餓死しかけていることを明らかにした。児童労働、労働者の縮められた寿命、無知、悪徳、蔓延する不潔さは、製造業者がワシントンやリヴィア、さらにはウォーレンといった地で望んでいたことなのか、と彼は問うた。

　「愛国的な叫び声は、あらゆる手段を尽くして自国民の賃金を削減しようと努力し、代理人をヨーロッパに派遣し、外国人をここに来るよう誘導し、アメリカ市民を低賃金で働かせ、アメリカの産業とアメリカ的な制度を支援しようとする人間によって上げられ続けている」。ルーサーは、「綿工場と呼ばれるニューイングランドの監獄」の状況を説明した後、「綿工場で働く許可を神に感謝した人はアパラチア山脈よりも東に1人もいないと思う」と語った。

　この種の「アメリカ的な制度」に終止符を打ち、「教育と知性が一般的に普及し、生命と自由の享受がすべての人に保障される」アメリカの制度に置き換えるときが来ていた。労働者は、団結した努力と団体を通じてのみ、この新しい制度を実現できた。「大切な人を危険から守る」ために団体を維持してきた資産家たちは、正義を求める貧しい人々の努力を「もっとも恐ろしい団結」と罵倒し、非難した。だが、こうした議論は以前にも使われていた。「独立宣言は団結の成果であり、労働者の結合が今では貪欲な独占者と財産を鼻に掛けている貴族にとって憎むべきものであるのと同じように、当時の反逆者とトーリー〔アメリカ独立革命のとき、独立派はホイッグを自称し、反独立派をトーリーと呼んだ〕にとって憎むべきものであった」。

　ルーサーの『呼びかけ』は次のように締め括られている。

　「市民の皆さん……、農民、職人、労働者の皆さん、私たちはあまりにも長い間これらの悪行に耐えてきました。私たちはすべての当事者に騙されてきました。私たちは自分たちの仕事を自分たちの手に委ねなければなりません。目を覚ましましょう。私たちの大義は真実の大義、つまり正義と人間性の大義です。それは勝たなければなりません。独立宣言が『すべての人は平等に創られている』と主張しているのに、何も生産せず、すべてを享受し、私たち――農民、職人、労働者――を軽蔑して下層階級と呼び、上級階級としての自分たちへの敬意を誇らしげに主張する人々の叫びに惑わされないようにしましょう」。

ルーサーの『呼びかけ』はすぐに3つの版を経て、ヨーロッパの労働者用の特別版も計画されていた。メイン州からフィラデルフィアまで、労働者は独立革命の理想を復活させようとする彼の呼びかけに興奮した。労働者が急激に上昇する生活費によって大きな痛手を被っていたときに、彼は労働者に手を差し伸べた。物価指数は1833年の90・1から36年には115・7に上昇した。しかし、熟練した職人は週平均4から5ドル、綿工場の工員は週平均2・19から2・53ドル、家事労働の裁縫師が週平均1から1・25ドル、靴結束工として家で作業していたマサチューセッツ州の数千人の女性は1日わずか25セントしか稼いでいなかった。さらに、ほとんどの労働者は州法銀行が発行した紙幣で支払われ、商品や家賃の支払いでは1ドルに対して実際には50セントの価値しかなかった。

ルーサーのパンフレットは、団結して問題を解決しようとするアメリカの労働者の決意を強化した。この決意は、1830年代初頭の革命的なヨーロッパの動乱によって火がつけられたものであった。特に30年のフランス革命は、労働者が「自分たちの自由の支配者であり、自分たちにはそれを望むしかなく、たがいに協力しなければならず、彼らは自由でなければならない」ということを彼らに確信させた。ニューヨークの職人と労働者がパリの労働者に送ったメッセージはこう宣言していた。「仲間の労働者の皆さん。私たちはあなた方に深く感謝しています。そして、私たちだけでなく、勤勉な階級、つまりすべての国の人々もそうです。あなた方が自分たちの権利を擁護されたことで、あなた方は私たちの権利も擁護してくださったのです(*)」。

（*）自由のための国際的な闘いにおける初期の労働運動の関心のもう1つの例は、1827年にフィラデルフィア活版印刷工協会がギリシャの人々の独立のための闘いを支援する目的で90ドルを寄付したことである。1834年9月13日、ニューヨークの全国労働組合（本章92ページを参照のこと）は、「いくつかの国の労働者を団結させる」ことを提案したイギリス労働組合へのフランスのナントの労働者の演説を印刷物にした。労働新聞はこの演説を歓迎し、「これは今、世界でこれまでに行われたもっとも重要な運動である。それによって、これまでたがいに敵対してきた国々の間に、今後は団結と調和がもたらされるであろう。労働者の利益は、すべての労働者が合意ができる問題で……、〔そして〕文明世界のあらゆる地域の労働者階級が不可分の絆によって団結する日もさほど遠くないと期待してかまわないであろう」と宣言した。

おそらく、1830年代における国際的な労働連帯のもっとも現実的な例は、32年にニューヨーク活版印刷工協会が、イギリスの新聞に掲載された「何百人もの印刷工がニューヨーク市で雇用と高い賃金を得られる」という広告を信じないよう警告するために、イギリスの印刷職人組合を訪問する代議員を派遣したことである。この代議員は、これらの印刷工はスト破りとして使用されているとイギリスの労働組合主義者に伝えた。

これらすべての要因が、１８３３年から37年の労働運動の大きな蜂起につながった。この時期、労働団体は20世紀中に再度それに匹敵するものがないほど急速に成長した。組合員は2万６２５０人から30万人にまで急増した。ニューヨーク市では、労働者のほぼ3分の2に当たる1万１５００人が組織された。ニューヨーク、フィラデルフィア、ボルティモアでは１５０以上の組合が結成された。労働組合主義は大西洋沿岸に限定されたものではなく、バッファロー、セントルイス、ピッツバーグ、クリーヴランド、シンシナティ、ルイヴィル、さらにはフロンティアの段階から脱しつつある地域で労働者は組合を結成した。

それまで組織化されたことのなかった賃金労働者、たとえば左官、葉巻職人、女性裁縫工、手織り織機職人、婦人帽職人などが組合を結成してストライキを行った。１８３３年から37年までの4年間に、全国で１６８件のストライキがあった。そのうち１０３件は賃上げ、26件は10時間労働、4件はクローズド・ショップを求めるものであった。大工、煉瓦職人、石工、左官、塗装工など建設業界の組合は34件、製靴工や靴直し工は24件のストライキをそれぞれ行い、残りのストライキは仕立屋、帽子職人、パン屋、水夫、ロープ職人、印刷工、石切工、政府兵器廠の機械工、革職人、ガラス職人、鉄道労働者、沖仲士などの間で散見された。

女性も「自由の炎の火花を受けた」。マサチューセッツ州リンの婦人靴結束工が組合を結成した折りに、「男性だけでなく女性もある種の奪うことのできない権利〔独立宣言では、「生命、自由、そして幸福の追求」を指す〕をもっているし、そのなかには、共通の利益について協議するために平和的に団結する権利が常にある」と主張した。別の女性労働者は、「最近、当市の職人によって成功裏に実施されてきた方法ほど、私たちに救済をもたらす方法を知らない」と語っていた。ニューイングランド、ニューヨーク、フィラデルフィア、ボルティモアでは、女性の仕立屋と裁縫師、傘裁縫師と製本工、靴接合工と製靴工が協力して、「賃金の削減と不十分な賃金の避けられない結果から」の保護を求めた。

工場で働く女性もこの隊列にいた。実際、女子工員は雇用主はもとより、女性の公共活動に対する当時の圧倒的な偏見とも闘わなければならなかったため、当時のもっとも勇敢な戦士であった。

ある作家は、「ヤンキーの『若い女性たち』が、この初期の段階でストライキ戦術を発展させるために世論に勇敢に立ち向かうには、ある種の精神が必要であった……。年若き女性は、物笑いの種になる街頭行進などすべきでないと考えられていた。だが、それが慣習的であるか否かにかかわらず、彼女らの規範を守るために、不承認であったけれどもこれを行う用意があった」と述べている。

１８３４年に工場所有者が賃金を削減したとき、ニューハンプシャー州ドーヴァーで慣習に最初に逆らった７００人強の女子工員がストライキを行い、裁判所に向けて行進した。そこで、これら「自由人の娘」は、「『工場奴隷』といった軽蔑の語句が遠慮会釈もなく使われようとも、私たちは傲慢な富裕層やその横柄な態度に対し、卑しくてへつらうような服従はけっして甘受しない」と宣言する声明を書き上げた。ストライキは敗北したが、彼女らは工場に戻るのを拒否して家に帰った。彼女らは、工場から少し離れた場所に住んでいる女子工員に交通費を支払うための基金を調達し、「自分たちの製造工場に制定されようとしている奴隷制に反対する」訴えを編集者に送り、少女たちにドーヴァーに働きに来ないよう忠告することを編集者に懇請した。

1834年初めにマサチューセッツ州ローウェルの賃金が15%削減されたとき、女子工員は何度か抗議集会を開いた。数日後、この運動の女性リーダーが解雇された。彼女が工場を出るとき、彼女は窓からみている他の女子工員への合図として帽子を頭の上で振った。女子工員はストライキを行い、かのリーダーの周りに集まり、800人が町の周りを行進した。女子工員のリーダーの1人が「女性の権利と貴族社会の不正についてメアリー・ウルストンクラフト〔イギリスの女権拡張運動家。1892年に主著『女権擁護論』を発表した〕ばりの情熱的なスピーチ」をするのを聞いた後、女子工員は「たとえそのために死んだとしても、自分たちの道を進む」ことを決意した。ストライキの2日目に、スト参加者は『団結は力なり』と題する宣言を出した。

「私たちは、私たちの愛国的な祖先の精神を受け入れ、束縛よりも窮乏を好み、子供たちの自立を促すために、人生を望ましいものにするすべてのもの、さらには人生そのものとも別れた、すべての人の名前が知りたいと思い、この文書を回覧している」。

さらに1200人の女子工員が、「賃金が以前のように支払われない限り、工場に戻って働くことはない」との誓約に加わることで応じた。彼女らは、「私たち全員を一体として受け入れない限り、誰も仕事に戻らない」と誓約した。

ストライキは中断された。ローウェルの女子工員の多くは農場である自宅に帰ったが、工場に残った少女がストライキの敗北で落胆することはなかった。1836年に工場所有者が賃金をさらに12・5%削減したとき、1500人のローウェルの女子工員が再度ストライキを敢行した。彼女らはストライキのデモで行進しながら次のように歌った。

ああ！私のような可愛い少女がかわいそうじゃない／やせ衰えて死ぬために工場に送られなければならないの／ああ！私を奴隷にすることなどできないわ／私は奴隷なんかにはならないわ／私は自由が大好きなんだもの／そんな私が奴隷になどなれないわ

今回、女子工員は2500人の会員で「女子工員協会」を結成した。彼女らの決議は、自分たちの役員を通さなければ連絡を受け付けないことを工場所有者に通知した。彼女らは「自由人の娘」であり、会社という暴君が自分たちの生活を支配するのを許さなかった。彼女らは、「自分たちの父祖が、イギリス国教会の飽くことを知らない金銭欲に血を流して抵抗したように、そうした父祖の娘である自分たちは、用意された軛をけっして付けないであろう」と発表した。彼女らは、「自分たちに加えられようとした邪悪な弾圧に屈するくらいなら」、貧救者収容施設で死んだ方がましだと言った。ストライキは1カ月続いたが、寄宿舎から追い出され、彼女らを支える資金もなく、女子工員は兵糧攻めに屈した。

他の工場の女子工員も、「ローウェルの可愛い姉妹の例」に倣った。エイムズベリーの女子工員は、同じ賃金のままで2台の織機を見張るよう命じられたとき、仕事を止め、バプテスト派の教区委員会に訴え、役員を選出し、スピードアップが放棄されるまで、「5ドルの罰金を払っても」仕事に戻らないと誓約する決議を採択した。1836年3月25日付のボストン・イヴニング・トランスクリプト紙は、「代理人は、彼女らが粘り強く続ける決意を固めていることを知り、彼女らが戻ってこないかもしれないと書面で通知した」と報じている。ストライキは勝利した。

これらの闘争は、過激ではあったが、安定した労働団体に引き継がれることはなかった。雇用主はこうした活動をさほど恐れてはいなかったが、危険は冒さなかった。ストライキのリーダーは「反乱」の咎で解雇され、彼女らの名前は他の製造業者に回送され、彼女らが他の場所で仕事を得るのを妨げた。

労働者のなかには、女性労働者が自分たちの賃金を引き下げているという理由で、女性の産業への参入と労働運動での活動に反感をもつ者もいた。しかし、多くの労働者は、「私たちは、女性を味方に付けない限り、私たちが考えている目的を達成するのを期待できないことは明確である」と『呼びかけ』で指摘したルーサーに同意した。それで、1834年にリンの婦人靴接合工組合が賃上げを求めてストライキを行ったとき、彼女らは男性製靴職人組合の支援を受けた。この男性製靴職人組合は、ストライキ資金を募り、さらに重要なことに、女性の要求に応じることを拒否した「製靴業者のもとでは働かない」と決議した。彼らはリンと周辺の町のすべての住民に対して、そのような製造業者をボイコットするよう説得した。

フィラデルフィアの葉巻き職人は、この業界における女性労働者の組合の結成を歓迎し、1835年に「葉巻製造に従事する女性がこれまで受け取ってきた現下の低賃金は、提供された労働に対する適正な補償をはるかに下回っている。それゆえ、我々は彼女らに我々とともにストライキを行うよう勧告し、それによって彼女らの権利をたがいに維持することが両当事者の相互利益となるようにすること」を決議した。

1836年、フィラデルフィアでは、男性の製靴職人組合と女性の靴接合工組合が、組織的には統合されていないものの一緒にストライキを行い、「彼ら［雇用主］は、自分たちにも母親がいるのを忘れているかもしれないが、我々は彼女らを我々の保護下に置き、彼女らとともに繁栄し、また零落することを決意した」と発表した。たとえ男性である自分たちが要求を勝ち取ったとしても、女性がその要求を勝ち取るまでは働かないと宣言した。

1830年代には、工場労働者と熟達した職人との協力が頻繁に行われた。その最良の例は、35年夏のパターソンでの大争議である。7月3日、同地の繊維工場で働く子供たちは、労働時間を週5日は11時間、土曜日は9時間に短縮するためにストライキを行った。ストライキに至った他の理由には、店舗注文制度、悪質な罰金制度、さらには遅配賃金支給といったものへの反発があった。月末にかけて、ストライキを行った子供の親と後見人が「パターソンの労働者階級を保護するためのパターソン協会」を結成し、近隣都市の労働者に支援を求めた。

ニューアークの労働者は、資金調達委員会を立ち上げ、パターソンの実情を調査する別の委員会を派遣するなど、ただちに対応した。調査団は、パターソンの諸工場の状況は「現在よりもむしろ〔ヨーロッパ中世期の〕暗黒時代に属しており、この『自由の地と勇者の故郷』、つまり抑圧されたすべての国のための庇護を誇っていた場所よりも、皇帝陛下とロシア全土の専制君主の風土に適しているであろう」と報告した。ニューアークの職人は、スト参加者に勝利するまで頑強に抵抗するよう促し、継続的な財政支援を約束した。支援金と激励はニューヨークの労働者からも寄せられた。

勇気づけられたパターソンの労働者は、工場所有者が1日の労働時間を1時間半から2時間短縮することに同意するまで耐えた。週の労働時間は69時間、最初の5日間は1日12時間、土曜日は9時間になった。

この労働者階級の連帯は労働者の有機的統一につながった。同業者連合職人組合は姿を消したがその精神は脈々と受け継がれた。

都市の中央労働組合

1833年5月中旬頃、ニューヨークのジャーニマンの大工が、1日1・37から1・50ドルへの賃上げを求めてストライキを行った。2週間以内に、複数の職業に従事する職人が同情する決議を採択し、約1200ドルを集めた。この助けを借りて、大工は1カ月間持ち堪え、3月から11月までは10時間労働で1・50ドル、それ以外の3カ月は9時間労働で1・37ドルを勝ち取った。こうした労働組合の団結の成功に勇気づけられた印刷工は、ジャーニマンと職人に一般組合の結成を呼びかけ、8月14日にニューヨーク一般労働組合が結成された。

1833年には、ボルティモア、フィラデルフィア、ワシントンの3都市で組合が結成され、翌年にはボストンで中央労働団体が結成され、35年と36年には、オールバニー、トロイ、スケネクタディ、ピッツバーグ、シンシナティ、ルイヴィル、ニューブランズウィック、ニューアークで別の8つの組合が結成され、36年末までにアメリカには少なくとも13の都市労働組合があった。当時、アメリカのように中央労働団体を中心に多くの組合が結成されていた〔連合体を形成していた〕国は他にはなかった。

一旦組織されると組合は急速に成長した。フィラデルフィア労働組合(*)が1833年11月に発足した時点で3つの組合しかなく、組合員数は400人未満であったが、36年4月までに50の組合があり、組合員数は1万人に達した。その組合員には、一般労働者、工場労働者、熟達した職人がいた。


(*)フィラデルフィアには2つの労働組合があったようである。1つは1833年8月に工場労働者によって、もう1つは11月に熟達した職人によってそれぞれ結成された。

フィラデルフィア労働組合は、次のように宣言した。「当組合は、アメリカ生まれと外国生まれを区別しない。誰もが同じようにその恩恵に浴することを歓迎している。資本への隷属状態から働くすべての人の解放を支持する労働者であれば誰であれ、我々の組合員として歓迎される。我々は、出自や家柄といった資格は求めておらず、我々の間で承認を得るための合言葉も記章も求めない〔第21章で登場する労働騎士団と好対照である〕」。

労働者の一般的な福利を増進するために組合は多くの活動を行った。巡回委員は未組織労働者が地方組合を設立するのを支援し、そうした組合が中央労働団体の構成要素になるのを助けた。フィラデルフィア労働組合のオルグは、労働者への一般的な訴えで、組合を「すべての職人が自分の権利を守り、保護する方法を学ぶ機会をもてる学校」と語っている。

組合のなかには、独自の新聞を創刊したものもあれば、労働者に友好的な既存の新聞を支援するものもあった。すべての組合は、ストライキ中にボイコットや支援金、ときにはその両方で仲間の組合を支援した。1833年、ボルティモア労働組合は、まともな賃金の支払いを拒否した帽子製造業者をボイコットし、これら雇用主は、「有名な印紙法と茶法を生み出した」のと同じ貪欲さと強欲さを露呈していると宣言した。ある都市の組合が別の都市の労働者をしばしば支援した。ニューアーク労働組合は35年にフィラデルフィアの手織り織機工のストライキを支援した。

ニューヨーク一般労働組合は十分に組織化されていた。同組合には、ユニオンという公式の日刊機関紙があった。同紙は、組合は「暴動や暴力といった行為」を提唱しているとか、「組合の主要な構成員は外国人である」とか、「個人的な威厳がすべての幹部の主要な目的であり、怠惰と安寧が彼らの生涯の特徴である」と主張した反動分子の告発に対応する目的で創刊された。ニューヨーク一般労働組合はまた、仲間の組合を財政的に支援し、ボイコットを組織するストライキ基金委員会を設置し、ストライキ中に別の労働者がスト参加者の仕事を奪いに来るのを防ぐ目的で全国の組合と連絡を取り合った。こうした活動の結果、ニューヨークの労働者は多くの勝利を収めた。ニューヨーク仕立工組合は、同市の中央労働団体から得た財政援助のおかげで、1833年10月に大幅な賃上げを勝ち取った。2年後、ニューヨークの雇用主からなる委員会が驚愕して次のように発表した。

「さまざまな職業は『労働組合』と呼ばれるもののもとで統合され、それぞれが順番に、より高い賃金を求めてストライキを行う他の職業によって支援されている。我々は、過去1、2年の間に、それぞれジャーニマンの印刷工、大工、帽子工、仕立工、そして他のいくつかの職業従事者が成功裏に『ストライキを行った』と考えている」。

十数都市にあった中央労働団体の組織は、アメリカ労働運動の発展においてきわめて重要な進歩を示している。こうした団体が結成される前、ストライキを行っている労働者は、他の組合が票決した散発的な援助に財政面と精神面での支援を依存していた。しかし、今では、認可されたストライキを行った一団の労働者は、一定の支援と財政的援助を保証されている。

全国的な労働団体

1830年代初頭には、地方の労働組合が依然として労働者の連帯の主要な媒体であり続けたが、全国的な組織に向けたいくつかの取り組みがなされた。運河や鉄道による輸送が改善されたことで、雇用主はブラックリスト（の交換）や、ある産業部門から別の産業部門へのスト破りの派遣を通じて、地方の組合を攻撃するのが容易になった。多くの労働者は、低賃金で1日12から14時間働いている他の都市の製造業者と競争しなければならない雇用主から、より高い賃金とより短い労働時間を確保するのは困難であると確信していた。彼らは、全国的な労働団体が「可能な限り全国規模で賃金を均等化し、自分たちの目的を達成し、正義を維持するために必要な迅速さと協調行動を保証してくれる」と信じていた。

それで、1835年から翌年にかけて、5つの職業——製靴工、印刷工、櫛工、大工、手織り織機工——で全国的な団体が結成された。他の職業でも試みられたものの失敗した。特筆すべき失敗の1つは、36年12月にフィラデルフィアの綿・羊毛紡績工協会（組合）が全国的な労働組合で団結するよう強く主張した、「合衆国全土の工場労働者一般」への呼びかけであった。

1830年代の全国的な労働団体はあまり長くは続かなかった。市場は拡大していたが、まだ真の全国的な市場になっていなかったので、この運動は時期尚早であった。それまでは、どの全国的な労働団体も真の意味で安定することはなかった。なぜなら、労働組合主義はその国の経済によって課された限界以上には発展できなかったからである。この点はまた、アメリカ初の全国的な労働組合の連合体である全国労働組合《NTU》にも該当する話である（アメリカの労働運動史上、その内実はともかくとして、全国労働組合と訳せる団体が2つある。1つがここで登場するNational Trades' Union（NTU）で、もう1つは1866年に結成されるNational Labor Union（NLU）である。後者は第18章以降に登場する。幸いといっては語弊があるが、前者は1837年には消滅する）。NTUは、34年3月にニューヨーク一般労働組合が全国の中央労働団体を招待し、各団体がニューヨーク市で開催される全国大会に代議員を派遣したことから始まった。

その後8月下旬には、ボストン、ブルックリン、ポキープシ（ニューヨーク州南東部、ハドソン川に臨む都市。独立戦争時の州都）、ニューアーク、フィラデルフィア、ニューヨークからの代議員が市庁舎に集まり、NTUを結成した。彼ら代議員が招集されたのは、この全国大会招集の際の言葉を借りれば、「第1のケースでは、ある職業の構成員の職業協会での結合を示唆していた意志薄弱な状態が、第2のケースでも職業協会の連合体を示唆しており、それは合衆国全土で実施されるべきである。各個人の権利は、その国のすべての労働者によって維持され、彼らの富と権力の総計は、もっとも手ごわい反対に対抗できるであろう」からであった。

この大局観は実現しなかった。それというのも、職業協会の指導層のほとんどが中産階級の改革派から選り集められた人々であり、彼らの万能薬は現下の要求のために最終目標を置き換え、その結果、現実との接点を失ったからである。それにもかかわらず、職業協会の存在そのものが、この全国大会の代議員が認識したように、アメリカの生活にあっては新しくて重要なものであった。フィラデルフィアの代議員団はその報告書で、「議論と措置の勧告から要約して、『この大会は何の役に立ったのか』と問われるかもしれない。我々は『それは全国的な連合体を結成した』と答えることができる。そして、連合体に何ができるのかを尋ねるほど愚かな者がいるであろうか」と語っている。

アメリカの労働者は初めて全国的な発言力をもち、その存在の3年間で、NTUは賃金と労働時間、通貨改革、公教育（＊）、工場法、囚人労働、自由な土地《フリーランド》などのすべての問題について労働者を代弁した。NTUは、雇用主は10時間労働に同意しても不利益を被ることはないであろうと言った。「肉体労働の経験をもつ職人やその他の人たちは、1日12または14時間の暴力的で絶え間ない肉体労働は、雇用された人の健康に非常に有害であるが、雇用主にとって特別な利益を伴わないことをよく理解している。つまり、1日に10時間働く日雇い労働者は、最終的には12時間働く日雇い労働者と同じくらい多くを行うということである」。10時間労働の法制化を主張するための証拠として、一般的な労働時間に関するすべてのデータを収集する委員会が任命された。別の委員会は、女性労働者用の最初の労働組合プログラムを作成した。この報告書は、男性に対して、女性を組合に加入させるか、別の組合を結成し、「困難が生じた場合は法律に準拠し、支援を受ける」ように「一方を他方の補助的なものにする」よう求めた。また、「抑圧された自国の女性」の福利よりもアフリカ人をキリスト教に改宗させることに関心をもっていた中流階級上層部の女性に対しても猛烈な攻撃を加えた。

（＊）1835年、NTUはすべての関係団体に対して、「職人と労働者の利用と利便のために」、市や町や村に図書館を設立するよう働きかけた。これは、アメリカにおける公共図書館に対するもっとも初期の要請の1つである。

しかしながら、労働者は公共図書館を求めるキャンペーンだけでは満足せず、いくつかの都市では図書館と閲覧室は労働者自身によって設置され、通常は近隣の労働組合の後援のもとに置かれていた。フィラデルフィアでは、「労働者階級知識普及協会」が1835年に、「一般的な問題についての精神を啓蒙するだけでなく、生存の泉を供給する労働者階級に、彼らの災厄がどこから湧き出て、どのように彼らを矯正するかを教える」ために設立された。ニューヨーク州ロチェスターでは、「職人文学協会」が36年に組合によって設立された。その設立を発表した通達は、「我々は、労働者階級は長い間、国家の問題を指導したり、人の問題を支配したりするのに必要なすべての知識を得るために、知的職業を尊敬する習慣があり、すべての支配者が多くの人の利益のためではなく、自分の利益のために統治するのを見るには、洞察力ある目をあまり必要としないことを知っている」と述べている。

10時間労働

NTUは1835年の大会で、雇用主が団結して労働者の要求に抵抗する場合、都市の労働組合はゼネストを呼びかけるべきであると提案した。これは、紙上の計画の段階を出なかったが、まさに同年、フィラデルフィアがアメリカの都市として初めてゼネストを経験した。

このゼネストの原動力となったのは、1825年と32年に10時間労働を求めてストライキを行ったボストンの大工であった。どちらのストライキも失敗に終わった。なぜなら、雇用主の団結した力に直面して、労働者の闘争性を抑制しようとする小規模な雇用主連盟の存在によって、労働者階級が分断されていたからである。この教訓を念頭に置いて、大工、石工、石切工は、35年の10時間労働を求めるストライキで、小規模雇用主の手からストライキの実施を取り上げ、ルーサーと階級意識のある別の２人の労働者をリーダーに選出した。彼らはすぐに自分たちの要求を説明するとともに、支援を求める通達を出し、巡回委員会が他の都市を訪れた。これらの新しい戦術や他の都市の労働者からの支援にもかかわらず、「我々のもっとも大切な願いともっとも熱心な願いが失われたことを認め」ざるを得なくされたと大工組合の会長は書いている。

より大きな意味では、ストライキは敗北ではなかった。それというのも、それは最終的に10時間労働をボストンにもたらす闘争を始めたからである。アメリカの労働者は、大胆で愛国的なストライキ通達に触発された。その一部には次のように書かれていた。

「我々はあまりにも長い間、忌まわしくて、残酷で、不当で、専制的な制度にさらされてきた。そのため、その影響を受ける職人は肉体的、精神的な力を使い果たすことを余儀なくされている。我々には、アメリカ市民および社会の一員として行動する権利と義務があり、１日の仕事に10時間以上を費やすことは禁じられている」。

ボストン通達が検討されたところではどこでも、10時間労働を求めるストライキが見られた(*)。それは、スクールキル川の石炭埠頭で働くアイルランド人労働者が賃上げと10時間労働を要求したことから始まった、フィラデルフィアの大規模なゼネストにつながった。これらの労働者は非常に闘争的であったので、あえて彼らに代わろうとするスト破りはいなかった。「彼らのうちの３００人が剣で武装した男に率いられて運河沿いを行進し、川で待機している75隻の船に貨物を降ろしたり運んだりする者を死に至らしめると脅した」。ストライキが招集されるやいなや、フィラデルフィア労働組合によって増刷されたボストン通達は、組合のさまざまな会合で配布された。この通達に触発されて、行動を求める次のような声がボストンを席捲した。

武装した敵が息絶えるまでストライキせよ／祭壇と業火のために
ストライキせよ／先祖の緑に覆われた墓のためにストライキせよ／
神と母国のためにストライキせよ

（＊）フィラデルフィア大工組合会長のウィリアム・トムソンは、ルーサーに、「大工は、ボストン通達が彼らの足枷を壊し、鎖を緩め、過剰な労働の過酷な軛から自分たちを解放したと考えていた」と語った。この通達の次の一文は、特に労働者からの反応を引き起こした。「我々は、独立革命の戦場で流された我々の父祖の血によって、アメリカ市民の権利を主張しており、いかなる地上の権力も、免責されて我々の正当な主張に抵抗することはない」。

ボストンでの10時間労働を求めるストライキの間に、「旧い制度では、我々は精神を涵養するための時間がないし、それがまさしくお偉方の政策であり、彼らは常に仕事をさせることで人々を無知にしようとしている」と言ったボストンの労働者に、世界中の労働者が同意した。

毎日、新しい労働者のグループが10時間労働を求める石炭荷揚げ人夫に日々加わった。家屋塗装工は会合し、「現下の労働制度は抑圧的で不当であり、社会的幸福を破壊し、自由人の名を貶めるものである」と非難した。

まもなく、すべての組合がストライキに入った。皮革職人、印刷工、大工、煉瓦積み職人、石工、市職員、煉瓦職人の助手、石炭荷揚げ人夫、塗装工、パン職人、乾物屋の店員が、鼓笛隊に先導され、「朝6時から夕方6時まで、10時間の労働と2時間の食事時間」と書かれた横断幕を掲げて行進した。フィラデルフィアの卓越した労働組合主義者ジョン・フェラルは、私たちは「公共施設に向かって行進し、労働者も私たちの隊列に合流した。雇用は停止し、ビジネスは停滞し、シャツの袖は捲り上げられ、前掛けをかけ、手に作業道具をもっている。これが昨今の流行《はやり》である」と語った。

6月6日、大衆集会が州議事堂の中庭で開かれた。ここでは、労働者、弁護士、医師、何人かの実業家が参加して、10時間労働の要求を承認した。この集会は、10時間労働の要求に同意した1人の実業家を賞賛し、労働者の賃上げ要求を全面的に支持し、女性労働者の賃金引き上げを要求し、炭鉱夫にストライキの継続を奨励する一連の決議を全会一致で採択した。集会はまた、すべての市民に対し、配下の者を10時間以上働かせた石炭商をボイコットするよう呼びかけた。閉会前に、集会は次のような感動的な声明を発表した。「この集会は、労働者階級が我が国の骨格であり、筋肉であることに満足している。そして、……彼らの健康、美徳、幸福は、我々の栄光ある自由な制度の安定性と永続性に依存している」。このコミュニティの統一戦線の前に、雇用主は降伏した。フェラルは、「血を吸う貴族たちは、……驚愕し、恐怖に襲われ、神の審判が下される日が来たと思った……」と書いている。

公共事業職員がゼネストに参加したのを知ったフィラデルフィア市当局は、急遽集会を開き、審議の結果、「市当局の権限のもとで雇用されている労働者の労働時間は、夏季には『6時から18時』になり、朝食に1時間、夕食に1時間を与える」と発表した。フィラデルフィア郊外のサザックの地元自治体もこれに続き、1日の労働時間を10時間に短縮しただけでなく、1日12・5セントの賃上げも認めた。石炭荷揚げ人夫がストライキを行ってからわずか3週間後の6月22日、ゼネストは勝利を収めた。10時間労働制とそれに対応した出来高払い労働者の賃金引き上げが市内全域で承認された。

ニューヨーク・ジャーナル・オブ・コマース紙によると、フィラデルフィアでの勝利は保守派にとっては悪いニュースであり、「害意に満ちた」ニュースであった。同紙は１８３５年6月8日に、「もしそれがストライキの報酬であるなら、ストライキには終わりはないであろう」と正確に予測した。

労働新聞によってニュージャージー、ニューヨーク、コネティカット、マサチューセッツ、メリーランド、さらにはサウスカロライナ各州の諸都市にまで伝えられたこのニュースは、いたるところで大きな熱狂を呼び起こした。ストライキの波がアメリカ中を席巻し、そのほとんどが勝利を収めた。１８３５年末までに、ボストンを除いて、熟達した職人の1日の標準労働時間は10時間になった。(*)

(*) 第10回国勢調査から得られた以下の統計は、１８３０年代のアメリカの事業所における労働時間の全体像を示すものではないが、一定のことは明らかにしてくれている。

一般に、労働組合の活動の結果、もっとも熟練した職人の労働時間は10時間に減少し、ほとんどの労働者のそれも減少傾向にあった。

多くの職業においても、賃金は１８３０年代の組合活動を反映していた。マサチューセッツ州の大工の賃金は、21年の1日1・07ドルから、30年代には1・40ドルに上がり、塗装工の賃金は1・15から1・32ドルに、水車大工の賃金は1・13から1・39ドルに、金属細工師の賃金は1・23から1・54ドルに、ガラス製造工の賃金は1・13から1・62ドルに、印刷工の賃金は1・25から1・38ドルに、綿紡績工場の工員の賃金は44から90セントに、毛織物工場の工員の賃金は1・12から1・20ドルに、肉体労働者の賃金は80から87セントにそれぞれ上がった。

年度	報告事業所総数	8時間以上11時間未満		11時間以上13時間未満		13時間以上14時間未満	
		事業所数	%	事業所数	%	事業所数	%
1830	37	18	48.7	14	37.8	5	13.5
1840	48	24	50.0	18	37.5	6	12.5

出所）*Tenth Census*, Volume XX, p.xxviii.

労働者と大衆

これらの労働者の勝利は、少なからず大衆の支持を得た結果であった。１８３０年代には、組合が問題を公にするための措置をとらなければ、ストライキは起こらなかった。広報の最初の一歩は、新聞に次のような「短い広告」を配給することであった。

「世間の皆様に」

「[ニュージャージー州]オレンジ郡の製靴職人は、彼らが完全に公正かつ合理的であると信じる賃金の引き上げを求めてストライキを行ったので、賃上げを獲得しようとする彼らの現在の取り組みに関して生じるかもしれない、根拠のない報道あるいは誤解に対抗するために、識別力に富んだ世間の皆様の前に彼らの主張を提起するこの方法を採っています……」。

「雇用主が一般に労働者と共通の感情を有していないことは、彼らの個人的な威信のためでない限り、おそらく間違いないことでしょう。したがって、両者の間には違いがあります。これは一部の人には奇妙に写るかもしれませんが、それでも、制度の自由さ、法律の知恵、市民の平等で有名な我が国では、自国の制度に直面して、自由なアメリカの雰囲気よりもヨーロッパの温床に適した貴族社会を構築しようと努力する人たちが存在すべきであるということは、真実に劣らず奇妙なことなのです」。

ニューアークの製靴職人が配給したもう1つの典型的な「短い広告」はこう述べている。「手による労働と心の知性は、我々製靴職人の事実上の財産であり、商品を公平かつ公正に評価することが職分であると考える我々は、労働の代価を、それを粉砕して自分たちが望むものにしようとする者のなすがままにしない」。ニューヨークの製靴職人は、「我々が処分しなければならない唯一の商品――我々の労働力――を制御できないのに、どうして我々は自由になれるのか」と尋ねた。さらに、ニューヨークのフォルテピアノとオルガンの製作者は、彼らの「短い広告」で同じ点を、「労働力は職人が市場でもっている唯一の商品であるので、彼らはそれに価格を設定する権利があるし、この特権を享受しない者は奴隷であり、我々はそうした奴隷とその主人に奴隷制廃止論者の注意を喚起するよう勧告する」と指摘していた。

雇用主も独自の「短い広告」で応えた。雇用主は通常、賃金は十分であり、不満については労働者と個別に議論する用意があると主張したが、仕事上の問題を「労働組合原則の道徳的腐敗」で汚染された過激な扇動者と議論するよう強要されることは拒否した。雇用主は、労働者と自分たちとの間に存在する幸せな関係を破壊することによって、「海外から来た怠惰で人の仲を裂こうとするならず者の集団が、製造業コミュニティとしての自分たちの展望を破壊すると脅すのを許すべき」かどうかを決定するよう大衆に求めた。労働者は、「雇用主が1人の人間を扶養するのに十分な賃金を与えていると考えるなら、我々は雇用主に自身で働いてみて、自分たちの理論の重みを自ら試されんことを勧める」と答える場合もあった。労働者は、賃金が低すぎるかどうかを判断するために公平な委員会に帳簿類を提出するよう雇用主に要求する場合もあった。リンの婦人靴接合工は、新聞に掲載された自分たちの組合を「この町の繁栄に有害である」と非難する「短い広告」を読んだとき、「私たちは、このリンという町の福祉をほかの誰よりも高く評価しているとしか言えない。そして、それは少数の個人の勢力拡大ではなく、勤勉な労働者階級の一般的な繁栄と福祉にあると考えているとしか言えない」と応じた。

「我々は労働組合原則の影響を受けていると言えることを誇りに思い、この病気の症状がけっして根絶されないことを願っている」と一団の労働者は主張した。なぜなら、彼らは集団行動によってのみ、「万物の創造主たる神が労働者の権利として意図したが、強欲が労働者を否定しているもの、すなわち快適な生活を得られる」と言ったからである。

これが１８２０年代から30年代にかけてのアメリカの労働者の精神であった。民主主義というすべての市民が享受すべきものの確保を決意した労働者は、労働組合、都市の中央労働団体、全国的な労働組合の連合体を結成し、より高い賃金とより短い労働時間を求める過激なストライキで勝利を収めた。

第8章　初期の労働者政党

「貧乏人には法はない。法は金持ちによって、もちろん金持ちのために作られる」。この声明は、１８２９年にデラウェア州ニューキャッスル郡の労働者協会〔労働組合〕が行った演説の一部であるが、アメリカの労働者の大多数が共有する感情を表したものでもあった。

いくつかの州で非財産保有者に選挙権が与えられてから数年が経過した。しかし、ほとんどの労働者にとって、市民権はほぼ約束を果たさなかった。どこでも労働者の子弟は教育を受けられず、無知なままにして置かれた。どこでも労働者自身は少額の債務不履行のために刑務所に入れられ、自費で民兵として軍務に就くことを余儀なくされ、多くの裕福な資産保有者が免除されるのと同時に自分たちは重税に喘いでいた。ほとんどのコミュニティでは、政党が自分たちを何と呼ぶかはあまり問題ではなかった。それというのも、公職候補者は「金持ちとして統治しているか、あるいは金持ちと思われている市民階層から全員が選ばれていた」からである。

職業別組合〔労働組合〕だけではこうした状況は変えられなかった。労働者が、旧来の連邦派《フェデラリスト》政党の政治理念と慣行を引き継ぎ、民衆の福祉を無視し続けた候補者に票を投じ続ける限り、こうした状況は続いたし、アメリカ独立革命の約束は長期にわたって果たされないまま置かれたであろう。しかし、役人は労働者の票によって選出されていた。では、民衆が富裕層に政府を支配させるのを許した場合、選挙権にはどのような価値があったのであろうか。１８２７年初めにフィラデルフィアの職人と労働者の間で回覧されたパンフレットは、普通選挙権の恩恵は労働者によって認められており、彼らの利益と「まったく相違する」個人によって彼らの「繁栄と福祉」に向けられたものであると指摘していた。30年3月13日、ニューヨークのワーキング・マンズ・アドヴォケイト《労働者の代弁者》紙は同じ声明を以下の内容で掲載した。

「諸君は、この国の貴族が諸君たちと敵対しているのを知らないのか。また、諸君たちの労働によって生活している者たちが、それをできるだけ有益なものにすることが、明らかに彼らの利益になるのを理解していないのか。それなのに、どうして諸君は、これらの者を議会に送り、彼らにほとんどすべての責任ある職を与えるのか。……諸君は、これらの者が、自分たちに不利な法律を制定するとでも思っているのか。少しは人の心中を読んではどうか。さあ、目を覚まそう」。

政治的覚醒

覚醒は、1828年夏にアメリカで最初の労働者政党が結党されたフィラデルフィアから始まった。この運動は西に向かってはピッツバーグ、ランカスター、カーライル、ハリスバーグ、シンシナティ、さらにはペンシルヴェニア州とオハイオ州の諸都市に広がった。南に向かっては、労働者が30年に18人中13人の役人を選出したデラウェア州ウィルミントンの自治区に至った。北に向かっては、ニューヨーク市、ニューアーク、トレントン、オールバニー、バッファロー、シラキュース、トロイ、ユーティカ、ボストン、プロヴィデンス、メイン州ポートランドとヴァーモント州バーリントンに広がった。全体として、28年から34年にかけて61の市と町で独立した労働者政党が組織され、独立政党が結党されていないコミュニティでは、この運動は賃金労働者の利益のための法律を提唱する職人クラブの成長を刺激した。

労働者政党の台頭とともに労働新聞が創刊され、1827年から32年にかけて50近い週刊紙・誌が市や町で発行された(*)。

(*) アメリカ最初の労働新聞であるジャーニメン・メカニックス・アドヴォケイト紙（*Journeymen Mechanics' Advocate*）（フィラデルフィア、1827年）は、最初の1年で廃刊となった。しかしながら、翌年、2つの週刊紙・誌——メカニックス・ガゼット（*Mechanics' Gazette*）、フリー・ヘラルド（*Free Herald*）——とメカニックス・フリー・プレス（*Mechanics' Free Press*）がフィラデルフィアで創刊された。最後のものは職人図書社によって創刊された。その後数年間に、多くの労働新聞・週刊誌が他のいくつかの都市と州で出現した。アラバマ州タスカルーサのスピリット・オブ・ジ・エイジ（*Spirit of the Age*）、ウィルミントンのデラウェア・フリー・プレス（*Delaware Free Press*）、インディアナ州チャールズタウンのファーマーズ・アンド・メカニックス・アドヴォケイト（*Farmers' and Mechanics' Advocate*）、ニューオーリンズのリベラリスト（*Liberalist*）、メイン州ガードナーのニューイングランド・ファーマー・アンド・メカニック（*New England Farmer and Mechanic*）、ボストンのワーキング・マンズ・アドヴォケイト（*Working Man's Advocate*）、ニュージャージー州ニューアークのヴィレッジ・クロニクル・アンド・ファーマーズ・アンド・メカニックス・アドヴォケイト（*Village Chronicle and Farmers' and Mechanics' Advocate*）、ニューヨーク州ユーティカのメカニックス・プレス（*Mechanics' Press*）、ニューヨーク州オールバニーのワーキング・メンズ・アドヴォケイト（*Working Men's Advocate*）、ニューヨーク州ワシントン郡サンディー・ヒルのインデペンデント・ポリティシャン（*Independent Politician*）、ニューヨーク州バッファローのワーキングメンズ・ブレティン（*Workingmen's Bulletin*）、ニューヨーク州ロチェスターのスピリット・オブ・ジ・エイジ、サウスカロライナ州チャールストンのサザーン・フリー・プレス（*Southern Free Press*）、オハイオ州ポステイジ郡ラヴェンナのワーキング・メンズ・ユニオン（*Working Men's Union*）、さらに、ニューヨーク市の複数新聞、なかでも傑出していたのがワークング・マンズ・アドヴォケイト、デイリー・センチネル（*Daily Sentinel*）、フリー・インクワイアラー（*Free Enquirer*）、ザ・マン（*The Man*）であった。

労働者政党の綱領

これら労働新聞のすべてが労働者政党の機関紙であったわけではないが、いずれも「労働者対策」を社会に浸透させることで労働運動を前進させた。こうした対策は、保守派の間で「似非《えせ》労働主義」と非難されたが、まぎれもなく新興政党の要求であった。ほとんどの政党に共通する要求は、富裕層だけでなく貧困層の子弟のための公教育制度の確立であった。それは新しい要求ではなかった。１７９０年代には、〔第6章で考察した〕デモクラティック協会の職人と労働者が公教育を要求していた。それ以来、この問題が最重要であると労働者に確信させる多くの出来事が起こった。労働者は自分の子弟が無知なまま育っているのを知っていたし、１８３４年には合衆国の１２５万人の子供が読み書きできないと推定されていた。貧困層の子供向けに存在した少数の学校は、貧者の学校との汚名が付き纏っていて、そこに通う子供はほとんどいなかった。労働者は自分の子弟のための教育を「恩恵や恩寵あるいは慈善」としてではなく、「権利と義務の問題」として要求した。教育がなければ子弟がアメリカ社会で正当な地位を得られないと彼らは確信していた。これらの子弟にとっても、すべての貧しい人々にとっても、「誰にも機会が与えられる国」は意味のない言葉でしかなかった。

ある労働者のグループによると、教育は「無知と貧困の状態から、そしてその結果としての、狡猾で邪悪な者たちの巧妙で欺瞞的な策略によって堕落した悪徳と悲惨さと災いの状態から、我々が目覚めるのに必要であった」と語っている。ニューアークの労働者は、「一般に教育だけが、独占権をもつ金持ちの貴族社会の重みに押し潰されないよう、民主主義の構造を支える唯一の支柱を拡散させた」と考え、フィラデルフィアの労働者は、この国のすべての子供たちに無料の教育を提供することによってのみ、労働者は共和国を「外国の侵略と国内の権利侵害の危険から」守れると宣言した。

彼らは外国の侵略を恐れていたが、強制兵役制度は国中の労働者を激しく苛立たせ、労働者政党はその廃止を目指した。この制度によれば、すべての市民は定められた時期——通常は年に3回——に閲兵と教練のために出頭しなければならなかった。それを怠ると年12ドルの罰金が科され、払わなければ懲役刑の判決を受けた。この制度は、罰金を支払って義務を回避できる富裕層にはたいした負担ではなかったが、罰金を支払ったり仕事を休む余裕のない労働者には重い負担であった。彼らは、自国を守る準備をすぐに整えられたが、「行進や閲兵といった高価で役に立たない趣向」にはほとんど価値がないと考えていた。

債務不履行者の投獄の廃止も重要な要求であった。１８２９年に、アメリカでは7万５０００人以上が債務不履行のために投獄されており、その半数以上の債務は合計しても20ドル未満であったと推定されている。ニューヨーク市だけでも１０００人近くが5ドル以下の債務不履行で投獄されており、マサチューセッツ州コンコード〔独立戦争時の第2の戦闘地（１７７５年4月19日）〕では独立革命の勇士ウィリアム・カッターが12ドルの債務不履行の罪で投獄されていた。労働者、農民、さらには中小企業家が、「我々の共和主義制度の精神と矛盾」する、この「封建的専制の悪質な遺物」を糾弾する輪に入ったのも不思議ではない。

職人の先取特権《リーエン》（留置権）〔制定法によって認められる権利で、職人が作った物について代金支払いまで物の占有を続けられることを内容とする。リーエンとは債務者の財産から優先的に弁済を受ける権利のこと〕に関する法律がなかったため、「我々の市民の有用で勤勉な階層から毎年30から40万ドル以上が略奪された」。雇用主が破産したとき、労働者は通常、彼らに支払われるべき賃金の一部を受け取れなかったし、賃金が毎月あるいは半年ごとに支払われることが多かった時代には、一部の雇用主は未払い賃金を懐に入れるために破産するのが有益であると判断した。30年間にわたって議会に請願したものの何の救済も得られなかったので、労働者は最終的に、この必要な法律を得るために投票による権力行使を決意した。

　公認された独占への反対は、労働者政党が結党されたもう1つの重要な理由であった。営利企業は州議会からの特権付き独占特許状によって個別に設立された。少額の資本しかなく、政治的影響力がほとんどない者はそのような特許状をほぼ確保できなかった。そのため、多くの投機的事業は、高い価格を請求できる少数の資本家集団によって独占された。ペンシルヴェニア州ロウカストグローヴの労働者は、「公認された独占が労働者階級にもたらす影響を肌で感じているのでそれに反対している……。すべての競争は、すべての人の自由裁量に任された場合には賞賛に値するものとなるかもしれない。なぜなら、それはコミュニティ全体にとって有益であることが証明される傾向があるからである。だが、公認された独占は、少数の人々を裕福にし、大衆には不利益と悲惨さをもたらす。それは、しばしば多くの勤勉な人間を失業させたり、あるいはその賃金を下げたりする」と語ったと記録されている。

　労働者によると、すべての独占のなかで最悪なのは銀行独占であった。労働者は銀行独占がアメリカの経済生活と政治生活を支配するまで権力と影響力を増大させるのを恐れていた。銀行家の手には無限の資金があり、彼らは小さいながらも強力な集団を形成していた。すぐに、いくら反対しても銀行家を失脚させられないことがわかったので、銀行家が自らを安全な場所に置いて、「最終的には我々の自由の基礎を揺るがし、我々の子孫に奴隷制をもたらす可能性のある貴族社会を永続させる」前に行動することが絶対に必要であった。

　また、銀行が競争を制限し、しばしば新規参入を妨げているという事実も好ましいものではなかった。銀行の信用はすでに事業において重要な役割を果たしていた。通商の拡大が債権の回収を頻繁に遅らせた結果、実業家は信用供与に大きく依存するようになった。当然、銀行の重役でもあった裕福な商人資本家は、開業を希望する小規模実業家や職人よりも容易に信用を確保できた。したがって、労働者にとっては、銀行は競争を抑制し、雇用を減らし、価格を吊り上げるための巨大な独占的陰謀の一部のように写った。

　金融独占に対するこうした一般人の恐れに加えて、労働者は銀行に対して特定の不満を抱いていた。当時の賃金は通常、発券銀行の支払能力に応じて価値が変動する銀行券で支払われていた。商人は割引価格で銀行券を受け取ったが、労働者は額面価格で受け取ることを余儀なくされた。そのため、労働者の購買力は週ごと、日ごとに変動した。ニューヨーク市では、雇用主が土曜の朝にウォール街に出向いて、割引価格で給与に見合うだけの銀行券を購入するのが一般的な慣行であった。1829年にフィラデルフィアで開催された労働者とその他の人々の集会では、「食卓を囲む人々や我々の家族にはほとんど提供されていないが、この連邦でこれ以上新しい銀行に特許状を付与することに反対する」と宣言し、「彼ら［銀行］は、他の人々が貿易で危険を覚悟で投機をし、贅沢な生活をするのを可能にしている」と述べた。

国中で労働者は銀行券の廃止と正貨による賃金の支払いを要求した。また、多くの労働者政党も、銀行に与えられた特許状の完全な廃止を要求した。金融機関の権限を制限する法律の制定を要求する政党もあった。なかには、政府が銀行業務と通貨発行の管理を引き継ぎ、それによってインフレを抑制し、同時に銀行独占者による政界支配を防ぐ安定した通貨制度を提供すべきである、という要求を進める政党さえあった。

労働者のもっとも悲痛な不満の1つは、囚人労働との競争に向けられた。請負業者はわずかな賃金で囚人を雇えた。仕立屋は1日15セント、桶屋は1日15から20セント、製靴職人は1日25セント、織物職人は1日10セントであった。石切工は、「このような囚人との競争によって、多くの労働者はすぐに失業するか低賃金で働かされ、他の手段で生計を立てられなければ、欠乏と悲惨な状態に陥るであろう」と語った。

不平等な課税がもう1つの不満であった。労働者政党は、人頭税や生活必需品に対する税を「すべての人々に対してより平等にまたは公平に負担する公正な所得税または財産税」に置き換えることを望んでいた。一方で彼らは、債券や抵当証券に課税し、教会財産の課税免除を終わらせることも提唱した。なぜなら、それが独占的な特許状に似た特別な権利の一形態であるだけでなく、危険な「教会と国家の結びつき」を表しているからである。これは、労働者政党が神と宗教に反対しているとの攻撃を惹起したが、労働者は個人的な宗教的信念の問題に関しては何の立場も取らないが、教会と国家の分離に関する見解ではトマス・ジェファソンに従っていると即座に答えた。

多くの労働者政党は、政府機構における民主主義の拡大を求めた。彼らは、公職に就くための財産資格の撤廃を要求し、候補者を指名する党員集会制度を、一握りの党幹部が公職者の選出を支配する方法であると非難した。彼らはまた、「選挙人と候補者との間に仲介機関として人が介在すべきでないし、すべての重要な役人は国民によって直接選出されるべきである」として間接選挙にも反対した。また、任命による公職の補充にもかなりの反対があった。それというのも、「自分の利益を優先するのは人間の本性であり、弁護士や投機家の利益は、富と独立心をもつ真の生産者である農民や職人のそれとは異なるので、そのような状況では、金のある機関や裕福な人が優遇され、我々の法律が難解なものになり、労働者の利益が無視されると予想せざるを得ない」からである。

そのため、労働者はすべての重要な役人の選挙による選出を要求した。そして、少なくとも1つの労働者政党、デラウェア州ニューキャッスルの労働者協会はさらに踏み込んで、1831年に女性の参政権を要求した。

この労働者協会は、「我々は、人間精神の昂進がより進んだこの部分では、女性を選挙権から排除するのを当然のことと想定していた根拠を維持するのは容易な仕事ではないと理解している。コミュニティのこの興味深い部分は、我々の人口のまさに半分を構成している。なぜ彼女らは自由(市)民の特権を拒否されるのか。彼女らの公共の問題への干渉が、一般の人々の利益を損なうと考える者がいるのか」と宣言した。

労働者はまた、階級としての経済的地位にも関心をもっていた。ほとんどの労働者は、まだ社会の徹底的な再編成を主張する準備ができていなかったが、富と貧困との対比が拡大したことで、多くの労働者はスティーヴン・シンプソンが『労働者便覧』で次のように表明した感情を共有できるようになった。「我々の目的は……富の分配における基本原則、すなわち、労働は通商の利益において、より公平な比率で資本と分配されるべきであるという原則に一撃を加えることにある。そして、資本は少数者に授けられ、労働は多数者に備わっているので、後者が団結して政府を自らの手に委ね、彼らが望むすべてを確保することだけが必要である」。

全体として、労働者は経済的・社会的条件を変えることで独立宣言の原則を実現しようと躍起になった。ある労働者政党は、「我々が視野に入れているものは、愛国心の共感によって神聖視されている。それは独立革命の輝かしい仕事の仕上げである」と語っている。彼らの運動は、「ジェファソンがまだ生きていたら、彼自身のものとして受け入れ、認識するであろう」運動であった。それというのも、彼は「労働者の大義が国の大義であること」を最初に認識した人物であったからである。

これらはジョン・グリーンリーフ・ホイッティア（1807～92。奴隷制廃止を提唱したクエーカー教徒の詩人）の感情でもあった。1829年の初めに彼は、「勤勉な職人は、［共和制アメリカ］のもっとも強固な支持者のなかに位置づけられているかもしれないし、職人が……社会の階級のなかで正当な位置に置かれるときは遠くないであろう」と述べ、「……国家の『骨と筋肉』である人々は、彼らの巨大なエネルギーを呼び起こし、誰がこうした進歩を阻止するのか」と続けた。

フィラデルフィア

アメリカ史上最初のストライキが行われたフィラデルフィアで最初の労働者政党が結党されたのは道理に適っていた。最初の労働新聞が刊行され、都市の中央労働団体が組織されたのも、ここフィラデルフィアであった。独自の政治活動に向けてフィラデルフィアの労働者を組織する最初の一歩を踏み出したのは、（第6章で既出の）同業者連合職人組合であった。

1828年5月の同業者連合職人組合の会合では、フィラデルフィア市内で10時間労働制を制定し、労働者階級のそれ以外の不満を是正するための法律制定問題が熱心に議論された。同組合は、市議会と州議会の次の選挙で「労働者階級の利益を代表する」候補者を指名する問題について意見を表明するよう、その傘下組合に要請することを決定した。同組合の中核をなす組合であった製靴職人・帽子屋・大工の組合はすべてこの点に賛同し、大工組合は全会一致で、「……我々は、前述の『同業者連合職人組合』が熟考している法案を心からの満足と賞賛をもって是認し」、「前記の法案が施行されるためにあらゆる努力を払う」と決議した。

ただちに行動を起こした同業者連合職人組合は、秋の選挙の指名を規定する内規を採択し、フィラデルフィアで4回の会議を招集し、全員が「政党あるいは党派の名称に関係なく」招待された。同時に、「フィラデルフィア市および同郡の職人と労働者は、1つの階級として、彼ら自身の利益の管理を自らが直接握る決意である……」と公表した。

同業者連合職人組合が招集した地域会議から、市や州の公職候補者が選ばれる指名大会が開かれた。こうした大会に出席した代議員のほとんどは労働者であったが、すべての公職には財産資格が存在したという事実のために、賃金労働者は公認候補者には指名されなかった。しかしながら、指名された人々は運動の原則を支持し、「労働者階級の利益と主張の支持」を誓約した。労働者側の候補者は、労働者によって指名された後、アンドリュー・ジャクソン側と連邦派《フェデラリスト》の双方の公認候補者名簿に掲載された。

労働者側の公認候補への支持のほとんどは、郡の指名大会によって設立された「警戒委員会」からのものであった。

選挙の結果、労働者側の公認候補が勝利を得るには、より大きな組織が必要なことが明らかになった。その結果、公務員の選挙を支援し、「労働者の間で憲法上、法律上、政治上の知識の一般的な普及」を確保するために、市とその周辺に常設の政治クラブが設立された。このより大きな組織の必要性は、1829年3月にフィラデルフィア市労働者共和党政治協会が設立されたときに満たされた。同協会はすぐに同年秋の選挙に向けて労働者の組織化を始め、公職の指名は市と郡の指名大会に委ねられた。この市と郡の指名大会に出席する代議員は、行政区の会合で民主的に選出された。

行政区の会合を解散させようとする努力は失敗し、地元の民主党が政治的過激者の弾劾を通じて内部の不和を引き起こして、労働者共和党政治協会を分裂させようとした試みも失敗した。旧政党のいずれかへの関与を回避するために、また、連邦派あるいは民主党との融合に反対する多くの行政区会合の警告に応えて、指名大会は他の政党が会合する前に候補者を選出した。それでも、市役人の労働者側候補として連邦派は9人、民主党は3人をそれぞれ推薦し、前者は3人の下院と上院の候補者も推薦した。

経済面での報復の脅威にもかかわらず（当時、無記名投票はなかった）、労働者は勢力の均衡を保つのに十分な候補者を選出できた。54人の労働者側候補者のうち20人が選出されたが、全員が連邦派または民主党のいずれかから支持を得ていた。メカニックス・フリー・プレス紙は、党派心からこの勝利を受け入れなかった。同紙は「権力の均衡はついに労働者の手に渡った。それは収まるべきところを得たので、将来は一般の福祉のために使われるであろう」と述べている。

しかし、この運動は小成に安んじてはいなかった。フィラデルフィア郊外のサザックでは、地元の協会が会員と支持者に対して、「これからの時節に向け備える」よう求める演説を行った。1829年から30年の冬と春を通して組織化と情宣活動が続けられた。30年の全市大会には15行政区の代議員が出席した。この頃までに、政治結社はランカスター、フィリップスバーグ、カーライル、パイク郡区〔郡の下位行政区分〕で結成されていた。パイク郡区協会の布告によれば、「権利を監視し、労働者政党に対するコミュニティのあらゆる侵害をより効果的に防ぐために、我々クリアフィールド郡パイク郡区の住民である農民と職人と労働者は、ここに『グランピオン・ヒルズ労働者協会』と称する団体を結成する」と書かれていた。

１８３０年の選挙運動では、公職に指名されるのは労働者だけであるべきか、それとも運動の「頼れる友人」も同様に指名されるべきなのかという公職候補者に関する問題が幅広く議論された。行政区クラブと郡の指名大会の決議からは、大多数が労働者だけの指名を支持していたように見えた。彼らは、「生産的な仕事に従事する」人だけの支援を求めた。アレゲーニー郡協会は、「どんなに愛国的に見えても、我々の利益を完全に理解できる人がいないのは明らかであり、公共の福祉を推進する上でもっとも効果的に自らの利益を確保する人ほど自らを保護することに用心深くなる者はいない」との信念を表明した。

労働者の運動は、１８３０年のキャンペーン中に新聞からの理路整然とした攻撃に直面した。「反宗教的」であるとか、「不貞」であるとか、「土地均分論者的」であるといった告発が労働者の運動に一斉に浴びせられ、すべての非難のなかで「似非労働主義」が誇張された。女性の権利の過激な擁護者であり、奴隷制の廃止、政教分離、教育における聖職者の影響力の排除を提唱したフランシス〔ファニーが一般的〕・ライトは、労働者の運動のイデオロギー面での守護者であると評価された。労働者は、自分たちは土地均分論者に同情していないし、彼女とは関係がないと答え、「我々の一連の政治手続きに土地均分運動での問題あるいは宗教上の問題を持ち込む者は、我々の正当な大義の公然の敵である」と述べた。ところが、こうした虚言キャンペーンはそれなりに効果があった。民主党は市議会と郡議会の両選挙で勝利した。しかし、アレゲーニー郡協会の公認候補者は約１０００票を獲得し、フィラデルフィア郊外の北部特別行政区では８人の委員が選出された。

１８３０年以降のフィラデルフィアの政党の物語を手短に話せばこうである。31年に同市と同郡の党大会が開催されて公認候補が指名されたが運動は勢いを失っていた。アレゲーニー郡協会が関与した最後の選挙であった同年には公認候補は誰一人選出されなかった。別個の政治団体を州全体を網羅する政党に統合できなかったことが、当該運動の短命さの研究に貢献しただけであった。

ニューヨーク

フィラデルフィアの労働者が独立した政治活動に向けて組織していた当時、ニューヨークでも同様の運動が展開された。このアメリカ第2の労働者政党といずれかの時点で関係していたのは、何人かの労働界と知識人の世界の以下のような傑出した人々であった。つまり、ライト、イギリスの著名なユートピア社会主義者ロバート・オーエンの息子のロバート・デール・オーエン、ワーキング・マンズ・アドヴォケイト紙とザ・マン紙の編集者で後に土地改革運動のリーダーとなったジョージ・ヘンリー・エヴァンズ、大工組合委員長のエベネーザー・フォード、椅子工・鍍金工合同協会会長のジョン・コマーフォード、錠前職人組合のリーダーであったレヴィ・

D・スラム、そして、急進的な独学の機械工で、就業後の時間を『財産に対する人間の権利—現世代の成人の間で財産を平等にするための提案、成熟した年齢に達した時に、次の世代のすべての個人に平等に伝達されるようにするための提案』の執筆に充てたトマス・スキッドモアである（1790~1837。コネティカット州ニュータウンで生まれたスキッドモアは、小学校教師を皮切りに1810年代以降は火薬製造や針金造りといった「万能職人」として生計を立てていたが、『財産に対する人間の権利』をもって労働運動の理論的指導者として突如歴史に登場する。カール・マルクスは、彼の党を自身の社会主義の先駆と見ていた）。

ニューヨーク労働者党は労働日の延長を阻止する運動に端を発していた。1829年、ニューヨーク市は労働者がすでに10時間労働の承認を得ていた唯一のコミュニティであったが、雇用主は11時間労働を復活させようと躍起になっていた。同年4月23日に主要な労働組合指導者の会議が招集され、雇用主の攻撃に対抗する最善の方法を議論した。数日後に大規模な集会が呼びかけられ、5000人の労働者がそれに応えた。彼らは、「1日10時間という公正かつ合理的な時間」を超えて、いかなる雇用主のためであれ働かないことを決議した。この誓約に違反したすべての労働者は、労働者の敵として報道機関でその氏名が公表されることになった。起こりうるストライキに備えて、集会は100ドルの資金を集めた。10時間労働を維持するための戦略を策定する目的で「50人委員会」が選出された。労働者の警戒と団結により、雇用主はすぐに労働日を延長する計画を断念せざるを得なくなった。

「50人委員会」はこの勝利の後も解散せず、定期的に会合を開き、秋の選挙が近づくにつれて、選挙運動において労働者が果たす役割を議論する目的で、別の大規模な労働者集会を招集した。「50人委員会」はこの集会にもっとも差し迫った不満の救済を確保するための公認候補の指名を勧告する報告書を提出した。集会が報告書を採択し、ここにアメリカにおける2番目の労働者政党が誕生した。

新党の正式名称はニューヨーク労働者党（以下、NY労働者党と略す）であった。「50人委員会」に指名された州下院議員の候補者名簿には、大工と機械工がそれぞれ2人、塗装工、鋳物師、桶屋、食料雑貨商、内科医がそれぞれ1名ずつ含まれていた。州上院議員には、新党は反タマニー派勢力との共同候補であるクレイとアダムズがいた。

この時まで、「50人委員会」でもっとも著名な人物は新党によって種々の大規模集会で紹介された決議の大部分を策定したスキッドモアであった。労働者政党の結党を勧告した彼の決議は、労働者候補の選出だけでは労働者階級の問題を解決できないと断言し、既存の財産関係の革命的な変革だけが真の救済をもたらす、とした。彼は、21歳になった若者と未婚の女性は全員、入植者が土地を耕作し続ける限り永代所有できる160エーカーの土地を無償で与えられるべきであると提案した。だが、土地を売却したり賃貸したりする権利は永久に廃止されることになっていた。誰も160エーカー以上の土地の所有を法律で許されるべきではない。なぜなら、そうした土地は自身の労働だけでは活用できないからである。彼は、東部の広大な土地をただちに没収することを提案したのではなく、所有者の死亡時に政府が160エーカーを超える土地の返還を求める法律を擁護した。こうした方法で、彼は一世代後には不平等がなくなるのを望んでいた。

NY労働者党の候補者が指名された後、ライトとオーエンが運動に加わった。2人ともニューヨーク市民の間でかなりの支持を得ていた。2人は1年以上にわたって同市でリベラルな運動を組織してきた。2人は、週刊新聞フリー・インクワイアラーと公開講義を通じて、すべての問題に対する科学的で合理的なアプローチの活用と若者の教育によってのみ、現下の問題に対処できるという信念を広めた。2人はともに、労働者階級だけが自分たちの理論を実行に移す力と組織をもっていると信じて、とくに労働者に支援を訴えた。ライトは「若き職人たちへ」と題する演説でこう宣言した。

「したがって、もし私が、とくに勤勉な階級に対して言及してきたのであれば、それは2つの理由によるものです。第1に、彼らが社会の異質な断片のなかで唯一の大きな集団を構成していること、第2に、彼らの現在の利益は人間の大きな自然の利益により近く、したがって、より直接的には大規模な改革と一般的な統合に傾いていることです」。

女性の公務への参加に対する大きな偏見にもかかわらず、ライトの講演は労働者の間で盛況であった。彼女は、無料の教育、より高い賃金、より短い労働時間、社会生活のなかでの地位を求める労働者の願望を明確に表現した。さらに、階級闘争を嫌がった多くの知識人とは異なり、彼女は労働者が階級意識をもつようになってきていることを認識し、こうした進展を歓迎した。彼女は1830年11月27日付のフリー・インクワイアラー紙に次のように書いている。

「人類が関与してきた他のすべての闘争と現下のそれを区別するのは、現下の闘争が明らかに公然と、そして一般に認められているように階級闘争であり、さらにこの階級闘争が……あらゆるところに存在するということです。抑圧に対して共同戦線を張っているのは、今ではどこにでもいる抑圧された何百万人もの人々です。飢えに苦しむだけでなく、死ぬまで働かせるという正当な権利がもはや広まっている、『ブーツを履いて、拍車を掛けられた』騎手を背中から投げようと奮闘しているのは、地上の虐げられた人々です(*)。怠惰に対しては労働が、金銭に対しては勤勉が、法律と特権に対しては正義が反旗を翻しています。実際のところ、闘争はそれほど早く起きたわけではありません。一方には十分な抑圧と怒りが、他方には十分な苦しみと忍耐があったのは事実なので、何百万人もの人々は、復讐に頼ることは言うまでもなく、傷を癒すためのあまりにも熱心な精神よりも、過度の忍耐と過剰な豊かさにむしろ責任を負うことになりました」。

(*)ライトは、ジェファソンがその死の数日前に書いた1826年6月24日付の最後の手紙における彼の有名な言葉を「……科学の啓蒙の光の一般的な広がりは、すでにあらゆる見解に明白な事実を明らかにしている。すなわち、人類の大衆は鞍を背負って生まれたわけでもなければ、神の恵みによってブーツを履いて拍車を掛け、合法的に鞍に乗ろうとする少数の恵まれた人々が生まれたわけでもない、ということである」と言い換えた。

オーエンとライトは新たに誕生したNY労働者党を歓迎した。2人はスキッドモアと同様、他の改革は2人が主要な改革とみなしているもの、すなわち国家教育制度の確立と比較して、「部分的で、効果がなく、一時的で、些細なもの」であると信じていた。２人は、この主要な改革は、労働者が政府に影響力をもつようになればすぐに可能になると考えていた。そのため、２人は労働者の運動と緊密に協力し、２人が独自に組織した「産業保護と国民教育推進のための協会」がＮＹ労働者党の公認候補を承認した。

ＮＹ労働者党の公認候補が指名されてから投票日まで、わずか１週間しか残っていなかった。この困難な局面に資金不足が追い打ちをかけた。金庫にはわずか75ドルしかなかったのである。だが、こうした事態にもかかわらず、選挙戦が終盤に近づくにつれて、ＮＹ労働者党は侮りがたい力をつけているのが明らかになり、報道機関はヒステリックになった。報道機関は有権者に、「『ＮＹ労働者党の公認候補』と誤って呼ばれた『異教徒の公認候補』を打ち負かすよう懇願した……、彼ら公認候補は、すべての銀行に反対し、社会秩序に反対し、財産権に反対して、公然と立ち上がった」。この新しい政党は、報道機関に言わせれば、あの非常識で無神論的な女性、ライトの創造物であった。１８２９年10月31日付のコマーシャル・アドヴァタイザー紙の以下の論説がその典型的なものである。

「社会に、地に、天に見限られ、神を敬わず、絶望的で、盗みと冒涜によって衣服を身に着け、養われている使徒たちは、この町の多くの健康な人たちを、彼らの道に従うよう誘導しようとしている……。彼らは、コミュニティの平和を乱したために、しばらくの間刑務所に行き、カイン（殺人者）の印を刻印され、近親相姦、強盗、殺人に身を委ね、哀れみもなく狩られた貪欲な野獣のように死に、そして、神の前に彼らの弁明をしに行く。彼らはその哀れな心の中では神の存在を信じていたが、彼らは無知で、冷酷で、幼稚な推測で神を冒涜していた。これは、このコミュニティの泥沼から生まれつつあり、エジプトの台風よりも野蛮で恐ろしい、新しい政党の指導者たちのすべての部分において、あまりにも真実である」。

この種の戯言に対抗するために、１８２９年10月31日にワーキング・マンズ・アドヴォケイト紙が創刊された。その編集者兼出版者はオーエンの同僚のエヴァンズであった。14歳でイギリスからこの国にやって来て、ニューヨーク州イサカで印刷職人の徒弟として働き始めたエヴァンズは、アドヴォケイト紙の前にフリー・インクワイアラー紙の印刷工でもあった。一時期、両紙は同じ印刷所で印刷されていた。

合衆国を代表するこの労働新聞は発行人欄に、「すべての人に平等な教育を―すべての成人に平等な特典を」というスローガンを掲げ、最初の社説で、「労働者階級は闘いを始めており、彼らを抑圧する権力が絶滅するまで、彼らはけっして闘いを諦めない」と宣言した。

同紙の影響はニューヨーク市だけに留まらなかった。なぜなら、オールバニー、バッファロー、シラキュース、ニューヘヴン、ニューロンドン、ハートフォード、マサチューセッツ州スプリングフィールド、さらにはニューハンプシャー州にも購読者がいたからである。[*] この貴重な新聞は１８３６年まで存在していたが、編集者の体調不良のために休刊し、エヴァンズが再び労働運動に積極的にかかわるようになった44年に再刊された。

（＊）発行部数は記録されていないが、おそらく総計でも数百部を超えなかったと思われる。しかし、アメリカで最大の発行部数を誇るニューヨーク・クアリア《新報》・アンド・インクヮイアラー紙ですら、1833年に4500部を公言しただけで、他の多くの新聞はその半分にも届かなかった点は記憶に留めておかなければならない。

短期間のキャンペーン、資金不足、さらには報道機関の無節操な反対にもかかわらず、NY労働者党は印象的な勝利を収めた。下院議員候補の1人であった内科医を除く全員が、投じられた7万票のうち6000票以上を獲得した。公認候補のなかでトップを取ったのは大工組合会長フォードであった。彼は議会に選出され、1785年に職人の公認候補が勝利して以来、ニューヨーク州議会で最初の労働者代表となった。さらに、州上院の高得票候補が労働者党への恩義を公に認めた。

ワーキング・マンズ・アドヴォケイト紙が喜ぶのには十分な理由があった。同紙は1829年11月7日に、「結果は、我々の大義……人民の大義……に有利な我々のもっとも楽観的な期待を越えていることが証明された。我々はこの選挙でそれ相応に期待された以上のことをした。もしNY労働者党の公認候補が1週間早く指名されていたら、それが成功していたことにほとんど疑問の余地はない」と報じている。

保守系の報道機関はこうした高揚感を共有しなかった。ただの大工にすぎなかったフォードの選出は、ニューヨーク市の恥辱と非難された。それは、商人や投資家をアメリカの大商業中心地から遠ざけることになるであろう。なぜなら、イギリスとアイルランドの狂信的な扇動者に率いられた急進的な労働者によって銀行が破壊された都市で、実業家は何を安全と感じるであろうか。ジャーナル・オブ・コマース紙は、最悪の事態はまだ訪れていないと予測した。同紙は、致命的な誤りは、普通選挙が採択されたときに起こったと付け加えた。それというのも、「道を行くすべての人に投票所を開放することによって、権力が財産も才能もなければ他の状況では影響力もない人々の手に委ねられた」からである。

勝利はニューヨーク市に限られたものではなかった。州北部のサライナでは、農民・職人党が1830年春の選挙で候補者全員を選出した。トロイとオールバニーでは、農民と労働者が1つの選挙区を除くすべての選挙区で勝利した（＊＊）。これらの勝利は「ニューヨーク州の貴族社会に恐怖と失望」を蔓延せしめた。

（＊＊）オールバニーの党の紋章は、「〔「ソ連国旗のアメリカにおける先駆とも言うべきもの」で、〕鋤の上に重ね合わされた腕とハンマーであった。キングス郡の農民・職人・労働者のシンボルはハンマーと小麦の束であった。

しかしながら、運動ですべてがうまくいっているわけではなかった。1829年12月29日、スキッドモアが約40人の支持者とともに貧乏人党と呼ばれる党を結党したとき、NY労働者党は分裂の憂き目に遭った。表面的には、分裂を引き起こしたのは小さな問題のように見えた。選挙後、NY労働者党の恒久的な組織形態について多くの議論が交わされた。「50人委員会」は12月29日に大規模集会を招集し、その場でスキッドモアが策定した計画を発表した。この計画では、これまでと同様に一般的な大規模集会を継続することを求めていた。エヴァンズはこうした曖昧な組織形態に反対し、その代替案としてフィラデルフィアのように労働者が日々の活動を行える地元の区あるいはクラブに基盤を置く党を提案した。スキッドモアは、この組織形態は敵が党を支配しやすくなると主張して区に基づく計画を酷評した。

大規模集会が区に基づく組織形態に賛成票を投じたことでスキッドモアは敗れた。労働者は区に基づく組織形態が優れているという理由でそれをを望んだだけではなく、彼が教育や職人の先取特権（留置権）を認める法律、債務不履行による投獄の廃止などの現下の要求よりも、財産の均等分割のための彼の土地均分論的な政策を広めることに関心があると感じていた。労働者は、スキッドモアが提案した緩やかな拘束タイプの組織形態のもとでは、党が発表したすべての声明に彼の計画を組み込むのが容易であることを恐れたが、それはまさに彼がそのときまで行ってきたことであった。これまで労働者は、10時間労働を維持するための闘争や政治運動に専念していたので、彼らの決議が当代の世代間ですべての財産の均等分割を要求しているという事実にさほど注意を払っていなかった。彼らが恒久的な組織形態を検討している当時、ほとんどの党員はスキッドモアの計画を運動の一部として受け入れることに消極的であった。彼が12月の大規模集会で発言しようと立ち上がったとき、彼は「土地均分主義はいらない」との叫び声で迎えられた。

スキッドモアは非凡な人であった。彼の敵でさえ、彼が「労働者階級の真の利益の熱烈な支持者であり、人間の自由を崇拝するけっして疲れを知らない信奉者」であることを認めた。新しい社会秩序のなかで、彼は宗教、人種、性別を理由とするすべての差別を禁止する構想を練っていた。こうして彼は、女性と黒人の双方に対して、選挙権を含む完全な平等を最初に提唱した1人であった。それにもかかわらず、労働者階級の問題に対する教条主義的なアプローチが彼を孤立させた。彼は、労働者が新しい社会秩序を確立するのではなく、現下の要求を解決したいという彼らの願望から新しい党を支持した点を理解できなかった。彼は、これらの現下の要求を彼の社会体制の抜本的な変革のための構想と結びつける代わりに、公教育や債務不履行による投獄の廃止などの改革はほとんど、あるいはまったく重要でないと主張した。さらに彼は、自身の構想を拒否した運動と関係をもつことを拒否し、彼の新党〔貧乏人党〕はニューヨーク市で唯一の真の労働者階級の党であると主張し、彼の新聞であるフレンド・オブ・イコール・ライツ紙の連載で労働者党に対する一連の激しい攻撃を始めた。

スキッドモアの新しい役割は、ニューヨークの労働新聞デイリー・センティネル《歩哨》によって、「彼の動機が何であれ、彼は我々の党を分裂させるために、彼のなかで嘘をついている……。もし彼が貴族的な政党に従属させられ、不和だけが敗北をもたらすことができるところで不和の種を植え付けるという明確な目的のために、貴族的な政党から報酬を受けていたら……、彼は貴族的な政党の命令を今よりも効果的に実行できなかったであろう」と分析された。

スキッドモアの離党はNY労働者党をさほど弱体化させなかった。彼に従った労働者はほんのわずかであった。NY労働者党は区に基づく組織形態で組織され、70人の党員で構成される一般執行委員会を選出した。この70人のうち、5人は食料雑貨商、2人が商人でもある仕立屋、教師と石油商と農民とブローカーがそれぞれ1人ずつで、残りの委員は労働者で、そのほとんどが大工、家具職人、石工、鍛冶屋、印刷屋、仕立屋、荷馬車屋、椅子製造工といった熟練した職人であった。未熟練労働者や工場労働者はいなかったが、ワーキング・マンズ・アドヴォケイト紙は、「委員会のなかには労働者ではない委員が1人いる」と述べた。例外はブローカーであった。労働者の定義は明らかに非常に広範なものであった。エヴァンズ自身は、「労働者」を「生計のために精神的にも肉体的にも有用な職業に従事する者」と定義した。彼は、NY労働者党の運動は、「政治問題において、生活の必需品、快適さ、便利さに何も加えない職業に就いている者や、生計のために有用な職業に従事したことのない者と行動はできない」と付け加えた。

NY労働者党の運動には小規模な雇用主や小売店主も含まれていたが、労働者政党の名称は民衆と大規模な雇用主の区別を意味していた。ニューイングランドの著名な工場所有者アモス・A・ローレンスがNY労働者党に対して次のように反論しているように、後者もこのことを感じていた。「我々は文字通り全員が労働者であり、『労働者の政党』を結党しようとする試みは、我々のなかに労働者ではない人が多数いることを意味するので、全住民に対する名誉毀損である」。

NY労働者党の内部分裂にもかかわらず、労働者は1830年秋の選挙を自信をもって見守った。デイリー・センティネル紙は、「次の選挙で国民の公認候補が当選するかと尋ねられたら、それに答えて、我々の間の不和を避けるチャンスは何かと尋ねるべきである」と警告の言葉を発した。この警告は時宜を得たものであり、最初の分裂後の数週間、NY労働者党は再び混乱した。新たに発生した問題は、オーエンとライトの教育計画であった。

オーエンとライトは、NY労働者党の経済的要求は、「すべての人のために、すべての人を犠牲にして自由に行われ、国家の保護のもとで、国家を犠牲にして、国家の名誉、幸福、美徳、救済のために行われる」国家的で共和的な教育という基本的な問題の2次的なものであると考えた。このような制度は、職人の先取特権（留置権）を認める法律や、銀行のもつ権限を制限し、債務不履行による投獄を廃止する法律を必要としない、真に民主的な社会をもたらすであろう。

2人の教育計画の際立った特徴は、国の後見制度であった。この制度のもとでは、子供は幼い頃に親から引き取られ、成人するまで国の全寮制学校に入れられる。子供は同じ服を着て、同じ治療を受け、同じ学問分野で教えられる。宗教的指導の余地はなく、カリキュラムに含まれるのは、感覚の経験に基づく知識のみである。親は子供を見舞うことはできるが、教育に干渉したり中断したりすることは許されない。

2人は、もし親が子供に適切な食事と衣服を与えられなければ、公立の平日学校での教育は労働者の子供にとってほとんど価値がないと確信していた。では、なぜ現代社会のすべての不都合な諸点を反映した公立の平日学校の要求を支持すべきなのかについて、2人はこう論じた。公立学校制度のもとでは、子供は依然として親の影響下にあり、親は自分たちの偏見や宗教的迷信を子供の心に植え付けるであろう。では、どうすれば平等を生み出し、階級分裂に終止符を打ち、新しい社会秩序を開始する教育ができるのか。最終的に、公立学校の教師は真実の全貌をけっして教えないであろう。この点についてライトはこう言った。「彼ら教師は、自分たちの人気を危険にさらすことで、自分たちの運命まで危険にさらすようなことはあえて話さない。彼らは、何が真実であるかではなく、何が受け入れられるかを見いださなければならない」。彼女は、おもに富裕層、政治家、聖職者に受け入れられると付言した。

2人が公立学校制度について述べなければならなかったことの多くに同意する多数の労働者がいた。国の後見制度を支持する者さえいた。記録には、塗装工組合と多くの活版印刷工が2人の教育計画を支持したことが残っている。

しかし、ほとんどの労働者は、家庭を壊して子供を宗教的な影響から遠ざけることに反対していた。当然、保守的な報道機関はこの点を重視し、社会の基盤である家庭を破壊したとしてNY労働者党を非難した。当然のことながら、国の後見制度の支持者はこうした告発を否定し、「子供が親の支配から解放されることは我々の願いではない」と主張した。だが、こうした否定はあまり重要ではなかった。

それにもかかわらず、国の後見制度をめぐるNY労働者党内の分裂は、同制度の功罪に起因するものではなかった。この問題は、1829年の勝利で同党に魅了されたクック・ギュイヨン派として知られる政治家集団によって取り上げられた。同派は、同党を支配するか分裂させることを切望し、国の後見問題を取り上げ、それを「……労働者階級の偉大な集団に不貞の教義を押しつけようとする見え透いた試み」と非難し、労働者に「あなた方の国の市民制度を、狂信的な外国人集団の邪悪ですべてを平準化する制度から守る」よう求めた。

オーエン派は、国の後見制度が「我々の党の偉大な構想」になると主張することで、クック・ギュイヨン派の思う壺に嵌まった。オーエンは、「この偉大な措置によって、我々の生死は決するであろう」と言った。スキッドモアによって示されたのと同じ教条主義的なアプローチが、今ではオーエンによって示された。オーエンは、土地均分論者的な改革者を批判し、そのやり方に反対するにあたって、「改革は大衆の心よりも速く進むべきでない」と語った。

NY労働者党内では深刻な分裂が起こり、各区で国の後見制度に賛同する派と反対する派が会合を開き、反対派の委員はどちらかの派閥によって区委員会から追放され、「土地均分主義と国の後見制度に反対する一般執行委員会」とオーエン派という2つの一般執行委員会が結成された。

役職に就いていない労働者は、分裂を修復するためにあらゆる可能な方法を試みた。彼らは、運動が団結しなければ、次回の選挙での勝利はほとんど見込みないものであるのを知っていた。

ある労働者は、「私が恐れているのは、NY労働者党の真の後援者が出現し、共通の大義への献身を示さない限り、タマニー派と摂政時代が将来的に我々に勝利するであろうということである。絶頂期が眼前にあるときに、NY労働者党は党内闘争と夜ごとの喧嘩騒ぎでその力を無駄にし続けるのか。屈強かつ狡猾な敵がいるときに、攻撃のために一致団結して進軍するのではなく、自分たちが2つの敵対する派閥に分裂するのを許すのか。そんなことがあってたまるものか。内輪喧嘩は止めよう。双方に責任がある。争いの種を取り除き、我々の努力を労働者党の偉大な政治目的の達成に向けようではないか」と書いている。

各行政区の会合で採択された決議から判断すると、この訴えは党員の感情を代弁したものであった。決議は、「執行委員会であると主張する」両当事者に対し、ニューヨーク市全域で新たな選挙が行われるために議席を辞任するよう求めた。これらの決議は、派閥争いが終結した場合にのみ、NY労働者党は「貧困者とその子供の権利を確保」できると主張した。

これらの訴えは無視された。両派は、運動の支配権を握ろうとする駆け引きにあまりにも深く没頭していたので、運動を統制できず、一般大衆の声に耳を傾けられなかった。労働者がもっとも恐れていたことが現実となった。

1830年8月25日、ニューヨーク州で開催される最初の労働者の州大会がサライナで招集された。大会が開催される前に、この大会はニューヨーク市の運動で生じた党内分裂に直面した。オーウェン派とクック・ギュイヨン派の2組の代議員がそれぞれ議席を主張した。オーエン派の代表団は、両派の主張について一般的な議論を行うことを提案したが、その代わりにこの問題はクック・ギュイヨン派に友好的な委員で構成される「3人委員会」に付託された。予想されたように、この委員会は国の後見制度に反対する代表団に賛成すると報告した。その後、オーエン派の代議員は退席し、大会はクック・ギュイヨン派の手に委ねられた。

この大会では、タマニー派のエラストゥス・ルート将軍とナサニエル・ピッチャー将軍が知事と副知事に指名された。ワーキング・マンズ・アドヴォケイト紙によれば、2人とも「明らかに党派的な人物であり……、我々の主要な政策を提唱したことさえなかった人物……ましてや政策を支持すると約束した人物ではなかった」。同紙は、「裏切られた労働者」という2語でこの大会を要約した。

この大会の閉会直後、オーエン派は大規模な集会を開き、サライナ議事録に対して全員が反対票を投じた。9月14日、オーエン派は別の集会を開き、ともに労働者の支援者として知られる皮製品製造業者のエゼキエル・ウィリアムズと商人のアイザック・スミスを知事と副知事に指名した。

1830年の選挙運動では、NY労働者党の公認候補は3人いた。オーエン派はニューヨーク市と同州で公認候補を立候補させ、議員としては他の政党の候補者を推薦した。クック・ギュイヨン派は、州知事候補を別としてニューヨーク市全域と同州の公認候補をもっていたが、候補者は指名を受け入れることを拒否した。その結果、当然のことながら、クック・ギュイヨン派はこれら公職では親ヘンリー・クレイ派の候補を支持した。その見返りに、クレイ派は独自の候補者を指名せず、クック・ギュイヨン派の公認候補を支持した。3人目の労働者の公認候補は、スキッドモア派あるいは土地均分論者を代表していた。それは自身を「本来の50人委員会党」と自称し、地方および州の候補者を指名した。

投票日の1週間前、ワーキング・マンズ・アドヴォケイト紙は、１８２９年に新党に投票した労働者の大多数が、派閥争いに愛想を尽かしてタマニー・ホール〔ニューヨーク市におけるジェファソニアン・リパブリカンズの呼び名〕に戻るであろうと予測した。タマニー派はニューヨーク市の選挙で圧勝し、知事はもとより州議会で過半数の議席を獲得した。ＮＹ労働者党の公認候補への総投票は２１８０票であった。タマニー派の獲得票は、大雑把にみて、ＮＹ労働者党公認候補の投票数の減少分と同じであった。「ニューヨーク市の土地均分運動は、今や生気を失って埋没し、発祥の地であるイギリスに送り返されている」とタマニー派は宣言した。

１８３０年の選挙運動は、ＮＹ労働者党の終焉を告げるものとなった。３つの派閥は引き続き機能し、それぞれが集会を開き、決議を採択した。しかし、労働者は旧来の党に回帰するなど思い通りに振る舞った。

１８３１年秋までに、スキッドモア派は消滅し、クック・ギュイヨン派はクレイ党あるいはナショナル・リパブリカン党と合併した。オーエン派は、「労働者対策」に同意を表明したタマニー派と反タマニー派の両方の候補者を含む州議会の公認候補全員を支持した。1年後、オーエン派はタマニー・ホールに合流した。

ニューイングランド

フィラデルフィアとニューヨークに続いて、ニューイングランドでも政治活動の重要な一歩が踏み出された。ニューイングランド農民・職人・労働者協会は、それ自体は政治活動には直接関与していなかったが、さまざまな都市の構成団体を刺激して、党派的拘束を受けない候補を政界に送った。１８３３年のマサチューセッツ州選挙では、同協会の政治面での末裔であるマサチューセッツ労働者党が３４５９票を獲得し、10の町を支配した。しかし、票のほとんどは農業地区からのもので、ボストンが貢献したのはわずか５１９票でしかなかった。10の町のうち、６つは州の西部にあった。同党の強みは、大工、石工、船舶用止め釘打ち工といった都市的な補足物を揃えた土地均分論者にあった。労働者のほとんどが女性と子供であった工場は選挙ではほぼ戦力にならなかった。

衰退と消滅

アメリカ史において、これら初期の労働者政党が衰退し、消滅したのには多くの理由がある。もっとも重要な理由は、アメリカの資本主義社会の発展状況に帰せられる。労働者政党は、その最有力党員である熟練した職人が自身の店舗を開業して雇用主になれる限り、安定した存在にはなれなかった。次に、ほとんどの労働者が女性や子供であったため、工場労働者は労働運動では小さな役割しか果たすことができず、肉体労働者の多くも帰化したアメリカ市民ではなかった。階級間の境界線は、労働者階級の恒久的な政党にとって依然流動的であった。

初期の労働者政党に寄せられた暴力的な非難が、党を有権者から孤立させるのに役立ったことは間違いないが、これらの節度のない攻撃に当時は十分に応答できていた。労働運動に友好的なある新聞は、「彼らは、可能であれば、彼らと彼らの努力を軽蔑するために、急進派、平等主義者、その他の侮辱的な名前で呼ばれている。彼らは、1798年に当時権力を握っていた貴族よって、ジャコバン党員、治安紊乱者などといった烙印を押された共和党員と同じ状況にある」と報じた。この率直な態度は多くの労働者に勇気を与えた。だが、労働運動の暴力的な非難が支持者を失う結果となったことに疑いの余地はない。

労働組合と政党とのつながりが不十分であったため、両者はともに弱体化した。政治活動だけで労働者のすべての問題が解決されると信じられていた。政治活動の演説や出版物のどこにも労働組合を結成する必要性についての言及はなく、政党もストライキや賃金闘争、その他の問題にあまり関心を示していなかった。エヴァンズは組合員ですらなく、オーエンとライトは労働組合主義にほとんど関心を示さなかった。

労働組合に共通する弱点は、組合員に対する統制の甘さであった。会費やその他の義務は組合員に必要であるとは考えられておらず、一般原則の遵守だけが必要と考えられていた(*)。これは効果的な組織の可能性を制限し、敗北が生じた後の崩壊を加速させた。

(*) フィラデルフィアの労働者共和党協会の規約第Ⅲ条には。「通常の毎月の拠出金は半ペニーとし、その支払いは組合員の任意とする」と書かれていた。

外部の政治家によって周到に煽られた内部の不和は、初期の政党を弱体化させるのに役立ち、政治家が成功しなかったところでは、ユートピア的な思想家が、世界の悪に対する彼らの万能薬を即時の改革よりも優先させることによって成功した。最後に、既成政党はいくつかの「労働者対策」の支持で労働者政党から労働者の支持を引き離し、1832年に始まった銀行戦の間に、労働者はジャクソンの党に結集した。

功績

初期の労働者政党の短命さと弱点は、その偉大な功績を覆い隠すものではない。労働者政党は、労働者階級がこの国の議会でその勢力を強固にするほどの多数派ではなかったにもかかわらず、労働者がアメリカの生活のなかで独立した勢力として台頭しつつあることを明らかにした。労働者政党は、労働者が資本家とは利害が異なる別の階級として自分自身を意識するようになってきていることを明らかにした。その短命さは、多くの人が言っているように、初期の労働者階級の運動の失敗を意味するものでも、労働者による独立した政治活動が敗北に終わらなければならないことを意味するものでもない。たしかに、労働者政党は姿を消したが、アメリカの民主主義の進歩に大きく貢献するまでは姿を消さなかった。

最初の労働者政党が結党されてからわずか1年半後の1830年12月11日、ワーキング・マンズ・アドヴォケイト紙は誇らしげに、「労働者が求めている改革の多くは、今では公正かつ合理的なものであると認められており、これまで政権党を支持してきたいくつかの報道機関によっても提唱されている」と書いている。同紙は、このように労働者政党の台頭の最重要な成果の1つを要約した。労働者政党はアメリカの民主的前進のために先駆的な活動を行ったのである。

ワーキング・マンズ・アドヴォケイト紙が指摘した改革が労働者政党の消滅後に行われたのは事実であるが、その存在そのものによって、この運動は既存政党に対して、国民の要求をその綱領に組み込まざるを得なくした。債務不履行による投獄の廃止、職人の先取特権（留置権）を認める法の制定、強制兵役制度の廃止は、おもに賃金労働者の尽力によって実現した。同様に、労働者がより公平な税制を求める運動と公職の公的候補者を指名するより民主的な方法の採用で果たした役割も賞賛を受けるに値するものである。この国の公立学校制度は、慈善行為という汚名から解放され、何よりも労働者によってこの要求に刺激が加えられたことで導入された。税金で賄われる学校を求める運動の「強力な後押し」は、「投票用紙で武装した、興奮して執拗な賃金労働者階級の確固たる要求からもたらされた」。たとえば、ペンシルヴァニア州の公立学校制度は1834年に始まった。

上記の功績には、ジャクソンが率いる経済的・政治的民主主義のための全国規模の闘争に対する労働者運動の貢献が加えられなければならない(*)。

（＊）1947年に本書を刊行して以降、労働者がジャクソンを支持したのか支持しなかったのかという問題は、アメリカの初期の労働史でもっとも論争の的となった問題の1つになっている。明確な結論に達することの難しさは、ボストンにまつわる次の話で例証されている。エドワード・ペッセンは、ジャクソン政権期の同市での選挙結果を調査し、労働者は一般的には民主党よりもホイッグに投票することが多く、彼らはいわゆる労働者の候補者を拒否あるいは無視したと結論づけている。しかし、同じ資料に基づいて研究したロバート・T・バウアーは、「ジャクソンと彼の政治的同盟者は労働者階級の複数のグループから支持を得た」と結論づけ、労働者の候補者も同様であったと結論づけた。

第9章　労働者とジャクソニアン・デモクラシー

1820年代後半から30年代初頭の労働者政党の物語は、実際には、地域的な問題という点で、ジャクソニアン・デモクラシー〔狭義には第7代大統領アンドリュー・ジャクソンの在任期間（1829〜37）の、広義には1820年代から40年代前半までの政治社会の民主的気運〕をめぐる闘争の第1段階である。これらの政党から、ジャクソニアン・デモクラシーの第2段階、すなわち国家段階で成功を収めるための推進力を提供する勢力が生まれた。

ジャクソンに対する労働者の評価

初期の労働者政党は、アンドリュー・ジャクソンの時代に出現したが、そのどれもが彼にイデオロギー的なリーダーシップを求めたり、彼の最初の政権が本当に重要であると信じていた証拠は皆無である。労働者政党が提起した多くの要求、たとえば党員集会への反対などは、「オールド・ヒッコリー〔頑丈で耐久力があることにちなんだジャクソンの渾名〕」によって広まった。ほとんどの労働者は、1828年の彼の選挙を自分たちの勝利として歓迎したが、ジャクソンの最初の政権は彼がトマス・ジェファソンの志を継いでいたことを労働者に納得させられなかった。労働者は、ジャクソンの誠実な共和主義、民間株式会社への連邦補助金交付の反対、大統領の一期直接選挙といった提案をそれぞれ賞賛した。一方で労働者は、彼のタマニー派とのつながり、その軍国主義的な見解、反対派を政権から追い落とした彼の党派性、インディアンの権利と正当な主張に対する彼の軽蔑を批判した。

労働者が政治的・経済的闘争のなかでインスピレーションを得ようとしたのは、ジャクソンではなくジェファソンであった。労働者は、自分たちが「生粋のジェファソン派」の一員であり、自分たちが採択したすべての決議や演説に「ジェファソンの精神」が表れていることを誇りに思っていた。1832年の大統領選挙が近づいていることに思いを馳せたとき、彼らは「実際には、もう1人のジェファソンを望んでいる」と語った。30年夏になっても、多くの都市の労働者は、政界の指導者の誰もが次期大統領として検討に値せず、自分たちの判断を留保すると主張した。ニューヨークの労働者は、ジャクソンもヘンリー・クレイ〔第4章36ページを参照のこと。ジョン・クインシー・アダムズ政権での国務長官。この任命が1824年の大統領選挙の決選投票でアダムズに票を売った見返りとしてジャクソン派から非難された〕も「労働者が支持している改革諸法案に特定の懸念と関心を示したことがない」ため、労働者の投票を受ける資格があるとは考えていないと述べた。労働者のなかには、自分たちは独自の候補者をもつべきと提案する者もおり、全米各地で労働者の全国大会を招集する運動が始まった。ケンタッキー州のリチャード・M・ジョンソン大佐は、債務不履行による投獄に反対し、全国的な教育制度を提唱し、日曜日の郵便輸送の停止に反対する議会闘争を行ったことで賞賛され、かなりの気運が高まった。ニューヨーク製本職人協会（組合）は、彼を「信教の自由の恐れを知らない妥協のない擁護者」と呼んで支持した。ワーキング・マンズ・アドヴォケイト紙は、「彼は我々の大統領候補であり、我々は彼を我々の仲間の労働者に最適の候補者として推薦する」と社説で論じた。

銀行戦

しかし、１８３２年７月10日以降、アメリカの労働者は大統領にただ１人の男――「オールド・ヒッコリー」――を熱望した。その日、ジャクソンは第２合衆国銀行（合衆国銀行には第１合衆国銀行（１７９１～１８１１）と第２合衆国銀行（１８１６～36）の２つがある。後者は、１８１２年戦争終了後の１８１６年４月10日に設立され、第３代総裁ビドルのもとで発展した）の特許状更新を認可する法案に拒否権を行使していたからである。

拒否権に関する教書は次のように述べている。「富める者や権力者が政府の行為を自分たちの利己的な目的に曲げてしまうことがあまりにも多いのは遺憾である。天の賜物と優れた勤勉・節約・善行の成果を十分に享受するにあたって、すべての人は法律による保護を受ける権利がある。しかし、その法律がこれらの生得かつ正当な恩恵に人為的な差別を加え……富める者をより豊かにし、権力者をより強靭にしようとするとき、同じ恩恵を自ら確保するだけの時間も手段ももたない、社会の微小な存在である農民や職人や労働者には、政府の不正を訴える権利がある」。

１８２８年の大統領選挙で小規模農場主と組織化された労働者の連合を率いたジャクソンはこのように語った(*)。この教書で説明された理念が労働者の心に訴えかけたのは驚くことではない。なぜなら、彼ら自身の独立した政治集会で、労働者はすでにこうした見解のほとんどを定式化していたからである。彼の教書は、30年代の労働者階級の思想の支配的な特徴を打ち破った。つまり、平等な権利という理念は、マーキス・ジェームズがジャクソンの伝記で「民衆のより良い生活様式の達成を意図した社会理念」と正しく強調しているものである。ニューヨーク・イヴニング・ポスト紙の進歩的な編集者であり、労働者階級の間で「平等な権利の神託」と呼ばれていたウィリアム・レゲットによってもっとも扇情的に説明されているように、この教義は「富裕層の財産を貧困層の労働と同じ立場に置く」ことを要求し、「貧困層に負担をかけ、富裕層を自由にする」ために税金を課す政府の政策に反対し、公認された法人に特別な特権を与えることを非難し、その結果、富裕層が貧困層を傷つけるために使用する独占の力を強化した。平等な権利という教義に従えば、政府の適切な機能は、ジャクソンによって彼の教書で、「自らを平等な保護に限定し、天が雨を高地にも低地にも降らせるように、その恩恵を富裕層と貧困層に同じように注ぐ……」と述べられていた。

（＊）１８２８年大統領選挙の研究者の１人は、「28年のジャクソンの選挙で、東部の労働者階層は西部の農民と団結した」と指摘している。

第２合衆国銀行の特許状更新を認可する法案に拒否権を行使した際に、ジャクソンは「独占の権化」を非難した。たしかに、第２合衆国銀行総裁で反動主義者のニコラス・ビドル〔1786～1844。1823年から36年まで（第3代）第2合衆国銀行総裁。1832年に特許状の更新を大統領選に絡めて行ったことで、通貨増発を望む企業家や農民から反発を買い、同年にはジャクソン大統領によって連邦政府の預金を引き揚げられた〕は、ジャクソンの拒否権行使の際の教書を「無政府主義のマニフェスト」とみなしていた。だが、ビドルが「単なる烏合の衆」と呼んだ民衆は、ジャクソンの教書を希望の光であると同時に、武力行使の呼びかけであるともみなしていた。彼らにとって、第2合衆国銀行は経済的搾取と政治的反動の象徴であった。政府からの独占的な特許状のもとで運営された第2合衆国銀行は、急速にすべての独占のなかで最大のものとなり、すでに政府そのものよりも強力になる恐れがあった。多くの労働者や小規模農場主が恐れていたように、アメリカの民主主義は、「有権者に対して無責任なごく少数の人の手に非常に多くの権力」を集中させ、その資金――連邦政府の預託機関にあった国民の金――を使って議員を腐敗させ、報道機関に賄賂を渡す機関によって危険にさらされていた。彼らは、1803年にジェファソンが第1合衆国銀行を「我が国の憲法の原則と形態に対峙するもっとも致命的で敵対的な機関である」と宣言したときに彼が表明した感情をこの時点でも覚えていた。連邦主義の組織は死んだが、その精神は第2合衆国銀行を運営する人々のなかに生きていることを労働者に示す出来事があった。そうした人々は民主主義と人民の福祉に対して連邦派《フェデラリスト》と同じように軽蔑していた。第2合衆国銀行をめぐる論争のなかで、ニューヨークで開かれた数千人の労働者の集会が次のように述べている。

「我々は、第2合衆国銀行の大義が貴族的で不当であることを確信している。そこには、常に我々の利益に反対し、［我々から］選挙権を奪おうと尽力し、先の［1812年］戦争に反対し、そして、我々の州政府や一般政府でこれまでに提案された他のほとんどすべての民主的な法案に反対してきたのと同じ人たちが、第2合衆国銀行に都合のいいように勢揃いしているという動かしがたい事実以上のものはない」。

早くも1830年5月15日に、ワーキング・マンズ・アドヴォケイト紙は労働新聞に対し、第2合衆国銀行の特許状更新認可に反対するよう呼びかけた。同紙は、「我々は、労働者の大義を主張するすべての新聞が、この抑圧的な独占に対して迅速かつ覚悟をもって結集することを希望し、結集すると確信している」と書いた。新たに創刊されたほとんどの労働新聞がこの呼びかけに応えたので、労働者はジャクソンの拒否権が議会に提出されるまでに彼を支持する準備ができていた。労働者は大統領選挙で彼を支持するために結集したが、労働者によると、その際の主たる問題は「第2合衆国銀行と国民のどちらがこの国を統治するのか」という問題であった。労働者の支持が必要であった。それというのも、ジャクソンの拒否権は民主党を分裂させ、多くの保守的な民主党員が旧連邦派とともにホイッグ党〔独立革命期に独立に賛成した人々は、国王に反対する意味で自らをホイッグと呼び、国王側をトーリーと呼んだ。近代政党としてのホイッグは1830年代前半のジャクソン政権下で誕生。その名は1832年に高関税反対派の指導者によって付けられ、独裁的な傾向を強めるジャクソン大統領を専制君主に見立て、このアンドリュー王に反対する政党という意味をもつ〕を結党し、同党の候補者と第2合衆国銀行の候補者がクレイであったからである。

労働者はジャクソンに票を投じないよう警告された。ニューイングランドのある工場所有者は労働者に、「ジャクソン将軍を選出すれば、通りに草が生え、フクロウが工場に巣を作り、キツネが道路に穴を掘るであろう」と告げた。人々は、1828年に彼に与えたよりもさらに多い圧倒的多数でジャクソンを再選することで応えた。

しかし、ビドルは民主主義原則の勝利に屈するような人間ではなかった。第2合衆国銀行贔屓の新聞ボストン・クアリア《新報》は、「彼に有利になるように形勢を変えた人たちは、単刀直入に言えば無知であった。読み書きができない人全員が投票から排除されていたら、アンドリュー・ジャクソンは当選できなかったと誰が疑うであろうか」と問いかけた。選挙直後、ビドルは新規の特許状更新法案の議会通過を画策しようとした。2度目の拒否権を無効にするのに必要な票を買うための資金は彼の手元に十分あった。

この脅威に対処するため、ジャクソンは政府預金を第2合衆国銀行から引き揚げることを決定した。彼の命令は、それ以上政府資金は預金されず、預金の引き揚げは政府業務が自然の理法〔自然律〕で行われること、つまり政府資金が2年間で使い果たされないことを意味していた。ニューヨークの労働者の大規模な集会は、大統領は「我々の全面的な賞賛と最大の感謝を受ける権利があり、現に受けている」と確言した。

ニューイングランド農民・職人・労働者協会の大会で、代議員はジャクソンがとった方針を支持する発言をした。ニューイングランドの労働者運動のリーダーであるサミュエル・C・アレンは次のように語っている。

「私は、大統領が第2合衆国銀行に関してとられた方針による経済改革への希望に勇気づけられています……。最近、どのような政府が結合した富の力に立ち向かえたのでしょうか。それは近代国家の真の王朝であり、彼らの政府の形態は彼らが望むものであるべきです。もし大統領の大きな影響力と政治的戦慄と個人的な堅固さが、政府と国をその支配から救うなら、彼は国民の自由の回復者となられるでしょう」。

ジャクソンの行動に対するビドルの反応は、第2合衆国銀行がアメリカの民主主義にとって脅威であることを証明した。連邦派が、出航禁止令後の苦境の責任をジェファソンに負わせることで、労働者を彼に敵対させようとしたように、ビドルは今度は金融危機を操作して国をジャクソンに敵対させようとした。ビドルは割引を減額し、州法銀行に対して預金残高を要求し、為替レートを引き上げ、その他の金融上の操作を使ってアメリカ国民を脅して特許状を更新しようとした。ビドルがホワイトハウスでの「怒りに満ちた無知」のせいで公の場で涙を流している間に、ボストン銀行の頭取に宛てて次のような手紙を書いた。「海外で苦しんでいるという証拠以外には何の効果もありません……。確固たる制限を着実に進めることが……第2合衆国銀行の特許状更新につながります」。

ビドルが期待していた「苦しんでいる証拠」は間もなく姿を現した。倒産の波がフィラデルフィア、ニューヨーク、ワシントンを席巻した。1834年5月までに、この国の財政難は、商家が次々と倒産するにつれて深刻なものとなった。何人かの実業家が責任の所在を明らかにし、「圧力は完全にビドル氏の無節操な行動に起因していた」とのバンカーズ・マガジン紙の意見に同意した。しかし、彼らのほとんどは、この危機は「政府内の何人かの知ったかぶりが、その立派な機関である第2合衆国銀行に対して行った敵対的な立場」の結果であるという、ニューイングランドの工場所有者サミュエル・スレーターの見解に同意した。彼らは、連邦預金の移管に抗議する大衆集会を開き、反第2合衆国銀行政策の終了を要求する代表団をワシントンに派遣した。彼らは労働者をジャクソンに敵対させるために最善を尽くした。当初、彼らは哀れみと人身攻撃に頼っていた。「我々の職人は仕事がないので何百人単位で解雇され、通りは日々のわずかな収入を稼げれば大喜びする物乞いで溢れ返っている」。そして、これらすべてが起こったのは、「ジャクソンが、その年齢による疾患、その精神的能力の衰え、抑制されない制御不能な情熱の絶え間ない満足のもとで、もっとも違憲で専制的な行為を行った」からであった。

自暴自棄になって、多くの第2合衆国銀行贔屓の雇用主は経済的な脅しに訴え、賃金を削減し、さらには大統領の反第2合衆国銀行政策の終結を求める請願書への署名を拒否した労働者を解雇した。第2合衆国銀行から5万2975ドルの融資を受けたニューヨーク・クアリア・アンド・インクワイアラー紙は、ジャクソンが困難な時期に責任があることに同意しなかった印刷工を解雇したと公然と自慢した。[*]

（＊）1834年11月6日付のニューアーク・デイリー・アドヴァタイザー紙に掲載された発表によると、ニューアーク鞍・馬具製造会社は、「[ジャクソンの政策を支持する] 政治的権利の主張のために、後半に争われた選挙の間に、すぐに解雇された」数人の労働者によって設立された。

インクワイアラー紙にはこう書かれていた。「我々は、我々が雇用されている人の数を減らすよう要求されるときはいつでも、その削減は重要な国家的問題に関して我々と意見が異なる人々に常に課せられることをはっきりと理解してほしいと願っている。もし苦しみが間違いなくあるのであれば、実行可能な限り、その苦しみはそれを生み出す措置を支持する人々の間に置くべきであり、我々は雇用主全般がこの原則に基づいて行動することを望んでいる」。

第2合衆国銀行贔屓の雇用主のこうした行動が労働者を鍛えた。[**] それは、ビドルの権力誇示がこの国にとって危険であるという労働者の信念を強固にした。ニューヨークの労働者の大規模集会では、「銀行制度のもとでの明白な傾向は、多数の人を少数の雇用主に依存させることである」と宣言し、「雇用主がクアリア紙の原則に基づいて行動することで、今自慢されているこの誇り高い共和国の自由は……数年のうちにはどこにあるのであろうか」と続けた。

（＊＊）ジャクソンを支持するためにニューヨークで開催された労働者の大規模集会は、「独立革命の英雄たちがその目的が達成される前に苦しんだことを思い出すとき、我々は少しの一時的な窮乏のもとで道を譲ることができるだろうか。ばかな、よしてくれ」と訴えた。

1830年代初頭の労働組合運動は、第2合衆国銀行との闘いで主導的な役割を果たした。この運動がもっとも強かったニューヨーク市では、労働団体が大統領をこぞって支持した。製靴職人、印刷工、石切り工、家具職人、室内装飾職人やその他の労働組合が臨時集会を開き、そこでジャクソンの支持と銀行やすべての独占への敵意を確認した。さらに、大統領を非難する請願書への署名を拒否した労働者を解雇した雇用主を公然と非難した。フィラデルフィアでも組合は彼を支持するために同じ措置をとった。同市の帽子職人協会〔組合〕は、大統領に毛皮の帽子を贈呈することで賞賛の意を表した。労働者は雇用主から深刻な迫害を受けたが、贈呈の際に、「1776年の〔独立宣言の〕原則に忠実である」とだけ宣言し、「銀行という怪物」が消滅するまで闘うつもりであった。

反第2合衆国銀行闘争で非常に重要であったのは、ジョージ・ヘンリー・エヴァンズが編集した安価な週刊労働新聞ザ・マンであった。同紙はジャクソンを「祖国の救世主であり、政治的正義と平等な権利の不朽の擁護者」と呼び、ビドルに「独裁者ニコラスI世」との渾名を付け、彼が女王陛下、第2合衆国銀行を通じて、アメリカ国民に君主を押し付けようとしていると非難した。同紙は毎号、第2合衆国銀行の信奉者はイギリスの制度の崇拝者であり、アメリカで世襲君主制、世襲的で反動的な貴族院、厳しく制限された財産参政権に基づいて選出された下院、教会と国家の結合、階層化された階級社会、富裕層の子弟に限定された教育制度、そして富裕層だけが新聞を購入できるようにするための新聞への重税制度を再現したいと願っている、と主張した。

議会の調査委員会が、第2合衆国銀行の株主の多くがイギリスの貴族であることを明らかにしたとき、ザ・マン紙はその氏名を公表した。合計で900万ドル以上の価値に相当する銀行株が外国人によって彼ら自身の名義で所有されていたが、それには外国の王子や公爵がアメリカの代理人の名義で所有しているものは含まれていなかった。

ザ・マン紙は、「この事実だけでもアメリカ国民を驚かすのに十分ではないか」と問いかけ、「共和国の中心部にある第2合衆国銀行で、その支店は連邦中に点在し、2億ドルもの資本を行使し、莫大な量の不動産を所有し、10万人の債務者を支配し、我々の新聞を買い占め、政治の場に参入し、この国の大統領と副大統領を任命しようと画策し、そして、ヨーロッパの貴族によって第2合衆国銀行がそこまで所有されていたこと」に疑問を呈した。

ザ・マン紙はイギリスの貴族を攻撃し、外国の支配の範囲について第2合衆国銀行を非難したが、労働運動全体と同様、偏狭な国家主義的な立場はとらなかった。同紙は、労働者階級の利益となるイギリスやその他の国々における労働運動に関する記事を載せていた。イギリスのチャーティスト運動、フランスとドイツにおける労働組合の活動、ヨーロッパの労働時間短縮運動、ロシア・デンマーク・オーストリア・ブラジルの貧困層の窮状は、すべて同紙で詳細に報道された。社説は、アメリカの労働者の闘争とヨーロッパやラテンアメリカの労働者の闘争は同じものであると指摘した。この主張に重みを付けるために、同紙は第2合衆国銀行をめぐるアメリカの闘争について論じたイギリスの労働組合主義者からの次のような手紙を公表した。

「イギリスの急進派は、ジャクソンの成功を期待をもって待ち望んでおり、彼の隆盛に対して何千もの心からの願いが当然の如く囁かれています。私たちは、この国の事件を、ヨーロッパの運命とともに大きなものと見ています。この争いの勝敗は、イギリスにおける呪われた銀行の存在にかかっています」。

ニューヨークにおける労働者の役割

第2合衆国銀行との闘いにおける労働組合と労働新聞のもっとも重要な活動は、ジャクソンへの政治的支援の組織化であった。ホイッグ党は、もし地方選挙と議会選挙を実施できれば、彼に第2合衆国銀行への反対運動を放棄させられるのを知っていたので、労働者を説得するためことさら尽力した。民主党の分裂がもっとも際立っていたニューヨーク市ではホイッグ党は自分たちの勝利を確信していた。1834年2月8日、ホイッグ党はニューヨークの労働者に預金の移管に抗議する集会を市庁舎公園で開催するよう呼びかけた。この集会の開催に協力した人々のなかにはニューヨーク労働者党を分裂させたクック・ギュイヨン派の元幹部もいた。

労働者は非難ではなく、ジャクソンを応援するために集会に出席した。彼らは、発起人を集会の幹事と認めるのを拒否し、自分たち自身の議長を選出した。その後、彼らは第2合衆国銀行に対して採られた法案の承認を表明する一連の決議を採択した。当初の発起人が集会の主導権を取り戻そうとしたとき、演壇が破壊された。その破片は「ジャクソン万歳」と大声で叫びながら行進した労働者によって持ち去られた。

この出来事の後、労働者は民主党内でより積極的な役割を果たすようになった。労働運動指導者は区委員会で一定の役割を果たし、タマニー派の会議で発言した。1834年の市長選挙では、ニューヨーク市初の普通選挙が実施され、組合員は第2合衆国銀行贔屓のホイッグ党候補ヴァープランクの対抗馬である民主党候補コーネリアス・ローレンスを支持した。労働者が訴えたように、大統領は自身の役割を果たした。「あなた方は、あなた方自身とあなた方の子供が望んでいることがわかるのであろうか。もしあなた方がノーと答えるなら、あなた方の投票はローレンス＝ジャクソンと憲法に賛成しなければならない」。

この選挙は全国的に重要な意味をもっていた。ホイッグ党の勝利は大統領にとって深刻な後退となるであろう。ジャクソン自身は自信に満ち溢れていた。彼は心配げな党首に「私はけっして絶望しない。私は国民を信頼している」と言った。その信頼は見当違いではなかった。ニューヨークの労働者はその立場を断固守った。労働者は次のように歌って投票所まで行進した。

職人、車夫、労働者は／親密な関係を形成しなければならないし／それを富豪の貴族にみせつけなければならない／今回の選挙における自分たちの強さを……

ヤンキー・ドゥードゥルは彼らを煙でいぶり出す／高慢な輩、銀行界の内輪もめ／ハートフォードのフェデラリスト党だけが／貧乏人とジャクソンに反対する〔ヤンキー・ドゥードゥルは独立戦争時にアメリカ軍で広まった歌。コネティカット州ハートフォードは1812年戦争に反対する会議が開かれた場所。会議には、フェデラリスト党の代表が集まったが、会議の秘匿性と反戦の立場をとったことで不評を買

（い、同党の勢力は失墜した）ローレンスが勝利した。１８３４年4月12日、ワーキング・マンズ・アドヴォケイト紙は「栄光の勝利」のニュースを「銀行敗北す」との見出しで報じた。

ニューヨークの労働者はタマニー派の候補者の選出に手を貸したが、無批判でタマニー派を支持し続けたわけではなかった。彼らはタマニー派の多くのリーダーが、第2合衆国銀行に反対しているのを知っていた。それというのも、同行は彼らが大量の株式を保有する州法銀行のライバルであり、州法銀行が国を経済的にも政治的にも支配するのを望んでいたからである。しかし、兌換貨幣（硬貨）政策の擁護者として、またすべての銀行が通貨を支配することに反対する労働者たちにとって、国立銀行と州法銀行との相違は言葉の違いにすぎなかった。実際、彼らは州法銀行によってもたらされた投機熱が、流通している紙幣の割合を減らし、投機家や金融業者ではなく労働者階級に有利になるように国の経済を調整しようとする彼らの運動全体を挫折させるのではないかと恐れていた。第2合衆国銀行に対する勝利は、もし地元の銀行独占者に取って代わられてしまえば、わずかな価値しかなかった。

民主党内の保守派の影響力と闘うために、労働者は１８３４年５月に民主労働者一般委員会を結成した。活発に活動する委員のなかには、ニューヨーク労働者党の元幹部であるエヴァンズ、エベネーザー・フォード、レヴィ・D・スラム、ジョン・コマーフォード、アレグザンダー・ミング・ジュニア、ロバート・タウンゼンド・ジュニア、イーリ・ムーアなどがいた。

タマニー派の幹部は、この民主労働者一般委員会を敵視し、民主党を分裂させる陰謀を企てたとして告発した。同委員会は、唯一の懸念は、州および国の公職に対する特権に真に反対する者の指名であると応えた。同委員会はタマニー派に対し、独占的特権を与えるすべての独占およびすべての法人設立特許状に反対することを知らない国あるいは州の公職候補者を支持しないと警告した。

タマニー派は票を必要としたため、これら条件の受諾を余儀なくされた。同派は、１８３４年秋の選挙に立候補するすべての民主党候補者は、銀行やその他の独占に反対し、小額紙幣のさらなる発行の禁止を支持し、債務不履行による投獄を復活させるためのあらゆる運動に断固として反対するという民主労働者一般委員会の要求に同意した。タマニー派はまた、州議会に数人の労働者を指名し、ニューヨーク一般労働組合の委員長ムーアが議会の民主党候補に指名された。

公認候補の労働者は全員が選出され、ムーアは連邦議会における組織化された労働者の最初の代表となった。彼の処女演説は、サウスカロライナ州のワディ・トムソン下院議員への答弁であった。同下院議員は、「無法な反乱によって、または同様に恐るべき投票箱というプロセスによって略奪する」であろう飢えた失業者の反乱で北部の実業家を脅していた。ムーアは、「農耕主義者、平等主義者、無政府主義者」という言葉は、歴史を通じて、民衆を略奪し抑圧する口実を探し求めた貴族や専制君主によって使われてきたと答えた。彼は、社会の安定に対する真の危険、すなわち国家の衰退と崩壊の原因は、常に富と政治権力が小さな貴族の手に集中してきたことを歴史が証明したと主張した。彼は、「トムソン議員殿、歴史は、いかなる時代や国の貴族も、常に、不変的かつ永遠に民衆を強奪し、彼ら民衆の権利を犠牲にし、自由、美徳、人間性と戦ってきたという宣言のなかで、私を支えてくれるでしょう」と続けた。彼は、平等な権利の擁護者は、「財産ではなく人に基づいて設立された政府、排他的な特権ではなく平等な権利に基づいて設立された政府」を支持することで国の最善の利益を擁護していると続けた。平等な権利の擁護者は、その利益と福祉が連邦の維持と政府の安定と誠実さと同一視される当事者であった。労働者階級は、勤勉と倹約を通じて財産を蓄積する権利を自分自身や他の誰かに否定するつもりはなかった。彼らが反対したのは、財産と資本の独占を可能にする特権を少数の個人に与えることであったとムーアは次のように述べた。

「財産権が民衆やその組織によって侵害された事例が1件あるとすれば、特権を与えられた少数の人々の無情な欲望によって人々が略奪された事例は5000件ある。トムソン議員殿、資本が労働の利用を不当にそれ自体に適合させる危険は、労働が資本を不法に奪う危険よりもはるかに大きいのです」。

ムーアは次に労働組合主義の擁護に目を向けた。労働者の種々の組織は、「資本が違法または不当な影響力を行使しようとするときはいつでも、資本に対する対抗勢力として意図されている」とした。自己防衛と自己保存の機関として、労働者の組織は秘密結社でなかったがゆえに合法的であった。

「神の律法も人間の律法も、強盗と殺人に対して、死に至るまで抵抗することを正当化している。それらは、傭兵の野心と専制政治の侵害から身を守るために必要な警護と考えられており、それゆえ排他的な特権をもつ友人たちは、礼儀をもって彼らの権力と影響力を恐れるかもしれない。労働者の団結は、敵対的な団結に対する防衛の盾であるだけでなく、腐敗した専制的な貴族の抑圧的な手段に対して成功裏に行使される攻撃の武器でもある」。

ムーアの演説は、フィラデルフィア・ナショナル・レイバラー紙によって刊行され、全国に配布された。さらに、いくつかの都市では労働者が彼に敬意を表して祝宴を催し、連邦議会や州議会に他の労働者代表がすぐに議席を得られるように、コミュニティでの政治活動の再開を決意した[*]。

（*）ムーアの演説は歓呼で迎えられたが、労働運動からは彼の囚人労働に対する立場を厳しく批判された。彼は労働者の生活水準に及ぼすこの深刻な脅威を調査する委員に任命され、囚人労働制度を実質的に支持する報告書に署名した。この行動は労働者によって「あからさまな裏切り」として非難され、1835年3月5日、民主労働者一般委員会は「報告書に署名したムーアの行為は、彼の政治的進歩につながった専門的職業上の偉大な原則を提唱するのに十分な政治的誠実さあるいは道徳的勇気を彼が望んでいることを我々に確信させた」と公式に決議した。

ロコフォコ党の台頭

一方ニューヨークでは、州法銀行の民主党員と反独占の労働者との間で分裂が急速に進んでいた。労働者にとって、州法銀行の加速的成長は、「銀行の権化を無法な貴族の銀行」と交換するものでしかなかった。州法銀行券のインフレ効果は、実質賃金を劇的に引き下げた。多くの労働者が、銀行制度全体に終止符を打ち、「銀行家と呼ばれる非生産者の常備軍を完全に解散させる」ことを決意した。タマニー派の分裂のもう1つの要因は、組織が運営されていた独善的なやり方にあった。指名や選挙への国民の参加拡大を提唱した労働者にとって、こうした状況は耐えがたいものであった。

そのため、1835年夏、労働者は民主党を「元来の汚れなさ」に戻すことを目的として、タマニー派内に密かに「平等権民主主義派」を結成した。この一派は秋に公然と姿を現し、ニューヨーク・イヴニング・ポスト紙のレゲットの支持を得た。同年秋、タマニー派は第2合衆国銀行に同情的な候補者を指名することで民主党を分裂させた。そのなかには、銀行設立特許状の延長を議会で投票することで選挙前の公約を否定したチャールズ・ヘンリー・ホールも含まれていた。労働者階級の候補者は公認候補から排除された。タマニー・ホールの大規模集会での候補者の承認は、通常、形式的なものであったが、平等権民主主義派は第2合衆国銀行贔屓の候補者の拒否を確実にすることを決意していた。彼らは10月29日の承認会合を組織した。会合が始まると、ある銀行の頭取が著名な銀行の理事を議長に指名したが、労働者はこの指名の承認を拒否し、銀行の理事から議長を奪い、代わりにある労働運動指導者を議長席に座らせた。

劣勢に立たされ、敗北したタマニー派の支持者は部屋を出た。彼らは会合を止めようとガスを切ったが、労働者は蝋燭に火をつける「ロコフォコ」マッチを作り、反独占候補者を推薦名簿に載せた。会合の場に灯火がともされた方法に因んで、ホィッグ党とタマニー派の新聞はこれら一連の候補者をロコフォコ党候補と名づけた。労働者は独占に対する民衆の反乱の象徴としての大きな誇りをもってロコフォコを自称した〔ロコフォコ党は、州法銀行の銀行券による賃金支払いに対して実質賃金の引き下げになるとして反対し、硬貨による支払いを要求してジャクソン大統領の独立国庫制度を支持した〕。

選挙では、タマニー派はロコフォコ党候補者に投じられた3500票以上の票に押し切られ、僅差でホイッグ党を破った。1836年春のタマニー派の支配はロコフォコ党票によって阻止された。選挙結果を議論して、平等権民主主義派の労働者の総会は次のように決議した。

「それは独占によって抑圧された人々にとっては同じであるが、銀行ホイッグ党員が政権を握っているか、銀行民主党員が政権を握っているかにかかわらず、我々はタマニー派の敗北を喜んでいる。なぜなら、それは公職者と平等権民主主義派の貴族社会との間に存在する邪悪な団結を崩壊させる傾向があるからである」。

独立した政治活動を求める声がますます高まっていたが、数カ月間、反独占主義者は新しい政党を結党する代わりに「タマニー・ホールの所有権を奪還しよう」と試みた。当時、労働者階級の支援を受けていたローレンス市長は、港湾労働者のストライキ中に民兵を召集した。この逆行の直後、合衆国労働史上もっとも衝撃的で憂慮すべき裁判所の判決が下された。雇用主は組合と闘うために、スト破り、ブラックリスト、ロックアウト、地元警察、州民兵に依存していたが、彼らが一番頼りにしていたのは依然として司法であった。それで、製靴職人は１８２１年と29年にペンシルヴァニア州で、35年にニューヨーク州で、仕立職人は24年にバッファローで、27年にフィラデルフィアで、36年にニューヨークで、帽子職人は23年にニューヨークで、紡績職人は29年にフィラデルフィアで、絨毯織工は34年にコネチカット州で、それぞれ共謀容疑で裁判にかけられた。

１８２７年にフィラデルフィアで行われた24人の闘争的な仕立職人の裁判は重要である。それというのも、この評決はいわゆる犯罪の側面ではなく、共謀の「通商への侵害」の側面を強調していたからである。労働者に対する有罪判決は、こうした性格をますます帯びるようになった。たとえば、35年のジェニーヴァ〔ニューヨーク州オンタリオ郡にある町〕の製靴職人の裁判では、労働組合主義は、それがなければ労働者は無力であるという理由で擁護された。「あなた方は、労働者が強欲の弾圧に抵抗するのを可能にする労働組合だけを禁止している……。あなた方は労働者が市民として行使すべき権利と義務を学ぶ手段と機会を彼らから奪っている」。

陪審団は感銘を受けなかった。審理が終結してから20分も経たないうちに、陪審団は労働者を有罪とした。そして、ニューヨーク州最高裁に上訴されたとき、評決は支持された。判決を下したサヴェージ長官は、組織化された労働者は賃金をあまりにも高く押し上げたので、雇用主は競争を続ける余裕がなかったと主張した。それで、長靴と短靴の製造事業を妨害した製靴職人は、「そのような行為は通商貿易に有害であるため、制定法上の犯罪」で有罪となった。

仕立職人組合の25人の組合員が１８３６年にニューヨークで、「営業妨害、暴動、脅迫、暴行における共謀」の罪で裁判にかけられた。彼らは有罪となり、合計１１５０ドルの罰金を科された。同組合の委員長ヘンリー・フォークナーは１５０ドル、他の者はそれぞれ50ドルまたは１００ドルの罰金が科された。被告らが即金で支払っている間に、法廷にいた1人の労働者が立ち上がり、自身の賃金を基金として譲渡した。その後、他の都市の組合が仕立職人に寄付金を送付した。

エドワーズ判事は労働者に判決を下し、「この国の通商は……、国家の最高権力から民間団体の手に急速に渡っている」と裁定し、こう続けた。

「法律と自由に恵まれたこの国では、立身出世の道はすべて人に開かれている……。すべてのアメリカ人は、自分には法律よりも優れた友人がいないこと、そして自分を守るために擬い物の団結を必要としないことを知るか、知っておくべきである。団結というものは外国起源のものであり、私は外国人によっておもに支持されていると信じる気持ちになっている」。

エドワーズ判事のこの評決と口述は抗議の嵐で迎えられた。彼の告発に答えて、ニューヨーク・イヴニング・ポスト紙は、起訴された組合員のうち11人がアメリカ生まれの市民であり、それ以外の9人のうち5人が帰化した市民であることを立証した。同紙は、「いずれにしても、この組合が他の地域の労働者の間で非常に人気があったとしても、我々はこの組合がアメリカ生まれの大多数によって容認され支持されていると信じる理由がある」し、ニューヨークの労働者の3分の2が労働団体に属していると推定し、「我々の労働組合を構成しているのは少数の外国人か、外国人だけである」との非難に反論した。完全な回答はフィラデルフィアのナショナル・レイバラー紙によって次のような形で提供された。「労働組合がどの国で、またはどの人によって結成されたかは重要ではない。なぜなら、抑圧が労働組合を存在させたことを知るだけで十分であるからである」。

アメリカの進歩主義者は、労働組合は共謀であり、生活賃金のために組織することは通商貿易に有害であるという教義を激しく非難した。ニューヨーク・イヴニング・ポスト紙の編集者でアメリカを代表する詩人のウィリアム・カレン・ブライアント（1794〜1878。1829年に編集長になり、亡くなるまでその地位にあった。ジャクソン派民主党員・自由貿易論者として論陣を張った。詩集としては『白脚の雌鹿』（1844）などがある）は、「もしこれが奴隷制でないなら、我々はその定義を忘れてしまっている。自由人の特権から労働の売買のために結社する権利を行使せよ。さもなければ、彼を主人に縛り付けるか、彼を土に帰す方が良い」と書いた。さらに激しく非難したのは、好戦的な自由主義詩人のジョン・グリーンリーフ・ホイッティア（第8章104ページを参照のこと）であった。彼は次のように語っている。

「それで、平等な権利のある国では、労働者は我々の法廷で犯罪者として起訴されることなく、仲間の労働者と照らし合わせた上で自身の賃金の額を決めることができないということになった。商人は価格について、弁護士は手数料について、医師は診察料について、製造業者は工員に払う賃金についてそれぞれ合意できるが、労働者は自分の利益を考慮して、自身の労苦と技能の代価を決めることはできない。もしこれが法律であるならば、それは不当で、抑圧的で、邪悪なものである。共和制国家の法典を辱めるべきではない……。すべての法理は、ヨーロッパの封建的な貴族政治から借用されている。もしニューヨークで行われてきたように、あまねく実施されれば、我が国の自由で幸せな労働者の状態は、ハンガリーの鉱夫やポーランドの農奴のそれよりも少しは良くなるであろう」。

先のエドワーズ判事の評決は国中の労働者を奮い立たせ、この決定に対抗するために2週間以内に4紙の労働新聞が評決に反対する目的で創刊され、ニューヨーク一般労働組合の機関紙ユニオンに、サヴェージ長官とエドワーズ判事の解任を公約する議員を選出するために労働者の州大会を開催する提案が掲載された。同紙はこれらの提案を支持しただけでなく、「両政党との関係を断ち、労働者の真の公認候補を立候補させる」ことを提案した。

棺を描いた匿名のチラシがニューヨーク中で撒かれ、エドワーズ判事が判決を下す予定であった時間に大規模なデモを行うよう呼びかけた。チラシの一部にはこう書かれていた。

「金持ち対貧乏人」。

「貴族社会の手先であるエドワーズ判事は、民衆と職人と労働者に敵対している。あなた方の自由に致命的な打撃が加えられた。あなた方の父祖たちが戦った戦利品があなた方から奪われてしまった。北部の自由民は今、南部の奴隷と同じレベルにある。労働以外の特権はない。怠け者は膏血で太れる。あなたたちの仲間のうちの20人が、賃金の削減に抵抗したとして有罪判決を受けた。そして、エドワーズ判事は1人のアメリカ人陪審を起訴し、その起訴に同意して、労働者には労働の代価を規制する権利がないという先例を確立した。言い換えれば、金持ちだけが貧しい労働者の要求を判断する唯一の裁判官であるとの先例を確立した。１８３６年6月6日月曜日10時に、これら自由民は貴族の忌まわしい欲望を満足させるために、判決を受けることになっている」。棺が描かれたチラシに奮い立たされた群衆は指定された日に市庁舎公園に集まったが、何の行動も起こさずに解散した。しかし1週間後、2万７０００人以上が同公園で行われた大規模集会に参集した。ユニオン紙はそれを、「合衆国で開催された史上最高の労働者集会」と呼んだ。集会は闘争計画を採択し、この判決を「革命家によって神聖な遺産として彼らに遺贈された自由を彼らから奪うための貴族の協調的な計画」と非難した。これらの裁判所と貴族社会は、労働者を「すべてを掌握していて何も生産しない人々のために相当な財産を構築するための単なる道具」に堕落させようとしていた。「我々の眼前には模倣に値する事例がある。それは、『通商貿易』に加えられた損害にもかかわらず、『共謀し、団結し、合意した』明白な行為によって、『代表なくして課税なし』との烙印を押された茶箱をボストン湾に投げ捨てた、あの不滅の職人集団の神聖なる団結である」。

「代表なくして課税なし」が再度問題となったと決議は記している。民衆は課税されたが、司法と立法に関する官職が労働者階級に同情しない人物によって占有されている限り、代表権はなかった。「両政党との関係を断ち、真の労働者の公認候補として立候補させる」時機が来た。大規模集会は、政治活動の必要性を表明したことで満足せず、１８３６年9月15日にユーティカ〔ニューヨーク州中部の都市〕で州大会を開催するよう呼びかけ、この大会の準備のために「通信連絡委員会」を選出した。その委員の多くは、ニューヨーク一般労働組合の幹部とロコフォコ運動のリーダーであった。

大会が開催される前に、ニューヨーク州ハドソンの8人の製靴職人が共謀罪裁判で無罪になったというニュースが届いた。数日後、フィラデルフィアの陪審が共謀罪裁判で「無罪」を投票したというニュースが届いた。こうした労働者の抗議行動の迅速な結果は、共謀法理を完全に一掃しようとする労働界の決意を強固にした。

数週間のうちに、ポキープシ、トロイ、オールバニー、ハドソンで農民と労働者の集会が開催され、エドワーズ判事の判決に抗議し、大会の代議員を選出した。１８３６年9月15日、ユーティカで職人と農民と労働者による歴史的な大会が開催され、93人の代議員が出席した。この大会の最重要活動の1つは、労働者と農民が既成政党からの独立を宣言した「独立宣言」にあった。それは銀行券と紙幣に反対を表明し、裁判所の恣意的な権限に反対を表明し、労働者が賃金を引き上げるために組織する権利を保障する法律を要求した。裁判所がもはや「封建制の暗黒時代のように貴族的で、恣意的で、抑圧的」でないことを確実なものとするため、大会は裁判官の任期を1期3年だけとするよう要求した。

この「独立宣言」に従って、大会はニューヨーク州内の「既存の全政党あるいは派閥から独立し、それらとは別個の」政党の結党を投票で決めた。大会は平等権党という名称を選択し、１８３０年と

32年にオーエン派の労働者階級の候補者であったバッファローのアイザック・S・スミスを知事に、ニューヨークの労組幹部モーゼズ・ジェークィーズを副知事にそれぞれ指名した。大会は、すべての独占に反対する誓約に署名する候補者のみが他の公職を支持すると約束した。

ユニオン紙はユーティカ大会を歓迎し、「独立宣言」を「我々の第2の独立宣言」と呼び、今度の選挙を「我々の第2の独立革命の最初の戦い」と表現し、「1776年の独立革命はイギリスの君主と貴族政治に反対したが、1836年のこの独立革命は特許状と独占に反対するものである」と述べた。

まもなく、平等権党の公認候補者が20の郡で推薦され、6ないし7紙の新聞がこの運動を支持しているというニュースも届いた。そうした新聞の1つ、オールバニーのマイクロスコープは、最初の労働者政党の歴史を教訓として引きつつ、政治家の策略にこう警告を発した。

「労働者の悔やまれる運命を思い出せ――彼らは徒党を組んだり、種々の政党に参加したりしてすぐに抹殺された。彼らは、それ以来長い間誰の信頼も得られなくなった、地に墜ちた弁護士や政治家を自分たちの階級として認めた。彼らは、その名前が彼らに政治的破滅と死の事件をもたらした連中を、時期尚早にも候補者名簿に載せた。彼らの主義主張は、元々現在の平等を構成するものと似た性格のものであったが、彼らは堕落し、無意識のうちに渦に引き込まれ、そこからけっして浮かび上がらなかった」。

1836年選挙で、民主党はマーティン・ヴァン・ビューレンとリチャード・M・ジョンソン大佐を党指名の大統領と副大統領候補として公認した。平等権党は、「他の候補者の一貫性、あるいは才能、あるいは民主的信念」を信用せず、民主党候補者から同党の綱領の支持と、紙幣や独占に対する一貫した立場を維持するとの誓約を得ようとした。平等権党は、ジョンソン大佐からは完全な受け入れと綱領を実施するとの誓約を得たが、ヴァン・ビューレンは反独占問題に関して立場を表明することを拒否した。そのため、平等権運動は、彼がジャクソンの選んだ人物であるのを知っていたにもかかわらず、支持を拒否した。平等権党は、すべての大統領候補者を、選出されても労働者の役に立たない「4人の二流の人物」として退けた。

同じ年に行われた連邦議会と州議会の選挙では、平等権党はホイッグ党と民主党との間で勢力の均衡を保った。平等権党が支持した連邦議会候補4人のうち3人が選出された。彼らは選挙後、労働者の政党が自分たちの勝利を確実なものにした点を認めた。平等権党は州上院議員1人と下院議員2人の選出にも貢献した。だが、選挙の顕著な結果は、平等権党の票がタマニー派の連邦議会と州議会の支配を妨げたという点に見られた。同派は、翌年春に行われた市長と市会議員の選挙で、同派の候補者が総票数の約12%を得たときに惨敗した。ホイッグ党の勝利の原因となったとして民主党から非難された労働者は、「全国の第2合衆国銀行派のホイッグ党員と州法銀行派の民主党員との間に主義主張でさほど大きな違いを見出せなかった」ため、別々の候補者を指名したと答えた。

ニューヨークの労働者は、通常の民主党候補から支持を撤回することでホイッグ党員の選出を保証する以上のことを行った。彼らは民主・ホイッグ両党に、政治問題では労働者を排除できないと教唆した。保守派と黒幕の政治家は自分たちの候補者を指名できたが、労働者の票がなければ彼らを選出できなかったのである。

ロコフォコ主義の拡張

教訓は他の州でも学ばれた。1834年から翌年にかけて、ニューヨークで起きたのと同様の分裂がペンシルヴェニア民主党で起きた。フィラデルフィアの労働運動に率いられた同党の進歩派は、35年の州議会選挙で別の公認候補を支持した。銀行独占の筋金入りの反対者ヘンリー・A・ミューレンバーグが州知事に指名され、フィラデルフィアの労働運動指導者のウィリアム・イングリッシュとトマス・ホーガンが州議会の上院と下院に指名された。ホイッグ党の公認候補が選挙に勝ったが、労働者は民主党の政治家に自分たちの意見は無視できないことを教唆するのに成功した。

マサチューセッツ州の民主党左派は、セス・ルーサー、チャールズ・ダグラス博士、テオフィルス・フィスク、オレステス・A・ブラウンソンといった労働者のリーダーと、フレデリック・ロビンソン、ジョージ・バンクロフト、ロバート・ラントール・ジュニアなどのリベラルな政治家や知識人に率いられていた。1836年までに、急進派は全国政権の支援を得て、同州の民主党の支配を引き継いだ。

平等権党の政治運動、いわゆるロコフォコ主義は、ニューヨークで最大の影響力を獲得した。その理由の1つは、ニューヨーク以外のいくつかの都市では、労働組合が州憲法によって「政党政治」に関与するのを禁じられていたことにあった。しかし、これらほとんどのコミュニティですら、ニューヨークの仕立職人組合の事件での判決が、中央労働団体に救済を求める州議会への請願を促したように、労働者は確固とした独自の政治的立場をとることを余儀なくされた。しかし、労働者が政治闘争で独自の発言権をもたない限り、上記のような請願は無視されることがすぐに明らかになった。ペンシルヴェニア、ニュージャージー、オハイオ各州の労働者への訴えのなかで、ナショナル・レイバラー紙は、「では労働者諸君、政党への愛着を捨て、あなた方の参政権によって、あなた方の権利が免責されて侵害されないことを証明するように」と促した。

フィラデルフィアの労働者は時間をかけずに反応した。1836年秋には重要な都市と州の選挙が予定されていた。7月、フィラデルフィアのスウィフト市長は賃上げを求めてストライキをしていた数人の労働者を逮捕し、違法に投獄した件で労働者階級を激怒させた。フィラデルフィアの労働者は、反組合的な市長の再選を阻止しようと決意を固めた。8月下旬にフィラデルフィア労働組合が独立広場で呼びかけた大衆集会では、スウィフト市長の再選に激しい反対の声が上がった。イングリッシュとジョン・フェラル〔フィラデルフィアの指導的な労働組合主義者〕が率いる委員会は、民主党内のホイッグ派とヴァン・ビューレン派と協議し、進歩派の市長候補と市議会候補の指名を主張する権限を与えられた。この委員会はまた、ジャクソン大統領にフィラデルフィア海軍工廠での10時間労働制の制定を請願するよう指示された。

1カ月後、溢れんばかりの聴衆が委員会の次のような報告に耳を傾けた。彼らは民主党ホイッグ派に無視されたが、ヴァン・ビューレン派の民主党員は好意的に反応し、「いかなる場合にも市長としてジョン・スウィフトに投票をする者を市議会に指名しない」と約束し、「疑いの余地のない権利を主張しているだけの貧しい労働者に対して、市長の名のもとで過剰な保釈金と違法な投獄を強要したスウィフト市長の違憲で抑圧的な行為を非難する」ことも約束した。さらに彼らは、州下院議員の候補者としてフィラデルフィア労働組合の組合員であったウィリアム・エドワーズの指名に同意した。委員会は大統領が海軍工廠で10時間労働を命じたと報告した。集会は委員会報告の承認を声高に叫び、特別決議で「我々の海軍工廠に10時間労働制を確立するためにフィラデルフィアの労働者の要求を迅速に受け入れた」ことで大統領を賞賛した。「10時間労働制の敵である労働組合などは、政府さえも倒したのに、彼らの大胆さに困惑する、と決議した」。

次の選挙では、労働者に友好的でスウィフト市長に敵対的な市議会が一掃され、エドワーズはフィラデルフィアの労働者階級を代表して州議会に送られた。

平等権党の運動は、1840年代初期にロードアイランド州でよりリベラルな憲法〔すべての成年男子に選挙権を与える人民憲法（Peoples Constitution）〕を制定し、参政権のための高い財産資格の撤廃を求める運動であるドアの反乱においても重要な役割を演じた〔この反乱は、選挙権拡大を求めるトマス・W・ドアの指導で1841～42年に起こった〕。ニューイングランドの著名な労働運動家ルーサーは、この民衆蜂起のリーダーの1人であった。多くの労働者が、「代表なくして課税なし」、「参政権、人間の不可譲の権利〔独立宣言文では、「生命、自由、幸福の追求」を指す〕」、「自由か、さもなくば革命か」といったスローガンが書かれた横断幕を掲げて、大規模な参政権要求パレードを繰り広げた。同時にニューヨークでは、労働者が、「ドアと自由参政権の大義は、政党に関係なく労働者の大義であると考え、国中の同僚労働者にこの問題について自由に意見を表明するよう勧告する」と決議した。ドアの反乱は鎮圧されたが、それはそれなりの成果を収めた。この反乱のおかげで、「1843年5月に効力を発した法令はリベラルなものとなった」。

1837年恐慌で土地、運河、有料道路、鉄道の投機ブームが終わると、ロコフォコ運動は急速に進展し、すべての商工業界で大きな意味をもつようになった。失業中の職人と労働者は地元の労働者の政治委員会が後援するパレードで行進し、「パン。肉。家賃。燃料。これらの価格は下がらなければならない。人々の声が聞かれ、勝利するであろう(*)」という要求を掲げて行進した。平等権党が招集したニューヨークの労働者の大規模な集会が警察によって解散されたとき、「我々、平等権党、共和国の自由な市民は、このコミュニティが民(事)法または戒厳令のもとにあるのかどうかを確かめるため、4月1日に市庁舎公園で別の市民集会を開催する」ことが決議された。

（＊）物価は恐慌の間に急騰した。1835年3月に1バレル5・62ドルで売られていた小麦粉が36年3月に7・75ドル、37年3月には12ドルになった。35年3月に10ドルで売られていた豚肉が、36年3月に16・25ドル、37年3月には18・25ドルへと値上がりした。石炭の卸売価格は、35

年1月の1トン6ドルから37年1月には10・50ドルに上がった。

１８３７年5月、国内の銀行が正貨の支払いを停止し、銀行券の兌換貨幣での償還を拒否したことで、労働者階級の苦難と苦悩は増大した。労働者は各地で大衆集会に参集し、銀行に正貨の支払いを再開するよう要求し、国家経済に対する金融機関の権限を終わらせるよう政府に求めた。フェラル、トマス・ホーガン、その他の労働組合指導者が招集したフィラデルフィアの集会には2万人が出席した。ジャクソン主義運動で積極的に活躍したフィラデルフィアの弁護士ヘンリー・D・ギルピンは集会に出席し、「労働者階級がこれほど大きく動揺し、興奮しているのをこれまで目にしたことはない」と語った。

１８３７年5月15日、ギルピンはヴァン・ビューレン大統領に宛てた手紙で、「今日の午後、私が今まで見たなかで最大規模の市民集会が独立広場で開かれました。それは昨日と昨夜、フィラデルフィア中に掲示されたポスターによって招集されたものでした。それは労働者階級によってすべて企画され、実行されていました。そのような問題を通常主導する人たちとの協議や協力はありませんでした。役員と講演者も労働者階級の人たちでした……。それは銀行問題と特に自治体による三流［?］公認候補の問題に向けられていました。私はその決議をはっきりと聞き取れなかったのですが、銀行は正貨の支払いを再開しなければならず、5ドル紙幣をすぐに償還しなくてはならず、金と銀の輸出を防ぐための措置を講じなければならないとの趣旨でした……」と書いている。

労働者の政治運動はこの激動の時期にもっとも活発であった。彼らは政府に対して、公共事業計画によって失業者の苦痛を軽減するために、政府雇用者に10時間労働制を制定するよう求め、民間銀行や州法銀行によって助長された投機の流れを抑制するための政府の銀行制度を求めた。これらの要求は、「平時と戦時の兵役が常に労働者階級によって担われている限り、労働者は合衆国政府の保護に対する追加的な請求権を有する」という理由で正当化された。

ロコフォコ主義の功績

マーティン・ヴァン・ビューレン大統領は労働者の要求に見事に応えた。１８３７年9月4日の議会教書で、彼は銀行の利益から独立した財政制度を提案した。そこでは、すべての連邦預金はワシントンの国庫または指定都市の準国庫に置かれるものとされた。独立した財政制度は、銀行から公的資金を移管し、紙幣を発行できる正貨の総量を減らし、歳入の支払いに銀行券を使用しないようにし、法定通貨での支払いの要求を目的とした。この計画は労働者の要求をすべて満たしたわけではなかったが、それは労働者が29年以降闘ってきた、政府と金融機関の分離、銀行の権力と支配の制限、兌換貨幣政策の採用という原則の勝利であった。

ニューヨークで開催された民主党保守派とホイッグ党の会合は、ヴァン・ビューレンが「ロコフォコ主義という恐ろしい怪物に降伏した」と非難した。政権は「ファニー・ライトの信奉者であるロバート・デール・オーエンがリーダーであった一派によって１８２９年に公布された教義」を適用していると述べた。だが一方で、ニューヨーク労働者党の元幹部ブラウンソンは、ヴァン・ビューレンに宛てた手紙で、「私は、民主主義とこの国の資金力との間でしばらく続いている闘争の最中に、あなたが採られた確固たる立場に対して、自由と人間性の名において感謝したいと思いまし……、あなたは今、本当に国民とともにあり、閣下、国民はあなたを支持するでしょう」と書いた。

1840年3月31日、ヴァン・ビューレン大統領は再び労働者階級から慕われ、公共事業に携わる連邦政府職員に対して、賃下げなしで10時間労働制を制定する大統領令を発令し、保守派の怒りを再び買った。彼は、10時間労働制は「もともと職人と労働者自身によって考案された」と公に発表し、ホイッグ党の告発に対して、労働時間が短縮されるにつれて賃金を削減するのを拒否することで危険な先例をつくっていると宣言した。

「私の判断では、勤勉な人の労働は、その人の賃金が、合理的に援助を必要とされるその人の家族の扶養とともに、その人自身と家族に快適さを提供し、その人の子供を教育し、不慮の事故と高齢に伴う必要物のために十分なものを蓄えられる場合にのみ、十分に報われたことになる」。

「これらの目的を達成するためには、労働者の賃金が物価、生活必需品、生活の快適さと適正な割合を保つことが必要であり、そして賃金をこの公平な基準以下に押し下げようとするすべての試みは、私の意見では、健全で合理的な政策と同様、人間の属性が命じるところとも戦っている……」。

このような発言は反動主義者を激怒させたが、労働界は歓喜に包まれた。数年後、ワシントン海軍工廠で働いていた独学の自由黒人マイケル・シャイナーは、「……合衆国の労働者階級の職人と労働者は、10時間労働制に関して、高潔な前大統領ヴァン・ビューレン氏をけっして忘れてはならない……。10時間労働制に対し、彼に主の祝福がありますように……彼の名前はすべての労働者の心に記憶されるべきである」と記している。

アメリカ政治史において非常に重要なことの1つがジャクソン政権期に明らかになった。労働者が盲目的に政党に従うのを拒否し、彼らの特別な不満を是正するために投票権を利用したという事実は、増大する労働者票を確保するための特別な努力と譲歩を政治家に迫ることになった。1840年大統領選挙戦で、ホイッグ党は少なくとも表面的には保守主義の外観を捨て、ウィリアム・ヘンリー・ハリソンを「貧しい人々の味方」と紹介し、「ティペカヌー（ハリソンの異名。彼が1812年戦争で占領したショーニー族の本拠地）と賃金削減なし」というキャンペーン・スローガンを掲げた（この1840年の大統領選で、ホイッグ党の副大統領候補に指名されたジョン・タイラーのスローガンは、「ティペカヌーそしてタイラーも」であった。彼は、大統領就任後1カ月で肺炎により急逝したハリソンに代わって、第10代大統領に昇任した）。そして42年には、ホイッグ党のショー・マサチューセッツ州最高裁判所長官は、マサチューセッツ州対ハント事件（コモンウェルス対ハントの事件）において、労働者の団結権と団体交渉権が初めて司法的に認められたという見解を述べた（この事件の判決で、被告のボストン長靴職人協会は合法組織となった）。

この事件は、1839年11月にボストン長靴職人協会（組合）によって、同協会に加入しようとしない製靴職人の雇用を阻止するために起こしたボストン市全域のストライキから派生したものであった。当時、7人の組合幹部は長靴製造業で「クラブ・協会・連合体を存続させ、結成し、団結させ、自らと他の労働者との間で違法な内規・規約・命令の作成を、違法的に、有害的に、欺瞞的に計画・意図した」として起訴されていた。暴行の容疑はかけられておらず、起訴状にはストライキが原告の事業を破壊する悪意ある目的をもって行われたとは記載されていなかった。しかし、ボストン長靴職人協会の規約は、そこに規定された規則が共謀を構成する協定であるという証拠として法廷に提出されたが、これらの規約は実際には完全には施行されていなかった。組合幹部は、ニューイングランドの傑出した改革者ロバート・ラントゥール・ジュニアによって巧みに弁護されたが、ボストン長靴職人協会は40年10月に地方裁判所によって有罪とされた。

2年後、この訴訟はマサチューセッツ州最高裁判所に上訴され、下級裁判所の判決はショー長官の判決によって覆された。彼は、「他人を貧困に陥れる傾向、すなわち他人の利益を減少させる傾向があるかもしれないが、犯罪的で違法であるどころか、非常に功績があり、公共心のあるものであるかもしれない」措置の採用を目的とした団体を結成できると裁定した。

「したがって、そのような協会の合法性は、その目的達成のために使用される手段に依存するであろう。もしそれが公正もしくは名誉ある合法的な手段によって実施されるなら、それは控えめに言っても無実であり、もし虚偽または武力によって実施されるなら、それは共謀との性格を刻印できる」。

言い換えれば、同じ職業に従事しているすべての者を労働組合の組合員になるよう誘導しようとする労働者の行為は、それ自体が共謀を構成するものではなく、したがって違法ではなかった。そのような行為の合法性は、その目的を達成するのに使用される手段に依拠していた。もちろん、最後の条項は反動的な裁判官に十分な余地を残し、その後の判決はショー長官の論法の核心の一部を切り取った。それにもかかわらず、州最高裁判所は最終的に労働者の団結権を認めたのである。

アメリカ史のこの特定の時期に、この判決が下されたのは偶然なのか。ウォルター・ネレス教授はそうは考えられておられない。教授は、ショー長官は投票箱での労働者の力を十分に認識しており、ホイッグ党への労働者の票を求めていたと信じておられる。教授は、「私は、ショー長官がマサチューセッツ州対ハント事件に判決を下したとき、そのような考えに意識的でなかったとしても、無意識的のうちに影響されていたと確信している」と書いておられる。

アーサー・M・シュレジンジャー・ジュニアは、研究書『ジャクソンの時代』で、「今では、ジャクソニアン・デモクラシーについて、それが地域ではなく階級の問題とみなされれば、より多くのことが理解できる点が明らかになったようである」と書いておられる。ジャクソニアン・デモクラシーを特徴づけた進歩的な運動における労働者の役割についての説明は、この結論を明確に実証している。初期の労働者政党がすでに足場を固めていたのは明らかである。１８３０年代の過激な労働者の労働組合運動も貴重な貢献をし、この運動の拡大は政治における労働者の影響力を著しく増大させた。労働史家のなかには、労働組合主義と独立した政治活動とを機械的に分離し、一方には労働者が強力な労働組合をもっていた時代には政治にほとんど関心を示さなかったことを証明しようとする者がおり、他方には労働組合主義への転換は政治活動における労働者の失敗によって引き起こされたことを証明しようとする者もいた。これはそうではない。この時期に労働者の経済的・政治的な活動がいつなん時であれ分離したり対立したりしたことはなかった。むしろ、労働者はその時代の歴史的な必要性に応じて、たがいに補足し補完する傾向にあった。たしかに、労働運動の指導者のなかには、労働組合主義にあまり関心を示さず、労働者階級が訴える悪は「法律によって生み出されたものであり、法律によって矯正されなければならない」と信じ、「投票箱をすべての不満に対する現代の万能薬」とみなす者がいたのも事実である。だが、結果そのものが、政治と労働組合の闘争が団結しなければならないことを労働者大衆に示した。

フィラデルフィアでは、労働者政党が〔第7章で考察した〕同業者連合職人組合から誕生した。政治活動と経済活動は、〔第6章で考察した〕ニューイングランド農民・職人・労働者協会で統合された。ニューヨーク初の労働者政党は、労働日の延長を防ぐための闘争の成功から誕生した。労働日が短くなったことで彼らの政治活動が可能になり、必要になった。なぜなら、労働者は自分たちが特別な関心と特別な発言権をもつ国民生活の不可欠な一部であると考えていたからである。ニューヨーク一般労働組合の台頭は、労働組合の委員長が議会議員に選出されたことからも明らかなように、タマニー派における労働者の影響力を増大させた。1835年と翌年に労働者の団結権に異議を唱えた共謀の有罪判決は、労働組合主義を補完する政治活動の必要性を改めて痛感させるものであった。

この時期を通じて、ニューヨークやその他の都市では、労働組合と労働者の政治活動との間に緊密な関係が確立された。政治組織と経済組織が同じものであったと言いたいわけではない。初期の労働者政党によって進められたより一般的な要求は、小規模商店主、農民、知識人も惹きつけた。しかし、こうした労働者政党の広範な基盤は組織化された労働者で構成されていた。平等権党が結党されたのは、ニューヨークの種々の労働組合の主導によるものであった。そして、もっとも重要なのは、この時期の労働組合主義と政治活動との統一が、たとえ限られた意味であっても、労働者の団結権を合法化する結果をもたらしたことである。

ジャクソン政権期の労働者は反資本主義的な考えをもっていたわけではなかった。彼らはアメリカの政治生活への銀行の邪悪な影響の排除に関心があったし、特権的独占体制の終焉を望んでいたし、自分たちの賃金が変動しないよう安定した通貨を求めていた。ジャクソンが次のように語ったときほど、こうした労働者観を穏やかに表現した者はいなかった。

「私の弱々しい声はこれまで、私たちの国の労働者を庇うために金属通貨を支持してその音量を上げてきました。そして、脈が打つ限り、それはこの体制を支え続けるでしょう。労働者が繁栄しなければ、商業と製造業は停滞し、国は困窮しなければなりません。わが政府は国民の政府であり、国民の幸福と繁栄のための政府であって、多くの人々を犠牲にした少数の人々の幸福と繁盛のための政府ではありません……」。

銀行を制度として廃止しようとする労働者は実にユートピア的で

あった。なぜなら、彼らは機械の導入を防げなかったのと同じように、銀行を廃止できなかったからである。思慮深い労働者は貿易と産業の拡大を加速させたいと切望していた。彼らは、少数の強力な金融集団の盲目的で近視眼的な政策によって成長が阻害されるのを防ぎたかっただけである。本質的に労働者は、人民の政府は人民のために行動すべきであり、資本家の利益のために行動すべきではないと信じていた。ニューヨーク州ロチェスターの労働者と職人の大規模な集会は1844年に次のように宣言した。

「我々、当市の労働者と職人は、ここに厳粛な抗議を行い、あらゆる種類と形態の法律に対して非難することを決議した。これらの法律は、その目的のために、あるいは資本家が労働者を不当に抑圧することによって自らを豊かにするのを助ける傾向がある」。

「我々は、『金持ちの世話をし、金持ちは貧乏人の世話をする』のが政府の義務であるという原則に反対することを決議した。なぜなら、富に力があるのは自明の事実だからである。したがって、もしコミュニティのいずれかの階級に有利な選択がなされるのであれば、それは特別な法律の保護を必要とする階級に有利になるようにすべきである」。

ジャクソン大統領の時代、労働者はこの原則を政府の指導者たちに印象づけ、経済民主主義だけが政治民主主義に意味を与えるという原則を確立する手助けをした。後になって、これらの原則はアメリカの政界指導者からは忘れ去られたが、労働者階級の心と精神には刻み込まれ続け、彼らは地方規模や全国規模の闘争のなかで何度

もこれらの原則を高く掲げることになった。

第10章　空想的社会改良主義の時代

1837年恐慌は労働組合主義に壊滅的な一撃を加えた。生産はほぼ停頓し、何千人もの労働者が職を失った。早くも翌年1月には、ニューヨーク市だけで5万人が失業していると言われ、さらに20万人が「冬を超す手段は慈善事業で提供されるもの以外にないという、まったく絶望的な苦悩のなかで」生きていると描写された。

同じ話がどこでも語られた。フィラデルフィア、ボルチモア、ローウェル、ボストンやその他の商工業都市では労働者が「困窮で死にかけていた」。どこでも、餓死寸前の労働者の絶望の叫び——「慈善のパンと薪炭ではなく、仕事、仕事、仕事が欲しい」との叫び声があがった。ニューヨークの労働者たちは、「俺たちは施しを求めていない。俺たちは乞食じゃない。俺たちはここで何もしないで役に立たないまま座っているのは嫌だ。俺たちに仕事を得る手助けをしてくれ。俺たちはそれ以外の手助けはいらない」と訴えた。

労働組合の衰退

労働者階級の3分の1が失業し、その他ほとんどの労働者がパートタイムでしか働いていなかったため、1830年代の労働組合は窮地に立たされた。地方の団体、都市の職業別組合、有望視されていた全国労働組合《NTU》（第7章92ページを参照。東部諸都市の組合の連合体で、都市の枠を超えた最初の労働組合。10時間労働制の獲得を主たる目的とした。会長のイーリ・ムーアは1834年秋の選挙で民主党から出馬）が相次いで消滅し、最初の労働新聞も休刊した。崩壊のプロセスは、不況期に過激な労働団体を粉砕する絶好の機会を見出した雇用主の攻勢によって加速された。1つの新聞ニューヨーカーは、実業家に「永遠に組合を放棄しない人を雇わないように」と促した。さらに同紙は、「労働時間、賃金、その他すべてに関する組合の規則は徹底的に解体されるべきである」と報じた。

いくつかの組合は組織を存続させようと躍起になった。フィラデルフィア製靴職人組合は1837年5月に、不況であるか否かにかかわらず、万難を排しても賃金水準を維持すると発表した。1カ月後、ニューヨークの印刷工は同僚に呼びかけ、組合に留まり、賃金を下げようとするいかなる取り組みとも闘うよう説得した。印刷工は、「あなた方（自分たち）が現在生活費として得ている、取るに足らないわずかな報酬が、雇用主の思い通りに減らされないこと、雇用主が豊かになる一方で、あなた方（自分たち）がより貧しくなるのは認めないこと」を雇用主に分からせようと言った。先の呼びかけは、「組合がなければ、何も成し遂げられない。すべてが組合によってもたらされる。組合員ではない者たちよ、前に出て、本腰を据えて組合に加入せよ。組合を支持すれば、組合はあなた方を支持する」

と締め括られていた。

雇用主の攻勢は続き、１８３９年までに30から50％に及ぶ賃金削減が労働者に押しつけられた。これは、37年以降の不況期に労働者の活動が完全に欠如していたことや、労働者階級が社会的・経済的状況を改善するためのあらゆる努力を止めたことを意味するものではない。失業者のデモ、読書室や講義室への支援、労働時間の短縮と法の前での平等な権利を要求する労働者の集会は、労働運動が死んでいなかったことの証左である。それは形を変えただけであった。

自分たちの組織が次々に粉砕されるのを目の当たりにした労働者は、当時の人間が生き生きと表現したように、「爆発する準備を整えていた」。彼らは何年もの間、国を繁栄から窮状へと陥れた、非常識な金融投機、盲目的で浪費的な国内の土地開発、銀行数の急増、紙幣流通量の増加を抑制するよう政府に求めてきた。そして、彼らの恐れが現実になった今、この苦しみに責任のある同じ一派が労働者に、「帰郷し、小麦を植えよ」と言った。「あたかも労働者が事業の減退に責任があるかのように、彼の妻子は罰せられ飢えさせられなければならず、そうすれば雇用主の収益と損得勘定は事業が好調だったときと同じように増加するであろう」。

労働者は、「私たちの国のように豊かな国が、どうして生活必需品のために圧迫されているのでしょうか」と尋ねた。「活気があり、健康で、知的な市民であっても、目の前には没落と飢餓があり……、憂鬱と絶望で打ちのめされていた」。

機械の普及

１８３７年恐慌期の産業集中と恐慌直後の機械の広範な利用は、ある労働者が語ったように、「誠実な職人の最後まで残存した希望を打ち砕く」恐れがあった。工場所有者は、労働者を単なる歯車や車輪とみなしている、とあからさまに語っていた。ある工場所有者は、彼の労働者についてこう所見を述べた。「彼らが、私が彼らに支払うことを選んだもののために私の仕事ができる限り、私は彼らを私の手元に留めておいて、できる限りのものを彼らから得ようとする。私は彼らが工場の壁の外で何をどのようにしているのか知らないし、そんなことを知るのが私の仕事とは考えていない。私が自分の利益だけを考えるように、彼らも自分自身のことを心配しなければならない。私の機械が古くなって役に立たなくなると、私はそれらを廃棄して新しいものを手に入れる。ここにいる人々は、私の機械の一部である」。

「私の機械の一部」。この言葉は、機械がアメリカの生産のあらゆる段階に侵入しようとしているのを目の当たりにするつれ、何千人もの熟練労働者の心胆を寒からしめた。機械は神秘的な力になった。労働者階級のリーダーであるトマス・デヴィアーは次のように語っている。

「機械が布地製造工程をほぼ完全に支配している。機械は非製造業の全部門にも着実——急速にと言っても良いかもしれない——に侵入しつつある。新たに考案された機械鋸は直線だけでなく曲線も加工でき、平削りと溝削りの機械、枘《ほぞ》穴機と作溝機は、その聖域が木工製造工程全体に拡大する運命にあることを我々に明確に警告している。我々の手工芸のいくつかはすでに絶滅して1つも残ってないことが、機械のもつオカルト的な力の圧倒的な競争力を予見している」。

１８２０年代から30年代にかけて、アメリカ労働運動の指導者たちは機械の導入を歓迎したが、機械は社会の利益のために使われるものであって、少数の資本家の利益のために使われるものではないと主張した。29年までさかのぼると、トマス・スキッドモア（第８章１０７ページを参照のこと）は、その研究書『財産に対する人間の権利』でこう述べている。

「蒸気機関は、貧しい人々がその恩恵を享受できる場合には、彼らにとって有害ではない。そしてこれは、仮定によれば、常にそうであるので、呪いとみなされるのではなく、［それは］祝福として歓迎されるであろう。もしそうであれば、たとえば蒸気機関が貧しい人たちを著しく貧困に陥れたり破壊したりする可能性が高いとみなされるなら、彼らはそれを手に入れて、自分たちのものにする以外に何をすべきなのか。同じように、綿工場、鉄製品工場、圧延工場、住宅、教会、船舶、貨物、蒸気船、農地など……を適切に扱えるようにしてもらおう。彼らの権利も同じである」。

労働組合とロコフォコ運動（第９章を参照のこと）の中心人物ジョン・コマーフォードは、１８３５年のニューヨークとその近郊の一般労働組合の結成2周年記念の講演で、すべての人の利益のための機械の社会的統制と稼働を主張した。彼は、機械に対する資本の力が終わり、機械が労働者に対峙するのではなく、労働者のために働くようになるときが来るであろうと、こう予測した。「そのときには、機械は現在のように少数者の利益のために使われるのではなく、大衆の利益のために使われるであろう。政府はその改善の合法的な管理者となり、人々の快適さと利便性のために機械を稼働させ続けること強いられるであろう」。

工場制度が普及し、大衆の利益のために機械を使うという展望が薄れるにつれて、アメリカの労働者は彼らが「成長する産業封建制」と呼ぶものをますます警戒するようになった。１８４０年代初頭、マサチューセッツ州チャールズタウンの労働者を代表して行われた演説では、「兄弟たちよ、これらのことを纏めて、私たちに教えてください。この国の自然な傾向が、そう遠くない日に、私たちを旧世界の労働者階級の悲惨な状況にまで落ちぶれさせないようにするには、下り坂の上に立っていて、すでに下り始めている私たちを救うには何が必要でしょうか」と語られていた。

空想的社会改良家の信条

唯一の解決策は祈りと精神的な安らぎにあると主張する者もいれば、労働者が精神的に向上すれば、工場制度が彼らの肉体と精神に何をもたらすかを恐れる必要はないと主張する者もいた。数は少ないものの、人々の苦しみは資本主義の本質に由来すると主張する者もいた。彼らは、少数の資本家が生産手段を支配し、この支配を人々の福祉のためではなく、彼ら自身の利益のために利用したと説明した。これらの利益が止まるたびに、資本家は生産を停止し、何千人もの人々を失業させ、国中に悲惨な状況を蔓延させた。

解決策は、この思想集団によれば、生産力に対する人々の支配を回復することによって、あらゆる種類の奴隷制と抑圧を廃止する新たな社会秩序にあった。そのような社会だけが、チャールズタウンの労働者の問いに答えられた。それというのも、そうした社会は戦争や不和や苦難の代わりに、普遍的な自由と平和と調和の時代を導くからである。最後に、この新しい社会秩序は一夜にして構築することができた。構想はすでに練られていた。必要なのは富裕層と権力者がこの構想を支持し、財政的に支援することだけであった。そうすれば、すべての人が参加して協同組合を構築できた。これらの輝かしい展望を掲げていたのはユートピア社会主義者であり、2人の偉大なヨーロッパの思想家ロバート・オーエン〔1771～1858〕とシャルル・フーリエ〔1772～1837〕のアメリカの弟子たちであった。

オーエンはウェールズの工場所有者で、若かりし頃に新たに出現した産業主義がもたらす弊害を目の当たりにした。こうした弊害を根絶するために何かをしようと決意し、スコットランドのニューラナークに模範的な繊維工場を創建した。彼は、比較的良好な賃金を支払い、労働時間を短縮し、従業員の子弟に学校と保育園を提供し、貧民窟《スラム》をまともな住居に置き換え、綿花不足のせいで工場が閉鎖に追い込まれた折りには賃金を満額支払った上で全従業員を雇い続けた。1820年代にオーエンは、慈善心に富んだ工場所有者によって設立された模範的な工場町を慈悲的な感情を超えたものとして計画し始めた。彼は、必要なのは商品の生産者が共通の生産手段を所有する新しい社会体制であると言い、協力的な労働者によって運営され、資本家と労働者、生産者と消費者の区別と同様、私有財産が廃止されるコミュニティの設立を提案した。

イギリスでのオーエン派のコミュニティ実験はどれも成功しなかったが、オーエンはイギリスの労働運動に強い影響を与えた。1844年にイギリスの織物職人によって始められた有名なロッチデール消費者協同組合はこの影響の産物であった。フリードリヒ・エンゲルスがその優れた研究『空想より科学へ』〔1880年に『反デューリング論』の3つの章をパンフレット化したもの。正式名称は『空想より科学への社会主義の発展』〕で述べているように、19世紀のイギリスにおけるほぼすべての進歩的活動はオーエンの研究に感銘を受けたものであった。

オーエンが新しい社会秩序の構想を発展させていたのと同じ頃、フーリエもフランスで同じような事業に着手していた。オーエン同様、フーリエも協力的なコミュニティの組織化が資本主義の社会的害悪を一掃すると信じていた。だが、ファランクス〔仏語ではファランジュ〕として知られる彼のコミュニティは一種の株式会社であり、オーエンの協同社会とは異なり、コミュニティによる財産所有に基づくものではなかった。株式会社の利益は3つの部分――12分の4は資本への配当として、12分の3は特別な才能をもつ個人に、12分の5は労働者にそれぞれ支払われる――に分割されることになる。

オーエンとフーリエの基本的な違いは、前者が個人の財産権を廃止したのに対し、後者はそれを維持した点にあった。もう1つの大きな違いは、オーエンは社会がうまく組織されれば産業の発展は人類の進歩に貢献できると信じていたのに対し、フーリエは産業主義を巨悪とみなし、人類の救済は「農耕経済と手工業経済」にあると信じていた。

オーエンが理想とする社会では、「機械と科学は、過度に骨の折れる、不愉快な、あるいは人間の本質に有害なすべての仕事をその他の方法で代行するために広く導入されることになる」。一方、フーリエは、この仕事をファランクスの構成員に行わせることを構想した。彼は、これらの仕事を名誉あるものにすることによって、仕事は魅力的なものになると考えた。

　これらの根本的な違いにもかかわらず、オーエンとフーリエには多くの共通点があった。2人とも、一握りの資本家から生産手段の所有と支配を奪取する協同組合を信じていたし、部分的な改革には価値がなく、「世界を完全に改造し、すべての不和と戦争を廃止する」必要があると信じていた。〔社会〕進歩の友は、より良い社会のためのこれら社会改革者の努力を賞賛せずにはいられないが、彼らの努力は科学的に考慮されたものではなく、したがって失敗する運命にあった。

　オーエンとフーリエは、搾取者に依存して搾取を自発的に終わらせようとした。もし寛大で先見の明のある国王か皇子か資本家が、その富の一部をこの大義に捧げるなら、小さな実験的なコミュニティに資金を提供できるであろう。1年か2年後には、多くの人は協同的なコミュニティでの生活と資本主義的なコミュニティでの生活の対比を目にすることになるであろう。その際の最大の問題は、同様のコミュニティを設立しようと切望する何千人もの人の流入をどう扱うかであろう。これらの何千人もの人のなかには資本家もいるであろう。なぜなら、彼ら資本家もまた、覚醒した労働者階級によって生み出された革命の危険から逃れるために新しい社会を支持するようになるからである。こうしてオーエンは合衆国の資本家に、新しい協同的なコミュニティが最終的な破壊から逃れる唯一の道であるのを理解するよう訴えた。

　オーエンは、「これらの施設は、資本家や広範な実務経験のある人々が時代の大問題を難なく解決できるようにするであろう。すなわち、これまでのように、少数の人々のために莫大な富を創出し、多数の人々を貧困に陥れ、最終的には、この措置によって適時に防止されなければ、過剰な富を完全に破壊することになる自暴自棄に彼らを駆り立てるのではなく、いかにして巨大で成長し続ける新しい科学力を、全人口のために有益に富を生み出すのに適用するかである」と書いている。

　フーリエについて語られた次の話は、空想的社会改良家《ユートピアン》が世間知らずであるのを例証している。「彼は、フーリエ主義の原則に基づく共同体《コロニー》開発のために１００万フランを彼に寄贈する気がある慈善家を待つために、ある時間に家にいると公表した。その後12年間、彼は毎日、時間通り正午には家にいて、見知らぬ寛大な人を待っていたが、残念ながら億万長者は現れなかった」。

　しばらくの間、ユートピアンは多くの改宗者を得たが、その多くは知識人であり、富と貧困の対比の高まりにうんざりし、理性と善意に訴えることによって平等と幸福の時代を招来する計画を歓迎した。彼らは、労働者階級は自らの解放に関与すべきではないと主張することによって、資本主義社会のなかで協同組合が成長できるという誤った理論を追求した。オーエンは、「労働者階級の救済と改善のためのいかなる措置についても、訓練されておらず、情報を与えられていない人々が意見をもつこと」は望まない。「いや。そのような問題に関しては、労働者階級がより良い習慣を教えられ、合理的かつ知的になるまで、彼らへの助言は価値がない」と率直に述べた。

オーエン主義

１８２５年初頭、オーエンは、人々が「封建的な過去の死の手」に支配されていない約束の新世界アメリカに渡って来た。合衆国で社会変革に向けた冒険的な企てが、これほど広範で影響力のある聴聞会の対象になったことはこれまでなかった。２月25日と３月７日と時間を違えて２回にわたって、彼は、〔第５代〕合衆国大統領ジェームズ・モンロー、次期大統領ジョン・クィンシー・アダムズ、各省庁の長官、そして議会両院議員の立会いのもと下院で演説した。オーエンがニューヨークからニューオーリンズまでの聴衆に頻繁に行った講演はアメリカの新聞で丁寧に報道され、彼が提案したコミュニティ・モデルは活字にされ、新聞で広く流布された。

アメリカ初のオーエン主義者のコミュニティはインディアナ州ニューハーモニーに設立された。オーエンは、宗教上の一会派であるハーモニー会派がウォバシュ川沿いに共同サークルを作り、土地を耕して住宅、製粉所、工房をすでに建てていた３万エーカーを購入した。１８２５年４月27日、彼の「荒れ地に出現した王国」は、世界中の「勤勉で気立ての良い」人々をこのコミュニティに惹きつけた。同年夏には、全米各地から１０００人近くの人々がニューハーモニーに集まった。その後、当時の偉大な頭脳も参加した。フィラデルフィア自然科学アカデミーの学長ウィリアム・マクルール、経済学者で博物学者で輪転機の発明家ジョサイア・ウォーレン、昆虫学者のトマス・セイ、国際的に有名なオランダの化学者で地質学者のヘラルト・トロースト、オーエンの息子ロバート・デール・オーエンとデイヴィッド・デール・オーエンなどである。

コロニーは失敗した。計画立案力の欠如と明晰で強力なリーダーシップの欠如が繰り返される争いと分裂を引き起こし、コミュニティの崩壊を助長した。オーエンは土地の購入とコミュニティの負債に20万ドル以上を費やした後、すべての財政支援をそこから引き揚げた。コミュニティに帰属していた冒険家、投機家、怠け者は、彼が働かなければならないと発表するとすぐに立ち去った。だが、多くの労働者は農場と家屋を非常に手頃な料金で賃貸するという彼の申し出を受け入れた。しかし、協同的なコミュニティとしては、それは終わった。

１８２６年から翌年にかけて、オーエン主義者のコミュニティはニューハーモニー以外に、ニューヨーク、オハイオ、インディアナ各州の18カ所で形成された。だが、それらもすべてニューハーモニーと同じ運命を辿った。28年までに運動としてのオーエン主義は実質的に消滅したが、40年代にいくらか復活した。オーエンは45年にアメリカに戻り、「新世界で、アメリカ政府がその先見の明のある創設者によって基礎とされた原則に基づいて、すべての人の利益のための新しい社会秩序を開始するべく」、ニューヨーク市で「世界大会」を開催するよう呼びかけた。大会は８日間開催されたが、その決議は紙片に残っただけで、彼は再度失敗した。

フーリエ主義

オーエンの構想はアメリカでかなりの議論を呼び、彼の信奉者の多くはモデル・コミュニティが失敗した数年後に彼の理想を実行した。フーリエ人気への道を準備したのはオーエンであった。フーリエ自身はアメリカに来たこともなければ、彼の考えが短期間とはいえアメリカを席巻したのを見るまで生きていなかった。彼は1837年10月10日にパリで亡くなった。彼の偉大なアメリカ人の弟子アルバート・ブリズベンが、フーリエの哲学をアメリカ人に紹介した数冊の本と多くの論文の最初のものを出版する3年前のことであった。

（アメリカの新聞社のオーナー）ハースト家の有名な弁護士アーサー・ブリズベンの父親であるアルバートは、裕福な地主の一人息子であった。彼は訪仏中にフーリエの著作に出会った。彼は1834年にアメリカに戻り、フランスのユートピアンの大義の推進に一生を捧げた。彼の最初の著書『人間の社会的運命、あるいは産業の連合と再編成』は40年に公刊された。その半分はフーリエの著作に充てられ、残りの半分にはフーリエの体系がアメリカの状況にどのように適応できるかを示す著者の注釈とイラストが含まれていた。

アメリカでもっとも影響力のあるフーリエ主義への転向者は、著名なリベラル派ジャーナリストのホレス・グリーリー（1811～72。新聞編集者・社会改革者。1841年にニューヨーク・トリビューン紙を創刊し、奴隷制反対・禁酒・婦人参政権・自営農地立法・保護関税などを唱えた。南北戦争時には北部世論を先導した。本章150ページに登場するブルック・ファームで出会ったチャールズ・A・デーナがカール・マルクスをロンドン特派員に雇い、マルクスは1851年8月から62年初頭まで10年間に社説を含む400本を超える記事を寄稿した。だが、南北戦争で編集部内の奴隷制諸州への妥協派が有力になり、同紙の進歩性が放棄されたことでマルクスは寄稿を止めた）であった。(＊) 彼はかつては印刷工であり、ニューヨーク市の労働運動にかかわっていた。1837年恐慌の間の苦しみと40年代の機械の大量導入は、アメリカの労働者がヨーロッパの兄弟に対して享受していた自慢の利益が実際には存在しないことを彼に確信させた。

（＊）当代の歴史家の間では、グリーリーに関して2つの意見がある。1つの学派は、彼を「1800年の政治革命に対して貢献したトマス・ジェファソンがそうであったように、40年代の社会革命に貢献した」誠実で急進的な改革者とみなしている（ジョン・R・コモンズ教授の見解）。もう1つの学派は、グリーリーの誠実さは認めるものの、彼が労働者階級の関心を彼らの当面の状況を改善するための基本的な闘争から逸らし、ストライキに反対し、労働組合主義に対して生ぬるいプログラムを擁護したと指摘している（ノーマン・J・ウェアとアーサー・M・シュレジンジャー・ジュニア両教授の見解）。後者の見解に関しては多くのことが言えるが、ニューヨーク・トリビューン紙が、（ときには代償を払って）労働者にとって非常に重要な問題にコラムを開放し、当時のほとんどの新聞よりもはるかに同情的に労働運動の出来事を報道し、労働運動によって行われた多くのキャンペーンを（しばしば気紛れに）支援したという事実を見落としている。

（ニューヨーク・トリビューン紙は、）「労働の自由と言えば、……実際のところ、扶養する家族がいて、その年に1軒の家を借りている人が、『もしあなたが1日13時間、あるいは我々が適当と思うだけ働くのであれば、あなたは留まれるし、そうでなければ、あなたは就業書類を手に入れられるし、この辺りの他の誰もあなたを雇ってくれないをあなたはよく知っている』と言われたのが事実とすれば、……それはもっともひどい戯言ではないのか」｛と書いていた｝。

グリーリーは、工場制度は「我々の社会経済の根本的な変化によって相殺されるべきである」と考えた。ある日、ボストンへの旅行中にアルバート・ブリズベンのフーリエ主義に関する本を読んだ彼は、ニューヨーク市に戻り、産業協会と呼ばれていたものの熱心な信奉者になった。ニューヨーク・トリビューン紙を創刊したとき、彼はアルバートに同紙のコラムを提供した。1842年3月1日、同紙には「産業協会あるいは真の社会組織の原則」との見出しが掲載された。それは、その後43年9月9日まで同紙のコラムに定期的に掲載された数多くの記事の最初のものであった。この運動は後に、独自の新聞――ニューヨーク・ファランクス、ハービンジャー《先駆者》、ソーシャル・リフォームなど――を創刊したが、限られた発行部数のこれら小新聞は、広範な読者を抱えていたトリビューン紙上のアルバートのコラムほども影響力はなかった。彼は現代社会の弊害を分析し、フーリエ主義がそうした弊害をいかに改善したかを示した。以下はその典型的なコラムからの抜粋である。

現代の誤った社会秩序と産業協会との対比の一般的な見解は、一方は地獄であり、他方は地上の天国である。

我々の現代社会の結果	産業協会の成果
1．浪費	1．巨大な経済
2．貧困	2．全体の富
3．詐欺行為	3．実質的な真理
4．抑圧	4．真の自由
5．戦争	5．持続的な平和
6．無益かつ人為的に起こる疾病	6．医薬品による疾病予防体制
7．すべての偏見の優勢さと、改良時に現れる障害	7．すべての部門における進歩と改良時に現れる好機

この地獄を終わらせ、そこに天国をもって来るのに必要なのは、6000エーカーの土地を購入するのに十分な資金の捻出だけであった。その資産は各構成員がパートナーであり株主でもある合資協会の形で保有される。同協会内の各労働者は、実費で生活必需品を受け取り、高い賃金とともに株式の配当を受け取ることになっていた。平和と幸福。たった1つの産業協会が他のもののモデルとなるであろう。それはすぐにアメリカのすべての人々に、「ロバート・フルトンのたった1隻の蒸気船が、それが製造されたどんな船よりも優れていることを世界に納得させた」のと同じように、新しい社会が古い社会よりも優れていることを納得させるであろう。

労働者にとってより魅力的であったのは、1843年12月にロチェスター・フーリエ協会が配布した、『労働者の過ちと労働者の救済』と題するパンフレットであった。これは、資本主義社会における労働者階級の立場を痛烈に攻撃し、「すべて国の労働者階級は、非生産者や怠け者によって何と考えられているのか。働いて死ぬのを運命とする心も魂もない役畜である」と断言した。労働者の貧困と苦しみの原因は何かと問いかけ、「あなた方の労働には扶養するにはあまりにも多くの怠け者がいる」、「彼らは働くことを恥ずべきことと考えている」と答えた。(*) 解決策は明白であった。労働者はフーリエ主義者のファランクスの一員になるべきであり、そこで彼らはすぐに「現在の最良の状況で自分たちが受けるよりも少なくとも4分の1は多く受け取る」ことになる。

(*) この概念を前進させる際に、パンフレットはフーリエとアルバート・ブリズベンから逸脱した。2人とも、詐欺や富の不平等な分配を労働者の窮乏の原因と考えていなかった。貧困を引き起こしたのは社会体制内の不調和な組織であって、資本家の貪欲ではないと2人は主張した。

これらの訴えは、工場制度の突然の出現に怯え、振り返ってみると安全と独立の日々のように見えたジェファソニアン・デモクラシー〔第6章63ページを参照のこと〕の古き良き時代に戻るための何らかの手段を模索していた職人にとって、魅力的であったに違いない。一時期、かなりの数の労働者が、産業協会運動に逃げ道を見つけたと信じていた。ちょうど当時の中産階級の社会改革者が、同じ運動が階級分裂を引き起こす勢力を逮捕したり相殺したりし、ヨーロッパのプロレタリアの悲惨さと革命をアメリカから遠ざけられる原理を求める彼らの祈りに対する答えと考えていたのと同じであった。

理想郷《ユートピア》への道はあまりにも簡単にみえたので、フーリエ主義はすぐにアメリカで数千人の信奉者を集めた。アルバート・ブリズベンは１８４３年初頭にニューヨーク州を視察した後、トリビューン紙に「すべての主要な町と多くの小さな町で、人々はこの問題を最大の熱意とエネルギーをもって取り上げ、教養を広め、小さな協会を組織するための団体を結成している」と歓喜に満ちた報告をした。

その後10年間に、40以上のフーリエ主義者のコミュニティがイリノイとマサチューセッツ両州の広く離れた地域に設立された。それらは社会のあらゆる階級の人間を惹きつけ、とくに労働者階級から多数の新入会員を得た。短靴職人、長靴職人、仕立屋、大工、建具職人、家具職人、塗装屋、絨毯織り職人、鍛冶屋、鉄鋳型職人、機械工、石工、肉体労働者、御者、時計職人、さらに事務員などが、アメリカのさまざまなファランクスの構成員として挙げられている種々のカテゴリーの労働者のなかに含まれていた。

合衆国で最初に設立されたファランクスはシルヴァニア協会であった。それは、１８４３年に、それまでオールバニーとニューヨーク市に住み、働いていた職人によってペンシルヴェニア州西部に設立された。同年1月17日、トリビューン紙は、「シルヴァニア協会は知的で精力的な職人によって運営されている。彼らは、資本を有する人たちから援助を得るのを諦めて、自らの労働によって同協会を設立しようと決意した」と披露している。

シルヴァニア協会に投資された資本は、労働者自身と、少なくとも1株を25ドルで引き受けて株主になった数人の後援者からもたらされた。その短い存続期間を通して、コロニーは資本調達という困難に直面した。協会の幹部は、「裕富な人たちと気前の良い人たちに、土地を迅速に開墾し、改良し、そこに建物を建てるための株式への出資を募っている」と公に訴えた。残念ながら、裕福な人たちは気前が良くなく、気前の良い人たちは裕福ではなかった。

他にも困難があった。働き手は農民としての特訓を受けたことがなく、農作業は非常に難しかった。気候は厳しく、建物は掘っ建て小屋よりわずかにましなだけで、ペンシルヴェニア州西部の荒野での生活は快適とは程遠いものであった。靴製造を含むいくつかの産業部門が設立されたが、市場を獲得する難しさがその成長を妨げた。1844年8月10日、アルバート・ブリズベンはコロニーの失敗を次のように告知した。

「我々は、同協会が、不幸にもそれが定住した地域を特徴づける作物の実らない土壌と寒冷な風土に対してうまく戦えないと確信し、ここに同協会の解散を決定したことを州に願い出た」。

アメリカのほとんどのファランクスは、シルヴァニア協会のように、設立後数年以内に失敗した。フーリエ主義が事実上この国のすべてを賭けた北アメリカ・ファランクスは13年間存続し、マサチューセッツ州のブルック・ファームは6年間存続した[*]。しかし、大多数のファランクスは1年も経過しないうちに倒産した。

（*）ブルック・ファームはフーリエ主義者のファランクスとして始まったわけではないが、アメリカで設立されたすべてのファランクスのなかでもっとも有名であった。それに直接的あるいは間接的にかかわっていたのは、ウィリアム・E・チャニング（1780～1842。19世紀初頭のアメリカでもっとも優れたユニテリアン派の説教師）、ジョージ・リプリー（1802～80。ユニテリアン派の牧師、超絶主義者の雑誌ザ・ダイヤルを編集）、ラルフ・ウォルドー・エマソン（1803～82。哲学者、詩人。1883年の講演「アメリカの学者」は、アメリカの知的独立宣言と称された）、セオドア・パーカー（1810～60。ユニテリアン派の牧師、奴隷制廃止を支持）、ナサニエル・ホーソン（1804～64。小説家。ブルック・ファームを背景とした『ブライズデイル・ロマンス』などがある）、ジョン・グリーンリーフ・ホイッティア（第8章104ページを参照のこと）、マーガレット・フラー（1810～50。女性参政権論者でジャーナリスト、超絶主義者の雑誌ザ・ダイヤルを編集）、エリザベス・P・ピーボディー（1804～94。教育者。アメリカ初の英語で教育が行われる幼稚園を開園した）といった当時の錚々たる知識人であった。

失敗の理由は即座に説明がつく。一部のコミュニティでは、安息日の遵守や教育プログラムの性格などの問題をめぐる激しい対立が衰退を早めた。他のコミュニティでは、株主が働き手よりも大きな報酬を受け取り、運営において作業に従事する者よりも大きな発言力をもっているとの苦情が頻繁に寄せられたことが崩壊のプロセスを加速させた。さらに、いくつかのファランクスは、会社設立行為によって確固たる法的所有権を確保できなかったため、事業を継続して行えないことが明白になった。しかし、ほとんどすべての場合、おもな困難は十分な資金を確保できないことから生じた。資本家のなかにはフーリエ主義運動に参加し、ファランクスに土地を貸し出す者もいた。だが、多くの場合、こうした振る舞いは、その多くがコミュニティの存在によって資産価値を高める抜け目ない策略であった。ファランクスが失敗したとき、彼らは荒野の代わりに耕作可能な土地を受け取ったからである。しかし、ほとんどの資本家は、「階級対階級、または資本対労働」の闘争を排除する運動を支持するよう彼らに促したユートピアンの訴えを無視した。

小説家のナサニエル・ホーソンはブルック・ファームの友人に宛てた手紙で、この冒険的事業は成功しないであろうと予言した。彼は、「私は自身で判断を下します。同ファームの敷地内で起こったことからではなく、外部の状況から、つまり十分な資金の調達が不可能なこと、あるいは多額の資金なしに進められる実行可能な計画が提案されるかどうかといったことの判断からです」と付け加えた。1845年、設立者の1人ジョージ・リプリーはアルバートに手紙を書き、ブルック・ファームのために1万5000ドルを調達するのに手を貸すよう求めた。彼の返事は、シルヴァニア協会への支援は裕福な資本家からもたらされるという彼の原則が破綻したことを明らかにした。彼は、「あなたは資金を、ブルック・ファームのための資金を欲しがっておられます。しかも今すぐに。私には、同ファームのために1万5000ドルを調達することは、10万ドル調達するのと同じぐらい厄介な問題のように思われます。どこでそれを調達できるのでしょうか」と書いている。

生産者協同組合

ファランクスの失敗は、アメリカにおける空想的社会主義の影響の終焉を意味するものではなかったが、多くの労働者に、「完璧な協同体制を一気に導入するのは不可能なこと」を納得させた。だが、彼ら労働者は、労働が自分たちの生活水準を維持・向上させるには、生産と流通の新たな機構が絶対に不可欠であると信じていた。その成果は、1840年代から50年代にかけて、生産者協同組合と消費者協同組合に向かう重要な動きとして現れた。

生産者協同組合は、1830年代にいくつかの都市で始まったことが思い起こされるであろう。36年には、フィラデルフィアだけでも、家具職人や製靴職人や手織機織人によって複数の工場と店舗が開設された。37年恐慌がこれら初期の取り組みを一掃したとき、他の業界もこれに追随しようとした。

1840年代には、生産者協同組合運動が復活し、かなりの注目を集めた。もちろん、その多くは労働者階級の諸団体内におけるフーリエ主義の影響によるものであった。しかし、かなりの程度まで、それは48年のフランス革命によってもたらされた刺激の結果でもあった。この革命の間、資本主義社会の弊害に対するルイ・ブラン〔スペイン生まれでフランス第2共和政期の社会主義者で歴史家。労働時間の短縮や国立作業場の設立にかかわった。1848年4月の選挙で落選した後、48年にイギリスに亡命したが、70年にパリに戻り、翌年国民議会議員に選出された。その「各人がその才能に応じて生産し、その必要に応じて消費する」はマルクスの『ゴータ綱領批判』に影響を与えた。パリ・コミューンには反対の立場をとった〕の救済策は、パリの労働者階級の間でおおいに注目を浴びた。彼は、国家が社会的な作業場と工場を設立し、それが民間資本主義と競争する独立機関になるべきであると提案した。オーエンやフーリエと同様、ブランはこの競争の結果が資本主義的生産の段階的な排除と新しい社会秩序の確立につながると確信していた(*)。

(＊) ブランによれば、労働者の各種団体は共同所有され、労働に対する補償は労働に費やされた時間に基づいて行われ、商品の交換は蓄積された労働を表す紙幣の使用によって促進される。政府は、「進歩大臣」を通じて初期の団体に資金を提供し、後にはそうした体制全体が機能するのを監督する。移行段階では、政府は鉄道、鉱山、フランス銀行、卸売・小売業の貯蔵・販売施設を国有化する。

覚醒した労働者階級の要求に屈して、フランス暫定政府はいくつかの「国立作業場」〔1848年2月末に成立した、政府が失業者に食を提供する機関。間もなく廃止された〕を設置したが、その職分は道路の建設と溝の掘削に限定された。しかし、アメリカの労働者はこれらのいわゆる「作業場」のもつその場しのぎの性格の検討を止めなかったし、ブラン自身がそうした事業が彼の原則に基づいているのを否定したという事実にさほど注意を払わなかった。彼らは、フランスにいる彼らの兄弟が既存の体制を躍起になって変えようとしたという事実だけに興味をもった。マサチューセッツ州ローウェルで発行されていた労働新聞ヴォイス・オブ・インダストリー紙が、フランスで設置された「作業場」の経緯に多くの紙面を割き、アメリカの労働者に対して、大西洋の対岸にいる労働者階級の兄弟を見倣うよう呼びかけた。全般的に見て、生産者協同組合と消費者協同組合の擁護者は、フランスの社会主義者の活動から大きな刺激を受けた。

しかしながら、アメリカで最初の重要な生産者協同組合は、１８４８年のフランス革命よりも数カ月前に誕生し、シンシナティ近郊で鉄鋳型工ストライキがあった47年から翌年の冬に活動を開始した。ストライキ中の自活のために、20人の鋳型職人が協同組合方式のストーブ工場と容器製造用の鋳造工場を設立した。彼らの総投資額は２１００ドルであったが、2人の裕福な慈善家から十分な信用を得て、ストライキ敗北後も事業を継続し、「鋳物職人組合の鋳造工場」の名称でオハイオ州から法人設立特許状を取得した。50年初頭、この事業は依然として好調で資本金は７７９２ドルに増え、47人の労働者が組合の賃金表に基づいて雇用されていた。このときまでに、この協同鋳造工場で生産されたストーブと鋳造品の販売を目的とした店舗がシンシナティに設立された。この年にこの鋳造工場を訪れたグリーリーは、それを「川沿いにあった工場のなかでもっとも広々としている」と描写した。労働者階級が抱える問題の解決策としての協同組合の熱心な擁護者であった彼は、組合鋳物工場の利点を労働者にこう伝えている。

「商況の如何によって、他の工場の鋳物職人は『断続的に』働かざるを得なかったが、鋳物職人組合の工員は、鋳造所が創業して以来、仕事がないためにぼんやりしている日があるといった状況にはならなかった」。

しかし、グリーリー訪問の直後、協同組合は失敗した。なぜなら、はるかに多くの資本をもち、労働者の冒険的な事業《ベンチャー》を廃業に追い込むために、原価を割る廉価で販売する準備を整えていた民間企業との競争に耐えられなかったからである。だが、シンシナティの鋳物工場の最初の成功とフランスで設立された「作業場」のニュースは、他の労働者が同様の冒険的な事業を組織するのを刺激した。１８４９年夏、ボストンの仕立職人が自分たちの価格表の受け入れを求めたストライキで敗北したとき、協同組合方式の店舗の設立を決意した。この事業の立ち上げ資金を調達する目的で、ボストンで数回の大規模集会が開かれ、約５００ドルが集まった。同年9月下旬、ボストン仕立工連合組合が生産を開始した。こうした動きは、ボストンでストライキ中の印刷工にも伝播した。彼らは、「ボストン印刷工保護組合」と呼ばれる協同組合方式の印刷工場を設立した。同保護組合は、商業印刷に加えて、週刊紙プロテクティブ・ユニオンを発行した。同紙は、労働者に対して、彼らを取り巻く状況の改善を目的としたストライキの活用を断念させ、協同組合方式の事業に集中するよう促した。これらの事業は、労働者が確信をもって語ったように、労働者を「自分たち自身の主人にし、道具を労働者の手に委ねるのはもとより、彼らの勤勉の賜である生産物を雇用主の懐に振り向ける代わりに、その大部分を労働者が享受できるようにする」ものであった。

台頭する産業体制からの逃避を図り、急激に消滅しつつある熟練・独立した職人としての地位を維持しようと必死にもがいていた労働者にとって、このような訴えは的を射ていた。１８５０年春には、多くの生産者協同組合が国中で設立された。ピッツバーグには鋳物工場、2から3棟のガラス工場、銀鍍金工場が設立された。ヴァージニア州ホイーリング（ウェストヴァージニア州が１８６３年にヴァージニア州から分離した時の同州最初の州都）は2万５０００ドルの資本金と釘切り職人協会をもつ協同鋳物工場を誇っていた。裁縫師の協同組合方式の店舗がボストン、フィラデルフィア、プロヴィデンスなどの都市で設立された。ニューヨークでは、桶屋、帽子仕上げ工、日除け塗装工、ドイツ風家具職人、仕立屋が協同組合型の店舗を設立し、乾物店の店員が「個々の雇用主の支配から解放される目的で合資協会方式の店舗を創設する」計画を立てているとさえ伝えられた。仕立屋が協同組合方式の衣料品店を設立したときには、ニューヨークの労働組合員の集会が開催され、この事業に対して同市の全労働者階級が祝福した。集会は全会一致で、「大衆が堕落した状態から自らを回復するための主要な手段の1つとしての協同の原則」の前進を決議した。

これら生産者協同組合は常にファランクスと同じ運命を辿ったが、その存在は、ユートピアンの影響はもとより、大きな経済的変化に直面しても自分たちの独立した立場を堅持しようとするアメリカの労働者の決意を示す顕著な例であった。

消費者協同組合

消費者協同組合運動は、中間商人（問屋や仲買人）の利益を排除し、それによって労働者と農民の生活費を引き下げようとした。１８３９年から43年にかけて、農民と職人によって組織された合資協会によってヴァーモントとニューハンプシャー両州にいくつかの「農民と職人の店舗」が設立された。ニューハンプシャー州にあったそうした店舗の会員は、その事業を「農民と職人が、まず第1に不当な価格のリスク、第2に恐喝と賦課の危険なしに、自分たちの労働の生産物を交換できる企画」と説明した。

しかしながら、消費者協同組合運動が本格的に始まったのは１８４５年になってからである。10月6日、ボストンのある職人集団が最初の労働者保護組合を結成した。この組合はまもなく何百もの類似組織のモデルとなったが、その主たる目的は組合員のための生活必需品の割引価格での購入にあった。また、傷病・老齢保険の規定など、相互救済的な特徴も併せ持っていた。保護組合の組合員は入会金3ドルと月々の少額の分担金を支払うことで、保護組合の店舗で食料雑貨、燃料、その他の商品を購入できた。店舗で請求された価格で、組合員は年間66・66ドル、10年後には利息を含めて８７９・62ドル節約できると推定された。さらに、組合員は「不摂生や放蕩」によるものでなければ、病気の折に週に3ドル受け取り、65歳に達して10年以上組合員名簿に継続して名前が載っていれば週7・50ドルの年金を受け取れることになっていた。

保護組合運動は、常に貧困と不安の淵で生活していた労働者から熱狂的な支持を得た。１８４７年12月までに40支部が設立され、

3000人以上の組合員を抱えていた。そのほとんどがマサチューセッツ州東部にあった。ニューイングランド保護組合は、50年だけでも564人の新規組合員が登録される101の新支部の設立を認可した。45年から60年までの15年間に、800以上の保護組合がアメリカとカナダで設立された。その大部分はニューイングランド諸州とニューヨーク州で設立されたが、ミシガン、ウィスコンシン、イリノイ各州にもいくつかあった。

保護組合運動の普及は、労働新聞と巡回講師による十分に組織された運動の成果であった。ヴォイス・オブ・インダストリー紙は、「保護組合」をテーマにした一連の啓蒙的な記事を毎週掲載することで、この運動の普及で大きな役割を演じた。ボストン労働者保護組合から派遣された巡回講師の1人ジョン・オーヴィスは、ニューイングランド諸州とニューヨーク州西部を巡回し、労働者と農民からなる聴衆に保護組合運動の原則を説明した。さらに、アルバート・ブリズベンとその弟子も講壇に立って、労働者に保護組合への参加と協同組合方式の店舗を設立するよう勧めた。協同組合運動のリーダーは保護組合主義を「フーリエ主義への入口の楔」とみなし、消費者協同組合での経験を通じて、労働者が社会の完全なる再編の必要性を認めるであろうと確信していた。

この感情はある程度正当化された。保護組合運動のリーダーは、この計画の節約的な特徴を強調したが、それをそのままにしておくことはめったになかった。彼らは、この運動の究極の目的が完全に再編された社会にあることを慎重に示した。また、この新しい社会がどのようにして形成されるかを明らかにすることも躊躇しなかった。それは、都市にある60の食料雑貨店の代わりに、保護組合店舗が約6つになるような店舗の統廃合から始まるであろう。中間商人を排除し、光熱費や輸送費を削減するのは、労働者のために商品価格を下げるためである。これは、住居に転換できる多くの空き店舗の存在がその家賃を下げるのと同じである。同様に、工場と輸送施設は保護組合に引き継がれ、統合されるであろう。中間商人、貿易業者、雇用主が排除され、労働者階級への仲間入りを余儀なくされるであろう。

だが、これすら始まりにすぎなかった。保護組合が国中に広まるにつれて、新しい団体が徐々に結成されるようになった。ローウェルとリンの支部は服地と長靴・短靴の製造に特化し、西部の支部は小麦粉を生産し、ヴァーモント州ではバターとチーズが生産され、南部は綿花、コメ、サトウキビを栽培した。それぞれの支部は、ある地区から別の地区に保護組合の船と鉄道で運ばれる物資を交換した。資本主義の賃金制度はすぐに悲しい出来事になり、働く男女にとって本当の問題は存在しなくなるであろう。

しかしながら、こうした夢が保護組合運動の一般組合員に共有されていたかどうかは疑わしい。ヴォイス・オブ・インダストリー紙は、運動に参加した多くの人が「金銭的な節約があること以上のことはほとんど知らない」点を認めた。ニューイングランド保護組合の委員会は保護組合運動の目下の機能の先のことまで考えるよう全組合員に再度こう訴えた。

「組合員諸氏へ。私たちはわずか数ドルの節約という下劣な考えで満足し、十分知り尽くしたと言えるでしょうか。将来の世代は、私たちにより高貴な行為を求めています……。私たちは、統合された店舗から統合された住居へ、神の地での共同所有へと進まなければなりません。神の地は、私たちの堂々たる建造物がその上に建つべき基盤です」。

結局、保護組合運動はファランクスや生産者協同組合ほども成功しなかった。1855年までにその影響は衰え、57年恐慌が一時的な回復をもたらしたものの、南北戦争が始まったときにはこの運動は過去のものになっていた。

この急激な衰退の理由を見いだすのは難しいことではない。商人たちは保護組合の店舗よりも安く売るために価格を下げ、かつてないほど長い信用条件で商品を販売した。保護組合には、民間の実業家と価格競争したり、信用ベースで販売したりするだけの潤沢な資金はなかった。そして、現金払いできる十分な財力をもっている労働者はほとんどいなかった。運動内の支配をめぐる対立と傷病給付基金の放棄に対する憤りが財政難の一因であった。最後に、実業家が保護組合運動を「社会主義」と非難し、その信奉者を私有財産の敵と呼んでいたまさにそのとき、社会改革者はその運動が中途半端であると批判した。協同組合主義者は、保護組合の組合員を社会主義に改宗させるという希望をすぐに失った。それで、アルバート・ブリズベンは1851年に嫌悪感をもって、「彼らは社会主義を気にかけているのでしょうか。いや、気にかけていません。だが、彼らは食料品店で以前よりも20%安い価格で商品を入手できることを知ったので、この点だけを気にかけています」と語った。

土地改革

ロバート・オーエンとアルバート・ブリズベンが、アメリカの労働者に改革案を訴えていたのとほぼ同時期に、農地改革論者もしくは国土改革論者として知られる別の一派が労働者階級から強い支持を得ていた。土地改革運動はイギリス生まれのジョージ・ヘンリー・エヴァンズに主導されていた。彼は、ワーキング・マンズ・アドヴォケイト紙とザ・マン紙の元編集者で、ジャクソン政権期の労働運動指導者の1人であった。1836年、エヴァンズは体調不良で労働ジャーナリストとしての活動を断念し、労働運動との関係も断たざるを得なくなり、療養のためにニューヨーク州北部の農場に隠棲した。40年代初頭に活動に復帰し、自由公有地のための十字軍を率いた。彼の土地改革への関心は30年代にも明確であったが、41年になって初めて土地改革に向けた具体的な計画を提示した。彼は、土地の独占は、「最大の災厄の原因である独占の権化」であるとし、アメリカの労働者が直面している問題を解決する唯一の方法は、土地の所有権に対する彼らの権利の回復である、とこう主張した。「人が地上で権利をもっているのであれば、その人は住居を構えるのに十分な土地を得る権利をもっている。人が生きる権利をもっているのであれば、その人は生計を立てるのに十分な土地を得る権利ももっている」。

エヴァンズは、少数の個人による広大な土地の支配が、土地をもたない労働者を完全に雇用主のなすがままにしていると信じていた。彼は、「貧しい人たちは、土地を耕せなければ、イギリスのように工場で働かなければならないか、さもなければ餓死しなければならなかった」と主張した。アメリカでは、ヨーロッパですでに起こっていた労働者階級の堕落は、すべての市民に正当な遺産——公有地の一部——を与える法律が可決されれば、まだ防ぐことができた。彼は、十分な数の労働者が、「(現在のように) 全身を工場所有者のなすがままにされるような工場での過剰な労働を防ぐために、その法律を利用するであろう」と主張した。

土地改革は労働者を資本への依存から解放するだけでなく、労働者が公有地に家を建てるために西部に移動するにつれて、雇用主は依然、東部に残っている人々の賃金を上げざるを得なくなるし、地主は地代を下げざるを得なくなる。エヴァンズは、労働力不足だけでも工場や店舗の労働者により良い労働条件をもたらすであろうと主張した。したがって、この改革案を通じて、「残った人々も移住する人々も、快適な生活を実現する機会を得る」ことになる。

土地改革は「産業革命の成果を無に帰す」が、技術の進歩に押し潰されつつあった労働者の経済的自立を回復させることにもなる。機械労働の勝利と人間労働の極度の疲弊は既存の労働条件下では避けられなかった。それと闘うのは無駄であり、人は「避けられない災厄から逃れる」必要があった。ヨーロッパでは、労働者を産業革命によって引き起こされた苦難と苦痛から救い出す望みはほとんどなかった。なぜなら、ヨーロッパでは「神の人間に対する遺産」である土地のすべての区画が貴族によって囲い込まれ、専有されていたからである。それゆえ、ヨーロッパの労働者階級は、旧世界に留まる限り、「彼らの肉体労働をどんな代償を払っても売り、そうした労働が彼らを生かし続け、それが失敗したときに彼らの最後の地上の避難所である墓に入るまで、そのわずかな収入で生きる以外に」選択肢はなかった。

しかしながら、アメリカでは土地とその資源は人民のものであったり、政府が彼らのために信託して所有していたりしていた。労働者にその権利を取り戻してもらい、西部の地に行って、公有地の外に作られた「農村共和制タウンシップ」に住んでもらう。そこでは、土地をもたない人は誰でも、4分の1の区画の農場や村に定住する権利をもつことになっていた。成人した者はそれ以上の土地はもてず、農場や1区画の土地は譲渡できないが、彼らは皆同じ権利を有することになっていた。この「農村共和制タウンシップ」では、職人はあるときは農地で働き、別のときは自身の道具で商品を作る職人的農民となる。靴屋である職人的農民は、自分の道具で作った靴を、仕立屋である職人的農民が作った衣類と交換する。彼らは村の広場で地元の商人に直接自分たちが作った製品を売ることもできた。

土地改革者は、このようにして公有地がすべての人に利用可能になれば、工業都市が崩壊するときがすぐに来るであろうし、すべての住民は、「大きな海港と河港での国際通商に対応するための倉庫、造船所、鋳造工場」だけを残して、タウンシップでの幸せな生活を目的に立ち去るであろうし、労働者が貧困と窮乏のなか、魂のない機械のもとで働く古い社会秩序は消え去り、その代わりに繁栄、平和、尊厳、安全を伴う新しい社会が生まれるであろう、とした。

エヴァンズは、自由な土地《フリーランド》の案が策定された後、平和革命が辿るであろう正確な道筋を示す具体的なスケジュールまで提示した。この想像上のスケジュールは、1851年2月8日付の彼の新聞ヤング・アメリカに掲載され、もし議会が同年に土地改革法を可決すれば、以下のような出来事がまもなく起こるであろうと予測した。

「1855年—これまでの文明では知られていなかったような全般的な繁栄。自由貿易が確立されている……。ヨーロッパでは移民が大流行している。イギリスの政治家たちは危機感を募らせ、『特許状』を認めている……」。

「1860年—現在、賃金のための労働は任意であり、1850年のオレゴン州とカリフォルニア州とほぼ同じ代価であり、1日3から8ドルの範囲である。現在の都市の家賃は名目上のものにすぎない……」。

「1870年—アメリカでは男女を問わず、『労働の許可』を求める者はいない……」。

「1880年—自由土地共和国は現在、南米とヨーロッパ全域に生まれつつある……」。

「1890年—現在、連邦のほぼすべての家族は自宅を所有しており、雇用不足はない……。機械は現在、労働者に対峙するのではなく、労働者のために稼働している……」。

「1900年—アメリカは現在、自由土地保有者《フリー・ホルダー》の国である。1776年の独立宣言の教義は十分に認識され、実践されている……。人々は、なぜ彼らの先祖が土地独占を容認したのか疑問に思っている……、そして、至福千年期《ミレニアム》が到来したかどうかを議論している」。

エヴァンズは、「以上すべては、国中の労働者が団結すれば、単純な投票によって得ることができる」と締め括った。

エヴァンズの計画に空想的社会改良主義の諸側面が含まれているのは明らかであるが、協同組合主義者のそれとは異なり、土地改革は労働運動の不可欠な部分であった。たとえ労働者が、彼らの問題のすべてを解決するという彼の理論を完全に受け入れなかったとしてもである。

他のいくつかの点で、土地改革論者は空想的社会改良家《ユートピアン》とは違っていた。1つには、彼らは資本家に支援を求めたり、彼らを計画に含めたりはしなかった。実際、彼らは自分たちの階級に「1人の富豪」も登録していないと自慢していた。もう1つには、彼らは政治活動の問題をめぐってフーリエ主義者とは意見を異にしていた。アルバート・ブリズベンとその主たる弟子たちは、政治・行政改革は役に立たず、時間とエネルギーの無駄と考え断固反対した。エヴァンズは、初期の労働者政党での経験から、労働者の政治活動には大きな価値があり、奇跡を成し遂げられると確信していたので、これに反対した。彼は政治活動を自身の計画全体の基礎にした。公有地をすべての市民が利用できるようにするためには、議会で審議を経た法律が可決されなければならないであろう。これは大衆の圧力と政治活動によってのみ達成できた。彼の計画を人々に伝えるために、彼は全国改革協会を結成し、公開の集会を招集し、女性の賛助団体を組織し、使い捨て品や記念品を配布した。さらに、彼は後に紙名をヤング・アメリカ(*)に変更したワーキング・マンズ・アドヴォケイト紙を復刊した。また、グリーリーのトリビューン紙のコラムを利用して、土地改革に向けて政治的に組織するよう労働者に働きかけた。彼と緊密に協力していたのは、セス・ルーサー、ジョン・フェラル、ジョン・コマーフォードらの労働運動で長年の経験を培った人々であった。

（＊）エヴァンズは、青年ヨーロッパ《ヤング・ヨーロッパ》派として知られる旧世界の運動からこの名称を採用し、それは「進歩の偉大な軍隊」を意味すると言った。

1845年、ニューヨークの壁に「自分で農場に投票せよ」と書かれたチラシが貼られた。このチラシの何千部もの複写物が、エヴァンズとその支持者によって全国に配布された。それは次のように問うていた。

「あなた方は、奴隷制や他人のための苦役、貧困とそれに伴う窮状にうんざりしていませんか。もしそうなら、自分で農場に投票してください」。

この訴えに対する反応は保守派を驚かせた。北部と西部、さらには南部のいくつかの地域の労働者が全国改革協会に参加し、区クラブを組織し、「もし選出された場合には、その地位のすべての影響力を利用して、合衆国の公有地におけるこれ以上の往来をすべて阻止し、実際の入植者の完全かつ独占的な利用のために農場や土地の区画に彼らを配置すること」に書面で同意しない立法府に投票しないとの誓約に署名した。一部のコミュニティでは、完全な選挙権、国民によるすべての役人の選出、財産への直接課税、法制度の改革などの他の進歩的な改革とともに、土地改革の原則を前進させるための独立した労働者側候補者の選出が目撃された。フェラルが土地改革の大義を擁護していたピッツバーグでは、この運動は一時的に権力の均衡を保っていた。全体として、土地改革論者が求めていたミレニアムが間近に迫っているようにみえた。エヴァンズの弟子の1人がそれをこう表現している。

土地改革論者たちよ、座が白けないようにせよ／そら行け、貪欲の弔鐘を鳴らせ／あらゆる持ち場で、座が白けないようにせよ／俺たちの素晴らしいヤンキーの国で／前へ押し、そのまま押し続けよ／人々の大義はまだまだ改善される

しかしながら、どれだけの数の労働者が土地改革を労働者階級を向上させる計画と考えていたのかは疑わしい。西部に移住したいと思っても、それができる労働者はほとんどいなかった。移住と農場の設備にかかる費用は、たとえ彼らが農耕知識をもっていて、東部の諸都市の慣れ親しんだ環境を離れるのを厭わなかったとしても、平均的な労働者が払えるよりもはるかに高額であった。ほとんどの都市の工場労働者にとって、フロンティアでの農場生活は不慣れな上に魅力もなかった。1843年にイギリス人旅行者から、なぜ彼らは資本家の手による搾取に屈したのか、なぜ彼らは「都会を離れ、……田舎に行かなかったのか」と尋ねられたとき、工場労働者は次のように答えた。

「俺たちは文無しでは西部に行けないし、貯金もできない。金策のためにできることはすべてやっている。俺たちには旅費が、次に土地・農機具・種苗の購入費が、さらには収穫物の一部を処分するまでの家族の養育費が必要だし、これらすべてを賄えば

懐に鐚《びた》一文残らない。しかし、俺たちが資金をもっていたとしても、農耕については何も知らない。工場労働でこれまでの人生を紡いできたので、他にどのような働き方があるのかも知らない。そして、俺たちが成功する可能性がどれくらいあるのかも知らない。それに加えて、俺らはいつも町に住んでいて、金さえあれば望むものは何でも手に入れられた。最後に、荒野での生活の恐ろしさを知っているのは、荒野に住んだ経験のある者だけである」。

しかしながら、実際に東部の商工業の中心地を離れて西部に向かった労働者がほとんどいなかったという事実は、労働者階級内での土地改革運動の影響を完全に抑制するものではなかった。労働運動の指導者の演説や労働新聞の社説は、たとえ労働者が誰も西部に行かなくとも、自由な土地を求める闘争が必要であるという事実をたえず強調してきた。なぜなら、自由な土地の存在と西部への移住の可能性の存在そのものが、東部の資本主義的抑圧者を思い留まらせるからである。

労働者が広く抱いているもう1つの信念は、自由な土地は工業都市に大量の移民が集中するのを防ぎ、それに必然的に伴う賃金の低下を防ぐというものであった。さらに、不況期には、自由な土地の存在は失業者を「人口過密な都市から大西部へと」流出させるであろう。労働力不足は、都市に残った労働者に職を得る「好機」を提供し、すぐに賃金の上昇と労働時間の短縮をもたらすであろう。すべての労働者がこの点に同意していたわけではなかった。1857年の失業者の大規模集会で、労働者は西部への移住に集中するべきであるとの提案を非難した。ある労働者は、「ある人が俺たちに西部に行くようにと言った。もしそうすれば、俺たちの場所は海外からの労働者が満たすであろう」と語った。

この問題に関して最近の研究者が提示した証拠は、労働者の西部への移住がほとんどなかったことを示しているが、それは、フロンティアの存在が労働運動の発展に現実的かつ重要な影響を及ぼし、労働者階級の状況と思考形態《イデオロギー》に顕著な影響を与えたという事実をけっして否定するものではない。さらに、自由な土地を求める土地投機家や奴隷所有者との闘いは、多くの労働者の支持を集め、彼らはそれをアメリカの民主主義拡大運動のためのもっとも重要な側面の1つであると正しく認識していた。

空想的社会改良家と労働組合主義

オーエン主義者、協同組合主義者、土地改革論者が多くの点で異なっていたとしても、自分たちの具体的な計画が採用されない限り、労働者は彼らが抱える問題を実際に解決できないという点では一致していた。オーエン主義者と協同組合主義者は、労働時間を短縮しようとする労働者の努力を公然と非難し、「労働時間の単なる短縮」は彼らを「12から14時間の隷属状態から10時間のそれに」変えるだけであると主張した。さらに言えば、賃金の上昇は労働者階級を助けることにもならない。ある協同組合主義者は1847年のニューイングランドの労働者の集会で、「いいえ、これらの手段のどれもあなた方の役に立たないでしょう。賃金のための労働という体制全体が間違っており、それは呪われた体制なのです。死の闇はその流れのなかにあります。死の闇は光に共感しません。死の闇は重荷を負わず、生命を生み出すものでもありません。有毒な火のランプのように、死の闇はその致命的な抱擁のなかにあるすべてのものを破壊します。恐ろしい大渦が手の届くところにある不運な物体を飲み込むように、あなた方は現在の体制のもとで、飽くことのない資本の塊に吸引されているのです」と語った。

その言葉は印象的だが、その目的は資本主義の廃止以外の何も役立たないのを労働者に納得させることにあった。エヴァンズはこの見解を多少違った形で共有した。彼は10時間労働を求める運動と賃上げ要求を支持し、ニューイングランドの労働者に対してより短い労働日を求める運動を起こすようにとさえ呼びかけた。同時に、土地改革が最初に達成されない限り、より短い労働時間とより高い賃金を目的とするそのような運動は失敗すると労働者に説得しようとした。彼は、「これは達成されるべき最初の措置であり、それなしで大きな改革を試みることは、道具なしで仕事に行くのと同じくらい怠惰である」と宣言した。現下の要求を求める闘争は、「彼らを独立という真の尊厳に高め」られなかったので役に立たなかった。

エヴァンズと協同組合主義者は、程度の差こそあれ、労働組合主義について同じ見解を共有していた。協同組合主義者にとって組合が悪いのは、それがおもに労働者の現下の要求に関心をもっていたからだけでなく、すべての階級が団結して新しい社会秩序を構築する必要があったときに、階級対立を引き起こすストライキを行ったからであった。エヴァンズは階級調和論者ではなかったが、彼の生涯で土地改革を推進していた時期には、組合は土地をもたない労働者にとってほとんど価値がないと信じていた。彼はワーキング・マンズ・アドヴォケイト紙に、「私は組合が労働者の抑圧に対する唯一の救済策ではないと考えているだけでなく、それが単なるパートナーシップに変質した場合を除いて、そもそも救済策になるかどうか疑問に思っている。ストライキは繰り返し試みられてきたが、ほぼ例外なく失敗してきた(＊)。なぜなのか。その理由は、単に土地をもたない労働者の団体は、個人と同じように労働の代価を維持できないからである」と寄稿した。また、ストライキは、「しばしば雇用主に賃金を引き下げさせる」「諸悪の根源」である余剰労働を攻撃できなかったので、労働者のために何も達成できなかった、とした。

（＊）この態度はエヴァンズに限ったものではなかった。１８４７年の改革派の集会で、何人かの人々が「アメリカに存在していた労働組合の無益さについて語っていた」。

空想的社会《ユートピアン》改良家はこうした見解を表明しただけではなかった。彼らは、現代社会でより良い条件を求めて闘うことが時間とエネルギーを無駄にしているのを労働者階級に納得させるためだけに労働団体に入り、労働者階級の集会に出席した。もし彼らが協同組合に専念したり、農場に投票したりすれば、彼らの不満はすべて解消されたであろう。説得力のある演説者であり、優れた国会議員であった社会改良家は、しばしば労働団体を説得して、現下の要求のために組合闘争を放棄させ、彼らの運動を協同組合や土地改革機関に転換させることができた。実際、労働者が無関心で敵対的であったとしても、ユートピアンは緩やかに組織された労働者階級の集会を牛耳り、協同組合や土地改革を「勤勉な何百万人もの人々を恒久的に繁栄させられる唯一の手段」として支持する決議を推し進められた。その結果、労働時間の短縮と賃金の上昇を確保するために労働者によって始められた運動は、ペンシルヴェニア、インディアナ、イリノイ各州の荒野や西部の農村共和制タウンシップにファランクスを設立するのに専念する運動へと頻繁に姿を変えてしまったのである。

空想的社会改良主義の時代は、ヨーロッパ諸国と同様にアメリカ資本主義の災厄に終止符を打てたわけではなかったが、何百万人もの人々が豊かさのなかで飢え、何百人もの人々が何万人もの労働者によって生み出された富の上で贅沢に暮らしている状況を改善する必要性に注意を喚起した。技術の進歩によって恩恵を受けたすべての人々に対して、なぜ何万人もの人々が身を滅ぼさねばならなかったのか。ユートピアンは、「富の創造者である労働者は、年を重ねるにつれて、そして世紀を重ねるにつれて、その公正で適切な報酬の一部を次々と失わなければならないのか」と問いかけた。

ユートピアンは産業社会の害悪に対する救済策を見いだせなかった。彼らの思想は現下の要求と労働者階級の究極の解放との関係を見いだせなかった。政治活動を無視することで、彼らは労働者から自由の扉を開ける鍵を奪った。彼らは労働者階級の現下の要求を無視することで、社会の社会主義的変革のために労働者を教育し訓練する唯一の運動である、労働者階級の労働組合と政治運動を弱体化させた。最後に、彼らは資本主義の発展が社会主義の前提条件であることを理解していなかった。マルクスが土地改革運動を批判したときに言ったように、彼らが無駄に「回避しようとしていた」「資本主義の災厄」は、「歴史的に良いものであった。なぜなら、資本主義は社会の発展を恐ろしいほど加速させ、共産主義運動の新しくて、より高度な形態にこれまで以上に近づけるからである」。そして、アメリカの初期のマルクス主義者であるヨーゼフ・ヴァイデマイヤーは、1852年8月1日付のニューヨーク・ターン《反転》・ツァイトゥング《新聞》紙で強調したように、「資本の蓄積は社会にとって有害ではない。むしろ有害なのは、資本が少数者の利益に奉仕するという事実にある。もしブルジョアジーが最初の任務を果たしたのであれば、混乱に終わったこの状況を終わらせるのはプロレタリアートの任務である」。

第11章　10時間労働を求める運動、１８４０〜１８６０年

空想的社会改良家《ユートピアン》が産業発展の弊害に対する感情を掻き立てる一方で、国家経済の工業化は労働者と雇用主との間に明確な境界線を引いた。１８４０年から60年の間に、年間５００ドル以上の生産を行う製造施設で働く者の数は、79万１０００から１３１万１０００人に増加した。同年の国勢調査によると、製造された製品の総額は4億８３２７万８０００ドル、50年には1億１９１０万６０００ドル、60年には1億８８５８万６１００ドルになった。アメリカの鉄道走行距離は、40年の２８００マイルから60年には3万６００マイルに伸張した。工業化とともに都市化が進み、人口８０００人以上のコミュニティに住む者の総人口に占める割合は、40年の８・５％から50年に12・５％、60年には16・１％に増加した。

アメリカの労働者は、資本主義の発展を止めようと努力しても無駄であり、経済の安定は、オーエン主義者、フーリエ主義者、あるいは土地改革論者が提供する単純な解決策では達成できないことをすぐに学んだ。多くのアメリカ国民に産業の進歩の利益をもたらすには、日々の経済・政治闘争を継続し、労働者の一致団結した行動が必要であることも学んだ。この認識は、１８６１年に結成されたアメリカ鉱夫協会の規約の冒頭を飾る以下の詩にもっともうまく表現されている。

最長の行軍が一歩一歩／勝利を導き、勝利する／一つの石がアーチを造り／一個ずつ、一個ずつ積めば
団結によって、俺たちの願いは／すべて成し遂げられる／水滴は水車を回す／一滴では何もできない、一滴だけでは

労働組合主義の復活

労働組合運動は、１８３７年恐慌の惨禍からゆっくりと復活した。ほとんどの労働者が、資本家が自分たちの問題を解決する手助けをしてくれるというユートピアンの信念を否定するのは時間の問題であった。40年代初頭、ニューイングランドの労働者の一団が、アメリカ中の仲間の労働者にそのような幻想を捨てるよう、こう訴えた。

「兄弟たちよ、私たちはあなた方にお願いします。あなた方の利益とあなた方の雇用主のそれが同じであると言われていることを……、一言たりとも信じないようにしてください。あなた方の利益と雇用主のそれは、本質的に敵対的で和解できないものなのです。ですから……雇用主に救いを求めてはなりません。私たちの救済は、神の御恵《みめぐ》みによって、私たち自身からもたらされなければなりません。私たちの労働によって豊かになる人たちにそれ

を期待するのは無駄なことです」。

こうした言葉はアメリカの労働者を奮い立たせた。何年も続く不況の後、彼らは団体を通じてより良い生活様式を確保する機会に飛びついた。これがニューイングランドほど明白な場所はなかった。そこでは、１８４０年代初頭に職人と労働者の組合が雨後の筍のように誕生した。「組織せよ」、「団結は強さである」が当時の合言葉となった。不況の最悪の年にブラックリストによって団体を放棄させられた古参の労働組合主義者は、新しい生活を始め、自分たちの同僚に組合を結成し、彼らが「イギリス国王の簒奪と専制を恐れずに非難した高貴な精神の真の代表者」であることを資本家に証明するよう求めた。

活発で過激な労働新聞がこのメッセージをニューイングランドの都市や町に伝えた。ボストンのレイバラー紙、リンのアール《千枚通し》紙とトゥルー・ワーキングマン紙、ローウェルのワーキング・マンズ・アドヴォケイト紙とヴォイス・オブ・インダストリー紙、フォールリヴァーのメカニック紙は、ニューイングランドにおける労働組合主義の復活に貢献した、新たに刊行された労働新聞のほんの一部であった。ニューイングランドの工場労働者は初めて闘争的な労働新聞を創刊した。

工場労働者と労働運動

１８４０年代以前には、工場労働者は労働運動で重要な役割を果たしていなかったことが思い起こされるであろう。確かに、ドーヴァーとローウェルの女子工員は20年代から30年代にかけて過激なストライキを敢行したが、彼女らが団結してより良い条件を求める闘争を続けることはほぼなかったし、熟練労働者の組織化された運動に加わることもなかった。その代わりに、彼女らのほとんどは実家の農場に帰り、自分たちを奴隷の地位に貶めようとする工場所有者を呪い、他の人々に「工場監獄」に近づかないよう警告した。

女子工員の大多数が近隣農場の出身者で、工場での稼ぎが唯一の生計を維持する手段でない限り、彼女らに組合を結成するよう促す労働組合主義者の訴えはほとんど効果はなかった。だが、１８４０年代になると状況は激変した。恒久的な労働者階級が工場で次第に出現し始めたのである。37年恐慌期に、ニューイングランドのかなりの数の農民が農場を失った。40年から南北戦争の間の労働条件に関する傑出した権威であられるノーマン・J・ウェア教授は、「ニューイングランドの農場が姿を消すにつれて、工場労働者の自由は縮小した。彼らはもはや逃れられなかった……、工場で恒久的に働く人の存在が現実のものとなった」と書いておられる。ある女子工員が45年に説明したように、工場の労働者は、「父親が土地を1フィートも所有せず、家族を養うパンのために毎日働く、貧困家庭の娘たちで大部分が構成されている。多くの外国人は、非情な権力の命令に従って自由に働いたり……、貧しい家に行ったり、物乞いをしたり、あるいはもっと悪いことができた」。

工場労働者の声を代弁する労働新聞の創刊は、実質上、これら女子工員の功績であった。それは、工場所有者によって組織された巨大な陰謀を打ち砕くために女子工員自身が懸命に努力した結果、誕生した。この国へのヨーロッパ人旅行者は、ニューイングランドの製造業者に饗応され、彼らの旅の日記に、ローウェル、ウォルサム、ローレンス、チコピーは本当に産業のユートピアであり、工場で働く少女たちは「資本から産業上の利益を得る働き手ではなく、偉大な神学校の生徒として」大切にされていた、と記録するよう説得された。詩人でさえ、工場制度を賞賛する詩を書いて報酬を得ていた。典型的な詩は「女子工員の歌」と題され、その一節はこうである。

　ああ、女子工員の歌を私に歌ってください／とても陽気で、楽しくて、自由な歌を／若さに輝くほお、それは体調の良さを物語っている／ああ、なんて彼女は幸せな女の子なんだ／彼女は織機の番をし、紡錘を監視している／陽気で、口汚い連中には近づかない／回転盤の騒音のなかで、彼女の明るい眼差が輝き／そして、彼女の胸中はいつも明るい

　1841年には大々的に喧伝された雑誌、ローウェル・オファリング《便り》が創刊された。同誌は、ニューイングランドの工場天国の神話の存続に手を貸し、工場所有者にとって強力な武器となった。その扉《とびら》には、「工場で働く女性によって書かれた斬新な記事の宝庫」という言葉が載っていた〔ディケンズ『アメリカ紀行』（岩波文庫）を一部参照〕。その結果、同誌は数年間にわたって工場労働者の声として受け入れられた。同誌は、工場の状況に対するいかなる苦情も掲載するのを慎重に避けたので、慈善的な工場制度の伝統を確立するのに役立った。

　ローウェル便りは国際的な名声を博した。チャールズ・ディケンズは、『アメリカ覚書』〔邦訳は先の『アメリカ紀行』の他に『アメリカ探訪』とするものもある〕で、同誌を「アメリカにおける現実生活の最初の明確な注釈」と評した。イギリスから帰国したアメリカ人は、「ローウェル便りはおそらく他のいかなるアメリカの出版物よりもイギリスでより多くの注目を集めている。それは政治の世界だけでなく文学の世界でも話題になっている」と報告している。そしてフランスでは、ルイ・アドルフ・ティエール(*)〔フランス第3共和政の初代大統領。パリ・コミューンの活動を禁止した〕が国民議会の場で立ち上がり、1冊のローウェル便りを振りかざし、この雑誌は民主主義において労働者は肉体だけでなく知性と感情をもてることを証明した、と厳粛に宣言した。

（＊）1871年、ティエールはパリ・コミューンの残忍な弾圧と、反動が勝利した「血の週」の間にパリのプロレタリアートの大量無差別虐殺において人目を引く役割を果たした。

　ローウェル便りが工場所有者に歓迎され、「彼らが従事している価値ある事業」を賞賛する賛辞を編集者に送ったことは驚くにあたらない(**)。それというのも、同誌の編集者は賃金や労働時間には、まったく関心を払っていなかったからである。編集者の1人は、「我々は世界の賃金を規制しようにも何もできなかった。我々はできたとしても、少なくとも我々の誌面でそれを重要なテーマにしなかったであろう。なぜなら、我々はそれよりも重要なものがあると信じているからである」と書いた。労働時間と労働条件に関しては、労働者が「どうこうできない」問題であった。それらは工場所有者の心優しさの結果としてもたらされるものであった。企業は、

「都合の良い時に10時間労働制を導入するだろうが、これは崇高な行為ではないだろうか」と書いていた。

(＊＊) 1843年1月、ウィリアム・シューラーがローウェル便りを以前の所有者から購入した。彼は工場所有者の代理人であり、10時間労働の痛烈な敵であり、ほぼすべての女子工員から猛烈に嫌悪されていた。彼は署名入りの声明で、「工場制度の進歩と評判に関心をもつ」すべての人にローウェル便りを支援するよう呼びかけた。

では、「それよりも重要なもの」とは何であったのか。同誌の編集者によると、本当に重要なのは、「労働者の知性と感情を高め、指導し、浄化すること、魂の精神的・感情的な欲求の捌け口を与えること、甘美と光明を与えること」であった。そのため、女子工員を読書や勉強をする改善サークルに参加させた。彼女らは、知識と教養で武装することで、労働を非人間的なものにし、労働から尊厳と自信を奪う機械の壊滅的な力から身を守ることができた。同時に、彼女らは、「紡錘のなかに知性がある」のを世界に証明することになった。知性と感情が自由である限り、体に何が起こったかはどうでもよかったのであろうか。女子工員の哲学は、「食べ物と衣服があれば、それで満足しよう」という使徒たちの哲学であるべきであった。

ローウェル便りは女子工員を除いてどこでも人気があった。たしかに、彼女らは、工場労働者が単なる機械の一部ではなく、知性と感情をもった人間であるのを証明することが重要であると信じて、同誌のために詩や物語を書いた。だが、彼女らは工場の実情を明らかにする記事も投稿し、より短い労働時間、より高い賃金、より良い労働条件の必要性を強調した。同誌の編集者がこれら記事の掲載を拒むと、彼女らは同誌を、「女子工員の苦しみから絞り出された多額の配当によって贖《あがな》われた贅沢を享受している」、ボストンやニューヨークの裕福な資本家の良心を宥める会社の機関誌にすぎないと非難した。

ローウェル便りの裏切りに嫌気がさしたニューイングランドの女子工員は、独自の雑誌と新聞を創刊した。1842年、隔週発行のザ・ファクトリー・ガールがニューハンプシャー州で日の目を見た。この雑誌はある男性によって編集され、「疑う余地のない能力をもつ数人の熟練工《オペラティヴ》」の支援を受け、「労働者の半数以上を占める無力な一群」を擁護するために率直な意見を発信すると発表した。3年後、週刊労働新聞ヴォイス・オブ・インダストリーがマサチューセッツ州ローウェルで創刊された。同紙は、女子工員の窮状にかなりの紙面を割き、働く女性のリーダーの1人が編集する定期コラムまで開設していた。46年5月、同紙は女子工員の手によって完全に引き継がれた。同じ年、ファクトリー・ガールズ・アルバム・アンド・オペラティヴズ・アドヴォケイト紙がニューハンプシャー州エクセターでその紙歴を歩み始めた。同紙は男性によって出版されたが、「工場の熟練工であり、その結果、彼女らが主張する大義をもつ人々の欲求を判断するのに十分な資格をもつ女性の協会」によって編集されていた。同紙は、「現在、ファクトリー・ガールズ・アルバム・アンド・オペラティヴズ・アドヴォケイト紙に対して行われている多くの罵詈雑言のなかで、10時間労働制を擁護し、一般的な改革を支持する立場から恐れず発言するつもりである」と公表した。

これらの新しい定期刊行物は、いわゆる「工場生活の魅力」に関する神話を一気に粉砕した。女子工員自身の手紙が各号で取り上げられた。ある少女は、1843年3月1日付のザ・ファクトリー・ガール宛の手紙で、彼女とその友人が1週間に1・56ドルを受け取るために、朝6時から夜10時まで働かされたと次のように不満を語っている。

「この誇らしげな共和主義の国で、私たちは何と輝かしい特権を享受しているのでしょう。ここにいる私は健康なニューイングランドの女の子で、とても行儀がよく、日曜日を含む私のすべての時間のちょうど半分を1時間2セント足らずで会社に捧げています」。

他の手紙には、「自炊するのに十分な賃金をほとんどもらっていない」女子工員が、気に入られるために操を捨てざるを得なくされたことが書かれていた。それらの手紙は、彼女らが午前中「気怠そうにしている」のを発見し、空腹状態で働かせるという「才知に長けた」一計を思いついた監督者についても書かれていた。それらの手紙は、莫大な利益を得ている工場で40%の賃金削減が行われたこと、額面で約50%の賃金の損失を意味する店舗用金券《ストアー・オーダーズ》｛第7章79ページを参照のこと｝での賃金支払いを受け入れるよう強いられたことについても書かれていた。多くの手紙は耐え難いスピード・アップに不満を訴え、10年前に女子工員は1分間に216から324のピック｛織機の杼の一通過｝で動く2台の織機を見張っていたが、今では1分間に480ピックで動く4台の織機の見張りを余儀なくされ、「労働者が行う作業量が増え、利益は資本に流れる」と指摘した。手紙はまた、工場労働者を恐怖に陥れるためにすべての企業が採用しているブラックリスト制度に対しても憎悪を込めて激しく抗議した。この制度のもとでは、労働者は新しい職を得る前に元の雇用主から正式に解雇されていなければならなかった。

新しい工場雑誌は、すべての号で、「製造業者と熟練工は金銭的利益において正反対の立場にある一方で」、中立的な立場をとれないという事実を強調した。この階級闘争の記録は、詩や小説や記事、さらには1843年1月15日付のザ・ファクトリー・ガール紙に掲載された以下のような定義にも反映された。

「監督者――代理人の手にある卑屈な道具。主人を喜ばせ、魂のない会社の金庫を満たすために、もっとも低俗で、もっとも卑劣で、もっとも卑屈な手段に訴える人」。

「熟練工――工場で雇用され、一般に女子工員が受け取る3倍の収入を得ている人」。

「軽蔑すべきこと――女子が監督者に雇用を申請したとき、本人に宗教的感情は何かと尋ねること」。

工場雑誌の重要性はいくら強調しても強調しすぎることはない。労働者が工場にこっそり持ち込んだ雑誌は熱心に読まれ、回覧された。これらの工場雑誌は、1840年代の女性労働者改革協会の設立を刺激し、支援した。

最初にしてもっとも重要な女性労働者改革協会は、マサチューセッツ州ローウェルで、全員が紡績工場の工員であった12人の女子によって結成され、1845年1月にその歴史を歩み始めた。6カ月後、その会員数は500人に増え、その後、着実に増加した。5月、会長のサラ・G・バグリーは、「私たちの会員は日々増えている」と述べ、「私たちの会合には、押し並べて多くの人が出席し、平等な権利と正義の共鳴者の熱意が新たに燃え上がっている」と語っていた。

　ローウェル女性労働者改革協会の規約では、すべての会員が「現在の労働制度改革に向けて積極的に取り組む」ことを誓約すべきであると規定されていた(*)。同協会は、工場における改革の必要性を民衆に納得させるための精力的なキャンペーンを実施した。新聞や企業の擁護者が創り出した誤った印象を明確にし、それに対抗するための委員会が任命された。ヴォイス・オブ・インダストリー紙には定期的に「女性向け特別コラム」が設けられ、1846年に同協会はこの労働新聞を入手した。同時に同協会は、バザー、5月のパーティー、懇親会などを開催し、女子工員が書いた記事や詩を集めた「ヴァレンタイン便り」の複写物を販売した。「産業改革文化会」を設立し、優秀な講師が女子工員に10時間労働制の必要性について語った。同協会はまた、女子工員たちが書いた感動的な詩を含む、有名な『工場パンフレット』を出版し、配布した。

（＊）規約の第9条は次のように宣言している。「当協会の会員は、すべての平和的な措置が失敗であることが証明されるまで、すべての敵対的な措置、つまりストライキや罷業《ターンアウト》を承認しない。そして、我々の勇敢な祖先が遺言として我々に残し、彼らが血判した独立を主張し、維持することは、すべての会員の絶対的な義務である」。

　しかしながら、ローウェル女性労働者改革協会は「ヴァレンタイン便り」と詩歌に限定しなかった。ローウェルのマサチューセッツ会社が、織機工に3台ではなく4台の織機を操作するよう命じ、同時に一反につき賃金を1セント削減したとき、同協会はこの命令に抗議する目的で女子工員の集会を招集した。女子工員はそこで誓約書を作成し、増加した仕事に比例して賃上げが認められない限り、4台目の織機は操作しないと決議した。さらに彼女らは、誓約書に署名してそれに違反した女子工員は誰であれ、労働者階級に対する裏切り者としてヴォイス・オブ・インダストリー紙にその氏名を公表するべき、と決議した。同社で働いていた織機工全員が誓約書に署名し、女子工員は誰一人協定に違反しなかった。同社は先の命令を撤回せざるを得なくなった。

　ローウェル女性労働者改革協会は政治分野でも影響力を行使した。マサチューセッツ州議会の委員会が10時間労働法の要求に対して不利な報告をしたとき、同協会は当該委員会の座長シューラーを「企業の機関《マシーン》もしくは手先」と攻撃し、彼を再選で打ち負かす運動を展開すると発表した。この運動は奏功し、選挙後、同協会は決議を発表し、「シューラーに彼が当然受けるに値する隠遁に追いやった」ことに対して「ローウェルの有権者に感謝の意を表する」と表明した。

　ローウェル女性労働者改革協会の代表者は、ニューハンプシャー州のマンチェスターとドーヴァー、さらにマサチューセッツ州フォールリヴァーで開催された女子工員の大規模集会に出席し、これら各都市で女性労働者改革協会が結成された(*)。

（＊）ニューヨーク市では、１８４５年３月に女性産業協会が結成され、以下の業界の代議員が参加した。つまり、女性仕立職人、平縫い・下縫い工、ワイシャツ製造工、本折り畳み工、針子、帽子職人、ストロー製造工、裁縫師、理容師、フリンジ・レース製造工である。エリザベス・グレイが会長であった。

『工場パンフレット』を通じて、ローウェル女性労働者改革協会はペンシルヴェニア州西部の女子工員とも連絡を取り、彼女らもすぐに同地域で協会を結成した。ローウェル女性労働者改革協会からアメリカのすべての働く女性たちへの訴えは、より良い生活のための闘争に向け組織するよう促した。訴えによると、「私たちの国の価値ある労働者と紡績工との間に完全な団結」を構築することが必要であった。つまり、「国中で協会を結成し、連絡を取り合い、人類の主張の正しい認識に大衆の心を喚起することによって、私たちは、すべての肥沃な谷と聳え立つ丘から、『自由――すべての人のための自由』というこだまが反響するまで、改革の大きな潮流に乗りたいと願っている」ということであった。

この興味深い労働団体の研究は、アメリカの働く女性の初期の先駆者であり、精力的な会長バグリーに言及しない限り完結しないであろう。ローウェル女性労働者改革協会が結成されたとき、彼女は8年以上にわたって織機工をしていた。そのうちの4年間、彼女は勤務時間後に、「文化狂の女の子」と呼ばれるほど教育を受けたいと切望していた工場の女子工員のために無料の夜間学校を運営していた。

バグリーは有名なローウェル改善サークルの会員であり、そこで少女たちは錚々たる作家の最新の著作に出会い、それについて議論し、そこからローウェル便りが生まれた。しかし彼女は、スピード・アップされた工場での13時間に及ぶ労働の後で知的修養しようとするのは無益であることを発見し、ローウェル便りのもっとも歯に衣着せぬ批判者となった。彼女は、ローウェル便りを企業の道具と公然と非難し、それは工場の状況とそうした状況に対する女子工員の反応について完全に誤ったイメージを与えたと糾弾した。ローウェル便りが女子工員からの支援がなかったために１８４５年に最終的に廃刊されたとき、彼女は「その眠りに平和を、そしてもし復活の朝を目撃することがあれば、人々の権利の大胆な擁護者として、罪を贖った人々の間で高い地位をとる準備ができていますように」と書いている。

バグリーは労働新聞の必要性を常に強調していた。「新聞は、私たちの努力を中傷し、私たちの活動を嘲笑するためのあらゆる努力をしている」と彼女は断言した。それゆえ、彼女がアメリカ初の労働新聞の女性編集者の1人になったのは驚くことではない。１８４６年5月、彼女はヴォイス・オブ・インダストリー紙の編集職を引き継いだ。彼女は読者に「抑圧された人々の大義に包まれた」心情に誓うことを約束し、彼女の社説は彼女が約束を守ったことを証明した。たとえば、ある社説で、彼女はローウェル女性労働者改革協会に参加したすべての少女をブラックリストに載せると脅した企業の代理人を激しくこう非難した。「13時間働いた後で、私たちが私たちの厳しい労働条件に反対する発言をするのを妨げるべきではありません。もし妨げるなら、私たちは私たちをブラックリストに載せた人の氏名を公表します。風が悪臭をまき散らすように、私たちが代理人の氏名を公表すれば、彼らの悪評は他の多くの人に広まります」。

バグリーは、１８４０年代の労働運動に大きく貢献した。45年３月、彼女はローウェル女性労働者改革協会を代表して、ニューイングランド労働者協会の大会に参加した。彼女は物言わぬ代議員ではなく、同僚の姉妹が10時間労働を勝ち取るのに手を貸してほしいと男性労働者に雄弁に訴えた。働く女性は投票できなかったので、彼女らは「立法者に対して」訴えたが「無駄であった」。そのため、姉妹や娘たちも短時間労働制の恩恵を受けるべきかどうかという疑問に答えるのは男性の責任であった。彼女によると、女子工員は労働運動において「高い地位にあるわけではない」と主張したが、「独立革命のヒロインのように、……兵士たちに毛布を支給したり、食料貯蔵庫から兵士の背嚢《リユックサック》を補充したりすることを」願っていた。

女子工員を代表して、バグリーは「人類を祝福する力——この力のための団結」というモットーが織り込まれた絹の旗をローウェル女性労働者改革協会に贈呈した。

10時間労働の哲学

ニューイングランド労働者協会の結成につながり、１８４０年代に男女労働者を団結させたのは、10時間労働を求める闘争であった。ニューイングランドの労働者は20年代と30年代の10時間労働制を求める運動の成果を共有しておらず、労働者、職人、熟練工の大多数は依然として毎日12から14時間働いていた。(*) 他の地域でも、工場労働者は同じような抑圧を経験しており、一部の職人は不況期に工場町周辺の農業地域ではお馴染みの「日の出から日没まで」の労働時間に戻ることを余儀なくされた。

(*) 工場で過ごす時間と実際の労働時間とは区別されるべきである。１日14時間労働は、食事の時間を差し引けば、多くの場合１日12時間半労働であった。それにもかかわらず、１日14から15時間働く熟練工もいた。

１８４０年代と50年代の10時間労働を求める運動は、その要求を正当化し、国民の支持を得るための独自の哲学を発展させた。自分たちとコミュニティの双方に利益をもたらすために、労働者は知的修養と肉体的な休息により多くの時間を必要とした。日の出から日没までの労働の肉体的および精神的な影響はあまりにも士気を低下させていたので、平均的な労働者は絶え間のない労働以外の何かにエネルギーを注げなかった。ニュージャージー州で開催された労働者の集会は、「我々は、大衆は労働するために創られ、少数の人々は嫌悪して考えるために創られたという教義をもっている。すべての人は、労働するための肉体的な力だけでなく、考えるための知性ももっている。すべての人は、一方を鍛え、楽しみ、他方を発揮する時間をもつべきである」と宣言した。さらに、テネシー州ナッシュヴィルの家大工職人は１８４７年にその本心をこう語った。

「私たちは生身の人間であり、何時間かの気晴らし《レクリエーション》が必要です。政治経済学者の推定では、人類を支えるには、１人１日５時間の労働で十分であるとされています。確かに、私たちが10時間働けば各自は割り当てられた労働を行ったことになります。私たちには満たさなければならない社会的感情があります。私たちには心があり、それを磨かなければなりません。私たちは自国の賛美者であり、その利益を研究する時間と機会をもたなければなりません。私たちは、私たちの生業《なりわい》の基礎以外何も知らずに生きたり死んだりするのでしょうか。私たちがその一員であるコミュニティは、私たちが啓蒙されることで損失を被るのでしょうか」。

労働者階級が啓蒙されれば、コミュニティは間違いなく利益を得ることになるであろう。10時間労働の擁護者は次のように述べている。国家の繁栄と福祉は、「おもに労働者階級の知性、美徳、エネルギーに依存している」。なぜなら、労働者階級の利益が促進され、彼らのエネルギーが覚醒し、彼らの知的・身体的能力が発達した程度に比例して、「国家は真に偉大なものとなり、繁栄する」からである。

多くの10時間労働の擁護者は、労働時間の短縮は新しい社会秩序の構築に向けた「社会的な第1段階」であると考えていた。労働者がより賢明になるにつれて、彼らは現在の経済体制に終止符を打つ必要性をより明確に理解し、協同社会のための十字軍への参加を熱望するであろう。フォールリヴァーのメカニック紙は、「この［10時間労働］制をあまねく確立させようではないか。そうすれば、労働者階級の向上につながるすべての改革は、現在よりもはるかに大きな成功を収めるであろう」と書いている。

そして、10時間労働の支持者は、労働大衆の啓蒙の可能性は無限であると言った。結局のところ、アメリカの傑出した学者の1人で、ヘブライ語、カルディアック語、サマリア語、エチオピア語を含むヨーロッパのすべての言語とアジア諸国の複数言語を知っていたのは、「学識のある鍛冶屋」エリヒュー・バリット（1810～79。外交官、慈善家、平和運動家）だけであった。(*) 知的で道徳的な文化に掛ける時間を考えば、彼以外の労働者も「学識をもつ」ようになり、彼のようにアメリカ文明の進歩に貢献できるはずであった。実際、「職人には休息と知的修養のために1日10時間を残しておけば、彼らはすぐに支配的でもっとも影響力をもつ階級になったであろう」。

(*) バリットは、ニューイングランド中の労働者に対して、知的鍛錬やその他の教科の価値について講演した。とくに彼は、一部の労働者の間に残る、富裕層は優れた存在である、との印象を根絶したいと切望していた。彼は講演のなかで、「ジラード家やアスター家、あるいはこの国の投機資本家に対して、卑屈な敬意を払って帽子を脱ぐな」と言った。「彼らは何者なのか、あるいは彼らの後を継いで富裕階層になったのは誰なのか。彼らはこの国のすべての銀行、倉庫、工場、海運を所有している寡頭独裁階層ではないのか。それは認めよう。だが、なぜこの富の誇示が階級としての劣等感をあなた方に印象づけるのか」と語った。

バリットの労働者への講義は、資本家の擁護者が労働者階級に講義という媒体を通して手を差し伸べようとする取り組み、貧民は本当はアメリカ社会の幸運な階級であるという彼らの考えを印象づけようとする取り組みとは区別されなければならない。雇用主側の代弁者によると、莫大な富を所有している者は、十分な資産でさえ充足できない欲望に耽ることによって、依然として貧困という災厄に苦しめられていると語った。一方、貧しい労働者は、彼の資力では充足できない欲望に耽ることなく、比較的裕福であると感じることができた。ユニテリアン派の説教師ウィリアム・E・チャニング（1780〜1842。別名を「ユニテリアン主義の使途」、カルヴァン主義の教義に異議を唱え、人間は完全になりうると説いた。第10章150ページも参照のこと）は、常に「食べ過ぎ」に苦しんでいる富裕層の試練や苦難に比べて、人生には「もっと楽な運命」があるのを労働者に思い出させるのが好きであった。

これらの議論に対して、雇用主たちは比類のない独自の方法で反論した。ある紡績工場の所有者は、「確かにそうだと思う」と述べ、「我々の紡績工場には、現時点であまりにも多くの時間の余裕がある多くの熟練工がいる」、労働時間の短縮は、「犯罪、苦難、悪行、貧困状態を増やすことになる」と続けた。マサチューセッツ州チコピーのある紡績工場の監督者は、「人を衰弱させるのは、その人が1日に働く時間ではなく、放蕩に費やされる時間である……。労働時間削減の効果は賃金を減少させ、我々の見解では放蕩を増やす（**）」と付け加えている。

（**）労働時間の短縮は労働者の士気を低下させるだけであるとの非難に応えるために、フォールリヴァーのメカニック紙は、10時間労働を獲得した人々に、勉学によってその真の効果を示すよう促した。さらに、同紙はフォールリヴァーの労働者が「経済的で有益な夜間学校を開校し、それを継続する」ことを提唱した。

労働時間の削減が賃金の減少につながるという主張は、10時間労働の擁護者によってかなり長きにわたって議論された。主として知識人に率いられた一派は、労働者がそれに対応する日給の削減を受け入れる意思がある場合にのみ、より短い労働日は達成できると考えた。しかし彼らは、そのような削減は一時的なものにすぎず、10時間労働制が一般的なものになれば賃金は再び上昇すると主張した。また、はるかに影響力のある別の擁護者は、労働時間の短縮はかならずしも日給の減少をもたらすわけではない主張した。逆に、労働時間の短縮は賃金の上昇につながると主張した。彼らは、週当たりの労働時間の短縮は労働力供給の削減と同じであり、賃金は「商業上の重要な法則――需要と供給の法則――に支配されている」ので、労働力供給の削減は賃金の上昇を意味すると主張した。

また、10時間労働の擁護者の間では、労働時間の短縮を確保するために採用された方法に関しても意見の相違があった。なかには、立法措置のみを主張し、間断のない労働は労働者の健康、幸福、自由、コミュニティの福祉と矛盾することを立法者に納得させるための大規模なキャンペーンの開始を要求する者もいた。この原則に従って、雇用主が1日10時間以上働く者を雇用するのを制限する法律が可決されなければならない。雇用主との間で協約を締結し、自身の工房あるいは工場での10時間労働の確立に集中すべきであると主張する労働者もいた。さらに、イギリスの労働者が労働時間短縮を求める闘争で成功した際の方法の採用に賛同する者もいた。この行動計画は、1840年代初頭にアメリカにやって来た、イギリスの労働組合オルグのジョン・C・クルーアが普及させたものである。それは以下の3点を含んでいた。まず初めに、労働者と製造業者が労働時間短縮のためのプログラムを議論し、合意に向けた協議会が招集されるべきである。次に、それが失敗した場合には議会への請願運動を開始すべきである。そして最後に、そうした方法が結果をもたらさなかった場合にはゼネスト、または一般的に第2独立記念日と呼ばれるものを開始すべきである。このゼネストは7月4日に行われ、その日にニューイングランドのすべての労働者は「抑圧的な製造業の権力からの独立を宣言する」ことになる。この激変の開始日に7月4日が選ばれたのは、この運動が独立宣言の基本原則に沿ったものであったので、非常に論理的であると10時間労働制の擁護者は語っていた。1844年7月13日付のフォールリヴァーのメカニック紙は、「終日労働制は、〔独立宣言文の言葉である〕幸福の追求を許さないので、労働時間を不定数から10時間に短縮する努力を7月4日に結びつけることには正当性がある」と宣言した。

ニューイングランド労働者協会

労働時間の短縮を求める運動は、議論されている期間のほとんどを通じて、それを立法によって達成しようとした。1840年に、10時間労働制がマーティン・ヴァン・ビューレン〔第8代〕大統領の行政命令によって連邦政府職員に制定された。民間企業の従業員に対して同じことをするには、企業を認可した州議会を巻き込む必要があった。問題は、企業が議会に対して行使する統制力を抑えるために、十分な大衆の圧力を組織することにあった。

　立法によって10時間労働を達成するための最初の重要な一歩は、1842年にニューイングランドの職人たちによって10時間労働共和主義者協会が結成されたときに踏み出された。同協会はすぐに、マサチューセッツ州議会で州内の労働時間を制限するよう求める請願運動を開始した。請願のほとんどは10時間労働に具体的に言及していなかったが、約1600筆の署名を集めたローウェルの請願は製造企業に「1日10時間を超えて働く人を雇用してはならない」とする法律を明確に要求した。

　10時間労働共和主義者協会は10時間労働を求めるキャンペーンを開始したが、同協会はあまりにも漠然としており、なおかつ地域限定の団体であったため、この運動を成功に導くことはできなかった。しかし、1844年秋に新しい労働団体であるニューイングランド労働者協会が結成され、より短い労働時間の十字軍を積極的に支援した。

　ニューイングランド労働者協会は、マサチューセッツ州フォールリヴァーの職工の活動の産物であった。1844年初頭、彼ら職工は自分たちのコミュニティで10時間労働の大義を推進するためにフォールリヴァー職工協会を結成した。同職工協会は、10時間以上働かないように署名者を拘束する誓約書を配付し、労働時間短縮を求めるストライキを何度も行った。また、5月には、上記の活動でその補助団体であるフォールリヴァー女性職工協会から支援を受けた。この補助団体は定期的にバザーを開催し、10時間労働を求める運動を支援するための多額の資金を調達した。(*) ある労働者は、女性のこうした活動によって独立革命期の「自由の娘」を思い出したと書いている。彼は、「我々は、もし我々の雇用主がその女性たちを見ていたら、彼らはその質問をするときが来たと言ったであろうと思う」と続けた。フォールリヴァー職工協会自体は女性職工協会に次のように多大な謝意を表した。

（＊）以下の「誓約書」は1844年7月13日にフォールリヴァー・メカニック紙に掲載されたものである。「フォールリヴァー職工協会は、女性職工協会からバザーの収益である300ドルを受理したことに深く感謝します。協会を代表して、会長ウィルバー・リード」。

「私たちの成功の多くは、私たちのために彼女らが奮闘してくれた賜物です。彼女らの時宜を得た励ましと援助がなければ、私たちの会員の多くは絶望的な闘争を諦めていたでしょう。しかし、反対派が私たちに対して、その神聖でない武器をもって敵対し、敗北が顔前に迫ったと思われたときに、職工の妻や母親や娘が私たちの援助のために名告りを上げて、私たちに改革活動を続けるよう言ってくれました。職工たちよ、彼女らの仁慈をけっして忘れることなかれ」。

1844年4月、フォールリヴァー職工協会は、「抑圧されてきた職工と労働者の大義をあらゆる方向から擁護するために」週刊紙ザ・メカニックを発行する出版委員会を設立した。数週間後、これら闘争的な職工たちは、ニューイングランド全域の職工に対して、ニューイングランドの長時間労働とその結果としての堕落を非難し、10時間労働と平等な権利を確保するための団結した行動を求める通達を発した。具体的には、秋に開催されるニューイングランドの労働者の一般大会を強く求める召喚状を出した。しかし、大会の場所や日程は明記されていなかった。7月20日、リンの製靴職人はこの呼びかけを支持し、大会を8月21日にボストンで開催することを提案し、10時間労働に加えて「労働の不十分な補償を考慮し、それを改善する手段を考案する」ことを提案した。さらなる延期の要請により、大会の日程は最終的に10月16日に設定された。

フォールリヴァー職工協会は通達を出すだけで満足していなかった。ニューイングランドの多くのコミュニティには労働者に友好的な新聞がなかったので、これらのコミュニティの労働者に労働組合主義のメッセージを伝え、秋の大会に代表者が確実に出席できるようにする必要があった。それで、同職工協会はS・C・ヒューイットを講師として現場に派遣し、「今回講師を派遣した協会の目的は、来年9月の大会で自らを代表するための組織化と準備の必要性を他の場所の人々に喚起することである」と公表した。

ヒューイットは7月25日にロードアイランド州ポータケット〔綿織物工業発祥の地〕で組織化の旅を始め、8月24日にマサチューセッツ州ターントンでそれを終了した。1カ月の間に、彼はマサチューセッツ、ロードアイランド、コネティカット各州の都市や町を歴訪し、リンで開催された製靴職人協会の大会に出席した。ここでの彼の講演は、この大会への支持票と代議員の派遣を約束するという成果をあげた。通常、彼のやり方は午前中に町に入り、労働者(＊)に夜の集会に出席するよう促す「チラシ」を配布し、夜の集会では労働者が「自らの手で改革の仕事を引き受け、自分が人間であることを示す」必要性について講義するというものであった。職工協会を結成することによってのみ、労働者は10時間労働を獲得し、「現状の社会生活全般の弊害」の是正を期待できた。講演後、会場は議論のために常時開放された。あるとき（ロードアイランド州プロヴィデンスで）、彼はコミュニティの有力雇用主の支援を知って驚いた。この雇用主は、自身の工場では10時間労働制をすでに確立しており、労働者が「以前と同じくらいの仕事をし、そこではるかに機嫌よく働いて」くれるので、「10時間労働制が見事に機能するのは分かっている」と集会で語った。さらに、いくつかの町では、聖職者が演壇に立ち、彼とともに、労働時間短縮を求める闘いを組織するよう労働者を駆り立てた。

（＊）当初、ヒューイットは、働く女性がこの労働者という条件に自分たちが含まれているのを理解することを期待して、すべての労働者に集会に参加するよう呼びかけた。しかし彼は、この呼びかけで女性について具体的に言及する必要性を痛感した。彼は、働く女性は組織化されているすべての労働運動に属すべきであり、「女性は一般に男性よりも一生懸命活動するので、労働者階級の向上を目的とする運動であれば、どのような運動であれ関心をもつべきである」と信じていた。

講演の後、秋の大会に代議員が選出されるように協会を結成するための措置が講じられた。コネティカット州ミルフォードでは、聴衆にはまったく受容力がなく、何も彼らを動かせなかった。ヒューイットは同地からの手紙で、「あらゆる場所でのこのような冷淡さは、全力を尽くそうとする私のやる気を挫いたが、私はそのような事実がないことに心底感謝している――当地の経験はこの種の唯一の例である」と書いている。

だが、雇用主と当局が露わにした多くの冷淡さもあった。ヒューイットの「チラシ」は没収され、複数の町ですべての集会場が彼に対して閉ざされているのを知ることになる。マサチューセッツ州ウースターでは、公会堂を委託されている委員会の委員長が、「抑圧」という言葉が書かれた彼の「チラシ」を一目見て、「ニューイングランドの労働者の間で抑圧を目にしたことがないので、公会堂が虚言の拡散に使われるのは容認できない」と伝えてきた。ロードアイランド州では、彼は「反乱」に加担し、「反逆罪」を犯したという理由で集会所の使用を拒否された。

しかし、ヒューイットが怖じ気づくことはなかった。コネティカット州ノーウィッチでは、骨相学者が使用していた集会所で講演し、聴衆は通常よりも多かった。だが、同州ストーニントンでは、そうした親切な骨相学者さえ見つけられず、「街頭で集会を開くとの結論に至った」と日記に書いている。翌日の夜の集会も街頭で開催された。

「本日集会を開くため複数の邸宅に当たったが、すべて断られた。そこで、再度街頭で集会を開かなければならない羽目に陥った。聴衆の数は昨夜よりも今夜のほうがはるかに多かった。我々は暗闇のなかでできる限りの集会を組織した。そして、ここで協会を結成するのに必要な措置をとった」。

このように、１８４４年の労働者の組織化も、アメリカの労働運動史の他のすべての時期と同様、労働者階級にメッセージを伝えようとして、排斥、拒絶、その他の形態の反対に直面した勇敢な男女のたゆまぬ無私の活動の成果であった。

ヒューイットが集会場や街頭で滔々と演説している間に、マサチューセッツ州とニューハンプシャー州の労働新聞は、大会が9

月に開催されるとのニュースを地域の労働者に広めた。そして、ニューイングランドの町や都市では、職工協会がこの大会案を熱烈に支持した。同時に、（フーリエ主義の擁護者である）協同組合主義者や土地改革論者を中核とする空想的社会改良家《ユートピアン》は、ニューイングランドの労働者が大会で集うとのニュースに耳をそばだて、10時間労働と賃金の引き上げよりもはるかに「根本的な」改革を求めるためにボストンに集まる準備をした。

　１８４４年10月16日、第1回ニューイングランド大会に２０７人の代議員がボストンのファナル会館〔独立戦争直前、独立派の有志がここで会合したので「自由発祥の地」と呼ばれる〕に集まった。ニューイングランドの複数の町の職工が大多数を占めていたが、ブルック・ファーム（ジョージ・リプリー、パーク・ゴドウィン、L・W・リックマン）と土地改革運動（ジョージ・ヘンリー・エヴァンズ、トマス・デヴィアー、アルヴァン・E・ボヴァイ）からの代議員も出席した。両改革者集団が大会に出席し、暴走する工場制度の恐怖から逃れる手段として、彼ら独自の計画を採用する必要性を強調した。

　大会は両派の計画を是認した。一部の労働者階級の代議員の反対を押し切って、大会は公有地の自由を求め、フーリエ主義を支持する決議を採択したが、資本家が労働者にのみ帰属すべき報酬を確保する「現在の労働制度」に終止符を打つ方法として、生産者協同組合の設立を求める決議も全会一致で可決された。

　大会では10時間労働法の制定を求める決議が採択され、ニューイングランドで労働者の恒久的な団体が結成され、企業が1日に10時間を超えて人を雇うのを禁止する法律の制定を要求した。

不幸なことに、１８４５年3月18日にローウェルで開催された第2回大会では、リックマンが協会会長に、リプリーが執行委員会委員長にそれぞれ選出されてしまった(＊)。これは立法分野では何も行われないという確かな兆候であった。それというのも、この2人は誠実な人物ではあったが、労働時間の短縮よりも「根本的な」改革により強い関心をもっていたからである。さらに、典型的なユートピアンであるリックマンは、上流階級に敵対するような戦術はいかなるものであれ用いるのを嫌悪していた。彼は、「私の目的は、ある階級と別の階級とを対峙させることではなく、利害の栄誉ある統一によって、すべての調和を図り、普遍的な知性、向上、幸福を確保することである」と優しい声音で語りかけた。

（＊）この大会はニューイングランド労働者協会の規約を採択した。同協会の会員は、すべての地方協会からの以下のように決められた数の代議員で構成され、一般基金として会員1人当たり25セントを支払うことになっていた。会員が50人未満であれば1人の代議員、５００人までの追加の50人ごとに1人、５００人以上になれば１００人増えるごとに1人追加される。規約第9条は、「女性労働者改革協会は、本規約によって保障されるすべての権利、特権および義務を享受する権利を有する」と規定していた。

　１８４５年5月28日、新しく結成されたニューイングランド労働者協会の次の〔第3回〕大会がボストンで開催された。協同組合主義者がその場を完全に支配し、ほとんどの時間がフーリエ主義の長所の議論に費やされた。10時間労働は時折言及されたが、それもほんのわずかな時間であり、ニューイングランドの労働者にもっとも差し迫った大義を前進させるための実際的な性格をもつものはこの大会からは何も出てこなかった。

しかしながら、そのときまでに労働者はユートピアンによる自分たちの運動の支配にうんざりしていた。労働者はユートピアンの誠実さと献身に最大の敬意を払い、資本主義的生産様式を非難することには同意したが、遠い未来の楽園ではなく不満の即座の是正を望んでいた。そして労働者は、ユートピアンが労働時間の短縮という要求を無視し、10時間労働を達成できる唯一の団体を麻痺状態にしたという事実に憤慨した。ローウェルの労働運動指導者の編集になるヴォイス・オブ・インダストリー紙はこうした雰囲気を察知し、ニューイングランド労働者協会における自分たちの役割を再評価するようユートピアンに求めた。

ところが、協同組合主義者は思い通りに事を進めようと決意していた。彼らは依然として、「社会における完全な革命以外の何ものも労働者が苦しむ災厄を一掃できない」と主張した。リックマン会長は10時間労働のような些細な問題は重要ではなく、ニューイングランドの労働者はニューイングランド労働者協会が労働時間の短縮よりも、「より根本的な何かを目指している」ことに気づく時機が来たとも述べた。労働者がこのように考えていなかったことは重要ではなかった。

しかしながら、ニューイングランド労働者協会は一時的に改革派から救われた。１８４５年10月29日にローウェルで開催された同協会の会合までに、アメリカのフーリエ主義運動は衰退の一途を辿り、リックマン会長とブルック・ファームの代表団は大会に出席しなくなった。土地改革論者も欠席していたが、この時点までにニューイングランドの労働界への関心を失っていた。同協会の労働者階級による支配が復活し、この大会を皮切りに10時間労働を求める運動も復活した。その後の大会では、労働時間の短縮が「ニューイングランドの労働者の偉大で傑出した目的」であると明確な言葉で主張された(*)。

（＊）しかし、その他の問題が無視されることはなかった。以下で考察するように、ニューイングランド労働者協会は奴隷制に真っ向から反対する立場をとった。さらに、リン大会（１８４６年１月）では、代議員はイギリスとの戦争が差し迫っているとの噂について自分たちの見解を表明した。「大西洋の対岸にいる労働者を我々の敵とみなし、彼らをそうしたものとして撃つことに関しては」、「我々は彼らを友人とみなし、その状態を改善するために全力を尽くす」と決議した。ウェア教授は、この宣言を「アメリカの国際主義に向けた初期の前進」と正確に言及されている。

10時間労働を求めるストライキ

ニューイングランドにおけるこの重要な時期と時を同じくして、ペンシルヴェニア州西部で非常に重要な出来事が起こっていた。ピッツバーグとアレゲーニー市の紡績工場では、女子工員が週72時間労働で2・50ドルという途方もない金額を稼いでいた。しかし、１８４５年9月15日、「アレゲーニー市とピッツバーグで一番きれいな女の子の骨と筋肉」と描写される５０００人の女子工員が、これ以上耐えられないと10時間労働を求めるストライキを行った。彼女らはほぼ1カ月間持ち堪えたが、絶望的になって、何人かの少女は仕事への復帰を決めた。しかし、そうした少女もそう長くは仕事を続けることはなかった。スト参加者は工場から工場へと移動し、工場の門を壊し、機械の前で女子工員を捕まえて、工場の外に引きずり出した。最大規模の工場であるブラックストックの工場では、当時「男性労働者の補助者」として知られていた連中が彼女らに加わった。このことがどのように機能し、当地で何が起こったかは、ピッツバーグ・ジャーナル紙の現地記者によって、こう記述されている。

「彼女らは今では完全な力をもっている。大多数の男性労働者と少年が、必要とされる場合に備えて補助者として彼女らに同行した。このように準備され、勝利で……頬を紅潮させ、……彼女らは偉大な闘争の現場――ブラックストックの工場での闘い――に向けて行進した」。

「到着すると、彼女らはけんか腰の叫び声を3度あげ、全員が棍棒と女性用帽子を振り回して敵を迎えた。彼女らは偵察に1、2分費やした後、構内の……松材の門の所まで縦列の攻撃体勢で前進した」。

「一瞬にして門はこじ開けられたが、守備隊は壮烈な防御を決意し、襲撃者は前進を拒まれ、門は再び閉じられた。2度目の襲撃も同様の結末をもたらした」。

「襲撃者と守備隊は息を呑んで交渉を開始した。女子工員は職場にいる少女の即時追放を要求した。工場内にいる者は頑なにそれを拒否し、襲撃者と守備隊はどちらに転ぶか分からない現場の形勢によって事を決する準備を再度始めた」。

「『彼女らはそうしないと言っている――そうであればもう一度やってみよう』と大声でたがいを励ましつつ、武装集団は緊迫した突破口に向けて行進した。一瞬で闘いは前途多難なものとなった。守備隊は頑強に抵抗したが、松材の板に何が期待できようか……。『万歳、万歳』の声で門はこじ開けられ、そして一瞬にして構内は埋め尽くされ、要塞は襲われ、守備隊は捕虜になった……」。

「我々は、月曜日の騒乱の間の警察の行動に関して、製造業者が多くの不満を表明したことを知らされている。我々には、これは不当であると思われる。通常の警察が秩序を維持することはまったく不可能であった。女子工員の回りに何百人もの男性の支援者がいて、必要であればいつでも割って入る準備を整えて立っていた……。女子工員がブラックストックの工場をこじ開けている間に、『勇気があれば、少女の1人を殴ればいいのさ。そうして女子工員を怖がらせてやろうじゃないか』と、我々の右側にいて両手を握り拳にしている凶暴そうな男が言った」。

何百人もの女性が工場の門をこじ開けようとし、スト破りを無理やり排除しようとする光景は、女性は常に貴婦人のように振る舞うべしと信じていた保守的な中産階級の人々に反感を抱かせた。そのため、女子工員は大衆の支持を得られなかったし、それがなければ失敗する運命にあるのを知った。なぜなら、彼女らには長い間持ち堪える術がなかったからである。雇用主は、ニューイングランドの工場が13または14時間ベースで操業し続ける限り、労働時間を短縮するつもりはないと頑強に主張した。しかし、彼らは、ニューイングランドの複数の工場に10時間労働が導入された瞬間、ペンシルヴェニア州にもそれを導入すると約束した。

ピッツバーグの女子工員たちはニューイングランド労働者協会の姉妹や兄弟に目を向け、10時間労働を求める闘いを強化するよう催促し、ペンシルヴェニア州西部では「武力闘争を継続するための」取り決めがなされることを保証した。

この訴えはニューイングランドで看過されることはなかった。ニューイングランド労働者協会の会員は、まさにこの時期にクルーアが概説した行動計画を議論していたので、やきもきしながらペンシルヴェニア州でのストライキの行方を見守っていた。この行動計画は、雇用主と労働者との間の会議に対して、共同合意によって10時間労働を確立すること、会議が失敗した場合には議会に請願すること、そして最終的には——最後の手段として——ゼネストを行うことを想定していた点は記憶に留めておくべきである。

製造業者が労働者と会合し、労働時間の短縮について議論する努力がなされた。ニューイングランド労働者協会は、この目的のための会議を手配する委員会まで任命していたが、雇用主側がその要請を無視したのでクルーアの行動計画の1つ目のポイントは達成できなかった。それで、次にとるべき措置について疑義が生じた。

ニューイングランド労働者協会の一部のグループは、請願と法的措置に集中することを支持したが、主流派はストライキに訴えることを提唱し、1846年7月4日の第2独立記念日のゼネストに至った。このため、同協会は、地方にあった組合と協会に対して、10時間労働を求めて将来起こるであろうストライキに充当される「資金調達を開始する」よう求める決議を採択した。この計画は同協会の会議でも好意的に受け止められた。

1845年9月のペンシルヴェニア州西部の女子工員のストライキは、ニューイングランドの労働者からはゼネスト運動の引き金とみなされ、スト参加者に同情と支援を約束した。だが、ストライキの失敗は第2独立記念日の運動にとって致命的であった。5000人の労働者の過激な闘いにもかかわらず勝利できなかったという事実は、ゼネスト支持者を落胆させ、請願と大衆の圧力を信頼する幹部の主張に重みを加えた。ローウェルとマンチェスターの女子工員は、その計画を継続する決意を固め、翌46年7月4日をゼネストの日に設定したが、この運動はほとんど支持されなかった。

10時間労働法

この時点から、10時間労働を求める運動は、ほぼ完全に立法措置に依存するようになる。ヴォイス・オブ・インダストリー紙によって印刷物にされた請願書はニューイングランドのさまざまな町に転送され、地元の労働者団体や女性労働者改革団体によって配布された。数千筆の署名が確保された後、請願書は、労働者が「苦痛、病気、窮乏を経て早死にする」のを防ぐために迅速に行動を起こす点も追加されて州議会に転送された。

マサチューセッツ州では、この請願運動の結果、州議会によって、工場の状況を調査し、労働時間短縮のための立法の必要性を報告する目的で複数の特別委員会が任命された。しかし、州議会はこれら特別委員会の委員に企業人だけを任命するよう気を遣い、その報告は委員会の性格と合致していた。ある委員会は、調査の結果、「工場と寄宿舎の内部と周りのすべてが、その目的のために健康と快適さを備えているように見える」と確信し、「工場の内部と周りの物の秩序、上品さ、および一般的な外観は、いかなる提案によっても、あるいは州議会の法令によっても改善の余地がないことに完全に満足している」と報告した(*)。別の委員会は、工場制度に乱用があり、労働時間が長すぎることを認めたが、法律は必要ないと感じているとした。この委員会は、「労働者は、我々の干渉を受けることなく、自ら取引を行い、自ら利益を追求するのに十分な知性をもっている」し、工場制度の弊害は、「芸術と科学の漸進的な改善、人間の運命のより高い評価、金銭への執着心の減少、社会的幸福と知的優越性へのより熱烈な執着心など」によって、やがて根絶されるであろうと宣言した。

(*) それにもかかわらず、労働者のひどい窮状と工場のひどい衛生状態の証拠は目撃者の証言で明らかにされ、報告書が公表されると、いわゆる「工場生活の魅力」に関する神話を破壊するのにおおいに役立った。

ある委員会は立法文書で、富裕層の代弁者全員が、労働者階級とその同盟者である進歩的改革派に対して、政府も労働者自身も彼らの状況を改善するために何もできないと印象づけようとしている点を主張しただけであった。R・C・ウォーターストンは1844年の貧困の原因とその予防に関する演説で「法律は何もできない」とし、「労働者階級間の団結もおそらく恒久的な救済策とはならないであろう。それは雇用主の道義と慈悲に委ねられなければならない」と述べた。

いくつかの州は、労働時間を短縮するための法律を求める労働者の執拗な要求に屈した。最初の10時間労働法は1847年にニューハンプシャー州議会で可決され、翌年にはペンシルヴェニアとメイン両州でも可決された。

ニューハンプシャー州の立法委員会は、10時間労働法の制定を求めるなかで、労働時間の短縮は雇用主にとっても有益であると主張した。なぜなら、雇用主は「適切な休息時間があることで、より活力に溢れ、より効率的に働ける労働者から、より大きな利益をより短い労働時間で実現できる」からである。ニューハンプシャーとペンシルヴェニア両州の雇用主はこの主張の論理に完全に納得してはいなかった。それというのも、彼らの主張によれば、雇用主が労働者と10時間以上の労働に関する特別契約の締結を認める条項が法律に挿入されていたからである。法律が可決される前でさえ、雇用主はこうした契約を労働者に提示し、労働者には署名して仕事を続けるか、あるいは署名を拒否して失業するかの選択肢があると周知していた。また、署名を拒否した労働者の名前が当該地域内のすべての企業に送付され、他の工場で雇用を得ることが不可能になると脅していた。

ブラックリストの恐怖にもかかわらず、労働者は特別契約に署名しないとの合意が形成され、10時間労働法を守るために果敢に闘った。ニューハンプシャーとペンシルヴェニア両州の多くの工場では、次のような内容の誓約書に署名された。

「次の9月15日以降、我々は1日の法定労働時間数を超えて働かない」。

「我々は1日10時間以上働く契約には署名しない」。

「これら決議案を支持することを、我々は命と神の名誉にかけて誓う」。

ニューイングランドにおける衰退

ニューハンプシャー州の労働者は、企業の力があまりにも強すぎたので、これらの誓約を保持できなかった。署名を拒否した労働者は解雇され、職を求めて別の場所を訪れた際にはすべての門戸が閉ざされているのを知った。ニューイングランド労働者協会は役に立つ労働団体ではなくなったので、特別契約に署名しないという労働者の決意を支援できなかった。1847年までに、その時点でニューイングランド労働改革連盟と呼ばれていたニューイングランド労働者協会は再びユートピア的な改革者の手に渡った。労働者はこの運動への関心を失い、翌48年3月にこの団体は終焉を迎えた。

女性労働者改革協会も同様の結末を迎えた。1847年1月、ローウェル女性労働者改革協会は「ローウェル女性産業改革・共済組合」に改称された。この組織の目的は、女子工員の「自己愛」と「彼女らの高潔さ」に訴えることと、啓蒙と教育を通じて、資本主義体制下で「永遠の奴隷になる運命にある」女子工員を団結させ、「古い国の農奴と同じレベルに大衆を貶める社会の状態」に終止符を打つことにあった。

この言葉は、当時の働く女性の窮状が経済体制に根ざしているという理解を明らかにしている(*)。しかし、彼女らの思考に影響を与えたユートピアンのように、彼女らは自分たちの考えを実行に移すことを必然的に妨げる線に沿って活動した。たとえば、彼女らは、啓蒙と教育だけで、人々は新しい社会秩序だけでなく、労働者階級の利益のための即時の法案を支持するために結集できると信じていた。だが、企業の力に対抗するには、啓蒙以上のものが必要であった。

（＊）同じ理解は、1848年5月にフィラデルフィアの女性織機工が採択した決議で明らかにされた。この決議は、「もっとも労苦する者がもっとも少ないものを受け、もっとも労苦しない者がもっとも多くを受けるという不正な制度」の改正を求め、「働かない者が食べないように、聖パウロが説いた基準に基づいて労働が組織されるようにする」ことを決議した（ここで、「聖パウロが説いた基準」とされているのは「働かざる者、食うべからず」と思われる）。

ペンシルヴェニア州での高まり

しかしながら、ペンシルヴェニア州では事情がまったく異なっていた。ここではユートピアンの影響はごくわずかで、労働者もその闘争心を萎えさせていなかった。1848年、同州西部に所在する複数の企業が、工場労働者に対して、1日10時間を超えて労働時間を延長するのを認める特別契約への署名を強要しようとした。労働者はこの要求に応じるのを拒否し、企業側は工場を閉鎖し、労働者が12時間労働を認める契約に署名するまで再開しないと発表した上に、機械を州外に移すとも脅した。

これは1848年7月初旬のことであった。3週間が経過したが労働者は持ち堪えた。月末にかけて、絶望した約100人の労働者が契約に署名することに同意し、仕事に復帰した。ピッツバーグの新聞は、「工場が再開し、蒸気が上がり、機械が動き出した」と報じた。雇用主は糠喜びした。彼らは45年の出来事をすっかり忘れていたが、労働者は明確に覚えていた。労働者は「スト破り」を排撃するために再度行進した。斧で武装した女性のスト参加者は、「真の女丈夫の激しさと活力をもって」工場の門を何度も叩き割ろうとしたが、門に施された鉄の支柱のせいで構内に入れなかったので、工場を強襲して占拠することに切り換えた。スト参加者は、門に向かって突進し、戸板を引き裂いて、アレゲーニー警察の分遣隊に襲いかかり、工場を占拠した。スト破りは作業台から強制的に引き離され、スト参加者と一緒に行進することを余儀なくされた。

女子工員の多くは逮捕され、財産破壊の罪で起訴され、裁判にかけられた。裁判の間、彼女らは工場を差し押さえる意図はなかったことを明確にした。彼女らがしたかったことのすべては「スト破り」への仕返しであった。メアリー・フルトンは、「私たちは私たちの権利を手にするためにそこに行った」と語った。エリザベス・ハガティは、「私たちはスト破りを引きずり出すためにそこに行った。私たちができる最善の方法でスト破りを引きずり出すために行った」と付け加えた。女子工員らは有罪となり、禁固刑を言い渡された。もちろん、雇用主はこれを勝利とみなし、判決が、「新たな投資を抑止し、すでに行われた一部の投資の撤退を誘発することで、コミュニティ全体に甚大な損害」を与える原因となったストライキに終止符を打つと信じていた。

雇用主は取り違えていた。ストライキは8月28日まで続き、10時間労働が現実となったが、女子工員は16%の賃金削減を受け入れることを余儀なくされた。当初、彼女らの多くはこの条件での仕事復帰を拒否した。だが、ストライキに関与したすべての労働者がこの問題を十分に議論した後、10時間労働制の獲得はそれ自体が大きな勝利であり、この時点で12時間労働分の賃上げを獲得するまで闘争を続けられると決定し、その後すぐにこれも成就した。

1850年代の活動

10時間労働を求める運動は1850年代も続いたが、その運動はそれまでの10年とは異なっていた。40年代にはマサチューセッツ州の10時間労働法を求める運動は、おもに労働者自身によって行われ、主導権は工場の熟練工や職人が握っていた。しかし、50年代には主導権は中産階級の改革者と政治家の手に委ねられたのである。

1850年代の10時間労働を求める運動はおもに立法に依存していたが、雇用主と労働者との団体〔労働〕協約はより頻繁に締結されるようになった。たとえば、53年にはペンシルヴェニア州メディアのすべての工場労働者が「雇用主と被雇用者との共同契約によって」10時間労働を勝ち取った。この成果を祝う大規模な集会で、労働者は2人のリーダーを任命してニューイングランド諸州を巡回させ、10時間労働を求める闘争において強力な組合を結成し、団体交渉手続きを採用する必要性について講演させた。ローウェル・アメリカン紙の記者は、こうした代議員が「好印象を与え、運動を助けた」と報じている。

1850年代の10時間労働を求める運動は多くの法律の制定を確保したが、40年代と同様、それらは施行されなかったか、「特別契約」が付帯していたので無意味であった。ニュージャージー州は、51年に特定の産業での10時間労働を「合法的な1日の労働」と宣言したが、「違法な」時間労働に対して制定される罰則については規定しなかった。同年、ロードアイランド州は10時間労働法を可決したが、そこには慎重を期して、10時間労働が「合法」であるのは「当事者間で別段の合意がない場合」に限られると明記した。2年後にコネティカット州もこれに続き、「別段の合意がない限り、機械施設あるいは製造施設における10時間労働は合法的な1日の労働とみなされるべきである」と規定した。

10年間の闘争の後も、マサチューセッツ州の労働者は10時間労働法を確保できなかった。彼らは、ニューハンプシャー州で採択されたのと同種の法――「特約」が付帯する法――なら獲得できたであろう。実際、有力な工場代理人で議会の実力者であったライナス・チャイルドは、彼の同僚とともに、「ニューハンプシャー州の法律と同様の法律に異議はない」と宣言した。それは誰かを窮地に立たせるかもしれないが、危険ではない。彼は、「私たちの助けを借りて、工場の所有者が完全に満足するような労働時間に関して、簡単に取引できたことに疑いはなかった」と宣言した。

だが、マサチューセッツ州の労働者は「特別契約」が付帯した法律とは何の関係もなかった。彼らが望んでいたのは、10時間が労働日であることを明確に規定した法律であった。そのような法律を獲得するため、同州の運動は請願への依存から組織的な政治活動へと変わった。1851年には、40年代の労働者改革協会の復活ともとれるニューイングランド産業連盟が結成され、マサチューセッツ州の労働者に対して、秋の選挙に備えて州大会を組織し、代議員を送るよう呼びかけた。州全体の政治活動という性格をもつものは、この大会から生まれたものではなかったが、ローウェルではベンジャミン・F・バトラーが10時間労働綱領を携えて町議会選挙を戦い、「当社に雇用された者は、次の月曜日に「10時間労働派の」バトラー候補に投票する者は誰であれ解雇される」との会社の警告に直面しても勝利を収めた。

ローウェルでの結果に勇気づけられたニューイングランド産業連盟の幹部でローウェル・アメリカン紙の編集者ウィリアム・S・ロビンソンとヴォイス・オブ・インダストリーズ紙の元編集者ウィリアム・S・ヤングは、マサチューセッツ州の住民に10時間労働を求める州大会を呼びかけた。1852年9月30日に開催された州大会では、州中央委員会が設置され、州民向けの演説の準備、10時間労働を求める運動への支持を誓約する立候補者の獲得、教育キャンペーンのための資金集め、地域団体の組織化などの権限が与えられた。独立した労働者政党を結党する動きはなく、州大会はその「組織的な政治活動」を労働時間を短縮するための真に効果的な法律を支持する目的で、すべての政党の候補者から書面による誓約を得ることに限定すると決定した。ただし、候補者は全員、以下の質問に回答することを求められた。

「あなたは、州のすべての企業が1日に10時間以上労働する人を雇用するのを禁止する議会に賛成ですか。そして、そのような法律の通過を確実にするために最善を尽くしますか」。

1852年のマサチューセッツ州の選挙は、工場の多い町に関する限り、ほぼ10時間労働問題のみを中心に展開したといっても過言ではない。知事と副知事の候補者は10時間労働の誓約に署名し、上院のための（ホイッグ党と民主党との）連立候補者も署名した。ホイッグ党自体は10時間労働絡みの運動が一掃される前に、それを求める運動の圧勝に屈して、「10時間の労働を社会の1つの階級や部門のためではなく、連邦のすべての人々のために1日の労働時間とする法律の通過を望んでいる」と発表した。選挙後、10時間労働の擁護者はその時点で議会下院の10分の1の議席を支配していると宣言した。これは重要な前進であったが、企業の支配を打破するには十分ではなかった。また、同年の選挙後に行われた大規模な請願キャンペーンも、議会における企業の影響力を抑制することには成功しなかった。55年に立法委員会は実際に強制的な10時間労働法を支持する報告をしたが、チャールズ・カウリーが『ローウェル史』で指摘しているように、「ボストンの企業経営者は、……10時間労働の擁護者のなかでもっとも影響力のある者の何人かを密かに買収して法案を否決させていた」。

もしマサチューセッツ州の工場労働者がより大きな政治的影響力を有していたら、立法キャンペーンの結果はおそらく違ったものになっていたであろう。1850年代には男性がそれまでにも増して工場で働くようになったが、工場労働者の多数派は依然として参政権のない女性であった。たとえば、ローウェルのメリマック製造会社は、53年には男性650人に対して1650人の女性を雇っていた。これは当時の繊維工場における典型的な構成であり、10時間労働を求める政治活動に課せられた制限に多くの光を当てている。また、男性の多くは最近アメリカに渡って来た移民なので、全員が投票できるわけではなかった。さらに、同年に州議会のホイッグ党が「労働者の男らしさと独立性を侮辱する」という理由で秘密投票法を廃止した後、投票箱に対する企業の力が強化された。

10時間労働を求める運動は法律の制定には成功しなかったが、多くの雇用主に重要な譲歩を強いた。この秋の選挙で10時間労働への賛成票を減らすために、雇用主は1852年9月に5つの重要な工業都市の機械工場で1日の労働時間を11時間に短縮した。(*)翌年には、10時間労働制はウースターで「ごく一般的なもの」となった。繊維工場でさえこの運動に屈し、53年9月にはローウェル、ローレンス、セーラム、その他の都市の企業は労働時間を11時間に短縮した。その後、マサチューセッツ州の繊維工場の1日の労働時間は原則として午前7時から午後7時まで、夕食は45分で、土曜日は工場は早くに閉鎖された。

（*）しかしながら、参政権のない女性労働者の労働時間は結局のところ変わらなかった。

ニュージャージー州での政治活動

10時間労働を求める闘争に関連した、非常に興味深くかつ重要な政治運動が1847年にニュージャージー州で始まった。この頃には熟練労働者は複数業界で10時間労働をすでに獲得していたが、彼らは工場労働者や未熟練労働者と喜んで協力し、同州内のすべての産業を対象とする法律を確保した。運動の先頭に立っていたのは10時間労働問題であったが、他の多くの進歩的な改革も同時に進められた。たとえば、9月にトレントンで大規模な集会が開催され、同州のすべての労働者にとって10時間が1日の最大労働時間と承認するとともに、州議会に対して1日に8時間以上工場で子供を雇うことを禁止し、すべての子供に良好な普通学校教育を受ける機会を提供する法律の制定を求める決議も採択された。ある決議は、陪審員の財産資格を要求する州法の廃止を要求し、別の決議は「カムデン・アンド・アムボイ鉄道とデラウェア・アンド・ラリタン運河会社から得られる州の収入は公立学校の支援に充当すべきである」と主張した。これらの要求を表明した後、集会は「我々は、上記の決議が重要な民主主義の原則を受け入れたものであると信じており、我々はそれらを支持しない公職者は支持しない」と断言した。

１８４８年初頭には、「10時間労働制の支援者」によってトレントン労働者協会が結成された。翌年にかけて、同協会は10時間労働の大義と陪審員や選挙管理委員会に対する財産資格の撤廃要求などの問題を推し進めるために、大規模な集会を招集し続けた。これらの集会では、労働者は自分たちの法案に賛成しない議会候補者を支援しないことを明確にした。

１８５０年に召集された議会が、労働者が求める法案は何であれ採択するのを拒否したとき、トレントンの労働者は議会を非難し、州全体の同僚労働者に対して州議会召集の可否を問う委員会を任命した。さらに、ニュージャージー州の労働者は会員制クラブを結成し、改革法案に賛成しない者は誰であれ、公官吏として選出しないよう説得された。

民主党とホイッグ党は労働者票を獲得するために節を曲げた。民主党の綱領には労働者の要求がいくつか盛り込まれ、特に10時間労働法の支持を約束した。さらに民主党は、トレントンの労働運動のリーダーである製靴職人のチャールズ・スケルトンを議会で同市を代表する議員に指名した。ホイッグ党は、「すべての人を教育する無料の学校制度」、公官吏と陪審員の自由土地保有権資格の廃止、「法律で保護されたあらゆる種類の財産に対する平等な課税」、「公正な債務者の妻と子孫を抑圧する債権者の過酷な請求から保護する法律」、「製造工場の労働時間を規制し、そこで働く児童を保護する法律」への支持を表明した。

既存の政党がそのような立場をとらなければ、トレントンの労働者は独立した労働者政党を結党していた可能性が高い。なぜなら、そのような行動にはかなりの動揺があったからである。代わりに、労働者は民主党とホイッグ党の候補者に労働者が提唱する法案についての意見を聞くことにした。その回答は、政治家がコミュニティにおける労働者の政治的力量を尊重し始めていることの証左であった。それというのも、すべての候補者はトレントン労働者協会が提唱する法案に対して、議会で賛成票を投じることを示唆していたからである。

選挙の結果、民主党が勝利し、スケルトンが議員に選出された。１８５１年の州議会では、トレントン労働者協会が要求した改革の多くが法制化された(*)。その筆頭を飾ったのは、州全体で10時間労働を制定する法律であった。

（＊）トレントン労働者協会は後援した法が制定された後も存続した。同協会は毎週土曜日の夜に定期的に会合し、その時々の主要な政治問題について議論した。そうした会合の1つで、興味深いことに、議論は「国は現在の鉄道会社と運河会社の特許状の満了時に工事を行うべきか」といった問題に集中していた。

10時間労働を求める運動の成果

ニュージャージー州で10時間労働法が制定されたのは、労働者階級の日々の活動——悲痛な失望に直面しながらも続いた活動——の成果であった。そして、これが１８４０年から60年の10時間労働を求める運動の一部始終である。多くのエネルギーと組織が労働時間短縮を手にするための闘争に投入された。歴史家のなかには、10時間労働を求める運動の成果は費やされた時間とエネルギーから判断すれば貧相とする者もいるが、この運動は非常に重要であった。10時間労働を求める運動は労働者階級——熟練労働者と未熟練労働者、職人と工場の熟練工——を団結させ、強力な組織の伝統を作り出した。南北戦争期には、多くの労働者はまだ10時間労働制の恩恵を受けていなかったが、40年から60年の10時間労働を求める運動は、通常の週労働時間数を明らかに減少させた(＊)。60年までに、工場労働者以外の大多数の熟練した職人と未熟練労働者の標準労働時間は10時間になったが、工場労働者のそれも減少した。マサチューセッツ州のほとんどの工場では労働時間は13から11時間に短縮され(＊＊)、ニューハンプシャー州では５０００人もの労働者が関与した数回の過激なストライキの結果、雇用主は１日の労働時間を10時間50分とすることを余儀なくされた。機械が高速化されたのは事実であるが、１日の労働時間の13あるいは14時間から10あるいは11時間への変更は労働者階級にとって大きな前進であった。

（＊）第10回国勢調査から抽出された次ページの表は、１日の労働時間の短縮に向かう傾向を示すのに引用できる多くの資料の１つである。

（＊＊）しかしながら、同州のいくつかの地域では、１８６５年までは工場で13時間労働が一般的であった。

１８３０年のアメリカの平均労働時間は12時間半であったが、30年後には11時間になった。この短縮は雇用主の善意の結果ではなく、労働者が組織化され、闘争的な運動を行った成果であった。そして、労働時間が短縮されたことで、労働者はより多くの時間とエネルギーを将来の運動のための組織の強靱化に注げられるようになり、さらにより短い労働時間を獲得できたのである。

1840～60年の日々の労働時間

年度	報告企業総数	8時間以上11時間未満		11時間以上13時間未満		13時間以上14時間未満	
		企業数	%	企業数	%	企業数	%
1840	69	36	52.2	25	36.2	8	11.6
1845	103	60	58.2	33	32.0	10	9.7
1850	173	104	60.1	63	36.4	6	3.5
1855	250	161	64.4	84	33.6	5	2.0
1860	350	235	67.1	107	30.6	8	2.3

第12章　1850年代の労働組合と労働争議

1850年代には、これまで述べてきたこと以外にも、労働運動に多くの重要な進展が見られた。この数年間、製造業部門の熟練労働者や多くの都市や町の建設業従事者が労働運動の基盤を築き、南北戦争期とその後に力を発揮することになった。彼らは他の問題に無関心ではなかったが、作業場あるいは工場の労働条件、雇用主が支払う賃金、労働時間、自分たちの職工長《フォアマン》がどういった種類の人間なのか、徒弟の管理、共謀罪に問われることなく組織する権利、職人の先取特権《リーエン》（留置権）〔第8章102ページを参照のこと〕と店舗用金券《ストアー・オーダーズ》〔第7章79ページを参照のこと〕に反対する法律に関心をもっていた。彼らが結成した労働組合は、この時代のより大きな労働運動の一要素にすぎなかったが、労働者階級の闘争に永続性を与え、労働者の経済的・政治的な活動に力を与えるものであった。おもに地方の組合に代表されるこの10年間の労働者は、緩やかに形成された全国的な組合を通じて闘争するようになり、やがて組合の全国的な連合体結成への先陣を切ることになる。

労働条件

1850年代には労働組合の闘争の結果として名目賃金が上昇する一方で、カリフォルニア州での金発見後の生活費の高騰と、国内の金融市場に1年で5000万ドルの正貨が投げ売りされたため実質賃金は低下した。40年から60年にかけて物価は14％上昇した。賃金が物価上昇と同じ水準を維持したのは金属加工業と木工業の2つの産業だけであった。51年3月27日付のニューヨーク・トリビューン紙は、5人家族の最低週間生活費を10・57ドルと推定した。食費、衣類費、家賃、光熱費以外の支出は「家具と家庭用品、消耗品」が25セント、新聞が12セントであった。ホレス・グリーリー〔第10章147ページを参照のこと〕は次のように述べている。

「お尋ねします。私は労働者の生活を快適にするものをあまりに高く想定したのでしょうか。娯楽やアイスクリームやプリンの代金、新鮮な空気を吸うため日曜日に河川を上り下りする旅費、医者や薬剤師への支払い、教会の指定席使用料への支払い、本や楽器の購入のために支払うお金はどこにあるのでしょうか」。

次ページの1日の賃金表は、彼の見積もりがそれほど法外ではなかったことを示している。

多くの女性労働者は、50年代に週2ドル以上稼げれば幸運であった。ニューヨーク・トリビューン紙の報道によると、「裁縫婦の『賃金』の最悪の特徴は、彼女らを雇っても賃金を支払わないという、目下の流行」にあった。

労働者の住居は彼らの収入を反映していた。ヘンリー・デイヴィッド・ソロー｛1817～62。アメリカの思想家・博物学者。コンコード・グループの1人。代表作は『ウォールデン、または森の生活』（1854年）｝は、ニューイングランドの未熟練労働者が、「汚い住居で暮らし、冬場は明かり取りのために扉を開けっぱなしにし、目にみえる、しばしば想像できるような薪の山もなく、老いも若きも寒さと悲惨さからその体が縮むという長い習慣によって、その姿は永久に萎縮し、彼らの手足と能力の発達が抑制されている」ことを発見してショックを受けた。ニューヨーク市でも状況は良くなかった。何千人もの人々がカビの生えた壁の寄せ集めにすぎない集合住宅《テネメント・ハウス》に住んでいたが、少なくとも2万人がニューヨークの地下室の住民であった。

地方の労働組合

労働者は組織化の穂をすぐに継いだ。1850年6月にニューヨーク市で開催された労働者の会議には43の労働組合の代表が出席した。議場では、仕立職人がニューヨークで未組織の唯一の職人であると報告された。ボストン、フィラデルフィア、ニューアーク、トレントンからの報告は、これらの都市での組織化運動の話であった。カリフォルニア州の船員はサンフランシスコにおける労働組合の成長について語っていた。53年8月までに、サンフランシスコでは大工、塗装工、革鞣し工、船大工とコーキン工、港湾労働者、仕立職人、御者、印刷工、煉瓦積み職人、鍛冶屋、艤装工、沖仲仕の組合が結成されていた。アメリカ史上初めて労働組合主義が全国津々浦々に広がった。

新たに組織された組合はストライキを呼びかけ、その多くは賃金水準の引き上げに成功した。1854年までに、労働者のストライキはアメリカの工業中心地の日常生活でありふれた風景となった。同年4月20日付のニューヨーク・トリビューン紙は、「毎年春になると、当市や他の都市のすべての職業とは言わないまでも、いくつかの都市の職業で賃上げを求める新たな闘争が起きているのを目にする」と伝えている。保守系の新聞は、「広範囲に蔓延している……鬱病」は「イギリスで始まった」国際的な陰謀の一部であり、健全な政府と私有財産の転覆を目的としていると非難した。これらの新聞は、よりリベラルな新聞から、ストライキの波はアメリカ社会の基本的な差異から生じたものであることをすぐに思い出させられた。53年4月25日付のロチェスター・デイリー・ユニオン紙は、「労働人口の不安定性」と題する社説でこう述べている。

「金が流入し、紙幣制度が拡大し、その必然的な結果として、労働者階級によって生産され、消費されるほぼすべての物の価格が上昇した。しかし、労働そのものの価格は、……数年前とほぼ同じ水準に留まっている……。労働を古い価格で購入し、現在の

建設業		鉄鋼・金属加工業	
煉瓦積み工	$1.88	金工（棒状地金工場）	$0.61
大工	1.74	粗圧延工（棒状地金工場）	1.63
建具屋	1.74	一般労働者	0.89
技師	1.38	鍛造工	1.56
煉瓦工助手	1.00	ボイラー製造工	1.28
石工	1.60	機械工	1.37
塗装工	1.73	機械据え付け工	1.63
漆喰工	1.75	鋳型工	1.41
配管工	1.90	鋳型製造工	1.41
石切り工	2.00		

上昇した価格で販売する者が、上昇前に支配的であった価格を適切な比較基準として、労働者が失うのと正確に同じだけの利益を得ていることは明らかである。これが、価格が上昇しているときに、製造業者、特に農産物や不動産と関係する抜け目のない事業者によって莫大な富が生み出される主たる理由である……。そして、賃金を公平に引き上げるために、周知の唯一の手段に訴える労働者に対して、ストライキを非難し、通商貿易を妨害する団結に対する法律を厳格に執行するよう要求するのは、一般的にこの種の事業者である」。

1854年までに、熟練した職人は労働組合の過激な闘争を通じて賃金を50年の水準より25%上回るまで引き上げた。この闘争的な姿勢は、同年5月23日にニューヨーク市の煉瓦積み職人と漆喰職人が、「資本家と雇用主の意志のもとで長年にわたって奴隷に匹敵する状態にあった後、［彼ら］は……彼ら自身と家族に対して、彼らの労働に対する公正な報酬を得るために、彼らの相互保護を目的に組織化された組織として団結することが、彼らが負う義務であると考えている。そのような報酬は恒久的かつ均一なものとされ、我々の必需品やもっとも基本的な雇用の不足をいかなるときにも利用するという雇用主の斑気《むらき》に左右されない」と告知したとき、正しく表現されていた。彼らは、「我々はコミュニティの他の労働者階級と同様に、権利を有している。我々の労働は我々が市場に持ち込む唯一の商品であり、それは我々の資本であり、我々の全財産であり、我々は、我々の労働に独自の価格を設定する購入者に従う限り、我々はもっとも基本的な種類の隷属に従うことになる」と主張した。

1830年代と同様、アメリカの労働者は危機の際の散発的な闘争では十分な賃金を確保できないことを認識し、自分たちをより強固な財政基盤に置くことで、より恒久的な組織を構築しようとした。54年の不況が、20万人以上の組合員が所属する組合を崩壊させるまで、彼らはほとんど活動を始めていなかった。翌年春に地方の組合が復活し始めたとき、そうした組合は恒久的な救済基金を慎重に創設した。これらの基金が相当な額に達する前に、57年の経済危機がほとんどの組合を壊滅させたが、この救済基金のおかげでかつてないほどの数の組合が生き残った。60年までに地方の組合は再び隆盛をきわめたが、南部諸州の連邦からの分離によって深刻な打撃を被った。

1850年代の地方組合の歴史は、短命でしばしば再編成を繰り返した組織の歴史であった。しかし、50年代の労働運動をそれ以前のそれと区別したのは、その命脈が完全に尽きることが一度もなく、その後も完全に尽きなかったという点である。

1850年代の労働組合は、熟練した職人で構成された排他的な職業別組合《クラフト・ユニオン》であった。未熟練労働者はこうした組合に加入するのがほぼ不可能であり、印刷職人、ホテルのウェイター、製靴職人、仕立屋などのいくつかの組合は、女性を組合や職業から排除した。しかし、一部の組合は組合員の妻や娘が組合が管理する工房で働くことを許可した(*)。

（＊）一部の組合は、ストライキ中に女性を組合員から除外することの愚かさを悟り、働く女性に対する敵対的な態度をそれなりに修正した。クリーヴランドの仕立職人組合は、彼らが排除したまさにその女性たちにストライキ中に自分たちへの支援を呼びかけた。彼らは、「仕立て業界の雇用主のなかには、女性裁縫師を自分たちが決めた価格で雇えるという理由で、男性の要求を拒否した者もいる。だから女性たちよ、あなた方の権利のためにストライキを」と訴えた。女性たちはストライキをしたが、情けは人のためならず、ということを男性たちに思い出させた。その後、クリーヴランドの仕立職人組合は女性の加入を許可した。

1830年代の前身組合と同様、新しい組合も徒弟制度の規則、入会金、賃金水準、団体交渉、ストライキ資金に関心をもっていた。協同組合と共済会の問題は、この10年の初期には依然として組合業務の肝要な要素であった。熟練労働者はその組合を次第に空想的社会改良家《ユートピアン》の影響から救出し、組合としての直接的な要求に集中した。多くの点で50年代の組合主義は30年代のそれよりも進んでいた。組合費は組織的に徴収され、ストライキ資金が積み上げられた。ピケ張りに対し、独身男性には週5ドル、既婚男性は週に3ドルと妻に1・5ドル、10歳以下の子供1人につき0・5ドルが支給された。多くの組合が事務所を借り、組合業務遂行のための会議を定期的に開催した。

組合事務所は職を求める失業者を登録し、雇用主が労働者を探しに訪れる雇用事務所あるいは「職業斡旋所」として機能する場合もあった。ニューヨークのパン職人組合の幹部の1人はスコットランド人で、彼は、多くの組合によって「職業斡旋所」が設立されたスコットランドの労働組合運動で活躍していた。1850年7月にパン職人組合がニューヨークの新聞に次のような通知を掲載したのは、彼の影響によるものであったのは間違いない。

「パン職人の親方にお伝えします。パン職人組合の職業斡旋所は……現在、グランド通り127番地で、平日は午前6時から午後9時まで、日曜日は午後3時から9時まで開所しています。係が常駐しており、斡旋所を訪れるか、あるいはその代わりに手紙を頂くなどして、都市部あるいは郊外の親方にあらゆる便宜を図るようにしております」。

1850年代の労働組合によってなされたもっとも重要な進歩は、団体交渉のそれであった。20年代と30年代の組合はすでに姿を消したが、それら組合の団体交渉における成果は忘れてはならない。47年、大工の棟梁とニュージャージー州トレントン大工職人協会〔組合〕との間で労働〔団体〕協約が締結された。この協約について、同年4月24日付のトレントン・デイリー・ステイト《州》・ガゼット《報》紙は、労働者がより良い生活水準のために交渉する権利を認める、という雇用主の賢明な態度を賞賛した。同紙は、「労働者は常に労働に対して公正な報酬を受け取るべきであり、彼らがそれ以上を要求することなどめったにないと我々は信じている」と続けた。

1850年代の組合は結成されるやいなや、すべての労働者に対して統一された賃金水準を確立するために、団体交渉の原則を業界全体に適用した。そうした合意を得るために、労働組合は公正とみなす賃金表を作成し、次に「すべての寛大な雇用主」に対して提案した賃金表について議論し、両当事者を拘束する協約を交渉する委員会で会合するよう求める通知を新聞に掲載した。以下はそうした通知の典型的なものである。

「ニューヨークの仕立商人の皆様に――紳士各位。両当事者にとって相互に関心のある問題を議論するために、［1850年］9月16日（月曜日）午前10時よりシェークスピア・ホテルで開催される仕立職人協会の代表者会議にご出席くださいますよう、謹んでお願い申し上げます」。

1850年初頭、ニューヨーク印刷工組合は、印刷業界の労働条件を調査する委員会を任命した。毎週の収入、児童の賃金、労働時間、雇用されている労働者の数、さまざまな種類の仕事に支払われた代価、支払いの時と方法、および労働条件が調査された。この調査は、ニューヨークの印刷業界で雇用されている労働者の約半数に当たる850人の職工と300人の児童を雇用している、80事業所を対象に行われた。この調査で得られた事実を利用して、印刷工組合は労働条件に関する綿密な報告書を作成し、労働条件改善に向けた勧告を提示した。同市全体で統一された賃金水準の確保に大きな重点が置かれた。

1850年5月、印刷工組合は、業界内のすべての労働者に公正な賃金水準を確立する協定の問題について、雇用主に打診する別の委員会を委任した。組合がこうした措置をとったのは、この問題を研究するために任命された特別委員会が、「雇用主の間でも労働者の間でも非常に一般的な、業界に利益をもたらすよう計算された、いかなる措置も採用する意向を見いだした」後であった。50年10月26日、印刷工組合と鉛版製作工を代表する組合委員会がニューヨーク市のスタイマン・ホテルで会合し、雇用主は会合終了時に、組合が要求した賃金水準を受け入れたことを発表する短い声明を報道機関に手渡した。

1853年のストライキの多くを分析すると、雇用主はあらゆる機会を利用して労働協約を破ったことが明らかになる。翌年経済危機の折りに組合が破綻したとき、協約は失効した。組合は協約のための闘争を繰り返さなければならなかったが、これまでの経験と書面による協約の先例に助けられた。

移民労働者

1850年代に組織化された労働者が直面したもっとも深刻な問題の1つは、確立された協定賃金を無効にする目的での移民労働者の利用であった。40年代から50年代にかけて、現代史における労働者の最大移動の1つが我が国の海岸に押し寄せた。40年から50年にかけて1711万3251人の移民が到来し、50年から60年にかけての数字は259万8214人に達した。60年のニューヨーク市の人口の47・62%、シカゴでは49・9%、フィラデルフィアでは28・93%、ピッツバーグでは49・99%、セントルイスでは59・66%が外国生まれであった。

多くのアメリカ生まれの労働者は、この移民の波を恐怖と敵意をもって眺めた。アメリカの職人は、移民労働者は「資本家階級が当人に与えるのが適切と考えるもののために、1日に14から16時間働く」ことを厭わずにこの国にやって来ると抗議した。1846年1月10日のハービンガー《先駆者》紙は、「家具製作業で働けるドイツ人移民を常に監視している人間がいて、移民が上陸する前に船に乗り込んで、移民を年収20か30ドルと食事代、あるいは提示できる最高の条件で雇用する」と報じている。

上述の憂慮は、労働者の団結を裂こうとする雇用主だけでなく、移民排斥論者の政治家や新聞によっても巧妙に利用された。１８４０年代から50年代の移民排斥論の宣伝者《プロパガンディスト》は、生活水準の低下は移民のせいであると非難した。彼らによると、アメリカ人労働者は、「ぼろ布や汚物にまみれた、もっとも粗野で、もっとも安価で、もっとも質素な食事をし、アメリカ人労働者や職工の同僚として相応しくないばかりか、いかなる社会の評判の良い構成員としても相応しくない」外国人とは競争できないと言った。

労働者のなかには、こうしたプロパガンダを信じる者もおり、外国生まれの労働者に対する偏見に満ちた十字軍に参加する者も少なくなかった。外国生まれの人々が市民になるのをより困難化する帰化法の改正を提唱し、労働者の移入を阻止するのを目的とした団体が結成された。そうした団体のなかでもっとも影響力があったのは、「貧困に喘ぐ高齢者と移民との競争からその会員を守ることを約束する慈悲的で、愛国的な協会」として１８４４年にニューヨークで設立された合同アメリカ人団であった。団員になれるのは、アメリカ生まれの労働者だけであった。45年3月には同団の女性の賛助団体であるアメリカ娘連合が結成された。合同アメリカ人団は16の州に支部を持ち、55年までに5万人の団員を獲得し、週刊新聞オーダー・オブ・ユナイテッド・アメリカンズと、リパブリック―マンスリー・マガジン・オブ・アメリカン・リテラチャー・アンド・アートを刊行した。両紙はともに移民労働者を攻撃した。

アメリカ生まれの労働者のなかには、偏見を捨てず、50年代半ばに起こった反カトリックで反外国人を掲げるノー・ナッシング《不知主義》党〔アメリカ党。排外主義・反カトリック主義の立場をとり、急激に党勢拡大したが、奴隷制度擁護か反対かをめぐって分裂し、１８５６年に衰退した〕の一翼を担った者もいたが、ほとんどのアメリカ人労働者は、アメリカへの移民を制限するのは「世界が慣れ親しんだ革命を起こすのを防ぐのと同じくらい無益である」ことに次第に気づき始めた。49年12月15日、一流の労働新聞アメリカズ・オウンは次のように訴えた。

「アメリカ人職工諸君。諸君が諸君の同胞に利益をもたらすことに本当に関心をもっているなら、諸君たちは職工として、そしてただ職工としてのみ団結しなければならないことを肝に銘じて頂きたい……。外国生まれの職工に対する敵意は、諸君たちがとるべき大切な手段から諸君たちの注意を逸らすために、もともと雇用主によって始められたものであり、こうした大切な手段こそ、最終的には諸君たちにとって真の実用的な利益となることが証明されるでありましょう」。

多くの組合が移民問題に向けた規約を策定した。ニューヨーク市のパン職人組合は、その存在理由の1つが「新しくやって来たすべての移民パン職人に助言し、保護すること」にあるとその規約で述べている。ニューヨーク市の鍛冶屋と車大工は、「新しくやって来た職工のために助言し、援助し、仕事を周旋する」のはアメリカ人労働者が無視できない問題であると規約で宣言した。さらに踏み込んだ組合もあった。雇用主による移民労働者の虐待を防ぐために、彼らはヨーロッパの主要紙に広告を掲載し、移民下宿の前でチラシを配って、新しくやって来た労働者に「十分な賃金で仕事を得て、高利貸しの餌食になるのを妨ぐ」場所を彼らに周知した。通常、移民は、良い賃金を確保すると同時に、労働者が業界ですでに獲得した労働条件を維持するのを助けるために、雇用を求める前に組合に顔を出すよう促された。

いくつかの業界では、国籍別の組合を結成し、重要な行動を起こす際にたがいに協力し合った。多くの場合、国籍が違う者が同じ労働団体で団結していた。たとえば、ニューヨーク室内装飾職人組合は1850人のドイツ系アメリカ人、アイルランド系アメリカ人、フランス系カナダ人、イギリス人、そしてアメリカ生まれの労働者で構成されていた。ニューヨーク仕立職人組合は、アメリカ生まれとドイツ系アメリカ人の労働者で構成されていた。当初、彼らは親密ではなかったが、ストライキ中に労働者の国籍に関係なく振るわれた警官の残虐行為が相互の理解を深めることになった。ドイツ人の仕立職人は同僚のアメリカ人の投獄に抗議して警察署の周りを行進した。彼らのプラカードの1枚は、「我々はこの自由な国でロシアの警察を目にするとは思いもしなかったし、国民がこれら警官の明白な職権乱用を支持するとは思わない」と謳っていた。

多くのアイルランド系移民は未熟練者であったため、1850年代の排他的な職業別組合《クラフト・ユニオン》の組合員になるのが困難なことがわかっていた。彼らのほとんどは組合員の経験がなかったが、彼らの母国での何世代にもわたる闘争は、アイルランド人労働者をアメリカでの闘争的な行動に備えさせた。これらの活動は、恒久的な組織を残さなかった抑圧に対する激しい暴挙であることが多かったのは事実である。ストライキ闘争において、アイルランド系の運河労働者や鉄道労働者ほど闘争的な労働者はいなかった。雇用主は、「アイルランド人が採用されたとき、彼らは最初に高い賃金を要求し、「そして」カント語でストライキをする最初の人ではないか」と言って、「アイルランド人の応募はお断り」と表示したその悪質な求人広告を正当化しようとした。

イギリスの影響

かなりの数のイギリス系移民とドイツ系移民が、母国での労働組合の経験を活かしてアメリカの労働運動に貢献した。全員がイギリスで労働組合に所属していたマサチューセッツ州フォールリヴァーのミュール紡績工が、労働組合主義の原則をニューイングランドの繊維産業の中心地に広めた。1850年の冬、彼らは賃金削減に反対する闘争的なストライキを行った。彼らは組合を結成し、代表団をニューイングランドの他の繊維産業町に派遣してストライキ基金として2万ドルを集め、織物職工の助けを借りてトレード・ユニオン・アンド・フォールリヴァー・ウィヴァーズ・ジャーナルの刊行を始めた。6カ月におよぶ闘争後、ストライキは敗北し、ミュール紡績工は他の場所での職探しを余儀なくされたが、彼らはどこに行こうとも労働組合主義の原則だけは身に付けていた。

まもなくフォールリヴァーのミュール紡績工は組合を再建し、1857年には賃上げを求めてストライキを行った。彼らは部分的な勝利を収め、60年までにすべての要求を勝ち取った。同年に結成された合同ミュール紡績工協会（組合）は、ニューイングランドの織維町全体に組織化の考えを広めたイギリス人紡績工の活動の直接的な成果であった。

イギリスの労働組合主義者の影響がとくに強かったのは、低賃金と会社直営店舗でのみ使える金券での賃金支払い制度がかなりの不満を引き起こしていた鉱業地帯であった。アメリカ最初の鉱夫組合はイギリスの組合で活動していたイギリス人によって結成された。チャーティスト運動〔1838年から58年にかけて、ウィリアム・ラヴェットを中心とするロンドン労働者協会が行った、男子普通選挙権など6項目を掲げた議会改革運動。この6項目は人民憲章として公表された〕で活動していたイギリス人鉱夫ジョン・ベイツは、ペンシルヴェニア州スクールキル郡の鉱夫を率いてアメリカで最初の鉱夫組合を結成した。この組合は、その創設者と委員長に因んでベイツ組合と命名された。1849年春、5000人強の組合員を擁する同組合は、賃上げと店舗用金券制度の廃止を確保する目的で、無煙炭地帯で最初の組織的なストライキを開始した。雇用主は、組合と論点が提出された鉱山所有者を代表する合同委員会の選抜に同意することを余儀なくされた。組合が満足できる合意案が同委員会によって提案された。

ストライキの後、ベイツは鉱夫を組織するための勧誘員《フィールド・エージェント》として組合に雇われた。彼の手当は週12ドルと一頭立て軽装2輪馬車であった。彼は「我々の利益と雇用主の利益は非常に関連しており、我々はそれらを分離することは不可能であると信じている……」という趣旨の決議案を1849年に提出して雇用主に降伏した。50年代半ばまでにベイツ組合は消滅した。

しかしながら、労働組合主義の伝統は亡くなったわけではなく、1861年には産業別組合《インダストリアル・ユニオン》であるアメリカ鉱夫協会〔組合〕が結成された。協会の創設者で元チャーティストのダニエル・ウィーヴァーは、その年の演説で「鉱夫の組合と、鉱夫の肉体的、精神的、社会的な地位向上をその目的とする採掘作業に直接関係する組合支部の必要性は、一般に鉱夫の思慮ある階層によって長い間感じられてきた」と宣言した。彼は、組合内のすべての民族集団の団結の必要性をこう強調した。「アメリカで不朽の名声をもつ1人が、『私には東も西も北も南もない』と言った。そこで私は、イギリス人も、アイルランド人も、ドイツ人も、スコットランド人も、ウェールズ人もないようにしよう、と言いたい」。

ドイツ系アメリカ人の労働運動

一部のコミュニティでは、ドイツ人労働者が労働組合運動の先陣を切った。1850年代のセントルイスの労働運動は、敗北した48年革命後の反動期に国を逃れたドイツ人を意味する「48年組〔世代〕」として知られる人々に主導された。他の都市のドイツ人労働者は、アメリカ人労働者に対して厳格で党派的なアプローチを採用することがあまりにも多かった。アメリカ人労働者は政治的に未熟であり、自分たちドイツ人の域に到達するための言語障壁を乗り越えるのに必要な時間とエネルギーを費やす価値がないと考えていた。そのため、ドイツ人労働者は独自の労働団体と協同組合運動を立ち上げた。ドイツ系のそれは、より明敏な指導者の登場により他の労働者階級の運動とかなりうまく統合された。

ドイツ系アメリカ人の労働運動の主導権を最初に握ったのは、1845年に渡米したヘルマン・クリーゲであった。彼は、ヨーロッパでカール・マルクスやフリードリヒ・エンゲルスと親交していたが、土地改革運動に積極的に参加し、ジョージ・ヘンリー・エヴァンズが設立した全国改革協会で積極的な役割を演じたことで、マルクスとエンゲルスの信頼を失った。クリーゲのアメリカにおける影響力はすぐに消滅した。

１８５０年、この主導権は46年後半にアメリカに来たヴィルヘルム・ヴァイトリングに引き継がれた。彼はヨーロッパの革命運動で積極的な役割を演じ、46年にマルクスとエンゲルスが所属するドイツ労働者協会に加入した。彼は、ドイツの土地改革者のグループの招待でアメリカに来たが、まもなく48年革命を闘う目的で故郷に帰った。革命は短命で、49年にヴァイトリングはアメリカに戻った。ここで彼は労働新聞ディ・リパブリク・デア・アルバイター《労働者の共和国》の刊行を始め、種々のドイツ系労働団体の中央集権化を支援した。彼の指導のもと、翌50年4月にニューヨークでは合同職業組合中央委員会が設立された。同中央委員会は、以下の団体を代表する代表者で構成されていた。つまり、パン職人、製靴職人、高級家具職人、仕立工、室内装飾職人、木工職人、彫刻師、機械工、帽子工、毛皮職人の団体である。代表者は、アメリカ保護連合、社会改革連合の支部、ウィリアムズバーグとニューアークの組合からも集まった。同中央委員会に代表される総会員数は約２４００人であった。

他の都市でも同様の団体が組織され、ドイツ人労働者の一般労働者大会を求める運動が起こった。１８５０年9月にはそうした大会が呼びかけられ、翌月にはフィラデルフィアで第1回ドイツ系アメリカ人労働者全国大会が開催された。セントルイス、ボルティモア、ピッツバーグ、フィラデルフィア、ニューヨーク、バッファローの組合の代表者と、ルイヴィル、ウィリアムズバーグ、ニューアーク、シンシナティ、メアリーズヴィル、デトロイト、ロチェスター、ダビューク、トレントンの一般労働組合の代表者が集まった。この大会の指導的人物であったヴァイトリングは、加盟組合の総組合員数を４４００人と推計した。議論された話題には、教育、政治団体、彼のお気に入りの計画である「労働交換銀行」(*)があった。新しい組織は一般労働者連盟と呼ばれた。

（*）労働交換銀行は、各生産者が自分の製品を中央倉庫に預け、それと引き換えに同等の価値をもつ証書を受け取る機関であった。これにより、生産者は証書の額面価格まで、銀行の店舗でいかなる物品でも原価で購入できた。

この大会で採択された綱領を適用しようとする試みは、ドイツ人労働者の間に生じた分裂のために失敗に終わった。1つには、１８５１年にアウグスト・ヴィリヒとゲラーク〔ゴットフリード〕・キンケルが、労働者の注意をアメリカでの経済闘争からドイツの革命運動を支援する資金調達活動に向けようと尽力したことによって、ドイツ系アメリカ人の労働運動は分裂した。一方、ヴァイトリングは、彼の労働交換銀行というアイディアの採用が労働者が直面するすべての問題を解決することを労働者に納得させようとしていた。彼にとって、労働運動はこのアイディアを広めるための手段であった。彼は、他の空想的《ユートピアン》社会改良家と同様、時間と賃金をめぐる闘争は産業の協同体制のための運動に比べて重要でない、と考えていた。彼に言わせれば、労働組合は、労働者を集め、彼らをより広範な綱領に回心させることを容易にするという理由だけで存在価値があった。政治家は常に労働者階級を裏切るので、政治活動もほとんど役に立たなかった。

ほとんどのドイツ人労働者は、彼らが直面している当面の問題に対するヴァイトリングの限られた見解を理解するようになるやいなや彼と意見を異にし、彼の横暴な態度に反感を抱いた。彼は、1852年6月19日付のディ・リパブリク・デア・アルバイターの記事で、5月に一般労働者連盟には300人の信頼できる会員しかいなかったことを認めた。その後、労働組合問題が同連盟の最重要課題になりつつあったとき、彼は嫌気がさして脱退し、それ以降71年に死去するまで労働運動への関心を一切合切失った。

ヨーロッパでマルクスとエンゲルスと密接に連絡を取り合っていた共産主義者のヨーゼフ・ヴァイデマイヤー〔1818〜66〕の指導によって、ドイツ系アメリカ人の労働運動に新風が吹き込まれた。彼は〔司直の手を逃れて〕1851年に33歳で渡米し、アメリカの新興社会主義運動の指導に生涯を捧げた。彼はマルクス主義者としての理解力を備え、手紙を通じてマルクスと密接に連絡を取り合った。彼はドイツ系アメリカ人労働者の偏狭な気質がもつ弱点、ヴィリヒとキンケルが率いる革命的な貸付運動の計算間違い、ヴァイトリングの労働者階級に向けた綱領の不十分さを見極めた。

1852年1月、ヴァイデマイヤーは自身が紙名を付けた新聞ディ・レヴォリューツィオン《革命》を創刊した。(*) 同紙は1年後に彼がグスタフ・ケルナー博士と共同で編集するディ・レフォルム《改革》に引き継がれた。ヴァイデマイヤーは両紙で、ドイツ系アメリカ人労働者の間で広まっていた理論の誤りを暴露した。彼は、革命的な貸付運動はユートピア的であり、社会の激変が起ころうとしている国の外から供給される刺激によって革命を引き起こすのは不可能である、と指摘した。さらに、この計画はドイツ系アメリカ人の労働運動を分裂させるのに成功しただけであった。同時に彼は、ヴァイトリングに異議を唱え、現下の要求のために奮闘する必要性と労働運動に経済と政治の問題を組み合わせることとの重要性を説明した。ヴァイデマイヤーは53年5月のディ・レフォルムで、「経済と政治を分裂させるべきではない」と書いており、政治家は常に労働者を裏切るであろうというヴァイトリングの叫びに対して、彼は労働者は政治活動をしなければならないが、普通の政治家とは異なるタイプの政治において活動しなければならないと答えた。労働者は経済と政治の改革のための闘争において他の人々を指導しなければならなかった。彼は、「労働者階級は、一般的および特別な改革のためのすべての運動が何にもまして信頼を置かねばならない礎石である」とたえず強調していた。

(*) 1852年1月1日、社会主義運動協会の機関紙であるニューヨーク・ターンツァイトゥングに以下の通知が掲載された。「ディ・レヴォリューツィオンは、フランクフルト・アム・マインで警察に鎮圧された『ノイエ・ドイチェ・ツァイトゥング』(『新ドイツ新聞』)の元編集者ヴァイデマイヤーによって編集された週刊紙であり、元ノイエ・ライヒニッシェ・ツァイトゥング(『新ライン新聞』)の編集者であったマルクス、エンゲルス、フェルディナンド・フライリヒラートらの協力を得て毎週日曜日に発行される。同紙の営業所はチェンバース通り7番地にある」。

この新聞は2号しか発行されなかった。第1号はマルクスの寄稿、彼の有名な古典『ルイ・ボナパルトのブリュメール18日』に紙面をすべて割いていた。この傑出したマルクス主義の歴史史実に基づく作品は1869年までヨーロッパでは印刷されなかった。

しかし、その目標を達成するには労働者が組織化され、団結する必要があった。ヴァイデマイヤーはドイツ系アメリカ人労働者の狭いセクト主義が、彼らをアメリカの労働運動の主流から孤立させていることをすぐに理解した。したがって、彼の目的は経済闘争と政治闘争を組み合わせた統一した労働運動の組織化であった。1852年後半、彼はニューヨークでプロレタリア同盟を結成し、同同盟内で新しい労働運動を確立する必要性について予備的な議論が交わされた。53年3月18日、同同盟はニューヨーク市の職工会館で労働者の大規模な集会を開催するよう呼びかけた。同同盟は、労働者の地位を向上させるための闘争に向けてアメリカの労働者階級を団結させる必要性を強調し、「労働者階級が団結しなければ、労働者はその権利をけっして獲得できない」と主張し、次のように結論づけた。

「すべての職工が団結し、1つの明確な計画に従ってともに行動する場合にのみ、労働者を役畜のレベルにまで低下させる多くの災厄を取り除くことができる」。

「より高い賃金と政治改革のために闘うだけでなく、労働者階級の福祉のためにすべての労働者を団結させることのできる綱領の創出に向けて、労働者の偉大な連合に突き進むべきである。すべての労働者は会議に出席すべきである。皆が1人のように立ち上がれ。皆は1人のために、1人は皆のために」。

この集会は1853年3月21日に〔ドイツ系アメリカ人代議員800人が出席して〕開催され、〔一種の労働者政党でマルクス主義組織であった〕アメリカ労働者同盟が結成された。同同盟は、「労働条件を改革するために、国籍を問わない合衆国の全労働者の同盟」の結成を目指すと発表し、「すべての労働者は、いかなる職業に従事しようとも、差別なく当同盟に属することができる。すべての組合は、その目的が政治的、商業的、慈善的、社会的であるかどうかにかかわらず、当同盟の目的を認める場合に限り、当同盟に属することができる」と発表した。

とりわけ綱領はアメリカ労働者同盟が以下の諸点に貢献するとした。

「我々が自由に使えるあらゆる手段で闘い、資本家間の労働力をめぐる競争と労働者間の競争を法律で阻止すること」。

「賃金の削減、法的に定められた週労働時間の延長などの恣意的な行動から、雇用主に対して労働者を保護する措置を講じるとともに、必要に応じて共通の努力によって賃上げを獲得できるようにすること」。

「さらに、あらゆる種類の詐欺や暴利で労働者を搾取できないようにする措置を講じること……」。

「既存政党からの当同盟の独立性を重要視すること」(*)。

(*) 政治活動に関する集会の立場は、集会が開催される数カ月前にヴァイデマイヤーが定めた立場に従うものであった。彼は、ニューヨーク・ターンツァイトゥングの記事（1852年11月、第15号）で、既存のどの政党も労働者階級の要望に本当に関心をもっていないことを「民主党とホイッグ党の綱領、そして他の分派政党の綱領に欠けているものが1つある。それは労働者に向けた綱領の策定である。それはもはや先送りされてはならない緊急の必要性である」と強調した。

アメリカ労働者同盟は、この直後に、（最初は１８５３年3月と4月にニューヨーク州に、その後他の都市に設立された）区組織と労働組合に基盤を置いた。さまざまな労働者は、政治問題を議論するために毎週会合するアルバイター・アル＝ゲヴェルケ（すべての職業の労働者）と呼ばれる区組織に所属できた。特定の職業の労働者だけが職業基準で設立された労働組合に所属できた。区組織と労働組合はともに同同盟の中央委員会に代表されていたが、当初は前者のグループが中央委員会でかなり大きな影響力をもっていた。中央委員会のリーダーであるヴァイデマイヤーは、即座にこの状況を変えようとし、同同盟は労働組合を基盤にしなければならないと指摘した。政治運動であったとしても、労働組合の強力な支援がなければ同同盟は成長できなかった。そこで彼は、中央委員会における組合代表を増やし、未組織労働者の組合を結成するための特別委員会の設置を提案した。両提案とも採択され、仕立職人と製靴職人を組織化する委員会がただちに設置された。

ニューヨーク集会の成功は他の都市での統一会議に影響を与え、ヴァイトリングと彼の支持者たちの反対にもかかわらず、この運動は国中に広まった。１８５３年9月、英語を話す労働組合代表の会議がニューヨークで開催され、アメリカ労働者同盟の綱領を採択した合同協会が結成された。数カ月後、ワシントンで英語を話す労働者がサム・ブリッグスの指導下で全国規模の連合体を組織した。その正式名称は労働者全国協会であり、その公式機関紙ワーキングメンズ・ナショナル・アドヴォケイトは、労働者の独立した政治団体、未組織労働者の労働組合への組織化、そして国内のすべての労働者の団結という同同盟の原則を詳述した。

ブリッグスは次のように書いている。「我々が目指しているのは、我々の仕事に必要な賃金を得ることだけではない。我々はむしろ、労働者階級を社会のなかで権利のある地位に置くことによって、つまりその階級から国民のすべての立法機関に人々を輩出することによって、労働者階級を向上させることを考えなければならない……。もし彼らがそうすることを選ぶなら、我々の反対派にこの提案を撥ね付けさせよう。しかし、我々はそれを我々の権利と考えており、我々のなかにはその任務を完全に理解する能力のある人がいる」。

残念ながら、アメリカの労働者の新しい全国的な連合体は、それが設立されたのと同じ年に消滅した。また、アメリカ労働者同盟も長くは続かなかった（～１８５５年）。中央委員会は、職業別組合《クラフト・ユニオン》が依然として他の労働者の問題にあまりにも無関心であり、彼ら自身の福利が重大な危機に瀕しているときにのみ関心を示しているのを発見した。１８５７年12月、同同盟は労働者総同盟《アルゲマイネ・アルバイターブンド》の名称をもってニューヨークで復活したが、60年以降は続かなかった。自身はミルウォーキーにいて、ニューヨークの共産主義者クラブ（*）とたえず連絡を取り合っていたヴァイデマイヤーは、復活した運動にできる限りの指針を与えた。１８６０年、この運動の主導権は、おそらくアメリカでもっとも優れたドイツ人労働者の協会であったシカゴの労働者協会《アルバイター・フェライン》に移り、中西部では彼と彼の支持者たちが、アメリカの全労働者を労働組合と政治的要求を組み合わせた団体に統合しようと尽力した。こうした取り組みは失敗に終わったが、教育的な活動と健全なリーダーシップの経験はドイツ人労働者の目をアメリカ人労働者に向けさせた。彼は、アメリカに科学的社会主義の種を蒔き、最終的にはアメリカ生まれと外国生まれの労働者、熟練労働者と未熟練労働者を統合し、労働者階級の政治的要求と労働組合の要求を組み合わせた団体であるアメリカの労働者の連合体という彼の夢がここに実現した。

（＊）ニューヨークの共産主義者クラブは１８５７年10月〔25日〕に結成された。その規約は、すべての会員に対して、「肌の色や性別にかかわらず、すべての人の完全な平等を認める」こと、「ブルジョア的な財産制度を廃止するよう努力」すること、……ブルジョア的な財産制度に代わるものとして、地上の物質的および精神的快楽への参加がすべての人にアクセス可能であり、可能な限りその人のニーズに対応できるような賢明な制度を求める」ことを要求していた。「クラブは、その目的のためのプロパガンダを広めるために、私的な会話、公開の集会、アメリカやヨーロッパの共産主義者との通信、適切な新聞や書籍の配布など、適切と考えられるあらゆる手段を追求する」と規約は続いた。30人の会員がクラブに加入するとすぐに、市のさまざまな地域に新しい支部を設立するための措置が講じられた。

　共産主義者クラブは、１８５８年にヨーロッパの同様の運動と協力して国際的な労働者の協会を設立しようとするアメリカの取り組みの原動力となった。4月22日、ニューヨークで開催された国際会議は、「我々は国籍、人種、身分、地位、肌の色、性別に関していかなる差別も認めない。我々の目標は、すべての人間の利害の融和、人類の自由と幸福、そして世界共和国の実現と統一に他ならない」と宣言した。共産主義者クラブは、国際的な協会でドイツ系アメリカ人の組織化に積極的に取り組んだ。それは、「既存の国家と社会関係の転覆と地球上のすべての住民の自由と平等を主張する革命のすべてのパルチザンの団結を求めた。そして、我々は、無限の進歩のために革命を説く」と呼びかけた。

ジョン・R・コモンズ教授と同僚らによる『合衆国労働史』におけるヴァイデマイヤーの活動の分析（第Ⅰ巻、６１７〜19ページ）は、著者たちの反マルクス主義的偏見の顕著な例である。ヴァイデマイヤーは、「当時の労働組合運動の動揺を利用し、労働組合を一般的な階級意識のある団体の基礎として利用しようとし」、「労働組合と立法上の要求の両方」を組み合わせるよう影響を与えた「扇動者」として描かれている。「労働組合運動にマルクスの社会主義を導入しようとする」この努力は、労働組合がその真の性格を理解するやいなや失敗に終わったと結論づけられている。

　もとよりこの分析は、ヴァイデマイヤーが労働組合の活動を重要視しないヴァイトリングやその他の人々に対して一貫したキャンペーンを行ったことによって、「当時の労働組合の動揺」を引き起こしたという事実を無視している。ヴァイデマイヤーはマルクス主義者として、労働組合運動を強化することの重要性を理解していたが、労働組合が経済活動領域で闘っている間に法的要求を無視することの弱点も認識していた。また彼は、労働組合運動は熟練した職人の占有物ではないと信じ、熟練者だけでなく未熟練者をも組織化する問題を提起した。労働者階級の問題に対する彼のアプローチが1850年代の多くの職業別組合《クラフト・ユニオン》から歓迎されなかったのは事実であるが、アメリカの労働者が、彼が設定した綱領の正しさを経験を通して学んでいなかったことも事実である。そして、彼が当時の労働組合の弱点を適切に評価できたのは、まさにマルクス主義者としてであった。彼が50年代に早くもこれらの問題を提起したという事実は、アメリカの労働者階級が直面している主要な問題を彼が明確に理解していたことの証拠である。過去10年間の活動を通じて、立法と労働組合の要求を組み合わせ、熟練労働者のみならず未熟練労働者をも組織する必要性を強調した彼の主張の正しさが証明された今日、ほぼ1世紀前にこれらの問題を理解していた人物に正当な栄誉が与えられるのは当然のことである。

全国的な労働団体

労働運動を全国的に連合させようとするその他の試みは、1840年代から50年代にかけて行われた。そのなかでもっとも重要なのは45年から56年まで毎年開催された産業会議《インダストリアル・コングレス》であった。48年以降、エヴァンズの信奉者がこの組織を掌握し、土地改革計画の宣伝機関に変えた。数年のうちに、産業会議に所属するほぼすべての労働組合が脱退した。53年の会議には25人の代議員しか出席しておらず、3年後にはその数は11人に減少した。その後すぐに、この運動は労働者階級を全国的に団結させる目的で始まり、一握りの空想的社会改良家《ユートピアン》の占有物として終わった団体の長い名簿に名を連ねた。

1850年までに、すべての工業中心地に都市産業会議《シティ・インダストリアル・コングレス》が設置された。当初、これらの団体は労働組合のかなりの支持を集めた(50年6月6日にニューヨーク市で開催された第1回都市産業会議には46の異なる労働団体が参加した)。しかし、ここでもユートピアンの影響がすぐに明らかになり、都市産業会議のほとんどが土地改革論者の支配下に置かれた。その結果、多くの労働組合が代議員の派遣を拒否するか、代議員を引き揚げた。最終的に、もっとも影響力のあるニューヨーク市産業会議は、タマニー・ホール〔ジェファソニアン・リパブリカンズのニューヨーク市における呼び名。1850年代以降、民主党のニューヨーク支部として移民票を集める役割を果たし、ボスによる市政支配の機関となった〕に飲み込まれた。

1850年代には、種々の労働組合を包含する重要な全国的な労働組合の連合体は組織されなかったが、同一業種内の地方組合の国内および国際的な団体が結成された。市場の急速な拡大、人口が増え続ける都市化の進展、通信と輸送の成長によって、労働者の団体が必要になった。なぜなら、これらの勢力は、国のある部門で賃金水準を維持できなければ、他の部門で支持されないことを労働者に教えたからである。

印刷工が最初に全国的な団体を立ち上げた。1850年12月、ニューヨーク市で印刷職人《ジャーニーメン・プリンター》の全国大会が開催され、ニューヨーク、ニュージャージー、ペンシルヴェニア、メリーランド、ケンタッキー各州の代議員が集った。大会間の組合活動を継続するために全国執行委員会が設置され、一連の決議が採択され、指導を目的に地方組合に送付されて、全国の印刷工組合に以下の諸点を求めた。つまり、「たがいに衝突しないように異なる賃金水準の規制と調整を行う」こと〔つまり、賃金の地方格差の調整〕、すべての組合員への旅行証明書の発行、不祥事を起こした組合員が他の組合に加入するのを防ぐために全組合への「スト破り」リストの送付、ストライキ給付基金の調達、困窮している姉妹組合への資金融資、徒弟の人数の制限、徒弟に5年間の研修期間を提供すること、であった。

合衆国印刷職人組合のために、全国組合の目的を概説した演説が作成された。それは、「資本に対する闘いにおける未組織労働者のまったくの無力さ」に言及することから始まっていた。演説は続けて、労働組合主義は「……この権力の格差から生じる、多くの悲惨な不平の種を除くために」必要であり、現在の賃金制度が続く限り、それが必要なことを示した。事態は、「この国全体を包含する団体が、我々自身またはいかなる職業に対しても、他の源泉からは得られない力を確保する」ことを示した。そのような全国的な団体は、異なる地域における賃金水準の規制を可能にし、同時に労働者が自営業を通じて最終的に救済される準備を整えることを可能にするものであった。

この演説は、いくつかの地域で印刷工組合の組織化を刺激した。1851年1月9日付のトレントン・デイリー・ステイト・ガゼット紙は、「昨年12月2日にニューヨーク市で開催された全国印刷工大会の勧告に従って、先週土曜日に本市で印刷工組合が結成された」と報じている。新たに組織された全国活版印刷工組合の第1回年次大会が52年5月に開催されたときには、ニューヨーク市、オールバニー、フィラデルフィア、ハリスバーグ、ボストン、リッチモンド、ボルティモア、シンシナティ、トレントンの地方組合を代表する12都市の代議員が出席した。4年後の56年大会では、ルイヴィル、メンフィス、ニューオーリンズ、ナッシュヴィル、バッファロー、シカゴの代議員も集った。

印刷工は、全国的に組織化することによって、「全員が是とする確実な改善策の策定を心待ちにしている、すべての職業や生業の労働者に対して」範を示していると常に感じていた。1853年から60年にかけて、約8ないし10の重要な全国的な労働組合が結成された。(*) この数字は印象的であるが、その大部分は会合し、決議を可決する以上のことはほとんどしていなかった。全国印刷工組合、機械工と鍛冶工の全国組合、鉄鋳型工組合は注目すべき例外であった。機械工と鍛冶工は60年に全国団体に所属する57の地方組合をもっていたし、同じ年に鉄鋳型工は親団体に47の地方組合を加えた。

（*）こうした組合には以下のものがあった。全国室内装飾職人組合（1853年）、全国帽子仕上工協会（1854年）、全国配管工組合（1854年）、全国建設業組合（1854年）、全国鉄道機関士保護協会（1855年）、合衆国カナダ石切職人協会（1855年）、全国石版印刷工組合（1856年）、全国葉巻工組合（1856年）、全国銀鍍金工組合（1857年）、全国ミュール紡績工協会（1858年）、全国機械工・鍛冶工組合（1859年）、全国塗装工組合（1859年）、全国製靴職人組合（1859年）。これらの組合のほとんどすべてが職業別組合であったが、全国建設業組合は、家屋塗装工、石切工、漆喰工、大工、煉瓦積工、鉛管工、石工を含んでいた（フォーナーは取り上げていないが、それ以外に活版印刷工組合（1850年）、合衆国機械工組合連合（1853年）、全国鋳型工組合（1859年）があった）。

シンシナティ・デイリー・インクワイアラー紙は、1861年に全国鋳型工組合を「世界最大の職工協会」と評した。57年恐慌以前には、鉄鋳型工の組合は地方規模で組織されていたが、それ以降、機械が導入され、製鉄業の中央集権化と専門化が進んだことで、組合の幹部はより高い賃金の獲得は全国組織を通じてのみ可能であると確信した。フィラデルフィアの重要な鋳型工組合の記録書記ウィリアム・H・シルヴィスが、フィラデルフィア地区の委員会が全国組合を設立することの可否について、すべての地元住民に手紙を送るよう提案したところ、その提案は受け入れられ、手紙が送付された。非常に好意的な反応が得られたので、59年7月5日に全国大会を開催するよう要請された。

12の地方組合から35人の代議員が第1回鋳型工全国大会のためにフィラデルフィアに集った。何の措置もとられず、会議は中断され、6カ月後に再び開かれた。緩やかな全国連合が出現し、それは諮問権限しかもっていなかったが、それはそれで一歩前進であった。1年後にシルヴィスを全国の会計責任者とする全国鉄鋳型工組合が誕生した。おもに彼の活動を通じて、この組合は他の労働団体のモデルになった。彼は、すべての地方組合に工場委員会と工場議長が設置されるようにした。多くの組合は、1859年に彼が書いた感動的な演説をわずかな変更を加えて複写し、組合の規約の前文として具体化した。

「組合には強さがあり、国のすべての鋳型工を受け入れる全国的な組合の結成には、我々が住んでいる国のように広範な基盤に基づいて設立された組合が、我々の唯一の希望である。我々は独力では何も達成できないが、団結すれば、公然と反抗できない邪悪な権力はない」。

シルヴィスが提唱した全国的な団体の概念は、まだ完全には適用されていなかった。それというのも、1857年恐慌とそれに続く不況によって、それ以前に結成されていた地方および全国的な組合のほとんどが破壊されたからである。生き残ったのは、たった3つの全国的な組合――活版印刷工、帽子仕上工、石切り工――だけであった。恐慌後の労働組合主義の復活は連邦からの分離独立と南北戦争の勃発によってさらに深刻な打撃を被った。

失業者のデモ

1857年恐慌は労働組合を壊滅させたが、労働者階級の連帯を消失させるものではなかった。熟練労働者と未熟練労働者、アメリカ生まれの労働者と外国生まれの労働者、男性労働者と女性労働者とのすべての隔壁は、共通の失業に直面して消滅した。10月には少なくとも20万人が失業し、数千人の外国生まれの労働者が積み出し港に押し寄せ、ヨーロッパに戻るために働く機会を求めた。10月16日付のニューヨーク・タイムズ紙によると、「リヴァプール行きのすべての船は、乗船可能な数まで乗客を乗せているし、多くの人が船賃を払うお金がなければ航路の仕事に応募している」と報じた。フィラデルフィアのノース・アメリカン紙は、「生まれ故郷に戻ったアイルランド人は賢明な判断をした」と書いていた。

いくつかの都市では、失業中の労働者が不況が終わるのを座して待つのではなく、自治体に自分たちの苦痛を和らげる行動を採らせるために組織された。フィラデルフィアの失業者の運動は、地元の区での集会から始まった。これらの区集会の1つで、労働者は「神が私たちの土地に生命のすべての必需品を豊かに与えて祝福してくださったときに」、自分たちの子供がパンを求めて泣くのを傍観するつもりはないと言った。フィラデルフィアのドイツ人労働者は別々に会合し、「自分たちと子供らを救うために手を挙げず、恥知らずのまま死ぬつもりはない」と言った。ドイツ人労働者は失業救済を目的に闘う協会を結成しようとした。この協会は、「アメリカ人労働者の間で結成される可能性のある、どのような協会とも協調して行動する」準備を整えていた。区の集会は別々に開かれたが、ノース・アメリカン紙が、「失業者の集会という方法での最初の真の示威運動《デモ》」と呼んだものにつながった。程なく、各区1人ずつの24人の委員からなる委員会が出現し、最終的には中央労働者委員会と呼ばれるようになった。委員会は、熟練労働者と未熟練労働者、アメリカ生まれと外国生まれの労働者を代表していた。

中央労働者委員会は市長を訪問し、彼は代表団に「時間が災厄を癒す」と伝え、大規模な集会には価値がないと断言した。信頼が重要であった。信頼は「植物に陽光を注ぎ、植物を繁茂させる太陽の心地好い暖かさのようなもの」であった。市長の信頼に物質的な基盤を与えるために、同委員会は選択共通協議会《セレクト・アンド・コモン・カウンシル》に対し、通貨として使用される小額紙幣で400万ドルの市の短期債務証書を発行するよう要求した。協議会はさらに、公共事業用に500万ドルの公債を募るよう要請された。市議会への請願書は、「外見上の豊かさのなかで我々は欠乏状態にある。そして、見てくれの富の徴候に囲まれているが、我々には普通の日用品が必要である」と書かれていた。

その間、ニュージャージー州ニューアークでは失業者も組織化された。1857年11月6日付の新聞に、ミリタリー公園での失業者集会を呼びかける通知が掲載された。11月8日に開催された集会には数千人の労働者が参加した。講演者が次々に立って、「豊かさのなかの飢餓」があれば、「餓死した者のせいにする」と主張した。ある人が、そのような考えは異質で非アメリカ的であると言うと、聴衆は「我々にアメリカの精神があれば、我々はパンのために断固闘うであろう」との叫び声を上げた。

集会が休会される前に、労働者は施しを欲しているのではなく、働く機会を求めていると決議した。市当局に要請し、失業者に仕事を提供するよう求める委員会が選出された。同様の委員会が、他の委員会と共同歩調をとるために、ドイツ人労働者によって集会で選出された。合同委員会はただちに市長と市議会に救済を請願した。

「あなた方請願者は、我々市当局が、通常の状況下にあっては職探しの適切な情報源であるとは主張していないが、それにもかかわらず、失業中の勤勉な貧困層は、労働または慈善のいずれかを通じて、何らかの情報源から援助を受けなければならないという提案を敢えて行うであろう」。

フィラデルフィアとニューアークの失業者運動は、ニューヨークで起こったことに比べれば取るに足らないものであった。１８５７年11月2日、ニューヨークの新聞に「失業しているすべての労働者は、トンプキンズ広場での集会に出席するよう、ここに通知します。集会の目的は、私たちの家族が飢えを凌ぐための迅速で強力かつ断固とした行動の必要性｛を訴えること｝にあります」という通告が掲載された。

この集会には1万2０００人の失業者が参加した。報道によると、この集会は「ドイツ人、アイルランド人、アメリカ人」で構成されていた。冒頭の演説は、失業中の大工ジョン・H・ポールが行ったもので、彼は以下の声明で聴衆から喝采を浴びた。

「そうした腹立たしい行為をするのは誰なのか。我々のパンを奪うのは誰なのか。労働者を抑圧するのは人である。資本家である。我々を飢えさせているのは、この盗賊と強盗の一味である。この者たちは我々のなかにいる政治的、社会的な敵であり、我々の家族を餓死させている。我々がこの盗賊と強盗の一味に対して組織しなければ、どうやって救済は得られるのか。我々が組合をもたないと誰が言うのか。組合をもとう。すべての区にすぐに組合を結成しよう。すべての政治的、宗教的な配慮は、いったん脇に置こう」。

11月5日、トンプキンズ広場で1万5０００人の大規模な集会が開催された。ある失業中の製靴職人が聴衆に商業取引所に行って「我々は仕事をするべきであり、しなければならないと伝える」よう促したときにパレードが隊列を整えた。ウォール街に到着した数千人もの失業者は、「我々は仕事がしたい」と叫びながら証券取引所の周りを行進した。

仕事や救済を求める運動の組織だった取り組みにもかかわらず、仕事も救済も認められず、自暴自棄になった労働者の大集団が小麦粉商人の店に押し入り、飢えた家族を養うために目にしたものを奪った。合衆国の軍隊が、店舗を守り、税関と財務省の分局を警護するために召集された。実業家のなかには、失業者の運動は「超共産主義的な急進派……と、その他の外国人によって主導されたものであり、彼らは自分たちの国と忠誠の相手を変えたが、依然として自分たちの本質には手をつけず、彼らの口に飲食物を、彼らの手に労働させることを主張している」と非難した者もいた。

フィラデルフィア、ニューアーク、ニューヨーク、その他の都市での失業者のデモは、仕事を提供し、労働者の苦しみを軽減するための何らかの形の公共事業を得るのに役立った。さらに、これら大衆運動は、熟練労働者と未熟練労働者との間のより大きな団結の必要性、労働者に同情的な人物を公職に選出するための政治活動の必要性、全国的な労働組合が全国規模の賃金表を維持する必要性を労働者に教えた。

労働組合主義の復活

一部の労働組合は、不況が終わるのを待たずに賃上げ闘争を組織し、新たに地方組合を結成することで、不況期にも労働組合活動が可能なことを証明した。フィラデルフィアでは、印刷工組合のロバート・ブルースが集会から集会へと移動し、労働者に組合を結成するよう呼びかけた。一部には彼の活動の結果として、機械工と鍛冶工は1857年恐慌期に新たな組合を結成し、58年夏までに6つの地方組合を傘下に置くものへと拡大した。この6つの傘下組合は、フィラデルフィアに3つ、レディングとボルティモアとウィルミントンに1つずつあった。

恐慌がもっとも深刻であった1857年12月の段階で、フィラデルフィアの製靴工は団体を結成し、規約を採択し、「恐慌で製造業者によってもたらされた賃金の削減を取り戻す方法と手段」を決定した。翌58年4月までに、12の別個の協会〔組合〕で組織されるペンシルヴェニア大協会が、「さまざまな州で十分な数の傘下協会が形成され次第、全国代表機関を設立する」計画を立てた。

1859年2月、ペンシルヴェニア大協会は、恐慌の間に削減された賃金を回復するために製靴業界でゼネストを呼びかけた。ゼネストは5月1日に組合の勝利で終わった。国民がもっている偏見を通じて労働者を分断しようとする試みは失敗した。フィラデルフィア・レジャー《住人》紙の記者は、「ボスたちは……、アイルランド人に対してドイツ人の心を、アイルランド人に対してアメリカ人の心を憤激させることによって、スト参加者を分断しようとした。しかし、この点でボスたちは明らかに失敗した」と書いている。

1859年から翌年の年初の数カ月にかけて、復活した労働運動は新たな地方組合を組織し、機械工と鍛冶工と鉄鋳型工が全国的な組合を結成し、大きなストライキの波のなかで賃金を恐慌以前の水準まで引き上げるために闘った。この時期の顕著なストライキはニューイングランドの製靴工によって行われた。30年代にフィラデルフィアでゼネストがあったが、60年の製靴工のストライキはニューイングランドのほぼ全域を網羅し、その影響力はメイン州からフロリダ州まで感じられた。南北戦争以前にはこれほど大規模なストライキはなかった。

ニューイングランドの製靴工ストライキ

1850年代の製靴工は、半農村コミュニティに住み、閑散期や度重なる不況期に食料を自給する自前の果樹園をもち、豚や牛を飼っていた、熟達した職人ではなかった。製靴業に機械が導入され、少年や少女が職人並の仕事をできるようにした。生活費が上昇する一方で製靴工の賃金は引き下げられた。賃金の削減に次ぐ削減が行われ、59年秋に削減された後には、労働者は週に3ドル稼ぐのがやっとであった。女性の賃金はそれ以下で、多くは週にわずか1ドルしか稼いでいなかった。ボストン・トラヴェラー紙は、1日16時間働き、週1ドルの収入を得ている女性労働者について語り、記者は「彼女には養うべき6人の子供がいたが、彼女は子供たちをアイルランドやイギリスに遣らなければならないのではないかと心配していた」と付け加えた。

ストライキが始まったとき、ニューイングランドのほとんどの町で製靴工は組織化されていなかったが、闘争の中心であるリンでは、1859年に職工協会が組織され、同協会の幹部はストライキ中に他の町の労働者の組織化を支援した。アロンゾ・G・ドレーパー、ジェームズ・ディロン、ナポレオン・ウッドがストライキの中心人物であった。ストライキが始まったときに24歳であったドレーパーは、製靴業で働きつつ、空いた時間に法律を勉強していた。リン職工協会が結成されると、彼は会長と機関紙ニューイングランド・メカニックの編集者に選出された。ストライキが始まったときに35歳であったディロンは、イギリスのチェシャーで生まれ、45年にアメリカに渡って来た。彼は翌年秋にリンの製靴業で働き始め、職工協会が結成された折りには副会長に選出された。ストライキ始まったときに25歳であったカナダ生まれのウッドは、51年からリンで働いていた。彼は56年に「自由州の人々の権利を維持するのを助けるために」カンザス州に行く50人の一行とともにリンを離れたが、健康を損ねてマサチューセッツ州に戻ることを余儀なくされた。彼はメソジスト教会の指導者であり、ストライキを通して、まともな生活水準を求める闘争が宗教的信念と矛盾しないことを皆に周知した。

１８６０年2月初旬、リン職工協会の幹部たちはマサチューセッツ州リンとナティックで大規模な集会を招集し、賃金を最低生活水準以上に引き上げるためにとるべき措置を決定した。製靴工は、すべての製造業者に新しい賃金水準を知らせる通達を送付することを決定し、雇用主と話し合う委員会を任命した。2月13日付でナティックの製靴工によって発行された通達は、労働者は賃上げを要求するにあたって、「製造業者だけでなく、自分たち自身および世界全体の最善の利益のために善かれと思っている。それというのも、大衆の富が不動産の価値を高め、工業製品の需要を増加し、社会の道徳的および知的な成長を促進するからである」と述べた。製造業者が労働者委員会との会合を拒否したとき、ワシントンの誕生日〔2月22日。記念日は2月の第3月曜日〕がストライキの開始日に選ばれた。なぜなら、「この日は、世界がこれまでに生み出した1人のもっとも偉大な人物の記憶にとって神聖な日であり、あなた方が携わっている大義に打撃を与えるのに相応しい機会であり、ワシントンの我慢強さと忍耐力の生涯に言及することは、彼の名誉にかけて誓ったすべての人が、自身とその家族にとって非常に重要な大義に固執するよう鼓舞するかもしれない」からである。

2月22日早朝、３０００人の製靴工がストライキの準備のためにリン文化会館に集まった。会館は混雑していた。記者は、これが「ニューイングランドでこれまでに開催されたこの種の集会のなかで、最大かつもっとも熱狂的な集会」であることに同意した。他の場所で完成すべく、運送業者が靴を運び出すのを防ぐ目的で「１００人委員会」が任命された。別の「１００人委員会」は、同市内の工房を訪れ、まだスト破りとして働いている人の氏名を掲示することになっていた。また、「秩序を維持し、暴力が振るわれないことを確認し、深酒をやめさせ、妨害者を逮捕し、市警察と協力するために」警戒委員会が設置された(*)。すべてのスト参加者は、誓約によって警戒委員会の委員の命令に従うことを求められた。

（＊）スト参加者はどこでも、一般組合員の不摂生を防ぐために注意を払っていた。たとえば、マサチューセッツ州ハーヴァーヒルでは、スト参加者はビールやその他の酒精飲料を販売したすべての人に販売を中止するよう通知することを票決し、委員長は違反がないのを確認する委員会を任命する権限を与えられた。また、酔っているのが判明した者はストライキ基金から援助しないことも票決された。１８６０年3月13日付のニューベリーポート・デイリー・ヘラルド紙は、スト参加者について、

「一般組合員には乱暴者も酩酊者もいない」と宣言した。

数百人のナティックの労働者が集まり、ストライキを決意し、ヤンキー・ドゥードゥル《下手な演奏》の曲に合わせて次の歌を歌いながら通りを行進した。

俺らは飢餓に瀕してる／俺らはそんな安賃金では働けない
そんな代価は恥ずべきものだ／うちの子たちはみすぼらしい身なりで出て行った
（コーラス）
立ち上がって、ストライキをしよう／俺らは適正な賃金を要求している
俺らは全員が強固に団結した／国中でも団結しよう
大工はストライキに向け立ち上がる／石工も同じく立ち上がる
この国全体の団結で俺らはすべての力を確保する／そうすれば俺らの名声は高まる

数日のうちに、ニューイングランド全域の製靴工が、「立ち上がって、ストライキをしよう」という反復句《リフレーン》に加わった。リンとナティックのスト参加者のリーダーは、マサチューセッツ州のニューベリーポート、ハーヴァーヒル、マーブルヘッドやその他の町から、ニューハンプシャー州のサーモンフォールズ、ファーミントン、ロチェスター、ドーヴァー、バーリントンやメイン州バーウィックを訪れ、製靴工たちに組織化してストライキを行うよう促した。月末には、ストライキはすべての製靴業の町でありふれたものになった。少なくとも25の町で職工協会が組織され、2万人近くの製靴工がストライキを行った。

各紙には、「北部での革命」、「ニューイングランドの労働者の反乱」、「製靴工のストライキ――社会革命の進展」、「資本と労働の対立の始まり」など、目を見張るような見出しが掲げられた。

同じ新聞がストライキで女性が果たす役割を強調した。社説が、製靴工のストライキは女性の権利運動の士気を低下させる影響の生々しい証拠であると次から次に非難した。これら女性のスト参加者は、彼女らが同一労働同一賃金を求めて奮闘していると主張していたのではないか。次は社会主義であろうと非難した。

リンの婦人縫合工と針子は、始まって1日か2日後にストライキに参加した。参加を投票で決めた彼女らの大規模集会で、すべての女性労働者を参加させるための委員会が設置された。数日後、この委員会は大規模集会を招集したが、出席者が多すぎて参加できない者が多数出た。ここでは、靴縫合工のグリーンリーフ夫人が主要な講演者であった。ある記者は、「夫人は婦人縫合工の大義を考慮した。それは神聖なものであり、無償で働き、自身の（革製の）道具《マテリアルズ》を提供する義務があったためにエジプトを去ったユダヤ人の家父長たちの大義と酷似している」と書いている。

他の地域では、女性は独立革命時の女性のように、自分たちが闘いを最後までやり遂げるであろうと言って、闘争に熱狂的に加わった。女性のスト参加者の意志を観察した多くの記者は、ストライキは勝利で終わることを確信した。このように、ニューヨーク・ヘラ

ルド紙の特派員はマサチューセッツ州マーブルヘッドから、「女性たちがストライキに加わろうとしている。当地の女性たちが達成しようとして取り組んだことで成功するのは疑いない」と報じた。別の機会に、この特派員はリンの女性スト参加者について、「彼女らは、第1次フランス革命〔でのヴェルサイユ宮殿への10月行進〕に参加した愛すべき女性を思い出させるやり方で雇用主を攻撃する」と報じた。

彼女らの意志を疑う者がいたとしても、3月8日の大規模な婦人の行進後に、こうした疑心は消え失せた。パレードは午前10時に始まる予定であった。8時に激しい吹雪が舞い始め、10時には通りは通行不能にみえたが、女性らは横断幕を高く掲げて地吹雪のなかを苦労して進んだ。横断幕のスローガンのいくつかはぼやけていたが、デモを見る勇気のある人々には、次のようなスローガンがはっきりと見えた。それらは、「アメリカの女性は奴隷にはならない」、「私たちの組合は完璧だ、成功は疑いない」、「腕力は弱いが、所信を曲げない勇気は強い。私たちは父親、夫、兄弟たちと肩を並べて、女性の権利のために敢えて闘う勇気がある」といったものであった。

10日後、女性らは再びリンで、今度は陽光のもとでパレードした。セーラム、マーブルヘッド、ニューベリーポートなどの町からの代表団が加わった。一方、リンとマーブルヘッドからの歩兵2個中隊といくつかの製靴業の町の消防団が並んで行進した。その日、1万人のスト参加者が行列で約2マイル行進し、その日解雇された学童を含む数千人が道に並んでいた。誰もが、これが「ニューイングランドで行われた史上最大の労働者のデモ」であることに同意した。

雇用主は、ドイツ系とアイルランド系の労働者に、州議会が彼らの票を奪うと脅して、ストライキを止めさせようとした。この脅威を聞くやいなや、ナティックのドイツ人労働者は会合し、全会一致で「我々の政治的影響力を失うことの恐れも、我々の指導者になろうとする者の脅威のいずれも、闘いが行われ勝利が得られるまで、我々がナティックのスト参加者の規則を遵守することを妨げるものではない」と決議した。

リンの雇用主の要請に応じて、フィリップス州司法長官が2月23日に製靴業の町にやって来て、当初はスト参加者に友好的であった市長を説得し、軽歩兵部隊を召集させ、ボストンからの警察部隊の派遣を要請させた。労働者はボストンから警官が来ると聞くと鉄道駅に集まり、嘲笑とシッシッという声と叫び声で彼らを迎えた。８０００人の民衆が「家に帰れ」、「彼らを追い出せ」、「お前らはここでは求められていない」、「他の町の警官はいらない」などと叫んだ。ボストン警察の侵略に対するこのような憤りは、公徳心のあるリン市民の間でも共有された。実業家はストライキ基金に多額の寄付をし、大規模集会が開かれ、「運動を維持するためのもっとも確固たる決意が表明された」。

聖職者ほど確固とした支持を表明した者は他にはいなかった。第二会衆派（ユニテリアン）教会のチャールズ・C・シャックフォード牧師は、彼の説教に出席した製造業者に対して、あなた方が間違っていると信じており、あなた方はスト参加者の要求を受け入れるべきであると語った。ストレイン神父は、「すべてのカトリック教徒の製靴工は、ヤンキーがより高い賃金を求めている間は全員ハンマーを振り上げないようにし、もしヤンキーの誰かがぐらつくようなら、可能であればストライキの目的に忠実であるように彼らに影響を与えるようにせよ」と助言した。そして、黒人の指導的な伝道師であるドライヴァー牧師は、スト参加者のために繰り返し発言した。彼は、「もし私が彼らを理解すれば、私は彼らとともにある」と誇らしげに宣言した。彼は自身の会衆に「私の有色人種の兄弟たちよ。あなた方は、報われない労働に同情する方法を知っている。未熟な職人は羽を毟られた鳥である。彼の労働は今では、〔雇用主が労働者から搾り取る〕圧縮器のなかのリンゴジュースである」と語った。

多くの雇用主は、ストライキの2週目が終わる前に増額された賃金を支払う用意があったが、ストライキ中に組織された組合の承認も、組合代表との書面による協約への署名も拒否した。製靴工は雇用主が協約に署名するまでストライキは継続すると答えた。一部の雇用主は書面による協約に署名した。リンでは、30人の製造業者が賃金を10％以上引き上げる書面による協約に署名した4月10日に、1000人近くの労働者が仕事に復帰した。組合を承認せずに賃上げを認めるという雇用主の態度が運動を分裂させ、多くの労働者が書面による協約を待たずに仕事に復帰した。なかには1から2週間長く持ち堪えた労働者もいたが、最終的には書面による協約なしに仕事に復帰した者もいた。しかし、ストライキを中止する前に、彼らは声明を発表し、彼らの主たる目的である労働に対する公正な報酬が達成されたので、自分たちは仕事に復帰すると述べた。彼らはストライキ中に、「我々の利益を保護するための恒久的な協会〔組合〕」を結成したので、自分たちの団体が承認されるまで闘い続けるであろうと結論づけた。

かくして、スト参加者のほとんどは賃上げを手に仕事に復帰し、少数の組合が協約に署名した。ほとんどの雇用主は協約に署名せず、労働組合も承認しなかったが、以前は組織されていなかった多くの町に組合が存在するようになった。3月23日付のハーヴァーヒル・ガゼット紙が報じたように、この闘争のもっとも重要な特徴は、「職工協会は、労働者の権利を保護するために間違いなく多くのことを行う運動から生まれた」という事実にあった。

労働者と政治

1857年恐慌と60年の製靴工ストライキの間に、労働運動が政治により細やかに注意を払えなかったことへの言及が頻繁になされた。失業者の集会はほとんど開かれず、開催された集会では、一部の発言者が当局が十分な救済を提供するのを拒否したのは、労働者自身が「自分たちにとって何の役にも立たない政党に投票した」結果であると言って、労働組合の政治への無関心を批判しなかった。労働者が投票箱で適切な影響力を行使しなかったため、「どの政党も労働者の味方をすることはなかったが、すべての政党が資本のために法律を制定した」。

同様の見解は、マサチューセッツ州ランドルフ出身の製靴工ギデオン・ハワードによって製靴工ストライキ中に表明された。彼は労働者に、「マサチューセッツ州の製靴職人は約5万人に達し、彼らが政治的権力を集中させれば、彼らが望むことはほとんど何でもできる。彼らは労働者を保護するための法律を作れる」ことを思い出させた。他の発言者は、労働者階級の利益に反する法律によって経済的な利益が無価値になりうることを経験が示してきたので、労働組合は経済路線だけでなく政治路線に沿っても考え始めるときが来たと述べた。

この批判は正鵠を射ていた。1850年代の労働運動は賃上げ、団体交渉協定、クローズド・ショップの承認、徒弟の規制など、経済面で多くの進歩を遂げた。政治面では、労働組合には見るべきものはあまりなかった。50年代には、20年代から30年代にかけて結成された労働者政党に匹敵するものは何もなかったのである。

しかし、重要な例外があった。1850年7月にサンフランシスコの荷馬車の御者《チームスター》が、「労働する市民の保護に賛成する代表が少なくとも1人いるようにするため、市議会の欠員に1人の候補者を指名すること」を目的とした協会〔組合〕を設立するために会合した。会議が開催され、チームスターズ協会が結成され、ジェームズ・グラントが市議会の労働者候補に指名された。民主党の公認候補でもあったグラントは圧倒的多数で当選した。

6年後、ニューヨーク市で組合員の委員会が州内のすべての労働者に対して、アメリカの（反外国生まれの）政党の公認知事候補であるエラストゥス・ブルックスを倒すよう訴えた。訴えによると、彼は「労働者や労働団体の利益に対する一貫した敵意によって、労働者に不快な思いをさせた」し、「この自由な国の労働者は、同胞のなかでもっとも裕福で野心的な人々の政治的運命を手中にしている」のを有能な政治家に教える必要があったと述べていた。彼が惨敗した後、組合主義者は他の無節操な政治家に同じ教訓を訓戒するのを忘れてしまった。

ニュージャージー州トレントンの組合員は、選挙運動中の土壇場での訴えだけでは不十分であると判断し、1858年9月に会合を開き、「労働者が民事問題だけでなく政治問題においても権利を得るまで」支持する原則を有する綱領を採択した。その1カ月後、トレントン労働者同盟が結成された。その目的は、コミュニティの主要な労働組合が後援し、政治的な問題に関する労働者の声を表明することにあった。労働者階級は「文明社会のすべての富と祝福」を生み出したが、「働かず、他人の労働を消費する者と同等の社会的・政治的特権を享受したことはなかった」。

トレントン労働者同盟の目的は全国と州の2つのカテゴリーに分けられた。その主要な全国的な要求は、政府の土地を投機家の手に渡らないようにし、実際の入植者に限られた量と費用でのみ売却すべきであるというものであった。鉄道会社と独占企業は、公有財産を占有することによって、「共通の遺産を破壊し、圧制者の手から何百万人もの労働者が逃れうる唯一の安住の場を閉鎖した」。州内では、同同盟は、「特別な特権の代価であり、国民に帰属する」設立許可状を得た会社から得られるすべての収入は、州の普通学校の支援に充当されるべきであり、「教育は自由な国民の第1番目の要求であるため、これらの学校は、知識が我々が呼吸する空気と同じくらい自由になるまで拡張されるべきである」と要求した。労働者が「度重なる遅延や上訴の対象となることなく」賃金を確保するのを容易にするための法律が要求され、それは職工と労働者に対して、彼らの収入の全額に対して雇用主の財産に対する恒久的な先取特権（留置権）を与えることによって行われた。労働者の裁判費用を安価にする州司法制度の抜本的な改革が要求され、最後に、より多くの公務員が国民によって選出されるべきであるとした。

綱領を作成したトレントンの労働者は政治活動を目的に組織した。彼らは公職に立候補する候補者全員を尋問する委員会を任命し、「我々が別個の指名を強制されるのか、それとも現在の政党の一方または両方が我々の綱領を支持するのかを確かめた」。尋問されたすべての候補者は、トレントン労働者同盟の綱領を支持する用意があると答え、1人の候補者ジェームズ・W・ウォールは、この綱領のなかで、「特権の擁護者、独占の粉砕、そして創設時から常に政府に反対してきた人々の間でたえず行われている」闘争に含まれる原則の繰り返しを認識している、と主張した。トレントン・トゥルー・アメリカン紙はこの立場を歓迎し、同同盟によって始められた運動は、ジャクソン政権期に結党された労働者政党と比較できると付け加えた。そうした労働者政党は、公立学校制度、債務不履行による投獄の廃止、公職のための財産資格の撤廃、その他の民主的改革を最終的に達成した。

すべての候補者がトレントン労働者同盟の綱領を支持する用意を整えていたため、独立した政治団体を求める運動は終わった。10月26日の会議で、労働者側の公認候補の動議は33対18で否決された。この同じ会議で、同同盟は州議会が共謀に関する法律を改正し、「労働者が法的訴追を受けることなく、彼らの権利と利益を守るために平和的に団結できるようにする」という要求を綱領に追加することを決議した。その後、賃金支払の際の店舗用金券制度の廃止、司法官を除くすべての州職員の国民による直接選挙、合衆国上院議員の直接選挙を求める要求も追加された。この最後の要求はこの改革を達成するためのもっとも早い動きの1つであった。

トレントン労働者同盟はこれらの改革を法制化できなかったが、民主主義を前進させるためのすべての法案は、奴隷所有者の権力（第4章36ページを参照のこと）のますます大胆になる攻撃によって阻止された。ユートピア的な実験、労働組合によって組織された生産者協同組合と消費者協同組合、10時間労働を求める闘争、選挙権を拡大する運動、すべての公務員を選出する運動、土地改革、女性の権利、その他当時のすべての改革運動は、奴隷制反対運動の高まりに飲み込まれた。後年の1850年代の活動的な労働組合主義者は、「アメリカの労働者は、ワシントンで政府を乗っ取った綿花王との恐ろしいほど悲惨な闘いに備えていた」と書いている。

第13章　南北戦争前南部の労働者

　南北戦争前には、労働組合運動は事実上メーソン・ディクソン線〔北緯39度43分17・6秒のペンシルヴェニアとメリーランド両植民地の境界線。奴隷制廃止前は一般自由州と奴隷州との分界線〕で停止していたが、いくつかの労働組合が結成され、南北戦争前《アンテ・ベラム》の南部で行われたストライキは勝利していた。南北戦争前のニューオーリンズには4つの労働団体があった。職工協会、活版印刷工協会、綿梱人夫(*)の互助会、労働者連合の互助会である。これらの団体のうち2つは共済組合であったが、綿梱人夫の協会と印刷工の協会は闘争的な組合であった〔すでに触れたように、当時の組合の多くは名称に association や society を使っていた〕。1854年には、綿梱人夫協会は324人の協会員を得てストライキで勝利し、1日の賃金を2・50から3・00ドルに引き上げた。同じ年、ニューオーリンズ印刷工協会は、不況を利用して賃金を25％削減したAP通信に対するキャンペーンを成功させた。AP通信がニューヨークからスト破りを導入しようとしたとき、ニューオーリンズのデイリー・ピキューン《あら探し》紙はAP通信の配給を打ち切った。同紙は、「我々は、労働者はその雇用に値すると考える」、「我々は、労働者の働きに対する公正な報酬を彼らから剥奪することを目的とする団体とは、けっして同盟しないことを公衆に保証できる」と宣言した。AP通信の一般労働者の分裂と印刷工の連帯により、雇用主は降伏せざるを得なくなった。翌55年5月7日、ニューオーリンズ・コマーシャル・ブレティン誌は次のように発表した。

（＊）綿梱人夫は、船倉に綿の俵を詰め込む労働者のこと。

「もちろん、AP通信は活版印刷工組合に屈服せざるを得なかったことは誰もが知っている。我々は不名誉なことではなく、必要に迫られて旗幟を鮮明にしてきた。我々は数字に圧倒されてきたし、弱い当事者が強い当事者に降伏するのはけっして恥辱ではない……。植字工と我々との間の過去のすべての問題は調整され、親善が完全に確立されている」。

　これら労働組合の勝利は、南部の労働者がアメリカ労働組合運動の初期の発展にあまり貢献しなかったという事実を覆い隠すものではない。1860年に350万人いた奴隷は、労働組合を結成することも、より高い賃金、より短い労働時間、より良い労働条件を求めて団体交渉することもできなかった。そして、自由な白人労働者が組織しようとするたびに、彼らは奴隷所有者の権力〔第4章36ページを参照のこと〕の激しい抵抗に遭遇した。

奴隷制

南北戦争前南部の奴隷労働の組織は、タスク制〔その日に完了する特定の課業を奴隷に割り当てる労働システム｝とギャング制｛プランテーション内の分業システムでタスク制よりも残忍｝に基づいていた(*)。前者はコメやタバコのプランテーションで使用され、労働者の体力に応じて毎日行われる仕事の量が「4分の1の働き手｛人手｝」、「2分の1の働き手」、「4分の3の働き手」に分けられることを意味した。理論上は、それぞれの奴隷に求められる作業はそれほど難しくはなかったが、実際には、奴隷は通常、畑での作業が終わったときに他のタスクを要求された。タスク制が実施されているタバコのプランテーションを訪れたアンベリー中尉は日記でその運営について次のように記述している。

(*) プランテーションでの荒地の灌漑、溝掘り、荒廃地の清掃、森林の伐採などの作業は通常アイルランド人労働者によって行われた。なぜなら、こうした作業で黒人の命を危険にさらすには黒人はあまりにも貴重な存在であったからである。アイルランド人はまた、綿の俵を運ぶ蒸気船の雑役夫の主要な戦力でもあった。船長は詮索好きな乗客に対して、「黒人はここで危険にさらすにはあまりにも価値がありすぎます」、「アイルランド人が船外に投げ出されたり、背骨を骨折しても、誰も何も失うものはありません」と答えていた。

「彼ら［奴隷たち］は夜明けに集められ、……すぐに畑に引き出され、そこで彼らは昼食を摂る正午まで休憩なしに過酷な労働を続け、昼食に1時間与えられることはめったになかった……。食事後、夕方の火点し頃まで畑の労働に戻る。ここで、この哀れな生き物の日々の労働が終わったと当然想像するであろう。そうではない。彼らはタバコ小屋に行き、そこでは各自に割り当てられた皮を剥く仕事があって、それに数時間費やすか、さもなければ、脱穀する大量のトウモロコシがあって、もしそれを忘れると、朝には縛られ、何度も鞭打たれる……」。

綿はギャング制によって生産された。奴隷は、監視人を使って作業速度を設定する監督者の絶え間ない監督下で働いていた。奴隷は日の出から日没まで、綿畑で週に6日働いていた。

ミシシッピ州のある住民は、「働き手は、夜が白々明ける頃か、あるいはもっと早く、大きな鐘や角笛の音で決まった時間に起こされるので、綿花の莢を識別する十分な光さえあればすぐに畑に入る準備を整えている……。働き手は、食事を持参してきて、綿を識別するには暗すぎる刻限まで畑にいる」と書いている。

20人もの奴隷がいるプランテーションでは監督者を雇うのが一般的であった。もし彼が大量の綿を生産しさえすれば、所有者は彼が何人の奴隷を殺したかはけっして問わなかった。彼の賃金は通常２００から６００ドルであったが、しばしば１０００ドルを手にする酷使型の監督者も実際にいた。彼は土地を荒廃させ、老若男女を問わず酷使したが、もし彼が多くの梱を手に入れることさえできれば、すべてが不問に付された。必要な数の綿袋を手に入れるために、彼は定期的に鞭を使った。旅行者のフレデリック・ロー・オルムステッドは、ある監督者に「あなたと同じように彼らを罰しなければならないのは、とても不快なことに違いありません」と言った。それに対し、この監督者は「ええ、それに慣れていない人にはそうですが、それが私の仕事ですし、私は何も考えていません。なぜなら、私は黒人を殺すことを犬を殺すほども気にしていないからです[*]」と返した。

（*）1854年1月、チャールストンのイギリス領事は個人的な手紙で次のように書いている。「奴隷を拘束するという恐ろしい残虐行為は記述されている通りに理解するべきである……。私の隣人で第一級の弁護士であり、南部貴族階級一員である彼は、自分の黒人が不正行為をしたとき、男女を問わず全員を鞭で打ったと自分で語った……。文字通り、奴隷を殺すのは、犬を撃つのと同じである」。

奴隷所有者の帳簿は、奴隷の一般的な生活水準を示す恰好の指標となっている。1795年、サウスカロライナ州のあるプランターは、「……黒人に要する費用は、税金、食事、衣服、医薬品などを含めると、……年間12から13ドルになる」と推定した。30年後、トマス・ピクニー将軍は次のように書いている。「サウスカロライナ州南部の郡のプランテーション奴隷の平均年間費用は、何人かの遺言執行者と遺産管理人の口座から4年連続抽出されたもので計算すると、1人当たり35ドルに達する」。しかし、この数字には、食料と衣類に加えて、税金、監督者の賃金、薬代、「鋤、農機具、釘、錠前、蝶番、釣り針、パイプ、塩など」が含まれている。アメリカ農務省の統計学者ジェームズ・L・ワトキンズは、1822年に綿畑で働いていた成人奴隷の医療、食事、衣服に要する年間費用は23・10ドルと推計している。

1845年に、ルイジアナ州の48人の砂糖プランターは、彼らの主要な農場労働者に食料、医療、衣類を提供する費用は年間33ドルで、他の奴隷には年間18ドルである、と財務長官に報告した。9年後、ジェームズ・D・B・デ・ボウ（1820～67。南北戦争の前後、南部の経済的発展を推進する目的で編集された雑誌デ・ボウズ評論の編集者。本章223ページも参照のこと）の『南部の諸資源』に、奴隷に食事を与える費用は、「15年の経験から推測して」年間7ドル50セント、つまり1日約2セントとする1つの表が掲載された。56年に南部を視察した後で、オルムステッドがこう書いたのも不思議ではない。「実際、有利な状況下では、大規模プランテーションでの奴隷の手当は、我々が刑務所でごろつきに提供するものと質も量もたいして相違はない」。

抵抗

奴隷所有者の抑圧を受け入れた黒人がいたことは間違いない。奴隷制に対する変わらぬ憎しみを兄弟姉妹と共有しなかった家事奴隷（奴隷所有者の家で家事労働を行う奴隷）もいた。しかし、2世紀にわたって、奴隷は自由を得るために考えられるあらゆる手段で奮闘した。この闘争は組合による闘争の形をとることはけっしてできなかったが、労働者階級の歴史には、黒人奴隷が彼らの束縛に対して行った闘いよりも重要なページはほとんどなく、アメリカの労働運動史はこの物語を省略することなど到底できない。

これらの闘争は、個人の抵抗行為と集団行動の2つの形態をとった。最初の方法の顕著な例は、ルイジアナの監督者が不在所有者に宛てた手紙に見られる。

この監督者は、「サマーとの問題に関しては、それは、私が仕事に行くため後ろへ下がったときに、彼の妻と数回軽く接触したことから生じました。その後、私は、杖ナイフを手にしたサマーから20から30ヤード離れた、やり残した仕事のある畑に行きました。非常に激怒した彼は、妻と接触したことを我慢するつもりはなく、私は不当な男であり、私は銃を取りに行って自分を殺して埋葬するかもしれないが、自分は自分自身や家族に対する他のいかなる罰も我慢するつもりはない、と言いました……」と書いている。

奴隷のなかには、残忍な刑罰に耐えるどころか、主人や監督者を殺して自殺する者もいた。抵抗の一形態としての奴隷の自殺は南部の一部の地域ではありふれたことであったため、奴隷の取り扱いに関するプランターへの助言を含む文書は、常にこの問題にかなりの紙面を割いていた。そのような文書の1つは、奴隷はしばしば「呼吸経路を閉じるために舌を吸い込んで自ら窒息し、他の者は毒を飲んだり、または逃げて飢餓のなかで死んだりする」と解説している。別の文書は、束縛のなかで成長するのを防ぐために、奴隷が自分の子供を殺す傾向に警戒するようプランターに警告した。ある例では、父親と母親がたがいに「子供たちの魂を奴隷の地獄に降ろすのではなく、天国に送る」ことに合意した。子供を殺した後、両親は自殺した。奴隷であった別の母親は、13人の子供を「奴隷にするのに耐えられず」、自らの手で殺した。

他の奴隷は、鞭打ちやその他の残虐行為に抗議して仕事を辞めるという、より効果的な集団行動の方法を採用した。そのようなやり方の1つは、ジョージア州の監督者からプランテーションの不在所有者に宛てた手紙で議論されている。

「旦那様、ジョックを除く6人の働き手がプランテーションを出たことをお知らせるために一筆啓上致します。彼らはその仕事で私を不快にさせたので、私は彼らの何人かを数回鞭打ちし、トムが残りの何人かを鞭打ちました。水曜日の朝、彼らは行方不明になりました。彼らは、あなたかあなたの叔父のジャックに会えるまで、野ざらしになっていると思います」。

一般に、仕事を辞めた奴隷は近くの沼地や森に逃げ、不満の救済が保証されるまで戻るつもりはないという言葉を送り返した。元奴隷のジョン・ホームズは、監督者が彼を鞭で打つと脅した後、逃げて沼地に隠れ、殴打されないという保証を与えられるまでそこにいた様子を、「最終的に、彼らは隣人に、もし私が家に戻ったら鞭で打たないと言いました。私は仕事に長けていて、身内のために大金を稼いでいました」と語っている。ノースカロライナ州のあるプランターは、沼地に逃げ、刑罰からの解放を約束するまで戻るのを拒否した奴隷に対して、次のように約した。「もし彼らの一部または全員が、妥当な時間内に私のプランテーションに戻り、その義務感を取り戻すなら、私は彼らを許すことを誓う」。

何万人もの奴隷が逃亡し、二度と戻って来ることはなかったが、そのほとんどは北に逃げた。(*) 逃亡は途方もない勇気と忍耐を必要とした。なぜなら、逃亡奴隷は夜のうちに、敵地を何百マイルも移動し、沼地や森林に身を隠し、自由への道を徐々に進まなければならなかったからである。奴隷制廃止論者《アボリショニスト》の第一人者セオドア・ウェルドは、1838年にニューヨークに逃れたある奴隷について、「彼はアラバマ州南部から1200マイル離れたところに来て、夜だけ移動し、その間、草木と野生のイチゴを食べていた。彼はタスカルーサ［アラバマ州］からペンシルヴェニア州までのすべての小川を泳いで渡った」と書いている。

（＊）W・B・ハッセルタイン教授によると、「1830年から60年の間に、年間2000人もの奴隷が地下鉄道のルートに沿って自由の地に入った」。

南部の新聞に掲載された典型的な広告は、逃亡奴隷が直面する危険をこう明らかにしている。「懸賞金は50ドル。1817年1月12日にノースカロライナ州フランクリン郡に住んでいた購読者から逃げた、26か27歳くらいのランドールという名前の黒人男性……。彼は何度か撃たれたことがあるので、腰、太腿、首、顔にいくつかの銃痕があると予想される」。

逃亡奴隷の物語は、地下鉄道〔南北戦争前、逃亡奴隷が自由州を通って北部からカナダまで逃げるのを助ける北部の人々の秘密の組織網。約5万人の奴隷が自由を得た〕を維持していた黒人と白人の英雄的な団結がなければ完結しない。地下鉄道は、ノースカロライナ、テネシー、ヴァージニア、ケンタッキー各州の高地から北に延びてカナダにいたる、未知の数のルートのネットワークであった。W・H・シーベルトの推定によると、オハイオ州だけでも12のルートがあり、1840年までにウィスコンシンとイリノイ両州以東の北部のすべての州が奴隷によって横断され、誘拐犯やプランターの代理人から比較的安全なカナダやアメリカの別の地域に渡った。ほとんどの奴隷は、次の歌で証言されているように、カナダに入るまで安心することはなかった。

私はカナダに向かっています／あの冷たくて陰気な土地に
奴隷制の悲しい結果／私はこれ以上耐えられません

多くの元奴隷が地下鉄道の「代理人」または「車掌」として働いていたが、そのなかでもっとも有名なのがハリエット・タブマン〔1820?～1913。奴隷制廃止活動家。「女モーセ」の渾名通り、奴隷を逃亡させる「地下鉄道」の「車掌」として活躍〕であった。奴隷状態から逃れた後、彼女は南部に戻り、年老いた両親、兄弟、姉妹、友人、そして彼女に従って自由になろうとした奴隷の救出を決意した。彼女は、北部に到着した直後に、「私は自由であり、彼らも自由であるべきです。私は北部で家を建て、彼らをそこに連れて行くつもりだ」と語った。

ハリエットは北部の助手と契約して、読み書きができ、奴隷の逃亡を喜んで助けるメリーランド州の自由の身になった黒人に手紙を書いた。手紙には聖書に言及した暗号の一節が含まれ、「私の手紙を老人たちに読んで、私の兄弟に、いつも祈りを守り、古き良きシオンの船が来たら、すぐに乗船する準備をしておくようにと伝えなさい」と書いてあった。

父親が奴隷の逃亡を助けたために困っているのを知ったハリエットは、資金を集めて南部に戻った。彼女は父親が翌週裁判にかけられるのを知り、彼女が語るところによると、両親をカナダに連れて来ることで、「彼の裁判を上級裁判所に移管した」。

ハリエットは南部に19回旅し、約300人の奴隷を自らの手で救出し、それ以外に数千人を脱出させた。1856年までに、彼女の首には2万5000ドルの賞金がかけられていた。ニューイングランドの奴隷制廃止運動の指導者トマス・ウェントワース・ヒギンソンは、彼女を「当代のもっとも偉大なヒロイン」と呼び、一方、黒人奴隷は彼女を「黒人のモーセ」と誉め称えた。

プランテーションから逃れた奴隷の多くは北には行かず、南部の沼地や山や森で難を逃れた。そこで彼らは、近隣のプランテーションに対する遠征の中心地となったコミュニティで暮らしていた。1823年5月12日付のノーフォーク・ヘラルド紙は、ヴァージニア州ノーフォーク郡南部の住民は、「……自分たちの生活が、当代の暗殺者の一団のなすがままになっているというあまりにも明白な事実から、彼らはしばらくの間、とくに嫌がらせをし、苦痛を与える精神状態に置かれてきた。彼ら暗殺者の残忍な計画に対しては、法の力も警戒も個人的な強さと剛胆さも役に立たない。これらの極悪人は、一般にアウトライアーと呼ばれる逃亡黒人である……」と報道した。これらアウトライアーはしばしば奴隷蜂起の指導者であった。

奴隷の反乱は、南部の生活における偶発的または予期せぬ出来事ではなかった。完成から程遠い歴史的な記録でも、アメリカの黒人奴隷制の歴史のなかで、10人以上の奴隷を巻き込んだ反乱が少なくとも250件報告されている。南部の社会は、武力で黒人を抑圧する必要性を中心に組織されていた。各プランテーションには専用の武器庫があり、いくつかのプランテーションには夜間に田舎道を巡回する私兵がいた。サウスカロライナ州のロバート・Y・ヘイン知事は、「軍備を整えた状態は、常に我々とともにあり、完璧な国内安全保障の状態でなければならない。完全な平和とその結果としての無関心の時代は、我々を国内暴動の危険にさらす可能性がある」と述べている。

南部のある新聞は、奴隷所有者がけっして安全を感じていなかったことを認めた。同紙は、「我々南部は、もし彼らが自分たちの反乱には死が伴わないと信じさせられたなら、サント・ドミンゴ(＊)を繰り返すであろう危険な階級の存在に……完全に取り囲まれている……」と報じた。しかし、多くの奴隷は、「反乱の後」には、おそらく死が訪れることを知っていたにもかかわらず反乱を起こした。偉大な黒人指導者ナット・ターナー（1800〜31。本章222ページ以降を参照のこと）は、彼の反乱に加わったある奴隷について、「私は彼らがやって来たときに敬意を表し、ウィルになぜここに来たのかと尋ねた。彼は答えた。自分の命は他の人よりも価値がなく、自由は自分にとって大切なものであった。私は彼に、それを手に入れるつもりなのかと尋ねた。彼はそうするか、そうしなければ命を失うであろうと言った」と語った。

（＊）言及されているのは、1790年代から1800年代初頭にかけて、トゥーサン・ルヴェルチュールの指導下で起きたサント・ドミンゴでの奴隷の反乱である。この反乱の結果、ハイチに黒人共和国が誕生した。

1800年のヴァージニア州で起きたガブリエルの反乱（8月30日に未然に発覚した黒人奴隷の反乱計画）の際に捕らえられた奴隷は、第一審での証言で同じ感情をこう表した。

「もしジョージ・ワシントンがイギリスの将校に連行され、彼らによって裁判にかけられた場合に、彼が提供しなければならなかったであろうもの以上に、私が提供するものは何もありません。私は、同胞の自由を獲得するために生涯をかけて尽力してきましたし、彼ら同胞の大義のために進んで犠牲になりたいと思っています。そして、許されるなら、私がすぐに処刑されるようお願いいたします。私は、あなた方が私の血を流すことを前もって決めておられたことを知っています。そうであるなら、なぜこのようなつまらない裁判をされるのでしょうか」。

　奴隷反乱の指導者の多くは黒人の職人や技工であったので、奴隷所有者の委員会が、奴隷をより効果的に支配する手段として、次のような計画を奨励したのは驚くことではなかった。「基本原則は、奴隷は可能な限り農業労働に従事させるべきであるということである。そのようにして雇用された者は、奴隷のなかでもっとも規律正しく従順であることがわかっている……。少なくとも都市には、黒人の職人や技工がいるべきではない」。

　南北戦争以前のストライキで、奴隷の反乱ほどうまく組織されたものはほとんどなかった。[*] サウスカロライナ州でのデンマーク・ヴィージーの反乱〔１８２２年の事件〕は非常に入念に組織されていたので、奴隷所有者でさえ、注意と規律と範囲に関して、それに匹敵するものは何もなかったことを認めた。自由黒人《フリー・ニグロ》〔自由の身になった黒人〕であったヴィージーは、自分の仲間を助けようと決意した。彼は、自由黒人はアフリカに戻るべきであるという奴隷所有者の助言を聞き入れなかった。彼はアメリカに留まり、「仲間のために何ができるかを知りたい」と考えた。

（＊）１８６０年12月、自由を確保することを目的とした奴隷の秘密組織がサウスカロライナ州に広く存在していたという証拠がある。この地域を訪れたJ・R・ギルモアは、「……黒人の間には、フリーメーソン的な性格をもつ、広く行きわたった秘密組織が存在し、その組織は、その支配力、合言葉、誓いを有している。そこには、さまざまな階級の指導者がいて、彼らは有能かつ真面目な人々であり、その究極の目的は自由である」と述べている。

　ヴィージーは反乱に向けて奴隷を組織し、彼らに「イスラエルの子供たちが、エジプトの奴隷状態から解放された様子を聖書から」声に出して読み聞かせた。当時の記録によれば、「他の人と一緒に通りを歩いていても、彼は怠けているわけではなかった。なぜなら、もし彼の仲間が白人にお辞儀をしたら、その仲間を叱責し、すべての人は生まれながらに平等であること、そして、お辞儀をするような行為によって自分を堕落させる人のいることに驚いたこと、自分は白人にへつらうことはけっしてないし、また人間の感情をもつ人なら誰でもへつらうべきでない、との自身の所見を語り聞かせていたからである」。

　１８２２年7月にチャールストンで襲撃が行われる6カ月前、ヴィージーと彼の仲間は９０００人近くの奴隷を集め、同市から半径50マイル以内の黒人を解放した。奴隷にはそれぞれ任務があった。1人は武具職人で２５０人分の槍の先を作った。もう1人は槍の先を柄に取り付けた。さらに別の奴隷は武器を所有するすべての店舗を見つけ出した。馬の世話をしたり、馬の近くにいたすべての奴隷は、馬をどこに連れていくかについて指示を受けていた。彼らが秘密にしていたにもかかわらず、密告者が組織に潜入していた。奴隷の大工であったピーター・ポヤスは反乱者にこう警告した。「主人から着古しのコートなどの贈り物を受け取った連中には言わないように注意しよう。さもないと、彼らは私たちを裏切るでしょう」。反乱者がチャールストン全域に拡散し、武器庫を占領し、すべての奴隷に自由を回復する最終計画を練っている間に、1人の家付きの召使がその陰謀に気づき、それを告げた。密偵として行動することに同意した奴隷の裏切りもあった。１３１人の黒人が逮捕され、37人が処刑された。黒人の味方であった4人の白人が陰謀に関与していた。他の者は追放されるか、別の州に移送された。

奴隷所有者は反乱に何人の奴隷が関与しているのか知る由もなかった。ポヤスともう1人の奴隷は監房の床に鎖でつながれ、残忍な拷問を受け、他の反乱者の名前を吐かされた。苦痛に耐えきれず、命を助けてもらいたがっていた彼の仲間がついに口を割った。「ポヤスは身を起こし、肘に寄りかかり、哀れな男を見て、静かに『男らしく死ね』と言い、すぐにまた横になった。それだけで十分であった。それ以上の言葉は発せられなかった」。その後、奴隷たちが処刑されるのを待っているとき、ポヤスは彼らに「口を利いてはいけない。私がするのを見て、黙して死ね」と言った。全員が彼に従った。

南北戦争以前の最大の奴隷蜂起は、１８３１年にヴァージニア州サウサンプトン郡で起きたターナーの反乱（サウサンプトン反乱とも言う）であった。１８００年に同州で奴隷として生まれた彼は非常に信心深い人物で、自分の民を解放せよとの神の啓示を受けたと信じていた。31年初頭、彼は民衆蜂起をサウサンプトン郡で開始し、その後南部全域に拡大するという戦略を立てた。8月21日の夜、蜂起はリッチモンドから70マイル離れたところで始まった。鉞《まさかり》と大鎌の刃で武装した奴隷が、途上のプランテーションから新兵を集めつつ、戦いに向けて進軍した。一時は成功したが、州軍と連邦軍の連携があまりにも強力であった。ターナーは6週間以上にわたって逮捕を免れたものの、最終的に捕らえられて裁判にかけられ、11月11日に処刑された。裁判にかけられた他の黒人のうち、19人（奴隷16人と自由黒人3人）が処刑され、１００人以上の黒人が殺されたが、正確な数字は未だ不明である。

ターナーの反乱後、奴隷所有者たちは同様の事態に悩まされた。ある同時代人は「彼らはこの問題に関して、たえず恐怖のなかで生きている。夜間の少しでも異様な音は彼らをおおいに警戒させる。彼らは『あれは何だ』、『男の子は全員なかにいるのか』と叫ぶ」と述べている。反乱を企てた疑いのある黒人は殺害され、黒人奴隷の間で「反乱、陰謀、反逆の精神」を扇動したとして有罪判決を受けた者には、死刑判決が下された。ターナーの反乱以前も、議会は黒人奴隷を扱う法律を厳格化していたが、反乱後は逃亡奴隷を幇助する者に対する法律を一層強化し、奴隷の解放を大幅に制限し、自由黒人の活動をより一層制限し、奴隷に読み書きを教えることを禁止した。ジョージア州の法律では、奴隷に読み書きを教える者がいた場合、奴隷は罰金と鞭打ちで罰せられるべきであり、罪を犯した教師は、５００ドル以下の罰金と禁固刑で罰せられるべきである、と主張した。また同法は、「自由黒人が他の黒人に読み書きを教えた場合、裁判所の裁量で罰金と鞭打ちを科させるべきである。自由黒人が仲間に説教したり忠告しようとした場合は令状なしに逮捕され、39回の鞭打ちを受け、その会衆のそれぞれに同じ数の鞭打ちを加えることができる」と規定された。

奴隷の搾取を減らすことで、暴動の危険を減らすいくつかの措置が講じられた。サウスカロライナ州は、１７４０年に最初に可決された法律を再制定し、奴隷労働を春と夏は15時間、秋と冬は14時間に制限した。ほとんどの州は、絶対に必要な仕事を除いて、日曜日には仕事をさせてはならないと布告した。ジョージア州は奴隷を酷使した主人の罰則を規定し、ルイジアナ州は奴隷に5月から11月までは2時間、残りの月は1時間半の夕食の時間を認めるよう命じた。これらは効果的な予防措置ではなかったが、法令集に記載されているという事実は、奴隷の反乱はけっして成功しなかったものの、北部の労働者の失敗したストライキと同様、完全な敗北ではなかったことを示している。

白人労働者と奴隷制

反乱者の感情と剛胆さは、奴隷制を終わらせようとする多くの奴隷制廃止論者《アボリショニスト》の闘争に影響を与え、反乱が鎮圧された際の残忍さは、民衆に奴隷制は廃止されなければならないことを改めて得心させた。その結果、奴隷所有者は奴隷を所有していない隣人のなかに同盟者を求めた。１８５５年6月30日付のノースカロライナ・スタンダード紙は、「奴隷を所有していない者は、奴隷を所有している者との血縁、親近感、利害、取引関係のいずれによっても不可分の関係にあり、この点で南部の権力を弱体化させたり、奴隷制の安全と価値を毀損する一因となるものは何であれ、最終的には同じ力で、すべてに同じ破滅をもたらすものでなければならない」と論じた。

南部の白人人口のうち、黒人奴隷の汗と労苦から利益を得ていたのはごく一部であった。１８６０年に奴隷を扶養していた南部の白人は50万人以下で、その家族は３００万人未満であった。奴隷州の白人の総人口は９００万人であった。したがって、南部の白人のうち、奴隷制から利益を得ているのは3分の1未満であった。経済力は、最高の土地に住み、年間輸出から4分の3の利益を得ていた数千世帯に集中していた。50年の連邦国勢調査は、１０００世帯が年間５０００万ドル以上の収入を得ていたのに対し、残りの66万世帯は約６０００万ドルしか得ていなかったことを明らかにした。

奴隷制は南部全体に悪影響を及ぼした。何千人もの貧しい白人が、「ローマが極端に衰退した時代のローマの平民とのみ比較できる」条件下で生活していた。彼らは放棄された小屋に住み、広大なプランテーションの古い畑を耕作していた。この土地は奴隷労働では採算が合わないために所有者が残したものであった(*)。サウスカロライナ州の公共心のある市民ウィリアム・グレッグは、同州の白人人口の少なくとも3分の1が最悪とは言わないまでも、こうした状況下で生活していたと推定している。１８６０年のデ・ボウズ評論〔南北戦争期に南部の経済的発展を推進する目的で編集された１８４６年1月創刊の雑誌。奴隷制を擁護し、南部の連邦からの分離独立を支持した〕は、南部全体で数百万人の貧しい白人が暮らしていると推定した。この土地にいる貧しい白人だけが南部の貧しい白人ではなかった。ウィリアム・H・シューアド〔１８０１～72。リンカン政権とジョンソン政権の国務長官。奴隷制には強固な反対論を展開し、カンザス・ネブラスカ法に反対した。リンカン暗殺時に負傷した〕は、「抑圧できない紛争」という有名な演説で、奴隷制が悪であるのは、黒人を鎖で縛り付けただけでなく、「必要からの労働者であるという理由だけで雇用のための施設を否定し、奴隷にして商品に変えることができないという理由でコミュニティから追放する自由民に対しても同様に厳しい」からである。

(＊) 奴隷所有者の著名な広報担当者であるデ・ボウは率直に次のように認めている。「非奴隷所有者は一般的には非常にわずかな資力しかもっておらず、彼らが所有している土地はほとんど例外なく痩せていて、非常に不毛であるため、その耕作から得られるのはわずかな自給自足分だけであり、奴隷所有者の手にあるより肥沃な土地は、何ももっていない者の力の及ばないままにしておかなければならない」。

アラバマ州のあるプランターは、「私の家には今、奴隷の大工、奴隷の鍛冶屋、奴隷の車大工がいるので、自由人の職人の世話にはならない」と誇らしげに語った。奴隷に支払われた高い代価と、産業における奴隷労働の相対的な非効率性にもかかわらず、雇用主は奴隷労働が自由労働よりもはるかに安価であることを知った。ジョージア州のデ・カルブ工場は、黒人労働者が白人労働者に必要な年間費用１１１ドルと対照的に75ドルしかかからないと報告した。一方、サウスカロライナ州コロンビア近郊のサルーダ工場では、１２８人の成人奴隷と子供が１５００本の紡錘と１２０台の織機を操作し、30％の節約を報告した。１８５０年代にミシシッピ州ジャクソンの綿工場で雇われていた奴隷は１日20セントの食事代を与えられたが、白人労働者は30セント受け取っていた。はるか北のボルティモアでは、奴隷の職工が熟練したドイツ人職工の容易ならざる競争相手となったので、ドイツ人職工の多くは町を離れざるを得なくなった。

南部最大の製鉄所であるヴァージニア州リッチモンドのトレダガー製鉄所は奴隷労働者を雇用していた。ロバート・アンダーソンが１８４７年に経営難に陥った会社を引き継いだとき、自由労働者のほとんどを奴隷に置き換えた。彼は、「奴隷州での鉄の製造に高賃金で雇用されている白人労働者を管理することの難しさから奴隷を大幅に導入するという結論に達し、この計画の実用性の実験に我ながら満足している」と書いている。翌48年までに、同社は9万８２７２ドルの利益を上げ、彼は「奴隷州にあるすべての鉄工場は奴隷を雇うべきである」(＊＊)と説いた。

(＊＊) しかし、１８５０年代半ばになると、産業における奴隷の使用は失敗であったことが証明された。この問題を検討したある研究者は、この失敗の理由を次のように述べている。「プランテーションから工場に移植された奴隷は生産的な工場労働者にはなれなかった。なぜなら、彼らは植え付けから収穫までの期間に雇われていたので、土地と織機との間の絶え間ない変更が、産業技術の漸進的な蓄積さえも妨げたからである」。

「これは奴隷を完全に購入することによって回避できたが、その結果、さらに大きな困難が生じた。第1に、奴隷の購入はより巨額の資本支出を意味した。初期投資は50％も増やさなければならず、常に資金不足に直面すると推定された。第2に、購入された労働力は、まさに産業が耐えられない要因であった。奴隷労働者の所有は、南部の産業を最初は凍らせ、比較的容易に拡大し縮小する能力を否定することになる。生産の増加は、追加の奴隷を購入するために巨額の支出を必要とするが、その一方で、わずかな不況が比較的大きな損失をもたらす。奴隷は自由労働とは異なり、『解雇』されても公開市場に投入されることはなかった。それどころか、奴隷の維持は、損益とは無関係に存続した。さらに、他の過剰な商品と同様に、不況市場で黒人を強制的に売却することは大きな損失を伴うであろう。逆に、繁栄期には、製造業者とプランターの競争的需要が奴隷の価格を吊り上げるのに一役買うであろう」。

奴隷が好まれたのは、その安さのためだけではなかった。ノースカロライナ州フェイエットヴィルにある綿工場の所有者の1人が、「黒人の間には罷業はなく、主人と雑談したり、その他の公共の展示会に行ったりする時間も失われなかった」と報告した。増え続ける奴隷労働者との競争は、自由な白人労働者に失業をもたらし、賃金は奴隷の最低生活水準まで強制的に引き下げられた。1855年8月、ノースカロライナ州ローリーのアーレーター紙は、何百、何千もの労働者階級の家族が、「毎年、半飢餓の状態にあった……。この町には、妻子が食料や衣服の不足で苦しんでいる多くの家族がおり、もし彼らがここに留まっているなら、悲惨な生活を長引かせる運命にある……」と推定していた。グレッグは南部の「失業した大量の白人労働者」についてたえず語っていた。

1860年までに、南部の賃金水準は国内で最低になった。同年の北部の日雇い労働者の日給は1・11ドルであったが、南部のほとんどの州では77から90セントであった。同年の北部の大工の日給は約2ドルであったが、南部の多くの州では1・56ドルを超えることはなかった。ジョージア州の綿工場の工員は月に7・39ドル、マサチューセッツの繊維工場の労働者は同じ仕事をして14・57ドル稼いでいた。

失業と低賃金とが相俟って、奴隷保有州で発達した肉体労働には汚名が着せられた。労働が屈辱的で白人には相応しくないと考えられていた社会では、自由労働は社会的地位を得られなかった。著名なノースカロライナ人のエベニーザー・ペティグリューは、「私たちとともにある奴隷制の大きな呪いは、その罪深さの狂信的な概念ではなく、労働よりもむしろ不正行為をしていた著名な紳士の目には、肉体労働と仕事を堕落させるものに写る」と書いている。南部では、「労働とは奴隷になることであり、黒人のように働くこと」と軽蔑されていたため、南部にやって来る移民は皆無であった。同じ理由で、特別手当とより高い賃金によって南部に来るよう誘われていたニューイングランドの女子工員たちは、「労働者階級の全般的な堕落のために、自分たちの立場が非常に不快なものであることに気づき」北部に戻った。南部に来た他の労働者は、子弟が仕事に就く機会がなかったために立ち去った。在米イギリス人旅行者のチャールズ・ライエルは、1840年代後半にジョージア州コロンバスで行われた次のような会話に言及している。「北部からサウスカロライナ州とジョージア州に来た何人かのニューイングランド人は、ここでは大工、家具職人、鍛冶屋、その他の類似の手工芸を自分たちの子供に押しつけられないと私に訴えている。なぜなら、プランターはその奴隷のなかでもっとも聡明な者をこうした職業に就くよう育てていたからである」。

1847年にトレダガー製鉄所の白人労働者がストライキを行ったとき、すぐに彼らは起訴され、法廷に召喚された。数年後、ニューオーリンズで港湾労働者がより高い賃金を求めたときにも同じことが起こった。印刷工だけが労働団体を維持するのに成功していた。それというのも、印刷業は奴隷労働との問題になるような競争のない、数少ない業種の1つであったからである。しかし、一般的には奴隷を所有するコミュニティではストライキの勝利は覚束つかなかった。ロジャー・W・シャッグは、「南部では、ある人種の労働者が他の人種をあまりにも多く所有しているのに、そうした人種の労働者と交渉する気にはほとんどならなかった」と指摘している。

南北戦争前の南部の自由労働者の労働運動の多くは、黒人奴隷を職人的な仕事から遠ざけることに向けられていた。これは、白人と黒人の職工がたえず衝突していたという意味ではない。南部の多くの場所では、白人と黒人の職工はほとんど不和もなく並んで働いていた。1836年3月18日付のジョージア・フェデラル・ユニオン紙は、造船施設で「10か15人の白人職工と20人以上の黒人職工が仲良く働いていた」と報告している。6年後、イギリス人旅行者のJ・S・バッキンガムは、白人と黒人の労働者が一緒に働いていたジョージア州アテネの紡績工場で、「白人の女の子が同じ部屋の同じ織機で、それぞれ白人と黒人の女の子や男の子と一緒に働いていて、男も女も嫌悪や不服もなく働いていた」という事実に感銘を受けた。白人と黒人の職工は、南北戦争前にセントルイスの同じ作業場で何年も働いていたが、彼らの間にほとんど敵愾心はなかった。

しかし、南北戦争前の南部では、黒人職工の雇用を抑制または阻止しようとする白人職工の不断の取り組みがあった。当初、彼らは請願に頼っていた。そのため、1830年にヴァージニア州ノーフォークの失業中の石切り工たちが、乾ドック建設での黒人奴隷の雇用を中止するようワシントンの海軍省に請願した。彼らは家族もちであり、奴隷との競争を余儀なくされれば、自分たちの子供を飢えさせないようにするのは不可能であるのに気づいた、と宣言した。彼らは、「この黒人の関与を、コミュニティの労働者の利益に有害であり、あらゆる平等原則を破壊するもっとも痛ましい強制とみなさざるを得なかった」。

海軍省が奴隷を雇った理由を技師に尋ねると、彼は政府の国費を節約するためと即答した。白人の石切り工が1日1ドル半から2ドルを要求していた時代に、黒人奴隷は72セントであった。彼は、同様に重要なのは、自分たちが奴隷保有者に、産業プロジェクトで奴隷をうまく活用できることを教える事実にあると主張した。彼は、「奴隷が労働者の大部分を占めているヴァージニア州にとって重要なのは、州民が、黒人がこれまで考えられていたよりもはるかに価値あるものになる方法を学ぶべきであるということである」と結論づけた。これらの議論に納得した海軍省は、このプロジェクトでの奴隷の雇用を承認した。ノーフォークの石切り工は議会に訴えたが、支持は得られなかった。

白人の職工が黒人奴隷の導入に抗議する場合もあった。この慣行は、彼らの賃金をただちに下げることになるからである。トレダガー製鉄所の労働者が奴隷の使用を阻止しようとしたとき、彼らの要求は「奴隷所有者のすべての権利と特権の根源に打撃を与えた」と言われ、奴隷制廃止に伴う弊害を「孕んでいる」と告げられた。奴隷労働は存続した。

最後に、白人の職人は政治活動に目を向けた。最初はほとんど影響力を行使できなかったが、彼らの圧力が高まるにつれて、いくつかの法律が制定された。1845年、ジョージア州議会は、奴隷であろうと自由人であろうと、黒人の職工や石工の雇用を違法とした。同様の法律は他の州でも検討されたが、産業における黒人奴隷の使用に反対する世論が非常に強力になったので、南部政治の領袖であるC・G・メミンガーは、「近いうちに、この問題に関して手ごわい政党が誕生するであろう」と予言した。

奴隷所有者は警戒した。奴隷使用の制限は、彼らの権力と権限を制限するだけでなく、重要な収入源を奪うことにもなった。それというのも、プランターは危機の際に遊休奴隷を雇ってもらうことを産業に頼っていたからである。白人労働者の勝利は先例を確立した。異議を唱えなければ、奴隷所有者の権限に対するますます多くの制限につながるだけである。チャールストン・スタンダード紙の編集者L・W・スプラットは次のように書いている。

「白人労働者は、彼らが望むいかなる仕事においても奴隷を雇用する奴隷所有者の権利に疑問を呈するであろう……。白人労働者は地方選挙を決定する権利を獲得するかもしれない……。こうして奴隷制の中心地であるチャールストンは、それに対抗する民主主義勢力の町となるかもしれない」。

彼らの推論は論理的であった。黒人奴隷の産業利用に反対する抗議運動は南部で白人職工を組織し、彼らは組織されると民主的な改革を求めた。労働者階級の圧力の結果、多くの民主的な改革が成就した。ヴァージニアとメリーランド両州で債務不履行による投獄を廃止し、1850年から翌年にかけて既婚女性の財産権を扱う条項が両州の憲法に盛り込まれるのに功績があったのは、産業労働者であった。ジョージア州では、53年に、職工協会が州議会に対し、すべての綿、羊毛、その他の製造施設または機械工場における21歳未満のすべての白人の法定労働日を「日の出から日没まで、食事のための通常かつ慣習的な時間を許可する」と規定する法律を可決するよう強要した。これは南北戦争前に南部で制定された唯一の労働法であった。

ノースカロライナ州では、より公平な税制としての従価税を求める闘争がかなり激化した。12から50歳までの奴隷には、その価値100ドル当たり5・75セントが課税されたが、土地には20セント、労働者の道具や工具には100ドル当たり1ドルが課税された。ノースカロライナ州ローリーの労働者は、1860年に、「労働者の賃金に課税し、雇用主の収入に課税しないことに不満はないのか」と尋ねた。

均等課税のリーダーは、ウェイク郡選出の州上院議員モーゼス・A・ブレッドソーであった。彼が1858年に設立間もないローリー労働者協会を支持したとき、奴隷所有者は彼を民主党から除名したが、60年に彼は無所属で立候補して選出された。従価税キャンペーンは、奴隷制の政治的・経済的特権に対する直接的な挑戦であった。

奴隷を攻撃することから奴隷制を攻撃することへの変化は非常にゆっくりと起こったが、多くの白人労働者にはそうした変化はなかった。だが、アルフレッド・E・マシューズは、1860年に南部を旅した報告書で次のように述べている。「私は、裕福で影響力のある人たちが所有する奴隷の職人が十分な仕事を得ているときに、仕事のない自由な白人の職人が、その家族が生活必需品のために苦しんでいるにもかかわらず、傍観せざるを得ないのを見てきた。そして、これら同じ白人の職人が、奴隷制と奴隷貴族に対してもっとも厳しい呪いの言葉を吐くのも聞いてきた」。ヴァージニア州の労働者は、「金権政治家の失脚と尊敬される労働者の台頭をもたらす憲法制定会議を要求した。そうすれば、古い貴族社会は塵として知られるようになり、生産的な産業はそれに見合った報酬を得られるようになるであろう」。

奴隷保有州であるケンタッキー州レキシントンの職工と労働者は、1849年春の公開会議で次の決議を採択し、同時に奴隷解放に関する演説を2万部出版するよう、こう命じた。

「奴隷制は州のあらゆる利益を害するものであり、奴隷保有者と非奴隷保有者にとって、同じように有害であること、それは労働を堕落させ、産業を弱体化させ、自由な労働市民の職業に干渉し、貧者と富裕者をあまりにも大きく分離し、労働者階級を教育の恩恵から締め出し、生活の糧を個人労働に依存しているすべての者を州から追い出す傾向があることを議決した。一方で、我々は既存の法律のもとで奴隷の財産権を認めているが、労働者は奴隷の主人と同じように、その職業と労働の利益に対して完全な権利を有すると我々は考えている。そして、奴隷制は労働の独占と堕落に向かう傾向があるので、公序良俗と私権は奴隷制の究極的な消滅を必要とする、とも決議した」。

1850年代になって初めて、貧しい白人と奴隷との同盟が南部全体に広がり始めた。南部の新聞は、奴隷が反乱を組織するのを助けている都市の「悪意ある白人」を攻撃し始めた。56年12月27日付のテキサス州ガルベストンのニュース紙は、プランターに対して、「私たちの奴隷に暴力と流血の行為をたえず扇動している白人」に注意するよう警告した。4年後、アラバマ州のプランターの大規模なグループが集まり、奴隷制を転覆させる計画に奴隷とともに参加し、その後、土地、ラバ、金銭が再配分される「下層の貧しい白人」によって引き起こされた危険について議論した。モバイル・マーキュリー紙は、「奴隷は奴隷所有者ではない下層の白人とたえず交流している。そのような人々はコミュニティにとって危険である」とコメントした。

奴隷制にとって同様に危険なのは、南部の多くの州で奴隷制に反対する運動を組織したドイツ系アメリカ人共産主義者であった。後に卓越したマルクス主義者となるアドルフ・ドゥエー〔彼は、1877年にフリードリヒ・A・ゾルゲによって『資本論』英語版の翻訳者としてカール・マルクスに推薦されたものの、結局はゾルゲ自身がそれを取り消した〕は、1853年7月5日から56年3月まで、アボリショニストの週刊新聞サンアントニオ・ツァイトゥングを発行した。同紙が刊行される前に、サンアントニオのドイツ人労働者のある協会によって、いくつかの小規模の奴隷制反対の会報が発行されていたが、同協会の会員全員が共産主義者で、そのほとんどがヴィルヘルム・ヴァイトリングの信奉者であった。テキサス州の奴隷所有者はドゥエーをコミュニティから追放したが、南北戦争期に学んだように、彼の奴隷制反対の思想を喝破できなかった（＊）。南北戦争中、ドイツ系アメリカ人共産主義者たちによって、南部連合に対して立ち上がるよう人々に呼びかけるリーフレットが、テキサス州サンアントニオで配布された。反乱は具体化しなかったが、マッカロック将軍はサンアントニオからジェファソン・デイヴィスに宛てた手紙で、「このリーフレットは、当地の大部分の住民の感情を物語っている。彼らの多くは、密かに我々の大義を傷つけるために秘密裏にできる限りのことをしており、もし彼らが敢えてそうするなら、公然とそうするであろう」と認めた。

（＊）1868年にドゥエーは、最初のコラムの冒頭に次のような発表が太字で掲載されていた新聞をテキサス州から受け取った。「黒人によって編集され、設定されたこの新聞は、ドゥエー博士が初めてテキサス州で黒人の解放を提唱したのと同じ印刷機で印刷されている。これを、黒人の自由のための博士の尽力の記憶を彼ら黒人が保存している有色人種への感謝の印として博士に役立つようにしよう」。

奴隷制のジレンマ

1850年代が終わりに近づくにつれて、奴隷所有者の小さな寡頭政治はますます激化する階級闘争に直面した。50年にサウスカロライナ州のJ・H・テイラーは、「我々の組織に関する限り、我々が恐れなければならないのは、我々の大衆のこの大きな支持である」と書いた。10年後、アラバマ州モンゴメリーのある住民は、「人々は2つの階級に分けられる。金持ちと貧乏人は、北極と南極のようにはっきりと区別されている」と述べた。

1850年代に奴隷所有者はもう1つのジレンマに直面した。奴隷を産業から締め出すことは、もとはプランター貴族に敵対的な自由労働者階級の台頭への道を開くことを意味していた。奴隷が工場で働くのを許可することは、奴隷制全体を弱体化させることになる。なぜなら、産業に従事する奴隷は、急速に自由を求める闘争の指導者になるのが経験によって実証されていたからである。さらに、40年代初頭には実現可能性が非常に高いと思われていた産業における奴隷の使用は、実際には成功しなかったことも実証された。

奴隷所有者は、南部産業の興隆に再び全力を注ぐことでこれらの問題に対処した。南部産業の成長を擁護する人々は、「増大する『脅威』に激しい敵愾心を抱き、工場の設立を阻止するために断固として闘った」奴隷所有者の抵抗に苦々しく抗議した。「脅威」の性格は、ルイジアナ州の新聞モアハウス・アドヴォケイトによって次のように簡単に述べられている。「我々の海岸にやって来る外国人の大多数は労働者であり、結果として、奴隷労働と競争するようになった。奴隷制の廃止は彼らの利益であり、我々は人間が自分の利益を増進するすべてのものを促進する性質を熟知している」。奴隷所有者の主要機関紙チャールストン・スタンダードもこれに同意した。1850年代に同紙は、「南部に移住する職工の大部分は、祝福ではなく呪いでもって迎えられる。彼らは、一般的には役立たずの無節操な階級であり、我々の特殊な制度にとっては敵であり、社会にとっては厄介者であり、奴隷人口の間では危険な存在であり、奴隷所有者の利益、国の法律、連邦の平和に反していつでも団結しようとしている」と報じた。

ホレス・グリーリー｛第10章147ページを参照のこと｝は、1853年に、奴隷所有者は北部から綿花王国への労働者の流入に反対するのは非常に論理的であると述べた。彼は、「南部に連れて行かれたすべての自由労働者は、奴隷制の棺に釘を打ち込む｛寿命を縮める｝」と観察した。産業の台頭を抑制することで、奴隷所有者は、しばらくの間、南部の自由労働者階級の成長を遅らせることはできたが、北部の労働者が奴隷制の棺に釘を打ち込むのを防ぐことはできなかった。北部の労働者は、闘争に積極的になるのは遅かったが、アメリカにおける人間の束縛の埋葬式を早めるために、その役割以上のことを果たした。

第14章　北部の労働者と奴隷制

より高い賃金、より短い労働時間、より良い労働条件を求める、南北戦争以前のアメリカの労働者の闘いは、黒人奴隷制との闘いと連動していた。最終的に、賃金労働者は奴隷制が撲滅されて初めて自分たちの階級が前進できることを理解したので、それとの闘いに全力を投入しなければならなかった。

こうした理解は一夜にして得られたものではなかった。動産奴隷制〔奴隷が所有者の財産として扱われる奴隷制。所有者は、他の財産同様、奴隷を自由に販売、取引でき、奴隷の子供も所有者の財産となる〕との闘いのまさにその端緒から、アメリカでの奴隷使用を終わらせる要求に加わる準備を整えている一団の労働者がいた。1830年代初頭にニューヨーク州で結成された多くの労働者政党の綱領には、「この国の性格に対するもっとも暗く、もっともひどい汚点」である黒人奴隷制の廃止を求める条項が含まれていた。30年にマサチューセッツ州の労働組合が州議会に提出した「労働者の祈り」には、「奴隷制の汚点が我々の公正な法廷から消し去られますように。そして我々の仲間は、自由で平等であると宣言するだけでなく、彼らが生まれながらにして与えられている自由と平等を実際に享受していますように」という訴えが含まれていた。

トマス・ウェントワース・ヒギンソンは回顧録で、奴隷制反対の大義は「一時期、［ニューイングランドの］工場や靴屋の工房の方が、説教壇や大学よりもはるかに強固であった」と書いている。彼は、これらの工場や工房を所有していた資本家のことを言っているのではない。これら実業家は、綿花王国に収益性の高い市場をもっていた。1835年にニューヨークのある実業家が奴隷制廃止論者《アボリショニスト》に語ったことは、ボストンとローウェルの同僚によって繰り返された。両地には、ニューヨーク市と同様、「『鞭打ちの領主』、『織機の領主』、『長い埠頭の領主』の間に三重の協商」があった。

「私たちには、あなたとあなた方の仲間に奴隷制打倒のために尽力させる余裕はありません。それは私たちにとって原則の問題ではありません。それはビジネス上の必要性の問題です。私たちは、可能であれば公正な手段で、必要であれば汚い手段で、あなた方アボリショニストの鼻をへし折るつもりです」。

保守派の実業家が、アボリショニストの鼻をへし折るために不正な手段を使うことに労働者は驚かなかった。ストライキを打破するためには常に不正な手段が使われてきたからである。奴隷所有者とその北部の同盟者がアボリショニストから請願権を奪うために議会で運動している間に、フィラデルフィア労働組合〔第7章91ページを参照のこと〕は、アボリショニストと労働組合の10時間労働を求める運動のための請願が同じ扱いを受けているのを目にしてきた。ニューヨーク・

イヴニング・ポスト紙の編集者代理で、ジャクソン政権期の労働運動の代弁者《スポークスマン》であったウィリアム・レゲットは、政府が反奴隷制の雑誌の郵便特権に干渉している点を攻撃し、その機関紙が次のターゲットになるであろうと労働者に警告した。フィラデルフィアの市長が、ファニー・ライト〔フィラデルフィアに次いで、1829年にニューヨークで結党された労働者党の指導者。その党は内部分裂で急速に衰退した。第10章を参照のこと〕が同市で奴隷制の問題について講演するのを阻止したとき、ナショナル・レイバラー紙は次のように報じた。

「暴動の告訴に答弁するスクールキル郡の労働者の出廷に対して2500ドルの巨額の保釈金を要求したのは同じ市長であり、犯罪が見つからなかったので、後に彼ら労働者が釈放されたことを思い出すと、人々は驚く必要はなかった」。

不確定要素

労働者の間では、自分たちの市民的・政治的自由を守るには、奴隷制と戦うアボリショニストの民主的権利を求める闘争を支持しなければならないという信念が広まっていた。ローウェルの女子工員は、1832年に女性反奴隷協会を組織したとき、そして数年後に奴隷制の廃止を求める請願書への署名を求めて運動したときにも、同様のことを語った。この奴隷制反対運動は、奴隷労働によって生産された原材料を扱う仕事をしたことに対する彼女らの償いであった。南部の実業家は、労働者が奴隷制反対運動を止めなければ、衣服や靴を他の場所で買うであろうと雇用主を脅した。雇用主は腹を立てたが、ローウェルとフォールリヴァーの女子工員は毎年フェアを開催して奴隷制廃止運動のための資金を集め、多くの職工協会はアボリショニストに対し、彼らの企てに関して成功を祈る言葉を送った。

職工協会や女子工員の孤立した活動を、自由労働によってアメリカの動産奴隷制に終止符を打つための全国的なキャンペーンに発展させるべきであると信じた労働者もいた。1836年、チャーティスト運動の母体であるイギリス労働者協会は、アメリカの労働者にそのようなキャンペーンを始めるよう訴えた。彼らの提案はフィラデルフィアの労働運動の指導者ルイス・G・ガンによって支持され、彼はアメリカの労働者に次のように訴えた。

「私の体のなかで脈が打つ限り、鎖につながれた哀れな黒人は私の同情と多くの気遣いを受けるでしょう……。私はあなた方にも奴隷をけっして忘れないようにお願いしたいのです……。私たちの声は、メイン州からジョージア州まで、そして大西洋からミシシッピ川まで鳴り響くはずです。それは、道徳的権力のあらゆる権威をもって要求し、奴隷の即時解放を要求する共和党員とキリスト教徒の国の声です」。

イギリスの労働者とガンは、彼らの訴えの取るに足りない成果に失望した。ほとんどの労働者は奴隷制を廃止する運動に参加する準備を整えておらず、なかには奴隷所有者よりもアボリショニストを攻撃しようとする者もいた。アメリカの賃金労働者が、奴隷制を終わらせる闘いにおいて適切な役割を果たせるようになるまでには、多くの障害を克服する必要があった。

1830年代の労働者のなかには、奴隷制の問題が民主党の分裂を引き起こし、ジャクソニアン・デモクラシーの敵の力を強化するのではないかと危惧する者もいた。奴隷所有者は民主党の重要な構成員であり、彼らを疎外することへの恐れは、ニューヨーク一般労働組合のイーリ・ムーア委員長のような有力な労働組合主義者によって表明された。彼は、労働者階級によるアボリショニスト運動の支持はジャクソニアン・デモクラシーにとって悲惨なものになるであろうと宣言した。彼は、もし民主党が分裂すれば、「第2合衆国銀行贔屓で、反ジャクソンの貴族社会は、そのもっとも愛され、もっとも大切にされた希望を実現したであろう」と語った（第9章を参照のこと）。

民主党が奴隷所有者の支配下に置かれるようになったときでさえ、多くの北部の労働者は党の分裂を恐れて奴隷制反対運動を支持するのを躊躇した。これはアイルランド系アメリカ人、ドイツ系アメリカ人、その他の外国生まれの労働者にとくに言えることで、彼らは移民を制限し、市民権取得に必要な帰化期間を延長する法律を求める運動によって、たえず脅威にさらされていた。民主党はそのような法律に反対したが、外国生まれの人々に敵対的であることで有名なホイッグ党はこれらの措置を公然と支持した。民主党の分裂は、アメリカ主義というスローガンの背後に非アメリカ的な原則を隠した反外国人、反カソリック的な勢力の勝利を意味するとホイッグ党は信じていた。

民主党を分裂させるのではないかという恐れに加えて、奴隷解放によって何千人もの黒人が北部諸州に移住し、仕事をめぐる競争が激化し、賃金と生活水準が下落するのではないかという恐れもあった。奴隷所有者の北部の同盟者は、これらの恐れに乗じて行動した。綿花王国とのビジネス関係がもっとも高度に発達していたニューヨーク市では、商人、銀行家、政治家、そして南部贔屓の「悪魔的な報道機関」が、奴隷の解放が「白人労働者の状況を悪化させる」ことになり、それゆえ、アボリショニストは北部の白人労働者の敵であることを労働者階級に納得させるために、十分に組織化された運動を開始した。黒人を奴隷にしておく奴隷所有者は、白人労働者の真の友人であった。家族の扶養に苦労していた多くの労働者にとって、こうした議論は、労働組合の組合員の代わりに非組合員の自由黒人を雇用するといった状況下で重要視された(*)。

（＊）しかし、多くの場合、黒人と白人の労働者は一緒に働き、ストライキでともに闘った。ワシントンの海軍工廠で雇われていた白人の大工とコーキン工、そして黒人のコーキン工が、1835年7月にストライキに加わった。自由黒人のマイケル・シャイナーは、12年から65年にかけて海軍工廠で白人労働者と一緒に働いていた。

おそらく、この奴隷制支持のプロパガンダの影響をもっとも受けたのは、未熟練労働者であり、黒人労働者に容易に取って代わられる可能性のあるアイルランド系アメリカ人労働者であった。カトリック系報道機関は、労働者の自然な恐怖を掻き立てる類いのプロパガンダを広める上でしばしば主導的役割を果たした。こうして、一時期ニューヨーク大司教の公式機関紙であり、アイルランド系アメリカ人労働者の間で広く流布していたフリーマンズ・ジャーナルは、奴隷制廃止論《アボリショニズム》を「イギリスからの輸入品」として定期的に攻撃し、奴隷の解放は北部の白人労働者を破滅させるであろうと告発した。この見解は、奴隷制問題に対してカトリック系報道機関の重要な欄で採られた典型的な立場であり、間違いなく全国のカトリック教徒に大きな影響を与えた。カトリック教会はこの影響を打ち消すことを何もしなかったので、「奴隷制の主人公」との評判を得た。

この評判に対抗するためのいくつかの措置が、アイルランドのカトリック教徒の労働者によって採られた。１８４１年には、７万人のアイルランド人が署名した訴えがアイルランド系アメリカ人に対して行われ、偉大なアイルランド人で民族解放論者のダニエル・オコンネル（１７７５～１８４７。アイルランドの独立運動指導者。１８２３年、カトリック協会を結成し、旧教徒解放運動を開始した）と著名な禁酒主義指導者であるマシュー神父がこの訴えを後援した。それは奴隷制を非難し、在米アイルランド人にアボリショニストと行動をともにするよう、こう促した。「アイルランド系の男性も女性も。有色人種をあなた方の対等な仲間として遇しなさい。アイルランドでのすべての記憶によって、自由を愛し続け、奴隷制を憎み、アボリショニストに寄り添いなさい。そしてアメリカではアイルランドの御名《みな》に敬意を表しなさい」。

訴えの後、ボストンとニューヨークでアイルランド人労働者によって一連の集会が組織され、アボリショニストの指導者が招待された。ボストンのファナル会館（第11章176ページを参照のこと）で開かれたそのような集会で、アボリショニストの名演説家ウェンデル・フィリップス（１８６５年にアメリカ奴隷制反対協会の会長に就任し、合衆国憲法修正第15条（黒人の政治参加）の成立に尽力した）は、何千人ものアイルランド人労働者に向けたオコンネルの訴えを読み上げた。彼らはすべてのパラグラフを熱烈に賞賛し、彼の質問に対して次のように否定的な声を上げた。「あなたは、かつてマサチューセッツの地に足を踏み入れた奴隷をその主人のもとに戻すつもりですか。（戻させない、戻させない、戻させない）。あなたは、奴隷制に反対する努力を約束しない人を職に就かせたり、権力を行使させたりするつもりですか。（そうはさせない、そうはさせない、そうはさせない）」。

もしもオコンネルの演説がカトリック教会とカトリック系報道機関の支持を得ておれば、アイルランド系アメリカ人の間でより大きな影響力をもつことになっていたであろう。しかし、ニューヨークのヒューズ大司教は彼を非難し、アイルランド人の訴えが真正であるかどうかについて疑問を呈し、それが真正であるか否かにかかわらず、「国内および国家政策の問題に対する」外国の干渉であるとして憤慨し、抵抗し、否認することは、アメリカ在住のすべてのアイルランド人の義務であると述べた。ほとんどのカトリック系新聞は、アボリショニストの計画は、奴隷解放後に黒人労働者が白人労働者を締め出すことを意味すると白人労働者を説得する運動を続けた。

労働者と奴隷制廃止論者

アボリショニストは、いわゆる黒人奴隷解放の危険性に対する労働者階級の危惧を克服するためにほとんど何もしなかった。実際、彼らは多くの労働者に対して、自分たちは黒人奴隷の福利にのみ関心があり、自由労働の問題は取るに足らないものと考えていることを納得させる多くを行った。リベレーター《解放者》誌の創刊号で、ウィリアム・ロイド・ギャリソン（１８０５～79。１８３１年１月１日に、南北戦争後まで35年続く週刊誌リベレーターを創刊し、奴隷制と奴隷所有者に仮借ない攻撃を加えた〕は、労働組合運動を「我々の労働者階級の心を、より裕福な人々に対して扇動する」ための組織的な陰謀であると非難した。「労働組合」は「最高度の犯罪者」であると彼は宣言した。なぜなら、労働組合は労働者に雇用主が敵であると信じさせたからである。彼は、「おそらく、金持ちが彼らに対してよりも、職人がたがいに対して敵意をもっていることを確認する方が真実に近いであろう」と付け加えた。

　ギャリソンだけではなかった。アメリカ反奴隷制協会〔１８３３年12月４日に、ギャリソンとジェームズ・バーニーら61名の奴隷制反対論者によって設立。ギャリソンらの即時廃止派とバーニーらの法的漸次廃止派に分裂〕の公式機関紙であるナショナル・アンチスレイヴァリー・スタンダードは、１８４７年に、真のアボリショニストは、賃金奴隷を悪と非難する人々に同情できないと宣言した。後に賃金奴隷の自由のために闘ったフィリップスでさえ、この見解を共有した。彼は同じ年に、北部の労働者は「不当に扱われたり、抑圧されたりしていない」ため、労働組合を本当に必要としなかった、と書いていた。たとえそうであったとしても、彼ら労働者は、「家にいるだけで……、そして、減少した供給がすぐに救済策をもたらすであろう」とも書いていた。

　幸いなことに、フィリップスはすぐに考えを変えた。１年後、彼は「無給労働の製品を購入したり使用したりするのは間違っている」という理由で、奴隷労働製品のボイコットを求める決議に反対した。彼は、もしこれが自由労働の産物だけを購入するのを正当化するのであれば、論理的には綿以外の多くの商品の購入を控える必要があるであろうと主張した。なぜなら、「世界には多くの労働があり、おそらく奴隷よりも少し給料が良いが、いかなる意味においてもまだ無給で補償されていない」からである、と彼は論じた。彼は、女性のシャツ職人、工場労働者、イギリスの鉱夫、アイルランドの労働者を、「悲惨なほど低賃金」で、「いくつかの製造工場の純利益の一部はあまりにも少なく、不当に少なかった」労働者の例として挙げた。彼は、「私は支払いと呼んでいる。それは、生活必需品を確保するものであり、精神的な改善のための時間と手段、そして年齢と病気に対する何かである。これはすべての勤勉な人間が１日の仕事に値するものである」と付け加えた。

　しばらくして、さらに多くのアボリショニストの指導者がフィリップスの見解を採用するようになった。黒人アボリショニストの偉大な指導者フレデリック・ダグラス〔１８１７～95。逃亡奴隷の奴隷制反対論者・新聞編集者・演説家。１８４７年から64年にニューヨーク州ロチェスターでノース・スター紙を編集して奴隷制反対を訴え、黒人の産業技術教育と婦人参政権を支持した。１８５２年７月５日に行った演説、「奴隷にとって７月４日とは何か」で一躍有名になった。１８８９年から91年にはハイチの領事を務めた〕は、黒人の状況を改善するために組織しようとする賃金労働者の尽力を代表して頻繁に発言した。[*]彼は労働組合主義者に歓迎され、ロチェスターの印刷職人組合からベンジャミン・フランクリンの誕生記念日の祝賀会に出席するよう招待された。ホレス・グリーリー〔第10章１４７ページを参照のこと〕もアボリショニストと労働運動の一部との和解に大きな影響を与えたもう１人の奴隷制反対論者であった。彼は、北部の賃金労働者の問題に対して多くの代議員が無関心であることを理由に、労働者をまともに扱うことを拒否し、奴隷制に反対する大会への招待さえ拒否したアボリショニストを非難した。

（＊）ダグラスは、労働組合が自由黒人の職人を組織したり、白人労働者と同じ工場で働くのを認めるのを拒否していることを批判する際にも、同じくらい頻繁に発言した。彼は1851年に、「残念なことに、私たちの白人同胞は、白人労働者の権利を維持するのに十分であるべきであるが、黒人労働者には反対の目的を果たすべき、独創的で天に認められた原則の類いを見いだすことができない」と宣言した。

しかし、自由労働の問題に対するアボリショニストの指導者の見解が変化するまでは、彼らとほとんどの賃金労働者との間の真の友好関係はほぼ不可能であった。これらの労働者は、アボリショニストが「抑圧された黒人の背中の鞭の音を聞くために耳を傾ける」傾向がある、と彼らが考えていることに憤慨していたが、同時に北部の抑圧された賃金労働者の叫び声に耳を貸さなかった。サラ・バグリー（第11章168ページを参照のこと）は、反奴隷主義の大義に献身していたが、それにもかかわらず、北部の賃金労働者の窮状にも関心を示さなかったアボリショニストの指導者を非難せざるを得なかった。彼女はギャリソンに、「1万人の少女はどうなったのか。彼女らは何の警告もなしにローウェルの通りに出て、彼女らが好きな場所に好きなように行くようになったのか」と尋ねた。他の労働者はその叫び声を取り上げ、反奴隷主義者に対して、彼らの集会で「北部の白人奴隷の権利が忘れられないよう」確認することを求めた。さらに他の労働者は、「南部の奴隷に同情するが、北部の白人労働者を圧政で押し潰すであろう」と表明したアボリショニストを非難した。このような労働者の姿勢は、多くの労働新聞に掲載された、飢餓による女子工員の死を描いた詩の結びの一節でこう表現されている。

その夜、一台の立派な馬車が彼女のそばを通り過ぎた／彼女は地面に横たわりながら／工場主の娘たち／夜の訪問は報われる／彼女らの優しい心は、ため息をついている／黒人の苦悩が語られるように／白人の奴隷が死にかけている間に／誰かが父親の金を手に入れた

賃金奴隷制と動産奴隷制

ほとんどの労働者は、動産奴隷制は忌まわしい犯罪であることに得たりとばかりに同意したが、北部の店舗や工場での彼らの状況も同様に忌まわしいものと感じていた。彼らが見たように、奴隷制は名前ではなく事実で構成されていた。彼らにとって、鞭が革でできているのか、欠乏と貧困でできているのかはほとんど問題ではなかった。ニューハンプシャー州マンチェスターのオペラティヴ紙は1844年に次のように書いている。

「北部諸州では、南部の奴隷制に反対する大きな叫び声が上がっています。奴隷制の罪はそこでは忌まわしいものかもしれませんが、ここでも同じように忌まわしいものでしょうか。もし南部に黒人の奴隷がいるのなら、北部には白人の奴隷がいるのではないでしょうか。それとも、ここ北部の私たちの一部の労働者の状態は、南部の奴隷よりも多少なりとも良いのでしょうか。彼らは自由を享受していると言えるかもしれませんが、私たちの労働者のうち何人、私たちの工場の労働者の何人が、自由という名に

値するものを享受しているのでしょうか」。

「……私たちの労働者は、資本家の命令に従って働くかもしれませんし、そうでないかもしれませんが、もし彼らが働かなければ、彼らは餓死しなければなりません。そして、もし彼らが働いたら、資本家は彼らの労働の産物の11分の9を手にすることになります。私たちは、こうしたことから、私たちの北部の一部の白人労働者の状態は、南部の黒人奴隷の一部よりもどの程度良いのかと尋ねているのです」。

ロバート・デール・オーエン、アルバート・ブリスベン、グリーリーは、黒人の奴隷制だけでなく、あらゆる形態の奴隷制に反対した。彼らの考えは1845年1月に開催された2万5000人のニューヨーク労働者の集会で採択された以下の声明に盛り込まれている。

「抽象的な奴隷制、具体的な奴隷制、絶対的な奴隷制、封建的な奴隷制、賃金奴隷制、それがある場所とない場所での奴隷制、ドアに耳を傾け、主人の錐で耳に穴を空けられた最初のイスラエル人から、隷属の記章を身につけるアダムの最後の息子まで、奴隷制に対して、私たちはあらゆる段階と修正のもとで完全に反対しているので、断固とした厳粛な目的をもって、私たちの人生が終わるまで反対は続くであろう」。〔旧約聖書のモーセの時代の奴隷は、解放されても元の主人のもとで働きたい場合は、奴隷の耳を錐で刺し通すことによって、生涯奴隷が許された。出エジプト記。〕

労働者階級のなかには、労働者はまず第1に、賃金奴隷制との闘いに関心をもつべきであると主張する者もいた。1836年9月17日付のナショナル・レイバラー紙は、「身体、精神、肌の色、程度のいかんを問わず、あらゆる形態の奴隷制」に反対する一方で、「労働者に対して、自らの労働を自身の言い値で処分する権利を確保することから始め、その価格を自らの労苦と公正かつ同等にすることが、組織された労働者の義務である」と感じていると述べた。しかし、労働者階級の間で賃金奴隷制との闘いを優先させるという考え方に影響を与えたのは、土地改革運動を主導したジョージ・ヘンリー・エヴァンズが一時の引退から復帰したことであった。あらゆる形態の奴隷制と同時並行的に闘ったオーエン主義者や協同組合主義者とは異なり、[*] 彼や他の土地改革論者は、賃金奴隷制の廃止が労働者階級が直面している唯一の重要な問題であるとの立場をとった。黒人奴隷制をめぐる論争は、労働者が直面する主要な問題から労働者を遠ざけたので、彼らは動産奴隷制のことを忘れた方が良かった。そうすれば、彼らはすべての時間とエネルギーを、賃金奴隷制を廃止する唯一のプログラムである土地改革に意気揚々と捧げられるであろう。

（＊）1845年6月21日付の協同組合主義者の機関紙ザ・ハービンジャー《先駆者》は、アボリショニストに対して次のような助言を与えた。「我々は、もし奴隷制廃止運動の指導者が、この国でもっとも蔓延している2つの種類の奴隷――南部の動産奴隷と資本の奴隷、あるいは北部での賃金制度のもとでの賃金奴隷、黒人奴隷と白人奴隷――を受け入れるなら、この拡大は彼らに計り知れない追加的な力を与えるであろう、と我々は確信している」。

エヴァンズはまた、アボリショニストに対して、議会への請願で彼らの時間を浪費するのではなく、彼の十字軍に加わるよう促した。彼はアボリショニストに、土地改革は、いかなる数の請願や大規模な集会よりも、動産奴隷制の迅速な廃止につながると断言した。したがってエヴァンズは、もし議会が1850年に土地改革法を可決すれば、20年後に南部には次のような素晴らしい状況が存在すると予測した。

「南部諸州では、自由公有地法の施行により、動産奴隷制は徐々に消滅しつつある……。解放された黒人は、国家としてほぼ十分な広さの公有地に入植地を形成しており、彼らが同胞に従ってリベリア〔1822年アメリカから解放された奴隷が入植し47年に独立した〕に行くか、それとも独立国家として認められるよう求めるかを議論している」。

賃金奴隷制を最初に廃止すべきであるという彼の理論を正当化するために、エヴァンズは奴隷所有者とその北部の同盟者の主張に従った。彼らの奴隷制の擁護は、北部の「貧しく、惨めで、去勢され、飢えて、裸の」自由労働者と、「動物的な放蕩のためのあらゆる慰めに囲まれ、病気や老後には慈悲深い主人によって世話をしてもらえる」南部の幸せな奴隷との対比であった。南部の著名な擁護者であるジョージ・フィッツヒュー〔1806～81。社会理論家。黒人は、奴隷制による経済的・社会的保護を必要とする「成長した子供にすぎない」と主張した〕は、「自由労働者は、黒人奴隷の権利と自由の1000分の1ももっていない」と書いている。

エヴァンズは奴隷制を公然と正当化したことはなかったが、奴隷の報道機関に有益な議論を提供した。彼は、黒人を賃金奴隷のために解放することは、奴隷にとって非常に不利益になると主張した。なぜなら、彼ら奴隷は「病気や老後の支援の保証」を貧困や失業と交換するからである。彼は、奴隷制の廃止は、何百万人もの黒人労働者を労働市場に投入し、労働階級全体の賃金を押し下げることによって、北部の労働者に損害を与えるであろうと主張した。彼の弟子の1人トマス・デヴィアーは、「まず白人を解放せよ。満たされていない欲望の隷従状態から彼を解放せよ。そして、これが行われる日に、我々は我々の国境内で多くの不当な扱いを受けている、黒人の奴隷解放を開始するであろう」と言った。

賃金制度のもとでの奴隷の解放が、北部の労働者を脅かすというこの主張は、一部のアイルランド系アメリカ人労働者の間で支持され、エヴァンズの過激な響きのある言葉はドイツ系アメリカ人を感動させた。多くの北部の労働者が、賃金労働者は黒人奴隷よりも暮らし向きが悪いという彼の発言を受け入れたことはきわめて疑わしい。彼らは、なぜこれほど多くの奴隷が命を危険にさらして「安全」から逃れたのか、そして、なぜ北部の自由黒人が逆方向に走ったことが知られていなかったのか、と尋ねた。

組織化された労働者は、動産奴隷と賃金奴隷の基本的な区別を理解していた。賃金労働者は自らの状況を改善するために合法的に組織し、闘争できた。ある機械工は1836年3月24日付のデモクラット紙で次のように書いている。

「議会の議場では、『北部の職人的で労働者的な住民は、南部の奴隷に対する、たとえのような階級である』という観察が行われてきた。しかし、その階級が、投票箱を通じて自分たちの過ちを平和的に正すために、まだもっている力を保持している限り、そのような主張は、彼らに発言を許した者の無知や軽率さだけを提示する傾向がある」。

約25年後の1860年2月、ある労働者がマサチューセッツ州リンで開かれたストライキ中の製靴工の集会で同じ考えをこう表明した。

「ご存じのように、私たちは南部の奴隷ほども暮らし向きが悪いわけではありませんが、ばかげたことに、私たちは本来あるべきものより10倍も暮らし向きが悪いのです。彼らは投票することも、文句を言うこともできませんが、私たちはできます。考えてみてください。奴隷は大規模な集会を開くことも、『ストライキ』をすることもできませんし、私たちはまだその特権を失っていません。主に感謝します」。

土地改革者が影響力をほとんどもっていなかったニューイングランドでは、組織化された労働者はエヴァンズを拒否し、ニューイングランド労働者協会は奴隷に自由のために反乱を起こすよう促し、そうする権利を正当化し、北部の労働者には、これらの反乱を鎮圧するためのいかなる軍事活動にも参加しないよう求めた。

「我々は、我々の同胞に対して、協会としても個人としても、雷鳴のような口調で発言することを勧めます。そうすれば、北部の労働者は、自分たちの権利を求めて闘っている間、銃剣の先で300万人の兄弟と姉妹を束縛しておくための常備軍であるとはもはや言えません」。

1848年5月9日、同年のヨーロッパ革命を記念して、労働組合主義者の大規模な集会がボストンのファナル会館で開催された。採択された決議のなかには、「我々は旧世界における自由機関の組織化を喜んでいるが、国内でのそうした機関の支援に無関心ではなく、南部の奴隷所有者の権力（第4章36ページを参照のこと）の専制的な態度を遺憾に思うとともに、貨幣寡頭政治の横暴な支配は同様に労働者の利益に敵対し、民衆の権利の保全と相容れない」と述べられたものもあった。

「動産奴隷制と賃金奴隷制の両方を打倒せよ」は、ニューイングランドの労働者のその日のスローガンであった。彼らが奴隷制にどれほど強く反対しているかは、1852年にニューイングランドのアボリショニストのオルグであるジョージ・W・パトナムによって表明された。彼はギャリソンに宛てた手紙で、「工場の工員は、北部の資本家は南部の奴隷所有者と非常に似ており、奴隷所有者の権力と貨幣権力の計画は白人も黒人もともに粉砕することにあると感じていた」と書いている。

エヴァンズの信奉者の1人は、1846年にニューイングランド労働者協会の代議員に演説した。彼は、エヴァンズと同様、南部の奴隷制を忘れ、北部の賃金奴隷制を土地改革によって廃止するよう彼らに促した。代議員はこれに同意せず、「アメリカの奴隷制は、労働者階級が求めている向上が達成される前に根絶しなければならない」と決議した。ニューイングランドの組織化された労働者は、同じ年に、カール・マルクスが数年後に（『資本論』で）次のように述べたことを語った。「北アメリカの合衆国では、奴隷制が共和国の一部を荒廃させている限り、労働者のすべての独立した運動は麻痺していた。黒い皮膚に奴隷の烙印が押されているところでは、白い皮膚の労働者も自身を解放することはできない」。

マルクスより前に、「学識のある鍛冶屋」エリヒュー・バリットは、労働者への演説で、奴隷制は自由労働者を動産奴隷と競争させることによって自由労働者を堕落させたと説明し、北部の資本家の頭のなかでは、奴隷状態は「彼らの活動の基本線、出発点として受け入れられている。それは、自由労働に対する補償と名誉を何らかの形で決定しなければならない」と説明した。彼は、これらの真実を認識した唯一のニューイングランドの思想家ではなかった。当時の労働組合主義者ジョージ・E・マクニールは、「もっとも賢明な労働者の多くは、動産奴隷制が破壊されるまで大きな進歩は得られないという意見をもっていた」と書いている。ニューイングランドの労働新聞はしばしば同じテーマを強調した。ヴォイス・オブ・インダストリーズ紙は1847年に社説で次のように論じた。

「奴隷制の問題は、実際には労働者の問題である。労働者の権利が議論されるときはいつでも、あるいは労働改革のいかなる分野に対しても、我々は奴隷制の影響が我々に向けられていると主張する……」。

1年後、ボストンの労働新聞ニュー・エラ《新時代》はこのテーマを次のように拡大した。

「奴隷制が道徳的な推進力を得られない一般的な政策の問題に触れることはできない。それは避けられない。奴隷制は根絶させなければならない……。問題が何であれ……この巨大なドラゴンは何かを危険にさらしている……。我々はこの怪物との直接的かつ内輪同士の戦争を行う……」。

しかしながら、ほとんどの労働者が1848年にこれほど進んだ立場を受け入れると期待するのはあまりにも無理があった。実際、大多数の労働者は南北戦争前には「奴隷制は根絶させなければならない」とは主張していなかった。しかし、次第に多くの労働者が経験を通じて、彼ら自身の階級的利益の観点から、「怪物との直接的かつ内輪同士の戦争をしなければならない」ことを学んでいたのである。

奴隷制拡張の影響

この立場を労働者に理解させたのは、奴隷制は南部に残っておらず、解放された賃金奴隷たちが奴隷制の廃止に注目する日を待っているということであった。奴隷制は、奴隷州以外の領土にも拡張し、チェックされない限り、無制限に拡張し続ける恐れがあった。ほとんどの労働者にすぐに明らかになったのは、もし彼らがエヴァンズの助言に従い、動産奴隷制の問題を無視すれば、ある晴れた朝に目を覚ますと、自分たちを解放するためのすべての土地が奴隷所有者の手にあるのを発見する、ということであった。そして、もし彼らがこの問題に無関心であり続ければ、彼らは別の朝に目を覚ますと、自分たちが奴隷の境遇に陥っていることに気づく、ということでもあった。

1844年、アラバマ州ジャクソンビルのリパブリカン紙は、「力の均衡はすでに我々に不利である。この状況下では、南部を救う唯一の手段は、テキサスとその奴隷を加えることである」と報じた。その1年後、奴隷所有者はテキサスの併合を確保した。46年、彼らは奴隷制のための領土を増やし、政府の政治的権力を強化するためにメキシコとの戦争を引き起こした。4年後、彼らは連邦から分離独立すると脅し、北部の保守派、とくに南部との貿易に従事する実業家を十分に恐れおののかせ、メキシコから獲得した領土のいかなる部分にも奴隷制が存在するのを禁止するウィルモット条項｛新たに獲得される「上記の領土のいかなる部分にも奴隷制も、いかなる不自由労働も存在してはならない」との条項｝を阻止した。奴隷所有者は、分離独立のドラムをもう少し大きく叩くことで、奴隷制をユタとニューメキシコ両州に拡大し、より効果的な逃亡奴隷法を獲得した。これらの勝利は「奴隷所有者の権力」を満足させるものではなかった。54年、奴隷所有者は20年のミズーリ妥協｛20年から翌年に、ミズーリの州への昇格申請を発端に、黒人奴隷制の西部への拡張を巡る南部奴隷州と北部自由州との妥協｝の廃止を確保し、議会が自由を宣言した領土を奴隷入植地として開放した。57年、ドレッド・スコット判決｛3月6日に下された判決。ドレッド・スコットは奴隷であるので連邦裁判所に訴訟を起こす権利はないとした。さらに、連邦議会には準州から奴隷制を排除する権限はないとし、ミズーリ妥協を違憲とした。これは、北部の世論と逆行し、共和党に挑戦したもので、南北間の対立を激化させた｝は、合衆国のいかなる領土においても奴隷制を禁止することは適わず、これらの領土においては政府によって奴隷制は保護されなければならないと裁定した。

当初、多くの労働者はこの奴隷所有者の勝利に危機感を抱いていなかった。一部の労働者は、テキサスの併合は「ともに金持ちで強欲なプランターと製造業者との独占的特権をめぐる争い」のもう1つの段階にすぎないという点で、エヴァンズと意見が一致した。しかし、ニュー・エラ・オブ・インダストリー《産業の新時代》紙は、「奴隷所有者の権力」の侵略に危機感を抱いていた。「その後の毎日は、奴隷制の問題をより厄介なものにするだけである……。その醜い顔は、それを隠そうとしたすべての裂け目や小穴から覗き込める」。

1844年と翌年にニューヨーク市で開催された労働者の集会では、「国境内の奴隷制を絶滅させる規定なしに……、テキサスを奴隷制の領土として連邦に併合することは、この集会の意見では、奴隷制を強化する傾向がある」と反対の声が上がった。ニューイングランドでは、バリットに率いられた労働者が、テキサスの併合に抗議する集会を組織した。44年8月、マンチェスター・オペラティヴ紙は次のように報じた。

「我々はこれまで、テキサスの併合に関して、我々の国がそのように行動を起こそうとするかどうかを見極めるために、沈黙を守ってきた。我々はそれを基点《ベース》と呼んでいる。なぜなら、それは他人の血の上に生きている人たちに、奴隷制の罪のなかにさらに深く手を浸す機会を与えることになるからである……。我々は今、十分な数の奴隷をもっていないのか。我々の人口の3分の2は現在、悲惨な奴隷状態にあるではないか。南部では、アフリカの息子たちが自由を手にするために鎖を鳴らし、心が引き裂かれるような訴えを聞いているが、北部では、貴族の権力の残酷な軛から解放されたい我々の労働者階級の声が、真剣な祈りをもって天に昇っている。我々の国はどのような絵を描こうとしているのか。奴隷制と束縛という、すでに心を痛めている事実に、なぜこの腐敗した災厄をさらに加えるのか」。

ニューヨーク、ボストン、ローウェルでは、多数のアイルランド人労働者がテキサス併合に反対するデモを行い、彼らはアボリショニストに加わることには消極的であったものの、奴隷制の拡張には反対していることを示した。また、アイルランド人労働者は1846年5月にニューヨークの労働者がメキシコ戦争〔1846年5月から48年2月2日。メキシコはカリフォルニア・ニューメキシコを譲渡〕に反対するために招集した集会にも出席した。この集会では、メキシコ戦争は奴隷所有者とその同盟者の陰謀であり、彼らは「労働者の産物に対して、贅沢な怠惰のなかで」生活しているとの烙印を押された。彼らはポーク〔第11代〕大統領に対し、アメリカ軍を「合衆国に属する、議論の余地のない土地」に撤退させることによって、さらなる敵対行為を回避するよう要求した。

1846年に開催されたニューイングランド労働者協会の大会で、ニューイングランドの組織化された労働者は代議員を通じて、奴隷制の範囲を拡大することの「恥ずべき不名誉」を非難し、「南部の奴隷所有者が我々の国民の5分の1の労働力を奪っている状態を維持するために武器を取るつもりはない」と約束した。

奴隷制問題に関する労働者階級の分裂は、ウィルモット条項をめぐる論争を通じて続いた。ドイツ系アメリカ人労働者は、この条項をめぐる議論が連邦議会で最高潮に達しつつあったときに全国大会で会合したが、動産奴隷制に関する決議を一度も採択しなかった。この沈黙のおもな原因は、ヴァイルヘルム・ヴァイトリングの日和見主義と、賃金労働者は奴隷制問題を無視するべきであるというエヴァンズの主張を退けた土地改革者ヘルマン・クリーゲの日和見主義にあった。

土地改革を最初に主張した他の労働者は、彼らの指導者の態度にならった。指導者によると、ウィルモット条項は、黒人の奴隷制ではなく白人の奴隷制の拡張を隠蔽するための大嘘であった。すべての奴隷制は土地改革によって終わるであろう。「しかし、政治家たちは大衆を高揚させるという、さらに深遠な考えをもっておらず、彼らは、すべての奴隷制度のなかで最大の奴隷制度である、土地独占という呪われた制度下での貧困を永続させるために、土地条項から人々の注意を引くために、新しく重要でない問題を提起したいと思っている」。

同様の立場は、1850年夏にニューヨーク市産業会議によってもとられ、議会での争いは「我々労働者が特別な関心をもたないものであるが、アメリカ連邦がそれによって危険にさらされる可能性がある場合を除いては、これは南部と北部の資本家の争いであり、どちらが最多の動産奴隷をもち、どちらが最多の賃金奴隷をもつかについての争いにすぎない、と心から信じている。我々は公有地の自由がもっとも重要であると考えることを決意する」と宣言した。

土地改革運動にかかわっていた労働者階級の一部でさえ、「奴隷所有者の権力」の侵略を懸念するようになっていた、というかなりの証拠がある。1850年6月、全国産業会議は、奴隷制を「道徳的、社会的、政治的な悪」と非難した。同会議は「我々は奴隷制のさらなる拡張に反対しており、南部を満足させ、連邦の永続性を確保するためには、合衆国の国民が奴隷地域と自由地域の拡張に同意しなければならない、という考えを嫌悪している。奴隷制はけっして団結と自由の絆にはなり得ない」と決議した。

1850年の妥協〔カリフォルニアを自由州か奴隷州のどちらで連邦に加入させるかで南部と北部が対立した際に、ヘンリー・クレイが連邦議会に提案した妥協案。オムニバス法案とも呼ばれる5つの法律からなる〕の後、土地改革団体であるフィラデルフィアの「苦役の息子と娘〔男女労働者〕」は、「逃亡奴隷法案「および」妥協法案を制定して労働者を堕落させた」として議会を攻撃した。この団体は、「土の上の労働、作業場や工場の労働は、性別、肌の色、社会的地位に関係なく自由であるべきであり、当然そうあるべきである」と主張した。

ミズーリ妥協を廃止する悪名高いカンザス・ネブラスカ法案〔カンザスとネブラスカの準州としての組織を直接の目的とするもの。「住民主権」がミズーリ妥協を廃棄し、北西部への奴隷制の拡張を可能にするものであったため、北部は反発した。上下院で可決され、それに不満を抱いた政治家たちが、奴隷制の北西部への拡張反対を共通目標に共和党を結党した〕が議会に提出されたとき、沈黙する労働者はほとんどおらず、無関心な労働者もいなかった。(＊) 新しい指導者は、自由と文明の戦いをしていた奴隷制反対の男女の小さな一団にすぐに加わったドイツ系アメリカ人労働者から現れた。これらの指導者でもっとも重要なのは、マルクスの信奉者で１８４８年の革命の敗北後にアメリカにやって来た共産主義者であった。ヨーゼフ・ヴァイデマイヤーを指導者として、彼らはすぐに労働運動において奴隷制に対してもっとも効果的に反対するようになった。51年後半にオハイオ州クリーヴランドの共産主義者クラブは、「真の民主主義の原則に完全に反する制度である奴隷制を廃止するのに適したあらゆる手段を講じる」ことを決議した。同クラブは、「この問題に光を当てるために惜しみなく貢献し、奴隷所有者に真っ向から反対していたので、南部に同情しているというわずかな疑いをかけられた会員の誰かに、すぐに責任を問うように呼びかけた」。

(＊) １８５０年代の奴隷制との闘いで非常に活発であったある労働者は、数年後、労働時間の短縮は54年以降の奴隷制反対運動において労働者が果たした積極的な役割とおおいに関係があったとこう述べた。「54年には、この国は南北戦争で終わる大きな争いの渦中にあった。国中の聴衆は、騒々しく村の教会に殺到した、同じ階級の人々で構成されていたが、彼らは14時間ではなく10時間しか働いていなかった。私は、労働時間の短縮に抵抗する人々に対して、私たちが行ったように、14時間労働の人々が紛争に関する議論を行ったかどうかの調査を提案する。私は断固として『議論していない』と言う。過去半世紀にわたる我が国の歴史は逆転していたであろう。自由と奴隷制との間の恥ずべき妥協が、今我々の前にある崇高なアイディアの延期に介入していたであろう」。

マルクス主義者は、奴隷制が存在する限り自由労働は自らを解放できないこと、奴隷制の拡張は「自由労働の力を著しく弱体化させる」こと、「奴隷所有者の権力」が打ち砕かれなければ、奴隷労働は南部の畑ですでにそうなっていたように、北部の工場や商店で支配的な労働制度になるであろうことを労働者階級に納得させようとした。

奴隷所有者の計画

マルクス主義者の鋭い分析は、多くの奴隷所有者の非常識な論理によって証明された。彼らは、黒人労働者も白人労働者も同じように奴隷にせよ、と叫んだ。なぜ自由な労働者階級に悩まされるのか。労働を役畜と同じレベルに保てばいい。なぜなら、「単なる労働者が自由人の誇り、知識、願望をもつようになると、その人は自分の状況に合わなくなる」からである。彼らにとって、奴隷制は、その肌の色にかかわらず、すべての労働者にとって「正しく、自然で、必要なもの」であった。「奴隷制は労働者の自然で正常な状態である」とチャールストン・マーキュリー《報道者》紙は暴言を吐いた。同紙は、「主人と奴隷は、親と子と同じように必要な社会関係であり、北部諸州はそれを導入しなければならないであろう。自由な社会という私見は妄想である」と明言した。

奴隷所有者は、自由な社会は妄想であるだけでなく危険であると主張した。自由な社会では、「南部の紳士の肉体奴隷との関係には相応しくない」、「油まみれの職人」と「不潔な工員」が労働組合を組織し、ストライキやその他の破壊活動を行った。奴隷制廃止主義は北部にある多くの主義の1つでしかなかった。奴隷制反対運動からは「公立学校、社会主義、その他すべての主義」が誰にも止められないまま流れ出た。これらの運動は南部ではいずれも伸展しなかった。あるプランターは、奴隷制が、南部を「土地制限の要求……、家賃反対のトラブル、労働者のストライキ……、病的な慈善活動、急進的な民主主義、社会主義思想全般の進歩」から守ったと自慢した。

北部の資本家は、北部に奴隷労働制度を確立すべきである。それは、労働者の政党、労働組合、そしてドイツのマルクス主義社会主義者によって引き起こされた、すべての不安から彼ら資本家を解放するであろう。彼ら社会主義者は、「傲慢にも協会を結成し、我々の家庭的なアメリカの制度を、フランスとドイツの自由の血腥い酔いどれの夢に似せて改善する計画を考案している」。北部の資本家と奴隷所有者との同盟だけが、あらゆる形態の財産の転覆と共産主義の確立を隠れた目的とする、奴隷制廃止勢力を阻止できた。最終的に北部の資本家は、彼らにとって奴隷制が必要であるのを学ぶであろうと南部の奴隷所有者は主張した。

北部の工場や商店での自由労働を奴隷労働に置き換えるという提案は、合衆国の資本主義的発展の流れと真っ向から対立していたのは事実である。賃金労働はこの発展のために必要であり、奴隷制は工場、鉄道、進歩する技術の経済には存在しなかった。しかし、これは北部の労働者にとって危険を現実化させるものではなかった。彼らは、南部の産業で奴隷労働が自由労働に急速に取って代わりつつあることを知っていたし、彼らが賃金を上げて労働時間を減らす目的で組織するたびに、雇用主や商業新聞からこの事実をたえず思い出させられた。早くも1844年に、フォールリヴァーの繊維工場の労働者は、工場所有者から、「南部の製造業者と競争するためには、南部の奴隷と同じくらい長く、同じくらい安く働かなければならない」と告げられた。4年後、フィラデルフィア・デイリー・リパブリック紙は、ペンシルヴェニア州でストライキ中の労働者に対し、賃上げと労働時間短縮を求める要求に終止符を打たなければ、北部の製造業者は南部に移り、奴隷労働を生産に利用するであろうと警告した。

同紙は、「南部では、製造業は実行可能で、投資先として安全で、繁栄している。奴隷労働はそこで雇用される可能性はあるし、実際に雇用されている。その労働は自由な白人の労働よりも安く、イギリスの貧者の労働よりも安い……。奴隷が動機も関心も義務感も持ち合わせていないという意味では劣った労働者であるのは確かだが、小規模農業やその他1人で完結する職業では監督の必要もなく彼らの裁量に任せられる。一方、彼らが集団で働くことができ、綿畑、鍛冶場、溶鉱炉、大規模な綿工場や羊毛工場のように監督者のいるところでは、熱意と関心のもてる職場が提供されれば、強制されずとも働ける……」と断言した。

要するに、動産奴隷制の屈辱的で麻痺させるような影響は、合衆国のすべての自由労働者の立場を明らかに脅かしていた。南部の黒人奴隷と北部の自由な白人労働者との間の障壁は、もはや肌の色ではなかった。ある労働者寄りの新聞が述べているように、「彼ら[黒人奴隷]は大工、鍛冶屋、石工などになれるので価値がある。それゆえ、この国のすべての白人労働者は、労働の動産化の問題に直接的な関心をもたざるを得なかった」のである。

組織化された労働者がこの課題に取り組み、1856年に、ニュージャージー州ニューアークで、1万人以上の労働者が反奴隷集会で以下の決議を承認した。

「我々は、この国の奴隷所有者の権力が現在、西部の自由州の領土に動産労働制を確立することによって、労働者階級と生産者階級を堕落させようとしている大胆な試みを羨望と疑念をもって見ていること、そして……我々は、黒人奴隷を我々の作業場に導入しようとする取り組みを食い止め、憤慨することを決議した……。当市の人々には、自由で独立した労働を維持するための十分な理由があること……、そして、我々の影響力は、奴隷労働に代わるものとしてけっして行使されないことを決議した」。

ニューハンプシャー州マンチェスターでは、「ネブラスカ〔カンザス・ネブラスカ法の〕の汚名」に対する抗議集会が労働者で溢れかえっていた。ピッツバーグでは、労働者がネブラスカ州への奴隷制の導入に反対する大規模な集会を開いた。1854年2月下旬、5000人の職人と労働者がニューヨーク市のブロードウェイ礼拝堂で会合し、カンザス・ネブラスカ法案は「協定の基本的な違反であり、自由労働を堕落させようとする試み」であると決議した。彼らはさらに、「我々ニューヨークの職人と労働者は、ミズーリ妥協撤回の脅しに対する厳しい抗議行動に、心から同意する」と決議した。

数日後、ニューヨーク市のドイツ系アメリカ人労働者も同様の立場をとり、1854年3月1日の労働者連盟《アルバイターブンド》の大規模な集会で、ヴァイデマイヤーによって提出された決議は、数千人のドイツ系アメリカ人労働者の全会一致の承認を得た。カンザス・ネブラスカ法案は、国民を犠牲にした「資本主義的な土地投機」を支持し、「将来の奴隷制の拡張」を認め、広大な土地を取り上げて将来のホームステッド法案がそうした土地を利用不能にしたので、「黒人と白人の両方の奴隷制に対して強固に抗議してきたし、現在も抗議しているし、今後も抗議し続けるであろう」。ニューヨークのドイツ系アメリカ人労働者は、「この法案に対して厳粛に抗議し、国民とその福祉を支持するすべての人に対して、裏切り者の烙印を押す」以外に選択の余地がなかった、と主張した。

ニュージャージー、イリノイ、ペンシルヴェニア、オハイオ、マサチューセッツ、ミシガン、ヴァーモント、コネティカット、インディアナ、ウィスコンシン各州の労働者も同様の集会を開催し、それぞれの集会で「奴隷所有者の権力」を非難し、カンザス・ネブラスカ法案に反対する決議を採択した。フィラデルフィアの労働者は、「我々は、人間奴隷制の呪いと汚名を北部の処女地に導入することに反対する」と決議した。ミズーリ妥協が廃止された直後、全国産業会議が会議を開き、動産奴隷制は労働者階級にとってあまり重要ではない、という以前の立場を覆した。同会議はその時点で、動産奴隷制が労働者の最優先課題であると正しく述べ、北部の労働者に「カンザス・ネブラスカ法案と逃亡奴隷法の即時廃止、ミズーリ妥協の復活」を要求するよう求めた。同会議は、「将来、我々の州や国民協議会には、南部の奴隷所有者の権力の侵略に憤慨し、彼を権力に選出した市民の自由を支持するために、彼の神聖な名誉を捧げなかった代表者はいなくなるであろう」ことを票決した。

共和党の出現

全国産業会議が、「奴隷所有者の権力」の侵攻に反対する候補者の政治的地位だけを支持すると約束した当時、この目的に専心した新しい政党が出現した。ウィスコンシン州リポンでは、全国産業会議の元会計幹事でニューヨークの労働運動の指導者であったアルヴァン・E・ボヴァイが、ホイッグ党と民主党に嫌悪感を抱いていたリベラル派と改革派を、奴隷制のさらなる拡張と戦うための新しい政治団体に統合し、自由な土地計画を支持すると約束した。この新しい政治団体に、ボヴァイは、彼の前の指導者エヴァンズが1846年まで使っていた名称を与えた。エヴァンズは当時、アメリカには10年以内に「偉大な進歩共和党と停滞した小さなトーリー党」の2つの政党しかないであろうと予測していた。

エヴァンズは土地改革を両党の境界線として利用していたが、ボヴァイがリポンで結党された組織に「共和党」という名称を与える頃には、土地改革運動と奴隷制拡張反対運動は不可分なものになっていた。奴隷所有者は、ホームステッド法案が奴隷制の拡張を防ぎ、反奴隷勢力に政治的な力を与えることを知っていた。ノースカロライナ・スタンダード紙は、同法案に反対したのは、それが上院に新しい州をもたらし、「我々の重要な利益に影響を与えるすべての問題について我々を否決させ、最終的には政府を完全に支配する」からである、と報じた。[*] ノースカロライナ州下院支部は、それは労働運動に支持されており、それゆえ「共産主義と社会主義の導入に向けた……第一歩」であるため、奴隷所有者にとって危険なものである、と述べた。

（＊）ここ数年、北部の製造業者も、労働者の西部への移住を誘発し、東部に労働力不足をもたらすという理由でホームステッド法案に反対してきた。移民の増加と国内市場を拡大したいという願望から、製造業者は徐々に同法案を支持するようになった。

共和党の運動は、北西部全域に急速に広がり、すぐに東部の工業中心地にも影響を及ぼした。アメリカの政治生活全体が再編された。奴隷所有者に支配されていたときに、党に留まることを拒否した民主党員と、奴隷制問題を日和見していた党にうんざりしていたホイッグ党員は、新しい政治団体を模索していた。「奴隷所有者の権力」の脅威にさらされるたびに降伏した保守派のホイッグ党員は、ノー・ナッシング運動〔1850年代に外国人排斥を掲げたアメリカの政治的会派による運動。第12章194ページを参照のこと〕に移行し、最終的には民主党員になった。新たに結党された共和党は、「奴隷所有者の権力」の将来の侵攻に反対することによって団結した異なる階級の連合を代表していた。

北部資本家の主たる階層は、共和党が発足した後に同党に加わり、かなりの金額を選挙資金として寄付した。これらの産業資本家や商業資本家は、奴隷所有者やその北部の同盟者から政府の支配権を奪還しようと決意した。これらの資本家、すなわち綿や羊毛の工場や鉄炉の所有者にとって、共和党の勝利は、保護関税、鉄道建設のための政府補助金、公有財産の豊富な資源を利用する機会、国家の銀行制度、統一通貨を意味した。これらの方策は、長い間取り残されていたが、奴隷所有者が政府を支配している限り、達成することは叶わなかった。これら資本家は、プランター貴族が政治的影響力から排除され、北部資本主義の利益が前進するときが来たと考えた。北部ブルジョアジー系新聞の代弁者《スポークスマン》は、「もし北部や西部の何かを保護し改善する方策が南部の支配者に受け入れられず、我々が虐げられ、我々の大切な利益が彼らによって押し潰されたら、最終的には革命の前兆が現れるであろう」と述べた。

すべての北部の資本家が、奴隷制が南部の産業発展を妨げているという事実を認識していたわけではなかったが、奴隷制に反対するボストンの資本家ジョン・マレー・フォーブス、進歩派のペンシルヴェニアの鉄の巨匠サディアス・スティーヴンズ下院議員〔1792～1868。共和党急進派の指導者。強硬な奴隷制反対論者〕、北部産業の政治的代表であるナサニエル・バンクス〔1816～94。政治家、軍人。マサチューセッツ州知事や合衆国下院議長を務め、南北戦争時は北軍の将軍〕とジョン・シャーマン〔1823～1900。政治家。ウィリアム・マッキンリー政権の国務長官〕といった人々は、奴隷制が「すべての産業進歩と最高の物質的繁栄の敵」であることを認識していた。南部貿易を失うことの恐怖と連邦からの分離独立の恐怖は、ほとんどの商業資本家と多くの産業資本家に反共和党運動を支持するようにさせた。共和党の有力者であるウィリアム・M・エヴァーツ〔1818～1901。弁護士・政治家。1841年にニューヨークで法曹界に入る。68年には、上院のジョンソン大統領の弾劾諮問で主任弁護士を務め免責を勝ち取る〕は、1860年に、「銀行家の大部分、北部諸州の財界人の大部分は……、奴隷所有者と結びついて奴隷制を支持している」と述べた。これら金融業者はまた、奴隷所有者が奴隷を準州に連れて行く財産権を奪われた場合、すべての財産権に対するより広範な攻撃が続くことを恐れていた。彼らは、1860年10月26日付のニューヨーク・ヘラルド紙が、共和党が勝利すれば、労働者は「『すべての財産は強盗である』という共産主義者の教義を共和党の有力な雑誌によって長い間教えられてきたので、すぐに裕福な隣人の財貨と動産に注意を向けるであろう」と宣言していたことに同意した。

ボストン・クアリア《新報》紙は、共和党が財産権を危険にさらしていると信じる人々のために代弁した。

1860年4月1日付の同紙は、「真相は、共和主義は急進主義以上でも以下でもないということである。我々は、すべての共和主義者が急進主義者であると言いたいわけではない。それとは程遠いが、その教義の運用はこの目的のためのものである。それは秩序と法のあらゆる制約から逃れるための闘争であり、その結果、道徳、宗教、政府、社会革命に関する思索家全員がその階級にいるのに気づくであろう。黒人とその状態は主要な問題の単なる付随物にすぎない」と報じていた。

保守派は、共和党の教義はすでに労働者階級を扇動していると信じていた。１８５７年恐慌期の過激な失業者のデモと60年の大規模な製靴工ストライキを、それ以外にどのように説明するのか。北部の保守派は、これらは共和党の教義の論理的な結果であると推論した。共和党が奴隷制の廃止を主張していないことに抗議したり、武力と暴力の行使に反対したり、奴隷の反乱を組織しようとしたジョン・ブラウン〔１８００〜59。アボリショニスト。１８５６年５月24日、奴隷制擁護論者５人を殺害。59年10月16日に奴隷解放を目指してヴァージニア州ハーパーズ・フェリーの武器庫を占拠。反逆罪で有罪、処刑された〕のような人物を非難したとしても無駄であった。限られた階級の恐怖は、多くの実業家の心を閉ざしたが、彼ら階級の幅広い利益は彼らを共和党に滑り込ませるはずであった。

また、労働者階級も全体として共和党を支持していなかった。多くの労働者は、外国生まれの人々に対する友好的な態度をとっていたために民主党内に留まり、自由な土地を支持し、奴隷制のさらなる拡張に反対する政策を求めて、同党内で闘い続けた。かなりの数のアメリカ生まれの労働者がノー・ナッシング運動に参加した。労働者のなかには、自分たちを搾取し、ストライキを粉砕するために民兵を召集した資本家と手を組まなければならないという理由で、共和党への参加を拒否する者もいた。ある労働者によると、彼らは白人にも黒人にも同情していなかった。彼らが共和党運動に参加する唯一の目的は、「資本家が、現在のニューイングランドのように、連邦政府の立法を指揮する政治的権力を獲得し、少数が多数を統治できるようにする」ことにあった。

多くの労働者は、雇用主に対する敵意が、奴隷所有者に対抗する共和党を支持するのを妨げるべきでないことを理解しており、ほとんどの資本家が実際には共和党をあまりにも急進的であり、候補者と徹底的に戦っている、と考えていることを知っていた。労働者は、奴隷所有者が政府を支配している限り、ホームステッド法の希望はなく、この問題を労働者にとって重要なものにするのに十分な数の労働者が、土地改革のために闘っているのを理解していた。また、保護関税法が、実業家だけに利益をもたらすとも感じていなかった。それというのも、同法は「旧世界の安価な労働者との壊滅的な競争」からアメリカの労働者を保護し、アメリカの資本主義がより多くの雇用を提供できるようにする、と心から信じていたからである。ドイツ系アメリカ人のマルクス主義社会主義者も、資本主義の発展が労働運動の成長と成熟の前提条件であったので、アメリカの資本主義の成長を加速させた保護関税のような方策は、労働者が支持するに値する、と主張した。１８５８年10月９日付のニューヨーク・トリビューン紙が、「労働者は、ごく少数の例外を除いて、保護関税を望んでおり、奴隷所有者の権力が保護関税を受け入れようとしないことを理解し始めたので、労働者は数年間の北部の支配が健全である、と信じるようになった」と報じたのは正しかった。

一部の労働者は、奴隷制に関する共和党の立場はあまりにも保守的であり、奴隷制の根絶だけが彼らを満足させると考えていたが、ほとんどの労働者にとっても、またほとんどの小規模農家にとっても、基本的な問題は奴隷制の根絶ではなく、新たな地域への拡張の防止であった。１８５８年４月24日に、労働者連盟の機関紙ディ・ゾジアーレ・リパブリク《社会共和制》は「現在の問題は奴隷制の廃止ではなく、さらなる拡張の防止である」と述べて、労働者階級の支配的な意見を表明した。

１８５６年の選挙

この年の選挙運動《キャンペーン》では労働者が主役を演じた。彼らは、運動の主要なスローガンである「自由な土地、自由な労働、フリーモント｛アメリカの将軍。最初の共和党大統領候補｝」と「俺たちは1日10セントでは働かない」を記した横断幕を掲げて、共和党の松明行進を行った。多くの著名な｛1848年の3月革命に失敗してドイツからアメリカに移住してきた｝「48年組｛世代｝」と労働運動の指導者は、2番目のスローガンを主なテーマとして労働者の集会で演説した。彼らは、南部の奴隷労働は、南部の自由労働者の賃金を押し下げた、と主張した。もし奴隷制の北部への拡張が許されれば、1日10セントがすぐにごくありふれた賃金になるとも主張した。

労働者票への訴えで、共和党は、資本家の大多数が新しい政治運動に反対しているので、国を救う際に頼りになるのは民衆だけであることを彼らに思い起こさせた。資本家は頼りにならなかった。それというのも、奴隷所有者が連邦からの分離独立を脅した瞬間、富裕層はその信念を忘れ、プランター貴族に「連邦を守るためには何でもするし、何にでも服従する」と保証したからである。労働者は、「この金と野蛮な残虐行為の複合的な力に対して立ち上がる」必要があった。共和党は、「農民や労働者の皆さん、準州から白人労働者を排除する恐れのある連合《コンビネーション》から国を救い、彼らを奴隷と奴隷育種者の唯一の占有に引き渡すのはあなた方のためです」と訴えた。

労働者票を求めるこの共和党の訴えは、選挙運動の演説ではなかった。なぜなら、それは新しい政党の由来とその綱領、すなわち奴隷制拡張の終焉、国内環境の改善を目的とした連邦政府の援助、ホームステッド法、市民的および政治的自由の維持に沿ったものであったからである。この年の選挙運動で、共和党のパンフレットには、「現在の政治闘争は、労働者階級の利益に直接関係するという点で、これまでのすべての政治闘争とは異なっている。それ以外の重要な問題は、直接的には資本家や企業と関係している」と正直に書かれていた。パンフレットは次に、労働者は、「奴隷労働を自由労働と直接競争させるという政策を公言している政党の候補者に投票することで、自分たちの利益に奉仕できると考えているのか」と尋ねた。

アメリカ人労働者の多くがこの年の選挙運動の問題を理解していたことは、アメリカ生まれのアメリカ人、ドイツ系アメリカ人、アイルランド系アメリカ人が含むピッツバーグの2万５０００人の労働者由来の演説で証明されている。その労働者には、鋳型工、繊維労働者、炭鉱夫、大工、印刷工、石工、その他の熟達した職人が含まれていた。その演説のタイトルは「ピッツバーグの労働者からペンシルヴェニア州の同僚労働者への演説」であり、その一部は次のように書かれていた。

「下に署名したピッツバーグ市の労働者は、階級としての我々の利益が、現在の政治闘争に大きく関与していると確信しており、ペンシルヴェニア州の同僚労働者であるあなた方に挨拶の言葉を送り、現在大きな危険にさらされている我々の共通の権利の保護に協力するよう要請する……」。

「事実をみてみよう」。

「我々の国の別の地域には、労働者を所有し、それによって我々から独立した事実上の貴族が存在している。彼らにとって労働は隷属であり、自由は支配とのみ両立する。彼らは我々を『油まみれの職人』、『不潔な工員』、『自分たちの苦役をしている小農民』、『南部の紳士の肉体奴隷と付き合うには相応しくない』と軽蔑している。そして、紳士であるということは、間違いなく彼らの言うことを信じることである。その地域の政治的権利は彼らの手にあり、そうなったのは、そこで働く我々の仲間の労働者――彼ら貴族階級が言うところの『貧しい白人』――の無知で抑圧された状態に起因している。これらの貴族は、この制度を国のすべての領土に拡張したいと望んでいる。それを準州に拡張することは、彼らに政府に対する最高の権力を与えることであり、そうすれば彼らはそれを我々に拡張するであろう」（最後の一文は、２５１ページの傍点を付した一文と同じである）。

「ペンシルヴェニア州の自由労働者よ、彼らはそれをなすべきなのか。それは現在の大統領選挙が決めることである」。

労働者は民主党に票を投じることができたのであろうか。ピッツバーグの労働者は投じられなかったと言った。民主党はもはや人間の権利の擁護者ではなかった。同党はその時点で、「奴隷所有者の大義と戦っていた」。もしこの党が成功すれば、奴隷所有者は準州を占領することになるであろう。奴隷所有者が準州に入り込むと、労働者がそこに行く動機はなくなる。なぜなら、労働者の子供たちがどのように教育されるか知れたものではないからである。演説は、「奴隷制は、『忌みきらうべき自由な学校』を嫌悪している。富める者には知識、貧乏人には無知を……」[*]と語っていた。

（＊）2月22日付のリッチモンド・インクワイアラー紙に次のような発言が掲載されていたため、この演説はその主張を誇張したものではなかった。「私たちは、『自由』という接頭辞をもつすべてのものを憎まなければならない。自由黒人から、忌みきらうべき行為、扇動、欲望、哲学、狂信、愚行、自由な農場、自由な労働、自由な黒人、自由な社会、自由な意志、自由な思考、自由な愛、自由な妻、自由な子供、自由な学校まで、あらゆるものを憎まなければならない」。

「しかし、これらの忌まわしい行為のなかで最悪なのは、一度設置されると、それがすべての宣伝者の温床になるものである。それは現代の授業料のない学校という制度である。思想のすべての保守主義と一般情勢のすべての安定にとって、生兵法は大怪我のもとである」。

民主党の綱領には希望は見いだせなかった、と演説は主張した。労働者の唯一の希望は共和党であった。共和党は、奴隷制の領土への拡張に反対し、合衆国のいかなる領土においても奴隷制に法的存在を与える連邦議会、準州議会、個人、個人の団体の権限をこう否定した。

「仲間の労働者の皆さん、ここで私たちは自分たちの綱領を知り、この旗のもとで人間の権利の闘いを戦うために参加しました。もし私たちが真実を話したと思われるのであれば、私たちに加わってください……。私たちは皆、小さな問題に影を落としてきた大きな危険に直面して、小異を脇に置き、奴隷制に反対する準州を守るための同盟に誓約しました。私たちは派閥主義、狂信主義、奴隷制廃止の叫びに直面してきましたが、警戒はしていません。私たちの側では、ワシントン、ジェファソン、フランクリン、アダムズ、モンロー、ジャクソン、クレイ、ウェブスターらが、誤解されるにはあまりにも明白な言葉で同じ原則を宣言しています。これらの先達によって、私たちは道に迷わなかったのだと実感しています……」。

「この重大な問題について自由に考えてください。あなた方の古い偏見を捨て、深慮遠謀の指導者に用心してください。あなた方は自分のために真理を学び、事実と常識だけに基づいてあなた方の心を満足させてください。それからあなた方自身のために、あなた方の同胞、あなた方の国と権利のために闘ってください」。

この演説は、南北戦争前の奴隷制問題に関する北部の労働者の立場をもっとも明確に示す代表的な声明であろう。奴隷制の廃止を求めるものではないが、アボリショニストを攻撃するものでもない。この演説は、ほとんどの労働者が心のなかに抱く、もっとも重要な点を強調している。もし奴隷制の拡張が許されれば、北部の労働者は南部の黒人労働者のレベルにまで下がるということである。演説は、「それを準州に拡張することは、彼らに政府に対する最高の権力を与えることであり、そうすれば彼らはそれを我々に拡張するであろう」と述べている。

民主党のジェームズ・ブキャナン候補が〔第15代大統領に〕選出されてから数カ月後、最高裁はドレッド・スコット判決を下し、奴隷制は合衆国のいかなる領土にも拡張できる、と裁定した。ニューヨーク市職人・労働者中央組合はこの判決を非難し、それは「すべての州で合法とするという、奴隷制の決定が確定した証拠」であり、最高裁の権限を通じて、「奴隷労働との競争から」自らを守る力を自由労働から奪うものであると述べた。

共和党保守派との闘い

共和党は1856年の大統領選挙で敗北したが、目覚ましい成果を上げ、その後3年間で北部と西部の多くの地域に勢力を伸ばした。60年の選挙運動では、選挙人票が不可欠であったペンシルヴェニア州ほど、このことが明確であった場所はなかった。58年には、同州の共和党組織が名乗った人民党《ピープルズ・パーティ》が、フィラデルフィアの市選挙と州選挙を行った。9月27日付のフィラデルフィア・ノース・アメリカン紙によると、どちらの勝利も同党が「労働者階級の利益に貢献した」から勝利したと報じた。そのスローガン「国民主権とアメリカ産業の保護」は、ペンシルヴェニア州の労働者と実業家の支持を得た。それというのも、57年恐慌によって、奴隷労働との競争からの自由労働の保護と、ヨーロッパの安価な労働者との競争からのアメリカ人労働者の保護を結びつける必要がある、と彼らを納得させたからである。

奴隷制に対する党の立場を和らげようとしていた保守派グループをすでに党に引き寄せていたため、保護法案にはいくつかの懸念があった。ブラウンに対する彼らの必死の攻撃は、これらの懸念を裏付けた。北部の労働者は、彼への同情を表明するために大規模な集会を開いた。オハイオ州では、多くのドイツ人マルクス主義者で構成されるシンシナティ社会労働者協会が、「ブラウンの行為は大多数の人々の隠された意識を引き出すのにおおいに貢献した」と宣言する一連の決議を作成した。

ドイツ系アメリカ人労働者は、共和党の指導者に民衆に対する責任を最初に思い起こさせた。彼らは、以前は外国人排斥を掲げたノー・ナッシング運動と関係していた、共和党の特定の保守勢力に疑念を抱いていた。１８５８年、これら一派はマサチューセッツ州議会の共和党多数派を誘導し、帰化人の参政権を2年間留保する悪名高いマサチューセッツ州修正案を可決させた。これら保守勢力がチェックされなければ、彼らは共和党の綱領を決定し、60年に共和党候補者を指名することになっていたであろう。

１８６０年3月13日、大統領候補者を指名する共和党の党大会がシカゴで開催される2カ月前に、ニューヨーク市のドイツ系アメリカ人労働者は、選挙運動の問題を議論するための特別会議を招集した。ここで彼らは重要な一連の決議を採択した。そのなかで彼らは、「奴隷制の拡張と永続化に向けたあらゆる努力に断固反対する」と発表し、帰化期間の延長による移民の権利侵害を非難し、ホームステッド法の即時可決を求めた。彼らは、「上記の原則」に基づいて候補者を指名したときにのみ、「共和党と手を携えて進む」ことができると宣言した。閉会前に、ドイツ系アメリカ人労働者は、アメリカ国民の前でこの問題を議論し、保守勢力が共和党を支配するのを防ぐための措置を講じる目的で全国会議を招集した。

共和党大会が開かれる2日前、シカゴの「ドイツ人の家《ドイチェス・ハウス》」で、ドイツ系アメリカ人の重要だがあまり注目されなかった全国会議が開催された。それはドイツ系アメリカ人のすべての階級を代表する広範な会議であり、労働者の代表が主導的役割を果たした。ドイツ系アメリカ人労働運動を代表するヴァイデマイヤーは、会議でもっとも強力で説得力のある講演者の1人であった。アドルフ・ドゥエー博士は、奴隷制反対の新聞を編集していたテキサス州サンアントニオの奴隷制支持の暴徒から逃れたばかりで、ヴァイデマイヤーと緊密に協力していた。彼らの影響力は代表団が採択した決議に見られる。

これらの決議は、ニューヨーク市の共和党員であったドイツ系アメリカ人労働者によって以前に可決された決議に基づいており、連邦のドイツ系共和党有権者の大多数の感情として5つの原則を共和党大会に提出し、「全国大会による適切な形での承認を確保するために、あらゆる名誉ある手段を用いる」ことを共和党全国大会のドイツ系アメリカ人代議員に要請した。これらの原則には、マサチューセッツ州修正案への反対、ホームステッド法可決の要求、カンザス州が奴隷制のない主権州として連邦に加盟する要求が含まれていた。決議は、奴隷制問題に関する共和党の立場に関して、「我々は、１８５６年のフィラデルフィア綱領に定められた共和党の原則を堅持するが、奴隷制にもっとも敵対的な意味で適用されることを望む」と宣言した。

そしてもう一度、「我々は、この綱領に基づき、１８５６年の共和党の綱領に反対したこともなければ、マサチューセッツ州修正案の精神と同一視されたこともない、大統領と副大統領を熱望する者を支持することを誓約する」と宣言した。

これらの決議は、共和党大会の代議員によって受け入れられた直後に印刷されたものであり、したがって、その多くが労働組合主義者であるドイツ系アメリカ人は、共和党の綱領と候補者がノー・ナッシング主義と奴隷制のさらなる拡張に反対した場合にのみ、共和党に票を投じることになると警告した。これらの票は軽くあしらえなかった。ドイツ系アメリカ人が多くの重要な州で選挙結果を決定できることは一般に認められていた。

この文書が共和党大会にどれほどの影響を与えたかを正確に判断することはできない。1860年の共和党大会を詳細に研究してきたウィリアム・L・バリンガーは、その影響は相当なものであったと考えている。彼は、「ドイツ人の党大会に関する数十人の大会証人の沈黙からすれば、彼らは党大会の審議に影響を与えなかったようである。しかし、彼らの圧力は、綱領とウィリアム・H・シューアド〔第13章224ページを参照のこと〕の主要な敵としてのジョン・ベイツ〔第12章196ページを参照のこと〕の急速な影響力の低下に見られる」と書いている。

リンカンと労働者

バリンガーは、ドイチェス・ハウス会議の影響は、エイブラハム・リンカンがシューアドの主要な敵として急速に台頭し、その後彼が共和党の旗手に指名されたことに見られると付け加えるべきであった。リンカンの指名は、しばしば言われてきたように、単なる偶然に加えて、票の交換、〔議員がたがいに相手の議案に賛成し合って通過を図るなどの〕相互援助《ログローリング》、黒幕《ワイアープリング》としての策動の結果にすぎない。これは、彼がすでに共和党の大部分を占める小規模農家や労働者の間で多くの支持を得ていたという事実を無視している。中西部のスウェーデン人労働者は「アルベタレゾーネン・リンカン（労働者の息子リンカン）」と親しみを込めて語り、イリノイ州のドイツ人労働者は1860年初頭に「リンカンを大統領にクラブ」を組織することで彼への献身を示した。4月には、労働者が影響力をもっていた合衆国のドイツ体育家連盟の中心機関紙であるボルティモア・ツーンツァイトゥング《体育新聞》が、リンカンの大統領就任を支持した。同紙は、「彼のような旗手のもとで共和党は確実に勝利するであろう」と報じた。

ツーンツァイトゥング紙がとった立場は、リンカンが1860年には政治的な存在ではなかった、と信じ込まされてきた人々にとって驚きであったかもしれない。彼は、ノー・ナッシング運動に明確に反対する立場をとったことで、すでに外国生まれの労働者に愛されていた。55年、彼はノー・ナッシング主義を非難し、共和党とノー・ナッシング党との融合を支持するのを拒否した。

リンカンは次のように書いている。「彼らの原則については、私は奴隷制の拡張主義者の原則よりも優れているとは思いません。実際、私は、黒人の不正に敏感であると公言する者が、白人を堕落させるための同盟に参加できるとは思いません。私が正しいと思う根拠に基づいて融合できるのであれば、私は誰と融合することにも異論はありません」。

その後、リンカンは、ノー・ナッシング運動を非難する機会を逸しなかった。彼は、ドイツ人、アイルランド人、フランス人、スカンジナビア人がアメリカ文明に貢献したことについて頻繁に語り、彼にとってアメリカの民主主義の真の指標は、「ヨーロッパから来た人たち、あるいは祖先がここに来て定住した人たち」が、この国で「すべてのことにおいて平等」であるという事実にあると言った。ノー・ナッシングが勝利するのを許せば、アメリカの制度のもっとも優れた特徴を危険にさらすことになる。

リンカンは、マサチューセッツ州修正案にも反対していた。ドイツ系アメリカ人の著名な編集者セオドア・カニシウス博士に宛てた1859年5月17日付の手紙で、彼は、「イリノイ州、または私が反対する権利を有する他のいかなる場所においても」、同修正案の採択に反対すると述べ、「私は、黒人の抑圧された状況に同情していることで少し悪評があり、たとえ別の土地で生まれ、自分とは異なる言語を話していたとしても、白人労働者の既存の権利を制限するプロジェクトを支持するのであれば、私には一貫性がないことになるはずである」と付け加えた。この手紙は広く知られるようになり、ドイツ系アメリカ人や他の外国生まれの労働者の間で彼に対する大きな熱狂を呼び起こした。

同様の熱狂は、奴隷制のさらなる拡張に対するリンカンの明確な反対と、労働者の問題に対する彼の共感的な理解によって、労働者の間でも喚起された。1860年3月6日のニューヘヴンでの演説で、当時進行中であった大規模な製靴工ストライキに言及して、彼ほど強力に労働者を擁護した政治家はこの国にはいなかった。彼はこう述べている。「ニューイングランドでは、労働者が望むときにストライキができ、賃金の有無にかかわらず労働義務がない労働制度が普及しているのを見て、喜ばしく思っています。私は、人が望むときに辞められる制度が好きで、それがあらゆる場所に普及することを願っています。私が奴隷制に反対している理由の1つはここにあります……」。

奴隷制に対するリンカンの立場は、労働者に理解され、評価された。彼はアボリショニストではなかったが、奴隷制とそのさらなる拡張に反対した。1860年3月、彼はこう語った。「もしあなたが自分の信念を捨てて奴隷制を権利と呼ぶなら……、あなたは奴隷制を受け入れることになります。ストライキができる白人労働者の代わりに、ストライキができない黒人労働者がすぐに誕生するでしょう」。

南北戦争前にリンカンが行った演説のなかで、1859年9月にウィスコンシン農業協会が主催した州フェアで行ったものほど、労働者の間で彼に対する熱狂を呼び起こしたものはおそらくなかった。彼は、「踏み車｛踏み板を人や動物が踏んで輪を回転させる装置｝の上の盲目の馬は、労働者のあるべき姿の完璧な図解であり」、「労働者の教育は役に立たないだけでなく、有害で危険である」という労働のマッドシル《土台・貧乏人》理論｛上流階級のためには下層階級が存在しなければならないという命題。サウスカロライナ州選出の上院議院で農園主であった、ジェームズ・ハモンドによって1858年3月4日に表明された｝を攻撃した。そのような理論自体が役に立たないだけでなく、有害で危険であった。自由労働はアメリカの自由の主要な防波堤であり、「人間の欲求がおもに供給される源」は、資本ではなく労働であると彼は語った。マッドシル理論の支持者は資本を最初に、労働を最後に置いた。彼はそれとは反対の見解を支持すると次のように語った。

「……労働は資本に先行し、資本から独立している。実際、資本は労働の果実であり、労働が最初に存在しなければけっして存在し得なかった。労働は資本なしに存在することができるが、資本は労働なしにはけっして存在できなかった。したがって……労働は資本よりも優れている……、資本よりもはるかに優れている」。

1860年の選挙

この年の選挙運動では、共和党は自由労働を求める党として勝利の道を歩んだと言っても過言ではない。カール・シュルツ〔1829～1906。政治家・軍人・外交官・文筆家。1860年の大統領選挙戦でリンカンの候補者指名獲得に尽力し、当選後スペイン大使に任命された。南北戦争ではゲティスバーグの戦いなどに参戦。ニューヨークのイヴニング・ポスト紙の編集者、ハーパーズ・ウィークリーの論説主幹も務めた〕は、演説のたびに、「共和党は自由労働の政党としての立場を強調している」と主張し、その理念を「人間にとっては生まれながらの権利〔生得権〕であり、労働者にとっては自由であり、労働を望む者には労働と独立であり、働く者にとっては義務である」との一文で説明した。奴隷制反対運動の指導者であり、当時マサチューセッツ州選出の共和党下院議員であったヘンリー・ウィルソンは、この選挙運動の問題を「一方には共和党が配置され、自由労働の尊厳を擁護し、何百万人もの人々の権利を主張している。一方、その敵対者は虚偽の民主主義者であり、労働者を奴隷として非難し、財布を自慢する寡頭政治の利益と目的に平伏している」と定義した。

この年の共和党のように、労働者票を獲得しようと意識的に努力した政党は、それまでのアメリカ史には存在しなかった。共和党系の新聞は、同党の公認候補を労働者の公認候補と呼んでいた。6月15日付のボストン・ジャーナル紙によると、この呼称が正当化されたのは、リンカンと共和党の副大統領候補のハンニバル・ハムリンが、「労働者の欲求と願望に共感しているからであり、彼らは自分たちの苦労を思い出して、機会があればいつでも自由労働の利益を促進するのを怠らなかった」からである。共和党の指導者であるベン・ウェード〔1800～78。弁護士、政治家。オハイオ州選出の合衆国上院議員。1851年から69年まで共和党急進派で指導的役割を演じた〕は、「エイブ・リンカンはまさにアメリカ人労働者の化身そのものである」という声明で、「労働者の公認候補」という言葉を正当化した。

労働者票を獲得しようとする共和党は、3つの主要な問題を強調した。それは、自由労働のために領土を開放するとともに、奴隷労働者との競争から労働者を守るために奴隷制のさらなる拡張に反対し、工業都市での雇用競争を削減するホームステッド法の可決を支持し、労働者に有利な地位を約束する保護関税法を支持することであった。典型的な共和党の訴えは次のようなものであった。

「労働者よ。報酬のある労働と自営農地《ホームステッド》を必要とする者よ、言葉ではなく過去の行為によって示されているように、両方の友人に投票せよ。共和党は、すべての準州の常態は自由であり、そこでは自由は保たれるべきであり、土地をもたない者は準州に自由に住居をもつべきであり、アメリカの産業は保護されるべきである、と主張している」。

共和党に反対する者は、共和党が自由労働の福利を無視したのは、「彼らのすべての同情はエチオピア民族〔アフリカ黒人〕に対する彼らの優しさに関係している……。彼らは彼らの周りの不潔さに目を瞑って、南部の奴隷の想像上の悪に対してまことしやかに涙を流した」からであると非難した。しかし、民主党はすぐに、この議論が共和党の綱領に非常に重要な問題を見ている労働者に利用されていないことに気づいた。彼らは、リンカンの選挙は連邦からの分離独立と破滅をもたらし、何千人もの労働者を失業させるであろうと言った。1860年11月2日付のコロンバス・デイリー・オハイオ・ステーツマン紙は、オハイオ州の労働者たちに次のように警告した。

「リンカンの選出は、もしそのような悲惨な出来事が起これば、自分自身と家族の支援のために、継続的な雇用と現在得られる最高の賃金を必要とする北部のすべての労働者に打撃を与えるであろう。したがって、もしオハイオ州の労働者が、自分自身とその仲間の労働者が独立を維持し、繁栄し続けることを望むなら、彼らは自由労働の真の友人であり、もし彼らが義務を果たせば、オハイオ州でリンカンを打ち負かすことのできる大統領候補に躊躇なく投票するであろう」。

民主党が使った2番目の議論は、共和党の「奴隷制廃止論」が勝利すれば、すぐに何千人もの自由黒人が北部にやって来て、白人労働者と競争するようになるであろうというものであった。ボストンの自由黒人でさえ、共和党の勝利に続く奴隷の解放は彼らの仕事を危険にさらすことになるので、リンカンに反対票を投じるよう警告された。11月1日、ニューヨーク・ヘラルド紙はアイルランド人とドイツ人労働者に特別な訴えを出し、それは多くの新聞に転載された。

「もしリンカンが当選すれば、あなた方は400万人の解放された黒人労働者と競争しなければならないであろう。彼の当選は、連邦の最終的な解体の前兆にすぎない。北部は自由な黒人で溢れ、白人の労働は価値を下げ、堕落するであろう」。

多くの雇用主はこれらの訴えを独自の警告で補足した。11月7日付のニューアーク・デイリー・アドヴァタイザー紙は、ニューアーク市の雇用主は、「敗北した場合の即座の解雇に伴う苦痛のために、彼らの多くの労働者に反共和党候補者に投票するよう誘導することを秘していない」と報じた。南部貿易に従事するニューヨークの企業は、リンカンに反対票を投じるよう警告する通達を従業員に配付した。これらの通達は、「そうすることによって、あなた方は自分自身と家族を扶養できるようになる。しかし、もし共和党の大統領候補が選出されれば、南部は我々から物を買わなくなり、あなた方のほとんどは仕事を得られず、物価高になるであろう」と断言した。

共和党は労働者に、しっかりとした信念を堅持し、見え透いた脅しに乗らないよう求めた。10月28日付のニューヨーク・トリビューン紙は、「しっかりと目を覚ませ。労働者たちよ、刮目せよ。ドイツの同胞市民よ、警戒せよ。リンカンと自由のために確固たる態度を示せ。奴隷制の寄生者によってフュージョン・チケット(*)に投票することを恐れるな」と訴えた。ドイツ人労働者はリンカンのために確固たる態度を示せることを証明した。ブルックリンのドイツ人衣料品労働者は雇用主から招集され、仕事を続けたいのであればリンカンに反対票を投じるよう助言された。社会主義者の労働者は、雇用主の話を聞く代わりに集会を引き継いだ。集会は、賃上げを拒否し、ストライキを打破するためにスト破りを導入した上司は、政治問題に耳を傾けるべきではないと決議した。ヴァイデマイヤーは集会で労働者に演説し、リンカンに投票し、関税法案を支持するよう説得した。

（＊）フュージョン・チケットとは、反共和党政党（ダグラス＝ベン＝ブレキンリッジ）を大統領選挙人団の公認候補者名簿に統合することを指す。統合された公認候補は、ニューヨークでリンカンを打ち負かせると考えられていた。〔ダグラス＝ベン＝ブレキンリッジ勢力のダグラスとは、1858年のリンカン・ダグラス論争で有名なスティーヴン・A・ダグラス、ブレキンリッジは南北戦争中の南軍の将軍ジョン・C・ブレキンリッジのこと。〕

反リンカンの「恐怖の支配」は失敗した。もちろん、民主党の候補者に票を投じた労働者もいた。鋳型工組合のウィリアム・H・シルヴィスは、多くのアイルランド人有権者と同様、スティーヴン・A・ダグラスに投票した。(＊＊)しかし、彼への投票は奴隷制への賛成票ではなかった。なぜなら、彼は奴隷制の拡張に反対し、準州内の無料の公有地《フリー・ソイル》の要求に反対する、共和党にもっとも近い民主党の一派を率いていたからである。しかし、すべてのアイルランド系アメリカ人労働者が彼を支持したわけではない。ニューヨーク、ボストン、フィラデルフィアでは、アイルランド系アメリカ人の共和党員がリンカンのために集会を開いた。フィラデルフィアのあるアイルランド系アメリカ人労働者は、自身と自分のような何百人もの人々が、民主党を離党する決意を固めたと語った。彼らは、「奴隷所有者の権力」の政党は自由労働を守れないと確信していた、とこう断言した。「私が民主党に執着したのは、民主党が労働者、とくに外国生まれの労働者の友人であると公言していたという理由からである。私は党に長くいたので、彼らの告白が偽りであり、彼らの票を確保するために無知な人たちを騙すためだけに作られたものであり、票を確保したときには彼らの権利と利益が無視されることを知っていた……」。

（＊＊）アイルランド人労働者がリンカンを支持するのに消極的であった一因は、共和党による「差し迫った危機」の広範な流布によって引き起こされた。ヒントン・ローワン・ヘルパーの『差し迫った危機』は、アイルランド系アメリカ人を奴隷制の支持者として攻撃した。彼は、「私たちは、エメラルド島〔アイルランドの異名〕の無知なカトリック教徒の勢力と対立する余裕が十分にある……」と書いている。「奴隷制、ローマカトリック教、黒人を駆り立てる民主主義の間にはほとんど違いがないので、私たちは、彼らが人類と荒廃のなかでの邪悪な仕事に手を携えているのを見てもまったく驚かない」。

リンカン選出に向けたドイツ系アメリカ人労働者の活動はすさまじいものがあった。ニューヨークからセントルイスまで、共和党候補の選出のために彼らによってすべての都市で大規模な集会が開かれた。スウェーデン人労働者も同様に活発であった。シカゴ・プレス・アンド・トリビューン紙は、「彼らが選挙運動全体に提供してきた崇高なサーヴィスに最後の仕上げをするべく昨日働いた熱意とエネルギーに対して」、ドイツ人とスカンジナビア人の労働者に敬意を表した。シカゴの労働者同盟は、共和党の候補者に対する労働界の支持を集めるためにたえず働いたことで特別な賞賛を博した。

何人の労働者がリンカンに投票したかを確定するのは不可能であるが、これだけは確かである。ペンシルヴェニア、ミズーリ、イリノイ、オハイオ、ニューイングランドの各州では、リンカンに対する労働者の強力な支持があった。ボストン、フィラデルフィア、シンシナティ、ローウェル、シカゴ、トレントンでの労働者の投票は、共和党候補に捧げられ、綿花王国の北の延長上に位置するニューヨーク市でさえ、労働者階級の選挙区でリンカンに対するかなりの票が記録された。

共和党のスポークスマンは、リンカンの勝利における労働者票の重要性を認めた。ニューヨークのある共和党員は、「我々は、今回の勝利を我々に与えてくれた労働者に恩義を感じている」と言った。また、共和党の有力者であるルーファス・アンドリュースは、リンカンの選挙は、「労働者の影響を受けており、我が党はホームステッド法と保護関税によって彼らに恩返しをするであろう」と語った。

リンカンの選出は、奴隷制との闘いにおける重要な段階の終わりを画した。これまでの闘いは、おもに奴隷制の領土への拡張を防ぐことに関係していた。少数ではあるものの、影響力のある男女のグループも奴隷制廃止運動を推進したが、ほとんどの人はまだその立場を受け入れる準備が整っていなかった。

奴隷制の拡張を阻止するために結成された大連合では、労働者は重要な存在であり、いくつかの点で決定的な存在であった。当初は、多くのアボリショニストの指導者が自分たちの要求に敵意を抱いていたこと、民主党との関係、奴隷解放が労働市場における競争を激化させるのではないかとの懸念、そして、エヴァンズをはじめとする土地改革者の擬似革命思想によって引き起こされた混乱のために、労働者階級は行動を起こすのが遅かった。しかし、これらの障害が克服されると、彼らは「奴隷所有者の権力」に対抗する連合のなかで適切な地位を占めるようになった。

労働者は、「奴隷所有者の権力」による国民生活の政治的支配を終わらせる方向に局面を変えた。まもなく労働者は偉大な人民戦争に参戦し、この戦争から奴隷制の絶滅、束縛を解かれた資本主義、そして、より強力な労働運動が出現することになる。

第15章　労働者と南北戦争

リンカンの選出から3日後の1860年11月10日、労働運動にもっとも近いドイツ系新聞ニューヨーカー・デモクラットは社説で、革新勢力が直面している課題をこう概説した。

「我々がこの選挙運動に参加したのは、党の支持者としてではなく、利己的な理由からでもなく、共和党が我々の見解にもっとも近いからであり、同党の勝利が人類の大義のためにさらに大きな勝利を将来達成できる確かな兆しになる、と考えているからである。したがって、我々の支援によって達成されたことが再度元に戻されるのではなく、さらに積み上げられるようにすることが我々の特別な任務である。そして、党内の反動分子が元に戻そうとするなら、我々は彼らに対抗する勢力を形成し、さらなる利益を求めて前進しなければならない」。この警告は時宜を得たものであった。

リンカンが合衆国大統領に就任する少し前の1861年2月下旬、奴隷所有者の集会がアラバマ州モンゴメリーに暫定政府を樹立し、ジェファソン・デイヴィスがアメリカ南部連合国（1860年12月20日、リンカンの大統領当選後に召集されたサウスカロライナの州憲法会議は、満場一致で連邦からの分離独立条例を可決した。その後6週間の間に、サウスカロライナ、ミシシッピ、フロリダ、アラバマ、ジョージア、ルイジアナ、テキサスの7州も分離独立した。その後、南北戦争が始まると、ヴァージニア、ノースカロライナ、アーカンソー、テネシーの4州も分離独立し、合計11州が南部連合国を構成した）の大統領となった（暫定政府の樹立は1861年2月4日で、デイヴィスが大統領に選出されたのは62年2月）。連邦を破壊しようとする自分たちの運動が南部の白人の大多数の間で不評であるのを知っていた分離主義者は、制限された南部の有権者の前にさえ、この問題を提起するのを拒絶した。61年2月にミシシッピ・ナチェズ・カーリア《新報》紙（ナチェズは同州西部ミシシッピ川に臨む港市）は、「私たちは、その同意に対する発言権に関して、まだあえて人々を信頼していない寡頭政治のもとで生活している」と報じた。奴隷寡頭政治が連邦からの分離独立を画策し、戦争の準備をしている間、ブキャナン大統領は、最終的にすべてがうまくいくようにと祈るだけで、北部の実業家は市場の暴落と債務の放棄を心配して、奴隷所有者を連邦に復帰させるための譲歩はいかなるものでも与えるよう議会に求めた。当然、これらの宥和主義者は労働者の支持を得たいと思っていた。早くも60年11月14日、奴隷制擁護のニューヨーク・ヘラルド紙は次のように訴えた。

「我々の周りで起こっている出来事は、もっとも冷静な心に重大な財政問題への懸念を生じさせている。すべての階級の義務は、上下貴賤を問わず、荒海を落ち着かせるためにその力の範囲内にあるすべてを行うことにある。何よりも、北部の骨と筋肉である労働者による感情の表現があってしかるべきである。そうすれば、南部は、黒人の地位向上という狂った叫びで国家の繁栄を破壊しようとする過激な共和主義者たちが、我々を悩ませるこの無謀な十字軍〔聖戦〕で黒人を支援する際に、彼ら黒人には頼れないことを理解するであろう。このことは誰も知らない。だから、この大都市と北部諸州のすべての都市と町の労働者をできるだけ早く大衆集会に集わせ、そこで今日の諸問題について彼らの真の感情を表明させようではないか……」。

労働者と分離独立の危機

数週間のうちに、国内の多くの地域で労働者の大規模な集会が開かれたが、そこで表明された感情は、南部諸州の離脱権を擁護し、奴隷制へのあらゆる譲歩を支持したヘラルド紙が好むものではまったくなかった。

ケンタッキー州ルイヴィルの労働者は、1860年12月27日に鉄鋳型工組合が主催した大規模な集会で、連邦を維持するためにこの国の労働者を喚起させる目的で「34人委員会」を選出した。集会で採択された決議は、労働者の「物質的な繁栄……幸福と将来の安全への希求は、現在の連邦の存続にかかっている」と述べている。彼らは同胞に対して、「連邦の維持という唯一の目的のために、1つの強固な柱のもとに団結する」こと、そして「連邦の首都に現在いて、人間によって設立されたもっとも偉大で最良の政府に対して反逆罪を企てている、組織化されていない反逆者に、我々が置かれた状況下で、我々が行っているように、この国の増大する産業上の利益のなかで忍耐力、強さ、技能を提供し、必要に応じて自由に潮流を乗り越え、戦争の矢面に立たされている我々の要求のもとで、我々は、1本の材木が押し寄せる海の上に残っている限り、あるいは我々の国家統一の輝かしい紋章の断片がマストの先にみられる限り、2500万人以上の人間の自由、幸福、繁栄とともに、現在のように重荷を負っている連邦という勇敢な古船を見捨てるつもりはないことを知らせる」と呼びかけた。将来、ルイヴィルの労働者は、「分裂感情を抱くことが知られている、あるいは知られているかもしれない、いかなる人間も支持しないであろう」。

これらの決議は、ヘラルド紙に掲載するのに適しているとはみなされなかったが、1861年1月4日付のシンシナティ・コマーシャル紙は、この決議について、「ルイヴィルの分離論者が受けた最大の打撃は、同市の労働者からのものであった」と報じている。同じ集会で、労働者に向けた全国的な演説を作成するための委員会が任命された。この委員会は、ルイヴィルの主要な労働者ならびに労働団体の代表者で構成されていた。その団体には、鋳型工、機械工、鍛冶工、活版植字工、煉瓦積み工、大工、石切り工、高級家具職人、左官、ピアノ製造工、ボイラー製造工、葉巻工、馬車製造工が含まれていた。実業界は南部貿易に従事する商人ジョン・ギリスによって代表されていた。彼の存在は、演説が決議とは異なり、南北戦争の恐怖を呼び起こし、クリッテンデン妥協案〔1860年12月18日、連邦議会上院でケンタッキー州選出のクリッテンデンが提案した南北の和解案〕の採択を促した、という事実を部分的に説明するかもしれない(*)。こうした弱点にもかかわらず、演説は、すべての労働者が連邦の保全は国の福祉と労働者階級の将来の幸福に不可欠であると信じており、リンカンの選出は国家を破壊しようとする、いかなる試みも正当化するものではない、とした。それは労働者に対して、すべての議会選挙区で集会を開き、「現在、彼らの行動によって連邦の安全を危険にさらしている」、すべての議員の辞任を要求するよう求めた。しばらくして、労働者は、2月22日にフィラデルフィアで開催される全国的な労働者の大会に代議員を派遣するよう要請された。

（＊）クリッテンデン妥協案は、ミズーリ川からカルフォルニア州までの地域を北緯36度30分の線に沿って分割し、その北部では奴隷制を永久に禁止し、その南部では議会の法律によって保護すること、そして、どの地域も州としての地位を得る準備が整ったときはいつでも、その人民の決定に従って、自由州または奴隷州として認められるべきであること、さらに議会は、奴隷制が存在する場所でそれを廃止したり、州間の奴隷貿易を妨害したりする権限を剥奪されるべきことを規定した。

演説は大きな影響を与えた。労働者の集会は、インディアナ州のエバンズヴィルとニューオールバニー、イリノイ州のシカゴとアルトン、ペンシルヴェニア州のピッツバーグとフィラデルフィア、テネシー州のナッシュヴィル、ヴァージニア州のウィンチェスターとホイーリング、その他の工業都市で開催された。とくに重要なのは、メリーランド、ヴァージニア、テネシー各州での集会であった。それというのも、これらの集会では南部の自由労働に対する信念が表明されたからである。これらの州の決議の論調は、分離主義者の寡頭政治に対する一様な敵意を明らかにした。ボルティモアで開かれた労働者の集会では、分離独立運動が非難され、連邦と憲法が支持され、メリーランド州の労働運動における奴隷制反対派の第一人者であるジェームズ・タッチストーンが、フィラデルフィア大会の代議員に選出された。メリーランド州の他の地域では、「連邦と憲法の支持者」と自称する鉱夫、職人、一般労働者《レイバラーズ》が分離独立に反対する目的で集会を開いた。ヴァージニア州フレデリック郡の職人と労働者の集会は、北部の「狂信者」と「南部の扇動者の自慢話の愚かさと邪悪な利己主義」を攻撃した。この集会は、サウスカロライナ州の分離独立を「軽率で、不当で、南部の姉妹州に対して無礼である」と特徴づけ、「連邦の解体は、神の摂理でこれまでに誰も苦しめたことのない、より長く、より暗澹とした一連の結末を我々にもたらすであろう」と述べた。テネシー州ナッシュヴィルでは、自由労働者の大会が、彼らの「連邦への不滅の愛」を宣言し、分離独立を「自由の血でミシシッピ川の谷を溢れさせようと画策する、狂った政治家による反逆罪」と呼んだ。ヴァージニア州ポーツマスの労働者は次のように宣言した。

「我々は、この政府を分裂させたり、この連邦を解体しようとするいかなる試みも、国全体の人々の権利に対する攻撃であり、我々全員が想定している平等の立場を破壊しようとする傾向があると考えている。［そして］我々は、合衆国憲法は、主権を有する国家間の同盟や協定ではなく、市民と彼ら自身の採択に基づいた政府そのものであり、憲法の条項に従って集められた連邦全体の代表者会議以外のいかなる権力も、市民の合衆国への忠誠を免除する力をもっていないと考えている」。

彼らポーツマスの労働者は、全国の同胞に対して、「希望の頼みの綱として憲法と連邦を支持する」と訴えて集会を締め括った。メーソン・ディクソン線〔第13章215ページを参照のこと〕の北にいた労働者も集会を開き、連邦からの分離独立に反対する決議を可決した。デラウェア州ウィルミントンの労働者は、「我々は、サウスカロライナ州やその他の州の反逆者の行動に対して、そして、この連邦の一部を同胞から遠ざけようとする試みに対して、不賛成の意を真摯に表明する」と宣言した。ニューアークの労働者の連邦支持の集会は、国旗、憲法、そしてサムター要塞〔サウスカロライナ州チャールストン港の出入り口にあった連邦軍の要塞。南北戦争開戦の地〕を守備していたアンダーソン少佐に対する3度の万歳の声で終わった。フィラデルフィアでは、労働者の集会がさまざまな商店や工場で開催され、1月26日にはパレードと大規模な集会で最高潮に達した。集会の横断幕には、「ペンシルヴェニア蒸気機関・ボイラー工場の労働者は連邦のために先に進んでいる」、「連邦は国の要である」、「連邦とクリッテンデン決議」、「我々は、議会で連邦について議論する人間ではなく、それを維持するために行動を起こす人間を望んでいる」、「我々の政治機構は機能不全に陥っており、機械工がそれを修理しなければならない」と書かれていた。

大衆集会のテーマは「連邦と妥協」であった。クリッテンデンの提案が議長によって読み上げられたとき、聴衆の多くは「ミズーリ妥協線の太平洋への延長を提案する文言に反対」と叫んだ。ペンシルヴェニア鉄道の支配人であった議長が、クリッテンデンの提案に対する反対票の要求を無視した独裁的なやり方に対しても、抗議の声が上がった。機械工・鍛冶工組合の著名な指導者ジョナサン・フィンチャーは、気の抜けた陳腐な決議が出された我慢できないやり方のために、大衆集会との公式な関係をすべて断ち切った。最後の決議は、「もし、すべての公正で名誉ある手段が、連邦を愛するすべての市民によって切望されている、望ましい目的を達成することなく使い果たされたのであれば、我々は労働者として、我々の国土と国の法律を執行するためのすべての公正で法的な手続きにおいて、連邦政府を維持する」、との労働者の立場の公正な声明であった。1861年1月20日付のフィラデルフィア・インクワイアラー紙は、「それらの手続きは、まず平和的な妥協のためのものであり、それが失敗した場合には、それまではそうではないが、政府を維持するために武力を行使することを望んでいる」とコメントした。

「奴隷所有者の権力」〔第4章36ページを参照のこと〕への抵抗が、組織化された労働者の共通の信念であったとすれば、それは確かに、「反逆者と妥協しない」というスローガンを掲げて活版印刷工組合によって招集された1861年1月のピッツバーグでの集会で見られた、最大の要求ではなかった。この集会は、政府に対して、脅迫や威張り散らす者に一歩も譲らず、「すべての裏切り者に対して法律を執行する」よう求めた。ペンシルヴェニア州イーストンとニューカッスルの職人と労働者の大規模な集会は、「分離独立とすべての妥協」を非難し、政権に対して「憲法と法律の執行のために」必要な措置を講じるよう求めた。同年2月初旬にシンシナティで開催された労働者の集会は、「連邦は、必要ないかなる手続きによっても、連邦のすべての地域で法律を執行することによっても、その領土を保全しなければならない」と宣言した。

リンカンは、就任式に向かう途中のシンシナティのホテルで、2000人の会員を擁するドイツ労働者協会の代表団に迎えられた。代表団のなかには、奴隷制と「奴隷所有者の権力」の執念深い敵であるマルクス主義社会主義者もいた。そのうちの1人フレッド・オバークラインは、リンカンに挨拶し、シンシナティの自由労働者は「自由労働と奴隷労働の利益の間のあらゆる妥協」に反対している、とこう述べた。

「シンシナティのドイツ人自由労働者である私たちは、この機会を利用して、私たちが選んだ首席治安判事であるあなたに、私たちの誠実で心からの敬意を表します。あなたは自由労働と自由農場の擁護者として私たちの票を獲得されました。私たちに打ち負かされた反対派は、最近、労働者大衆が自由労働と奴隷労働の利益との間のあらゆる妥協に賛成しているという印象を与えるために、労働者と労働者会議という言葉を頻繁に使用しています……。私たちは、あなたに賛成票を投じさせた原則を固く守ります」。

「もしこの目的のために、あなたが人を必要とされているのであれば、ドイツの自由労働者は、他の人々とともに、奴隷解放によってすでに勝ち取った勝利を維持するために、命を危険にさらす準備ができている1人の人間として、あなたの呼びかけに応じて立ち上がるでしょう」。

リンカンは代表団に、自分はこれらの感情に同意し、「労働者がもっとも数が多いという明白な理由から、すべての政府の土台である」と述べたと認めた。

連邦からの分離独立への反対は、議会の議場で宥和主義者に対処する最善の方法として、常に労働者の独立した政治活動の問題を提起した。シンシナティで労働者の大会が招集され、市内のすべての労働組合から代議員が出席した。彼らは2月16日に会合し、労働者政党を結党し、市職員のための労働者側候補者を指名し、次のように発表した。

「我々の経験は、政党政治家に頼れないことをはっきりと示している。それゆえ、我々は労働者大衆に対して、正当性、すなわち、政党とのつながりを断ち切ることの絶対的な必要性、公平な精神で法律を執行するために人を選ぶことができ、その最高の目的が我々個々人の利益の促進と我が国の利益の増進である組織に団結すること強く求める、と決議した」。

「労働者階級が我が国の将来を左右するのと同様、現在の危機においては、我々はそれを放棄するのではなく、先見の明のある人間の計画によって連邦に先行し、回避されなければ我々の共通の破滅に至るであろう恐ろしい災難から連邦を救い、政府を維持するために我々の援助を提供することを決議した」。

1861年2月下旬、フィラデルフィアで全国大会が開催された。22日「労働者の大パレード」を皮切りに、フィラデルフィアの50以上の労働組合が、鋳型工、機械工、鍛冶工、荷車製造工、彫刻師、旋盤工、馬車製造工、荷馬車製造工、木工を中心に、この大規模なデモに参加した。全国大会の「全国」は、8つの州の代議員しか出席しなかったため、名ばかりのものであった。比較的少数の代表しか出席しなかった理由は、ペンシルヴェニア、メリーランド、ケンタッキー、ヴァージニア、テネシー、インディアナ、オハイオ、デラウェアの8つの州が、歴史的・経済的な関係によって南部と密接に結びついているという事実によって説明された。

ペンシルヴェニア州の鉄道車輌工場のアイザック・ヴァン・ホーテンが議長に選出され、大会が開催された。発言者の多くは、政治問題での労働者の活動を呼びかけた。ケンタッキー州出身のウルフ氏は、組合を救うために労働者と農民の統一党をただちに結党するよう呼びかけた。「我々が代表として望んでいるのは、労働者、工場から出て来たばかりの職人、そして畑から出て来たばかりの農民である」。彼の提案は他の代議員によって支持された。フィラデルフィアの労働者を代表するJ・N・バーンズは、作業台にいる労働者が議会で一般市民を代表し、連邦からの分離独立との戦いを続けるよう呼びかけた。

翌日、決議委員会は8つの決議を含む報告書を提出した。それらは、(1)クリッテンデン妥協案を支持し、(2)連邦への献身と南北を問わないすべての反逆者への敵意を表明し、(3)連邦からの分離独立はすべての労働者にとって危険で嫌悪すべきものであると攻撃し、(4)政治家に労働者は自分たちを商店や工場の人と置き換えることを決意していると警告し、(5)内戦につながる強制政策を非難し、(6)逃亡奴隷の南部への帰還を阻止することを目的とした、北部のいくつかの州における「個人の自由」法の廃止を求め、(7)34の州それぞれにおける労働者の州協会の組織を要請した。8番目の決議は、政治活動に向けて国内の労働者を組織するための「34人委員会」の設置を規定していた。

これらの決議が採択され、常任役員が選出され、1861年7月4日がルイヴィルで開催される次の全国労働者大会の日と定められた。大会が閉会しようとしていたまさにそのとき、ボルティモアの労働者を代表する代議員タッチストーンは、「奴隷州の代表から発せられるのが適切である」と彼が考える決議を提出するために聴聞を受けることを要求した。彼は決議の前に、国民に危機をもたらした反逆者に対する感動的な演説を行った。

フィラデルフィア・インクワイアラー紙はこの演説を次のように報じている。

「〔合衆国憲法第3条第3節第1項に規定された〕反逆罪が国中で出現したのは、非常に嘆かわしいことであった。上院と下院は公然たる反逆者の存在によって汚染され、身分の高い人も低い人も偽証していた。反逆罪は、闇のなかの小悪魔のように真っ黒で、今では天使のように純粋なものとして、国中に忍び込んでいる。労働者は反逆罪を非難することに関心をもっている。それは、その脚を職人の首に置くこと〔「完全に征服する」の意〕を唯一の目的とした貴族によって始められた」。

「これら分離主義者は、北部の侵略を撃退したいという願望によって突き動かされていると主張しているが、2つの過ちも、多数の過ちも、けっして正しいことをしたわけではなく、このなかではけっして正しいことをしないであろう。それは、大富豪や貴族による人民の権利の明白な簒奪であり、新しい南部連合では、軽蔑すべき策略によって人民を欺こうとするよりも、それを認める方が立派なことであろう。運動を始めた人々は、過ちを正すために始めたのではなく、憲法上の自由とその廃墟を覆し、専制主義を助長するために始めたのである。これは、これまでの彼らの行動を追うことによって理解できる。彼らは増税した。労働者はどうすればそのようなことができるのか。彼らは、財産資格を要求することによって、選択的な選挙権に干渉することを提案している。職人はどうすればそのようなことができるのか。彼らは、10年間にわたって大統領を選出し続け、大統領の退任時に年金を支給することを提案している。労働者はこれらの権利の侵害に対して声を上げるべきである」。

　タッチストーンは、憲法の支持と、「政府を転覆して、国民の権利を破壊しようとする反逆者を倒す合法的な権限を維持する」ために、中央政府が必要と考えるすべての措置を求める決議の採択を推し進めた。ある決議は「綿《コットン》は王ではなく、合衆国の国民は主権者である」とし、別の決議は「この大会は、分離された州の同胞労働者に同情し、暴力によって奪われた憲法上の権利を取り戻すための尽力を約束する」とそれぞれ明言した。

　決議が読み上げられると大きな拍手で迎えられ、採択を求める大きな声が上がったが、危機を平和的に解決するための重要な交渉がワシントンで行われているときに、決議を採択するのは不適切である、と最終的に決議された。会議の場にいた記者は、妥協案は支持されたものの、タッチストーンに対する支持は、代議員の大多数が必要に応じて武力で連邦を維持するのを支持していることを証明したと認めた。

　全国大会は１８６１年２月23日に閉会し、二度と開かれることはなかった。(*)

(＊)「34人委員会」はしばらくの間活動を続けた。その通信係書記であったウィリアム・H・シルヴィスによると、委員会は独自の政治活動のための労働者の組織化を期待していた。１８６１年３月、彼は、「この委員会の仕事は、市と州の労働者階級の間で組織を完成させ、永続させることです。その目的は、誠実で有能なことがわかっている人たち、人々の本当の欲求を知っていて、我々の希望に沿って我々を代表する人たち、政治を商売にしない人たち、思いやりのせいで腐った企業や貴族の独占の単なる道具にならない人たち、良き法律を作るために時間とエネルギーを捧げ、国民全体の利益にもっとも役立つ方法で行政を指揮する人たちを、公共の信頼のある地位に置くことにあります」と書いている。彼も「34人委員会」の他の労働組合代表も、奴隷制の破壊が、労働者の独自の効果的な政治活動の前提条件であるのを認識していなかったことは明らかである。しかし、すぐに種々の出来事自体がこのことにはっきりと注意を喚起することになった。

　労働者の大多数とは言わないまでも、その多くは奴隷所有者との妥協を通じて連邦を維持しようとした。この誤った信念は労働者階級からもたらされたものではなく、他の影響によって強制されたものであった。奴隷所有者に友好的な実業家、政治家、新聞は、失業の恐怖を利用した。譲歩によって南部が連邦に留まるよう説得されない限り、これら北部の奴隷制の同盟者は、実業界は崩壊し、大量失業が労働者階級の未来となるであろうと言った。サウスカロライナ州の連邦からの分離独立に伴う事業の減少と、危機に起因する広範な失業は、もっとも苦しんでいる未組織労働者に対して、これらの議論をもっともらしくした。

奴隷制との経済的なつながりがもっとも強かったニューヨーク、フィラデルフィア、ボストンなどの都市では、労働者階級は、南部との有益な通商関係を維持するために、民主主義のあらゆる原則を放棄しようとする実業家の影響を強く受けた。これらの都市での労働者の反戦と妥協を支持する集会のいくつかは、これらの実業家または政治家に支配されていた。フィラデルフィアでは、妥協を求める労働者の運動は、実業家や労働運動指導者によって組織された。運動が進展するにつれて、実業家はそれを支配するようになった。同じことがニューヨークとボストンでも起きた。そこでは、南部貿易に従事する商人と反共和党の政治家が、いわゆる労働者集会を組織し、連邦からの分離独立危機の責任を奴隷制廃止論者《アボリショニスト》に負わせ、奴隷所有者への譲歩はいかなるものでも求めた。ボストンのファナル会館〔独立戦争直前、独立派の有志がここで会合した〕での集会で演説することを許された労働者は1人だけで、彼の発言があまりにも連邦寄りで、連邦からの分離独立に強く反対していると考えられたとき、その演説は記録から抹消された。他の講演者は、ニューヨーク市のブルック会館で開催された労働者集会の折りと同様、そのすべてが民主党の政治家であった。

南北戦争前夜の多くの労働者の平和主義的な立場を分析するには、エリヒュー・バリット〔第11章171ページを参照のこと〕が10年以上にわたって行ってきた反戦運動を考察しなければならない。彼は1846年7月に、「国、肌の色、性格、社会的地位にかかわらず、人間を兄弟として向上させる」ことを目的とした世界同胞連盟を結成した。その主たる構成員は労働者であり、いかなる陸軍や海軍にもけっして入隊しないこと、あるいは、「誰がいかなる目的で宣言し、遂行したとしても、いかなる戦争の準備や遂行に対しても」自発的な支持や承認を与えないことを誓約した。

1年後、バリットは「アメリカの労働者による」と署名した『1つの道―キリスト教徒の労働者への言葉』を出版した。

「合衆国の労働者たちよ。若い共和国の有権者たちよ。あなた方は、投票所で、血腥い怪物である戦争を支持する選挙権をもたない、旧世界の勤勉な兄弟たちに対して、どのような範を示すつもりなのか。あなた方の国の偉大な役人たちは平静で、あなた方の収税吏は高潔なのか。それとも、血に染まった衣服や人間の惨殺という極悪非道な功績が、あなた方の候補者を国の贈り物のなかで最高の栄誉にするのか」。

バリットの平和主義的な考えは、彼を奴隷所有者と妥協させ、彼らが離脱することを許した。

反逆者を武力で鎮圧するよう議会に請願したとき、自分たちが言ったことが本気であるのを証明するために、多くの労働者は軍事団体に参加し、連邦政府に身を捧げた。これらの団体のほとんどはドイツ人労働者によって結成されていたが、ニューヨーク市に設立されたコロンビア協会のように、アイルランド人労働者によって結成された団体もあった。1861年2月5日、エドワード・F・ジョーンズ大佐は、マサチューセッツ州知事に対し、マサチューセッツ第6連隊は「ほとんどが良家の人間で構成されており、彼らは額に汗して生活の糧を稼いでいる」が、軍隊への召集が行われるたびに、国旗を守る準備ができていると伝えた。

　連邦からの分離独立危機期の労働者階級の分裂は、連邦がどのように維持されるべきか、という問題についてのみ生じていた点を理解するのが重要である。「連邦は維持されなければならず、維持されるべきである」という重要な問題については分裂はなかった。平和的な方法が失敗した場合、ほとんどすべての場合に労働者は、反乱を鎮圧するために武力に訴える準備を整えていた。当時の労働新聞は、「国家の偉大な産業大衆は連邦のものであり、連邦のためのものであるが、彼らのなかには、［南部では］邪悪な指導者に裏切られて、その気のない反乱を起こし、それに巻き込まれ、困難と苦しみに耐えている者もいる」と要約している。

武器をとる

　1861年4月12日のサムター要塞攻撃の後、リンカン大統領が志願兵を募ったとき、労働者が最初に志願兵名簿に名前を載せた。大工、塗装工、製靴工、仕立工、事務員、製粉工、印刷工などの労働者がその仕事を途中で辞した。大工のジェームズ・N・ホース大尉が率いるローウェルの職工部隊は、野営の準備が整った最初の部隊として100ドルの賞金を獲得した。ウィスコンシン州の30人の木材労働者が最初に入隊し、すぐに第23連隊と第29連隊の有名な「松の戦闘員」になった。ニューヨーク・トリビューン紙によると、同年7月に出征したニューヨークの第34連隊は「おもに農民と職工」で構成されていた。ドイツ人事務員だけで構成されたデ・カルブ連隊は、7月8日に出征したが、そのときにはイタリア人労働者で構成されたガリバルディ守備隊も出征の準備を整えていた。4月下旬、ニューヨーク州のポーランド人労働者によって組織された「ポーランド軍団」とアイルランド人労働者の一隊が数週間後に前線に移動した。ボストンとニューヨークのアイルランド人労働者の入隊報告が増えるにつれて、ニューヨーク・トリビューン紙は「北部のアイルランド人住民からの援助を当てにしていた……ジェファソン・デイヴィスの友人たち」の失望に喜びを表明した。その後、帝国《エンパイア》旅団のフェニックス連隊による次の訴えの後、数千人のアイルランド人労働者が後に入隊した。

　「勇敢なアイルランド人の母親であるフェニックス連隊は、1428人の子供たちに、連隊の緑の旗の周りに集結し、星条旗と並んで行進し、連邦の音楽をこの国の境界の端まで運ぶよう呼びかけている」。

　南北戦争と戦後直後に行われた調査では、戦争が終わる前に、労働者は北部の軍隊のほぼ半分を占めていたことが明らかになったが、その割合は彼らの人数とは大きく異なっていた。上院の報告書は、戦争の終結時に50から75万人が北部の州の産業を離れて従軍したと計算していた。そこで雇用されていた男性の総数は94万1766人であったので、労働者の50％以上が兵役のために離れたことになる。1869年に出版されたB・A・グールドの『アメリカ軍兵士の軍事および人類学的統計に関する調査』にも同様の記述がある。彼は、連邦軍《ユニオン・アーミー》〔日本では北軍と略称される〕の兵士1000人当たり421人（職工252人、印刷工6人、一般労働者165人）が〔計算は合わないが〕

労働者階級に属していたと述べている。農業に従事していた兵士の1000人当たりの数は487人、専門職従事者は16人、商業従事者は35人であった。マサチューセッツ州やコネティカット州のような工業州では、労働者の割合ははるかに高かった。グールドの表には、マサチューセッツ州では兵士1000人当たり、職工が502人、印刷工が9人、一般労働者が186人、計697人が記載されており、それに対して農業従事者は140人であった。コネティカット州では兵士1000人当たり、職工が411人、印刷工が7人、一般労働者が203人の計621人であった。

グールドの志願兵に関する統計も重要であるが、彼はニューヨーク州やロードアイランド州の数字を挙げていない。リストに職業が記載されている志願兵40万9676人のうち、10万3708人が職工、4万9464人が一般労働者、2664人が印刷工で、合計15万5836人の労働者がいた。グールドの綿密な調査によると、志願兵全体の38%、つまり1000人当たり約383人が労働者であった。ロードアイランド、ミネソタ、オレゴン各州の数字は省略されているが、新兵の数字はより明らかである。22万9641人の新兵のうち、6万4221人が職人、5万9161人が一般労働者、1499人が印刷工、合計12万4881人が労働者であった。言い換えれば、新兵の54%が労働者であった。

他の研究はグールドの結論を実証している。連隊の職業構成が提供されていたマサチューセッツ第8連隊のプーレ少佐の報告で、記載された803人のうち少なくとも476人が労働者であったのに対して、22人が農民、48人が事務員、17人が商人、31人が小売商人、5人が議員、10人が専門職業人であったことが明らかになった。また、ローウェルの第15砲兵中隊の志願兵の職業は、60人が労働者、22人が農民、3人が商人、2人が学生、公共機関職員と議員が1人ずつであった。

以上の数字は、労働者が軍隊への召集に対して目一杯反応していたことを証明している。[*] ジョン・W・マハン少佐は1865年にこう述べている。

「61年にサムター要塞が降伏したとき、国旗の周りに集まったのは誰であったのか。共和国の名誉を維持するために、自宅を後にしたのは誰であったのか、恩恵も代償もないままに残されたのは誰であったのか。私はあなた方に言うが、それはこの国の骨と筋肉〔労働者のこと〕であり、そのときから今日まで、彼らはすべての血腥い戦場で国旗への献身を証明してきた」。

(＊) 雇用主は、兵役のために職を辞した多数の労働者のせいで、産業界では労働力が枯渇しつつあると頻繁に不満を述べた。1863年7月18日、ボストン商業公報は、徴兵が長靴業および短靴業から非常に多くの労働者を奪っているので、この業界はひどく妨害され、いくつかの事業所が閉鎖を余儀なくされたと報じた。12月、35人のボストンの資本家がスタントン陸軍長官の追悼式で建白し、そのなかで彼らは「自由州では、作業場や田畑からすでに召集された膨大な数の労働者が、この国の生産が依存している産業の多くの部門を非常に困惑させている……」と不満を吐露した。

失業が入隊を刺激したことは間違いないが、歴史家の多くはその影響を誇張しすぎている。

　これらの労働者のなかには何千人もの組合員がいた。地方の組合全体がリンカンの呼びかけに応じて志願兵を募った。ブルックリンでは、塗装工組合が「我が国の国旗を保守するために」部隊として戦うことを決意した。フィラデルフィアの地方組合は、その議事録で、「戦争のためにアメリカ国民《アンクル・サム》とともに入隊することを決意したので、本組合は連邦の安全が確保されるか、我々が負けるまで休会する」と記している。ボストンの印刷工組合からは、100人の組合員が「自由の旗を支える」義務を果たすべく陸軍と海軍に入隊した。当時のマサチューセッツ第11連隊の印刷工組合の組合員は、武勲を立てたので特別表彰を受けた。全国活版印刷工組合は、陸軍に入隊した組合員が多かったため、ウィスコンシン州の支部《ローカル》23を解散しなければならなかった。マサチューセッツ州フォールリヴァーの紡績工組合は戦時中に事実上消滅し、1861年2月に384人の組合員を擁していた鋳型工組合の1つのローカルは、入隊により数カ月のうちに97人の組合員を失った。国際機械工・鍛冶工組合に所属していた多くの労働者が戦闘のために去ったので、ローカルの人数は激減した。全国大会の決定で、入隊したすべての組合員は、戦時下の組合費の支払いを免除された。イリノイ州の志願兵連隊の多くの中隊は鉱夫組合の組合員で構成されており、サムター要塞への攻撃の2カ月前に組織されたアメリカ鉱夫協会は、その多数の組合員を軍隊に送った。

　アメリカの社会主義運動は軍隊に多大な貢献をした。おもにドイツ系社会主義労働者で構成された旋盤工組合、労働者同盟、共産主義者クラブは、その会員の半数以上を連邦軍に派遣した。ニューヨークでは、旋盤工はリンカンが最初に志願兵を募った数日後に連隊を組織し、多くのコミュニティでは1つ以上の中隊を派遣した。ミズーリ第1連隊には旋盤工の中隊が3つあり、第17連隊はほとんどが旋盤工で構成されていた。ジャクソン駐屯地の襲撃では、ミズーリのドイツ系社会主義者が手錠を砕くハンマーのシンボルを刻んだ赤い連隊旗のもとで戦った。

　国を守るために倒れた男たちの統計記録には、誰が組合員であったかは記載されていないが、労働組合は、その組合員の1人が国に尽くして亡くなったときには世間の人々に通知した。フィラデルフィアの陶磁器型工組合第1号が新聞に掲載した以下の通知は、その典型である。

　「我々の亡き仲間である補給係軍曹デイヴィッド・ジョンソンを脱会させることとは、彼の教会管区の全能の神の御意にかなったが、我々は彼の人間としての、また鍛冶屋としての、そして兵士としての高い人格を証言するであろう。彼は常に仲間や国を守る準備を整えており、我々の利益を守るために団結した最初の1人であり、彼の国が彼の軍務を必要としたとき、星条旗のもとに入隊した最初の1人であり、ブリストン基地で受けた傷がもとで死を迎えた。それゆえ、我々は彼の死を聞いて偽りなく遺憾に思ったし、彼の熱意が我々の全組合員を奮い立たせることを願わん、と右決議する」。

　ワシントンの防衛に最初に移動した連隊の1つは、ウィリアム・H・シルヴィスによって徴兵された。妻の反対（彼には4人の幼子がいた）のため、彼は中尉としての任務を与えられたにもかかわらず、中隊には入隊しなかった。数カ月後、彼は鋳型工の民兵組織を編成し、ペンシルヴェニア州が侵略の脅威にさらされたとき、その中隊が最初に軍務を申し出た。彼は数カ月間、中隊の伝令軍曹を務めた。

　鉱夫協会の幹部であったマーティン・ボイルは志願兵の中隊を編成し、大尉に任官された。彼の功績は非常に貴重であったので、連隊の大佐は彼に別の中隊を徴兵するよう依頼した。全国活版印刷工組合会長ジョン・M・ファーカーは、イリノイ第89連隊で2等兵として連邦軍に入隊し、少佐の地位まで昇進した。フィラデルフィアの仕立工組合の幹部であり、後に労働騎士団の創設団員となったロバート・ウィリアムソン・キーンは、戦争勃発時にペンシルヴァニア第22連隊で3カ月間従軍し、ペンシルヴェニア第99連隊で3年間過ごし、1862年12月13日のフレデリックスバーグの戦い〔連邦軍は南部連合軍の2倍近くの1万208人の死傷者を出して撤退した〕で重傷を負い、回復したときに再度戦場に立った。シンシナティ活版印刷工組合のサミュエル・ラングデール・レッフィングウェル会長は、61年8月にオハイオ第31連隊で少佐に任命され、南北戦争全体を通じて連邦軍で戦い、65年6月11日に名誉除隊を受けた。全国鋳型工組合の元委員長アイザック・J・ニールは負傷し、再入隊して大尉になった。一方、同組合の元会計係フランシス・ロッシェは戦死した。

　多くの社会主義指導者が連邦軍に入隊し、なかには高い地位に就いた者もいた。ドイツ系アメリカ人労働者の傑出した指導者の1人であるヨーゼフ・ヴァイデマイヤー〔第12章などを参照のこと〕は、南北戦争が始まったときに入隊し、大尉に任官された。その後彼は、ドイツ系アメリカ人労働者の連隊を徴兵した活動やその他の功績もあって大佐に任官され、リンカンからセントルイス軍管区の司令官に任命された。カール・マルクスの親友であったアウグスト・ヴィリヒ〔第12章を参照のこと〕は大佐に昇進し、1862年に准将になった。ロバート・ローザは、ニューヨーク州共産主義者クラブの会員になる前にプロシア軍の将校であったが、ニューヨーク州第45連隊の少佐となった。フリッツ・ジャコビは一等兵として入隊し、フレデリックスバーグの戦場で亡くなる前に中尉に昇進した。

　多くの一般組合員や連邦軍の労働者・社会主義指導者の多くは外国生まれで、そのうちのかなりの者はまだアメリカ市民になっていなかったが、帰化した国に命を捧げることを躊躇わなかった。彼らのほとんどは、ガリバルディ〔1807～82。イタリア統一運動を推進し、イタリア王国成立に貢献した軍事家。「2つの世界の英雄」とも呼ばれる、「イタリア統一の三傑」〕のもとで戦ったイタリア人労働者と同様、ヨーロッパの軍隊での勤務を通じて得た軍事経験をもっていた。

何のために戦う

　1861年5月2日に国際鋳型工組合のトロイ〔ニューヨーク州東部、ハドソン川に臨む都市〕のローカルによって採択された決議の以下の一節は、サムター要塞への発砲後に連邦軍に加わったほとんどの労働者の動機の代表的な声明である。

　「トロイ鋳型工組合のかなりの数の組合員が、法と秩序の優越性を維持し、1776年の自由の息子によって連邦の首都で慎重に起草された憲法を擁護し、最後に重要なのは、その古き良き国旗である星条旗を守るという目的のために合衆国の軍隊に入隊したということである……」。

ヴァイデマイヤーやヴィリヒのような人たちは、戦争が始まったときから、黒人が解放されなければ戦争に勝てないことを知っていた。他の労働者も彼らの見解を共有した。ある労働者は、戦争の初期に彼の組合の仲間に、「私は息子に、私が奴隷解放のための戦争に従軍していることを面と向かってはっきりと伝えます」と手紙を書いた。そして、１８６０年選挙でダグラスを支持したシルヴィスは、「最初の銃が発射された日から、それで奴隷制が終わるまで戦争が終わらないことを心から願っていた」と語っている。

人民戦争を遂行するという正当な理由は、軍事的勝利のためには、奴隷制の廃止が必要なことを労働者に理解させるのに成功した。南部の工場、鋳鉄工場、機械工場、軍需工場、繊維工場では、南部連合の軍需品を生産するために数千人の黒人奴隷が使用されていた。さらに数千人が綿畑やトウモロコシ畑でも使用され、戦線に送られる南部の白人をそうした労働から解放した。奴隷所有者は、彼らにとって奴隷制が戦争に勝つための制度であると自慢した。サヴァナ・リパブリカン紙は次のように述べた〔サヴァナはジョージア州東部の港市〕。

「彼ら［北部の人々］は、我々の制度の独特の性格、我々の産業体制の永続性、南部の労働者が他の地域のように国家の戦闘要員ではないという事実を忘れている。ヨーロッパや北部で戦争が起こると、あなた方は労働者を鋤や作業場や工場から連れ出して、自分たちのために戦わせる。生産は、必要とされる兵力の範囲内で、それに応じて停止しなければならない。南部、特に綿花栽培州では、状況はまったく異なる。そこではまったく異なる労働制度が普及している。我々の綿花畑は奴隷によって耕作されており、ジョージア州だけでも、同州の主要産物の生産量を１００梱減らすことなく、2万人の軍隊を戦場に送ることができた」。

１８６１年8月、ジョン・C・フリーモント将軍がミズーリ州の反乱軍の奴隷を解放する命令を出したとき、ピッツバーク、ローウェル、その他の工業地帯の多くの労働者は彼の行動を歓迎し、リンカンがこの命令を取り消したときに、これら労働者から発せられた非難の合唱は凄まじいものであった。奴隷制反対派は、多くの都市では、数カ月前には労働者のなかにはほんの一握りのアボリショニストしかいなかったが、今では何百人もの労働者が「奴隷制が一掃されるまで戦争を遂行する」必要性を理解していると報告した。

解放を求める声が労働者の間で高まるにつれ、奴隷所有者の北部の同盟者は、脅迫や災難の話で労働者を怖がらせようとした。労働者が、奴隷に北部を制圧させようとするアボリショニストの企みに反対しなければ、すべてが失われることになろう、といったものがその典型であった。南北戦争期の裏切り者に言わせれば、雇用主は逃亡した奴隷用に仕事を創出するために、白人労働者を解雇していた。１８６２年6月5日、ペンシルヴェニア州のインディアナ・デモクラット紙は、「価値のない南部の逃亡した黒人」が1日25セントで雇用された後、カンブリア製鉄所の労働者が「道具を捨てて仕事を辞めた」という虚偽の報告を発表し、「我々の友人は、リンカン大統領の奴隷解放政策の見事な仕組みをここに見ることができる」と報じた。

同紙は、攻撃したはずのまさにその男たちによって、その記事を虚言として撤回するよう強制されたが、北部全域のカッパーヘッズ〔南部に同情的な北部民主党員〕派の新聞はその記事を印刷し、南部の脅威から白人労働者を守る熱のこもった社説を書いた。あちこちで労働者は彼らのプロパガンダに巻き込まれ、イリノイ州クィンシー〔州西部、ミシシッピ川に臨む都市〕で開かれた大規模な集会では、自由な黒人労働者の競争を容認しないという決議が採択された。

奴隷解放を求めるリンカン大統領への手紙、電報、請願は、カッパーヘッズ運動を打ち負かした。ニューヨークの労働新聞であるアイアン・プラットフォームは、1862年11月に、奴隷の解放を要求せざるを得なくなった理由を次のように述べている。

「連邦のすべての労働者が明確に理解すべき真実が1つある。黒人の奴隷制は白人の奴隷制につながる……。反逆罪の教義が真実で、『資本家は労働者を所有すべきである』というのであれば、彼らの論理的な結論は正しく、白人であろうと黒人であろうと、すべての労働者は奴隷であり、奴隷とみなされるべきである」。

民衆から訓育され、軍事的必要性に駆り立てられたリンカンは、奴隷解放が「連邦救済のために絶対に不可欠であり、奴隷を解放するか、さもなければ自分たちが服従させられる」ことを理解し始めていた。以前のように、「奴隷制に対するいかなる過激な見解の表明も、我々の軍隊を急速に崩壊させるであろう」と警告したジョージ・B・マクレラン将軍のような南部贔屓の人間に従うのではなく、目下のリンカンは、工場や畑から発せられる「奴隷を解放せよ、奴隷を解放せよ」との叫び声に耳を傾けた。

イギリスの労働者と南北戦争

この叫び声は、合衆国の労働者や農民に留まらず、ヨーロッパの人々からも発せられた。マルクスは、「大西洋の彼岸に奴隷制を永久化し広めることを目的とする悪名高い十字軍に、西ヨーロッパがまっしぐらに飛び込まずに済んだのは、支配階級の賢明さのおかげではなく、イギリスの労働者階級が支配階級の犯罪的な愚行に英雄的に抵抗したおかげであった」と〔国際労働者協会の「創立宣言」で〕語っている。

すべての国のなかで、イギリスは南北戦争にもっとも影響力があった。イギリスは世界最大の海軍を保有していただけでなく、フランスもイギリスがアメリカに対していかなる政策をとろうとも協力する用意があった。ジョン・ラッセル卿〔1792〜1878。政治家。南北戦争中の合衆国に中立的な立場を取った〕が駐英アメリカ公使ジョージ・M・ダラスに伝えたように、英仏両国は「いかなる道をとったとしても、〔南部連合の〕承認に関して同じ道を歩む」ことに正式に合意していた。ブル・ランの戦い〔南北戦争中の1861年7月と62年8月から9月にかけての2度の激戦〕のニュースがヨーロッパに届き、南部には戦闘で勝利できる軍隊があることが証明されると、イギリスは南部連合の交戦状態を確認し、アメリカ大使チャールズ・フランシス・アダムズがロンドンに到着したその日に、ヴィクトリア女王が「中立宣言」を発表した。これは南部連合が自らのための軍事介入につながると信じた最初の一歩であった。

介入が行われなかったのは、ロシアがイギリスの対北部参戦を拒絶したことも一因であった。また、イギリスの実業家は小麦を北部に依存していたし、南部と北部から莫大な利益を得ていたこともあって意見が分かれていた。南部連合の承認とそのための介入を阻止する上で群を抜いて重要な力となったのは、イギリス人労働者の英雄的な努力であった。南北戦争の間、英領諸島で多くの時間を過ごしたサーロウ・ウィードは、「イギリスでは、商業都市、資本家、そして一般に、貴族たちが我々に反対した。しかし彼らは、自分たちの思い通りにはしなかった。労働者階級は我々と一緒にいた」と書いている。マルクスはニューヨーク・トリビューン紙に、「合衆国は、少なくともイギリスの労働者階級が困難の始まりから終わりまで彼らを見捨てなかったことを、けっして忘れてはならない」と書いている。

ある奴隷所有者は、ロンドン・タイムズ紙のウィリアム・ラッセルに、綿花がもはや届かなくなれば、労働者は飢え、すぐに北部の封鎖を打破するための介入を求めるであろう、と警告していた。しかし、1862年までには、アメリカの綿花のごく一部しか封鎖を突破できなかった。巨大な繊維工業地は閉鎖され、失業は他の産業に広がった。同年2月11日付の同紙は、イングランドとウェールズの人口2000万人のうち90万人が失業していると報じた。数カ月後、多くの工業都市における人口の31・8％が失業していると推定された。同年4月に同紙上に掲載された手紙には、労働者の苦しみがこう綴られていた。

「私は広大な地区の中心に住んでいます。そこには多くの紡績工場があり、普段は何千もの『働き手』に雇用を提供し、何千もの口に食料を提供できます。非常にまれな例外を除いて、静けさが支配しています……。苦しい時代が来ました。私たちには、それが何を意味するのかを知るのに十分な時間がありました。私たちには、昼間に家のなかで座って、黙して塞ぎ込んでいる父親がいます。一方、子供たちは物欲しそうに泣き叫んでいます。私たちには、手に入らないパンを欲しがって泣き叫んでいます。私たちには、苦しい時代の前には誇り高い男だった同じ父親がいて、彼らは『乞食』という言葉をもっとも不快な言葉であると思っていましたが、今では妻子がほぼ飢餓状態にあるのを知って謙虚になり、妻子の欲求についての質問を受けるために『救済委員会』に出向き、忍耐と謙虚さをもって具申する同じ父親がいます。それを目撃するのは苦痛で、ほとんど衝撃的とでも言うべきで……。しかし、これ以上に耐えがたいのは、私たちの工場の女性や少女が解雇され、ドアからドアへとぼとぼと歩き、少しのパンを懇願しなければならなかったことです……」。

「私たちが知っていて敬慕している、ただの労働者の家の家具が残らず没収されているのを知り、長い間大切にしてきた本や絵画が1つずつ質屋に送られるのを知ると、食べ物が手に入ったかもと思いますが、その食べ物の質が悪く、量が不足しているのを知るのは耐え難いことです。しかし、こうしたことは最悪の事態ではありません。私たちのコテージ風の家の多くには、質入れでは数ペンスなりとも工面できるものは何も残っておらず、私たちの『ランカシャーの若者』の母親は物乞いに出かけ、ときには自分たちと同じくらい窮乏している家のドアをノックします。一方、父親や若者たちはといえば、道路の清掃や石割りで1シリングか2シリング稼げれば善しと思っています」。

これらの労働者とその扶養家族は、奴隷所有者が予想していたように、南部連合側への介入を要求しなかった。イギリス人労働者は、北部を支援することによって、自由のための自らの闘争を強化しているのを知った。なぜなら、あるイギリス人労働者がロンドンで開かれた労働組合の集会で言ったように、「労働と自由の大義は世界中にある」からである。

1861年11月〔8日〕、アメリカの戦艦サン・ジャシント号の司令官ジョン〔チャールズの誤り〕・ウィルクス大尉は、イギリスの郵便船トレント号を停船させ、2人の南部連合の委員、ジェームズ・メーソンとジョン・スライデルと彼らの秘書を逮捕・連行した。イギリスのトーリー派の新聞はこの事件を取り上げ、北部に対して宣戦布告するよう要求した。イギリス政府は、彼らがすぐに釈放されない限り、ただちに宣戦布告すると脅した。フランスの腐敗した新聞は、ルイ・ナポレオンにイギリス側につくよう促した。

イギリスのほとんどの労働者は投票できなかったが、集会やデモを通じて影響力を行使した。国中の市民集会で、労働者は仲裁によるトレント号事件の解決を主張した。ブライトンで行われたそのような集会の1つで、影響力のある国会議員ホワイト氏は、「彼らがこの集会の発起人であり、それを組織するためのすべての費用は彼らの委員会によって負担されることに言及するのは労働者階級のためである……」と語った。ロンドンのもっとも人口の多い地区であるメリルボーンでの集会で、次の決議が全会一致で採択された。「この集会は、反乱軍の使節であるメーソンとスライデルは、現在アメリカからイギリスに向かっているが、この国の労働者階級の倫理上の同情にまったく値しないことを決議する。なぜなら、2人は奴隷所有者であると同時に、アメリカ共和国に対して反乱を起こし、すべての国の労働者階級の社会的・政治的権利の公然の敵である、専制君主派の明白な使節でもあるからである」。

1862年1月、ノーサンプトンの下院議員ギルピン氏は、「この国の労働者の合法的に集まった集会において、王国のいかなる地域においても、奴隷制を支持する決議を採択できる十分な雄弁さと能力をもった人はいない」と宣言した。また、介入によって封鎖を破ることが繁栄を回復すると主張しても何の役にも立たなかった。労働者の答えは明白であった。「我々がどんな苦しみにも耐え、いかなる犠牲を払わなければならないにしても、我々は、我々の政府が奴隷を所有する南部連合のために、厳格な中立の原則から逸脱することを許さない」。

しかし、1つの議論が影響し、多くの労働者を混乱させることに成功した。南部に友好的なイギリスの新聞は以下のように疑問を呈した。なぜ苦しむのか。なぜ北部自身が擁護していない大義のために悲惨と苦難に耐えるのか。北部は奴隷を解放するために戦っていたのではないのか。マクレラン将軍は、彼が指揮を執ったとき、連邦軍が奴隷制に干渉することを恐れるべきではないと奴隷所有者に保証したのではなかったのか。将軍は奴隷制支持者に、奴隷の反乱を鉄棒で強く打ち砕くと約束したのではなかったのか。リンカンは、フリーモント将軍とハレック将軍の命令を取り消して、コロンビア特別区で奴隷を解放したのではないか。南北戦争が奴隷制をめぐるものであるという見解は、真実ではないのと同時に軽率なものであった。保護関税と銀行制度をめぐる共和党と民主党との戦いのために、なぜ飢えと犠牲を払うのか。北部の封鎖を破ってイギリスの繁栄を回復させせないのはなぜなのか。

アメリカの民衆に押され、ヨーロッパの労働者階級と中産階級を鼓舞して、南部連合を援助しようとする彼らの政府のあらゆる努力に反対させようと切望したリンカンは動き始めた。1862年3月13日、彼は陸軍と海軍の将校が軍隊を使って逃亡奴隷を送還するのを禁止する議会法を承認し、将校は解雇命令に違反した場合解任された。1カ月後、コロンビア特別区で奴隷制が廃止され、所有者への補償も行われた。6月9日、上院は同特別区の自由黒人に選挙権を与える法案を可決し、その翌日には逃亡者に陪審による裁判の権利を保障し、奴隷の所有権と連邦への忠誠を立証する責任を原告に負わせる決議が議会を通過した。そして9月22日、リンカンは予備的な奴隷解放宣言を発表し、翌63年1月1日に反乱を起こしていた人々に属するすべての奴隷を開放すると発表した。

これらの措置はアメリカとイギリスの民衆の間で喜びを喚起したが、彼らは依然として反動的な勢力が最後の瞬間に奴隷解放の邪魔をするのではないかと恐れていた。その後、アメリカの労働者階級や農村地域から、リンカンに断固として奴隷解放を実行するよう求める嘆願書や手紙、電報が殺到し始めた。イギリスでも、労働者は奴隷制が廃止されるまでリンカンを励まし続けることを決意した。

1863年1月1日、リンカン大統領が奴隷解放宣言に署名したとき、イギリスの介入を望む南部連合は壊滅的な打撃を受けた。駐英アメリカ大使の息子ヘンリー・アダムズは、彼の兄弟に「奴隷解放宣言は、この国全体で私たちに有利なほとんど痙攣性の反応を引き起こしています。ロンドン・タイムズ紙は、酔っぱらった自堕落な女のように激怒し、非難しています。しかし、世論が非常に深く感動しているのは確かで、会議での表現、リンカン大統領の挨拶、私たちへの委任、この問題を扇動し意見を実行するための常任委員会、その他の偉大な民衆運動のすべての兆候は、当地の上流階級にとって、とくに不快なものであるのは確かです。なぜなら、それは労働者階級の自発的な行動に依拠しているからです」との喜びに満ちた手紙を急送した。

奴隷解放宣言の4週間後、アダムズは再び兄弟に「私は昨夜、お送りした報告書で取り上げられている集会に行きました。民主的で社会主義的な集会で、既成の状況に対してもっとも脅威的で危険なものであり、ロンドンでは非常に斬新で憂慮すべき雰囲気と規模を帯びたものでした。そして参加者は、『我々に対する干渉』を容認しないことを政府に通知するために集まっていました(*)」といった内容の手紙を書いた。

(*) 1863年3月26日、アダムズはロンドンのセントジェームズ会館で開かれた労働組合主義者の大規模な集会に出席した。彼が国務省に提出した報告書は1942年まで未公表のままであった。彼は報告書で、集会には約3000人が出席していたことを強調し、「少数の招待客を除いて、全員が労働者階級の一員、あるいは技術的には熟練労働者であった」とも強調した。彼は続けて、講演者は「全員が労働者であり、間違いなく、組合から批難するよう訓練を受けていたが、明らかにそうした非難自体は人々の心から生まれた……」と強調した。講演者は、「彼らの利益とアメリカ合衆国の利益は1つであり、アメリカにおける自由な制度の成功はイギリスにおいて重大な影響を及ぼす政治問題であり、彼らは北部に不利ないかなる干渉も容認しないであろう。聴衆が講演者のこれらの感情を反映したやり方を間違えられず、誰も意図されたことを疑えなかった」と強調した。

この集会の主催者はマルクスとフリードリヒ・エンゲルスであった。マルクスと彼の支持者は南北戦争の勃発時から北部を支持した。なぜなら、彼らはアメリカの奴隷制の崩壊がアメリカの資本主義の束縛を解き、アメリカとヨーロッパのブルジョア民主主義を拡張し、世界中の労働者階級の運動のさらなる発展を可能にするのを知っていたからである。マルクスは、奴隷制の根絶のために革命的な方法で戦争を行うことで、初めて北部が勝利できると確信していた。

1864年9月28日、最初の国際的な労働組織である国際労働者協会《第1インタナショナル》が設立された〔その「創立宣言」「暫定規約」はマルクスが起草した。1872年本部をアメリカに移した（実質的には解散。公式の解散は1876年）〕。2カ月後、同協会の総評議会《ジェネラル・カウンシル》は、イギリス政府の反連邦的な態度に抗議するために、ロンドンで一連の労働者の集会を開催した。この活動がアメリカの利益にとっていかに重要であったかは、79年に議会で演説したマサチューセッツ州のジョージ・ホーア上院議員によって次のように認められている。

「ヨーロッパとアメリカの労働者の国際協会は、とりわけ、世界の国々の間に関係を樹立し、労働という共通の絆から成長し、単なる国家的な愛着よりも、あるいは臣民と君主を結ぶ絆よりも、より大きく、より強力で、より拘束力のある、人間と人間との間の血縁関係を認めてきたことを尊重するこの名称をもっている。アメリカは、その崇高な偉業に対して感謝の意を示さなければならない最後の国である。我々自身の戦争のもっとも暗い時代に、イギリスの統治階級が、南部連合を認めてフランス皇帝に加わったことを喜んでいたであろうとき、それを妨げたのはランカシャーの労働者の怒りに満ちた唸り声で、イギリス政府にこう言った。『私たちは、北アメリカの労働者をはるかに愛しています。私たちは、利害と感情において、イギリスの貴族階級よりもアメリカの労働者とより近い関係にあります。そして、私たちはあなた方から多くのことを与えられてきましたが、私たちが聞かされていないことが1つあります。それは、アメリカの労働者を魅了している大義に対して、あなた方がイギリスの権力と腕力を結集しなければならないということです』」。

黒人労働者の貢献

前線での行動と生産によって、北部の労働者は自分たちがイギリスの同胞に価値あることを証明し、戦争中の連邦の大義への奉仕によって、黒人が自由を獲得したことを証明した。奴隷解放宣言の前から、黒人奴隷はあらゆる機会に連邦軍を助けてきた。彼らは連邦軍が南部に進軍するのを助け、連邦軍司令官に貴重な情報をもたらし、南部連合の戦争行動を妨害した。ロバート・スモールズ〔1839～1915。南北戦争当時の黒人の英雄。後に政治家〕による南部連合の汽船プランター号の拿捕は、南北戦争中の黒人の英雄的で機知に富んだ行為の一例である。船長と乗組員がいなかったので、船長の体格に似ていると言われていた彼が、南部連合の船長に変装してサムター要塞に適切な合図を送り、策略が露見する前に火器の射程外に逃れた。プランター号はチャールストン港外の連邦艦隊に引き渡された。

黒人奴隷が連邦軍の将軍に提供した情報は非常に貴重であったので、南部連合の司令官はしばしば大規模な分遣隊を派遣して、「ヤンキー黒人」の土地を一掃した。ミズーリ州では、奴隷は連邦軍の将校がゲリラ部隊を根絶するのを積極的に支援していた。あるとき、ナサニエル・P・バンクス将軍の全軍は、先駆して南軍の接近を警告した奴隷の行動によって奇襲攻撃から救われた〔だが、1862年3月25日の第1回ウィンチェスターの戦いで南軍の攻撃で危機に陥り退却した〕。

奴隷解放宣言の数カ月前、黒人は要塞や塹壕を構築し、靴を履いてなくとも地面をシャベルで掘る作業をし、連邦軍の大義に仕えた。他にも、鉄道の敷設、蒸気船に燃料を供給するための木材の切断、政府船の積み下ろしに雇われた者もいた。彼らは連邦海軍の封鎖作戦にも従事し、大工、港湾労働者、水先案内人、砲手、普通の海員として働いた。

逃亡奴隷は南部連合の活動に関する貴重な情報を頻繁に提供した。1861年12月、2人の黒人がノースカロライナ州ウィルミントン沖に停泊していた戦艦モンティセロ号を陣中見舞いし、ニューインレット島とジーク島にある南部連合の要塞について詳細に説明した。これらの要塞を占領した後、海軍は黒人奴隷の支援に敬意を表した。同様に有用であったのは、敵地にいる連邦軍の物資を確保した黒人奴隷であった。彼らは、騎兵司令官が馬を乗り換えるのを助け、物資不足のせいで進軍できなかった部隊に牛、食料、飼料を届けた。早くも翌62年5月1日に、ニューヨーク・トリビューン紙は、連邦軍司令官に対し、奴隷を偵察者や密偵として活用するよう勧告し、援助を拒否した将校には、連邦軍から重要な同盟者を奪っていると次のように警告した。「彼らはこの土地をよく知っている。彼らは幹線道路を避けて森や沼地、雑木林を真夜中に行軍するのに慣れている。彼らは姿を隠し、物音を立てないことや、白人なら食料なしで行かなければならない場所で食べ物を見つけるのに慣れている」。

黒人の武装が法制化されると、数千人もの黒人が加わった。1864年までに18万6017人の黒人が連邦軍に従軍しており、そのうち13万4111人が奴隷州出身であった。このうち6万8178人が命を落とし、3万7000人は戦死であった。この事実について、翌65年12月26日付のニューヨーク・トリビューン紙は、「黒人はその3人に1人が自由の大義に命を捧げた。私たちは勇気をもって、その半分も同じことをやったのか」と論評した。

黒人兵士は恥ずべき差別にも耐えた。1864年7月までは白人兵士よりも少ない給料しか受けておらず、将校に任官された黒人はほとんどおらず、多くは戦闘に加えて、困難な任務の遂行を余儀なくされた。それにもかかわらず、戦争の重要性を完全に見失わせないよう差別を許さないと国民に訴えたフレデリック・ダグラスの指導に従って、黒人兵士は入隊し続け、殊勲を立てた。黒人兵士は198回の戦闘と小競り合いに参戦した。バンクス将軍はリンカンに対し、63年5月〔21日から7月9日までの〕、「ポートハドソン〔包囲戦〕での勝利は、彼ら［黒人部隊］の援助がなければ、その時点では達成できなかったであろう」と断言した。この黒人兵士の連隊は、割り振られた南軍の主要防御拠点を急襲する任務に対して非常に勇敢であったので全国的な賞賛を得た。〔ポートハドソン包囲戦での勝利で連邦軍はミシシッピ川を完全に支配し、アーカンソー州とテキサス州といった重要な州を南部から遮断した。〕

１８６３年８月に黒人連隊の指揮を執ったジョン・ワージントン・エイムズは、「私が黒人とともに戦うまで、敵の防備施設が襲撃されるのを見たことも、火器が分捕られるのを見たことも、分捕った火器が敵に対して使われるのも知らなかった。我が軍の黒人がこれらで失敗したことは一切なかった」と書いている。同様の証言は、フロリダ州で黒人の分遣隊を指揮したトーマス・ウェントワース・ヒギンソン大佐からもなされた。同年2月、彼は「[私が]黒人部隊を使って成功裏に成し遂げたことを、もっとも勇敢な白人部隊を使って試みるのは狂気の狂気の沙汰であったろう」、と書いている。

黒人兵士が優れていたのはゲリラ戦であった。黒人部隊の分隊が「南部連合国」に突入し、補給品の貯蔵所、製塩所、弾薬庫を破壊し、北部で必要とされる木材やその他の物資を運び出した。彼らは常に連邦軍の新兵を無事連れ帰った。１８６４年のノースカロライナ州の新聞は、「この無名の戦域における黒人の襲撃の野蛮でひどい結果について……描写する言葉をみつけるのは困難である」と報じた。

かの注目すべき女性、ハリエット・タブマンほど素晴らしい軍務を提供した人物はいなかった。彼女ほどこの国を熟知している人物はいなかった。彼女は「地下鉄道」で何年も活動していたので、比類のない知識を得ていた。１８６３年、陸軍は、彼女が軍病院での看護師としての仕事を放棄し、サウスカロライナ州で活動するゲリラ旅団を編成することに同意した。彼女とモンゴメリー大佐は、この土地に精通した元奴隷の一団を選んで作戦を開始した。彼らがどのように作戦遂行したかは、7月10日付のボストン・コモンウェルス紙に掲載された次の記事で語られている。

「ハリエット・タブマン」

「モンゴメリー大佐と彼の勇敢な３００人の黒人兵士の一団は、黒人女性の指導のもと、敵の領土に突進し、大胆かつ効果的な一撃を加え、数百万ドル相当の兵站倉庫、綿花、貴族然とした住居を破壊し、南部連合国の度肝を抜き、８００人近くの奴隷と数千ドル相当の財産を、1人の人間も失うことも傷つくこともなく奪取した。それは輝かしい戦果であった」。

遠征後、新兵はモンゴメリー大佐の演説を受け、彼の後には「襲撃を指揮し、そのインスピレーションのもとでそれが始まり、実行された黒人女性の演説が続いた」。

１８６４年、リンカンが敗北主義者から、黒人部隊の使用を放棄し、すでに従軍している兵士を除隊するよう圧力をかけられたとき、彼はこう答えた。

「現在、約20万人の健康で丈夫な黒人が合衆国の軍務に就いており、そのほとんどは武器をもって、連邦の領土を防衛し、領土を獲得している……。現在、黒人兵が駐屯しているすべての駐屯地を放棄し、我々の側から20万人の黒人を引き抜き、我々に対抗して戦場やトウモロコシ畑に投入すれば、我々は3週間で戦争を放棄せざるを得なくなるであろう」。

南北戦争で実際に戦った人間の大部分は、白人も黒人もともに労働者階級出身であった。ニューイングランドの労働組合の機関紙ボストン・デイリー・イヴニング・ヴォイスは、北部の勝利に対する労働者の貢献についての詳細な説明を誇りに満ちた言葉でこう結んでいる。１８６４年12月27日付の同紙は、「何千人もの労働者が、政府の誠実さを維持し、法の至上性を立証するために、自由の旗のもとに集結した。我々の栄光ある共和国の解体を防ぐために、彼らは職と家を捨て、祖国の祭壇の上で血の犠牲を払っている。労働者の強力な右腕は、試練の時期の我が国の信頼できる防御力である。すべての戦場は、彼らの国への献身と自由への愛を証明している」と断言した。

第16章　労働者とカッパーヘッズ

南北戦争中の前線や急速に拡大する北部の工場における労働者の貢献は、アメリカ史のなかでもっとも刺激的な話題の1つである。しかし歴史家は、労働者の役割を無視するか、あるいはそれを徴兵暴動との関連においてしか捉えてこなかった。これらの暴動は、労働者が戦争を擁護せず、「終始不機嫌さを示す支持しか与えず、その理想主義的な目的を拒否した」証拠であると彼らは主張している。

労働者と徴兵

真実は、労働者は徴兵制に反対したのではなく、むしろその階級的性格、すなわち貧者の徴兵であって、金持ちのそれではなく、人の徴兵であって、富のそれではないという階級的性格に反対したということである。こうした労働者の態度は、当時の傑出した労働新聞フィンチャーズ・トレイズ・レヴューと、当時の主要な労働者の代弁者であるウィリアム・H・シルヴィスによって明確にされた。前者の労働新聞は、「国のために徴兵制を導入しよう。ただし、貧困層だけでなく富裕層にも導入しよう」と宣言した。そしてシルヴィスは、もし労働者が軍隊に入らないと言うなら、議会は武装した兵士に作業場に入るよう命じ、「我々を強制的に入隊させたであろうし、それは完全に正しかったであろう……。さて、もし金が欲しかったら、同じことをしなかったであろうか。もしすべての人の命を奪う権利があるなら、すべてのドルを奪う権利もあるのではないか」と論じた。

しかし、1863年に採択された徴兵法は差別的であった。それには、代替要員を提供したり、300ドルの代替え費の支払いによって、兵役回避を法的に可能にする条項が含まれていた。その結果、ナショナル・アンチ・スレイヴァリー・スタンダード紙（奴隷制度廃止運動に熱心に取り組んだジェームズ・R・ローウェルも同誌に寄稿していた）が指摘したように、徴兵法は「金に不自由しない階級のための徴兵からの事実上の解放」を認めた。裕福な資本家やその息子が入隊しているのは非常に珍しかったので、兵役に就いた者はほぼ社会的に疎外された者とみなされた。メロン財閥の創始者であるペンシルヴェニア州のメロン判事（1813〜1908。トマス・メロン）は、兵役を希望した息子の一人に、「入隊するのは青二才だけである」と語った。

労働者が徴兵法の不当さに激高していたことは驚くにあたらない。それにもかかわらず、労働組合と労働新聞は労働者に同法を遵守するよう促し、同法を改正するための運動を行った。おもにこの助言は、とくに組織化された労働者によって守られた。しかし、労働者階級の一部、主として組織化されていない人々は、カッパーヘッズ〔南北戦争時に南部に同情的な北部民主党員。リンカン大統領の戦争政策に反対し、交渉による連邦統一を主張した〕のプロパガンダに屈した。

カッパーヘッズは徴兵法の階級的な性格を最大限利用した。彼らは労働者の友人を装って、労働新聞を通じて、「人民からくすねた300ドルの『グリーンバック』を所持する」すべての人が、兵役を逃れるのを認める条項を非難した。1863年夏、「徴集兵の歌」の歌詞を載せた6枚のチラシが、ニューヨークやその他の都市の数千人の労働者によって回覧された。典型的な抜粋は以下の通りである。

父なるエイブラハム、あと30万人来ます／俺たちは血を流す心と痛みをもって家や暖炉のそばを離れます／貧困は俺たちの罪であったので、あなたの命令に従います／俺たちは自由を買う財産をもたない貧しい者です

労働者は何のために戦うのかとカッパーヘッズは尋ねた。そして彼らは、「『奴隷制廃止論者《アボリショニスト》の資本家』が、より高い賃金を求めてストライキをしているアイルランド人労働者と取り替えるため、黒人を北部の都市に移送できるように」と答えた。ニューヨーク・カッパーヘッズ紙は労働者に、「貧者に金持ちと同等の特権を与える法律」だけに従うよう促したが、デイリー・ニュース紙は、「人々は、我々市民の約2・5人に1人がリンカン氏とその中隊の納骨堂に連行されることになっている、と知らされている。とんでもない。我々は、この不法行為を防ぐために迅速な措置が講じられることを願っている」と書いた。

カッパーヘッズの理不尽なキャンペーンは、血腥い破壊的な徴兵暴動を扇動するのに役立った。徴兵開始から数日後の1863年7月13日、ニューヨーク市の暴徒が主要な徴兵駐屯地を破壊した。丸3日間、暴徒は市内を徘徊し、造船所、鉄道、路面電車の路線を破壊し、工場や工場内の機械部門を閉鎖し、主要な共和党員の自宅や事務所を襲撃し、不特定多数の黒人を死傷させた。暴動が鎮圧される前に、400人以上が死傷し、推定500万ドル相当の私財が破壊された。

暴動は他の都市にも広がった。ニューヨーク州トロイでは、レンセラー製鉄所とオールバニー釘工場の300人の労働者が、徴兵に反対して街頭行進を行い、タイムズ紙の事務所を略奪し、アフリカ教会を焼き払うと脅し、刑務所を開放して囚人を釈放した。インディアナ州ハートフォード、ウィスコンシン州ポートワシントン、ペンシルヴェニア州のいくつかの鉱業地帯では、徴兵箱が破壊され、監督官が町から追い出された。そこでは、鉱夫の組合を粉砕するために、鉱山経営者が鉱業地帯に対してより高い割当人数を設定するよう当局に働きかけたとの疑念が生じたとき、労働者の憤りは極限に達した。(*)

(*) ペンシルヴェニア州の徴兵を担当する有力な連邦保安官が悪名高い反組合鉱山運営者であったという事実が、疑念をさらに深めた。

カッパーヘッズはその目的の一部を達成した。彼らは、「事前に

計画された組織なしに、労働者階級は……、扶養家族から彼らの唯一の支援を奪うことになる、連邦政府の徴兵に対して力をもって抗議した」と自慢した。しかし、活版印刷工、帽子職人、大工、高級家具職人の組合の代表で構成されたニューヨーク民主・共和労働者協会は、カッパーヘッズの主張をこう暴露した。

ニューヨーク民主・共和労働者協会は、緻密な調査の後、「ニューヨークの労働者が1863年の暴動を起こしたのではない」と明言した。「暴動は、数は少ないものの、規模が大きくて悲惨な結果を生み出すのに十分な偏見を掻き立てることに成功した、指導者階級の側での長く慎重な努力の成果であった……。ニューヨークの労働者は暴徒ではない。刑務所と犯罪の暗い巣窟との間で震えている少数の無謀で放蕩な男たちは、大都市の労働者を代表するものではない」。

労働者の大規模な集会では、労働者階級のごく一部しか暴徒に加わっていないこと、暴徒のなかにいた労働者の大部分が、抵抗は死を意味するという脅しによって、工場から引きずり出されたことが指摘された。徴兵に抵抗したまさにそのコミュニティは、それまでは多くの志願兵を輩出していたが、そのほとんどが労働者であった。さらに、アイルランド人はすでにその人口に比して、アメリカ生まれのアメリカ人よりも多くの兵士を連邦軍に輩出していたことが明らかになった。講演者は、ニューヨークの有名な「第69戦闘部隊」やその他の勇敢なアイルランド人連隊の壮大な戦闘記録に言及した。ニューヨーク市での集会で、ニューヨーク家屋塗装工協会の会長パトリック・キーディは、そのほとんどがアイルランド人であった組合員に送った、次の手紙の本文を読み上げた。

「私は、あなた方の誰かが、最近の暴動に加わったとは微塵も思っていません。あなた方は自分たちの利益を熟知しているので、そうしたことはしないでしょう。しかし、当時生じた恥ずべき場面の再発を防ぐために、あなた方は多様な方法で影響力を行使できます。先の場面に関与したのは、誠実な労働者ではなく、当市や近隣都市の窃盗団であり、彼らは人生で1日も仕事をしたことがなく、略奪目的でここに来たのであって、徴兵に抵抗するためではないことを証明しました……」。

「それで、私は友人として、あなた方に、先のような場面の立法化から生じるはずの、人命の損失と私財の大規模な破壊の繰り返しを防ぐために、全力を尽くされるようお願いする次第です」。

「私は、逮捕された人の名簿を読み進めましたが、そのなかに1人の印刷工の名前があることに気づきませんでした。この街には多くの印刷工が住んでいることが知られているので、これは確かに非常に信用できることです。この記録を汚さないようにしてもらえますか。あなた方は、その場にいない他の人たちに同じことをするように誘導するべく、全力を尽くしていただけるでしょうか」。

労働組合主義者は、混乱が最高潮に達したとき、一団の社会主義者が暴徒の怒りに勇敢に立ち向かい、労働者に「連邦、憲法、法律を支持せよ……。誠実に仕事を続けよ」と強く勧告するリーフレットを配布した、と指摘した。

連邦を支持せよ。このスローガンは、戦争中、労働組合から何度も発せられ、労働新聞に何度も掲げられた。1863年10月にリンカン大統領がさらに30万人の兵士を徴募する呼びかけを行ったとき、フィンチャーズ・トレイズ・レヴュー紙は労働者に対して、「我々が星条旗の周りに結集しなければ、我々には国がない」とただちに返答するよう訴えた。3カ月以上経った後、同紙は別の徴兵を「[労働者が] その呼びかけを尊重する能力があるのを知ったことに誇りをもって」歓迎した。今回、同紙は、帝国主義的なヨーロッパの政府、とくにイギリスとフランスの政府に対して、「両国が、原則への執着に自らの存在を賭けようとする自由人の国の願望をいかに軽視しているかに留意するよう」警告する機会を得た。

カッパーヘッズのプロパガンダ

組織化された労働者とその労働新聞の活動がなければ、カッパーヘッズは、合衆国政府の戦争続行を完全に麻痺させようとする危険な行動に成功していたかもしれない。さらに、彼らは自分たちの策謀を暴動を引き起こすことに限定しなかった。また、奴隷貴族との交渉による和平のための運動も開始した。刈取機と収穫機業界の大立て者であり、有力なカッパーヘッズであったサイラス・H・マコーミック〔マコーミック収穫機会社、後のインターナショナル・ハーヴェスター社の創業者。その言動については、拙訳『アメリカ労使関係の一系譜—マコーミック社とインターナショナル・ハーヴェスター社』（関西大学出版部、2002年）を参照のこと〕は、「戦争を止めよ。休戦を宣言せよ。大会を招集し、平和の条件を検討せよ……」と金切り声を上げた。

なぜなら、カッパーヘッズは南北戦争を、「フランス革命を辱めたのと同様の恐怖の支配」を目的とした革命戦争として恐れていたからである。アボリショニストは「狂信者で革命家」であり、その究極の目的は社会主義社会にあると彼らは言った。

同時に、カッパーヘッズは労働者の利益の擁護者を装って、戦争を支持し継続することによって労働者は得るものはなく、失うものはすべてであると主張した。徴兵法の替え玉条項は、「貧困層を犠牲にして富裕層に恩恵を与えるという、政権の性格のもう1つの証拠」にすぎず、政府の政策は事業主が貧困層の搾取強化を可能にした、と彼らは主張した。戦争は、アメリカ国内に「大衆を被救済者化し、甘やかされた貴族を養うための労苦の報酬を彼らから奪うイギリスのような体制」を作り出していた。それはすでに、多くの人々を犠牲にして少数の人々を豊かにし、「富裕層をより豊かにし、貧困層をより貧しく」し、労働者に「その生活を1%、2%、場合によっては300%向上させる、価値の下がった通貨を労働の支払として受け取るよう」強制していた。彼らは、さらに悪いことに、奴隷解放宣言によって北部で解放された何千人もの黒人が白人労働者を失業させ、労働コストを下げ、「白人労働者階級を倒すための」スト破りの軍隊を編成した、と続けた。

戦時下の対比

それは、ほとんどの人がカッパーヘッズのプロパガンダの虜になるのを容認しなかったという、南北戦争がもつより深い問題を労働者が理解したことへの賛辞である。なぜなら、金持ちはますます金持ちになり、貧乏人はますます貧しくなっているという主張には真実味があったからである。戦争の勃発は、南部市場の喪失と3億ドル近くの南部債務の履行拒否を引き起こしたが、危機の真っ只中にあっても商機は見いだされた。政府が軍需物資を発注したことで状況が変わったのである。

　新たな階級の億万長者が誕生した。彼らの富の大半はアメリカ史上最悪の腐敗の産物であった。詐欺的な請負業者によって政府に売られた銃は兵士の手のなかで暴発した。政府はしばしば砂糖と称して砂を掴まされた。珈琲と称してライ麦を掴まされた。衣類や毛布は粗悪な材料や店舗の掃き集めたゴミで作られており、靴と称して紙製の靴底が付いた粗悪な革の組成物を掴まされた。水兵は「中古品店専用のエンジンを装備した」生材で造られた船で海に沈んだが、ジョージ・モルガンがそのような船を売って得た手数料は4カ月半で合計9万5008ドルに達した。兵士は雨中でぼろ着のようになった軍服を着ていたが、請負業者はこれらの服を政府に供給することで巨万の富を築いた。敵との違法な取引で数百万ドルを稼いだ者もいた。

　同時に、労働者の生活水準は大幅に低下した。食料・衣類・家賃は、投機とインフレの影響で急騰したが、賃金は横這いか、非常にゆっくりとしか上がらなかった。工業製品の卸売価格は、1863年には60年と比べて59%、64年には125%、65年には107%上昇した。基本的な必需品に換算すると、その上昇はさらに驚くべきものであった。ニューヨーク市では、61年に牛乳が1クォート〔約1ℓ〕当たり0・5セントで売られていたが、64年には10セントになった。61年4月に1ポンド当たり4セントで売られていたバターは、64年11月には25セントになった。61年の冬に1バレル当たり6ドルであった牛肉は、64年の冬には13ドルに値上がりした。61年の冬に1トン当たり5・5ドルであった石炭が、3年後には11ドルになった。64年、ニューヨーク・トリビューン紙は、生活費は倍増したものの、「賃金は戦前より12から20%しか高くなく、多くの家庭には絶対的な窮乏がある一方で、学校にいるべき何千人もの学童が、家庭で不足している物資を何とかして稼ぐために職場に閉じ込められている」のを認めた(*)。

(*) 南北戦争末期の雇用増による「手取り賃金」の増加と労働組合の闘争の結果、労働条件は改善の兆しを見せ始めた。

　議会の立法と財政政策は労働者の苦悩が増す一因となった。1862年に議会はホームステッド《自営農地》法を可決し、5年連続で耕作する者には160エーカーの公有地を与えることになった。ここでついに、ジョージ・ヘンリー・エヴァンズの土地改革十字軍運動の時代から西部の農民とともに労働者が要求してきた方策がとられた。しかし、同法は、土地を耕作する者が6カ月以内に1エーカーあたり1・25ドルで土地を購入できることも規定していた。同法によって提供された機会を多くの入植者が利用できるようになる前に、土地投機家のために活動していたダミーの「入植者」が杭を打ち、所有権を登記し、6カ月後に購入オプションを行使した。程なく、優良農場のほとんどが土地投機家の手に渡った。

　しかし、この土地の収奪は、略奪の一般的な運動の一面でしかなかった。1862年から64年の間に認可されたユニオン・パシフィック、セントラル・パシフィック、ノーザン・パシフィックの各鉄道に対して、連邦議会は7000万エーカー以上の公有地を引き渡し、さらに1億4000万エーカーが州に与えられた。これらの土地もすぐに投機家に横領された。

詐欺、汚職、土地収奪などが多くのアメリカの富の源泉であった。これらの富は政府の財政政策によってさらに膨れ上がった。戦時中に発行されたドル紙幣は価値が下がり、1ドルあたりわずか40セントで売られた。この紙幣は国債購入の法定通貨として認められたので、手元資金のある連中は急いで投資した。利益は3から400%と推定された。こうして、兵士や労働者は50または60セント以下の価値しかないドル紙幣で支払われたが、議会は債券保有者に100セント相当のドル紙幣で支払うことを保証した。

利益は、1864年の契約労働法(＊)によってさらに増大した。同法は、労働者をアメリカに連れてくるために海外で行われた契約を合法化し、そうした労働者が徴兵されないことを実業家に保証し、アメリカの雇用主の代理人を務めるアメリカ移民会社に法的認可を与えた。ヨーロッパを離れる前に、労働者は移民会社と契約を結び、移民は年季契約奉公人の地位にまで格下げされた。68年に廃止される前に、同法は何千人もの労働者を産業界に供給し、彼らはスト破りとして頻繁に利用された。

(＊) この法律は、「移民が移住の費用を返済するために、……12カ月を超えない期間にわたって労働の賃金を誓約するために締結されるすべての契約は、法的に有効とされ、合衆国の裁判所において執行できるものとし……そして、そのような立替金は、移民がその後に取得した土地に対する先取特権《リーエン》(留置権)として機能する」と規定している。

「移民を奨励する法律」に憤慨した労働者は、外国人労働者の入国阻止は望まないが、賃金削減の折りやスト破りとしての彼らの利用には反対することを明確にした。

1863年6月6日付のフィンチャーズ・トレイズ・レヴューは、「一体となった努力と釣り合いのとれた結合によって、我々はこれまでのところ、労働生活を緩和するだけの快適さの適度な分け前を確保するために賃金水準を引き上げてきた。そして、より安い代価で他の人の代わりをするために工場のドアを叩く者は、人間として恩知らずであるだけでなく、人類の敵であると我々は宣言する」と報じた。

戦時下のストライキ

労働者は戦争遂行を妨げたストライキを後悔した。そのため、雇用主に対して苦情を平和的に解決し、賃金を引き上げるよう訴え、政府に対して物価を抑制し、生活費を戦前の水準まで下げるよう訴えた。フィンチャーズ・トレイズ・レヴュー紙は、「我々は、労働している数百万人が、平時の賃金が平和の代価を伴う場合には、すべての生活必需品のために平時の賃金を受け入れるであろう。しかし、もし我々が戦争の代価を支払わなければならない場合には、戦時の賃金を得なければならない」と断言した。

しかし、政府は物価を統制するために何もしなかった。実際、これまでみてきたように、政府の財政政策は状況を悪化させるだけであった。そして、ほとんどの雇用主は自分たちの有利な立場をあまりにも意識していたので、理性や愛国心の訴えに耳を傾けられなかった。

労働者にはストライキ以外の選択肢はなかった。シルヴィスをはじめとする労働運動の指導者は、ストライキが「不幸なこと」であるのを認識していた。しかし、「では、労働者は何をすべきなのか」とフィンチャーズ・トレイズ・レヴュー紙は問いかけた。シルヴィスは多くの労働者の感情を次のように表現した。「しかし、もしこの問題が我々に強制されたのであれば、我々はそれを受け入れなければならない。もし資本家が我々を窮地に追いやり、我々を貧窮と欠乏に陥れ、すべての市民に与えられた権利を我々から奪う取り組みを続け、彼らの執拗さが戦端につながるのであれば、彼らに責任を負わせなければならない」。

ストライキの間中、労働者が資本家に責任を負わせたのは重要であった。彼らは新聞に有料広告を掲載し、生活費の上昇を列挙し、「政府との契約で莫大な利益を得ていた彼らの雇用主」の抵抗を指摘した。強制された闘いで国民の支持を訴えたのは、「忠実な市民として、政府の健全で妥協のない連邦の友人として、［そして］尊敬すべき職工として」であった。

もちろん、多くの雇用主は政府に対して、ストライキを禁止し、スト参加者を逮捕するよう圧力をかけた。自らの不正行為によって戦争遂行を著しく難航させた雇用主たちは、当局が援助しなければ、軍需品生産が著しく妨げられるであろう、と訴えた。たとえば、石炭価格を引き上げたミズーリ州の石炭業者は、1863年のストライキ中に、政府は「石炭の完全かつ安定的な供給を得ることに実質的に関心がある」ので、スト参加者を解散させるために連邦軍を派遣すべきである、と提案した。

連邦軍の将校は、雇用主からのこのような訴えに迅速に対応した。1864年4月、ウィリアム・ローズクランズ少将は、セントルイスの司令部から一般命令第65号を発令した。この命令は、戦時生産に従事する者の組織化を禁止し、ピケッティングを禁止し、スト破りに対する軍事的保護を保証し、組合の組織化に関与した者をブラックリストに載せた。ケンタッキー州ルイヴィルのバーブリッジ将軍によって同様の命令が発令された。彼は「雇用主の信頼を得ており、［そして］彼らのすべての計画を知っている」(*)と言われていた。

(＊) 労働者階級に友好的な将軍も何人かいた。その顕著な例がベンジャミン・F・バトラー将軍である。彼が連邦軍とともにニューオーリンズに到着したとき、何千人もの失業者が飢饉と飢餓に直面しているのを目の当たりにした。食料の価格は彼らの収入を完全に超えた水準まで上昇していた。パンは1斤20セント、小麦粉が1バレル14ドルで売られていた。彼は価格を調整し、失業者を助けるために南部連合の債券保有者や貿易業者に税金を課した。富裕層が抗議すると、彼は彼らにはっきりとこう言った。「貧しい人は雇われて食事を与えられなければならず、あなた方は窮地に立たされなければなりません。あなた方がクッションのある長椅子に横になり、カメの肉を味わい、ワインをちびりちびり飲み、上質のリネンを着て、立派な馬車に乗っている間に、かつてにぎわっていた通りに飢えが忍び寄り、貧困は働く特権の欠如のためにそのぼろ布を軽視したと言われても仕方がありません」。富裕層は35万ドルまで放蕩し、その金は貧困層を助けるために使われた。毎月7万ドル相当の食料が970７世帯に分配され、毎月2000ドルが孤児と未亡人のための5つの保護施設を支援するために使われ、毎月5000ドルが慈善病院に寄付された。一方、バトラー将軍は失業者に仕事の救済を提供した。1000人以上の男性が市当局に雇われて通りを掃除し、埠頭を修理した。

これらの命令は執行された。ニューヨーク州コールドスプリングスでは、労働者が賃上げを要求していたR・P・パロット銃工場のストライキを阻止するのに連邦軍が使われた。労働者のうち4人が逮捕され、裁判なしで7週間拘禁され、自宅に戻ることを許されず、彼らとその家族は町から追放された。セントルイスでは、ストライキ中の機械工や仕立工が銃剣を突きつけられて強制的に仕事に戻された。テネシー州では、トマス将軍が200人のストライキ中の職工を逮捕し、「国外追放」した。軍隊が、レディング鉄道の技術者とペンシルヴェニア州ティオガ郡の鉱夫協会のストライキを阻止するのに使われた。

国民の悲しみを糧にして肥え太った投機家や請負業者が政府の注意を引いたことで、怒りが波のように労働者階級の体中を走った。フィンチャーズ・トレイズ・レヴュー紙は、連邦軍の労働者は「国内の同胞と戦わされることなく、祖国の敵と戦うために十分な役割を果たしたのではないか」と問いかけた。さらに、「我々全員が愛し、少なくとも25万人の同胞労働者が命を犠牲にし、今日ではさらに100万人以上がそれを破壊しようとする敵に勇敢に立ち向かう政府を保護し、支持するためには、民間人の間の不和のために、武装した市民を同胞に対して配置しなければならないということになったのか」と問いかけた。

当時の著名な労働組合主義者は、資本を支持して労働に対して採られたすべての行動は、労働者階級のなかでカッパーヘッズのプロパガンダを助長する手段であることを政府にたえず思い出させた。

カッパーヘッズ運動の失敗

南部連合が戦争に勝つ見込みがないことを知ったカッパーヘッズは、交渉による和平を通じて戦争を即時終結させようとする動きを強めた。労働者が南部に有利な条件で戦争を終結させるために迅速に行動しなければ、資本家と政府の連合は、黒人奴隷が被ったとされるよりもひどい束縛を彼らに課すであろうと警告した。1864年6月1日付のニューヨーク・デイリー・ニュース紙は、「平和は虐殺を止めるであろう。さらなる士気の低下を止め、労働の飢餓的価格に終止符を打つであろう……」と報じた。

しかし、カッパーヘッズは労働者を不忠の行為に駆り立てることはできなかった。労働者のなかには、カッパーヘッズのプロパガンダに感染した者もいたが(*)、労働者の大部分はカッパーヘッズの提案を拒否した。労働者も戦争の早期終結を望んでいたが、戦争は勝利という結果を得るまで戦わなければならなかった、とも語っていた。連邦軍にいた「組合員労働者」がフィンチャーズ・トレイズ・レヴュー紙に手紙を書き、交渉による和平に反対して国内戦線で労働者を結集させるよう促した。この手紙は北部全域の労働組合によって支持された。それは次のように書かれていた。

（＊）ヴァージニア州生まれのエリシャ・W・マコーナスは、カッパーヘッズ運動と関係のある労働組合主義者で、シカゴの職業会議に影響を与え、労働者にとって重要ではないという理由で戦争を終結させる提案を支持させられた。彼がシカゴで開かれた労働者の集会のために書いた決議案によれば、「現在の戦争は、北部の労働者によって引き起こされたものではなく、さらに彼らの指揮下で戦われているものでもなく、彼らの利益のために続くものでもなかった。彼らの唯一の役割は、その重荷を負い、隊列のなかで血を流すことであった」。シカゴの機械工・鍛冶工組合は、彼が主導する反戦運動との連携を拒否し、この運動がカッパーヘッズの支配下にあると公然と非難した。

「私たちは自発的にここにいて、長年の秘密の裏切りに力を得て、一時は私たちの土地を圧倒する恐れがあった呪われた反乱に対して、憲法と連邦を維持するために、家庭のすべての快適さ、友人との交際、そして私たちがこの世界で大切にしているすべてのものを犠牲にしている。

私たち連邦軍の兵士は、殺された何千人もの仲間の血で真っ赤になり、骨で白くなった多くの戦場を振り返り、私たちの足元の地面そのものが復讐を叫んでいることを振り返ると、神が人類に与え賜もうた最高の政府に対して、武装した反乱軍の完全な服従以外のいかなる条件でも平和を求めることはできない」。

戦線の背後では、労働者は反乱の鎮圧に協力する決意を政府に保証した。1864年8月下旬、機械工・鍛冶工組合がフィラデルフィアで集会を開催した。資本家や政府職員の手によってこれほど深刻な被害を受けた労働者はほとんどいなかった。それにもかかわらず、同組合は、労働者階級の苦しみを終わらせる方法は、戦場での南部連合の粉砕であると票決した。その決議文は次のように書かれている。

「労働者としての我々の権利と利益、我々の家族に対する義務、（数千人単位で軍隊にいる）我々の仲間の労働者に対する義務、そして、我々の国に対する市民としての義務に加えて、我々は、このもっとも邪悪で不自然な反乱を鎮圧するための政府の努力を支援するために、我々ができるあらゆる手段を用いることを決議した」。

「偉大な共和国の生死の問題に関しては、さほど重要でない問題に関して我々の意見がどれほど異なっていたとしても、我々労働者は不滅のジャクソンの感情を守るために一団となって立つことを決議した。『連邦は守らなければならず、また守られるべきである』〔このフレーズは、1860年の大統領選での運動スローガンとして使われていた〕」。

多くの同様の決議を引用できる。それらはすべて、不当利得者や資本家に対する労働者の憎悪を戦争そのものに対する憎悪に変えるためのカッパーヘッズ運動の失敗を記している。この失敗は、注目すべきことに、労組幹部と労働新聞によるものであった。彼らは常に、政府と資本家を慎重に区別する必要性を労働者に印象づけようとした。

ストライキ粉砕のための軍隊使用をシルヴィスほど激しく非難した者はいなかったが、彼は常に政権とリンカンに責任を負わせることを控え、「彼らは問題の一面しか見ていない。彼らに我々の立場を示すのが我々の義務であり、もし彼らがそれを許すなら、我々は彼らを責められる」と主張した。その例として、彼はスクールキルの鉱夫組合の事例を挙げている。労働者自身は政権に不満を持ち込むなど何もしなかったので、雇用主は鉱夫が「不忠な目的のために」団結したとワシントンの政府当局に納得させるのに成功した。したがって、彼は政権を教育するのは労働者の義務であると主張した。

　フィンチャーズ・トレイズ・レヴュー紙はシルヴィスに同意した。同紙は、労働者が被った言語道断な過ちの責任を問われるべきは、リンカンではなく、「彼らが辱めた場所を不当に利用した新興官僚」であると宣言した。同紙は、大統領が紛争の真の問題について知らされれば、彼は労働者と同じ立場に立ったであろうと確信していた。

リンカンに帰依する労働者

　その後、労働者はリンカンに対する不満を解消しようとした。彼を訪れた働く女性の委員会は、彼が「彼女らの苦しみと過ちの物語に深く感銘を受けた」と報告した。その報告書によると、リンカンは非常に強い感情をもって補給係将校に「もしあなたが今後、女性によって作成された政府のための契約労働の供給を管理し、彼女らの労働に見合う賃金を与えられるのであれば、私は個人的にそれに義務があると考えるであろう」と語った。さらに、造船所の労働者が賃上げを求めてストライキをしたとき、彼は陸軍と海軍のトップが労働者と交渉してストライキを解決することを提案した。１８６３年12月、ブルックリン海軍工廠で労働者の代表団の話を聞くのを拒否し、組合活動のせいで兵士を解雇した海軍将校のモンゴメリー提督は、S・H・ストリンガム提督と交代した。ある労組幹部は、「この任命は、すべてにわたって満足感を与え、政権が従業員に対して正しいことをするのを保証するものである」と書いている。新しい司令官は解雇された兵士を復職させた。１年後、セントルイスの組合員印刷工は、ローズクランズ少将がストライキを打破するために軍隊を派遣したときにリンカンに訴えた。彼らの訴えのなかで、スト参加者は60年に大統領が発した、「私たちにはストライキができる制度があることを神に感謝します」という言葉を大統領に思い出させた。リンカンは「連邦政府の官吏は労働者の正当な要求に干渉すべきではない」と命じ、派遣軍を撤退させた。

　しかし、労働者の間でリンカンに対する熱狂がもっとも喚起されたのは、大統領とニューヨーク機械工・鍛冶工組合の代表団との間のホワイトハウスでの面談の報告であった。１８６３年秋、同組合の約７０００人の組合員が、生活費の高騰に対応する賃上げを求めてストライキを行った。雇用主側は、ストライキを打ち破れるようにする契約の延長をワシントンに訴えた。組合はただちに大統領に接見する委員会をワシントンに派遣した。代表団に同行した特派員による面談に関する記事は以下のようであった。

　「私たちは、大草原《プレーリー》州で大槌と楔を使って働く男たちに対し、その同情のすべてを捧げておられるのが明確に分かる方法で、この立派な老紳士に出迎えられました。私たちの陳述を聞かれた後、自分は大統領としては何もできないが、エイブラハム・リンカンとしては、自分の同情は私たちとともにあるとおっしゃいました。さらに、自分は田園地帯で育ったので、ストライキに参加した経験は一度もなく、今までに目にした唯一のストライキが、マサチューセッツ州ヘイヴァーヒル｛メリマック川に臨む都市｝の製靴工の製靴工のそれであったようです。……そこでは、製靴工がボスを打ち負かすのに成功していたようです。現下のストライキに関して、彼は、雇用主が最初のスト参加者であると考えておられました……。なぜなら、彼らはボスたちから提示された条件の受け入れを拒否し、製靴工に仕事を止めるよう強制したからです。そして今、両者がストライキをしているので、最優秀な血をもつ者を勝たせましょう。彼は委員会に海軍長官を訪ねるよう促され、迅速な対応を保証するために、時を移さずインタヴューできるよう依頼するメモを長官に渡され、それはプレゼンテーションの際に許可されました……。長官は、委員会に対して、議会だけがそれを許可する権限をもっているので、彼の省の誰も時間延長を許可しないであろうとおっしゃいました」。

委員会の組合員への報告は「熱烈な歓声で受け入れられ、会議は大統領、海軍省、公正な扱いのために、3度さらにまた3度延期された」。

しばらくして、機械工組合は、雇用主の契約が延長されたという噂を聞いて、別の代表団をワシントンに派遣した。代表団の一員であるマルコム・マクラウドは、フィンチャーズ・トレイズ・レヴュー紙のために、自分たちの訪問についての記事を書いた。リンカンは委員会に、自分は契約について何も知らないと言い、海軍長官に会うよう再度助言した。さらに彼は、組合員に「ウェルズ長官。これらの紳士たちに会って、彼らの話を聞いてください。（署名）A・リンカン」と書かれたメモを渡した。

マクラウドは、「リンカン氏は、私たちの賃金についても質問されました。私たちが今受け取っているものと私たちが要求したものです。彼に回答した後、彼は『働く者にとっては大変なことでしょう。私はここにいますが、良い暮らしをしているわけではありません。しかし、それでも2年前よりも100％多くの費用がかかっています』とおっしゃいました」と続けた。

代議員からストライキへの同情はどこにあるのかと尋ねられると、リンカンは大統領として公式にはどちらの側の味方もできないと答えたが、「私は労働者の試練と苦悩を知っており、常に彼らに同情しています。私は、ほとんどすべてのストライキにおいて、労働者には苦情を申し立てる正当な理由があるのを知っています」と付け加えた。

委員会は、マクラウドによると、「彼の上司よりも私たちにとってはるかに冷静であった」海軍長官を見た。それにもかかわらず、組合員は彼らの雇用主が自分たちの契約の延長を受け付けていないことを得心させられた。マクラウドは、労働者階級の間で何カ月も繰り返されることになる、次のような声明で彼の説明を締め括った。

「大統領が労働者の謙虚な代表者に対してとった親切で礼儀正しい態度に対し、国中のすべての労働者の心からの感謝に値すると言うのは、気のない褒め方をしてかえって非難していることになる。もし誰かが労働者の団結は良くないと再度言ったら、その人物に主席治安判事を指さしさせなさい。労働者委員会を誠意をもって率直に扱ってください。私は老練のリンカンに会うために正装することはけっしてありません。作業着で十分です」。

リンカンは、カッパーヘッズに力強く対処するのにしばしば手間取った（彼は悪質なシカゴ・タイムズ紙を抑圧したバーンサイド将軍の命令を撤回することさえした）。しかし、カッパーヘッズは、労働者がホワイトハウスに是正を求められることを知らなければ、戦争に反対する労働者を転向させることにもっと大きな成功を収めていたかもしれない。

労働新聞の役割

基本的に、労働者の間でのカッパーヘッズ運動は失敗した。なぜなら、彼らのほとんどが自分たちの運命が戦場で決定されているのを理解していたからである。この理解を深めた功績の多くは、フィンチャーズ・トレイズ・レヴューやアイアン・プラットフォームのような労働新聞にある。前者は、労働者の団結権そのものが闘争に関与していると繰り返し述べていた。そのため、労働者は戦争の負担を軽減するために団結しなければならない一方で、勝利を確実にするために必要なあらゆる犠牲を払わなければならないとも主張した。もし反乱が「労働者の権利を破壊する政府を樹立しようとする試み」にすぎないことを労働者が認識し、自分たちの将来のためだけでなく、世界中の労働者のために戦っていることを明確に理解してしておれば、そうした犠牲に耐えるのは容易であろう、と語った。フィンチャーズ紙は、「我々の例は、すべての国の抑圧された人々に新たな希望を創出し、すべての国の人々に譲歩を強要した」と述べている。労働者はこれを破壊されるままにしておけなかった。

ニューヨーク活版印刷工組合の組合員によって編集され出版されたアイアン・プラットフォーム紙も同じテーマを展開した。この労働新聞が毎号繰り返した論戦は、戦争は単にどの階級または政党が政府を支配すべきかという問題ではなかった。それは、国内環境の改善とかホームステッド法の問題でもなく、以下に示すような重要な問題であった。

「我々の論戦には、これらの問題よりも大きな問題があり、すべての労働者がそれを明確に理解することがもっとも重要である。もし彼が自由人であり、彼自身と彼の子供のために自由の祝福を享受するなら――もし彼が彼自身と南部の労働者に忠実であるなら――、もし彼が世界中の労働者の利益に忠実であるなら、彼は反乱と国に対する反逆罪を打倒し、あらゆる犠牲を払って政府を維持するために働き、投票しなければならない」。

アイアン・プラットフォーム紙はまた、戦争に勝利した候補者に対して労働者階級の支持を結集した。1861年10月、同紙は、ニューヨーク州の親連邦派の民主・共和両党の党大会で指名された、人民連邦《ピープルズ・ユニオン》の候補者のための選挙運動を行った。同紙は、「どの党にも投票せず、どの党の候補者にも投票しないように」とニューヨーク市の労働者にこう訴えた。「しかし、この偉大な都市の労働者は、団結して人民連邦の候補者のために1つの強固な組織として投票しよう……。我々の票で、我々が党政治よりも連邦を大切にしていることを証明しよう」。そして、人民連邦の候補者たちが選挙を席巻した。

1年後、アイアン・プラットフォーム紙は、戦争に勝つ共和党員と民主党員を結びつける、民主・共和両党の結成をニューヨークで勧告したが、残念ながら民主党は協力を拒否し、票は分裂した。

ニューヨークの民主党が戦争に勝つための綱領で団結するのを拒否したことを受けて、1863年5月に民主同盟が結成された。これは、政府に忠実な民主党員で構成され、彼らは戦争支持の姿勢に基づいて候補者を支持した。アイアン・プラットフォーム紙の編集者ウィリアム・オランド・ボーンは、同同盟の執行委員会の労働者代表であった。

民主・共和労働者協会

1864年初頭、アイアン・プラットフォーム紙の編集者は、他の労働組合主義者と協力してニューヨーク民主・共和労働者協会を結成し、戦争賛成の活動を拡大した。その後、同様の協会がシカゴ、ボストン、フィラデルフィアでも結成され、すべてが通信連絡委員会によってつながった。そうした協会の目的は、共和党と民主党の労働者を団結させて連邦の候補者を支持し、戦争の基本的な問題について労働者を啓発し、政権の背後にいる労働者階級を結集させることにあった。同年3月、同労働者協会の役員がリンカン大統領を訪問し、彼に労働者の支援を保証した。これに対してリンカンは労働者ほど戦争に深く関与している階級はないと宣言した。彼は役員に「労働者の間の偏見、仕事の分担、敵意に注意するよう」促し、ニューヨークでの徴兵暴動の間に何人かの労働者が別の労働者に殺されたという事実に遺憾の意を表した。そして、彼は「けっしてそうすべきではない。家族関係以外の人間の同情のもっとも強い絆は、すべての国、言語、民族のすべての労働者を結びつけるものであるべきである」と語った。

1864年の重要な大統領選挙で、民主・共和労働者協会はリンカンの再選を確実にするため、精力的に選挙運動を行った。同労働者協会は、民主党候補のジョージ・B・マクレラン将軍に宛てた手紙で、「階級としての」労働者の利益が戦争で危機に瀕していることを彼に思い出させた。手紙は続けて、国は「貴族と専制に対する民主主義の死の闘争」に従事していたがゆえに、大統領選挙の結果は労働者にとってきわめて重要であったとし、最後に、彼に以下の質問を投げかけた。

「1．もしあなたが大統領に選出された場合、あなたは、最初の連邦からの分離独立条例以前にそうであったように、その領土の範囲において、あなた自身がアメリカ連合の大統領であると考えますか〔分離独立条約については第15章259ページを参照のこと〕」。

「2．あなたは、大統領として、国内外の敵に対してもっとも積極的な措置を採りますか」。

「3．あなたは、アメリカ連合がその領土範囲において、最初の分離独立条例以前に存在していたと考えていますか」。

「4．あなたは大統領として、和平交渉に向けた第一歩を踏み出すために、南部連合を独立国家として認めますか」。

しかし、このカッパーヘッズの英雄は答えるのを拒否した。この事実を公表して、民主・共和労働者協会はリンカンの再選に向けた運動を強化した。多くの労働組合が政治に参加しないという伝統を破り、同労働者協会の選挙運動に参加したことは重要であった。

こうして、ニューヨーク市の職工組合は、民主・共和労働者協会の要請に応じて特別会員会議を招集し、前例のない措置を採った。組合の会長が公開書簡で次のように述べている。

「すべての人が、どれほど謙虚であっても、慎重に投票権を行使すべきときが来ました。私たちは会議室で政治について議論することは許されていません。しかし、私たちは来たるべき大統領選のために政治団体として組織され、そして、……それは連邦の候補者を承認するための動議として提案されました……。いくつかの議論の後、承認の動議はほぼ全会一致で可決されました」。

親連邦派の評者のなかには、「食料品の高価格」が労働者をカッパーヘッズ陣営に追い込むのではないかと危惧する者もいたが、選挙期間中のニューヨーク・デイリー・ニュース紙の綴じ込みを注意深く調べたところ、労働組合や労働団体が和平を支持する決議を採択したり、マクレラン将軍の立候補を承認したりした例は報告されていないことが明らかになった(*)。

（＊）「ニューヨーク市・郡労働者政治協会」は、マクレラン将軍の選挙運動のために1864年初夏に結成された。しかし、それは民主党の隠れ蓑にすぎず、ニューヨーク市の数ある労働組合のどれも惹きつけることはなかった。この名目だけの団体の会長であるマクドノー・バックリンは民主党の創立委員であった。

リンカンは3州を除くすべての州を席巻した。アメリカ国民は戦争に勝利し、連邦を救うことを決意していたのである。

勝利

ヨーロッパの労働者の名において、国際労働者協会の総評議会《ジェネラル・カウンシル》は、カール・マルクスが起草した祝辞をリンカン大統領に送り、彼の再選をアメリカ国民に祝し、労働者階級の新しい時代の始まりとなった戦争で国の統率が彼に委ねられるべきであったことに満足の意を表した。マルクスは、「アメリカの巨大な闘争の始まりから、ヨーロッパの労働者は、星条旗が彼らの階級の運命を運んでいると本能的に感じていた」と書いている。それゆえ、彼らは「綿業恐慌によって彼らに課された苦難を辛抱強く耐え、目上の人々がしつこく迫った奴隷制支持の介入に熱心に反対し、ヨーロッパのほとんどの地域から、この良き大義のために、彼らの応分の血税を払ったのである」。

合衆国でも、労働者は戦争に伴う多くの苦難を辛抱強く耐えた。カッパーヘッズは南部の奴隷所有者を扇動し、不当利得行為に対する労働者階級の憤りを自分たちの目的のために利用しようと画策したが、彼らの運動は失敗した。労働者は、炭坑や溶鉱炉、船の建造、線路の敷設、織機や靴工場の操業などで1日に10から12時間働くことで、連邦の勝利に貢献し続けた。労働者の支援がなければ、南北戦争は、すべての労働者は奴隷であるべきと信じていた奴隷所有者の勝利に終わったかもしれない、と言われるのももっともなことである。シルヴィスは、1865年1月にシカゴで開催された国際鋳型工組合の大会に派遣された代議員の前で、南北戦争における労働者の役割を次のように要約した。

「私は、労働者、人民の偉大な組織、国家の骨と筋肉、私たちの自由の神殿のまさに柱が忠義であるのを証明するために、いかなる議論にも参加する必要はほとんどないと考えています。それは、私が思うに、まったくの嘲笑であり、侮辱に侮辱を加えることになるでしょう。私たちの忠義の証拠としては、戦争の歴史を指摘するだけで十分です。武装した反逆罪と反乱が私たちの制度を破壊する恐れがあり、この国の誇り高く裕福な人々が私たちの政府の失脚を企てている一方で、何百万人もの労働者が国とそのすべての敵との間に堅牢無比の壁のように立ちはだかっていた、という事実を指摘するだけでいいからです」。

戦争が終わったとき、アメリカの労働者は、支配階級に対して、将来、自分たちが守るために戦ってきた民主的制度の正当な分け前を主張しようとしていることを知らせた。１８６５年11月2日にファナル会館で開催されたボストンの労働者の大規模な集会で採択された決議には、次のような文言があった。

「……我々は、南部の反乱貴族が打ち負かされたことを喜んでいます。……我々の勝利した旗の輝かしい影の下で、あらゆる国、家柄、肌の色の人たちが自由であると認められたことを喜んでいます。しかし、我々は公的債務の負担に辛抱強く耐えながらも、アメリカの労働者が将来、彼らの産業が生み出す富のより平等な分配を要求すること、……そして多くの血腥い戦場での彼らの男らしい資質によって守られた、これらの自由な制度の特権と祝福へのより平等な参加を要求することも知っておいてほしいのです」。

第17章　１８６１~１８６６年の労働運動

労働組合主義は、南北戦争初期にほぼ壊滅状態にあった。１８５７年恐慌と連邦からの分離独立の危機（第15章２６０ページを参照のこと）を何とか生き延びた労働組合の多くは、最初の志願兵徴募後に、ほとんどの組合員を奪われた。蘇生の兆しを示し続けた組合も、初期の戦争不況によって深刻な打撃を被った。

全国的な組合は、地方の労働団体と同様にひどい状況にあり、南部の地方組合を抱える全国的な組合はとくに弱体化していた。１８６１年末までに、鉄鋳型工組合の多くの支部《ローカル》は壊滅寸前の状態にあったし、62年1月に予定されていた全国大会は開催されなかった。非常に落胆した機械工・鍛冶工組合の全国委員長Ｉ・Ｓ・カシンは、61年11月に招集された全国大会に出席しなかった。ピッツバーグで開催されたこの大会で、組合の全国書記長ジョナサン・フィンチャーは、楽観的な代議員はわずか数人しか見つけられなかった。彼らの楽観論は、フィンチャーから、60年11月の87ローカルと比較して、まだ良好な状態にあるのはわずか30ローカルで、61年4月以降、組合員が２７１７人から１８９８人に減少したことを知らされたとき、かなり引き締まったものとなった。

しかし、組織化された労働者の状況が絶望的に見えたこの困難な数カ月間でさえ、多くの団体は蘇生の兆しを示していた。ニューヨーク、ボストン、フィラデルフィアでは、多くの組合が定期的に会合を開き、多少なりとも継続的な組織を維持し、一部の組合は賃金を引き上げる措置すら講じた。しかし、全体とすれば労働組合主義は衰退期にあった。

労働組合復活の理由

しかし、アメリカの労働者にとって新しい門出の日が近づいていた。１８６２年半ばには、初期の戦争不況はほぼ終わり、商況と産業界はかつてないほど繁栄を謳歌し始めた。だが、労働者は同年後半に始まった好況から何の恩恵も受けられなかった。物価の高騰は、大多数の労働者の暮らし向きを60年よりも悪化させた。南北戦争は、アメリカ社会の全階級のなかで唯一、賃金労働者にかつてないほどの苦難をもたらした。

労働者の日常生活に起こっている大きな変化が組合を絶対に必要なものにした。１８６３年11月にフィラデルフィアの製靴工は、「時節到来だ。我々の賃金の規制と一般的な権利の保護のために、我々の職業において組合の結成が絶対に必要なときが来た。食料、燃料、衣類などの高価格は、我々の現在の賃金の引き上げを必須にしている。……そしてこれは組合なしにはできない」と語った。

物価の高騰だけが組合が必要とされた理由ではなかった。南北戦時中に資本が非常に強力になったので、労働者が組合を結成しなければ、戦争が終わる頃には「資本と資本家が労働者階級を完全に手中に収めるようになる」のは目に見えていた。今こそ始めるときであった。それというのも、兵役と継続的な徴兵による労働力不足は、雇用主が組合員を非組合員に置き換えることを不可能ではないにしても困難な事態にしたからである。フィンチャーは、１８６３年12月に、「労働者の歴史のなかで、労働者の前にこれほど多くの利益をもたらす出来事があったことはおそらく一度もなかったであろう。仕事のない者はほぼおらず、仕事は十分にある」と述べた。「組合を結成せよ、結成せよ。すべての村と集落で組合を結成せよ、そして、地区、郡、州、および全国的な組合の従属的で補助的なものになれ」と訴えた。

この呼びかけが発せられるかなり前から、労働組合主義の復活が本格的に始まっていた。戦争初期にも集会を続けていた組合は、１８６２年の夏以降、急速に新規の組合員を獲得し始めた。多くの職業で有力な組合が再結成され、新しい規約を制定し、より高い賃金とより満足のいく労働条件を要求し、雇用主が譲歩を拒否したときには、これらの要求を確保するためにストライキを行った。63年初頭には労働組合主義の復活が本格化し、国内の複数の地域で新しい組合が結成されないまま1週間が経過することはほぼなかった。しばしば、組合結成という事実と賃金要求が同時に発表された。63年から翌年にかけて結成された組合のかなりの割合が、ストライキ中またはその直後に組織された。63年3月26日付のスプリングフィールド・リパブリカン紙は、「ほとんどすべての職業部門の労働者が、過去数カ月以内にストライキを行った……。ほぼすべてのストライキで、被雇用者の要求が受け入れられた。すべてが非常に迅速に行われたストライキは、……多数の連盟または組合の結成につながった」と述べている。サンフランシスコ・イヴニング・ブレティン紙は、「現在、より高い賃金を求めるストライキがサンフランシスコの労働者の間で猛威を振るっている」と報じ、ストライキは常に勝利し、組合の結成につながったと付け加えた。

この激動期、すべてのストライキが、生活費の上昇に対応するためのより高い賃金の確保を目的としていたわけではなかった。特定の職業における機械の導入が多くのストライキの原因でもあった。技術の進歩とともに技能《スキル》が失われるにつれて、いくつかの職業で労働者の取り替えが問題になった。もはや熟練した職人に関連して徒弟の数を制限する問題ではなく、今では雇用の喪失とたえず低下する賃金水準の問題であった。アメリカの労働者は、そうすることによってのみ自分たちの地位を維持できるという誤った信念のもと、機械の導入と工場の普及を阻止しようと闘った。

この闘いは無駄であった。１８６１年から翌年冬にニューヨーク港に導入された浮遊式穀物エレベーターは、以前は10時間で行われていた作業を1時間で完了した。翌62年7月、２０００人の労働者が作業を中止し、エレベーターの廃止を要求した。ニューヨーク穀物労働者保護組合は、穀物商人に機械の使用を止め、以前の作業方法の復活でストライキを解決するよう、こう訴えた。「私たちは賃金の引き上げを要求したりしません。私たちが20年間得てきた通常の賃金率が私たちが要求するもののすべてです。私たちはただ、これまでと同じように、私たち自身、私たちの家族、そして商業界全体のために、勤勉に、平和的に、そして役に立つよう働くのを許されることだけを要求します」。ストライキは敗北した。また、道路清掃員や鍛冶屋も同様の要求のストライキで敗北した。

アメリカの労働者は、この問題の解決策は新しい機械との戦いではなく、自分たちの状況を改善するための集団行動であるのをすぐに学んだ。こうした解釈は、１８６３年夏のフィンチャーズ・トレイズ・レヴュー紙のコラムに反映された。何週間もの間、同コラムの主要なテーマは「運動のなかで大混乱に陥る大衆」との見出しにあった。11月、フィラデルフィアの製靴工への訴えのなかで、労働組合組織者《オルグ》は工場にいる同胞に、「市内のほぼすべての職業が組織され、10から15％までの賃金の引き上げを確保した」と伝えた。クリスピンの息子（クリスピンは製靴工や皮革工の守護聖人）が同じようにしなければ、「軽蔑して指差される」のは当然であった。この労働組合主義の高まりのなかで、肉体労働者、工場労働者、さらには伝道者さえも組織化された労働者の仲間入りをした。62年2月19日付のフィラデルフィア・パブリック・レジャー《公共の台帳》紙には、「地元の伝道者組合の定例集会は今夜……7時半に開催」という通知が掲載されていた。

女性労働者

働く女性ほど組合を必要とする賃金労働者はいなかった。政府や民間で雇用されていた女性は、同一の仕事に対して男性労働者の賃金の50％が支払われ、一部の産業では仕事に対して支払われないことが多かった[*]。リチャード・F・トレヴェリックがデトロイトで開かれた労働者の大規模な集会で働く女性の窮状を示唆したとき、聴衆は深く感動したしたものの、綱領は決められなかった。これは驚くことではない。なぜなら、すべての労働者の間で女性労働者の問題に関して際だった対立があったからである。セントルイス仕立職人協会の書記は、「我々は、朝から晩まで作業場で男性と一緒に働くよりも、女の子に合った仕事やその他の仕事を辞めるよう奨励することによって、女性の徒弟を導入しようとするいかなる試みにも抵抗する」と語った。フィンチャーズ・トレイズ・レヴュー紙は、当初、この保守的な態度を支持し、女性は男性の半分の賃金しか支払われていないので、彼女らの参入は、すぐに男性労働者の賃金水準を押し下げることになるであろうと主張した。同紙は、軍隊にいた労働者は、「[戦争が終わったときに]すべての大通りが、半分の代価で働く自分たちの妻や娘たちによって埋め尽くされているのを目にするのは、自分たちが払ってきたすべての犠牲に対しては、あまりにも貧弱な報酬であると考えるであろう」と主張した。しかし、同紙の編集者フィンチャーは、他の抜け目ない労働組合主義者と同様、この否定的な態度では問題を解決できないことにすぐに理解した。戦争は働く女性の貢献を必要とし、事態は彼女らを強制的に家庭に返すための闘いの無益さを証明した。仕事の賃金が女性の賃金の水準まで下がるのを防ぐには、男性が女性を組合に組織し、彼女らの賃金水準を引き上げるのを支援する必要があった。そこで彼は、１８６３年9月に運動を開始し、「女性労働のより公正な補償」が賃金水準を維持するもっとも確実な方法であることを労働者に納得させた。彼は女性に組合を結成するよう促し、男性労働者の支援を保証した。「なぜなら、男性であると主張する者は、そのような大義のために与えられたいかなる義務からも怯むことはないからである」。

（＊）南北戦争中にニューヨーク市で働いていた女性の賃金を調査したところ、衝撃的な状況が明らかになった。傘の縫製に従事していた少女は、午前6時から深夜まで働いて週3ドルの収入を得ており、雇用主はこれらの賃金から針と糸の費用を控除していた。１８５３年に週6ドルを稼いでいた飾り房製造工は、63年に午前6時半から午後10時まで働いて約4ドル稼いでいた。下着を縫っていた縫製工の少女は、64年3月に1日12時間労働で約17セント稼いでいた。綿のシャツを縫っていた少女は、同じような1日の仕事で24セント受け取っていた。そして、糸巻きの価格が4から10セントに上昇したにもかかわらず、女性たちは自分で糸を用意しなければならなかった。

この訴えの2カ月後、ニューヨーク市で開催された働く女性の大規模な集会は、市内の多くの男性労働者の組合の協力を得て、数人の代議員が女性と綱領を共有した。これらの組合のほとんどは、後に集会で採択された決議を承認し、組織活動への資金援助を投票で決定した。決議は、「ニューヨーク市の働く女性を団結させ、彼女らの労働に現在支払われている代価を引き上げる運動を行うために、団体を設立する」ことを勧告した。

女性を労働組合運動に組織しようとするこうした努力の一方で、別のタイプの女性の団体が生まれつつあった。１８６３年の年末に、ニューヨーク市で女性労働者保護組合が結成された。それが結成に至ったのは、ニューヨークのある男性労働者がニューヨーク・サン紙の編集者モーゼス・S・ビーチを訪問したおかげであった。彼は、多くが飢えている同市の働く女性を支援する運動に参加するようビーチを説得した。彼の話に心を動かされたビーチは、ニューヨークの働く女性に、ミリタリー・ホールで開催予定の集会に出席するように呼びかけた。集会の夜、同ホールは聴衆で溢れかえった。そこには、フープスカート製造工、シャツ縫製工、ベスト仕立工、ミシン職人、印刷機の給紙係、銀細工職人、写真家、雨傘製造工が出席していた。集会での調査によると、彼女らの平均賃金は週2から3ドルであった。「働く女性委員会」が任命され、男性の委員会と協議して、より高い賃金を確保する方法やその他の救済措置を考案するようになった。この委員会の報告書から、女性労働者保護組合が誕生した。

女性労働者保護組合は職業紹介所を運営し、設立後10カ月間に６４２２件の応募を受け付けた。また、一部の職業での過密状態を防ぐために、多くの新しい職業で女性を訓練し、手作業で働く裁縫師には賃金の高いミシンの操作を教えた。１８６４年には３５００人、翌年には３６０８人の女性に職業紹介した。同保護組合は、紹介された女性のために、より高い賃金とより短い時間を確保するべく熱心に取り組んだが、「働く女性の無防備な状態に起因する同情と支援」のみに依存していたことから、常に成功していたわけではなかった。

しかし、女性労働者保護組合は働く女性への法的保護の提供に成功した。おもな不満は、労働に対する不払いと、いわゆる不完全な仕事に対して賃金のかなりの部分を控除するという悪質な慣行にあった。おもに同保護組合の活動を通じて、働く女性に賃金を支払わなかったことで有罪となった雇用主の投獄を規定する法律が可決された。(*) 不完全とされた仕事に対する賃金からの控除は、有罪となった雇用主の起訴とともに行われ、1870年までに同保護組合が起訴するとの脅しが十分に機能し、雇用主に強制的に賃金を全額支払わせることとなった。80年、同保護組合の会計係は、同保護組合が64年以降2万7292件の紛争を解決し、そのうち2万件が法廷外で解決されたと報告した。合計2万4647・49ドルが回収され、平均回収額は3・38ドルであった。これらの法律相談に対して料金を請求された女性は1人もいなかった。

（＊）この法律は虐待を完全に終わらせるものではなかった。なぜなら、雇用主は自分の事業を妻や他の女性に譲渡することによって法律を回避できたからである。

この数年間に結成された働く女性の救済団体は、ニューヨークの女性労働者保護組合だけではなかった。シカゴ、セントルイス、インディアナポリス、ボストン、フィラデルフィアでも組織された。1864年に結成されたフィラデルフィアの救済団体は、女性たちに「受け取った代価、勤務時間数、その他の詳細を知らせる」よう求め、名前は明かさないと約束した。この救済団体は、十分な情報を集めて事実を明らかにし、軍需工場や政府契約下で働く女性の賃上げを獲得できるよう政府関係者に圧力をかけた。

これらの保護・救済団体はいずれも労働組合ではなかったが、女性労働者に抗議することと組織化を奨励した。フィラデルフィア救済協会は、「女性を保護団体に組織する」という願望を公表し、働く女性の間で労働組合主義の大義をさらに推し進めるために女性ジャーナル誌を発行した。

最初期の女性労働組合の1つは、もっとも搾取されていた女性労働者のグループである、ニューヨーク市とブルックリンの1000人の雨傘製造工によって結成された。彼女らは、朝6時から真夜中過ぎまで働いて12本の傘を作り、傘1本につき6から8セントの報酬を得ていた。さらに、針と糸の代金は自分持ちであった。1863年10月、彼女らは傘カバーの縫製に2セントの追加賃金を要求した。多くの雇用主は黙認し、他の雇用主は抵抗したが、組合があまりにも弱かったので、ストライキを成功させるには至らなかった。

1864年初頭にロードアイランド州プロヴィデンスで「婦人葉巻製造工組合」が結成され、9月にはスト破りを雇った雇用主をボイコットすることを投票で決めた。4月、ニューヨーク市のミシン操作者は、慈善的な特徴と労働組合の原則を兼ね備えた女性労働者組合を結成した。この組合の書記は、「我々は、我々の社会状況を可能な限り改善し、いかなる場合にも雇用主が我々の賃金を削減することを許さないよう、そして最後に、我々が組合員と資金を手に入れ次第、賃金の引き上げと労働時間の短縮を可能にするよう組合を結成した」と語った。65年初頭、この組合は会長M・トリンブルを議長とする大規模な集会を開催した。多くの著名な男性労働組合主義者が集会で演説し、彼女らの団体への支援を約束した。ニューヨーク職業会議の議長ウィリアム・ハーディングは、彼女らに、同市の中央労働団体が支援する用意があることを保証し、その見返りとして、組合に加入していない彼女らの友人の紳士にすぐに組合に加入するよう勧めることだけを求めた。彼は、「もし彼らが参加しないのであれば、彼らとは何の関係ももたず、仲間の利益に適した運動に協力することを拒否する紳士とは付き合いたくない、と彼らに伝えなさい」と言った。集会では、新たに18人の組合員が加入を認められた。彼女らが宣誓したとき、組合員は彼女らの周りに輪を作り、次の詩を歌った。

姉妹の皆さん、私たちの仲間にようこそ／清廉潔白な俺たちの所へようこそ
分会で私たちはまどろむことはありません／強く団結して私たちは立ち上がる

労働組合の成長

1862年夏に始まった組織化の波は月ごとに勢いを増し、64年春には前例のない高さに達した。フィンチャーは10月29日に次のように誇らしげに書いている。「我々がフィンチャーズ・トレイズ・レヴュー紙の発行を開始した時点で、我々の長年の購読者は、異なる職業のわずか10分の1しか完全な組織化の利点をもっていなかったと証言できた……。そして今、我々の広告欄を同紙の創刊直後の6カ月間のそれと比較すると、偉大な精神的な力を示す、組織化され、恐れられ、尊敬もされている、多くの職業協会《トレイド・ソサエティーズ》〔組合〕を目にするであろう」。63年6月には、労働組合の住所氏名録は、紙面のわずか半段に収まっていたが、6カ月後に2段になり、64年10月に4段半、65年5月には7段に増えた。

記事によると、1863年12月には20職種79組合が、64年6月までに40職種203組合が、12月までに53職種207組合が、65年11月には61職種約300組合がそれぞれ組織されていたことが明らかになった。64年には約20万人の労働者が労働組合に所属していたと推定されている。その大部分は主要工業州であるニューヨーク、ペンシルヴェニア、マサチューセッツにあったが、サンフランシスコは64年に25以上の組合を誇っており、南部でも組合は伸展していた。テキサス州ヒューストン初の組合、ヒューストン活版印刷工組合第87号は南北戦争中に結成され、ウエストヴァージニア州ホイーリングで初めて組合が結成されたのは63年のことであった。同年3月10日付のホイーリング・インテリジェンサー紙は、「第4区、第5区、第6区の労働者が組合を結成している」と読者に伝えた。

南北戦争期には、全国的な労働組合の興隆も見られた。幹線鉄道の開通が、全国的な市場を開拓し、この新市場をめぐる激しい競争が雇用主に労働コストの削減を迫った。熟練した職人は頻繁に解雇され、彼らの席は非常に低賃金の少年や女性で埋められた。1863年12月12日付のフィンチャーズ・トレイズ・レヴュー紙は、深刻な経済変化が起こっているため、地方の労働組合を全国規模さらには国際規模の連合体に統合することが不可欠であると観測した。(*)

（＊）機械の導入は、いくつかの全国的な労働組合の台頭にも影響を与えた。1867年3月7日にウィスコンシン州ミルウォーキーで設立され、まもなく国内最大の労働団体となった聖クリスピン騎士団は、おもに60年代の機械の導入に起因する非熟練労働者（「未熟者」）との競争から職人を守るために組織された。それは、技術革新が起こった後に残された仕事を団員のために守ろうとした。

同紙は、「我々の大変な数の職業は、この国のもっとも遠く離れた地域、場合によっては近隣諸国の影響を受けている。したがって、フィラデルフィア、ボストン、ボルティモア、プロヴィデンス、オールバニー、ニューアーク、ジャージーシティなどの周辺都市の職工が、ニューヨーク市の同僚職工と同じ義務を約束されていなければ、同市の労働組合はそこで雇われているすべての同業者をその範囲内で構成員としたとしても、何の役にも立たないであろう。その特殊な種類の労働力の余剰が他の都市のいずれかで生じれば、すぐに同市は組織が制御できない反対の流れで溢れかえることになるであろう」と宣言した。

1860年から86年にかけて12以上の全国的な組合が結成された。(＊＊) 70年までに32以上のそうした組合が存在した。すべてが完全に全国を代表していたわけではなく、すべてが組織や哲学において類似していたわけでもなかった。その範囲は、過激な鋳型工の全国組合から、ストライキ全般に反対する保守的な機関士友愛会まで多岐にわたっていた。全国組合の多くはすぐに破綻し、他の組合に取って代わられた。それにもかかわらず、全国規模の経済の確立から発展したアメリカの全国的な労働組合主義は定着した。

（＊＊）アメリカ鉱夫協会（1861年）、蒸気機関士（1863年）、バルカンの息子（鉄攪拌工）（1862年）、電信技師（1863年）、左官（1864年）、葉巻工（1864年）、帽子職人（1864年）、大工と建具師（1865年）、煉瓦積み工と石工（1864年）、仕立職人（1865年）、塗装工（1865年）、製皮工（1864年）、船大工とコーキン工（船の甲板などの板の継ぎ目に槇肌を詰める作業員）（1865年）である。これらの組合のなかには、カナダの組織化された労働者も含まれていたので、「国際」と称したものもあった。

1860年代の全国的な組合は、労働運動の傑出したリーダーの多くを輩出した。アメリカ史上もっとも偉大な労働運動指導者の1人であるウィリアム・H・シルヴィスは鋳型工出身であった。機械工と鍛冶工は、8時間労働を求める運動の指導者となったアイラ・スチュワードとフィンチャーズ・トレイズ・レヴュー紙の編集者フィンチャーを誇っていた。疲れ知らずの労働講演者でオルグであったトレヴェリックは船大工とコーキン工の組合に属し、30年以上にわたって労働運動で活躍した著名人のロバート・シリングは最初は樽製造工と一緒に働いていた。とくに著名なのは、J・C・ウェイリー、アレグザンダー・C・トゥループ、ジョン・コリンズ、アンドリュー・C・キャメロンなどの印刷工である。彼らは全員、（次章で詳細に取り上げる）全国労働組合《NLU》で活動した。キャメロンはシカゴのワーキングマンズ・アドヴォケイト《労働者報知》紙の編集者でもあった。

この時期のすべての全国的な労働組合の成長物語を詳細に追跡す

るのは、限られた紙幅のなかでは無理である。だが、南北戦争期の鉄鋳型工国際組合の興隆を検討しなければ、労働運動の成長物語は完全なものとはならない。なぜなら、この組合は「組合員数、財源、および完璧さにおいてもっとも強力」であり、アメリカのすべての組合のなかでもっとも見事に指導されているとみなされているからである。

鋳型工組合

　1862年初頭、シルヴィスは、当時まだ活動していた鋳型工の地方組合の指導者に手紙を書くことで全国鋳型工組合の再建に着手した。彼の主張により、南北戦争以降開催されていなかった全国大会が翌63年1月にピッツバーグで再招集された。14の地方組合から20人の代議員が出席し、その第一幕は彼の全国組合委員長への選出であった。この大会は規約を完全に改正し、鉄鋳型工国際組合という名称を採用した。中央集権的な組織に重点が置かれた。それというのも、過去の全国的な組合は自治的な地方組合が緩やかに統合された連合体であり、その規約はたがいに、また全国規模の団体のそれともしばしば矛盾していたからである。彼のリーダーシップのもと、63年大会はこの締まりのなさに終焉をもたらした。地方組合の規約は全国組合のそれに準拠し、地方組合の内規は全国組合の権限に従うものとなった。

　これらの規約改正は組合組織の進歩を画するものであった。年会費と組合カードや支部設立許可証の販売による資金調達を含む財政制度もそうであった。シルヴィスによって管理された財政制度は、組合を健全な財政基盤に置いた。彼は、全国指導部が誰が組合に所属し、誰が組合費を支払い、誰が滞納しているのかが分かるようにするために、鋳型工の全国事務所にカード式索引装置を設置した。彼は、組合員がある地方組合から別の地方組合に移籍した場合には、新規の組合カードを受け取る前に、以前の地方組合で金銭面の清算を済ませておくべきである、とも主張した。彼は、それまで計画段階にあった以上の構想を実現させた。

　シルヴィスが委員長になる前は、ストライキ基金〔闘争資金〕の処理も効率的ではなかった。優れた行政官であった彼は、全国規模の組合は金庫をもたなければ適切に機能しないのを知っていた。そのため彼は、1人当たりの割当金を通じた特別ストライキ基金の強制的な調達に拘った。

　シルヴィスは、多くの地方組合の幹部が自分に反対しているのを知っていたにもかかわらず、非合法ストライキ指令と戦った。彼は、すべてのストライキは正式に認可されなければならず、そうすることで初めて全国組織からの完全な支持を要求できるとした。彼は組合員に、十分に組織化されるまでストライキをしないで、組織化され次第激しいストライキをするように、と言った。彼は非合法ストライキは悪であると主張した。なぜなら、そうしたストライキは労働者の力を衝動的で無益な闘争で浪費するだけだからである。ストライキを成功させるには、事前の準備が必要で、最後まで組織的に闘わなければならなかった。そのような戦術だけが勝利をもたらすとした。

　シルヴィスが実践した労働組合原則の多くは、それまでにも考えられていたが、効果的に適用されていなかった。健全な財政制度、適切な会費制度、有効なストライキ救済基金、簡素化され統一されたカードシステム、スト破りリストの配布、物価・家賃・賃金・出来高賃率に関する定期的な報告書の配布など、緊密に連携し、慎重に計画された全国機関の設立にこれほど関心を払っていた組合は、それまでなかった。

1863年2月3日、シルヴィスは旧来の地方組合を再編成し、新しい地方組合を結成するためにフィラデルフィアを離れた。彼はアメリカ中とカナダの一部を旅し、その行程は約1万マイルに及んだ(*)。当初の資金100ドルはすぐになくなったので、彼は鋳型工から提供されたわずかな金額に頼らざるを得なかった。兄弟のジェームズ・C・シルヴィスは、「兄は、服がすっかり擦り切れて、糸目が見えてきて、もうこれ以上着れなくなるまで着ていたので……。彼が亡くなる日まで身につけていたショールは……、彼が組合を作って欲しいと懇願していた、よその町の鋳型工の柄杓から溶けた鉄が飛び散ることで燃えた、小さな穴が一杯あいていた」と書いている。しかし、シルヴィスは幸せであった。彼はこの旅の後で、「私は63年の情景と種々の事件を、私の人生のなかでもっとも幸せなものとして振り返るであろう」と書いている。なぜなら、彼は19の新しい組合を組織し、61年以降に姿を消した16の地方組合を再編し、他の12の地方組合を強固な基盤の上に置いたからである。64年の全国大会で委員長に再選されたとき、その年の仕事を、「我々の組合は、取るに足りない組織から、わずか1年で巨大な組織へと成長した。巨大な樫の木のように、その巨大な枝があらゆる方向に伸び、我々の職業が知られているアメリカ大陸の隅々にまで達し、堂々たる体躯に成長した」と要約している。

（*）シルヴィスは1863年に3度旅をした。その行程には100以上の鋳型業の中心地が含まれていた。4カ月かかった最初の旅では、ペンシルヴァニア州中部と西部、オハイオヴァレーの町、ミズーリ州、イリノイ州、ミシガン州、カナダ、エリー、ニューヨーク州バッファローとロチェスターを訪れた。6週間で完了した2度目の旅では、オールバニー、トロイ、ロチェスター、エリー、クリーヴランド、ピッツバーグを訪れた。3度目の旅では、ニューアークからオハイオ州を経てデトロイトに行き、最後にカナダを訪れた。これら3度の旅の総費用は900・03ドルで、そのうち620・90ドルは旅費、279・13ドルは自身と家族の生活費に充てられた。

シルヴィスは1864年にも組織化のための旅を何度か企画し、その間に組合が結成される可能性のあるニューイングランドのすべてのコミュニティを取材し、ボルティモアを訪れ、西に向かってシカゴに行った。

シルヴィスの旅は全国の進歩派の間で話題となった。1868年7月、女性の権利運動の指導者エリザベス・キャディ・スタントンは、「63年に初めて鉄鋳型工国際組合の委員長に初めて選出されて以来、彼は合衆国のほぼすべての市、町、村を訪れ、公私を問わず何百もの会合に出席し、何十万人もの労働者と知り合いになった」と賞賛している。

1863年に、全国組合は8つの州を代表する15の地方組合、2000人の組合員を擁していたが、2年後には18の州、コロンビア特別区、およびカナダの54の地方組合が加入し、組合員は6000人に増加した。総収入は63年に1600ドルであったが、65年には2万5000ドルに増額した。シルヴィスは同年に、「2年前に私の任期が発足して以降発行されたすべての設立許可書のうち、1つは返還された。これは、アメリカ大陸における同様の組織の歴史にも類を見ない繁栄と安定を示している」と報告した。組合は賃上げとクローズド・ショップ以上のものを組合員にもたらした、と彼はこう付け加えた(*)。

「賃上げを除いて、我々の組合が確保した恩恵は計算できない。精神的な教養への強い欲求が全組織に浸透している。学校、図書館、読書室、講義室など有用な知識を広めるための施設が我々の間に生まれつつある……。至るところで同胞愛の意識が芽生えている。たがいの福祉への関心は、かつて我々の間に存在していた利己主義を大幅に打破した。我々を正直な人々の軽蔑の的にしていた、あの卑屈で、おべっかを使う精神に代わって、男らしい独立心が生まれている」。

(*) 1865年から67年の間に、鋳型工組合は国内のほとんどの鋳造工場にクローズド・ショップを打ち立てた。「組合カード」をもたない鋳型工は、仕事を確保することが事実上できなかった。

シルヴィスの活動は多くの全国組合に影響を与えたが、そのすべてが鋳型工が採用した高度に中央集権化された組織形態に従ったわけではなかった。彼の非常に成功した組織化の旅は、他の全国組合を刺激して巡回オルグを現地に派遣させ、当該組合の成長に大きく貢献した。彼はアメリカ初の全国規模のオルグであり、彼が先駆的な労働運動指導者と呼ばれるのには正当な理由があったのである(**)。

(**) シルヴィスは注目すべき労働オルグであり、優れた労働組合管理者であり戦略家でもあった。さらに、労働問題に関する学殖の深い研究者でもあった。階級闘争の経験や経済理論の分析は、彼を労働哲学の成果へと導いた。彼は階級闘争の存在を痛感しており、雇用主と労働者との利害の同一性という概念を「単なる戯言」と一蹴した。彼は、アダム・スミス、マルサス、ジョン・スチュアート・ミルなど、彼が「高次の」経済学者と呼んだ古典派経済学者の理論を否定した。彼の賃金理論は単純なものであった。賃金は労働者に真っ当な生活水準を提供しなければならず、彼らが失業、「失われた時間、病気、薬、医者の請求書」という形の災害を克服できるようにするのに十分なものでなければならなかった。彼は、もし倹約家であれば、すべてが良くなるだろう、と労働者にはっきりと保証した人たちに、「もし夫と父親が病気になったら、体は激しい痛みで虚脱し、心は飢えた家族の不安で狂乱したら、誰が彼の苦しみを説明し、誰が彼の悲惨さを理解できるのか」と尋ねた。

シルヴィスは、慈善や慈善事業は労働者の要求に対する答えではないと主張した。彼は、「苦悩の叫びに危機感を抱いた富裕層は、貧しい人々を救貧院に集め、彼らに食料を与え、彼らの死体を解剖室に売って費用の一部を負担させることで、その良心を和らげる」と述べた。彼の要求は慈善ではなく賃金の引き上げであった。しかし、これは彼の労働者に向けた計画の一部でしかなかった。それには、労働時間の短縮、労働条件の改善、社会的地位の向上、賃金制度を廃止するための協同組合事業、女性労働者の運命の改善、集合住宅《テネメント》に代わるまともな住居、国際的な労働者の連帯、独立した政治活動、土地改革、囚人労働の廃止、職工研修機関と労働統計局の設立、通貨改革なども含まれていた。彼のアイディアのすべてが明快に考え抜かれたものではなかったが、彼が支持したすべての大義は、労働者の大義を前進させたいという1つの願望によって動機づけられていた。彼の生涯はこの大義に捧げられ、彼の最大の報酬は労働者階級からの彼の訴えに対する好意的な反応であった。彼はかつて、「人類の大義と社会改革のための私の謙虚な努力が、世界中の労働者仲間に感謝されているのを知るのは、私にとって偽りのない自尊心の問題である」と書いた。彼は貧困に打ちひしがれて亡くなった。彼は死亡時に100ドルももっておらず、家族には彼の葬儀費用を捻出する方途はなかった。

労働新聞

南北戦争中の労働組合主義の復活は、労働新聞の伸展に助けられ、次にはそれの成長を助けた。1863年から73年の10年間に、労働者を代表し労働改革を提唱する約130の日刊、週刊、月刊の新聞が創刊された。おもな新聞は、63年6月6日にフィラデルフィアで創刊されたフィンチャーズ・トレイズ・レヴュー、翌64年7月1日に印刷工ストライキ中にシカゴで創刊されたワーキングマンズ・アドヴォケイト、12月に工場閉鎖を食らった印刷工によって発行されたボストンおよびその周辺の労働者会議の公式機関紙であるデイリー・イヴニング・ヴォイス、ストライキ中の印刷工によって共同出版されセントルイスで発行されたデイリー・プレスであった。63年5月23日にジョン・ヒンチクリフによってイリノイ州ベルヴィルで創刊されたウィークリー・マイナーは、アメリカ鉱夫協会の公式機関紙であり、「労働者階級全般、とくに、これまで無視されてきた炭鉱夫の利益の増進に専念する」ものであった。

南北戦争中とその直後には、デンヴァー、インディアナポリス、ナッシュヴィル、ミネソタ、カンザス州コロンバス、ニューハンプシャー州コンコードで労働新聞が出現し、サンフランシスコ、セントルイス、シカゴ、ボストン、ニューヨークのような大都市中心部でも労働新聞が刊行された。フィンチャーは1865年に、ワーキングマンズ・アドヴォケイト、バッファロー・マイナー、バッファロー・センティネル、ニューヨーク・トレイズ・アドヴォケイトに全国的な日刊労働新聞を提案したが、この提案を支持したのはバッファロー・マイナーの編集者ヒンチクリフだけであった。キャメロンは、アドヴォケイト紙は定評ある存在になっており、全国的な労働新聞よりも中西部の労働運動に役立つ可能性があると言って拒否した。

フィンチャーズ・トレイズ・レヴュー紙は、フィラデルフィア職業会議と機械工・鍛冶工組合の公式新聞であり、南北戦争期のもっとも影響力のある労働新聞であった。同紙の編集者兼発行人であるフィンチャーは、1863年6月6日の第1号でその方針の概要を「労働者を擁護し、すべての紛争において労働者の側に立つこと。政府と適切に制定されたすべての法律を支持すること」と説明した。それは女性に対して、「適切に選択された各種文学を掲載しうる十分な紙面を提供し、我々の新聞が確実に家族の輪から温かく歓迎されるよう計算している」と約束した。

毎週土曜日、同紙は4つの大きな紙面と7つのコラムが掲載された1つの面で発行された。1つのコラムは戦争の進展に充てられ、第1面全体は通常、労働者によって書かれた物語に充てられた。残りは、社説、職業上のニュース、労働組合の通知、当時の主要な労働運動指導者による記事で構成されていた。同紙は全国的な労働機関紙であった。編集委員会には、鋳型工、印刷工、船大工、石切り工、家具製造工、大工、帽子工、製靴工の各組合の代表者がいた。

フィンチャーは、購読料と組合からの寄付によって新聞を存続させたいと考え、有料広告を一切受け入れなかったが、その3年間の存続期間中に財政的な懸念から一度も解放されなかった。1865年12月には、36州のうち31州、コロンビア特別区、カナダの3州、イギリスの8都市の読者に対して1万1000ドルの（実際に料金を取っている）有料発行部数を獲得したが、年間2ドルの購読料では経費を賄うには不十分であった。多くの組合がピクニックや舞踏会、パーティーで同紙のために資金を調達し、他の組合はその金庫から寄付していた。膨らむ債務に対処するため、彼は64年6月に労働組合の通知に課金を始めたが、同紙の資金調達の取り組みは失敗し、66年8月18日の最終号をもって終刊した。

フィンチャーズ・トレイズ・レヴュー紙は、合衆国で発行された最高の労働新聞の1つであったが、その大きな弱点は政治活動に対する立場であった。フィンチャーは、政治活動は2つの敵対階級の間に友愛感情を生み出し、労働者が「彼自身、彼の家族、彼の同僚の慰安に不可欠な権利を主張し維持する」ことを制限したと言って、この敵対を正当化した。労働者は、この助言に従って単純な労働組合主義《シンプル・トレイド・ユニオニズム》に徹したとき、雇用主が労働者の本質的な権利を奪うために政界をうまく利用しているのを知った(＊)。

(＊) 政治活動に対する彼の立場への批判に答えて、フィンチャーは「私たちは常に、政治的にはポジティブな力ではなくネガティブな力、あるいは支持的な力よりも投票権のない力を使うことを提唱してきた。この計画によって、労働者の政治活動がいかなる扇動者のロープ（裁判官などが位階の象徴として平服の上に纏う）にも縛られず、同時に、彼らを裏切るいかなる代表者も政治的に死に、自由に投票できる」と書いた。彼は、なぜ代表者が候補者の選挙に影響力を行使することを拒否した労働者の利益に関心をもつべきかなのかを示せなかった。

1863年から77年にかけて、キャメロンがシカゴとシンシナティで毎週出版したワーキングマンズ・アドヴォケイト紙は、労働者は政治に関与してはならないというフィンチャーの主張を克服するべく多くのことを行った。キャメロンは66年4月21日号で、労働者による独立した政治活動の大義に関する論文を発表した。「我々に関する限り、アドヴォケイト紙の方針は、今日以降、いずれの政治派閥からも完全に独立した労働者政党の結党を支援すること、州議会および連邦議会のすべての部門における我々の代表者を我々自身の階級から選出すること、そうした代表の関心と生産階級のための憐憫の情が資本や政党への愛着よりも強い人々を集めることにある」。

その後の号では、キャメロンはたえず読者の前に労働者政党を置いた。ある日、彼は比例代表に関する論説を書き、翌日には、なぜ労働者が常に候補者として好まれるべきなのかを説明するコラムを書いた。なぜなら、彼らは労働者の要求を言われなくとも知っていたからである。その後、ワーキングマンズ・アドヴォケイト紙は政治活動を過度に強調し、通貨改革の迷路のなかで自らを見失ったが、煉瓦積み工全国組合の委員長サミュエル・ゴールが同紙を「労働者の大義に対する効果的で真摯なジャーナル」と呼んで賛辞を受けるに値するものと評価した。

この時期のすべての労働新聞は、労働者階級の多人数〔大衆〕教育の必要性については意見が一致し、労働学校、図書館、読書室、講義室を要求した。ベルヴィル・マイナー紙は、「労働者階級の状況を改善するのに必要なのは、彼らが社会の他の階級との関係をよりよく理解できるように労働者階級を教育することだけである」と説明した。フィンチャーズ・トレイズ・レヴュー紙は、戦時中の労働組合主義の偉大な復活は、新たに組織された労働者の多人数教育を伴わなければほとんど意味がないとし、「一連のためになる講義があるべきであり、その趣旨は我々の立場の組み合わせの正しさを証明するものであるべきであり、また、運動の必要性でもあるべきである(*)」と論じた。

（＊）フィンチャーの新聞の主たる目的の1つは、アメリカの労働者はすぐに階級を脱して雇用主になれるので、労働団体の構築に苦労する必要はないという神話を打ち砕くことにあった。彼は、賃金労働者の大多数は常に労働者階級の一員であり続けるであろうと主張した。したがって、彼らが真っ当な生活水準を望むのであれば、彼らは雇用主からより良い条件を得るために組合を結成し、容赦ない闘争を行わなければならなかった。

財政的支援が不十分なため、労働新聞は一般的なニュース報道では商業新聞に太刀打ちできなかったが、その影響力は相当なものであった。1865年11月にフィンチャーは、「フィンチャーズ・トレイズ・レヴュー紙は、財政的な観点からは失敗であったが、権利と正義のための進歩的な運動としては、3年前と比較して今日の労働運動で十分立証されているように、疑いなく成功であった」と述べている。シルヴィスはこれに全面的に同意した。彼は労働新聞の価値を議論するなかで、「労働新聞が出現するまで、我々は賃金と生活費の均等化に向けてまったく前進しなかったし、8時間労働法の制定やその他の改革を達成するための我々の最善の努力も、労働新聞の援助がなければ何も獲得できなかったであろう」と断言した。彼は、独立した労働新聞がなければ、労働者は自分たちの団結権に対する雇用主の攻勢には無力であったと付け加えた。

雇用主の反撃

1863年夏までに、雇用主は組織化された労働者に対する反撃を始めた。アメリカには以前から雇用主団体が存在していたが、雇用主の側でこれほど団結した行動が見られたことは一度もなかった。ほとんどの産業で地方の雇用主団体が結成され、他の問題も扱っていたものの、その主たる目的は労働組合運動の撲滅にあった。雇用主団体は労働組合主義者を締め出してブラックリストに載せ、組合を脱退したことを証する署名をしなかった労働者の再雇用を拒否した。12月、19社を代表するニューヨーク技術者協会は、以下のような内密の通達を出した。

「我々は、賃金の規制を目的とするすべての団結に反対する。今後90日間、本協会に代表される各事業所の所有者は、現在の雇用主から円満退職した旨の推薦状を提示する者を除いて、それぞれの施設で現在雇用されている者以外の機械工の雇用を拒否する」。

南北戦争期の典型的な雇用主団体は地方的なものであったが、いくつかの産業にはより大きな連合体が存在していた。オールバニー鋳物業者協会は、1859年に鋳型工組合に対抗する目的で組織され、他の都市の雇用主に全国鋳物業者連盟の結成を提案したが、全国的な組織である全国ストーブ製造業者・鉄鋳物業者協会が設立されたのは66年3月になってからであった[*]。63年にはオハイオ州フォールズの鉄鋳物業者・機械製造業者協会が出現し、「協会の会員と同様の事業に従事し、同様の苦情を体験しているすべての当事者と」連絡を取る意図を宣言した。ここで言う「苦情」とは、生活費の上昇に対応する賃金上昇を確保しようとする鋳型工の奮闘のことであった。

（＊）協会は、その結成を発表するに当たり、次のように宣言した。

「この国の鉄鋳物業者の利益を保護するには、彼らの一般的な利益を保護し、会員間の友好的な感情と相互の信頼を促進するために、そしてとくに、我々自身の作業場を管理し、我々自身の事業を管理する我々の権利を何らかの方法で妨害する、鋳型工組合のあらゆる行動に対抗するために、全国協会を組織することが適切であり、必要であることを決議した」。

「我々は、我々が望ましいと考えるすべての徒弟または助手を我々の工場に導入するための手続きをただちに進めること、そして、我々の工場にいかなる組合委員会も許さないこと、さらに我々の従業員側のすべての指図または干渉から我々の工場を可能な限り自由にすることを決議した」。

雇用主団体は、バッファローの船主、セントルイスの商人仕立業者、ブルックリンの職工の親方、マサチューセッツの釘製造業者、ボストンの配管工の親方、西部の鉄道会社などによっても結成された。デトロイトでは、さまざまな業種の雇用主が「ミシガン州雇用主総協会」を通じて反組合活動で協力した。

大多数の報道機関は、雇用主団体の労働組合撲滅運動を支援した。多くの編集者は、これら雇用主団体を、労働組合の大部分を構成していると言われる無節操な外国の扇動者から、アメリカの勤勉な労働者を守ろうとする愛国的な団体として賞賛した。その数少ない1人がインディアナポリス・イヴニング・ガゼット紙の編集者ジェームズ・レッドストーンであった。オハイオ州フォールズの鉄鋳物業者・機械製造業者協会から、国際機械工・鍛冶工組合との闘いに加わるよう頼まれたとき、彼は、「私の答えは、誠実な労働者を抑圧する傾向をもつ計画とは何の関係もないということであり、労働者に対峙するいかなる連合体も、ヨーロッパの労働者を支配するのと同じ結果をもたらすと思う。神よ、そうしたことがけっしてここでは起こらないとの我が願いを叶えさせ賜え」と答えた。

南北戦争の間、雇用主はブラックリスト、ロックアウト、「黄犬」契約に留まらず、連邦政府と州政府の協力を確保した。連邦政府はストライキ阻止を目的に海外の契約労働者の移入を奨励し、連邦軍〔北軍〕の将軍はスト参加者を解散させたり投獄したりするのに軍事力を行使した。政府関係者のなかでは、リンカンだけが組織化された労働者に好意的なことを公然と表明し、労働問題に対する彼の同情ある理解は、政府関係者や軍司令官による労働組合に対する粗暴な攻撃を幾度となく阻止した。

労働者は州政府の手によって大きな損害を受け、なかには雇用主が囚人労働を使うのを許可する州政府もあった。1864年、ニューヨーク市のスパイトンダイヴィルにあった鋳鉄工場のオーナーであるI・G・ジョンソンは、シンシン刑務所の鋳物工場を引き継ぎ、受刑者1人の労働に対して1日40セントをニューヨーク州に支払った。組合の賃金水準は1日3ドルであった。彼が強力なスパイトンダイヴィル鋳物工組合を葬るのに失敗したのは、シルヴィスによって組織された闘争が功を奏したからであった。しかし、他の組合はこうした競争に直面したとき、うまくいかなかった。

これらの雇用主団体は攻勢を続け、労働者の団結を阻止し、ストライキ権を非合法化する法案をいくつかの州議会に提出した。ミネソタ州は1863年初頭に、労働者を妨害するスト参加者に100ドルの罰金または6カ月の禁固刑を科す法律を可決した最初の州であった(*)。翌64年春、労働者への「脅迫」または妨害を防止するための法案が、ニューヨーク州とマサチューセッツ州の議会に提出されたが、組織化された労働者によって否決された(**)。イリノイ州議会は、石炭業者に非常に好意的であったため、石炭業者が63年の鉱夫協会のストライキを阻止するために支援を必要としたとき、後にラ・サール・ブラック法として知られるようになった法案を急いで制定した。この法案は、脅迫、威嚇、またはその他の方法によって、何人といえども他の人の労働を妨げることを禁止し、それを犯した者には100ドル以下の罰金を科した。ストライキ中に他の人の労働を妨げる目的で結合した2人以上の者は、500ドル以下の罰金または6カ月以下の郡刑務所での禁固刑に処された。ある組合員鉱夫は、「神の名において、この国は何をもたらすのか。一方で、立派な紳士〔お偉方〕は黒人を自由にしようとしているが、他方では、彼らは鉱夫がその自由を放棄することを望んでいる」と書いている。

（*）ミネソタとペンシルヴェニア両州も、スト参加者の家族を社宅から追放することを認める法律を可決した。また、ペンシルヴェニア州は1865年2月に、鉄道会社が民間警察を雇えるようにする法律を可決した。この法律は後に炭鉱会社や製鉄会社にも拡大された。この法律は、実際には州法の範囲外にあるコミュニティを設立し、これらコミュニティの労働者を封建的な地位にまで引き下げた。炭鉱警察と鉄警察は大都市警察官のすべての権限をもち、雇用主に組織化された労働者と闘う私兵団を提供した。

多くの州政府は共謀法を復活させ、労働組合に対して同法を援用し、労働団体の資金を多額の訴訟費用で浪費させた。共謀事件は、ニューヨーク、ニュージャージー、ペンシルヴェニアの各州でもっとも多かった。

（＊＊）労働者の立場を改善するために、州議会にいくつかの法案が提出された。ウィスコンシン州では、組織化された労働者からの強い圧力を受けて、雇用主が労働者の賃金を抑制するのを防止する法律が可決された。ニューヨーク、ニュージャージー、ペンシルヴェニアの各州でも、店舗用金券制《ストアー・オーダーズ》（第7章79ページを参照のこと）や代用紙幣支払い制を廃止する法律が可決された。残念ながら、フィンチャーが指摘したように、これらの法律は「店舗用金券制が広範に普及している郡では適用を免れた」。

労働者需給の逼迫

労働組合主義者にとって、雇用主団体の攻勢に対抗するための資金や組合員数をもつ地方組合がほとんどないのは明らかであった。組織的な活動と労働者の連帯だけがそうした攻勢に対抗できた。必要とされたのは強力な労働組合の連合体であった。1863年12月19日付のフィンチャーズ・トレイズ・レヴュー紙によると、そのような連合体は、「資本家が労働者にこれまで以上に自分たちの命令に従うよう強制するために連合しているので、現時点で必要とされている」とのことであった。

この危機から、アメリカの労働組合主義の発展における次の一歩が踏み出された。それは、通常は職業会議《トレイズ・アッセンブリー》として知られる都市の中央労働団体の結成であった。第1弾は1863年2月にニューヨーク州ロチェスターで、第2弾と第3弾は3カ月後にボストンとニューヨーク市でそれぞれ結成された。同年後半には、オールバニー、バッファロー、ルイヴィル、フィラデルフィア、ピッツバーグ、セントルイス、サンフランシスコで結成された。南北戦争が終る前に、30以上の職業会議がニューイングランド諸州からカリフォルニア州に至るアメリカ製造業の中心地に広がった。

これらの職業会議の多くはストライキ運動から派生した。なぜなら、労働者は雇用主の連合がもつ力を見て、自分たちの唯一の答えは、より大きな労働者の連帯であるのを理解したからである。サンフランシスコで職業会議を求める訴えは、1863年6月に賃上げを目的とした仕立職人のストライキが失敗に終わった後になされた。この訴えは、「我々は、富の主要な源泉である労働者は、団結し真剣に努力することによってのみ、その報酬を得られると考えている」と宣言した。同じ考えは、労働組合を組織するための集会が招集されたニューヨーク市でも表明された。労働組合の代弁者は、「保護を得るためには、各職業は自ら組織し、その後中央組織に入らなければならない」と述べた。

南北戦争を通して、労働者が問題の解決を託したのは、全国組合ではなく地方の職業会議であった。鋳型工、印刷工、機械工、鍛冶工を除けば、全国組合は組織化の初期段階を出ていなかった。多くの全国組織の構成員ですら、依然として地方の連合体を主たる拠り所と見ていた。典型的な職業会議はニューヨーク市のそれであった。その目的は、多くの労働組合や産業組織の力を結集して労働者の権利を守り、労働者の利益を促進すること、労働者が団結して迅速かつ永続的に行動できるように労働者間に協力感情を醸成すること、労働者の権利の侵害とみなされる可能性のある法律を議論し、それらを廃止または改正する手段を考案すること、雇用主と労働者との間の意見の不一致を調整すること、ストライキを余儀なくされた組織を援助すること、組合の賃金率で支払い、組合の規則に適った雇用主だけが組合員の贔屓を受けるようにすること、であった。

ロチェスターの職業会議を除いて、各都市の連合体にはストライキ資金はなかったが、すべての職業会議がストライキ中の組合の資金調達を支援した。職業会議の影響力と威信にもなにがしかの価値があった。たとえば、フィラデルフィアでは、印刷工の重要なストライキの際に職業会議が仲裁に入り、労働者に友好的な政治家に雇用主に圧力をかけるよう求めた。その訴えは聞き入れられ、雇用主は最終的に組合の要求を認めた。サンフランシスコの職業会議は、鉄鋳型工組合が1864年4月のストライキ中にスト破りを導入するという、雇用主団体の計画を頓挫させるのを助けた。スト破りがパナマ地峡に到着すると、サンフランシスコの職業会議の代表者と鋳型工、ボイラー製造工に会った。この代表者は、ストライキの理由と、雇用主の攻撃の意味をすべての労働者に説明することに関して非常に説得力があったので、スト破りたちはサンフランシスコに到着した折りに、スト破りという行為を拒否し、組合への加入を申請した。雇用主は敗北を認め、賃上げに応じた。

職業会議が利用したもう1つの武器は、当時「相互関係の停止」として知られていたボイコットであった。デトロイト職業会議の議長でコーキン工国際組合委員長のトレヴェリックは、典型的なボイコットについて次のように記述している。

「すべての職業はこの目的のために団結し、抑圧の事例が知らされると、職業会議の委員会が違反者を召喚し、救済を要求する。要求に応じない場合、すべての職業に通知され、会員が傍迷惑な事業所での取引を停止する。見張り役が人々に事実を知らせるために配置され、すべての場合において違反者は承服する」。

雇用主に圧力をかけていないとき、職業会議は組織化と教育の仕事に忙殺された。職業会議には、南北戦争期に急増した労働組合運動の組織化の中心にいたという名誉が与えられる。いくつかの職業会議は、未組織労働者を組織化するための代理人を任命しただけでなく、(＊)生活費を抑えるのに役立つ協同組合の店舗を開店するための特別職員も任命した。オールバニー、ボストン、シカゴ、トロイの職業会議は協同組合型の食料品店を後援したが、トロイ職業会議は労働組合員がよく利用する小さな百貨店である「労働者の大商店」の費用を負担した。さらに、トロイ職業会議は無料の図書館と読書室を設置し、そこで一流の労働組合主義者による講義が行われた。シルヴィスは、図書館と読書室の資金を集めるためにトロイ職業会議が運営する大規模なピクニックに参加した。彼は、1864年9月10日付のフィンチャーズ・トレイズ・レヴュー紙への手紙で、この出来事を次のように説明している。

(＊)大工・建具工組合、活版印刷工組合、鉄鋳型工組合、石切り工組合、および塗装工組合によって結成されたロチェスター職業会議は、その発足直後に、「組合を組織し、職業会議とつながりをもちたいと望むあらゆる業界の会員を支援する目的で」、組織に関する委員会を設立した。1863年12月までに、この委員会は5つの新しい組合を職業会議の会員に追加した。つまり、機械工・鍛冶工、樽製造工、仕立職人、ブリキ工、製靴工である。ある労働組合主義者は同年後半にロチェスターから、「当所近辺の労働組合は、我々が何年も前から知っている以上に隆盛した状態にある。それはおもに、我々の職業会議の有益な影響と活動によるものである」と書いている。

「それは間違いなく、この国でこれまでに開催されたなかで最大規模のピクニックでした。費用を超える１２００から１５００ドルの収入を得るでしょう。もしフィラデルフィアの職業会議の何人かの頑固な旧弊家が参加していたら、彼らの眼《まなこ》は錫合金の食器類の大きさほども見開かれていたと思います……。この街の労働者は男女を問わず自分たちの利に聡いのです……」。

政治活動

南北戦争中の統一された政治活動の顕著な例は、１８６４年の春先に導入されたヘースティングズ・フォルジャー反ストライキ法案を否決しようとするニューヨーク州の職業会議の運動であった。「雇用主および被雇用者に対する不法な干渉を処罰するための法律」と題されたこの法案は、「いかなる種類の力または暴力の脅迫によっても、労働者が雇用を受け入れること……、またはそのような労働者を雇用するのを妨げる者は……、軽犯罪で有罪となり、１年以下の懲役もしくは２５０ドル以下の罰金またはその両方を科されることになる」とされた。シルヴィスによると、「ニューヨーク州のすべての職業団体が消滅する」ほどの非常に厳しい条項をもつ法案の通過を求めてロビー活動を行ったのは、ニューヨーク市の商業会議所と鋳型工・機械工組合を粉砕しようと躍起になっていた、ニューヨーク州北部地区の雇用主であった。

ヘースティングズ・フォルジャー法案の敗北は、南北戦争の感動的なエピソードである。それは、ニューヨーク市の大工組合第５号の委員長であるマーティン・A・ケリーから報道機関への次のような手紙から始まる。

「ヘースティングズ氏が最近上院に提出した『ストライキ』に関する法案に示されているように、すでに大幅に縮小されている我々の権利と特典を侵害しようとする試みを、当市の多くの労働者との関連で、私は警戒しつつ見てきました。私たちのなかには、この問題はそれ自体の有効期間の欠如から消滅するであろうと考えている人もいますが、私はそのように考える者ではありません。立法制定過程に示された過去の経験を振り返り、両院議場の椅子に座っている多くの人々の誠実さや善行にはほとんど信頼が置けないと感じていますので、私は、このような醜悪な法案を否決するには、州全体の労働者の側での迅速かつ効率的な行動が必要であると感じています。粉砕委員会が組織されるときが近づいていますので、私たちはこの法案を否決するために迅速に行動する必要があります……」。

ケリーの提案は、オールバニーに代表団を派遣し、提案された反ストライキ法に反対する大規模な集会を開催することを票決した、ニューヨーク職業会議の特別会議で議論された。この集会は１８６４年４月７日にトンプキンズ・スクエア・パークで開催された。それは、強力なスパイトンダイヴィルの鉄鋳型工組合第11支部から、新しく結成されたニューヨーク市の毛皮加工工組合まで、40の労働組合を代表していた。正午に、デモ参加者は労働組合本部に集まり、公園まで集団で行進した。3つの演壇――2つは英語を話す人用、1つはドイツ語を話す人用――が設けられ、すべてにアメリカ国旗と組合旗が飾られていた。集会が始まったとき、聴衆のなかには少なくとも1万5000人の組合員がいて、各自が自分の組合を示す白いサテンのバッジを付けていた。

ニューヨークの著名な労組幹部が集会で演説し、戦争に勝利した労働者の役割を検討し、議会が組合を粉砕するために雇用主を支援することによって、労働者の献身に報いるのは適切かと問いかけた。ニューヨーク市の樽製造工組合委員長ジョン・ヴァン・ヴァルトは、「なぜ雇用主は労働者を粉砕しようとするのか。この国の戦いを戦い、アメリカ国旗を維持するための人を得たのは労働者階級からである。そうした人々が、自分たちの生命を維持するのに必要なパンのために苦しむことがあっていいのであろうか」と声を荒げた。

集会は、憎むべき法案に投票する議員に対して、当人は政治的死刑執行令状に署名することになると警告した。樽製造工組合のT・J・ロバーツは、「ニューヨークの労働者は力をつけてきた。そして彼らは、この法案を支持する者はいかなる公職にも選挙で支持されるべきではないと決意している。彼らは議員たちに、自分たちはこの国の骨と肉であり、自分たちを膝下の奴隷にしようとする者は、権力から追放されることを伝えるであろう」と語った。この声明は、「我々は次の選挙で彼らを地獄に送るであろう」という叫び声で迎えられた。ニューヨークの有力な労組幹部トマス・クーパーは、すべての政治運動において労働者側の警戒を強めるよう求めた。採択された決議は、上下両院のすべての議員に対して、前もって考えた不法行為を否決するよう求め、「この法案がさらに進むことが許されるのであれば、アメリカ中の労働者階級は、将来の行動のために、投票したすべての議員の名前を登録する他の手段に加えて、それ以外の手段も真剣に要請する」と付け加えた。

一方、トロイ、ロチェスター、オールバニー、バッファローの職業会議も同様の抗議集会を組織した。バッファローの集会は、この反ストライキ法案を「とくに現在のように、……労働者が命をかけて連邦と憲法の擁護のために結集している一方で、資本家（いくつかの名誉ある例外を除いて）は安心して家にいて、その不当に得た富を労働者から奪取されたとしても、その代わりのものを手に入れているときに、機械工は手段も保護もなく家と彼の大切な人たちを残して、あまりにも頻繁に亡くなっている」と非難した。会議は、「我々は、上院と下院の我々の代表者のそれぞれに厳しい報告を行い、投票箱で彼らの仕事に対して報いる」という警告で終わった。

州全域でのこれらの大規模な抗議の結果、法案は4月12日に上院司法委員会に再提出され、議会はその直後に休会し、法案に対してそれ以上の措置は取られなかった。祝賀会がニューヨーク市、オールバニー、バッファロー、トロイの通りで開かれた。

全国的な視野

ニューヨークとマサチューセッツ両州での反ストライキ法案の否決が、職業会議の力を明らかにしたにもかかわらず、雇用主側の攻勢はさらに激化した。1864年の年末までに、雇用主団体は、賃上げと労働条件の改善を求める多くの労働者の奮闘に対抗し、これと闘った。12月24日付のボストン・デイリー・イヴニング・ヴォイス紙は、マサチューセッツ州の釘製造工場の労働者に対して、雇用主団体が賃金の25％の削減を強要したと報じた。翌年の春、トロイのレンセラー製鉄所は、州の鉄製造業者団体の要請により、賃金を1日当たり1ドル削減し、ブルックリンでは漆喰業者の雇用主団体が1日3・50ドルの賃金から50セントの削減を断行した。これらすべてが労働組合主義に反対する全国的な運動の始まりであった。シルヴィスは、64年後半に、彼に警告したある資本家の言葉を次のように引用した。「労働者の状態がかつてないほど悪化する日はそう遠くない。現在労働運動で積極的に活動している人たちが、膝を屈めて仕事を求めることを強制される日が来るであろう……。報復の感情が、すべての雇用主の胸中で煮えたぎり、その成果は現在、労働組合を破壊するという、公然の目的に向けた資本家の広範かつ普遍的な組織のなかで明らかにされている」。

　1864年の半ばまでに、多くの労組幹部にとって、地方の職業会議では、雇用主の攻勢にうまく対処できないことが明らかになりつつあった。そうした幹部の1人は、「これは特定の職業と資本との間の戦争ではない。これは労働を代表する労苦の息子《サンズ・オブ・トイル》と、資本を代表する雇用主との間の戦争である」と述べた。組織の形態は闘争の新しい性格に対応しなければならず、それはすべての州の労働者が、全国的な組合の連合体を通じて団結して行動しなければならないことを意味した。

　南北戦争が終わるまで、全国的な労働者の連帯に対する意識は真の高まりを見せなかったにもかかわらず、そのような全国的な労働組合の連合体を実現させようとするいくつかの試みが戦時中になされた(＊)。1861年、機械工・鍛冶工国際組合は、「他の全国的な組織または大組織に同様の委員会の任命を要請し、そこで一堂に会し、全国職業会議を結成する完全な権限を与えられた」委員会を選出したが、南北戦争の勃発により、この全国的な労働組合の連合体結成の提案は棚上げされた。シルヴィスは64年に鋳型工の全国大会を説得し、全国職業会議に関する機械工と鍛冶工のかつての提案を支持した。オールバニーの機械工・鍛冶工組合の組合員は、彼らの親組織に対して、鋳型工の全国的な労働組合の連合体結成運動に参加するよう急き立てた。彼らは、「［彼らの］最後のドル、時間、才能を使い、また、全国津々浦々で束縛されない機械工の権利を守るためにも使うこと」を厭わなかった。

（＊）1865年に組織されたニューヨーク州労働者会議は都市と全国的な組織の中間段階にあった。

　全国的な労働組合の連合体創設のイニシアティブは、全国的な労働組合からではなく、職業会議からもたらされた。ケンタッキー州ルイヴィルでは、1863年から翌年の冬にかけて、同市の職業会議の代議員が、そうした連合体の必要性について頻繁に議論を重ねた。ある労働組合主義者によると、代議員たちは、「当時の労働運動を転覆させるために資本が組織されているのを目の当たりにして、労働の大義を強固にし、強化し、構築し、現在進行中の競争を労働者にとって有利に終わらせるために全力を尽くすことが、自分たちの絶対的な義務であると感じた」と述べた。彼らは、労働者は「職業会議が結成されることによって利益を得たのであれば、国際的な連合体を結成できれば、より多くの利益を得ることができるであろう」と結論づけた。それに応じて、職業会議の書記に相応する人物は、アメリカとカナダの職業会議に手紙を送り、全国大会招集について意見を求めるよう指示された。

1864年8月、この手紙に続いて、ルイヴィル職業会議と友好連盟の会長ロバート・ギルクリストが、9月21日にケンタッキー州ルイヴィルで開催される大会に、職業会議のすべての役員と会員が出席するよう呼びかけた。

「ほぼすべての都市の資本家や雇用主が連合組織を組織しているのではないでしょうか、また、そうした連合組織の目的が私たちの組織を転覆させることであるのは、すべての都市で明らかではないでしょうか。私たちがこうした不快な光景を見たとき、恐怖で萎縮するのでしょうか。私たちは、それはないと答えます……。それは私たちを強力な活動に駆り立てるはずです……。もし雇用主が団結していずれかの職業部門を転覆させようとするなら、他の職業部門や職工の団体は、その攻撃された職業や部門の大義を自分たちの大義とし、そうした職業に援助と同情を与えるでしょう」。

彼らの力を結合することで、組織化された労働者は非常に強力になり、「資本家や雇用主は、我々の正当な要求を拒否できなくなるであろう」。

ルイヴィルで開催された大会に出席したのは、8つの職業会議からの12人の代議員だけであったが、関心は広範に及んでいた。トロイ職業会議は大会に手紙を送り、時間的な要素だけが代議員の派遣を妨げたと説明した。それはルイヴィル大会を祝福し、代議員が始めた輝かしい活動の成功を祈った。

この大会の主たる任務は、規約と一連の決議の作成にあった。新しい組織である北アメリカ国際産業会議の目的は、雇用主と労働者との間の意見の相違を「相互に利益をもたらす可能性のある」方法で調整することにあった。ストライキは、「絶対に必要になった場合を除いて」避けるべきであった。そのようなストライキが生じたとき、この大会は「資本家によって不当に攻撃される可能性のある労働者組織の実際的な利益」のための基金を規定した。この目的のために、同会議は、「アメリカの様々な職業の総会を通じて」組織化されたすべての労働者に対して、1人当たり5セントの割当金を課し、「国際機関の命令に従って彼らの金庫に保管する権限」を与えられた。

アメリカの労働者が抱える問題の多くは、ルイヴィル大会の決議に正確に反映されていた。1つ目の決議は、職業会議に対して、店舗用金券制度を禁止し、囚人労働との競争を廃止する法律の制定に取り組むよう求めた。しかし、労働者政党の結党を支持しようとする試みは、その勧告が憲法委員会の報告書に含まれていたにもかかわらず否決された。2つ目の決議は、職業会議に対して、女性裁縫師を支援するよう要請するものであった。3つ目の決議は、消費者協同組合運動を賞賛し、職業会議に対して、協同組合型の食料品店を設立するよう勧告した。さらに別の決議では、北アメリカ国際産業会議の命令に従って、有給の巡回オルグを雇うよう職業会議に勧告した。また、ワシントンに「労働者とともに働く男性によって運営される」労働省の設立を支持する決議も採択された。

おそらく、この大会から出された最重要声明は、労働者が自らの労働の価値と自分たちが受け取る権利のある報酬とを、自ら判断する権利を確認する特別決議であった。それは、「我々は、これを人間に与えられた固有の権利、すなわち生得権であると主張し、我々は、万難を排し、いかなる状況においても、人間としての神聖な名誉を維持することを誓約する」ものであった。

北アメリカ国際産業会議が閉会する前に、次の大会を1865年5月にデトロイトで開催する予定は立てられたが、まだ十分な数の労働者が全国的な組織の必要性を理解していなかったため、開催は見送られた。シルヴィスやフィンチャーのような影響力のある指導者は、職業会議に基盤を置く全国的な連合体は、まだ雇用主の攻勢に対抗するのに十分な強さをもっていないと確信していた。フィンチャーは、「職業会議が地方の労働組合の創造物であるという単純な事実から」、産業会議には職業会議のない地域で労働者を組織する力はないと主張した。全国的な労働組合に基づく全国的な連合体だけがこの任務を遂行できた。なぜなら、そうした連合体は「種々の団体を結合するための承認された権威と権限をもっていた」からである。

シカゴ・ワーキングマンズ・アドヴォケイト紙の編集者キャメロンは、フィンチャーに異議を唱えた。彼は、ルイヴィル大会について、北アメリカ国際産業会議は全国的な労働組合よりも優れているとコメントした。なぜなら、「この大陸には、特定の労働部門の国際労働組合に参加したことがなく、今後も参加することのない何千人もの職工や労働者がいる」からである。この文書が書かれた当時、全国的な労働組合は労働者階級のかなりの部分を代表するには数が少なすぎ、強力な全国的な労働組合はこのような状況を考慮して、雇用主団体の攻勢に対処するのに忙殺されていたので、同会議が短命であった理由は明らかである。

8時間労働に向けて

ルイヴィル大会が開かれている間にも、戦後の強力な全国的な労働者の連合体の形成に火をつけるような問題が浮上していた。この問題はルイヴィル大会では強調されなかったが、代議員たちはそれを無視しなかった。それというのも、大会で可決された決議の1つは、8時間を法的な労働日にするための全国的な運動を始める「好都合の時期」であると宣言していたからである。8時間労働を求める闘いは、南北戦争が終わるまで本格的には始まらなかったが、戦後の労働運動によって進められたすべての主要な問題と同様、その起源は戦前にまでさかのぼれる。戦争が続く間、反乱が鎮圧され次第開始される大規模な運動の準備が進められていた。

19世紀前半のアメリカの労働者は、労働時間に対する要求を1日10から9時間に限定していたが、8時間に関しては時折声明が出されていた。そのなかで1836年11月19日、ナショナル・レイバラー紙は、フィラデルフィアの職工が10時間労働を確保した今、労働時間を短縮するための運動を止めるつもりはないと宣言した。

「我々は、10時間労働制を永続させたいとは思わない。なぜなら、我々は誰にとっても8時間労働でも長すぎると信じているからである」と報じていた。

1850年代には8時間労働への要求が高まり、この10年の最初の年にニューヨークで開催された労働組合の大規模な集会では、「8時間は誰もが働くのに公正で十分な時間である」と全会一致で決議された。フィラデルフィアでは、8時間労働を勝ち取るために、51年に職工・労働者統一会議と呼ばれる組織が設立された。ボストンの組織化されたコーキン工は、54年5月24日に8時間労働を採択し、その後数年の間に他のいくつかの労働組合も同様に採択した。59年までに、機械工・鍛冶工全国組合は地方組合に8時間労働を検討するよう勧告し、この提案は60年の大会でも繰り返された。61年、全国鋳型工組合は「8時間労働制のための運動をもたらす可能性がある」計画の概要を示す委員会を任命した。多くの鋳型工が8時間労働制の普遍的な採用を支持しており、それが「労働者階級の改善、啓蒙、教育に資する」と確信していると報告した。

しかし、8時間労働を確保するためにアメリカの労働者がとった最初の重要な組織的措置は、1863年に行われた。この年の大会で、機械工・鍛冶工全国組合は8時間労働を支持し、それを「他のすべての人を続かせる、労働者としての我々にとって最重要な変化」と呼んだ。同時に、ボストン職業会議も同様の立場をとり、両組織は合わせて800ドルの予算をもつ委員会を任命し、その任務は改革のための教育およびロビー活動の開始であった。同年10月10日、フィンチャーズ・トレイズ・レヴュー紙がこの運動に参加し、「今日、我々はこの旗印、すなわち『1日の労働は8時間』を発行人欄に釘付けした」と報じた。

彼らの恒例に従って、商業新聞は、8時間労働の指導者は外国生まれであると非難した。当然のことながら、外国生まれの労働者がこの運動で重要な役割を果たしていたが、その原因は支持者の出身国ではなく、むしろアメリカの産業状況に根ざしていた。リーダーシップに関しては、アメリカ生まれの賃金労働者と機械工・鍛冶工全国組合の忠実な組合員によって提供された。この人物は、社会主義系のレイバー・スタンダード紙が「8時間労働を求める運動の創始者であり起草者」と呼んでいた、ボストンの機械工スチュワードであった。1863年に機械工・鍛冶工全国組合とボストン職業会議を説得して、この大規模な運動を開始させたのは彼であった。彼は、この労働時間短縮のための運動を、孤立した組織によって行われていたものから、州と国の法律に対する統合された要求に変え、労働時間短縮の要求を正当化する主要なアイディアを押し進めた。

スチュワードは、19歳で機械工の徒弟として1日12時間働いていた1850年に、労働時間短縮という大義に人生を捧げることを決意した。彼は労働時間短縮運動を始めたときに解雇された。この経験は、労働時間短縮のための闘争を前進させる彼の意志を強固なものにした。彼は、パンフレット、新聞への投稿、講演、立法委員会への出席などで議論を進めた。雇用主や商業新聞は納得しなかったが、知識人や労働者、そして多くの政治家は納得した。彼との5時間に及ぶ会談の後、チャールズ・サムナー上院議員は8時間労働法案に賛成票を投じた。ジェシー・H・ジョーンズ牧師は、スチュワードの講演を聞いたとき、8時間労働の提案に対する自身の敵意が消滅していたことを認めた。同牧師は、「私が出会った著書の著者には大学教授も政治経済学者もいない。私は労働問題の政治経済学の知識をスチュワードの口から学ぶことができた」と説明した。

スチュワードの主たる理論は、「大衆の習癖、習慣、民の声」が世界最強の力を表しているというものであった。労働者の要求は小さいと彼は主張した。それというのも、長時間労働は労働者がもっと多くのものを必要としていることに気づく機会をほとんど与えなかったからである。1日14時間労働した労働者には、より高い賃金を要求する想像力もエネルギーもなかった。彼は過労で品性を落としていたので、飲食物と睡眠のことしか考えられなかった。彼は、「彼らは、より高い賃金が購入または調達できる機会を活かす時間や力がほとんど、あるいはまったくないのに、どうして彼らはより高い賃金を要求するように動機づけられるのか」と尋ねた。もし労働時間が短縮されれば、余暇時間は新しい動機や欲求を生み出すであろう。これらの新たな習慣を満たすには、賃金は上がらなければならない。彼は、「労働者の日常の習慣を変え、改善すれば、彼らは宇宙のいかなる力を使っても自分の賃金を上げるであろう。そして、これは彼らにより多くの余暇や時間を与えることによってのみ可能である」と語った。

スチュワードは、労働時間が短縮されても賃金は下がらないことを労働者に納得させるために、自分の論旨を繰り返し強調した。彼は、妻のメアリー・B・スチュワードが書いた短い対句を広め、労働者に次のように保証した。

> 出来高払いで働くにせよ、日払いで働くにせよ、労働時間を減らせば給料は上がる。

スチュワードにとって8時間労働は、より高い賃金とより多くの余暇を確保するための手段以上のものであった。それは、アメリカの民主的な制度を「国の文学、政治、日刊紙の支配を通じた資本家の腐敗」から守るために不可欠なものであった。1日の労働時間が短くなれば、資本家や企業が、労働者の意思に反して、国の制度を研究するために必要な時間と機会を彼らから奪えなくなるであろう。

さらにスチュワードは、8時間労働は労働者階級に課せられたすべての苦難を取り除き、新しくてより良い社会秩序のための前提条件を整えるのに不可欠であると、次のように主張した。第1に、余暇時間が富裕層の服装、習慣、環境に目を向けると、大衆は自分たちの運命に不満を抱くようになるであろう。第2に、余暇は労働者に既存の社会秩序を変えるためのさまざまな提案を検討する時間を与えるであろう。彼は、「労働時間を減らさなければ、労働者は隷属や無知、悪徳や貧困から完全に解放されるために必要な多くの手段を考えられなくなる」と語った。第3に、8時間労働は、熟達した職人と熟練していない労働者を「彼ら自身の解放のために」、「大衆に団結する時間を与え、彼らを分離できない」ことから団結させるであろう。最後に、「より高い水準の大衆の知性」によってのみ、資本主義体制はより公正な社会秩序に取って代わられる。彼は「8時間労働は、靴を作った人とそれを買った人を一緒にして、彼らは労働に支払われた代価と靴の売価を比較し、その違いを観察することで考え始めるであろう」と請け合った。

この考え方から、生産者と消費者の協同組合に対する要求が生じ、それによって資本主義体制は廃退するであろう。スチュワードが見たように、8時間労働は、より高い賃金をもたらすことによって、労働者が「労苦の成果のより平等な分配で最終的に終わる長い道」の第一歩を踏み出すのに役立つ。なぜなら、賃金は「資本家と労働者が1つになるまで」増加し続けるからである。したがって、「賃金制度から抜け出す方法は、より短い労働時間に起因するより高い賃金を通じてもたらされる」。

スチュワードと同様、8時間労働は「貧困が最終的に起こり得ないものとなるような富の分配を確保する」と論じ、賃金制度の終焉をもたらし、「怠惰、投機、階級立法、金融上の激動、禁欲、売春、戦争」に終止符を打つと論じるのは、1840年代の空想的社会改良家《ユートピアン》に追随することである。(*) さらに、大衆の習慣、慣習、意見が、雇用主に労働者の要求を認めるよう強制する力であると信じるのは甘い考えであった。そのような譲歩を強いる力は、労働組合主義と労働大衆の独立した政治団体の力にある。

(*)『8時間労働を求める運動の意義』と題された未発表の手稿で、スチュワードは、「労働のための8時間制を確立するだけで、これらすべての恩恵がもたらされる」と言うのは彼の見解の歪曲であると主張した。彼は、「私たちの考えは、労働者階級が日々の仕事以外にもっと多くの時間をもてるようになるまで、北部諸州における社会改革または政治改革の方法で他のことを試みる必要はほとんどないということである。進歩のためのすべて計画は、生産階級のためのより多くの余暇の計画をもっている」と続けた。

しかし、この種の発言は、スチュワードの主張が8時間労働がミレニアムをもたらすという信念を払拭するのにあまり役に立たなかった。

スチュワードは機械工・鍛冶工組合の積極的な活動家であったが、労働組合活動によって労働時間の短縮が得られるとは信じていなかった。彼は、雇用主との労働時間の短縮に関する協定に反対しなかったが、それはあまり成果を成果を上げていないと信じていた。彼は、そのような協定は少数の労働者のために8時間労働を確保するかもしれないが、多くの未組織労働者は影響を受けないであろう、と主張した。さらに、これらの未組織労働者は、より長い労働時間を通じて、組織労働者の立場をすぐに弱めるであろうし、もしすべての人に8時間働くことを強制する法律が可決されれば、すべての資本家はより短い労働日を導入することを要求されるであろうし、余暇によって生み出された新たな欲求は、労働者がより高い賃金を要求し、受け取ることを確実にするので、それはすぐに低い賃金水準の労働者をより高い賃金水準を享受する労働者の水準にまで引き上げるであろう、と主張した。

立法措置を強調するなかで、スチュワードは労働者に、「自分で農場に投票せよ」〔第10章158ページを参照のこと〕というスローガンを「8時間労働に投票せよ」に変えるよう促した。選挙の前に、すべての候補者は、「もし当選したら、すべての労働者と職工のための8時間労働制を確保するために……そして、10時間労働制で通常認められている賃金率に対して、すべての影響力を行使しますか」と問われるべきであるとした。

スチュワードは、労働組合がこの政治闘争を主導できるとは考えていなかった。労働組合の多くは政治的な議論を禁止していただけでなく、すべての労働者を団結させるのに十分な数の労働者を代表する労働組合はほぼなかった。他のすべての問題を放棄し、8時間労働の要求だけに集中することに同意する労働組合もほとんどなかった。そのため彼は、1864年にボストンで最初の8時間労働団体である労働者協議会（後に労働改革協会と呼ばれた）を組織した。その目的は、アメリカの労働者階級の解放の第一歩としての8時間労働であった。同じ年、ヨーロッパでは、カール・マルクス率いる国際労働者協会の規約制定会議が、「労働日の制限は労働者階級の解放に向けた第一歩である(*)」と宣言した。

8時間労働を求める運動は急速に広がった。1865年から67年にかけて何百という8時間労働同盟が結成され、68年初頭にはカルフォルニア州だけで50以上の同盟が機能していた。この頃には、通常は8時間労働大同盟として知られる州全体の組織が、イリノイ、インディアナ、ミシガン、アイオワの各州に存在していた。その主たる強みは労働者からもたらされたが、多くの農民やその他の非賃金労働者が同盟に参加していた。66年には、ニューヨーク市のほぼすべての組合が、同市で結成された8時間労働中央同盟に参加し、大工・建具工全国組合の委員長トマス・クラークが同中央同盟の副委員長を務めた。

南北戦争中、8時間労働を求める労働者の運動は戦後の計画策定に貢献した。8時間労働を支持する人々のなかで、戦争がまだ行われている間にそれを開始するよう要求する者はほとんどいなかっ

（*）この時期にマルクスとスチュワードが接触していたことを示すものは何もないが、アメリカにおける8時間労働を求める運動の父が科学的社会主義の創始者の業績に大きな敬意を払っていたことは明らかである。スチュワードは、南北戦争後のアメリカのマルクス主義運動の指導者であったフリードリヒ・A・ゾルゲに宛てた日付のない手紙で、マルクスの『資本論』、特に労働時間を扱った章を読んだときの喜びについてこう語っている。「私はこのカール・マルクスの翻訳が読まれることを望んでいます（強調は原文）。この考えはいつも私の目の前にありますが、私は英語を話す人々にとっては不明瞭な一節に非常に悩まされてきました。平均的な読者は理解するのに長くは苦労しないでしょう。そして、マルクス博士の能力は、彼自身の言語では彼は明確で容易に理解できたと私に信じさせます。もし私が自分の著述活動から時間を捻出できれば、私は自分の考えに従って、『労働日』に先行する章の抄訳、または要約を作成していたでしょう。とくに、もっとも不明瞭な一節は原稿の最初の部分にあります。私は博士の名前を紹介し、私たちの読者により一般化するために、博士からいくつかの一節を引用しますが、彼が労働時間についてどれだけ語っていたか私は知りませんでした」と続けている。『資本論』第1巻の要約英語版は1877年に合衆国で出版され、ヨーゼフ・ヴァイデマイヤーの息子であるオットー・ヴァイデマイヤーによって翻訳された。第1巻の権威ある英語版はフリードリヒ・エンゲルス監修のもとでサミュエル・ムーアによって作成され、95年に出版された。

た。なぜなら、労働者はそれが戦争続行を害し、勝利を遅らせるのを理解していたからである。彼らの主たる主張は、8時間労働は、戦争が終わるとすぐに起こるはずの失業を解決するのに役立つというものであった。もう1つの強い主張は、もし連邦政府や州政府が将来の短い労働日の開始を規定すれば、軍隊の士気が高まるであろうというものであった。帰還した退役軍人にすべてを漠然と約束する政治的レトリックでは十分ではなかった。フィンチャーズ・トレイズ・レヴュー紙は、「戦争が終わったときに適切なケアをするという、我々の高貴な軍人の主張に異議を唱える者は誰もいないが、彼らを少なくとも援助するためにどのような準備がなされているのか」と尋ねた。戦争が終わったときに、労働者が8時間労働法の施行を要求するのは当然のことであった。「我々の軍隊にいる職工と労働者に、テキサス州からメリーランド州に響き渡るまでその叫び声を繰り返させよ」。

これらの論理的で愛国的な訴えに動かされることなく、連邦議会と州議会は、公有財産を奪っている無節操なビジネス上の利益に従うのにあまりにも忙しかった。何百万エーカーもの公有地がすでに投機筋に渡っていたので、兵士や水兵は、その多くが新しい生活を築こうとしていた土地の大部分を奪われていた。8時間労働の支持者の予測はすぐに現実のものとなった。1865年6月17日付のフィンチャーズ・トレイズ・レヴュー紙に寄稿した特派員は、「予想されていたように、帰還した兵士は働き口を見つけられず、すでに通りに溢れている」と述べた。彼らは、それまで戦時体制下で雇われていた労働者の働き口探しに加わった。製靴業の状況についての記述は、「仕事を求める労働者間の激しい競争」とそれに伴う賃金の低下を伝えていた。

1865年7月22日付のフィンチャーズ・トレードズ・レヴュー紙の社説は、「もし議会が賢明にも、平和の回復時に労働時間の短縮が行われるべきであると宣言して、それを可能にする法律を可決していたら、我々の勇敢な仲間のための機会があったであろう。しかし今では、彼らは、他人の快適さと幸福を犠牲にして自分の懐を肥やす好機を逃すことを知らない人々の寛大さに依存している」と述べていた。

先見の明のある労働運動の指導者は、一般的な状況は、8時間労働の確立のためには、労働者と帰還した兵士による団結した闘争が必要であると主張した。ある観察者は、労働組合と8時間労働同盟に対して、「判断力の確かな管理によって、戦前の労働者を中心とした数千人の帰還兵士が、その数を増やし、その効果を高めるように誘導される可能性がある」と指摘した。いくつかのコミュニティでは、この助言が真剣に受け止められ、労働組合主義者と連邦軍の退役軍人の合同組織が誕生した。1865年7月に、いくつかの労働組合とマサチューセッツ州の退役軍人協会の代表者が会議を開き、州全体で地方の同同盟の結成を投票で決めた。いくつかの地方組織がすぐに結成され、「兵士と労働者の要求」を擁護した。

多くの労働者は、失業の解決策は、利用可能な仕事を配分する労働時間の短縮にあると信じていた。他の労働者は、生産者協同組合と金融改革によって解決策が見つかると確信していた。スチュワードの計画は、より短い労働日を提唱するすべての労働者を一時的にではあるが団結させた(*)。確かに、少数の組織化された労働者は、労働時間の短縮が彼らの賃金を引き下げることを恐れて、8時間労働の十字軍に参加しなかった。しかし、彼らは明らかに少数派であった。決議、大規模な会議、そして多くのストライキによって、8時間労働問題は、南北戦争直後の数年間のアメリカの労働者階級にとって「今日の重大問題」となった。マルクスが観察したように、この運動は「大西洋から太平洋、ニューイングランドからカルフォルニアまで急速に広まった」。大工と建具工が、1867年の全国大会で、「我々は、労働者階級の現在の最重要問題は、労働の物理的時間の短縮であると考えている……」と宣言したとき、アメリカの労働者を代弁していた。

(＊) 合法的な1日の仕事としての8時間のもっとも効果的な議論の1つは、たとえそれが確保されなかったとしても、闘いはすべての雇用主に10時間労働を制定するのを強制するであろうということであった。

全国の労働者を1つの問題に集中させることで、8時間労働を求める闘争は、全国的な労働者の連合体の結成に刺激を与えた。

第18章　1866～1872年の労働運動

南北戦争直後の労働運動の多様な側面は、全国労働組合《NLU》の盛衰の研究と、この労働者の連合体が自ら関係していた問題の検討で、もっともよく理解できる。同時に、これらの問題に対する全国および地方の労働組合の立場を検討することによって、NLUが採用した立場が労働組合をどの程度代表していたのかも判断できる〔NLUについて、川田・津田・長田の3教授とも「全国労働組合」と訳されている。NLUは、全国的な労働組合の連合体としては、第7章で取り上げた全国労働組合（NTU）の後継組織であり、労働騎士団とアメリカ労働総同盟の先行組織である。だが、NLUは当初から、労働者、労働組合、8時間労働同盟に加えて、多数の教師・編集者・弁護士などが入り込み、最終的にラサール主義者の影響を受けて労働組合運動を非とし、通貨改革問題や改良主義的政治活動にのめり込んで組合を遠ざけた。こうしたことを鑑み、サミュエル・ゴンパーズの自叙伝やW・Z・フォスターの『アメリカ合衆国共産党史』など、「全国労働同盟」としている訳書もある〕。

全国労働組合の結成

NLUは、労働者の地域的な努力では、彼らが被った悪弊をけっして改められないという意識から生まれた。「労働者の闘争を全国規模化し、すべての州の労働者階級間に連帯感を醸成することによってしか」、彼らがより良い生活を勝ち取れないのは明らかであった。南北戦争がアメリカの経済生活に与えた影響はこの点を明らかにした。1866年9月5日付のロチェスター・デイリー・ユニオン・アドヴァタイザー紙は、全国規模の労働者の連合体の設立を推進した際に次のように指摘した。

「行動が遅れれば遅れるほど、労働者が求める目的を確保するのは難しくなるであろう。資本は日々集中し、組織化され、よりいっそう強力になっている。先の戦争とその戦争から生じた結果は、資本をより強固にした。資本は、この国の労働を犠牲にして何百万ドルも稼いでおり、このようにして集められた資本は、多かれ少なかれ、労働者が求めている目的を粉砕するために利用された」。

NLUは、おおいに必要とされていた、「すべての州の労働者階級間の行動の統一」の樹立に完全には成功しなかったものの、NLUの盛衰の物語は広範な分析を必要とする。なぜなら、当時のアメリカの労働運動が直面していたほぼすべての基本的な問題は、NLUの大会で議論されていたからであり、また、南北戦争後の労働運動の考え方はNLUの歴史を掘り下げなければ理解できないからである。

1864年の〔第17章で既出の〕北アメリカ国際産業会議の失敗後、全国的な労働者の連合体の設立が幾度となく試みられた。66年2月、馬車製造工国際組合の委員長ウィリアム・ハーディング、国際鋳型工組合の会長ウィリアム・H・シルヴィス、機械工・鍛冶工組合の書記ジョナサン・フィンチャーがフィラデルフィアで会合し、全国的な労働者の連合体の必要性を議論した。彼らの提案によって、すべての地方および全国的な労働組合の代表者が、ニューヨーク市での予備会議に招聘された。11人の代表者——そのほとんどがニュージャージー州とニューヨーク州から来た——が呼びかけに応え、3月26日にニューヨーク市で会合し、8月20日にボルティモアで開催される労働者の全国大会を計画した。ハーディングを座長とする委員会が、ボルティモア職業会議と協力して大会の計画を立案する目的で任命された。

全国のさまざまな職業会議、労働組合、8時間労働同盟、労働団体の役員や会員に対して、代議員の派遣を要請するよう呼びかけが行われた。この呼びかけは、8時間労働を求める運動は、「労働改革の遂行に関するすべての事項について、協調的かつ調和のとれた行動」を要求する重要性を帯びている、とした。したがって、「我々がその遂行において調和的かつ協調的に行動するための基盤を形成する」には、国民大会《ナショナル・コングレス》といったものの開催が必要であった。そして、1日8時間への労働時間の短縮を勝ち取るもっとも効果的な方法が、そういった大会に提出される特別な議事であった。

第1回大会

1866年8月20日の大会開会日、代議員は、〔ボルティモアの〕レイズトン・ビルの「北、南、東、西からの苦役《トイル》の息子たちへ、ようこそ」と書かれた大きな横断幕に迎えられた。60人の代議員が出席し、そのうち38人は43の地方の労働組合、12人は11の職業会議、6人は4つの8時間労働同盟、2人は国際労働組合、そして1人は全国的な労働組合の後援をそれぞれ受けていた。ニューヨーク・タイムズ紙の推計によると、代議員を派遣した59の組織は6万人以上を代表していた。その大半は東部諸州から来ていたが、シカゴ、デトロイト、セントルイスからはそれぞれ3人の代議員が出席していた。地方の労働組合のなかでは、建設労働者がもっとも多く、次いで船大工、鋳型工、機械工が続いた。正式な代議員を派遣したのは馬丁・馬車製造工の全国組合だけであったが、他の3つの全国組合の4人の役員はボストン労働者会議やセントルイスの労働組合などの団体の後援を受けていた。さらに、機械工・鍛冶工組合の委員長と書記であるフィンチャーとW・C・オトリー、煉瓦積み工組合のホワイト委員長、大工・建具工組合のショー委員長が議事を通して出席し、発言権を与えられた。全体として、6つの全国組合から少なくとも11人の幹部が出席していた。

大会の議事の多くは、常設全国組織委員会、労働組合とストライキ委員会、協同組合と囚人労働委員会、8時間労働と政治活動に関する委員会、決議委員会などの委員会で行われ、「合衆国の労働者への演説」を準備する特別委員会も任命された。

ワーキングマンズ・アドヴォケイト紙の編集者であるアンドリュー・C・キャメロンを委員長とする「労働組合とストライキ委員会」は、未組織の熟練労働者と未熟練労働者を組合に組織することを促し、さらに、組合のないすべての地方と職業での組合結成を勧告した。また、すべての産業部門に国際組織を設置することも勧告された。多くの未熟練労働者が既存の労働組合に入れないのを理解した上で、キャメロン委員会は、その団体を全国労働者会議の代表権とともに同会議に加盟する、一般的な労働者協会〔組合〕に組織することを求めた。同委員会のストライキに関する長い報告書は、それを「労働者階級に大きな損害をもたらす」ものと特徴づけ、労働者に対して「すべての友好的で名誉ある手段が尽くされたとき」の最後の手段以外はそれに反対するよう助言した。同委員会は、ストライキに代わって仲裁を行い、各職業会議が仲裁委員会を任命し、雇用主と労働者との間のすべての紛争をそこに付託することを提案した。

キャメロン委員会の報告書は全会一致で採択され、2つの主要な決議で最終的な表現が確認された。第1の決議は、労働団体に参加することがすべての労働者の絶対的な義務であり、労働団体が存在しない場合にはそれの結成が絶対的な義務になると宣言した。同委員会は、すべての組合に対し、職業会議または労働者会議に代表を出し、職業ごとの国内および国際組織の結成を支援するよう要請した。第2の決議はストライキを非難し、そうした行動がとられる前に、すべての方法が丁重に尽くされるよう要請した。

政治活動は、地域ごとに労働者の独立した候補者を指名するか、既存の政党と協力するかを決定すべきであると提案した「8時間労働と政治活動に関する委員会」の報告書によって、このボルティモア大会に提起された。数人の代議員は、政治活動は労働組合活動の圏外にあり、当該委員会の報告書の採択は、全国労働者会議を政治団体にすることになるとの議論を闘わせ、報告書の拒否を主張した。シカゴのドイツ労働者協会を代表するエドワード・シュレーゲルは、報告書は十分ではないと述べ、旧来の2政党の否認と新しい労働者政党の即時結党を求めたとき、拍手喝采を浴びた。彼は、「新しい労働者政党はアメリカの労働勢力で構成されなければならない。私たちは旧来の政党と戦うことを躊躇っているが、そうすべきではない。もし我々が正しければ、先に進もう。フリー・ソイル党は数千人の有権者で結党されたが、もし結党されていなければ、リンカンが合衆国大統領に選出されることはなかったであろう」と述べた〔フリー・ソイル党は、1848年8月9日にニューヨーク州バッファローで、ホイッグ党と民主党の奴隷制反対論者と自由党が合流してできた第三政党。新しい奴隷州と奴隷準州の連邦への加入に反対し、実際の入植者に無料で公有地を下げ渡すよう要求した〕。

シュレーゲルの主張は、独立した政治活動に対するより強力な立場のために、報告書を修正するよう委員会に指示した大会を支持した。修正された報告書は、労働者階級が既存の政党を信頼していないことを歴史が証明したと主張した。労働者が「政党との結びつきや嗜好から距離を置き、全国労働党といったものを結党する」ときが来ていた。その第1の目的は、連邦議会と州議会による8時間労働法の制定であった。労働者がどの公職にも資格があると判断された場合、委員会は当人を優先するよう勧告した。政治活動に反対する人々が報告書を委員会に差し戻すのに一役買った。委員会では、全国労働党といったものの立場は、そのような政党を結党するための措置は、「できるだけ早く実施されなければならない」という曖昧な表現に和らげられた。この内容で、報告書は35対24の投票で受諾された。

「労働組合とストライキ委員会」、「8時間労働と政治活動に関する委員会」の報告書は全国労働者会議の大きな注目を集めたが、労働運動が直面している多くの重要な問題も取り上げられた。全国労働者会議は、支払われた賃金が労働組合が要求した賃金と同等でない限り、囚人労働者が作った商品のボイコットを要求した。決議は、スラム街の廃止と住居条件の改善を求め、公有財産は公的な入植者のみが利用できると主張し、職人の研究機関・文化会館・読書室の設置を勧告し、労働者に労働新聞(*)への全面的な支援を要請し、労働組合に協同型の作業場を設置するよう助言し、協同組合が「現在の産業制度の乱用に対する確実で永続的な救済」であることを保証した。働く女性に関する決議の1つは、この国の裁縫師の女性や娘たちの苦役に対する個人的で一丸となった支援を約束し、彼女らへの心からの協力を要請した。

（＊）シカゴのワーキングマンズ・アドヴォケイト紙、ボストンのデイリー・アンド・ウィークリー・ヴォイス紙、デトロイトのデイリー・ユニオン紙、フィラデルフィアのモルダーズ・インターナショナル・ジャーナル紙、トロイのヘラルド紙、セントルイスのインダストリアル・アドヴォケイト紙、シカゴのディ・リフォーム紙（ドイツ語）など、いくつかの新聞が労働者の支援に値するものとして具体的に言及された。

土地改革、住宅、教育など、労働者のみならず国家全体にとって重要な多くの問題が議論された。

ホレス・グリーリー〔第10章147ページを参照のこと〕は、1866年8月27日付のニューヨーク・トリビューン紙で、「全体として、この大会は連邦の労働者の知性、教育、および事業を完全に代表しており、その影響は全般的かつ永続的であるべきである……。我が国のさまざまな部門の労働者を代表する労働者会議といったものの会合、議論、および結論は、我が国の歴史で一時代を画すものである」とコメントした。

カール・マルクスは、アメリカの友人に宛てた1866年10月9日付の手紙で、「私は、国際労働者協会のジュネーヴ大会と同時にボルティモアで開催されたアメリカの労働者の大会によって、大きな喜びを得た。そこでのスローガンは、資本に対抗する組織であり、驚くべきことに、私がジュネーヴ大会のために作成した要求のほとんども、労働者の正しい本能によって提示された」との洞察力に富むコメントをしている。

この驚くべき偶然の一致の顕著な例は、8時間労働問題に関するボルティモア大会とジュネーヴ大会のそれぞれの立場から明らかにされている。ボルティモア大会は、1866年8月16日に、「この国の労働者を資本主義的奴隷制から解放するために現在必要とされている第1のものは、アメリカ連邦のすべての州で8時間労働を通常の労働日とする法律を可決することである」と宣言した。2週間後、国際労働者協会のジュネーヴ大会は、「労働日の制限は予備的条件であり、それなしには改善や解放のためのさらなる試みはすべて失敗であることが証明されなければならない……。大会は8時間を労働日の法的制限として提案する」と決議した。決議はさらに、「この制限は北アメリカ合衆国の労働者の一般的な要求を表しているので、当大会はこの要求を世界の労働者の大部分に共通の綱領に変える」と付け加えている。

ボルティモア大会にはいくつかの欠点があり、それらが間もなく組織の衰退を早めた。1つの欠点は、ストライキが「労働者階級に大きな損害を与える」ものである、という立場をとったことにあった。1865年から翌年にかけていくつかのストライキが敗北したことは事実であるが、これらのストライキは労働者階級の連帯を強め、ボルティモア大会自体がそれを体現していた。ストライキは最後の手段としてのみ使うべきであるという労働組合間の合意はあったが、多くの労働組合主義者はストライキの代わりに仲裁に委託する、全国的な労働者の連合体に対して信頼を置くことはなかった。そして、ストライキ闘争をしている組合に対する財政支援に関する規定もなかった。(*)

(*) 実際、NLUにはこれといった資金がなく、あまりに資金が不足していたため、独自の議事録を公表することさえできなかった。会計担当のジョン・ヒンチクリフが、1866年に運営費として地方組合の会費から受け取ったのは205・21ドルでしかなく、そのうち187・25ドルを支出した。献身的な書記で8時間労働の擁護者であったC・W・ギブソンがいなければ、組織は機能しなかったであろう。彼は組織を存続させるために、自身の労力と自己資金を惜しみなく提供した。彼は、事務的な補助なしに1387通の手紙を書き、2157通の印刷された手紙と5816通の挨拶状と回覧を配布した。彼は、ヒンチクリフから75・38ドルしか受け取っておらず、自分の所持金から差額791・62ドルを支出した。委員長J・C・ウェイリーはお飾りにすぎなかった。

もう1つの大きな欠点は、ボルティモア大会が黒人労働者の組織化に関していかなる立場も取らなかった点にある。熟練労働者と未熟練労働者を含むすべての労働者の組織化を求める声がこの問題を覆い隠したと言えるが、大会は産業における女性に特有の搾取も理解していなかった。大会が同じように黒人労働者に関心を示さなかったのも、黒人が直面する特殊な問題に対する一般的な理解の欠如の一部でしかなかった。このように大会は、再建《リコンストラクション》をめぐる戦いを無視し、「南部の農業利益の迅速な回復は北部の労働者にとってきわめて重要である」という表現に留めた。

既存のすべての政党を非難することによって、ボルティモア大会は、黒人労働者が直面しているもっとも重要な政治的課題、すなわち、土地と政治的権利を求める彼らの闘争と共和党との関係から手を引いた。

別の弱点は、組織が効果的に機能するための規定がないことであった。病気のために大会に出席できなかったシルヴィスにとって、全国的な組織の包括的な計画が練られなかったのは不作為の大罪であった。彼はボルティモア大会を「実際に、大会は開かれ、5日間に及んで開かれ、立派な線路が敷設され、その上にすべての部品が完成した機関車が置かれた。機関士と多数の助手が用意され、彼らを踏み台に乗せ、先に進むように言ったが、蒸気を上げるための木材と水が供されることなく突然中断された。そして、1867年8月の第3月曜日まで全機構が放置された。その時点では、古老を驚かせるような労働者の連携があり、ボルティモアで立派に始められた仕事の完成が期待されている」と要約した。

全国労働組合の強化

これらの欠点・弱点のいくつかはその後の大会で修正された。1867年のシカゴ大会には、64の団体を代表する71人の代議員が出席した。8時間労働同盟から10人、13の職業会議から12人の代議員が参加した。地方組合の数は減少し、33組合から27人の代議員が出席した。ボルティモアの数字は28組合と42人であった。一方、公式に代表される全国組合の数は2から6に増え、印刷工、煉瓦積み工、馬車製造工、鉄鋳型工、仕立工、葉巻工が代議員を派遣した。

この1年間、組織の弱点が明らかになったため、大会は規約を採択した。委員長には、労働者の団体を設立するためのオルグを任命する権限が与えられ、その構成員は中央機関の規約と綱領に同意する誓約に署名することになっていた。全国な機関の活動に必要な資金は、組合員の規模に応じて加盟組合から徴収された。

この新しい規約は組織を強化したが、NLUの設立に向けて本格的な取り組みが開始されたのは、シルヴィスが委員長に選出された1868年になってからのことである。同年12月、執行委員会がワシントンで会合し、彼に「NLUの原則を討議し普及させ、それと協力する支部を結成するために、国内の主要な都市や町の実地調査」をする権限を与えることを決定した。その直後、彼はトレヴェリックとともに、組織化のための南部歴訪を開始した。2人は3カ月の歴訪の間に26支部を組織した。シルヴィスは、NLUの公式機関紙であるシカゴ・ワーキングマンズ・アドヴォケイトに激励のメッセージを送った。彼はモービル〔アラバマ州南西部モービル河口にある港町〕から、「労働組合と協同組合の利益、NLUなどについて話したが、人々は非常に興味をもっているようであった」と書いている。

NLUの各州の委員長はこの成功に触発され、独自の運動を組織し始めた。ミシガン州の州委員長であるロバート・ホドキンは、労働者に各区、郡区、または学区ごとに労働組合を結成するよう訴えた。彼は、「我々の見解に賛同し、労働改革のために真剣に働こうとする7人の労働者または他の善良な市民がおれば、組合は結成できる」と書いている。そうした人々のグループは、5ドルの支部設立許可料と、委員長、書記、および5人以上の組合員の名前を添えて、申請書をシルヴィスに送らなければならなかった。1868年から翌年初頭にかけて、各州からあがってきた報告は熱狂的であった。オハイオの州委員長は、20組合を結成したと報告した。彼は、「私はあなたに保証します。私はここで止まることはありません。私はすべての町に組合ができるまでこれを途切れさせません」と付け加えた。他の州のオルグからも同様の手紙がワーキングマンズ・アドヴォケイト紙に届いた。69年の初頭、シカゴ・トリビューン紙はNLUの会員数を80万人と見積もったが、シルヴィス自身は60万とした。どちらの見積もりも非常に誇張されたものであったが、組合員数は高いレベルにまで急上昇していた。

1868年のNLU大会の議論で、ニューヨーク・ヘラルド紙は、「産業上の大きな問題に関する彼らの哲学的で政治家のような見解は、我々のワシントンの立法府の議員や政治家によって採用されれば、コミュニティ全体の商業と事業の繁栄で無限の利益をもたらすかもしれない」とコメントした。シルヴィスはこの見解に心から賛同した。彼は、労働者の新たに発見された強さはワシントンで聞くべきであると決意し、68年から翌年の議会会期中に、ワシントンのNLUを代表する「5人委員会」を任命した。その役割は、「我々の組合の利害関係を監視し、我々の計画と目的を上下両院の議員に提示し、あらゆる機会を利用して仕事を支援すること」にあった。アメリカの労働者は、その歴史で初めて首都でロビー活動を行った。

NLUによって何が行われ、何がまだ行われていないのかに答えるには、（1）8時間労働、（2）働く女性の組織化と女性の権利、（3）黒人労働者の組織化、（4）国際的な労働者の団結、（5）協同組合と通貨改革、（6）政治活動、といった問題を労働者と議論するのが一番である。

8時間労働

1866年のボルティモア大会の閉会前に、同大会の議長であるヒンチクリフを座長とし、各州の代表1名で構成される委員会がアンドリュー・ジョンソン大統領との会談を手配していた。ヒンチクリフは大統領にボルティモア大会の目的を列挙したリストを提示し、8時間労働制の確保、公有地付与の制限、囚人労働制度の廃止に協力するよう訴えた。大統領は8時間労働の問題には沈黙を守ったが、「職務の遂行と国の要求を可能にする、可能な限り短い［労働時間］数に賛成する」と断言した。

1868年6月25日、NLU、8時間労働同盟、労働組合の運動が奏功し、連邦議会は、一般労働者、職工、その他連邦政府に雇用されているすべての労働者を対象とした8時間労働制を可決した。40年にマーティン・ヴァン・ビューレン大統領が政府職員に対して10時間労働制を制定して以来初めて、労働者の要求が連邦政府によって公式に認められた。

しかしながら、この勝利によって高まった期待は実現しなかった。一部の部（局）長は、時間の変化に比例して賃金を引き下げた。1862年7月に可決された法律は、政府の賃金は造船所のすぐ近くにある民間施設の賃金に倣うべきであると規定した。この法律を用いて、ボーン海軍長官は海軍工廠のすべての職工の賃金を20％引き下げた。彼は、ウィリアム・M・エヴァーツ司法長官とその後継者であるE・R・ホアー司法長官の支持を受けた。ホアー司法長官は、8時間労働法は政府関係の仕事の請負業者に影響を与えないとも裁定した。

労働者はこれらの決定を非難した。シルヴィスは司法長官に宛てた手紙で、「あなた方やアメリカ政府の上司の間には、国民のために何かをしたいという願望はないようである」とし、「下院議員や上院議員は、咎められることなく賃金を引き上げる可能性がある……詐欺を働く鉄道会社、土地の黒幕一味、金のそれ、ウィスキーのそれ、債券保有者のそれ、その他の類いの詐欺の代表は、親切な言葉をかけられ、特権を授けられるが、労働者は侮辱され、後塵を拝さなければならない」とした。しかし、かならずしもそうではないであろうと彼は警告した。幸いなことに、労働者は依然投票用紙を手にしており、「それを賢く利用する」ことで、最終的には彼らに当然与えられるべきものを得ることになるが、「今は、我々の投票によって公的な地位に就いた人々によって留保されている」と続けた。労働組合と8時間労働同盟の大規模な集会は、「8時間労働がこの国で確立された原則になるまでけっして闘争を止めない」と全会一致で誓約した。

グラント〔第18代〕大統領は、就任演説で8時間労働法の正当な解釈のために発言するよう求めたシルヴィスの要請を無視したが、1869年に労働者の要求にもっと注意を払うことを余儀なくされた。大統領は、「労働時間の短縮のために……、時間短縮された労働者に対して、1日当たりの賃金を削減すべきではない」という行政命令を出した。5月29日、ワーキングマンズ・アドヴォケイト紙は、「ついに勝利、合法的な1日8時間労働」という喜びのニュースを労働者に伝えた。

しかし、あまりにも明白な違反があったので、1872年までにグラント大統領は行政命令を繰り返さなければならなかった。同年5月18日の議会は、選挙が近づいていることを意識して、役人による法律の「不適切な解釈」で失われた賃金を支払うための資金を充当したが、法律を施行するための規定はまだなく、役人は同法を無視し続けた。

この法への絶え間ない違反について労働者が考えていたことは、1874年に合衆国労働者協議会によって、「アメリカ政府は、富裕層のために制定された金融法やその他の法律を施行するのに苦労しているが、労働者に有利な8時間労働法に意図的に、そして厚かましくも違反していることは、それ自体が圧制的な詐欺であり、正直な人たちに軽蔑されるに相応しい振る舞いである」と明確に表明された。2年後、最高裁判所は、8時間労働法は政府が「8時間以上または8時間未満」で労働者と協定を結ぶことを妨げるものではないと裁定した。

労働者の多くが落胆し、悲観的になり、全国的な8時間労働法を確保するための闘争は、あまりにも無駄な努力であったと感じていた。この労働者の誤った態度は、ドイツの社会主義者の労働組合員によって異議を申し立てられた。彼らは、彼らの機関紙アルバイター・ウニオンで、労働時間を8時間に短縮する法律の重要性は、最高裁が「労働時間を短縮する必要性を認識し、原則として、また法律によって、国民全体の労働時間を短縮する要求を承認した」という事実にあると説明した。役人は法律に違反する可能性があるが、中央政府が介入し、法律によって労働者の福祉を規定するという原則は残るであろう、とも説明した。

連邦議会で可決された8時間労働法は、各州で同様の法律の成立を促した。カリフォルニア州では、1866年初頭に1万1000人の名前を含む長さ22フィートの請願書が議会に提出され、8時間労働法を可決するよう求めた。この法案が、下院は通過したが上院で否決されたとき、組合は戦術を変えた。その後組合は、組合員が8時間働く日を指定し、新しいスケジュールに同意することが期待されているのを雇用者に通知した。典型的な広告は、68年7月18日にウィークリー・ロサンゼルス・リパブリカン紙に掲載された。この広告は、ロサンゼルス職工連盟の大工、煉瓦職人、石工、左官、塗装工に対して、8時間は「68年8月10日以降、現在の賃率から減額されることなく、合法的な1日の労働時間を構成する」と雇用主に通知した。太平洋岸での8時間労働を求める運動の指導者であったアレグザンダー・M・ケナディは、68年に、8時間労働制を採用することが適切であると考えたカリフォルニア州のすべての労働組合は、「決議の単純な通過によってそれを得た。ストライキはなかった。雇用主はその通知を受け入れた」と報告している。

カリフォルニア州議会は最終的に8時間労働法の要求に屈し、1868年2月22日、巨大な松明パレードがその通過を祝った。行進のなかでの各労働組合の位置は、より短い労働時間を獲得した日によって決定された。最初にやって来たのは、65年12月に8時間労働を確保した船舶コーキン工であった。配管工とガス取付工は、67年7月という日付が書かれた横断幕を掲げていた。その後ろには、まだ8時間以上働いていた機械工、鉄工、真鍮仕上工とその徒弟が続いた。

1868年までに、6つの州といくつかの都市が8時間労働法を可決していた。全国の労働者はこれらの法律を歓迎し、次の馴染みあるリフレインを一緒に歌った。

今まで一度も応援したことのないすべての人を応援しよう。
そして、いつも応援している人は、今はもっと応援しよう。

しかし、州法は口先だけの約束であったため、歓声はすぐに静まった。1867年、ニューヨーク州で8時間労働法が制定されたが、フェントン知事はその施行を拒否した。ニューヨーク州労働者会議が知事に対して、雇用主に法律を遵守するように求める宣言を出すのを要請したとき、彼は「その遵守を要求する宣言を出すのは、根拠のない思い込みの行為である」と答えた。

雇用主は8時間労働法の成立を止められなかったが、法律上無効にできる条項の挿入で、これらの法律を骨抜きにすることに成功した。フィンチャーズ・トレイズ・レヴュー紙は、8時間労働を求める運動の早い段階で、そのような法律に対して警告を発していた。労働者は、1863年6月27日に、法律を無視しようとする試みに対して警戒すべきであるとして、「我々は、雇用主も職工も回避できない｛議会で制定された｝実定法を要求する」と宣言した。

ほとんどの法律は抜け穴だらけであった。カリフォルニア州で可決された法律は、「関係当事者間で別段の明示的な定めがない限り、同州内のすべてのケース」で1日8時間と規定していた。イリノイ州の法律は、「それに反する特別な契約がない場合」にのみ有効であるとされた。これらの法律が可決された後、雇用主は労働者に対して、長時間労働に同意する契約に署名した者だけが仕事を続けられると通知した。民間産業は政府が設定した例にすぐに倣い、時間の削減には賃金削減が常に続いた。アイラ・スチュワードは、1871年にマサチューセッツ州議会に対して、8時間労働制が本当に賃金を増やすことを労働者に証明するために、賃金の削減を禁止する8時間労働法を制定するよう訴えた。(*) 労働者は、「まず、実際の実験によって、提案された時間短縮によって賃金削減は不可能であることを納得しなければならない」。8時間労働が自動的に賃金を上げるという彼の考えは、その程度のものであった。NLUのある委員会は、「あらゆる実際的な目的のために、8時間労働法は法令集に記載されたことはなく、労働者階級に対する詐欺としか表現できない」と報告した。

（＊）スチュワードは1869年に、「私たち8時間労働制のもとにいる労働者が第1に望んでいるのは、8時間労働制は賃金を削減できないし、今後も削減するつもりもないことを、大多数の人々が完全に満足するように証明する国、州、自治体の実験である」と書いている。

労働者は、法律だけでは不十分であることを学んでいた。いくつかの州では、8時間労働制を維持するための組織が結成され、法律を施行するためにストライキが呼びかけられた。8時間労働法が可決された直後の1868年4月、ペンシルヴェニア州スクールキル郡の石炭会社は、炭鉱夫に8時間以上働く契約に署名するよう求める通知を掲示した。炭鉱夫はストライキを行った。炭鉱夫、一般労働者、職工の代表が集まり、州法を無効にするすべての契約に反対する声明を作成した。2万5000人以上が参加したストライキは敗北したが、それによって喚起された感情は、スクールキル郡労働者慈善協会の結成につながった。ニューヨーク市の煉瓦職人は、州当局が8時間労働法の規定を実行しなかったことで、同じ年にストライキを行った。14週間続いたストライキは敗北したが、1800人の労働者が8時間労働制を獲得するのに成功した。

3年後、ニューヨーク市の労働組合は8時間労働法の施行を求める運動を開始した。2万人以上の労働者がパレードに参加した。塗装工組合の山車《だし》は行進の雰囲気を表現していた。山車の前には大砲が置かれ、「できれば平和的に、さもなくば力づくで。平和的な努力が失敗すればそのときは革命で」といったスローガンが掲げられていた。

翌年の春、10万人の労働者による3カ月間のストライキの結果、そのすべてが建設業で10組合が結成され、8時間労働を確保した。この勝利は1872年6月10日に祝われ、15万人以上の労働者が参加するパレードが行われた。このパレードは非常に有効であったため、ニューヨーク・タイムズ紙は「その長い列に集まった何千人ものスト参加者のうち、……何割が完全にアメリカ人であったかを調査することは興味深い問題であろう」としか報じなかった。

ニューヨークの労働者の成功は全国の労働者を刺激した。1872年5月22日、ニューヨーク・トリビューン紙は、ジャージーシティ、フィラデルフィア、バッファロー、シカゴ、オールバニーなど、多くの都市で8時間労働を求めるストライキが勝利したと報じた。こうして翌73年までに、さまざまな州での組織的な闘争は、法律の施行を強制するか、雇用主との合意によって8時間労働の採用を確保した。しかし、同年の恐慌によって、こうした利益のほとんどは一掃された。

だが、8時間労働を求める運動が成果を上げなかったわけではない。全国の労働者の団結が他の獲得物を可能にした。1860年代から70年代初頭に行われた闘争は、法律上の獲得物は、機を見るに敏で闘争的な組合に支えられた場合にのみ獲得できることを労働者に教えた。わけても重要なのは、労働者は独立した勢力として政治に参加しなければならない、という闘争のなかで得られた理解であった。68年、ケナディは、カリフォルニア州での労働時間短縮運動について次のように述べている。

「……組織化され効果的に教育された労働者が政治団体のなかで正当な領域を占める日を楽しみにしている人々にとって、この8時間労働を求める運動のもっとも重要な成果は、この運動に従事する人々の性格の著しい改善に見ることができる。数年前、カリフォルニア州の労働者は、非常にまれな例外を除いて、無秩序で資本家のなすがままの混沌とした状態にあった。今日では、成熟した産業のほぼすべての部門に組合があり、独自の賃金率を定め、国内の格差を調整している。かつて彼らを奮い立たせていた冷酷な恐怖と相互不信の代わりに、独立の精神と相互信頼の感情が組合員を鼓舞している」。

女性労働者と女性の権利

南北戦争の後半期に、女性労働者の間で労働組合主義が普及したにもかかわらず、大多数の働く女性の状況はさほど改善されなかった。1867年2月23日付のナショナル・ワークマン紙〔マルクス主義者によって編集され、マルクスの論文やヨーロッパの労働情勢を掲載。労働者階級の国際的連携の必要性を論じた〕は、「我々の労働者や職工がひどい扱いを受けるかもしれないが、生計のために働かなければならない女性の状況の方がはるかに悪いのは、周知の事実である」と報じた。残念なことに、これらの女性に対する多くの男性労働組合員の態度は、依然として露骨な敵意であった。彼らは、働く女性は戦後の失業によって引き起こされた困難を悪化させていると信じており、もっとも簡単な解決策は女性を労働界から締め出し、労働組合に加入するのを禁ずることであると確信していた。

しかしながら、戦争はそのような単純な解決策を不可能にした。経済的な必要性が何人もの女性を産業に参入させ、その多くは戦争で夫が亡くなったり重傷を負っていた。雇用主は、戦争中に1500人の女性を政府機関に紹介したトラヴィス・エリアス・スピナー将軍の報告書を興味深く読んでいた。この実験は成功しただけでなく、女性は「その2倍の金額を支払われた多くの男性事務員よりも、年間900ドルでより多くのより良い仕事をしている」と報告した。油断のない雇用主は、もし女性が政府雇用の男性労働者の半分のコストで同じかそれ以上の仕事ができるなら、なぜこれが他の職業にも適用されないのかと尋ねた。

実は適用されていた。1868年にワーキングマンズ・アドヴォケイト紙は、この問題を注意深く調査した結果、ほぼすべての職業で女性労働者が採用されているのは、「価格を引き下げるためであり、その労働の特徴は、同じ種類の仕事で男性労働者に支払われるよりも、通常低い賃率で雇用されている」点にあることが証明されたと報じた。その結果、賃金水準は女性に支払われる低いレベルまで全般的に降下した。

労働者は賃金削減を女性のせいにできたが、この敵意は働く女性の増え続ける利用を止めるものではなかった。男性職工の基準賃金を守るためには、女性労働者を組合に組織しなければならなかった。1865年6月にニューヨーク仕立職人組合によって採択された決議は、その組合員に対して、「女性労働者だけでなく我々自身のためにも、最善の保護が確保される限りにおいて、この組合に加入するよう女性仕立工を誘導するのに必要なあらゆる努力をする」よう説得した。

多くの組合は女性を受け入れる準備が整っていなかったので、しばしば独自の組織の結成を余儀なくされた。戦後、女性の葉巻工、襟ぐり職人、仕立職人、裁縫師、傘裁縫師、帽子職人、繊維労働者、印刷工、家具職人、洗濯工、製靴工の組合が結成された。多くの組織化された労働者が、女性がこれらの組合を設立するのを助け、著名な労働運動指導者が女性組合員を支援するために招集された集会で頻繁に発言した。ニューヨーク州ユーティカの靴職人の親方が、当時の傑出した女性労働組合の「聖クリスピンの娘」に参加した女性を雇用しないと発表したとき、数百人の聖クリスピン騎士団の団員が道具を投げ捨ててストライキを行った。もう1つの傑出した女性労働組合であるニューヨーク州トロイの女性襟ぐり労働者協会が、組織を破壊しようとする雇用主の取り組みから守るためにストライキを呼びかけたとき、同市の男性労働組合から資金援助を受けた。同協会の支援を受けていた鋳型工組合は500ドルを寄付し、「このような勇敢な女性たちが、洗濯業者の鉄の踵の下で押しつぶされるのを見るのではなく、今後数週間同じことを続ける」と約束した。鋳型工組合の組合員は、1866年5月16日付のロチェスター・ユニオン・アンド・アドヴァタイザー紙に次のように書いている。

「我々は全員、これらの働く少女や女性の多くが、我々の国の生存と存続を掛けた先の戦争で、夫、兄弟、父親、恋人を失ったことを知っています。そして現在、資金のある企業――その資金の多くは、我々兵士の命を奪う手段を政府の敵に提供することによって稼いだもの――を目にするのはそれほど悪くないのでしょうか。私が言いたいのは、こうした企業が、その資金を稼ぐのを助けたこれらの未亡人や孤児から、まじめに働いて生活費を稼ぐ手段を奪おうとしているのを目にするのははそれほど悪くないのか、ということです。でも、企業には魂がないので、まったくお構いなし、と彼女らは言います」。

ほとんどの組合は、女性がただちに自分たちの仲間に加わることを依然認めず、別個の地方組合の結成を望んでいたが、いくつかの組合は、女性に完全な平等を提供することだけが、組合が抱える問題の解決につながるのを知っていた。葉巻製造工国際組合は、1867年に規約を改正して女性の加入を認め、数年後には女性を男性と同じ組合に組織するための特別な活動を行った。同様の展開は全国活版印刷工組合でも見られた。この組合は、54年と翌年の大会で女性植字工の雇用を咎めた。代議員が69年の大会に向けて集まったとき、彼らは、前年の68年にニューヨーク活版印刷工組合によって組織されたニューヨークの女性活版印刷工組合第1号からの訴えを突きつけられた。

この訴えの文書は、働く女性の問題についての注目すべき声明である。それは、その利益が完全に無視されている多くの女性が活版印刷業界で働いていることを説明し、これらの女性の地位が「業界に損害を与え、すべての印刷工の最上の利益に悲惨な結果をもたらす」ことを男性労働組合員に思い起こさせた。彼女ら女性の労働は、男性労働組合員を打ち負かすためにストライキ中に利用されたが、それが成就すれば、彼女らは雇用主によって流浪の身にされ、彼女らの窮乏状態は、たえず男性労働組合員に「生計を立てることが適わず、彼らの賃金を引き下げる傾向のある賃金で働くこと」を強要した。「労働の利益は、その労働が男性によって行われようと女性によって行われようと同一であり、同一の保護と同一の賃金を受けるべきである」と信じて、女性植字工は独自の組合を結成した。彼女らは、ニューヨーク活版印刷工組合の「援助、努力、賞賛に値する例」に触発された。彼女らはその時点で、彼女らの組織を承認し、彼女らの代議員を大会に出席させるよう国際組合に訴えた。

この訴えには、ニューヨーク印刷工組合が採択した、女性組合の承認を勧告する一連の決議が添付されていた。また、国際印刷工組合のロバート・マッケンシー議長もこれを支持した。彼は、大会への報告で、女性労働者の承認は代議員にとって、もっとも重要な問題の1つであると述べ、ニューヨークの印刷工がストライキ中に女性植字工から受けた援助に言及することによって、地方の組合の存在は、しばしばそうした組合が印刷業界にいる女性に対してとった姿勢に掛かっていることを示した。

代議員は感銘を受けた。彼らは全会一致で、ニューヨークの女性活版印刷工組合第1号からの代議員の信任状を受け入れるとともに、女性が別個の地方組合を結成する際の支援に賛成票を投じた。1年後、代議員たちはこの立場を再確認し、さらにニューヨークのグッシー・ルイスを全国活版印刷工組合の通信書記に選出した。１８７２年大会で、女性活版印刷工の問題を検討するために任命された委員会は、「女性のために別個の組合を設立する実験は満足のいくものではなかった。その主たる理由は、現行賃金の２つの賃率（男性と女性）に差が生じたためである」と報告した。そのため組合は「有能な労働者に支払われる報酬に性別の違いに基づく差があってはならない」という原則を支持すべきであると裁定した。こうした裁定力を与えるために、「女性組合」にこれ以上の支部設立権を与えないことも決定され、すべての地方組合に対して「女性印刷工があらゆる点で男性と同じ立場で組合員になるのを認めるよう」勧告した。その時点から、女性は直接組合に加入し、男性組合員と同等の権利を与えられた。

女性労働者に対するこの友好的な態度は、かなりの程度までＮＬＵの影響を受けていた。１８６６年の創立総会で、ＮＬＵは「この国の苦役の娘《ドーターズ・オブ・トイル》に対して……、個人的に、そして分け隔てのない支援」を約束した。2年後の68年大会では、トロイの女性襟ぐり労働者協会の理事ケイト・ムラニーが女性労働者を代表して行った「倦むことを知らない努力」を賞賛し、彼女をＮＬＵの副書記に選出した。さらに、この大会は女性に対して、「商売を学び、商売をし、我々の労働組合に加入するか、独自の保護組合を結成し、その他のあらゆる正しい手段を使って、同一労働に対して同一賃金を支払うことによって、女性に正義を行うよう雇用主を説得または強制する」よう助言した。アメリカ史上初めて、全国的な労働者の連合体が同一労働同一賃金に賛成票を投じた。

マルクスにとっては、この進歩的な立場が、ＮＬＵを世界の労働運動のなかで最重要な組織の1つとした。それで彼は、アメリカの友人に、「アメリカ労働組合〔ＮＬＵのこと〕の前回の大会では、とりわけ働く女性を完全に平等に扱ったという点で大きな進歩が見られました。一方この点で、イギリス人、そしてさらに勇敢なフランス人は、偏狭な精神に悩まされています。歴史について何かしら学んでいれば、大きな社会的変化は女性なしには不可能であることを誰もが知っています。社会の進歩は、両性の公正な社会的地位によって正確に測れるのです」と書いている。

女性参政権運動は、どうにかして労働運動の支援を得ようとし、当然のごとくNLUに目を向けた。1868年大会には、女性労働団体から4人の代表が参加した。女性労働者保護組合第1号と第2号のスーザン・B・アンソニーとメアリー・ケロッグ・パトナム、ニューヨーク州マウントヴァーノンの女性保護組合のメアリー・マクドナルド、女性参政権協会のエリザベス・キャディ・スタントン書記である。信任状が大会に付託されたスタントン夫人を除いて、すべての代表は席に着いた。同夫人に反対する人々は、参政権団体は規約で定められた労働団体ではないと主張した。女性の権利運動の先頭に立っていたアンソニーは、彼女の同僚を擁護し、代議員に「私たちは、女性が育つまで、男性の地位も向上させられません。女性が育つには、投票用紙が彼女らに与えられなければなりません」と警告した。彼女はシルヴィスに強く支持された。彼は、スタントン夫人の出席を推薦するに当たり、「彼女はこの時代でもっとも大胆な著述家の1人であり、彼女の階級と私の階級を向上させるために、私が知っている誰よりも多くのことを行ってこられました。神は彼女らが向上を必要としていることを知っておられる」と宣言した。

多くの演説の後、44対19の投票でスタントン夫人の信任状を受け入れる決定が下された。18人の代議員が大会を退席してNLUを脱退すると脅したとき、資格（認定）決議が採択された。それは、彼女を代議員として認めるのは、NLUが「彼女の特異な考え」を支持したことを意味するものではなく、女性参政権の問題にコミットしたことを意味するものでもないと主張した。また、決議案に「投票を確保する」という文言を含めるべきとする女性労働委員会の勧告を代議員が拒否したことで、女性参政権論者は敗北を喫した。

女性参政権の指導者は、この大会が彼女らの提案を拒否したことに失望する一方で、働く女性を支援するための前向きな措置に深く感銘を受け、これらを「労働者の大会における新時代」の始まりとみなした。スタントン夫人は、「この国の利益はこれらの人々の手に委ねられているので安心である」と述べ、大会での議論は「この大陸で、これまでに集ったいかなる政治家の団体よりも優れている」と断定した。

しかしながら、女性の権利擁護団体の指導者とNLUとの打ち解けた関係は長くは続かなかった。1869年大会では、働く女性保護協会のアンソニーとマサチューセッツ州の活字工連盟第3号のマーサ・ウォルブリッジが信任状を提出した。ニューヨーク活版印刷工組合第6号のM・R・ウォルシュは、アンソニーの着座に異議を唱え、「彼女を代議員として認めることは、我々の組織全体に対する侮辱である」とする決議を提出した。この決議は、アンソニーが働く女性保護協会をスト破りの機関として利用し、ストライキ中の男性の代わりに女性植字工を供給したと非難した。

アンソニーは告発を認め、これが女性が職業上の経験を積む唯一の方法である、との声明で自分の行動を正当化した。多くの代議員がこのジレンマを理解していたことは、彼女の承認に対して、55対52の過半数を示した最初の投票で見られる。この決定は後に覆され、彼女の信任状は62対28の投票によって差し戻された。１８６９年8月26日、彼女が所有する〔「営業部長を務める」の間違い〕ザ・レヴォルーション紙は、「女性参政権の最悪の敵は、これまでのところ、労働者階級の男性である。アンソニーに対する彼らの最近の行動は、彼女が表現する考えに対して彼らが感じる敵意の表現にすぎない」と断言した。

この攻撃は単なる攻撃ではなかった。なぜなら、大会での演説は、反対がアンソニーに向けられたものではなく、「労働組合が結成された基本原則そのものを犠牲にする」彼女のスト破りの擁護に向けられたものであることを証明していたからである。シルヴィスやトレヴェリック、その他のＮＬＵの幹部は、女性参政権の最重要な擁護者であった。シルヴィスは、「なぜ、女性は男性が享受しているすべての社会的・政治的特権を享受すべきではないのか」と問いかけ、「私は、普通選挙権と普遍的自由が世界中で常態となるときが遠くないことを願っている(*)」とした。ＮＬＵのもう1人の幹部Ｒ・Ｗ・ヒュームも同様に言いたいことははっきりと言った。彼は、「労働運動の成功以外には、彼女らの過ちを正すことはできない。その成功は、彼女らの政治的・法的権利の獲得に大きくかかっている。我々は妻、姉妹、娘たちを信頼し、投票箱でマモン神〔富を悪霊または神格として擬人化したもの〕を打倒するのを助けられる」と書いた。

（＊）１８６９年7月27日、同年のＮＬＵ大会の前夜にシルヴィスが急死したことは、労働者と女性の権利運動の指導者との間の協力を図ろうとする運動を間違いなく後退させた。同年9月4日付のアメリカン・ワークマン紙は、「もしシルヴィス氏が生きていたなら、アンソニーへの反対は、組織化された活発で持続的な形をとらなかったであろうと考えたい。たしかに、故委員長と彼女の見解はすべての本質的な点で一致していた。ザ・レヴォルーション紙の影響は、彼女が代議員として信任状をもっていた団体の支持と常に一致していた。シルヴィス氏は……彼女の新聞を温かく支持した」と説明した。

女性の権利派の代議員が労働問題に主たる関心をもっていなかったのは事実であるが、アメリカン・ワークマン紙は、これらの問題に対してザ・レヴォルーション紙が一般的に採用した進歩的な態度を指摘したのはまったく正しかった。アンソニーが所有〔間違いはすでに指摘した〕し、スタントンとパーカー・ピルズベリーが編集したこの週刊新聞は、１８６８年4月16日に、「労資の競争が始まった。資本家は貿易の利益の分け前以上のものを吸収している。労働者は正当な賦課金を瞞し取られている。富裕層は日々豊かになり、貧困層は日々貧しくなっている」とコメントした。それは労働組合員に、「より抑圧された働く女性の主張が認められるまでは、自己の解放と地位向上に対する彼らのすべての努力は無駄である」ことをたえず思い出させた。

しかし、ＮＬＵの組合員全員がそれほど急進的ではなかった。女性は男性より劣っていて、知的にも気質的にも投票に適していないと信じている者もいた。また、参政権は付随的なものであり、同一労働同一賃金を提唱することで、ＮＬＵは「財産や参政権を含む、女性のすべての関連する権利を認めた」と信じている者もいた。さらに、女性の参政権を確保するには時間がかかりすぎると主張する者もいた。「私たちの仕事はすでに有権者である人々とともにある」。このような狭い見解は、女性の権利擁護者に反感を抱かせることになったが、アンソニーとその同僚の何人かは、後進的な労働者を教育するのではなく、非難するという狭い見解を採用した。

アンソニーとNLUとの溝は、働く女性の問題に対するNLUの関心に影響を与えなかった。NLUは引き続き女性労働者の組織化を奨励し、常に彼女らの協力を求めた。NLUのオルグは、働く女性を地方および州の組合が開催するすべての会合に招待し、組合員になるよう促した。1870年退会では、4人の女性代表の1人であるシカゴの女子裁縫師組合のウィラード夫人がNLUの第2副委員長に選出された。1年後、当時は同市の女性労働組合を代表している彼女が再選された。

女性参政権を支持する準備はまだできていなかったが、NLUは女性の権利の擁護者となり、女性労働者を組織化するための支援を約束し、8時間労働法の女性労働者への適用を要求し、連邦議会と州議会に対して、政府雇用の女性に同一労働同一賃金を規定する法律を可決するよう要求し、すべての産業において同一労働同一賃金の原則を遵守し、女性代議員を男性と対等に受け入れ、重要な委員会に任命し、組織の指導的地位に選出した。

しかし、これらすべてを考慮したとしても、1873年の働く女性の地位は10年前に比べてさほど向上していなかった。30以上の全国組合のうち、女性を受け入れたのは印刷工と葉巻工の組合だけであった。女性は自分たちだけで維持できる別個の組合は結成できないと判断し、72年までにほとんどの女性労働者団体が消滅した。アメリカの働く女性の組織化はまだ道半ばであったし、組織化された労働者の大多数が、NLUの幹部であり社会主義の第一人者ヒュームの言葉を理解するには何年もの闘争が必要であった。彼は70年に、長期に及ぶ慎重な研究に基づいて、「資本家階級のおもな強みは労働者階級に存在する分裂にあるから」、アメリカの働く女性の状況は、組織化された労働者が、自分たちの成功は基本的には「労働力のもっとも弱い部分を強化することにかかっていることを理解するまでは、けっして前進できない」と確信したと語っていた。

第19章　１８６６～１８７２年の労働運動（続き）

南北戦争終結の2年後、全国労働組合《NLU》はアメリカの労働組合主義者に次のように呼びかけた。「黒人は４００万人強で、その大部分が地球上の他の同数の人間のなかで数えられるよりも、その手を使って労働している。我々は、彼らが申し出た協力を拒否し、彼らを敵に回す余裕があるだろうか。そのような愚かな行為をすることによって、我々は、資本の共同の取り組みが達成できるよりも、労働改革の大義に大きな損害を与えるであろう……。そのため、北部と南部の資本家は、白人と黒人との間の不和を助長し、自分たちの優位性を維持し、抑圧による統治を継続するために利益と機会が必要となるかもしれないので、白人と黒人がたがいに悪口雑言を浴びせ合うように仕向けるであろう」。この呼びかけは黒人と白人の団結を擁護した。

この問題に関してアメリカの労働者の間に存在する混乱は、何世代にもわたって労働組合運動の進展を妨害した。北部の組織化された労働者はより高い賃金を獲得し、雇用主の攻撃を阻止するための自らの闘争に気を取られ、彼らの将来が南部の民主主義闘争の結果に影響されるであろうことを理解していなかった。

労働者と再建

南北戦争直後、南部の黒人労働者は新しく手にした自由が、以前の束縛とたいして変わらないのに気づいた。プランテーションの所有者は依然として支配者であり、自由黒人の自由を制限する古い制約を依然押し付けていた。戦後の南部を視察旅行した後、ドイツ系アメリカ人のリベラルな指導者であったカール・シュルツは、元奴隷所有者は依然として自由民（南北戦争後に解放された黒人）を自然に存在する財産と見て、そのようなものとして扱っており、彼らの間で広まっている考え方は、「黒人は、白人のために綿花、コメ、砂糖を栽培するという、特別な目的のために存在しており、彼ら黒人が他の人々と同じように、自分の幸せを自分のやり方で追求することは違法である」と報告した。

黒人は奴隷解放宣言を嬉々として歓迎したが、政治的・市民的権利に加えて、自由のための物質的基盤も要求した。具体的には、彼らは40エーカーの土地とラバを要求した。この民主的な要求は、北部の元奴隷所有者とその同盟者には、途方もなくばかげたもののように見えたが、１８４０年代に北部の白人労働者が唱えたスローガン「自分で農場に投票せよ」（第10章１５８ページを参照のこと）と同じくらい自然なものであった。黒人労働者にとって、土地の所有は、奴隷所有者や監督者からの解放と、奴隷制を特徴づける統制システムを意味した。「私たちはまだ奴隷である。すべての人が自分の綿の俵を持ち上げて、『これは私のものである』と言えるまで」というのが彼らに共通した言い回しであった。

しかしながら、まれな例外を除いて、黒人大衆は土地を手に入れることはできなかった。むしろ、その代わりに、ジョンソン大統領のもとで彼らは「黒人取締法《ブラック・コーズ》(*)」を受け入れた。これは、解放黒人局〔南北戦争後の再建期に、南部諸州で解放黒人のために活動した連邦政府の1機関。陸軍省の管轄下に置かれ、食料と住居の供給を当面の仕事としたが、その後、病院と学校の設立に取り組み、南部の教育の改善で大きな役割を果たした。1872年まで活動〕が議会に報告したもので、「実際には、彼らが戦前に享受していた無給の労働を元奴隷保有階級に保証する役割を果たした」。〔正誤表に次の追記がある。「黒人取締法は、州議会と1866年の最初の議会公民権法によって一掃された」〕ほとんどの州で、同局は黒人取締法を法典から一掃することに成功した。しかし、黒人大衆に土地を再配分できなかったため、同局は南部民主主義に経済的基盤を提供できなかった。同局が契約も実際に雇われてもいないすべての労働者を浮浪罪で起訴すると脅したとき、黒人は最終的に元の所有者のもとに戻らざるを得なかった。同局のティルソン将軍は、「この装置は魔法のように機能した」と語っている。

(*) 黒人取締法のもとでは、仕事をしていない黒人が逮捕・投獄された。その黒人は、刑務所の罪状と罰金を支払うために賃貸しされた。黒人が契約満了前に仕事を辞めた場合、彼は契約違反で逮捕・投獄され、逮捕した者への報酬は彼の賃金から控除された。また、いくつかの規約では、黒人労働者が雇用主のもとを去った場合、彼は「作業が放棄された時点までのすべての賃金を没収される」と規定されていた。両親が貧しくて養えないと考えられていた黒人の子供は、見習いとして、少女は18歳まで、少年は21歳まで拘束された。ミシシッピ州では、黒人が貧困者の世話で税金を払えない場合、彼は浮浪者とみなされ賃貸しされると規定し、動産奴隷制のもとでの法律は、「裁判の方法と刑罰の方法が法律によって変更された場合を除いて」、再び完全に施行されるべきであると明確に規定した。

ジョンソン政権と黒人取締法に抗議するため、黒人の大会が1865年の夏から秋にかけて南部で開催された。この大会に出席した代議員の多くはプランテーション労働者であったが、都市の職工もしばしば重要な役割を演じた。アメリカ史で初めて、南部の黒人人民が国家の政治生活に入り、彼らは、自分たちがその生活を守るのに貢献した共和国の市民としての自分たちの権利を政府が認めることだけを求めた。彼らは、「労働に対する公正でそれに引き合う報酬」、子供への無料の教育、家族の保護、そして黒人取締法の廃止を要求した。11月にチャールストンで開催されたサウスカロライナ州有色人種会議で採択された決議は、「これらは自由人の権利であり、あらゆる共和制政府に本来備わっているもので、不可欠なものである」と述べている。

南部の黒人大衆がジョンソン大統領の政策と闘っている間に、奴隷制廃止論者《アボリショニスト》は、大統領が奴隷所有者の寡頭政治を権力に復帰させないようにするための全国的な運動を組織していた。この大規模な運動で彼らと同盟したのは多くの北部の実業家であった。彼らは、自分たちの中央政府の支配が、土地を所有する貴族社会の粉砕と、民主主義を南部に確立することに依存しているのを理解していた。ジョンソン大統領の計画は、南北戦争の政治的・経済的な成果を無効にする恐れがあった。北部と南部の民主党員の連合と西部の不満を抱く農民層が、産業ブルジョアジーの政治的代表である共和党の権力を脅かした。保護関税はまもなく自由貿易に取って代わるかもしれないし、国家の銀行制度は廃止され、通貨制度は確実に低金利の資金に取って代わられるであろう。南北戦時中に政府を支配し、今ではその政治権力を使って自己の利益を守り、産業国家アメリカを発展させたいと考えていた人々が、南部民主主義の大義の擁護によってのみ、南北戦争の勝利が擁護されることに気づき始めたのも当然であった。

以上が、共和党急進派〔南北戦争前後の20年間に、政界で活躍した共和党内の急進派。戦後の再建政策に関しては、連邦議会による推進を主張してジョンソン大統領と対立し、黒人の保護、憲法修正第14条の制定、黒人解放局の設置、公民権法の制定を要求するなど、急進派再建策を推進した〕がジョンソン大統領の計画に反対し、彼らが後に再建諸法によってその計画を絶頂にもって行った理由であった。これら法案の最初のものは1867年2月に可決されたが、その条件は、黒人に公民〔参政〕権を与え、南部連合の主要な指導者の公民〔参政〕権を剥奪し、新たな憲法会議を招集して普通選挙権を具体化する州憲法を制定し、これらの憲法を市民の過半数と議会によって承認することであった。その後、南部の州は連邦への再加盟が認められた〔1867年の再建諸法は、南北戦争後の再建計画を進めるために制定された一連の法。南部を軍政下に置き、州憲法制定会議が州憲法を起草し、選挙民による承認を受け、合衆国憲法修正第14条を批准すること、これらの条件を満たすことで連邦への復帰が可能となった。南部の旧支配勢力の復活を防ぐことを眼目とした厳しい再建案で、南部の民主化を促したが、解放された黒人の真の平等の達成には至らなかった〕。

南部の寡頭政治との闘いにおいて、労働運動はどういった立場に置かれていたのか。労働組合主義者、とくにドイツ系労働組合主義者のなかには、アボリショニストと実業家の連合に加わり、ジョンソン大統領の再建計画に反対する者もいた。彼らは、「単に人種、肌の色、信条、資力だけを理由に」参政権を剥奪されるべきではないと信じていた。ある労働組合主義者は、元奴隷所有者は「文明世界で知られている最悪の資本家集団であり、資本は自らの労働を所有すべきであり、貧しい人の正常な状態は、白人であろうと黒人であろうと奴隷の状態である、と主張することを止めなかった」と宣言した。黒人労働者を搾取しようとした連中は、もし彼らが勝利すれば、すぐに白人労働者を搾取するであろう。程なく労働騎士団を率いることになるウリヤ・S・スティーヴンズは、再建期の初期に、「解放された南部の自由人の参政権と土地に対する権利を確保する」必要性を強調した。

労働界でジョンソン大統領の政策に真っ向から反対したのは、ボストンおよび周辺労働者会議の公式機関紙ボストン・デイリー・イヴニング・ヴォイスであった。同紙は、元奴隷所有者が黒人人民を「可能であれば奴隷制そのものよりもひどい専制政治のもとに置く」のを決意していると非難し、「労働者はそうした党派と一緒にいるべきではない」とこう警告した。

「黒人参政権の問題をかつての反乱諸州の白人に任せることは、彼が仕えてきた政府による無防備な自由人の大義の放棄である……。黒人が人間であることを完全に認識しない再建はあってはならないし、かつての反乱諸州が政府に信頼されるまで、そこでの問題を効果的に監視すべきである」。

ヴォイス紙は、毎週のように、逃げ隠れしようとする人々を攻撃し続け、混乱した人々に明確な論拠を与え、ジョンソン大統領の破壊的な政策との闘いに読者を導いた。

「我々は労働者に、この［ジョンソン大統領の］計画が黒人労働者を堕落させ、評価を下げることになり、その結果、白人労働者の評価も下げることになる、と考えるよう求める……。黒人労働者を人間のように行動する立場に置くと、彼は自分の仕事に対する公正な代価を得ることになるであろう。その場合、私たちは危険を冒すが、彼の白人の競争相手も公正な代価を得ることになる。しかし、彼を見捨てれば、彼はひどい賃金を得ることになり、私たち白人は最善を尽くして競争しても、あまり進歩しない」。

産業は南部に移動しており、南部の労働者には適切な賃金が支払われることが、北部の労働者にとって不可欠である、とヴォイス紙は主張した。もし彼らが「農奴の賃金」のために働くなら、北部の賃金水準は下落するであろう。そのため、労働者の権利は北部と南部で維持されなければならなかった。

ヴォイス紙は、「黒人は、奴隷解放によって自由労働の分野に参入し、白人労働者と競争するようになる。したがって、彼らは労働運動の原則に基づいて、白人労働者が享受する知性と権利にまで高められなければならず、そうすることで黒人労働者は白人労働者と協力できるのであって、さもなければ、黒人労働者は低賃金によって白人労働者に対抗することになる。黒人労働者の向上を確保するには参政権が不可欠である……。労働者が何かを学んだとすれば、それは、彼らの成功の望みは組合のなかにしかないということである。組合とは、働くすべての人の組合であり、その知性が成功の第1の必要条件である。では、一方の手を黒人の堕落のために上げ、もう一方の手を白人労働者の向上のために上げることは、どれほど狂っていて自殺行為であることか。資本は白人労働者と黒人労働者との違いを知らない。そして労働者は、自らの綱領の土台を崩し、防衛の壁を取り壊さなければ、何も作ることができない」と主張した。

同紙は、「資本の団結力に成功裏に抵抗するには、労働者の全団結力が必要である。そうでなければ、組合から取り残された者たちは、自衛のために、同胞や自らの階級に敵対する立場をとり、敵と協力することを余儀なくされる。白人の労働組合が黒人を排除すれば、黒人は低賃金を強いられ、白人の大義を傷つけることになる。同じ原理で、黒人労働者が無知で堕落すれば、白人労働者の大義にとって損失である……」とも主張した。

複数の労働新聞がヴォイス紙を攻撃した。とくにデトロイト・デイリー・ユニオン紙は、「黒人の参政権を世間に訴えれば」、労働者の心にある偏見が分裂と紛争の原因となるであろう、と非難した。ヴォイス紙はその非難に、「我々は確かに人々の偏見に気遣うが、すでに示したように、我々は偉大な仕事に取り組んでいる。そこでは、黒人または男性の参政権――すなわち普遍的自由、一貫した民主主義の問題――が基本的かつ不可欠なものである。我々は真実を教えなければならない。私たちは正しい生活をしなければならず、さもなければ私たちは躓き、我々の目的に到達できないのは確実である」と答えた。

大多数の労働者はヴォイス紙に同意しなかった。南部の経済生活が自由労働に基づくものであるのか、半奴隷労働に基づくものであるのかは彼らには関係なかった。ほとんどの労働者は、依然としてアンドリュー・ジョンソンを１８５０年代に議会にホームステッド法案を提出し、62年にその通過のために闘ったテネシー州の貧しい仕立屋と考えていた。彼らは、フィラデルフィア職業会議とともに、「一般政府の維持と発展のために、また労働者階級の利益のためにも、自身の職権を行使するであろう」と信じる1人の労働者がホワイトハウスにいたことを歓迎した。ジョンソン大統領は労働者のいくつかの要求に共感していたので、多くの労働者は、彼が元奴隷所有者を政治権力に復帰させているという事実を見過ごそうとした。大統領が政府印刷局で8時間労働の採用を命じたとき、労働新聞は、大統領を「北部の白人奴隷を解放する」手助けをしている労働者階級の擁護者と賞賛した。大統領が従業員の賃金を引き下げた陸軍省の命令に対抗したことは、労働組合の大規模な集会から「労働者への同情を再び表明した」と賞賛された。ナショナル・ワークマン紙は、「労働者への実質的な同情に対して大統領に敬意を表する」との賛辞を呈した。

同時に労働者は、ジョンソン大統領の再建政策と闘う同盟諸派に疑念を抱いていた。北部のアボリショニストのほとんどは、ウェンデル・フィリップス（第14章２３４ページを参照のこと）とは異なり、組織化された労働者の要求に無関心であり、とくに8時間労働に敵対的であった。民主連合の主要な一派が産業ブルジョアジーであったことは、組織化された労働者の大部分を疎外するのに十分であった。それというのも、多くの労働者にとって、直接の敵は古い奴隷所有者の支配ではなく新しいそれであったからである。ワーキングマンズ・アドヴォケイト紙は、「労苦の息子たちの英雄的な献身が百の戦場で証明されるやいなや、彼らが、その血腥い洗礼によって、共和国が地上の国々のなかでその地位を得る権利を立証したり、南部の有色人種の奴隷の両足から足枷が取り除かれるやいなや、北部の白人職工を奴隷にしようとする地獄生まれの陰謀が企てられた」と書いている。

同紙は、製造業者と金融業者の戦略が大衆の注意を「資本と労働との闘い」から逸らし、「労働する大衆にとってきわめて重要な問題から大衆の意識を逸らした」と続けた。その間、金融業者と製造業者は公有地の強奪を続け、国家に不当な金融制度を押し付けた。労働者が覚醒し、南部の出来事から北部の発展に注意を向けるようになるまでに、陰謀は成功し、アメリカは共和国ではなく金融と産業の君主制主義者によって統治される国になっていたであろう。労働運動の指導者は、進歩的な国家計画のための実業家との結束が、労働者が彼らに対する独立した経済的闘争の放棄を求めないのを理解していなかった。

労働者の不明快さは、共和党急進派の再建策に対するウィリアム・H・シルヴィスの反対に反映されていた。彼が１８６９年に南部組織化の旅を続けていたとき、新しい再建政府は公教育を導入し、黒人だけでなく白人の貧しい人々にとって非常に重要な社会立法を練り上げ、その他多くの方法で、以前は大衆の幸福など眼中になかった一握りの裕福な貴族によって支配されていた地域に、より民主的な生活様式をもたらした。しかし、彼はワーキングマンズ・アドヴォケイト紙への至急報では、南部で起こっている革命的変化をほとんど理解しておらず、共和党の再建政策に共感を表明しなかった。

しかし、シルヴィスは黒人が南北戦争によって完全に解放されたわけではないことは理解していた。彼は１８６８年に、「アメリカで私ほど黒人奴隷制の倒壊を喜んだ者はいなかった。しかし、４００万人の黒人の手から手枷が取り除かれたとしても、彼らを解放できなかった。それは単に彼らをある奴隷状態から別の奴隷状態に移しただけであった。彼らを白人労働者の綱領に委ね、すべての奴隷を一緒にした。今では我々は全員が1つの奴隷の家族であり、〔労働〕改革運動は第2の奴隷解放宣言である」と言った。彼によると、労働改革運動は新たな奴隷制反対運動であり、その目的は「我が国のあらゆる場所で」〔賃金奴隷制を含む〕すべての奴隷制を廃止することにあった。

シルヴィスは、独立した労働者政党こそが黒人人民の近未来を築くと信じていた。しかし、かつての奴隷は、政治的・市民的権利の保護、土地の分配、平等な経済的機会という彼らの基本的な要求を無視した労働者政党を支持するのを拒否した。また、彼らの票が共和党の勝利に必要なときに、労働者政党に投票することもなかった。共和党は、その深刻な限界にもかかわらず、当時は黒人人民の未来を代表していた。民主党の勝利は、彼らがすでに獲得した民主的利益のすべてを失うことを意味した。

2つの主要政党の違いを理解できなかったので、労働者は共和党急進派内の革命勢力の支持を拒否した。この行動は同派を弱体化させ、黒人人民との同盟をより不安定化し、労働者の敵を増強した。もし労働運動と西部の農民の同盟が、南北戦争以前の数年間のように共和党系の実業家や金融業者に影響力を行使し続けていたら、南部の進歩的な政府の転覆は起こらなかったかもしれない。

黒人労働者の団体

白人労働者と黒人労働者との間に必要な同盟関係を築く上でのもう1つの障害は、組織化された白人労働者が、すでに北部の産業にいた黒人や、当時大量に産業に参入しつつあった黒人に敵意を抱いていた点にあった。黒人の職工は常に南部産業で重要な役割を果たしてきた。１８６５年には南部に10万人の黒人職工がいたのに対し、白人職工は2万人であったと推計されている。タバコ産業、煉瓦製造業、〔船の水漏れを防ぐ〕船舶コーキング業、鉄道敷設業、造船業では、黒人労働者が大量に雇われていた。

北部では状況が異なり、黒人労働者は労働者階級のごく一部しか構成していなかった。南北戦争が終わると多数の黒人労働者が北部に流入した。戦争中に先行していた仲間と同様、彼らは熟練職種への進出を閉ざす差別に直面した。多くの組合が黒人の加入申請を却下し、組合員に黒人職工を雇っている工場で働くのを拒否するよう命じた。こうした差別政策は、黒人労働者の北部への移住が失業を増やし、すでに低下傾向にあった賃金水準をさらに押し下げると主張するプロパガンダによって存続した。

ワシントンでは、数人の黒人労働者が雇われていたことを理由に、煉瓦職人組合の支部《ローカル》が、１８６９年に海軍工廠でのストライキを呼びかけた。このローカルの６人の組合員は黒人労働者と一緒に働いていたことで除名された。ある組合員はこの政策に公然と異議を唱えた。彼は、「私としては、黒人のためではなく、我々自身のために、黒人を向上させることの意義を信じています。もし彼が出て行って ローカルに加入できなければ、彼はどんな犠牲を払っても誰かに代わって仕事に就こうとするでしょう」と宣言した。しかし、この労働者は例外であった。12月11日付のワーキングマンズ・アドヴォケイト紙は、「過去の偏見を一掃し、終生の教えが説き聞かせた感情を抑えるには時間がかかるであろう」と論評した。

黒人労働者の問題は、１８６７年のシカゴ大会の直前に発表された、ＮＬＵの「労働者への演説」のなかで最初に提起された。この文書で、アンドリュー・Ｃ・キャメロンは、一部の組合員の偏見を恐れた人々の反対を一蹴した。彼は、「問題は微妙かもしれないが……、それに気づかずにやり過ごすのは悲しい怠慢である」と主張した。彼は、求められているのは「すべての組合が、労働者の利害は１つであり、人種や国籍の区別はなく、ユダヤ人や異邦人、キリスト教徒や異教徒の区別もなく、人類を２つの偉大な階級、労働する階級と他人の労働によって生きる階級に分けるただ１つの境界線があるという、壮大で崇高な考えを説き聞かせる手助けをすることである」と続けた。

１８６７年大会では、黒人労働者の組織化の問題について活発な議論が交わされた。この議論は、Ａ・Ｗ・フェルプスが率いる有色人種労働者委員会の報告書に関するものであった。彼の組合であるニューヘヴン大工・建具工組合は黒人を締め出していた。報告書は、この問題の重要性と黒人との競争の危険性を認識していると宣言したが、当該問題は「非常に多くの謎に関係している」ため、次の大会に付託することを提案した。

リチャード・Ｆ・トレヴェリックとシルヴィスはこれに反対し、黒人を労働運動に参加させることを要求した。なぜなら、そのような団結がなければ組合は「抹殺されてしまう」からである。トレヴェリックは、黒人労働者は「労働組合の組合員として、その立場を立派に守った」ので、労働組合運動の貴重な戦力になるであろうと主張した。シカゴの長靴・短靴製造工組合を代表するヴァン・ドーンは、彼を支持し、「共通の同胞愛の義務として黒人労働者」を認めるよう催促した。

大会は報告書を再度付託したが、有色人種労働者委員会はこの問題を回避し続けた。その最終声明は、規約は黒人労働者がＮＬＵに加入できないとは規定していなかったので、この問題を議論する必要は本当はなかったというものであった。

１８６７年８月７日付のボストン・デイリー・イヴニング・ヴォイス紙は、大会全体の議論で、黒人の労働運動への参加を認めることに関する議論にとくに注意を払った。

同紙は、「黒人労働者の問題に関する議論は、アメリカの労働改革者の団体にとっても非常に不名誉なものであった。この問題は、赤毛の労働者や青い目の労働者の問題以上に、取り上げられるべきものではまったくなかった。もちろん、黒人は白人と同じように働き、自分の幸福を追求する権利をもっている。そしてもちろん、白人が黒人と一緒に働くのを拒否したり、黒人に平等な機会を与えるのを拒否したりした場合、黒人は自衛のために白人よりも自分の労働に安値を付けざるを得なくなる。そして、NLU大会の何人かの出席者が、あらゆる偏見のなかでもっとも愚かで邪悪な偏見の影響を受けていて、黒人を承認するのを躊躇っていたことは、同大会にとって恥ずべきことである。我々が偏見を取り除き、カトリック的な見解をもつことを学ぶ必要があるとき、彼らは彼らの偏見をこの綱領に釘付けした。我々は、より賢明な助言が行き渡って、これらの偏見が暴かれ、忘れ去られるまでけっして成功しない」と宣言した。

1868年大会でこの問題は再度回避されたが、それ以上の回避を不可能にする新たな要因が浮上しつつあった。黒人労働者は独自の団体を結成し、過激なストライキを行った(*)。67年にはストライキの波が南部を席巻した。同年初頭のモービル〔アラバマ州南西部モービル河口にある港町〕の埠頭でのストライキは他の産業にも波及し、南部の歴史でもっとも衝撃的な大規模なデモが何件か発生した。ほぼ同時期に、チャールストンの黒人港湾労働者は港湾労働者保護協会を結成し、賃上げを求めたストライキで勝利した。ストライキの後、チャールストン・デイリー・ニュース紙はこの協会を「サウスカロライナ州の有色人種労働者階級の最強団体」と呼んだ。2月には、ほぼ全員が黒人であるジョージア州サヴァンナの港湾労働者が、埠頭で雇用されているすべての人に対する10ドルの人頭税の廃止を市議会に求めるストライキで勝利した。

（*）いくつかの事例で、白人と黒人の労働者が一緒にストライキを行った。ある評者は、1865年にニューオーリンズから、「先日、埠頭にいた黒人労働者と白人労働者が賃上げを求めてストライキをしたとき、私はそれが進歩の兆候であると思いました。彼らは1日に2・50ドルと3・00ドルをそれぞれ受け取っていましたが、それぞれ5・00ドルと7・00ドルを求めてストライキを行いました。彼ら黒人と白人が一緒に長い行列を作って埠頭を行進しました」と書いている。ストライキは、労働者が2時間余り持ち場を離れた後に勝利した。ストライキが戦前には組合員に黒人と一緒に働くのを許可していなかった、ニューオーリンズの螺旋釘工組合によって行われた点は注目に値する。

1867年2月9日付のナショナル・ワークマン紙は、サヴァンナでの勝利について、「彼らが自分たちの権利を断固として主張し擁護したのは、彼らの解放以来これが初めてではない。事実、黒人男性は白人男性と同様、仕事に対して報酬を受けることを望み、彼らの要求を確保する方法を急速に学んでいる」とコメントした。

1869年までに、黒人労働団体の成長があまりにも速かったため、散在するローカルを1つに纏めるための中央組織が必要であった。そのため、69年7月19日、ボルティモアで最初の州労働者大会が開催された。教会に掲示され、黒人の新聞に掲載された呼びかけに対して、州全体の作業所と労働組合の代表者が応えた。

ボルティモアのコーキン工アイザック・マイヤーズは歓迎の挨拶で、この運動の主たる目的はメリーランド州の黒人職工の組織化にあると説明した。多くの労働組合が黒人を締め出しただけでなく、組合の結成が黒人職工の生活水準向上の唯一の希望であったため、州規模の組織が必要であった。彼は、労働団体だけが彼ら黒人の投票がもつ力を維持できると結論づけた。この大会から常設組織が生まれ、彼が委員長を務め、各業界の代表者が執行委員会を構成した。この新しい中央労働団体が全国の黒人労働者団体の活動上の中核を担った。

ボルティモア大会では、代議員は広範囲にわたる決定を下す必要があった。黒人労働者は既存の組合に対等な条件で加盟するための闘争を続けるべきか、それとも別の組合を結成すべきなのか。彼らは両方を行うことを決意した。8月にフィラデルフィアで開催されるNLUの大会に出席する代議員が任命され、同時に中央労働団体は12月にワシントンで開催される全国的な黒人労働者の大会開催を呼びかけた。

こうして、1868年から翌年にかけて開催されたNLUの大会の間に、黒人労働者は広範に組織化され、その闘争の成功によって、彼らがアメリカの労働組合主義に欠かせないものであることが証明された。シルヴィスは、南部各地からワーキングマンズ・アドヴォケイト紙に宛てた手紙で黒人労働者の団体について熱心に書いていた。彼は、「用意周到な取り扱いと精力的な運動が、南部の白人と黒人の労働者全体を我々の綱領に基づいて団結させることになる」と確信していた。彼は、NLU綱領への黒人の支持を得ることが69年大会以前の主要な問題の1つであると考えていた。

シルヴィスは、ノースカロライナ州ウィルミントンから、「もし我々がこれらの人々を説得するのに成功すれば、これらの重大な国家的問題において、我々と共通の大義を創ることが彼らの利益にもなるので、我々はアメリカのこの地域でウォール街を揺さぶる力をもてることになる」と書いた。

シルヴィスは1869年のNLU大会の前に亡くなったが、大会は彼が議論した新しい傾向を反映していた。142人の代議員のうち、9人は黒人であった。(*) NLUは初めて黒人労働者の組織化計画を採択した。ニューヨークのホレス・デイによって提出された決議は、「NLUは、労働者の権利の問題に関して、北部も南部も東部も西部も、肌の色も性別も関係なく、我々の有色人種の仲間に、あらゆる合法的な方法で団体を結成し、連邦のすべての州から彼らの代議員を次の議会に送るよう求める」と宣言した。この決議が可決されただけでなく、「ペンシルヴェニア州の有色人種を労働組合に組織する」ための特別委員会が任命された。

（＊）黒人代議員のうち5人は、フィラデルフィアの合同労働者・煉瓦職人下働き協会を代表していた。その他の代議員は、ボルティモアの有色人種コーキン工組合協会のマイヤーズ、有色人種鋳型工組合のイグナティウス・グロス、メリーランド州の有色人種技術者協会のロバート・M・バトラー、ボルティモアの有色人種塗装工組合のジェームズ・W・ヘアであった。

大会は黒人代議員が行ったいくつかの演説に熱心に耳を傾けた。彼らは、メリーランド州の有色人種技術者協会のロバート・H・バトラーが、黒人労働者は「上品な社交場」を求めているのではなく、「人間としての権利」を求めていると発言しているのを聞いた。ボルティモアの有色人種コーキン工組合のマイヤーズ代表が、アメリカの労働組合主義者がこれまでに行った演説のなかでもっとも壮大なものの1つを行ったのを聞いた。彼は冒頭で黒人労働者と白人労働者との間の団結の必要性を認識している代議員に敬意を表して演説を始めた。「有色人種の労働者の手を取り、彼らの利益があなた方の利益と共通であると彼らに伝えるというあなた方の行為によって開始された革命は、静かではあるが強力で広範囲に及んでいる」。さらに彼は、団結の必要性について次のような見事な分析を行った。「白人労働者の堕落の主たる原因である奴隷制、つまり奴隷労働はもはや存在しない。そして、奴隷自身が自身の足首を縛っていた足枷の一端と、あなた方の首を縛っていた束縛の一端を打ち落とすのに一役買ったことは、私の人生の一番の誇りである」。

マイヤーズは、黒人労働者は何よりも、白人労働者が享受しているのと同様の条件のもとで働く平等な機会を望んでいた、と続けた。黒人労働者は、「家族のために快適な生活を確保し、子供を教育し、万一の時や老後のために1ドルを残せる」賃金を受け取るのを望んでいた。そして彼ら黒人労働者は、共通の闘争に十分な協力を喜んで提供する準備を整えていた。彼は、そのような協力が過去にはかならずしも明らかであったわけではないことは事実であると認めたが、それは作業場が黒人に対して閉され、労働組合が黒人を組合員にするのを禁じていたからであった。それゆえ、黒人労働者は彼らが確保できるもののために、彼らの労働力を市場に出すことを余儀なくされた。しかし、それはすべて過去のことであった。彼は、「我々は、誠意をもって心から協力するつもりである……。我々がチャンスを得た場所では、我々は常にこの点を実証してきた。我々は偏見をもっていない。我々は昔は昔、今は今である」と言った。彼は、「大統領、もし黒人がこの国の作業場から排斥されるなら、黒人のためのアメリカ市民権は完全な失敗である」と結論づけた。

大会で達成された団結はニューヨーク・タイムズ紙のフィラデルフィア特派員をこう興奮させた。

「ミシシッピ州生まれの元南部連合の将校が、大会で演説する際に、自分の前にいた有色人種の代議員を『ジョージア出身の紳士』と呼んだとき、初めてメーソン・ディクソン線〔第13章215ページを参照のこと〕を越え、少年時代から黒人をただの動産とみなすことを教えられていたアラバマ州生まれの代議員が、黒檀の顔がアフリカの光沢［ママ］で輝いている別の代議員と意図的に協議して座り、有色人種の共同代議員の報告書に署名したとき、（ニューヨーク州出身の）熱心で民主的な党派が、白人であろうと黒人であろうと他のすべての人に譲歩するつもりはないし、職工としても市民としても特権を求めないと『裕福なアイルランド人訛りで』宣言したとき、私が言うように、これらのことがあらゆる目的のために招集された全国大会で目撃され、見聞されたりするとき、時間が不思議な変化を来すと主張することは正当化されるかもしれない」。

「そして、これらすべては、1869年のこの恩寵の年の8月にフィラデルフィア市で目撃され、見聞された。偏見は、それが人間にどんなに強く刻み込まれたとしても、根絶できないと、今誰が言うのか」。

ワーキングマンズ・アドヴォケイト紙は、労働運動に対し、NLUの例に倣って、黒人を労働組合から締め出すことに終止符を打つよう求めた。いくつかの組織が即座に反応した。1870年初頭のニューヨーク労働者会議の大会で、ウィリアム・J・ジェサップ委員長はフィラデルフィア州議会の行動を賞賛し、関連組合に有色人種の労働者を組織するよう求めた。彼は、黒人労働者は「もはや職業において白人と対等でない地位に就くことを甘受しないであろう」と述べた。数カ月後に開催された大工・建具工全国組合の大会で、フェルプス委員長は同じテーマを強調し、前年に採択された決議を撤回するよう代議員団に求めた。この決議は、「有色人種に対する多くの組合員の偏見」のために、黒人を組合員として認めたり、彼らを全国組合のもとで組織したりするのは「賢明ではない」と宣言していた。彼は、「我々はもはや、有色人種の職工を組合から締め出せないときが来たと思う。私たちは皆、共通の大義のために手を打たなければならない」と語った。かなりの議論の後、この大会は、すべての大工と建具工を「肌の色にかかわらず」招待して新しい支部《ローカル》を結成することを決議し、既存のローカルには「そうしたローカルが最善と考える有色人種の組合員を受け入れるよう」促した。

大工・建具工組合に喜んで続く労働組合はほとんどなかった。NLUのフィラデルフィア大会で任命された委員会がその活動について報告したとき、多くの組合は黒人の職工を受け入れないと述べ、黒人を「ジム・クロウ〔黒人専用〕」のローカルに組織することを提案した。国際活版印刷工組合は1869年大会で、黒人の指導者フレデリック・ダグラスの息子ルイス・ダグラスの事件を持ち出した。ルイスは、コロンビア印刷工組合のワシントン支部への加入を拒否されていた。何人かの代議員は、この行為は同組合の原則に反すると非難した。そして、黒人の加入に反対する決議は57対38で否決され、大会は同組合の行動を支持した。70年大会でも、ルイスの事件が再度持ち出され、今回は有色人種の印刷工の加入に関する勧告を提出するための委員会が任命された。委員会が報告したのは、黒人問題が同組合に持ち込まれたことを遺憾に思うという点だけであった。しかし彼らは、有色人種の印刷工の加入を受け入れるか拒否するかの問題は、完全にローカルの手に委ねられるべきである、と勧告した。

ルイス・ダグラスの事件に言及して、印刷工組合の機関紙プリンターズ・サーキュラーは、「有色人種に対する根深い偏見があることは誰も否定しないであろう。そして、これらの偏見は多くのローカルでとくに強いので、それらを無視したり無効にしようとするいかなる試みも、必然的に無政府状態と崩壊を招くであろう……。そして、技能がもつ福利を心底理解している者なら、少数の黒人に組合員という何の意味もない名誉を与えるために、何千人もの白人印刷工を抱える組合を破壊すべきと真剣に主張する者はいないであろう」と断言した。

この降伏文書は、黒人労働者の数がそれほど少なくない他の組合の模範となるものを設定し、ナショナル・アンチスレヴァリー・スタンダード紙は、ニューヨークのいくつかのローカルが、組合員の人柄が描写されているすべての場所に白という言葉を挿入していると報告した。

1869年の黒人労働者の大会

黒人労働者は、有色人種の労働者を受け入れる組合を賞賛することにも、依然として旧来の偏見に固執する組合を非難することにも満足していなかった。メリーランド州黒人労働者大会によって、12月にある種の国民大会が招集された。この大会の目的は、「いくつかの州の有色人種の労働者を統合し、有色人種を理由とした徒弟法の差別に反対している連邦のすべての州および準州の白人労働者と協力して行動し、別個の組織が必要ないとみなされるまで協力して行動する」ことにあった。

代議員を選出し、綱領を準備するために各州で開催されたすべての大会でもっとも先を行っていたのは、1869年11月25日にサウスカロライナ州コロンビア（同州の州都）で開催された大会であった。代議員には、プランテーションの賃金労働者、小作人、都市の職工と一般労働者がいた。有色人種の労働組合からも多くの代議員が出席した。黒人の政治指導者も出席したが、政党政治に集中する代わりに、「労働者、国の富の生産者、国民全体が繁栄のために依存しなければならない人々が、どのようにして彼らの権利を保障され、彼らの社会的・物質的利益を向上させられるか」の決定に専念した。印刷された回覧が代議員に配布され、彼らが議論するよう求められた次のような質問が列挙された。つまり、各郡での賃金はいくらで、どのように支払われるべきか。小作人が受け取った作物の分け前はいくらで、彼らはいくらを受け取るべきか。プランターは労働者をどのように扱い、プランターが労働者を欺くのを防ぐには何をすべきか、などである。

議論は衝撃的な状況を明らかにし、なぜ黒人労働者の組織化が不可欠であるのかを示した。代議員によると、多くの雇用主は労働者に賃金を支払うのを拒否し、他の雇用主は労働者をあらゆる方法で瞞した。ある代議員は、「我々の労働者は、まともな服を買うことも、薬を買うことも、子供を学校に通わせることもできていない。プランターは作物が収穫されると、『さて、私は3分の2を得て、あなたは3分の1を得る。あなたは私に多くの借りがあり、そしてそれはあなたの3分の1から支払われる』と言う。そして、その男には2、3ドルしか残っていない。治安判事は正義を行わない。白人は詐欺を繰り返し、治安判事は白人は毎回正しいと言う。私たちは正義を手にできない」と報告した。

強力な有色人種港湾労働者保護組合の代表は、「これらの過ちを防ぐために何ができ、何をすべきか」という質問に答え、あらゆる場所で黒人労働者に「組合を結成し、賃上げを要求する」よう助言した。彼によると、チャールストンの黒人港湾労働者は、組織を通じて賃金の大幅な引き上げを確保しており、彼らの経験は「賃上げを確保するためには団体と団結した行動が必要である」ことを証明した。組合が結成されれば、それを保護するための契約文書による特権と法律を要求する必要があった。この提案は賞賛され、各郡で組合を結成するための委員会が任命された。この議論で、エッジフィールド郡の白人労働者から、大会の目的と各郡で組合を結成する計画に共感するという連絡があった。彼らは、大会で採択された措置が「すべての階級の労働者に利益をもたらす」ことを望んでいた。

大会が閉会する前に、常設組織委員会と全国有色人種労働者大会に派遣される代議員が指名された。常設組織の役員に労働組合員がいないという批判に対して、すでに指名されていた者は辞退し、「現在、実際に農業や何らかの機械的な仕事に従事している」者の名前が代わりに使われた。チャールストンの有色人種港湾労働者保護協会会長のＩ・Ｆ・クラークが新しい組織の副委員長に選出された。指名を行った代議員は、「港湾労働者はこの偉大な労働運動の先駆者であり、名誉を受けるに値する」と言った。

労働者階級の代議員はワシントンに行く余裕がなかったので、全国有色人種労働者大会の代議員は、ほぼ全員が政界指導者と弁護士であった。１８６９年12月５日にワシントンで開催された第１回大会に出席した南部の代議員54人のうち、労働者はわずか９人で、残りは弁護士、牧師、教師、商人であった。しかし、北部の代議員のなかには黒人労働者を真に代表する者もいた。ニューヨーク市の代議員は11月初旬にザイオン教会で開催された集会で選出された。そこには、４００人のウェイター、７人の籠製造工、32人のタバコ撚り工、50人の床屋、22人の家具師と大工、14人の石工と煉瓦職人、２人の圧延機係、６人の鋳型工、24人の印刷工、50人の技師、５００人の港湾労働者が参加していた。

全国有色人種労働同盟

ワシントン大会では非労働者階級の代議員が過半数を占めていたが、それは１８６９年11月26日付のニューヨーク・トリビューン紙の予想を満たしていた。すなわち、上院は「この国に集まった同様の有色人種の集団のなかで、数、影響力、知性の点で最大」になるであろうという予想であった。聖クリスピン騎士団の幹部であり、この大会の白人代議員の１人であるサミュエル・Ｐ・カミングズは、アメリカン・ワークマン紙のために、「10年前に南部のプランテーションで奴隷であった」人々が示した才能と理解力を評した。彼は、この大会は黒人労働者が「労働の利益を我々の法律、州および国の最優先の利益にしようとするあらゆる誠実な努力において」、白人の同僚に加わる日がそれほど遠くないことを証明した、と述べた。

労働組合問題に議会を誘導しようとするマイヤーズの努力は、完全に成功したわけではなかった。マサチューセッツ労働改革党の信任状をもった代議員を受け入れる問題をめぐって議論が交わされた。著名な黒人弁護士で共和党の幹部であるＪ・Ｍ・ラングストン〔１８２９～97。ヴァージニア州選出の下院議員〕は、そうした代議員が共和党を分裂させようと企んでいるとして彼らの承認に反対した。彼は、もしそうした代議員が党大会で労働者政党の大義を説くことを許されれば、議会は共和党を見捨て、黒人人民に敵対するようになるかもしれないと主張した。

ラングストンの見解はすべての代議員が共有していたわけではなく、なかには「有色人種のために白人代議員を糾弾した」と彼を非難する者もいた。代議員の信任状が受理された。議長代理のジョージ・Ｔ・ダウニング〔１８１９~１９０３。黒人のアボリショニストで「地下鉄道」で活躍した公民権活動家〕はラングストンに対し、共和党の奴隷制打倒に対する貢献は尊敬と支持を受けるに値するが、けっして上述の非難を免れるものではないと念を押した。ダウニングは、「我々は、それはより一貫性があるべきであったと思うし、我々と国の敵との取引において、より積極的であるべきであった……。我々の労苦と血で豊かにし、我々が二重の権利をもっている土壌のなかに確保されるべきである」と続けた。

偽の政治家との関係を断ち、全国労働改革党と協力するようワーキングマンズ・アドヴォケイト紙が助言したにもかかわらず、大会の綱領は独立した労働者の活動の問題について沈黙し、差別と職業や作業場からの排斥問題に集中した。差別は、大会によって「神への愚弄、我々の不当な扱い、人類に対する恥辱」と烙印を押された。「有色人種を理由に他の作業場から我々の人民を締め出す」ことに対する救済策として、協同組合的な黒人作業場が提案された。綱領はまた、寛大な移民政策を支持したが、中国人労働者の移入を「新しい形態の奴隷制」として非難した。黒人労働者は教育を求め、「飲酒の弊害」を防ぎ、すべての州で労働者協会〔組合〕を結成するよう促された。

マイヤーズは全国有色人種労働同盟の委員長に選出された。その組織構造はＮＬＵのそれと酷似していた。執行委員会である全国労働事務局はワシントンに本部を置き、ある年度の選挙と次の年度の選挙の間は全国組織を率いることになっていた。同局は月に1回会合することになっており、異なる州のさまざまな団体に支部設立許可を与える権限をもち、執行委員会の委員長とともに「異なる州の労働組合、土地、融資、建物、協同組合の組織に助言と監督を行う」権限を与えられた。また、同局は「労働者階級の利益と地位向上に必要な法律を複数の州に制定することで、ＮＬＵによって設立許可された種々の団体の労働者の権利保護に特別の注意を払う」責任も負っていた。

１８７０年2月、全国労働事務局は黒人人民の主たる要求を含む趣意書を発表した。それは、彼らに法律上の平等を与える法律を要求して闘うよう立法府に要求した。それは、各職業内で白人職工が黒人に反目するのを克服する啓蒙活動を提案し、黒人に協同組合と自営農地《ホームステッド》を勧めた。

これらの要求を勝ち取るために、全国有色人種労働同盟によって活発な運動が組織された。その公式機関紙ニュー・ナショナル・エラ《新国民時代》は、この綱領を広め、黒人労働者の組織化の必要性を常に強調し、しばしば労働者集会を後援した。マイヤーズは、黒人労働者のローカルを組織するために南部を周遊した。一方、セラ・マーティンがパリで開催される国際労働者協会の会議に派遣される同同盟の代表に選出された。

１８７０年4月11日にワシントンで講演したマイヤーズは、黒人労働者の聴衆に対し、彼らが組織化されなければ、彼らはすぐに熟練を要する職業から追放され、「召使い、削りくずの掃除人、ピッチ〔粘性物資〕の清掃人、迫撃砲の運搬人」として取り残されるであろうと語った。1週間後、ヴァージニア州ノーフォークで、彼は白人と黒人の労働者を同じ組合で組織するよう説得した。彼は、「肌の色に基づく団体を設立する」日は過ぎた、「我々は白人と有色人種の労働者の利益のために組織されている。そのために、役員は白人と有色人種の双方で構成されるようにしよう」と語った。(＊) 彼は、オルグとしての旅先で、黒人労働者に労働組合に加入し、協同組合を設立するよう訴えた。黒人だけでなく白人の労働者が全国有色人種労働同盟の過激な指導者の話を聞きに来ることも何度かあった。

（＊）白人の労働運動指導者のＤ・コリンズも会議で演説し、「労働者協会〔組合〕が設立されれば、賃金は白人と有色人種の双方にとってはるかに良いものになるであろう」と宣言した。

これらの活動は、ワーキングマンズ・アドヴォケイト紙によって「南部諸州の有色人種勢力を統合するための大創始運動」として歓迎された。それは「最終的には、ＮＬＵとの明確な同盟とＮＬＵ原則の支持という1つの結果しかもたらさなかった」。しかし、この明確な同盟を妨げる困難は克服されなかった。ラングストンが、全国有色人種労働同盟の第1回大会で白人代議員の議席を阻止しようとしたことから始まった論争は、１８７０年のＮＬＵの大会で４人の黒人代議員が信任状を提出した時に再燃した。この4人とは、マイヤーズ、フィラデルフィアの統一労働者・煉瓦職人下働き協会のジョサイア・ウエアラー、オハイオ州シンシナティの有色人種教師協同協会のピーター・クラーク、ラングストンである。

4人の名前が発表されるやいなや、ラングストンの議席に異議が唱えられた。この運動を主導したのは、全国印刷工組合とボストン労働者会議の会計書記であるアレグザンダー・Ｃ・トゥループと、聖クリスピン騎士団のカミングズであった。2人のラングストンに対する反目は純粋に政治的なものであり、2人とも彼の承認に反対していることを明らかにした。それというのも、彼の唯一の目的は共和党のために議会に影響力を行使することであり、彼は黒人労働者と白人労働者との間に分裂を生じさせるために黒人労働者会議で最善を尽くしたと信じられていたからである。かなりの議論を経て、反対が人種的なものではなく政治的なものであることが証明された後、彼は49対23の投票で議席を拒否された。

国民政党に関する3番目の決議が出たとき、マイヤーズは、共和党は白人と有色人種の労働者の友人であり、民主党は労働者階級全体の敵であると主張して反対した。彼は、「共和党は、我々の理想の政党ではないが、労働者の利益のためには、新しい政党の組織や民主党との提携によって、その成功を危険にさらさないことが求められる」と言った。彼は、労働者階級の利益のための法律は共和党を通じてのみ得ることができるので、ＮＬＵは共和党との提携で労働者に最高に役立てるであろうと宣言した。

労働者政党を求める決議案が採択され、綱領には「現在の両政党は非生産階級に支配されているので、有色人種の同胞の最大の関心は、彼ら自身と同様に資本と政治家の奴隷である労働者にある」と書かれていた。しかし、同じ綱領が彼らの基本的な要求を無視したので、黒人人民は共和党への支持を続けた。全国労働党といったものを支持するというＮＬＵ大会の行動は、2つの全国的な労働団体間の結束の終焉を告げた。次の大会で、黒人労働者会議はＮＬＵから離脱し、共和党への忠誠を宣言した。

1870年11月17日付のニュー・ナショナル・エラ紙に発表されたNLU大会への呼びかけは、「合衆国の有色人種労働者、職業別組合、労働組合、産業別組合」に向けられたものであった。マイヤーズは開会の挨拶で、黒人は肌の色に基づく別個の組合を望んでいないと述べ、「白人労働者の状況は有色人種労働者との協力によって相互に前進する」という信念を再確認した。この大会では、南部諸州の代議員に労働組合を組織するよう指示する以外に、労働者の団結を促進するための措置はほとんど採られなかった。おもな力点は政治問題に置かれ、ダグラスの大会議長への選出は、全国有色人種労働連盟が急速に共和党の付属物になりつつあったことのもう1つの証左であった。

それにもかかわらず、大会後の全国有色人種労働同盟の活動は、非労働勢力の支配があったとは言え、運動が経済問題への関心を失っていない点を証明した。南部ではいくつかの組合が結成され、賃上げ闘争が行われた。1871年3月、同同盟の会員である州職員が、テキサス州の労働組合連合会を結成するための大会を招集した。(*) 6月8日のヒューストン大会で白人労働者と黒人労働者が顔を合わせた。同様の大会がテネシー、アラバマ、ジョージア、ミズーリの各州でも開催されたが、いずれも恒久的な労働団体の結成には至らなかった。

(*) 呼びかけの一部はこうである。「白人も黒人も、この偉大な活動に関心をもっています。私たちの関心は共通しており、この偉大な活動では、肌の色を理由に差別を惹起する鼻白む感傷は完全に無視されています。すべての人に十分な労力があり、すべての人が出席するよう依頼されています」。

複数のコミュニティで、全国有色人種労働同盟が黒人と白人の労働者を刺激して多くのローカルを結成させ、何件かのストライキで勝利した。同同盟は、1871年6月26日には、ボルティモアの港湾労働者協会（第1号）の組織化を支援した。同同盟の委員会は、賃金の引き上げと労働条件の改善を確保するために、これらの黒人港湾労働者の闘争を主導した。この委員会は、「現在の賃金では自分たちと家族を養うには不十分である」として、時給を20から25セントに引き上げるよう求める請願書を沖仲仕の親方に送った。彼らの要求は親方に認められ、協定が調印された。

もし全国有色人種労働同盟がその政治活動と黒人大衆の日々の闘争を結びつけていたら、それは国内で大きな勢力となっていたであろうが、マイヤーズは次第に影が薄くなり、ダグラスがすぐに運動の首唱者になった。彼は共和党を支持する必要性だけを強調し、共和党を「この国の真の労働者の政党」と呼んだ。(**)

(**) ダグラスは、労働時間の短縮と賃金の引き上げを求める労働者の要求を支持するために頻繁に発言し、手紙を書いたが、多くの労働組合が黒人労働者の加入を拒否していることへの彼の憤りと、独立した労働者政党が共和党を打ち負かす手助けをすることで黒人人民を傷つけるであろうという彼の信念は、彼をして労働組合に背を向けさせた。しかし彼は、黒人労働者の将来が労働者階級全体の将来と密接に関係していることを理解していた。彼は1883年に、「彼らの大義は、世界中の労働者階級の大義である。この国の労働組合は、この有色人種の強さという要素を捨てるべきではない……。いかなる階級であれ労働者が孤立し、労働の負担と苦難が降りかかる人々の間の兄弟愛の絆を弱めることは大きな誤りである。土地とお金に恵まれ、労働者階級の不安と窮乏について何も知らない地上の幸運な人々は、この時点では正義を求める訴えに無関心かもしれないが、労働者階級は無関心でいる余裕はない……。経験によれば、賃金奴隷制は、動産奴隷制よりもその効果において苦痛と破壊が少ない可能性はあるが、この賃金奴隷制は他の奴隷制とともに打倒しなければならない」と宣言した。

南北戦争直後の数年間、白人労働者と黒人労働者との間に強固な同盟関係を構築しようとする努力は失敗に終わった。ＮＬＵの幹部とマイヤーズのような黒人労働運動の指導者は、危機に瀕している問題の重要性を理解していた。しかし、地方の組合や職業会議は、ＮＬＵ大会で採られた進歩的な措置の適用をしばしば拒否した。さらに、指導者たちは黒人人民によってもたらされた特別な問題を理解するほど成熟していなかった。だが彼らは、これらの問題を解決する手助けができない限り、アメリカの労働運動はその本領を十分に発揮できないことは理解していた。１８７０年5月7日付のワーキングマンズ・アドヴォケイト紙は、「我々は、今後数年間の労働運動の成功は、有色人種との協力とその成功にかかっていると固くまた嘘偽りなく信じている。彼らの利益は我々の利益であり、我々の利益は彼らの利益である」と簡潔に述べている。

第20章　1866～1872年の労働運動（完結）

性別や肌の色に関係なく、労働者の連帯が我が国で初めて試みられたのと同じ時期に、国際的な労働者の連帯の進展も見られた。南北戦争中のアメリカ連邦軍に対するヨーロッパの労働者の英雄的な支持が、この趨勢を引き起こした。南北戦争後、国際労働者協会《第1インタナショナル》に見事に導かれ、奮起したヨーロッパの労働者の壮大な闘争が、アメリカの労働新聞で報じられた。フィンチャーズ・トレイズ・レヴュー紙は、「歴史の長い世界の国々における労働改革の取り組み」の報告を呼び物にし、1865年4月8日に、その「尽力」が「最終的には世界の労働者の壮大な連合組織をもたらす」ことを期待して、海外の労働出版物からの抜粋の出版を開始すると発表した。

労働者の国際的な団結

ワーキングマンズ・アドヴォケイト紙は、各号に「旧世界から――労働運動の進展」という見出しのコラムを掲載した。同紙は、普仏戦争が始まった1870年9月8日に、カール・マルクスが起草した国際労働者協会の呼びかけ〔7月23日の「第1の呼びかけ」に次ぐ「第2の呼びかけ」。ともにマルクスが執筆〕の全文を掲載した。彼が、もとはパリ・コミューンを題材にした総評議会《ジェネラル・カウンシル》への演説である『フランスにおける内乱』〔「第3の呼びかけ」〕を書いたとき、同紙はそれを71年7月15日から9月2日まで連続して転載した。70年11月26日号から丸一年間、同紙は、ドイツの政治家・社会主義者であり同協会の会員であるヴィルヘルム・リープクネヒト〔1826～1900。マルクスと親交のあるドイツの社会主義者。1869年、社会民主労働者党創設者の1人〕による長いシリーズ物の記事を掲載した。同協会のアメリカ支部の活動も追跡され、その書記であるフリードリヒ・A・ゾルゲが書いた手紙が頻繁に紙面を飾った。アンドリュー・C・キャメロンは、全国労働組合《NLU》が同協会に加盟するのを支持しなかったが、彼の新聞はアメリカの労働組合界にそのような一歩を踏み出すための感情を生み出すのに役立った〔総評議会は、創立当初は「暫定委員会」などと呼ばれ、1864年10月18日以降は「中央評議会」、ジュネーヴ大会で決定した規約で「総評議会」と改称された〕。

ニューヨーク労働者会議の機関紙ナショナル・ワークマン〔第18章335ページを参照のこと〕は、ヨーロッパの労働問題のニュースに多くの紙面を割き、総評議会の決定は常に全文が報じられた。また、ニューヨークのドイツ人社会主義者で労働組合主義者でもある人々によって結成されたドイツ労働者一般協会の機関紙アルバイター・ウニオンの影響も大きかった。同紙の国際労働に関する記事や社説の多くは翻訳され、他の労働新聞に転載された。アメリカの著名なマルクス主義者であるアドルフ・ドゥエー〔第13章229ページを参照のこと〕によって見事に編集された同紙は、「両半球の労働者階級の連帯が必要なことは長い間明らかであった。一方の苦しみは他方の苦しみであり、双方の苦しみには共通の原因がある」と、国際的な労働者の連帯の必要性をたえず強調していた。

ウィリアム・H・シルヴィス、リチャード・F・トレヴェリック、ウィリアム・J・ジェサップ〔この3人については第19章を参照のこと〕が国際労働者協会のことを知り、国際的な労働者の団結の必要性を理解したのは、アメリカの労働運動の傑出した指導者でドイツの社会主義的な労働組合の指導者でもあった人々の影響が大きかった。シルヴィスは何度も、「労働者の利益は世界中で同一である……、彼らの勝利は我々の勝利である」と宣言した。NLUのもう一人の指導者ジョン・W・ブラウニングは、キューバ国民に対して、「アメリカの労働運動は自由のための闘争において、あなた方に共感している」と確信をもって語った。

シルヴィスとジェサップはともに、それぞれの業界内で国際的な労働者の連帯を強化する手助けをした。シルヴィスは、スト破りの移入とアメリカ移民会社が後援する鋳型工の移住を阻止するために、イングランド、アイルランド、スコットランド、ウェールズの鋳型工組合の幹部と連絡をとった。そこで協力を得られなかった彼は鋳型工組合の組合員に直接訴えた。イングランドとスコットランドでの配布を目的に発行された回覧で、彼は組合員に対して、移民会社がアメリカでの機会に関して流布した話は虚偽であると警告した。こうした努力から明確な成果は何も得られなかったが、その経験は彼に、「国際的な労働者の団結は効果的でなければならず、労働に関するすべての問題に対して統一された行動を実現しなければならない」と確信させた。そのような団結は、「世界のある地域で権利のために奮闘している労働者を、別の地域からの助っ人の移入によって置き換える」資本家の力を粉砕するとシルヴィスは確信していた。労働者の国際的な連帯は、「世界に公然と反抗する力を構築する可能性がある」と彼は予言した。ニューヨーク船大工組合の書記ジェサップへの返信で、ロンドン大工・建具工協会の書記R・アップルガースは、ロンドン大工協会との合併を提案した。「我々の目的とあなた方のそれは同じです。我々の共感も当然同じです」。彼はジェサップに、イギリスの合同技術者協会がアメリカのいくつかのコミュニティに支部をもっていることを思い起こさせた。

ナショナル・ワークマン紙は、アップルガースの手紙を活字にした際に、彼の国際組合の提案を承認し、ニューヨーク船大工組合に招待を受け入れるよう促し、そのような国際的な提携は、雇用主によって助長された外国人労働者との競争を終わらせるであろうと述べた。同紙は、資本家が他の国で彼らのために働く代理人をもっているなら、なぜ労働者も同じように団結しないのか、と続けた。

アメリカとヨーロッパの労働者の提携は、1866年のNLUの創立大会で再度取り上げられた。国際労働者協会のジュネーヴ大会〔1866年9月3日から8日に開催された第2回大会〕への代表派遣要請は、代表を派遣する時間が十分になかったため却下された。しかし、同大会は「彼らの輝かしい仕事の成功」を祈っていた。1年後の67年のNLUの大会では、同協会との提携が重要な問題となった。ジェサップ委員長は提携に転じ、シルヴィスの支持を受けた。NLU大会は提携に反対票を投じたが、トレヴェリックを次回の同協会の〔ブリュッセルでの第3回〕大会に派遣することを決定し、(*)政治的および社会的不正との闘いにおいてヨーロッパの組織化された労働者との協力を約束する決議を採択した。

（＊）トレヴェリックは渡航費を十分工面できなかった。

その直後の数年間に起きた2つの出来事は、ＮＬＵと国際労働者協会との間の同盟の可能性を高めた。１８６９年4月、同協会の総評議会は、ヨーロッパからのスト破りの移入を阻止する支援の要請をニューヨーク植字工組合から受けた。総評議会は同組合の支援を投票で決めた。この行動は、アメリカの労働界で同協会に対する尊敬の念を大きく喚起した。「アラバマ要求」(**)をめぐる紛争が米英間の戦争を脅かしたのと同じ年に、もう1つの国際的な連帯が出現した。マルクスによって書かれ、ＮＬＵ委員長のシルヴィスに宛てられた総評議会の式辞の一部は次のように述べている。

（＊＊）「アラバマ要求」には、南北戦争中とその直後のイギリスに対するアメリカの不満、とくにリヴァプールに配備された南部連合軍の船「アラバマ号」によって引き起こされた損失が含まれていた。この論争は１８７１年5月8日に調印されたワシントン条約によって解決された〔南北戦争中にイギリスで建造された巡洋艦アラバマ号によって合衆国の船舶が受けた被害に対する損害賠償１９０２万ドルを国務長官シューアドがイギリス政府に要求した。中立国の義務を果たさなかったとしてイギリスには１５５０万ドルの賠償を金で払う判決が下された。〕

「あなた方の仕事は、最終的に労働者階級が、もはや奴隷的な追従者としてではなく、独立した権力として、その責任感を吹き込まれた権力として、そして、彼らの将来の支配者が戦争を叫ぶ場所で、平和を強いる権力として、最終的に、最終的に歴史の舞台に立てるようにするという輝かしい仕事です」。

これに対してシルヴィスは、労働者の闘争は世界中で共通していると述べた。彼は合衆国の労働者を代表して、国際労働者協会に「ヨーロッパを苦しめているすべての虐げられ、抑圧された息子たちや娘たち」に対して、交わりの右手を差し伸べた〔『新訳聖書』のガラテヤ書による〕。

１８６９年のシルヴィスの死は国際的な労働者の団結にとって大打撃であった。(*)彼の死後、ＮＬＵは同年の大会で、国際労働者協会のバーゼル大会〔１８６９年9月6日から11日に開催〕への代表団の派遣を投票で決めた。同年秋、選ばれた代表団のキャメロンは、ＮＬＵで主導的な役割を担っていた通貨改革者のホレス・Ｈ・デイの資金援助でヨーロッパを歴訪した。キャメロンは、ＮＬＵとの連携した行動に向けて同協会が行ったいくつかの提案を持ち帰った。1つの提案は、ヨーロッパの労働組合や移民団体と連絡を取り、労働条件やストライキに関する情報を入手して提供し、「そうでなければ、我々の改革のために働くすべての人々の唯一の高い目的、すなわち、あらゆる場所での労働者の完全な団結と参政権の付与を支援する」ことを目的とした両組織による移民局の設立を求めた。もう1つの提案は、同協会の総評議会が「ヨーロッパで働く労働者が、アメリカの資本家によって同国の労働者に対して利用されるのを防ぐよう努力する」べきであると規定した。

（＊）シルヴィスの訃報を受けてＮＬＵに寄せられた追悼の手紙には、マルクスと国際労働者協会の他の幹部が署名した、１８６９年8月18日付の同協会総評議会からの次のようなものがあった。

「死が、あなた方の名誉ある有能な委員長ウィリアム・シルヴィスを、不意に、そして、あまりにも早くに連れ去ったという悲しい知らせは、私たちを深い悲しみで満たしました。彼は、あなた方の大義に忠実で、忍耐強い、不撓不屈の働き者でした。労苦の偉大な兄弟愛と姉妹愛は、私たちがともにその喪失を悼む彼のような、人生の最盛期に試練に耐えた擁護者を失う余裕はほとんどありません。しかし、有能な相談相手や信頼できる指導者はあまり多くありませんが、私たちは、あなた方の組合員のなかに、彼の代わりに、同じ熱意と献身をもって、喜んであなた方に仕える意思と能力のある別の方がおられるのを知ったことに慰めを見出しています。私たちは、あなた方の現在の支部が、適切な場所に適切な人を選び、あなた方が中断することなく偉大な闘争を継続し、その成功を保証するのを可能にするような取り決めをなされることを確信しております」。

これらの提案は1870年のNLU大会で受けは良かったが、提携には反対票が投じられた。キャメロンの報告書は、アメリカとヨーロッパの労働者の違いをことさら重視していたため、多くの代議員に影響を与え、提携に反対票を投じさせた。国際労働者協会の規約は、アメリカの労働組合が提唱したものよりも先を行っていた。これは、「ヨーロッパの制度と社会の状態は嫡出子であり、専制政治の必然的な副産物である」ことに照らして理解できると彼は言った。アメリカでは状況はまったく異なっていた。ここでの悪は政府の性格によるものではなく、行政によるものであった。ヨーロッパでは革命的な変化が必要であったが、アメリカで必要とされたのは「政府の基礎となる基本原則の公正な管理」だけであった。したがって、同協会が採用した方法は、ヨーロッパでは必要であったが、「我が国の状況には適用できなかったし、適用されなかった」。

シルヴィスはまた、ヨーロッパの状況がアメリカのそれとまったく異なる点を認識していたが、本質的に「富に対する貧困の戦争」は世界中で同じであることも知っていた。NLUとの協力に関する国際労働者協会の提案は、ヨーロッパと同様にアメリカの労働者とも関係する問題に基づいているのを知っていた。したがって、同協会との提携はNLUを強化すると彼は信じていた。

NLUが国際労働者協会に加盟することにもっとも近づいたのは、1870年大会で可決された「NLUは、国際労働者協会の原則を遵守することを宣言し、短期間で同協会に加盟することを期待している」と主張する決議であったが、この「期待」は実現しなかった。

アメリカにおける国際労働者協会

国際労働者協会のアメリカ支部は、この国の社会主義者の一派によって組織された。1867年10月、ゾルゲ、コンラッド・カール、ジークフリート・マイヤーによって57年に設立されたニューヨーク共産主義者クラブは、アメリカにおける同協会の支部となった。72年までに、アメリカには約30支部と5000人の協会員がいた。支部は、シカゴ、サンフランシスコ、ワシントンDC、ニューオーリンズ、ニューアーク、スプリングフィールド、ニューヨーク市で結成された。ニューヨークにあった支部のうち、1つはフランス人、1つはボヘミア人、4つはドイツ人、2つはアメリカ生まれの人たちの支部であった。ゾルゲによると、アメリカの協会員の大多数は「あらゆる職業の普通の賃金労働者と手職人であった(*)」。

(*) フィラデルフィア支部の記録は、その協会員構成の興味深い実態を明らかにしている。この支部は、1871年10月9日に、「自身と家族の食料、衣服、住居のために日々働いている少数の人々」によって結成された。創設者のなかには、製靴工、機織り工、事務員、教師、写真平板工、仕立て工2人、機械工、製造業者、医師、土木技師、裁縫師、婦人帽子工がいた。73年1月までの同支部の協会員は、機械工7人、製靴工5人、医師6人、土木技師、馬車製造者、医療器具製造工、馬具製造工、建築士、製造業者、裁縫師、歯科医、真鍮職人が1人ずつ、法学部学生2人、彫刻家1人、大工2人、家の塗装工（80歳）、油の精製工、石切り工、簿記係、画家、帽子屋、花火師が1人ずつ、ディーラー2人、時計職人、教師、家政婦、家具製造工、建築業者、写真家が1人ずつ、印刷工2人、弁護士1人、煉瓦職人2人、靴工具製造工1人で構成されていた。

1869年、強力なドイツ一般労働者連合が国際労働者協会のニューヨーク第1支部となった。65年10月、ニューヨークで14人のラサール派によって創設された同連合の最初の綱領は、その創設者たちがフェルディナンド・ラサール〔1825〜64。ドイツの政治家。1863年に全ドイツ労働者協会を創設〕を「すべての社会問題について真の視点に達するために、労働者階級のもっとも傑出した擁護者」とみなしていると明言していた(**)。彼の理念に沿って、綱領は「投票用紙の効果的かつ知的な利用は……、最終的には労働者を資本の軛《くびき》から解放することにつながる」と宣言した。明らかに、同連合はラサール主義を軽視していた。それというのも、同連合はラサール派の組織である全ドイツ労働者協会〔原文はGeneral Workingmen's Union in Germanyであるが、文意と以下の脚注からこうした〕から、あまりにもマルクス主義者的な傾向がありすぎると批判されたからである。68年に、同連合と共産主義者クラブが合併し、ニューヨークおよび近郊社会党が結党され、ゾルゲが党首となった。

(**) ドイツの社会主義者の指導者ラサールは、1863年5月23日に組織された全ドイツ労働者協会の設立で重要な役割を果たした。彼は、2月に書いた『ライプツィヒ労働者協会の労働委員会に宛てた公開書簡』で、同協会の2つの主要な要求を定めた。それは、普通選挙権と生産者協同組合に対する国家の信用である。彼の政治活動への没頭と「賃金鉄則」の理論、すなわち、労働者は常に労働者が多すぎるので平均して最低賃金しか受け取れないという理論は、彼を経済闘争と賃金労働者の労働組合組織を無視するように導いた。彼は、政治活動が労働者階級の問題を解決すると信じていた。なぜなら、政治活動を通じて、彼らが生産者協同組合を組織するための資金や信用を与えられた労働者は、政府に彼らを助けるよう強制できるからである。彼の歴史的功績は、マルクスによれば、彼が「15年間の眠りの後、ドイツの労働者運動を再び目覚めさせた」ことにあり、V・I・レーニンは、彼の主たる貢献は、「労働者階級をリベラルなブルジョアジーの付属物から独立政党に変えた」ことにあると述べた。しかし、マルクス、フリードリヒ・エンゲルス、レーニンは、彼がプロシアの反応に対して深刻な譲歩を強いられ、労働者階級の労働組合組織を弱体化させたことを明らかにした。

1869年初頭、ニューヨークおよび近郊社会党はニューヨークの第5組合としてNLUへの加盟を認められた。その代議員は同年と翌年の大会に出席したが、70年大会の後、組織はアメリカの支部に集中するために脱退した。

1870年12月、ニューヨークの3つの支部が、ゾルゲを書記とする合衆国の暫定中央委員会を結成した。数カ月後の71年5月には、ニューヨークから8支部、シカゴから2支部の計10支部が中央委員会に参加した。正式には国際労働者協会北アメリカ中央委員会と呼ばれるこの委員会は、合衆国の労働組合と労働団体に対して、加盟を呼びかける複数の声明を出した。加盟するには、労働組合または労働団体は国際労働者協会の原則を認め、擁護しなければならず、総評議会には組合員1人につき2セント、中央委員会には組合員1人につき5セントの年会費を送金しなければならなかった。綱領は、労働者階級の経済的解放が「すべての政治運動が手段として従うべき偉大な目的」であるという事実を強調した。これまでこの目的を達成できなかったのは、「各国の多様な労働部門間の連帯の欠如と、異なる国の労働者階級間の兄弟のような絆の欠如」によるものであった。

これらの加盟要請に対して多くの労働組合が回答したわけではなかったが、中産階級の改革派からの回答もあった。この事実が国際労働者協会のアメリカ支部の内部不和を助長し、中央委員会はその解決に多くの時間を割かざるを得なくされた。ゾルゲは、2人の熱烈な女性参政権論者であり、自由恋愛の伝道師であるヴィクトリア・ウッドハルとテネシー・クラフリン〔この2人は姉妹〕を追放しようと手一杯であった。彼はこの2人を、1871年夏にニューヨーク市で第12分会として組織された、国民投票《レファレンダム》によって達成される自発的社会主義を提唱したアメリカ知識人の組織である、ニュー・デモクラシーまたはポリティカル・コモンウェルスの構成員とともに追放しようとした。

ゾルゲや他のマルクス主義者は女性参政権の大義を支持したが、「知的目的のために、あるいは労働者の助けを借りて自分たちの趣味を広めるために、労働者階級に介入する」ことを主張する知的改革者には反対した。(*) ゾルゲは総評議会に、「政治家やその他の人々の意図は今ではかなり明確になっている。この国の国際労働者協会を女性参政権、自由恋愛、その他の運動と同一視すること、そして我々はこれらの非難から自分たちを解放するために懸命に戦わなければならないであろう」と書いている。

（＊）ゾルゲと他のマルクス主義者は、とくに第12分会の機関紙ウッドハル・アンド・クラフリンズ・ウィークリーにマルクスの非難とマルクス主義の歪曲が掲載されたことに激怒した。ゾルゲは編集者に対し、「あなた方の新聞は、国際労働者協会を公然と支持しており、同協会のかなりの数の協会員や友人に読まれている」と書いた。したがって、それは「真正な情報を除いて、国際労働者協会に関する何かを……公表する」べきではないとも書いた。

この新聞には、労働界と国際労働者協会にとって重要なニュースがいくつか含まれていたが、紙面の大部分は、自由恋愛、性的自由、精神論、宇宙科学、および同様の問題に関する長い議論に充てられていた。

ゾルゲの巧みなリーダーシップのおかげで、第12分会や中産階級の改革派が支配する他のアメリカの諸支部は、ロンドンの総評議会によって除名された。１８７２年７月、アメリカの問題を調査するために総評議会が任命した特別委員会が、第12分会の除名を命じる投票を行った後、フィラデルフィアで開かれたアメリカの諸支部の会議は、自分たちも総評議会と完全に意見が一致していると宣言した。知的改革者の除名は、アメリカの諸支部を活性化した。翌73年にアメリカの諸支部の連合協議会は、「耕作のための土地は準備されており、今や、労働運動の先駆者たちの義務は、これまで頻繁に行われてきたような実験や忌まわしい口論で時間と活動を無駄にするのではなく、労働者を階級として組織し、その階級意識を創出することである。それは、国際労働者協会の大きな目的である労働者の解放につながる組織から労働者を排除することをけっして許さない」と述べた。

国際労働者協会のアメリカ支部に組織された初期のマルクス主義者諸派の影響は、その数をはるかに上回っていた。暫定中央委員会は、ニューヨーク州労働者会議およびペンシルヴェニア州鉱山労働者慈善保護協会と緊密な関係を構築した。ニューヨーク第１支部は、１８６９年10月に黒人労働者の労働組合を組織するための特別委員会を任命し、数週間後にこれらの黒人労働組合がニューヨーク市の中央労働団体への加入を許可された。

アメリカの諸支部は、１８７１年にアイルランドの自由への支援を求めてアメリカに来たフェニアン〔アイルランド系の急進派が１８５８年にニューヨークで結成した秘密結社〕の指導者Ｏ・ドノバン・ロッサを歓迎する大規模な集会を設定した。彼らはパリ・コミューン支持者を支援するデモを後援し、コミューンが敗北した後、逃亡した共産主義者の歓迎を拡大した。９月13日にニューヨークで行われた８時間パレードで国際労働者協会が行進したとき、(*)彼らは「コミューン万歳」の叫び声とともに、沿線のいたるところで歓迎された。12月18日、ニューヨークの多くの主要組合がアメリカの諸支部とともにデモに参加し、３人の著名な共産主義者の処刑に抗議した。これらの機会で、黒人労働者は同協会の代表団として行進した。

（＊）１８７３年４月、アメリカ国際労働者協会連盟の連合協議会は、８時間労働法の施行に向けた措置を策定するために、ニューヨークで労働組合の会議を後援した。この会議には15組合が参加し、８時間労働法施行連盟が創設された。

後述するように、１８７３年恐慌後の失業者の闘争では、国際労働者協会が組織化の中心にあった。このように、ＮＬＵが同協会に加盟できなかったにもかかわらず、同協会の運動はアメリカの労働者階級に影響を与えていた。

協同組合運動

ＮＬＵの初期の大会では、８時間労働、黒人労働者の組織化、女性の権利、国際的な労働者の団結が重要な争点であった。しかし、南北戦争中とその後の雇用主の攻撃が強まるにつれて、シルヴィスを含む多くの主要な労働組合主義者は、新たに誕生した組合だけでは労働者階級の問題を解決できないと結論づけた。組合は熟練労働者に取って代わる機械の使用の増加を止められないと主張した。また、組合は賃金水準を維持できないと主張した。なぜなら、雇用主はたえず賃金を削減しており、組合もたえずストライキを余儀なくされていたからである。しかし、ストライキは問題を解決しなかった。ストライキが成功したとしても、雇用主はすぐに労働者の利益を奪ったので、それは一時的な救済を提供しただけであった。たしかに、成功したストライキに伴う悲惨さは、わずかな勝利の見返りによっても補填されなかった。労働組合もストライキも、労働者が賃金制度のもとでの劣化を止めたり、恒久的な安全を確保したりするのを可能にするものではなかった(*)。

（＊）多くのストライキが敗北した1867年から翌年にかけて鋳型工組合が被った壊滅的な後退は、協同組合運動を刺激した。もしこの傑出したアメリカの組合が、組織化された雇用主団体の猛烈な反攻をかろうじて生き延びられたとしたら、それほど強力でない組合には何ができたであろうか。少なくとも多くの労働者はそう考えた。労働組合の主要な戦術としてのストライキに対する幻滅は、シルヴィスのような人物が労働組合全体に幻滅し、「労働組合の機関を通じて恒久的な改革を確立することは、けっしてできない……」という結論に達する原因となった。強力な組合の構築にまったく関心を寄せなかったラサール派社会主義者が、何人かのアメリカの労働運動指導者の目的を変更させた影響を見逃してはならない。

労働者が〔雇用主団体の〕反攻に対抗し、労働者を社会における正当な地位に引き上げる道を開くことによって、労働者の堕落を終わらせられる新たな武器を見つけ出す必要があった。その武器は協同組合であった。プリンターズ・サーキュラー《印刷工の通達》紙が強調したように、協同組合は「資本が影を落とす影響に対して、労働者が唯一有する真の保護手段」であった。1840年代と50年代と同様、消費者協同組合と生産者協同組合という2つの種類の協同組合企業が提唱された。生活費の上昇が労働者の賃金を奪い、彼らに家族を養い、物を食べさせ、衣服を着せ、家を建てるために借金を強要したとき、賃金の上昇には何の価値があったのか。この問題を解決できるのは、協同組合の店舗だけであった。協同組合を通じて得られた利益をもって、労働団体は協同組合の作業場と工場を購入できた。

これら生産者協同組合は非常に重要であった。組合によって運営され成功した協同組合は、雇用主の攻撃に対抗するのに必要な資金を組合に与えるであろう。協同組合は産業の基準となり、雇用主は協同組合によって制定された適正な労働基準の採用を余儀なくされるであろう。さらに、協同組合は雇用主が活動的な労働組合員である労働者を差別するのを妨ぐであろう。なぜなら、雇用主は協同組合のなかに「逃れの街〔古代イスラエルにおいて、過失致死の罪人が保護される町〕」を見つけられる労働者を迫害するのは、無益と考えるからである。こうして、協同組合は労働者の「鉄拳」となり、雇用主はある労働者の言葉を借りると、「もし彼らが方針を変えなければ、彼らは製造業者としてまさにその男たちに取って代わられるであろう……、彼らは飢えて服従することを提案した」と告げられるであろう。

この考えによれば、協同組合は労働組合主義の補完物以上のものであった。それは労働者を「資本家の雇用主から自立」させるための手段であり、労働者に「快適な生活を可能にするだけの彼自身の生産」を認め、生活を「絶え間ない堕落、日々の殉教、墓場への葬送行進曲」にした、現在の不正な賃金制度は廃止されるであろう。それは「道徳原理によって導かれた理性」が普及し、人間の普遍的な兄弟愛が繁茂する新しい文明をもたらすであろう。将来の社会では、労働者はそれぞれ、「快適な家庭――幸せな炉辺――、家族のための資力、彼の労苦の正当な成果を手にするであろう……」。

南北戦争中、協同組合についての議論が労働新聞の多くのコラムを埋め尽くした。シルヴィスが鋳型工組合の大会で行った協同組合の重要さについての議論と、イギリスのロッチデールの先駆者〔1844年、ランカシャーのロッチデールで協同組合運動成功の契機を作った28人の組合員〕が成し遂げたことについての図解は、フィンチャーズ・トレイズ・レヴュー紙に掲載された。彼らの実験と労働組合主義に興味をもった製靴工トマス・フィリップスの演説や手紙も同様であった。彼らの計画に基づく協同組合の店舗のいくつかは戦時中に設立されたが、(*) 協同組合の原則は勝利を待たなければならないということは一般的に合意されていた。

1866年以降、これらの原則が実践されるようになった。その後数年間に、協同組合は、パン職人、馬車製造工、襟職人、鋳型工、木船工、機械工、鍛冶工、船大工、コーキン工、ボイラー工、製靴工、帽子工、配管工、仕立工、印刷工、裁縫師の組合によって設立された。黒人の労働組合員は、作業場から締め出されたことへの解決策をそれに見て、協同組合分野に参入した。この時期に組織されたもっとも壮大な協同組合事業は、鋳型工組合によって設立された。66年の全国大会で、鋳型工は協同組合の原則を支持し、地方の組合に協同鋳物工場を設立するよう促した。同年3月、オールバニーとトロイの鋳造所の所有者が、工場に組合委員会の設置を許可せず、彼らが望むすべての助手と徒弟を導入するとの通知を協同鋳物工場に掲示したとき、トロイにあった組合は報復として協同組合型の鋳物工場を設立した。シルヴィスの助けを借りて、地方の組合は株式の募集を行い、2万6000ドルを調達し、不動産を購入し、工場を開設した。

一時期、この事業は成功した。最初6カ月間、協同組合では約35人の鋳型工が常時雇用されていた。彼らは通常の賃金に加えて、協同組合の利益の分け前として1日に2ドル受け取った。労働者は8時間労働で、夏の季節には週に30ドル、冬の閑散期には25ドル稼いでいた。業界のどこにもこの賃金と労働条件に匹敵するものはな

(*) ロッチデール協会は、1844年にオーエン主義とチャーティスト運動の積極的な支持者である28人の労働者によって組織された。当初、その店舗は週に2晩営業し、少量の食料品を販売していた。次第に他の店舗が設立され、連盟が組織され、トウモロコシ製粉所が設立され、卸売協会が設立された。ロッチデール協会は本質的には消費者協同組合であったが、工場、作業場、製粉所、蒸気船会社、その他の産業も所有していた。同協会はチャールズ・ハワースが考案した計画に基づいて運営されていた。それは、購入量に応じて購入協会員間で利益が分配されるというものであった。

かった。協同組合は、最初の6カ月で6000ドル、雇用された労働者の数が2倍以上になった翌年には1万7000ドルの利益を上げた。

トロイでの成功を契機に、シルヴィスは「国中の鋳型工の間に平和と繁栄が行き渡る」ように、全国各地に同様の協同組合を設立するよう呼びかけた。彼は、協同組合によって組織された「千の鋳物工場の炎と煙」が、「嵐に翻弄された労働者」のための避難所を提供する日を楽しみにしていた。トロイの鋳物工場の設立から2年後、合衆国には11の協同組合型の鋳物工場が存在し、他に20以上の工場が協同組合化の途上にあった。彼は、鋳型工国際組合のエネルギーの大部分を全国に鋳物工場のチェーン網構築に注ぐことを決意した。こうして、ピッツバーグ国際協同協会が結成され、1868年の大会で、北アメリカ鋳型工国際保護協同組合に名称変更した。

鋳型工は、競争の激しい世界で生き残るには、協同組合型の鋳物工場は協同組合の原則を放棄しなければならないことをすぐに知った。株主はますます多くの利益を要求し、この要求を満たすために、協同組合は賃金を削減し、労働時間を延長し、組合基準を廃止することを余儀なくされた。多くの協同組合は、民間の資本家が従うべき基準となるのではなく、雇用主の労働者に対する攻撃の典型となった。

大工、印刷工、その他の組合によって組織された協同組合は短命であった。(＊) そうした協同組合はフランス共産主義の実例として新聞で糾弾された。実業家は、協同組合の市場開拓を妨げるために損失を覚悟で廉売した。多くの場合、経営のまずさが協同組合の苦境を増幅させた。しかし、主たる難題は資金の確保にあった。協同組合は賃金制度の廃止を目的とした企業に投資するよう、資産家を説得しなければならなかった。当然のことながら、銀行家は高い金利を要求し、協同組合運動全体が、すぐに労働者の解放よりも利益を得ることに関心をもつ株式会社に変質した。

(＊) しかしながら、すべての協同組合が失敗したわけではない。フィラデルフィアの聖クリスピン騎士団によって設立された協同組合型の靴工場は、1871年に非常に繁栄した経済状況にあると言われた。前年にミネソタの樽製造組合によって設立された協同組合は、すぐに7つの作業場を所有し、同市の製粉所のための樽のほとんどを生産した。

通貨制度改革

思慮のない人々は、協同組合の失敗に、自分たちの理論が破綻した証拠を見なかった。協同組合事業の失敗を招いたのは、理論ではなく資本を得られなかったことであった。(＊＊) 信用と資金の管理は民間の手に委ねられたままであったが、労働者は「いかなる組み合わせや協同体制によっても、彼らの人間生得の権利を確保」できなかった。国民に対して国家の通貨制度の回復が必要であった。これが達成されれば、協同組合型の企業は妥当な金利で資本を調達でき、労働者は「彼らが生産するものの大部分」を手にできるようになる。このように、協同組合の失敗は、労働運動が通貨制度改革の未開地で道に迷うのに手を貸したのである。

(＊＊) シルヴィスは、協同組合を成功させるには国の援助が不可欠であるとの結論に達した。1867年のNLUの大会で、彼は以下の計画を提案し、代議員はそれを熱狂的に採択した。「連邦議会は、鉄道およびその他の独占企業の社会的利益のために、多額の資金を随時支出し、公有地を贈与してきたが、我々は、次の議会の会期で、8時間労働制の制定、協同組合の創設を支援するために２５００万ドルを充当するよう議会に謹んで請願することを決議した」。彼は無意識のうちに、ドイツ人労働者に対するラサールの次のような声明を繰り返していた。「国家はあなた方を救いに来なければならない。国家は、あなた方の自己組織化と結社の可能性を確実にする手助けをすることをもっとも神聖な義務と考えるべきである」。

南北戦争後の労働運動で通貨改革を提唱した人々の当初の考え方は、ニューヨーク市の裕福な乾物商人エドワード・ケロッグにおもに由来していた。彼は１８３７年恐慌で財産を失い、通貨制度の弊害の研究を始めた。43年、彼の最初の著作『通貨、その弊害と救済策』がニューヨーク・トリビューン紙に掲載された。6年後、彼は主著『労働とその他の資本』を出版した。彼は、合衆国の通貨諸法が労働者の地位を低下させた原因であると書いている。これら諸法は銀行家が資金を作って貸すのを可能にし、単に資本を留保することによって、彼らは資金不足をもたらし、その結果、彼らが懸念していた高い金利を自らに与えることになった。これら諸法の結果はアメリカ国民にとって悲惨なものであった。

ケロッグは、金利の引き下げという「抜本的な改革」を無視する限り、労働者は生活水準向上に対して無力であると考えた。彼は、この「抜本的な改革」を達成するために、政府が各州に1つ以上の支店をもつ「国家安全基金」を設立すべきであると提案した。この基金は、不動産に基づく紙幣の発行に使用され、1%の固定金利を負担する。この政府系貸付機関は、資金を貸し出すことで、民間機関に金利の引き下げを強制することになる。それは、「すべての農業従事者、製造業者、職工、プランター、要するに正直に働くことに対して支援を確保したいと望むすべての者」が、必要なすべての資金を低金利で調達できることを意味する。また、この基金は労働組合が安価な資金を調達できるようにするので、「抜本的改革」は痛みを伴わずに賃金制度の廃止につながる。

ケロッグの抜本的な改革は、１８４０年代のユートピア的な計画から回復しつつあった50年代の労働運動に影響を与えはしなかった。山猫銀行｛１８６４年の連邦準備銀行法制定以前に、適当な担保なく紙幣を乱発した銀行｝が発行した紙幣に関する悲しい経験があまりにも多かったため、労働者は紙幣理論に懐疑的になっていた。しかし、60年代から70年代にかけて、多くの労働者、農民、一部の実業家は、通貨制度改革のときが来たと信じていた。62年のグリーンバック紙幣｛南北戦争中の１８６２年に正貨法により連邦（北部）政府が法定通貨として発行した緑色の不換紙幣｝は下落していたが、銀行家たちはそうした紙幣を使って、金で償還可能な国債を買い、金で利息を支払った。71年3月のクーパーズ・マンスリー・ジャーナルによれば、「公的債務の資金調達方法は、高い金利によって、工業、商業、製造業に資本を投入するよりも、裕福な人々が米国債に投資するためのより強力な誘因を提示している」と述べている。労働者によって設立された協同組合は、低金利で資本を調達するという同じ困難に直面した。したがって、民間産業と協同組合の「自営」事業の双方において、労働者は資金調達と金利という同じ問題に直面した。

南北戦争後、ＮＬＵの多くの大会で代議員を務めたアレグザンダー・キャンベルが、ケロッグの貨幣理論を概説したパンフレットを複数出版したのは、このような状況下であった。ケロッグの著作は一夜にして労働改革者のバイブルとなった。キャメロンは、ワーキングマンズ・アドヴォケイト紙に、ケロッグの『労働とその他の資本』の全章を転載し、シルヴィスはケロッグの提案に得心し、1868年11月16日に「公正な通貨制度が確立されれば、労働組合の必要性はもはや存在しない」と述べた。

ＮＬＵの通貨制度改革プログラムはケロッグの理論に基づいていたが、それは彼の理論と同じものではなかった。ＮＬＵは、国立銀行制度の廃止を求め、金利は銀行ではなく政府によって固定されるべきであるとし、政府に対して、債券の金利を3％に引き下げ、同時に保有者の選択で法定通貨となるグリーンバック紙幣に転換できるようにすることを求めた。政府は、事業や財産の担保として、約1％の金利で市民に直接紙幣を貸すことになっていた。このようにして協同組合は固定された妥当な金利で資本を調達でき、小規模事業者は事業を継続するための資金を確保でき、それによって失業者に雇用を提供できることになった。

ＮＬＵの通貨制度改革の熱心な支持者には、協同組合に資金を提供する以上のことを考える者もいた。彼らの計画は、労働者階級の悲惨さの原因であると彼らが信じていたウォール街と「呪われた」銀行制度を排除するものであった。こうして、労働大衆の主要な敵は「金融寡頭政治」になり、労働組合に対する強力な攻撃を組織していた産業ブルジョアジーの台頭ではなかった。より高い賃金とより良い労働条件を求める労働者の闘争は、通貨制度改革者の心のなかでは、「貨幣貴族」の権力を打破しようとする闘いに比べれば取るに足らないものとなった。

アイラ・スチュワードは、労働運動に対する通貨万能薬の危険性を理解していた。彼は、意識的であろうとなかろうと、労働運動における通貨制度改革者は「資本家階級の仕事を、彼らが自分たちのためにできる以上にうまくやっている」と警告した。雇用主は、労働者が賃金と労働時間の基本的な問題から気を逸らされている限り、労働者が通貨改革に時間とエネルギーを費やすことに異論はなかった。彼は資本家階級の利益のために、「経済の欺瞞性に世間の注目を集めることは、その解決が最良の方法で労働者を労働者にし、資本家を資本家にし、その間に抑制できない紛争がある」と主張した。

しかし、スチュワードの主張はシルヴィス、トレヴェリック、キャメロン、その他の通貨改革支持者を納得させられなかった。1867年までに、これら指導者たちは、ＮＬＵの財政計画がアメリカの労働者階級の未来を左右すると実感していた。シルヴィスは、「我々の目標は新しい通貨制度である。この制度は、少数の人から通貨をコントロールする力を奪い、人々に安価で安全で豊富な通貨を提供するものである。これが行われれば、人々は自由になるであろう。そして、世界が見たことのないような社会革命が起こるであろう……」と宣言した。新しい通貨制度は、社会意識の強い労働者階級の指導者たちがより良い社会秩序を達成したいという心からの願望を表していたが、労働者に自由をもたらそうにも、もたらせなかった。代わりに、より良い生活の主たる希望であった労働組合の全国的な連合体（言うまでもなくＮＬＵのこと）の死を早めさせた。

政治活動

アルバイター・ウニオン紙は、「労働の産物を資本に転換する不当な通貨制度を創り出した」のは法律であったと述べた。しかし、政治活動を通じて、どのようにして「労働の産物を公正に分配する公正な通貨制度を確立するのか」。通貨改革者であるのが確認されたＮＬＵの幹部の多くは、政治活動にますますエネルギーを集中させ、同時に、政治活動によって影響を受けないすべての問題を等閑視した。彼らの誤りは、政治問題を取り上げたことではなく、間違った問題を取り上げ、労働者の経済闘争を黙殺したことにあった。

南北戦争中と直後の政治活動に対する労働組合の態度は一貫しておらず、一部の組合は「政治的な問題を提起したり議論したりすることを口実に」組合員になることを禁止し、選挙での候補者の支持をめぐる意見の相違は組合を分裂させると主張して、この禁止を正当化した。しかし、これは組合員が政治から距離を置き続けるべきであるという意味ではなかった。労働者による政治活動は必要であったが、それは組合の外で行われなければならなかった。

多くの労働組合はこうしたアプローチの限界を認識しており、すべての集会で政治的および経済的な問題が提起された。大工・建具工、樽製造工、石工、葉巻製造工、炭鉱夫の各組合は、政治活動の必要性についての議論を呼び物とする大会を開催した労働団体のなかのほんの一部であった。１８６６年1月に開催されたマサチューセッツ州大工・建具工組合の大会では、このような議論に続いて、同州の組織化された労働者のより大規模な政治活動を求める一連の決議が採択された。最終決議は、「我々は、作業場や埃っぽい労働現場だけでなく、州議会の議場、裁判所、連邦議会においても、我々の権利を要求し、維持し、擁護することを宣言すると決議した」としている。

ペンシルヴェニア州の炭鉱夫は、彼らの産業の性格上、法的介入が必要であり、イギリスでそのような法律を確保しようとする運動を経験していたため、アメリカでもっとも政治的な考えをもつ、用心深い労働者であった。１８６８年にジョン・シーニーによって設立された炭鉱夫・労働者慈善協会（旧スクールキル郡の労働者慈善協会）は、すぐに影響力ある団体交渉団体となり、69年と翌年に石炭業者と労働協約を締結した。その政治活動を通じて、同協会は69年に州議会で労働組合を合法化する法律を可決させた。この法律は、あらゆる種類の機械工、職工、商人、労働者が「相互の援助、利益、保護のために団体や協会を結成し、平和的に会合し、議論し、それを実行するのに必要なすべての規則と規制を確立することは合法的であり、これと矛盾するすべての行為または行為の一部はここに廃止される」と記している。この法律は、労働者やその組合を共謀の罪で起訴する責任から解放するものではなかったので、炭鉱夫・労働者慈善協会は労働者とその組合を共謀法から免除する新しい法律を求めて闘った。これは72年に州議会で、「労働者、一般労働者、ジャーニマンを連邦民法のもとでの共謀の罪での特定の訴追と起訴から解放する」法律が可決されたときに達成された。

最初の鉱山検査法案は、組合が州の住民に問題を提起した活発な運動の後、１８６９年4月に議会で可決された。この法律は、「鉱山のより厳しい規制と換気、そしてスクールキル郡の炭鉱夫の生命の保護」を規定し、州知事に鉱山検査官を任命する権限を与えた。炭鉱夫は無煙炭地域全体を対象とする法律を求めて闘ったが、議会は他の郡の鉱山は換気や検査を必要としない、と主張する鉱山所有者の意見を採用した。数カ月後、１０９人の炭鉱夫が命を落としたエイヴォンデール（ルツェルン郡）の惨事は、州内のすべての無煙炭鉱山に適用される、より効果的な鉱山検査法を求める世論を喚起した。議会が召集されると、鉱夫組合の代表者は（ペンシルヴェニア州南東部にある州都の）ハリスバーグに行き、新しい法律が可決されるまでそこに留まった。

すべての労働組合が炭鉱夫組合ほど政治的に活発であったわけではなかったが、8時間労働問題、中国人労働者の移入、労働団体を攻撃するための共謀論の活用は、労働組合が政治活動を検討する説得力ある理由であった。主要政党のいずれもが労働者の要求する法案に関心を示さなかったとき、多くの州の労働組合が率先して独立政党を結党した。カリフォルニア州では、労働組合は中国人労働者の脅威に対処するために組織された第三政党運動の基盤を形成し、マサチューセッツ州では聖クリスピン騎士団が、法人化による法的承認を確保することを切望し、同州での労働改革党の結党を支援し、全面的に支持した。

１８６９年、マサチューセッツ労働改革党が驚くべき勝利を収めた。選挙日の3週間前に結党された組織で、資金も報道機関の支援もない状態で、同党は候補者の1人を州上院に、22人を下院に選出し、州内で1万３０００票を獲得した。同党は、一夜にして、アメリカ政治の重要な勢力になった。共和党は自衛のために労働者を非難し、「政府が組閣されて以来、アメリカの労働者の地位向上のためにこれまで以上に多くのことを成し遂げた」と言ったので、「他の組織は『労働党』の称号を自らに授与しようとする主張に驚きと憤りをもって」見た。

共和党の苛立ちに怯むことなく、マサチューセッツ州の労働者は１８７０年の州知事選挙運動を始める準備をし、偉大なアメリカ人ウェンデル・フィリップス（第14章２３４ページを参照のこと）を州知事候補にした。多くの奴隷制廃止論者《アボリショニスト》とは異なり、彼は常に奴隷制の廃止を人類解放の一側面にすぎないと考えており、奴隷制が廃止されると、彼は労働改革に多くの時間を捧げた。早くも65年11月2日に、彼はボストンのファナル会館で8時間労働を支持する演説を行い、次のように述べた。

「私が初めてファナル会館の壇上に立ってボストン市民に演説してから、[今]月で29年になります。その折り、私は労働者の大義のために話していると感じていました。もし今夜、私の人生の最後の演説をするとしたら、それが――労働者とその権利のために――同じ緊張のなかで話しができることを嬉しく思います」。

フィリップスは活発な選挙運動を行ったが、マサチューセッツ労働改革党と禁酒党（１８６９年に結党された第三政党で、禁酒法制定を目標とした）の票を合わせると2

万１９４６票で、共和党は7万９５４９票、民主党は4万９５３６票であった。敗北の理由の1つは、彼の雄弁さでさえ克服できなかった組織の欠如であった。この時代のほとんどの労働者政党と同様、選挙と選挙の間は政治活動はほとんど行われず、選挙時に有権者を投票所に駆り出す地方組織もなかった。

１８７1年9月4日、ウースターでマサチューセッツ労働改革党の州大会が開催された。ほぼ10人の女性を含む４２５人の代議員が出席した。フィリップスは代議員を歓迎し、基調講演を行った。彼は、「すべての旗のもとに1つの大きな運動があります。それは、人々が平和的に自分たちのものを手に入れるためのものです……。私たちは数の上での権利によって世界の政府を手に入れるためにここに来ています」と語った。

フィリップスが作成した綱領は、「我々は、富の創造者である労働者は、それが生み出すすべてのものに対して権利を有する、という基本原則を確認する」という言葉で始まった。決議では、「労働者を奴隷にする」賃金制度、「労働を奪い、資本を豊かにする」現在の金融制度、「投機企業に土地を惜しみなく与える」、「公的な有利子負債の創出と増加によって」資本家を富ます制度に宣戦布告した。8時間労働と中国人労働者の強制移入の中止を求める要求が提起された。別の要求には、「女性が男性と同じ種類と量の仕事をするために公費で雇用されるときはいつでも、同じ賃金を受け取るものとする」と書かれていた。

１８６9年にマサチューセッツ州知事を務めたＥ・Ｍ・チェンバリンは、マサチューセッツ労働改革党の州知事候補であった。フィリップスは公職への立候補を拒否したが、同党のために再び同州を遊説した。

チェンバリンは、「私たちが権力を握ったとき、私たちがやろうとしていることが1つあります。もしある人が1軒の家を所有しているなら、私たちは彼に１００ドル課税します。もし彼が同じ価値の家を10軒所有しているなら、私たちは彼に１０００ドルではなく、6万ドル課税します。そして人が裕福になればなるほど、その人の税金は大きくなり、その人が４０００万ドルの価値があるときには、彼は年間2万ドル以上の生活をすることはできません……」と言った。

マサチューセッツ労働改革党は６８４８票を獲得した。フィリップスは、このわずかな票は雇用主による脅迫によるものであるとした。彼は、工場労働者が出席した集会で話したとき、彼らの誰も、密偵に告げ口されるのを恐れて、あえて演壇に座ったり、自分を紹介したりしなかった、と言った。これには多くの真実があったが、敗北のおもな理由は、この時期にニューイングランドの聖クリスピン騎士団や他の組合が衰退したことにあった。

１８７2年、マサチューセッツ労働改革党は、フィリップスが率いる労働組合と、スチュワードとジョージ・Ｅ・マクニールが率いる8時間労働同盟という敵対する2つの小さな派に分裂した。分裂は8時間労働問題をめぐって起こった。スチュワードはこの問題を労働者にとって唯一の重要問題と見なし、ことさら通貨問題に反対した。フィリップスは、ケロッグの著作に影響され、ますます通貨改革にのめり込んでいった。彼が同党の綱領が新しい通貨制度の要求を先導すると主張したとき、８時間労働制の支持者は退場し、独自の組織を結成した。通貨改革者と８時間労働制の支持者とのこの対立は、独立した政治活動における国家のさまざまな努力を著しく弱体化させた。各派は、その綱領だけで労働者階級を解放できると信じていた。しかし、労働者は、自分たちの持論を唱えることに主たる関心を置く人物が率いる労働改革党への関心を失いつつあった。

州の労働者政党が急速に衰退したからといって、何も達成しなかったわけではない。労働者が独立して行動していたという事実そのものが、既存の政党に労働者の要求により注意を払うことを促し、労働者はいくつかの大きな利益を勝ち取った。１８６９年のマサチューセッツ州労働統計局の設立がその一例である。71年８月５日付のワーキングマンズ・アドヴォケイト紙は、この勝利だけでも同州における労働者政党の結党は正当化できると述べた。なぜなら、労働改革の原則を前進させるために、同局は通常の運動のやり方で何年もかけてやっと達成できた以上のことを行ったからである。事実は人々の前にあった。彼らは、「彼ら自身の低劣さだけでなく、彼らの隣人が独占資本の鉄の踵のもとで劣化していること……」も知っていた。

１８６７年のＮＬＵ大会では、「勤勉な階級が党派や偏愛から超然とし、全国労働党といったものに組織される時節が到来した」という決議が採択された。１年後の大会では、提案された全国労働党の綱領を策定するための委員会が任命された。独立した政治活動に反対する代議員の主張に屈して、大会は新党が来るべき大統領選挙にかかわらない点で合意したが、独立宣言をモデルにした原則宣言が公表された。文書の３分の２近くが通貨改革を扱っていた。国立銀行制度を廃止し、金利を政府が決定することを提唱するとともに、実際の入植者にのみ土地を与えること、労働省、８時間労働問題に関する議会の誠実で理に適った表現、鉄道・速達郵便・水上輸送・電信通信の自由なシステムを「国民の利益のために一般政府の管理下に置く」ことを要求した。綱領は、「我々は、白人、黒人、男性、女性を問わず国民全体が団結し、上記の原則の実施のために協力することを心から求める」と結論づけた。

最初の組織的な措置は１８７０年議会でとられ、数人の代議員の反対にもかかわらず、全国労働改革党の執行委員会が選出され、指名大会の招集日を決定する権限が与えられた。聖クリスピン騎士団のサミュエル・Ｐ・カミングズを委員長とする14州の代議員で構成される執行委員会は、71年初頭にワシントンで会合し、翌年10月に指名大会を開催するよう勧告した。その後、大会は72年２月22日まで延期されることが決定された。延期の結果、執行委員会内で分裂が生じ、71年12月に１つの派が会議を招集し、72年７月４日に全国労働改革党の候補者を指名するための全国大会を開催すると発表した。この派はＮＬＵに承認されず、トレヴェリック委員長は単独で行動する権限はないと発表した。

１８７２年２月22日にオハイオ州コロンバスで開催された指名大会には、14の州を代表する約１００人の代議員が出席した。代議員のほとんどはＮＬＵの大会に出席したことがなく、組織化された労働者と関係のある代議員はわずか25人であった。そのなかの１人は、ペンシルヴェニア州の無煙炭地区で組織化された鉱夫の指導者シーニーであった。

通貨制度改革者が党大会を支配し、グリーンバック党の綱領を新党の主要な要求とした。他の決議では、８時間労働、入植者のみに公有地を与えること、中国人労働者の強制移入を終わらせること、関税を引き下げることを求め、「我々が生産も栽培もできない一般的な物品の関税をなくし、収入のための関税をおもに贅沢品に課す」よう求めた。

党大会前の主たる業務は候補者の指名であった。共和党は分裂し、一方の陣営は共和党リベラル派を自称していた。4月に開催される同派の大会での指名を切望していた政治家は、コロンバスでの議事に関心をもっていた。それというのも、もし彼らが労働部門の支持を得て同派の大会に参加できれば、彼らの勝利の可能性が高くなるのを知っていたからである。コロンバスでは、これまで労働者の福祉に大きな関心を示していなかった政治家の代理人によるかなりの裏工作があった。

そのような政治家の１人であるイリノイ州のデイヴィッド・デイヴィスが全国労働改革党の大統領候補に指名されたとき、論争が起こった。いくつかの地方労働委員会は、コロンバスでの指名を無視して決議を採択し、新しい大会を要求した。ＮＬＵで活動しているデイとエズラ・ウッドは、デイヴィスの選出を非難し、来るべき女性の権利条約とＮＬＵの大統領選挙候補者を支持する意向を表明した。

デイヴィスは労働者の候補という「予期せぬ名誉」を歓迎したが、共和党リベラル派の大会でホレス・グリーリー〔第10章１４７ページを参照のこと〕が指名されると、関心を失い、全国労働改革党に「もはや旗手を務められなくなった」と伝えた。その後、コロンバス大会に出席したすべての代議員に対し、7月30日にニューヨークで開催される大会に出席するよう呼びかけた。35人がこの呼びかけに応え、「この国の労働者階級はグラント大統領とグリーリーのどちらかを選べない」と主張する決議の採択に加わった。8月22日にフィラデルフィアで開催された新しい候補者を選出するための集会では、グリーリーを支持するために彼らの党に従うのを拒否した民主党大会に出席する代議員を派遣することが投票で決定された。無節操な政治の結果、奴隷制の主要な擁護者であり、黒人の敵であるニューヨーク州のチャールズ・オコーナーが全国労働改革党の候補者に選ばれた。彼は、同党が代議員を派遣した民主党の党大会でも指名された。民主党が選挙で2万９４８９票を得たのも不思議ではない。

一方、反体制派民主党への参加を拒否した別の一派は、コロンバスで独自の大会を開催した。キャメロンが率いる12人の代議員は、デイヴィスとジョエル・パーカーの予期せぬ撤退によって生じた空席を埋めるための候補者の指名は「今日となっては、得策ではない」と判断した。

全国労働組合の衰退

１８７２年のこの大失敗はＮＬＵのつかの間の存在に終止符を打った。ゾルゲは、70年にマルクスに宛てた手紙で、ＮＬＵが早期に衰退した根本的な理由を「歴史の初期に輝かしい展望をもっていたNLUは、グリーンバック主義に毒され、ゆっくりとではあるが確実に死滅しつつある」と書いている。1年後、彼は「NLUの幹部は何も学んでいないし、恐ろしいことに、労働問題を理解できるようにはならないであろう」と観察していた。

アメリカのラサール派社会主義者の影響を受けて、NLUの幹部の多くは、投票箱だけで「自分たちが訴えるすべての悪弊を正せる」という結論に達していた。彼らは、その背後に組合がなければ、多くの場合、政治活動は労働者階級に何の成果ももたらさないというもっとも重大な事実を見落としていた。8時間労働法の経験は、もしそれが何かを証明したとするなら、この点を証明していた。したがって、キャメロン、トレヴェリック、その他のNLUの幹部たちが、1870年2月5日付のワーキングマンズ・アドヴォケイト紙に掲載されたニューヨーク州オールバニーからの次の手紙に細心の注意を払わなかったのは誠に遺憾なことであった。

「労働組合が全盛を極め、州議会の現実の精神に素晴らしい変化がもたらされたので、私たちは今、私たちの権利を要求しており、今のところ彼らは私たちに出席を求めています。私たちはその団体の構成員に、私たちが通過させたい法案を提出させ、もし私たちが彼らの手で正義を得られなければ、私たちは次の会期でそれを認めるために私たちの直接の代表者をそこに配置する、と彼ら全員に伝えます。そして私たちは、労働者の大規模な集会を開催するよう議会に要請し、開催させました。帝国国家の名誉ある議会は、これらの恐ろしい共謀者である労働組合主義者が集会を開催できるようにするため延期されました」。

この至急報は、労働組合と労働者の政治的影響力との間に存在する直接的な関係を示していたが、通貨改革者はこの経験から何も学ばなかった。

NLUの急速な衰退は、その大会の構成に見られる。1868年大会では、活版印刷工、鋳型工、機械工、大工、煉瓦積み工の5つの全国組合が8人の代議員を派遣した。13の職業会議から15人が派遣され、43の地方組合は同数の代議員を派遣した。翌69年大会では、鋳型工、印刷工、大工・建具工の3つの全国組合が代議員を派遣し、6つの職業会議、5つの州労働団体、53の地方組合が代表を派遣した。

1869年大会以降、ニューヨーク州労働者会議は、「労働組合の機関を通じて恒久的な改革を確定することはけっしてできない」というNLU幹部の意見に反対する声明を発表した。同年、大工・建具工全国組合は、組合活動に否定的な態度をとっているNLU幹部を批判し、これ以上労働者会議に代議員を派遣しないことを投票で決めた。

1870年から翌年にかけて、すべての労働組合がNLUとの関係を断った。鋳型工、製靴工、印刷工の3つの全国組合が70年大会に代議員を派遣し、34の地方組合と8つの職業会議も代表を派遣した。これらの組織のうち、再び代議員を派遣した組合はなかった。全国活版印刷工組合の代議員は、「純粋な職業団体の代議員に大会への出席を認めるものを、手続きのなかで何も発見できなかった」と報告した。ジェサップはニューヨーク州労働者会議にNLUは当初の目的を見失ったと報告した。彼は70年大会と66年大会とを比較し、70年大会を次のように評価した。

「……すべての代議員は、機械的な職業の一部を代表していた。前回の大会では、職工、労働者、聖職者、弁護士、編集者、ロビイスト、その他特定の職業をもたない人たちが奇妙なことに混在しているのがわかった。ある者は政治的な労働者政党を結党しようとし、ある者はそうした処置を否決し、既存の政党に利益をもたらすために尽力していた。代議員の目的に大きな違いがあったので、大会は調和のとれていないものであった」。

1871年、煉瓦積み工と葉巻製造工の全国組合はNLUとの関係を断った。葉巻製造工組合は、「今後、NLUとこれ以上の関係をもつことは、それが完全に政治的な機関であり、そこから得られる利益がないという理由で、得策ではない」と語った。71年大会では、労働団体を代表すると言える代議員は、イリノイ州オタワの鋳型工の地方組合とカリフォルニア州職工協議会からのわずか2人しかいなかった。22人の代議員の大多数は農地改革者であった。

1872年のNLU大会に出席した7人の代議員は、「政治的でない性格の問題の議論をおもな目的とする」新しい協会の結成を決定した。トレヴェリック、キャメロン、および樽製造工国際組合のマーティン・A・フォランで構成される「3人委員会」が、「全国産業会議を招集する便宜を考慮するよう要請する……州、全国、および国際的な労働組合および労働組合の各委員長との文通を始めるために……」指名された。NLUは過去のものとなった。

NLUは、その短命さにもかかわらず、アメリカの労働運動の発展における重要な段階を画した。この時期の労働者にとってもっとも重要な問題を具体化し、その教育活動を通じて、これらの問題に関して全国の労働者を結集させるのに寄与した。女性のための同一労働同一賃金の問題を提起し、女性を指導的地位に就かせた世界で最初の団体の1つであったし、黒人の代議員を歓迎したアメリカ初の全国的な労働組合の連合体であった。アメリカの労働団体としては初めてワシントンで強力なロビー活動を行い、労働省の創設を推進した。労働時間短縮の必要性に注意を向け、連邦政府と州政府で8時間労働制を確立するために協力した。公平さを欠く法律を是正する活動を支持し、鉄道への土地の不当な付与と闘い、国民に公有地の返還を呼びかけた。さらに、国際労働者協会によってアメリカの労働者代表と認められ、同協会の大会に出席するために公式の代表者を海外に派遣した。最後に、多くの州の労働者政党と、アメリカ労働運動史上初の全国労働者党の結党を支援した。

その党綱領にある通貨制度改革は悲惨なものであったが、そうした党の存在は、プチ・ブルジョア的なイデオロギーに支配されていたにもかかわらず、労働者階級の重要な部分が国政において独立して行動する用意があることを証明した。NLUは、最後の数年間に、政治活動と通貨制度改革を過度に強調し、労働組合主義を無視したが、合衆国政府がますます産業と金融の独占的利益に支配されるようになってきているという事実と、合衆国の民主的制度を維持するには労働者、農民、小規模生産者を団結させる大規模な人民運動が必要であるという事実をアメリカ国民に気づかせた。[*]

（＊）本書が1947年に出版されて以来、組織化された労働に関連した南北戦争と再建の時代に関するもっとも重要な新しい研究は、デイヴィッド・モンゴメリー博士の『平等を超えて：労働者と共和党急進派、1862〜72年（*Beyond Equality: Labor and the Radical Republicans, 1862-1872*）』（1967年）である。博士は労働改革運動について詳細に論じられ、共和党急進派は黒人の平等の問題に関心をもっていたが、北部の賃金労働者の要求にはあまり関心をもっていなかったと結論づけておられる。これが次に、急進主義の衰退をもたらし、労働改革運動はその目的を完全に達成するのに成功しなかったが、南北戦争を含む10年の終わり〔1860年代末〕までに、アメリカの政治・経済生活において考慮されるべき典拠として確立した。一般的に、博士の議論は本書で提示された議論と一致しているが、多くの問題について私とは異なっている。この点はフィリップス・S・フォーナーという項目で博士の著作の索引で容易に追跡できる。

第21章　労働騎士団の誕生

労働騎士団は、ここで議論されている時期が終わるまで労働運動では重要な勢力になることはなかったが、その起源は全国労働組合《NLU》の時代にあった。1869年にフィラデルフィアの衣服裁断工の小さなグループが、「労働の騎士たちの高貴で神聖なる団体」と呼ばれる新しい団体を結成した。その起動力となったのは、62年に結成されたフィラデルフィア裁断工協会〔組合〕の失敗であった。活動的な協会員の1人ウリア・S・スティーヴンズは、同協会の衰退は秘密主義の欠如によるものであると一途に思い込んでいた。彼は、「私は何か違うものを組織するために努力する決意を固めています。既存組織が解体されたら、私は何人かの善良な人々を集め、私たちがこれまでもっていたものとは違う、何かを生み出す努力を惜しまないつもりです」と語った。この「何か違うもの」とは、その設立がアメリカの労働運動にとって非常に重要な出来事であった、騎士団の最初の地区会議《ローカル・アセンブリー》のことであった〔労働騎士団のアセンブリーは一般の労働組合では支部に当たる組織で、規模の小さい順に地区会議と地域会議があり、それとは別に職業会議と混合会議、それらの上に「完全かつ最終的な管轄権」を有する総会（全国大会）があった〕。

1869年12月9日、裁断工協会を解散する決議が採択され、その直後にスティーヴンズと他の8人の元協会員が新しい組織の設立委員になった。全員が秘密保持を誓約し、新しい組織の統治のための秘密計画を作成する委員会が任命された。12月28日、新しい協会は労働騎士団という名称を採用した。翌70年1月6日、役員が選出され、スティーヴンズは議長を務める役員の称号である「労働者の主《マスター・ワークマン》」に選出され〔〜79年〕、ジェームズ・L・ライトは引退する議長を務めた役員の称号である「尊敬すべき聖人《ヴェネラブル・セージ》」となった。その他の役員の称号には「有徳の職工長《ウォーシー・フォアマン》」や「無名の騎士《アンノウン・ナイト》」があり、記録書記、財務書記、および会計係があった。入団金は1ドルに設定された。

労働騎士団の儀式

当時の労働組合の多くは、役員の肩書きが凝っていて、格調の高い儀式が行われていたが、労働騎士団ほどこの慣習をもっていたものはなかった。入団志願者——1878年までは賃金労働者しか団員になれなかった——が騎士団に招待されたとき、彼は秘密の会合に出席し、最初に「あなたは万物の造物主であり、父である神を信じますか。あなたは万人に及ぶ神の定めに従い、額に汗してパンを手に入れていますか。あなたは秘密主義、服従、相互扶助を拘束する厳粛な誓いを喜んで受け入れますか」という3つの質問を受けた。入団志願者が「はい」と答えた場合、彼は、騎士団のすべての規約と規則に従うことを誓約し、「この騎士団のすべての真の団員の生命、利益、評判および家族を守り、すべての雇用された者、および失業している者、不幸なまたは困窮している兄弟たちが雇用されるのを助け、支援し、公正な報酬を確保し、彼らの苦痛を軽減し、彼らを援助するよう他の者に助言し、彼らと彼らの労働と技巧《アート》の行使の公正な成果を受け取り、享受できるようにする」ことを誓約するよう求められた。

誓約後、新入団員は「聖域の基盤」である集会所に連れて行かれ、「有徳の職工長」の指示を受けた。ここで新入団員は、労働者の組織化が必要になったのは、すべての職業において資本には「連合体があり、意図しているかどうかにかかわらず、それが労働者の男らしい希望を打ち砕き、哀れな人間性を埃のなかで踏みにじっている」という事実によるものであると告げられた。労働騎士団は、「合法的な企業との衝突も資本に対する敵意もない」としていたが、「自己の利益に盲目になった」人たちが他人の権利を見過ごし、「ときには無力であると考える人たちの権利を侵害することさえある」のを知っていた。そのような侵害を防ぐために、騎士団は、「（価値の唯一の創造者である）労働者の問題について健全な世論を形成し、労働者が生み出した価値や資本の完全で公正な分配を受けることの正義を創り出そう」としていた。騎士団は、「労働と資本の利益を調和させることを目指す法律のすべてと、労苦の消耗を軽減するきらいのある法律」を支持した。騎士団はゼネストを承認しなかったが、もし「抑圧者に命令する必要に正当性があるなら、我々はそれによって損失を被る可能性のある我々の団員を保護・援助し、機会の提供として、名誉ある苦役のすべての部門に援助の手を差し伸べる」とした。

入団志願者が労働騎士団の目的を告げられると、彼は「尊敬すべき聖人」に引き渡され、秘密組織である騎士団の説明を受けた。たとえば、握手の仕方、合言葉、集会が開かれる日時を知る方法などである。最後の情報は非常に重要であった。それというのも、1878年かその翌年頃まで、騎士団の名称はそのようなものとして言及されることはなかったからである。それは「5つの星」または「5つのアスタリスク」として知られていた。なぜなら、騎士団は印刷された文書では5つのアスタリスク、つまり*****によって表されていたからである。集会の呼びかけは、しばしば歩道やフェンスにチョークで、新入団者だけに明らかな謎めいたシンボルで書かれていた。シンボル8$\frac{148}{8000}$は、第8000地区会議が8月1日8時に開催されることを意味した。

ウリア・S・スティーヴンズの役割

入団式の意味を理解するには、スティーヴンズについて幾ばくか知っておく必要がある。労働騎士団の公式機関紙ジャーナル・オブ・ユナイテッド・レイバーは、1882年2月15日の彼の死亡記事で、「我々の儀式と規約を通して、彼の知的指導者《ブレーン》としての特徴と、現下の大きな問題に対する彼の鋭い洞察のインスピレーションが見いだされるであろう」と公表した。

スティーヴンズは1821年にニュージャージー州ケープメイで

生まれ、バプテスト派の牧師としての教育を受けた。37年恐慌の際に学業を断念せざるを得なくなり、仕立職人に弟子入りした。その後、ニュージャージー州の学校で教鞭を執り、45年にフィラデルフィアに移り、そこで仕立屋になった。奴隷制と奴隷所有者の猛烈な反対者であった彼は、共和党が結党された直後に加わり、（1856年には）ジョン・C・フリーモントの（1860年には）エイブラハム・リンカンのために選挙運動を行った。

1860年代初頭のスティーヴンズの活動はあまり知られていない。ヨーロッパに行って著名なマルクス主義者と接触したという説があり、アメリカに帰国した際にヨーロッパからカール・マルクスとフリードリヒ・エンゲルスの『共産党宣言』（1847年秘密結社「正義者同盟」がマルクスとエンゲルスの指導のもと、世界初の共産主義者の国際的革命政党である共産主義者同盟に改組され、同同盟の委託を受けて、2人が執筆した党綱領）の写しを持ち帰ったと記録されている。彼はある同時代人に、このパンフレットには「私が自分で考えたことのほとんどすべてが含まれており、私はそれを労働騎士団の原則宣言の準備におおいに利用した」と語ったと言われている。この話は、騎士団史の研究者であるノーマン・J・ウェア教授によって疑問視されている。教授は、彼がヨーロッパに行ったことやマルクスの著作の写しを受け取ったことを疑っておられる。たしかに、彼の労働哲学にはマルクス主義と共通するものはほとんどなく、彼自身もフリードリヒ・A・ゾルゲ（第20章363～64ページを参照のこと）や他のアメリカのマルクス主義者の政策に反対し、「個人的にも、組織的にも彼らと何かをすること」に反対していた。

スティーヴンズは「連帯」という言葉を非常に強調した。彼は、労働者は組織化された資本の強さに対処するためには強力で統一されていなければならないと主張した。資本の力に対抗できる唯一の労働者の組織は、すべての職業の労働者を団結させるものであり、その範囲は普遍的であった。彼は、職業別組合《トレード・ユニオン》はその構成と活動分野の両方において、あまりにも狭いと信じていた。それらは、すべての労働者を団結させるものではなく、未熟練労働者、黒人、その他の労働者を締め出していた。彼は、すべての労働者は共通の利害をもっているので、論理的には共通の団体に属し、「四海同胞」の絆によって団結すべきであると主張した。

この団結は、秘密主義、協同組合、教育という3つの原則によって勝ち取れる。秘密主義には3つの目的があった。それは、反労働者的な雇用主から労働者を守ること、雇用主が労働者の目論見を見いだすのを防ぐこと、そして最後に、秘密の儀式が新入団員に入団したばかりの組織の重要性を自覚させることであった。集会場の秘密の聖域では、すべての職業的、宗教的、国家的、人種的、政治的な違いは消え去った。そこでは、賃金労働者は、白人や黒人、アメリカ人やヨーロッパ人やアジア人、民主党員や共和党員、カトリック教徒やプロテスタント教徒やユダヤ教徒としてではなく、賃金労働者として考え行動できた。かつてスティーヴンズは、「信条、党派、国籍は、外見上の衣服に過ぎず、万物の父である神の崇拝者の心と、四海同胞である人類のための労働者の心とを融合させる上で何の障害にもならない」と語っていた。

スティーヴンズは、賃金制度の改善だけに注意を向けるのではなく、労働騎士団の主たる目的は「富の生産者を賃金奴隷制の隷属から完全に解放し、この制度を破壊すること」にあると信じていた。

協同組合を通じて、労働騎士団はより良い労働条件を獲得し、資本主義のための協同組合体制の段階的な置き換えを達成することになる、とした。労働条件の改善は、職業別組合組織《クラフト・ユニオン》に基づく職業会議《トレイド・アセンブリー》を通じてもたらされ、資本主義体制を協同組合体制に置き換えることは、職業に関係なく労働者を団結させる混合会議《ミックスド・アセンブリー》の任務であった。

スティーヴンズは、教育が労働者階級を依然分断している偏見と対立を打破することで、労働騎士団の直接的かつ究極の目的を達成する上で大きな役割を果たす、と信じていた。騎士団の秘密の聖域のなかで、団員は労働者は職業の違いにかかわらず共通の目的と利害をもっていると教えられた。教育はまた、団員が政治経済と政治の原則を理解したときにのみ国民の生活で効果的であるため、団員が政治的に行動する準備をする。(＊)

（＊）スティーヴンズが教育に重点を置いていたことは、初期の労働騎士団が採用した興味深い手順に反映されている。ある団員が集会場の玄関または控え室に入ると、小さな三角形のテーブルがあり、その上にはカードが一杯入ったバスケットが置かれていた。聖域あるいは集会場への入場許可を得るには、団員はカードに自分の名前を書かなければならなかった。その目的は、各団員に読み書きを学ぶよう強制することにあった。後に騎士団の傑出したリーダーとなったテレンス・V・パウダリーは、このカードシステムの影響を受けたスクラントンの１００人以上の団員が、「書くだけでなく、自分の名前やその他のものを読めるように、綴り方講習を受ける」のを自分は知っていた、と述べた。

スティーヴンズは、「政治経済は、地区会議で自由かつ徹底的に議論することができ、またそうすべきである。このようにして、そしてこれだけでも、団員は神の抽象的またはより高度な法律、あるいは現在のこの国の法律の両方において、市民としての法的な権利について十分に知らされるようになる。このようにして、彼らの周囲の正義や不正がより明らかになり、彼らはより知的に市民権上の義務を果たし、選択的な権利を行使し、彼らがどこにいるのか、そして彼らが一貫してどこに属しているのかを正確に理解できるようになる」と語っている。

スティーヴンズの目的は、性別、人種、信条、肌の色にかかわらず、すべての労働者を一般的かつ大規模な組織で団結させることにあった。彼は、「私は予言の力をもつことを自慢しない。しかし、私の目の前には、地球をカバーする組織が見えている。それは、あらゆる職業、信条、肌の色の男女を含み、救う価値のあるすべての人種を包み込むであろう」と言ったと伝えられている。労働者階級における団結と連帯の必要性を強調するにあたって、彼は明らかに、自らの特定の職業の利益のためにだけに発言し闘った、当時の多くの労働運動指導者よりもはるかに先を行っていた。繰り返しになるが、当時の政治・経済問題に関する教育の重要性を強調するにあたって、彼は賃金、労働時間、労働条件の問題のみが労働組織の構成員に関係すると主張する労組幹部よりもはるかに先を行っていたのである。

しかし、スティーヴンズは労働組合主義者というよりも人道主義者であった。彼が設立しようとした組織は労働組合ではなく、大規模な友愛支部《ロッジ》であり、労働者階級のフリーメーソン団体《オーダー》であった。そして、秘密主義、教育、協同組合だけで労働者の連帯が生まれ、労働者の問題は解決できるという彼の信念は、彼をユートピア的な考えに支配された先見の明のある人物として印象づけた。

労働騎士団の初期の構造

スティーヴンズは、当時の労働組合を「考え方があまりにも狭く、活動分野も限定されている」として批判したが、労働騎士団の初期の地区会議は地方の同職団体であった。第1地区会議には、徒弟として一定期間勤務したことを証明できる裁断工以外には誰も入団できなかった。女性には団員資格がなく、女性は1882年まで入団できなかった。テレンス・V・パウダリー｛1879〜93年の「労働者の大いなる主《アセンブリー》」｝は、「当時の労働組合と比較すると、騎士団の最初の会議は寛容さと仲間意識の点ではるかに遅れていた」と書いている。初期の会議で主として強調されていたのは、厳格な同職団体であった(＊)。騎士団がペンシルヴェニア州西部の炭鉱地帯や鉄工業地帯に拡大して初めて、これらの排他的で同職的な考え方が崩れ始め、そのときになって初めて騎士団は実質的な進歩を遂げられるようになった。騎士団の組織におけるこの変化を理解するには、1870年代の長期に及ぶ不況に注目しなければならない｛この点は第2巻で展開される｝。

(＊) 連帯という考え方は、他の職業の団員が衣服裁断工の地区会議に加われるようにするという慣行のなかで表明された。「一時入団者」として知られるこれらの人々は、職業上の問題の議論に参加せず、団費も支払わなかったが、彼らの職業の内部で新しい地区会議を組織するためのオルグとなった。最初の一時入団者は1870年に認められ、72年7月18日に組織された2番目の地区会議は、第1地区会議内の一時入団者であったフィラデルフィアの船大工と大工によって結成された。この第2地区会議が72年まで結成されなかったという事実は、労働騎士団が最初は非常にゆっくりと成長したことの証左である。

第22章　１８７３〜１８７８年の長引く不況

南北戦争後の不況にもかかわらず、労働組合や政治団体を通した労働者の活発な活動により、１８６５年から73年にかけて実質賃金は上昇した。ペンシルヴェニア州労働統計局は、この間の組織労働者の賃上げは、未組織労働者のそれよりも40％高かった、と明言した。73年9月、ジェイ・クック商会〔南北戦争中、連邦政府の軍事費捻出のための債券発行業務を代行し、25億ドル相当の債券を発行。戦後、ノーザン・パシフィック鉄道の経営破綻に巻き込まれ倒産〕の銀行が閉鎖されたとき、状況は一変した。一夜にして国の信用構造全体が崩壊し、年末までに５０００件以上の商業破綻が報告された〔１８７３年恐慌は、１９２９年の世界大恐慌に匹敵するものであった〕。

組合員数の減少

その後のひどい6年間、失業は悪化の一途を辿った。ニューヨーク貧困層健康状態改善協会は、１８７４年末までにニューヨーク市の労働人口の4分の1、つまり約4万３７５０人が失業したと推定している。他の工業中心地の同様の機関も同じ状況を報告していた。77年から翌年にかけて、３００万人の労働者が失業し、労働者階級の少なくとも5分の1が失業の日々をすごしていた。5分の2は1年に6から7カ月しか働いておらず、正規雇用されていたのは5分の1未満であった。77年秋、あるニューヨークの労働者が次のように尋ねた。「我々の大工は何をしているのか。何もしていない。我々の煉瓦積み職人は何をしているのか。何もしていない。彼らは到来する冬に向けて何をしなければならないのか。何もしていない」。

この長い不況の嵐を乗り切った組合はほとんどなかった。１８７３年に経済危機が勃発した時点で存在していた全国組合30のうち、77年には8ないし9しか残っていなかった。機械工・鍛冶工組合は組合員の3分の2を失い、樽製造工の全国組合は72年の７０００人から78年に１５００人に、葉巻製造工のそれは69年の５８００人から77年に１０１６人に、活版印刷工のそれは73年の９７９７人から78年に４２６０人にそれぞれ減員した。72年初頭に約5万人の団員を有していた聖クリスピン騎士団は、78年には実質的に団員はいなくなった。

ニューヨーク市では、組合員数が１８７３年の約4万５０００人から78年には５０００人に減員した。78年のシンシナティの総組合員数は約１０００人で、不況前の重要な組合の中心地クリーヴランドは78年には組合のない都市になった。不況前夜の合衆国の総組合員数に関して信頼できる統計はないが、73年初頭には約30万人が組合員であったと推計されている。１９００年の合衆国産業委員会での証言で、サミュエル・ゴンパーズは78年の総組合員数を5万人と推定していた。

ロックアウト、ブラックリスト、法的訴追、「黄犬」契約などが、組合を粉砕するために雇用主に利用された。1876年にフランスの組合員の代表団が独立宣言100周年の全国的な祝賀会に参列するためにアメリカを訪れたとき、彼らは「この偉大なアメリカ共和国」で、多くの労働者が彼らを歓迎する代表団に仕えるのを恐れていることを知ってショックを受けた。それは、彼らが組合員であるとのレッテルを貼られることを恐れていたからであった。彼ら代表団は、組合員は「狂った犬のように狩られる」と告げられた。フランスの組合への報告書のなかで、代表団は、この経験がヨーロッパと同様アメリカにおいても資本家が支配者であることを確信させたと述べている。

労働組合主義の存続

だが、労働組合主義は粉砕されなかった。合衆国帽子仕上げ工全国組合は、不況の間も生き残っただけでなく、クローズド・ショップを維持した。そして、ヴァルカンの息子（ヴァルカンは古代ローマの火と鍛冶の神）は、1874年に20の新しい鍛造工場を組織化した。1年後、組合は激しい闘いを経てストライキに勝利した。76年には、ヴァルカンの息子の連合体（撹拌工）、鉄鋼加熱工組合（荒搾工、圧延工、受渡工）、鉄鋼圧延工組合、および釘製造工連合組合が大同団結して合同鉄鋼労働者協会を結成した。

瀝青炭または軟炭鉱業では、不況期に、同名のイギリスの組合をモデルにしたアメリカ鉱夫全国協会（組合）が結成された。炭鉱の内と外で雇用されているすべての労働者が協会員になれた。1873年10月に設立されたこの組合は、不況期にもかかわらず着実に成長し、翌年5月までに約2万5000人の組合員を獲得した。75年5月、組合長のジョン・シーニーは、「我々の希望は、この国の炭鉱で働くすべての人が、アメリカ鉱夫全国協会の善良で有能な協会員になるまで、我々が成長し続けることにある」と書いている。

これらの成功は例外であった。労働組合の機関紙は、「組合が成功している場所では、組合がない場所よりも賃金が高い」ことを労働者に気づかせようとしたが無駄であった。雇用主が「組合を脱退しない労働者に仕事を提供する」のを拒否したため、労働者は労働団体から離れざるを得なくなった。

不況期に全国的な労働組合の連合体を結成しようとするいくつかの試みも失敗に終わった。1872年7月15日の労働組合代表の大会(*)で創設された産業会議は、2年後に解散した。その創設者たちは、新しい連合体が独自の政治活動に没頭せず、「政党に変質したり、あるいは堕落した政治家の隠れ家になったりしない」と誓約していた。産業会議はストライキをしている組合を支援しようと複数のオルグを現場に派遣したが、そのうちの1人テレンス・V・パウダリーはまもなく労働騎士団の「労働者の大いなる主」になった。74年、労働組合の内輪の連合体である産業友愛会が産業会議と融合し、その儀式、規約、名称を産業会議に献じた。産業友愛会と称したこの新しい組織の規約の前文は、政治活動と、国民に直接発行され、3・65%以下の利子の国債と交換可能なグリーンバック紙幣

〔第20章３６９ページを参照のこと〕を求める闘争を非常に重視していた。その他の要求には、同一労働同一賃金、8時間労働、公共事業に関する請負制の廃止、安全衛生対策推進法、月給制、賃金先取特権《リーエン》（留置権）法〔リーエンに関しては第8章１０２ページを参照のこと〕などがあった。産業会議の最後の大会は75年に開催されたが、代表を派遣した唯一の全国的な労働組合は活版印刷工組合であった。この最後の大会でのもっとも重要な行動は、76年7月4日を「合衆国の労働大衆の統一運動」によって8時間労働制が施行される日に指定したことであった。

（＊）大会には70人の代議員が出席した。44人は5つの全国組合（樽製造工、機械工、鋳型工、ヴァルカンの息子、聖クリスピン騎士団）から来た。その他の代議員には、鉱夫、葉巻製造工、活版印刷工、煙草労働者の代表がいた。

産業友愛会の解散後、全国的な労働組合の連合体を設立しようとするいくつかの空しい試みが続いた。こうして、１８７３年から労働騎士団がアメリカの労働運動の全国的な存在となった78年まで、雇用主の攻撃に対抗する労働組合を率いる全国的な労働団体は存在しなかった。

不況下の生活

ニューヨークのある労働組合員は、１８７４年7月のトイラー紙《賃金労働者》に、「しかし、午前7時から8時、午後5時から6時の間に市内を巡回し、進行中のさまざまな仕事と8時間規定に違反して働いている労働者の数を観察することが必要である……。労働者は無為に長時間歩き回る余裕がないため、提示されたいかなる条件も余儀なく受け入れている」と書いている。不況以前に1日8時間で、1日の賃金は2・50から3・00ドルが一般的であった建設業界では、75年10月には1日10時間で、賃金が1・50から2・50ドルが一般的な基準となった。この頃には、ニューヨークの煉瓦積み職人、石工、大工、左官、印刷工のかつて強力であった組合は、ほとんど姿を消していた。

１８７３年から80年の間に、繊維産業の賃金は45％削減された。71年には、ペンシルヴェニア州の男性織物工の賃金は1日10時間で2ドル、女性織物工は1・16ドルであったが、78年までに1日1・23ドルと99セントにそれぞれ引き下げられた。鉄道労働者は73年から77年の間に30から40％の賃金削減を経験した。家具工の収入は１８７３年から76年の間に40から60％削減された。早くも74年夏に、ニューヨーク樽製造工組合は、「状況は嘆かわしい。賃金の基準はなく、労働者はそれぞれが手にできるもののために働き、全員が低賃金で働いている」と公表している。

１８７４年夏にフィラデルフィア職工組合の中央委員会が「仲間の労働者」に宛てた手紙には次のように書かれていた。

「労働者階級の苦しみは日々増しています。まもなく、彼らはもっともひどい惨めな状況と苦悩のなかに投げ込まれるでしょう……。まもなく、職に就けるのは実際の労働者の3分の1だけになり、一方、寄る辺もなく飢えている残りの3分の2は、嘘をつく報道機関によって予言された、より良い時代を無駄に見ているでしょう……。夏の真っ只なかに、私たちは一斉に失業しているでしょう。まだ雇用されている人たちは、彼らの労働の代価がゼロになるまで、賃金の継続的な削減に付き合わなければなりません」。

たしかに、消費財の価格も低下し、実質賃金は名目賃金ほども下がらなかったのは事実である。しかし、これは広範な失業によって相殺されてしまった。1874年の最初の3カ月間に、約9万人のホームレス労働者（その5分の2は女性）がニューヨーク市の警察署で寝泊まりしていた。彼らは「旋回する人《リボルヴァー》」と呼ばれていた。なぜなら、彼らは1つの警察署で月に1日か2日以上過ごすことを許されず、警察署を盥《たらい》回しされていたからである。彼らは固いベンチの上で湿った服を着て身を寄せ合って眠り、夜明けに空腹で目を覚ました。家から追い出された労働者に泊まる場所を提供するこの方法は、警察署を訪れた記者によって「全く野蛮で無情」と正確に表現された。しかし、十分な住居と十分な食事を与えられた人々は、「人格の自立と自らの精神的能力への依存の基礎を損なうかもしれない」という理由で、硬いベンチを提供した「都市の寛大すぎる慈善」を非難した。ネーション紙は、この事業全体が「完全に共産主義的」であると報じていた。

危機が深刻化するにつれて、1870年代の放浪者である何千人ものホームレス労働者の窮状はさらに悪化した。彼らは掘っ立て小屋に住み、食い物を求めてゴミの山で落ち穂拾いをした。太平洋岸のホームレス労働者のコミュニティの1つを訪れたサンフランシスコ・メイル紙の記者は、灰燼の山から「思いやりのある人間なら飼い犬にも投げ与えるのを躊躇するような」食い物を拾っている高齢の労働者に「仕事が見つからないのか」と尋ねた。その老人は顔を上げてこう答えた。

「旦那、仕事ですか。俺たちが仕事を見つけられるなら、こんな所に住んで街の犬と食い物の奪い合いをしてると思いますか。ここにいる連中は皆、毎日波止場から波止場へと渡り歩き、どんな代価でもいいから仕事を求めて街中を漁り回ってますよ。1日の仕事で25セント稼げれば御の字だが、仕事など就けやしない」。

「別の不恰好な何人かが近寄ってきて、缶の水で体を洗っていた背の高い立派な体格の男にこう言った。『俺はこの土地に3カ月住んで、ここで食べて寝ているが、仕事を得るために何マイルも歩かなかった日は1日たりともなかった。1ドル稼いだ週が何週もあれば、まったく稼げない週が何週もあった。俺は中国人が過酷な労働をして得ている代価の半分で働くと言ってやったが無駄だった。誰も俺を雇ってくれやしない。俺は酔っ払って盗みなどしないが、餓死するか、このまま生き続けるしかない』と言った」。

西部へ行けってか。ワーキングマンズ・アドヴォケイト紙は、なぜ労働者が西部に行けなかったのかをこう説明した。「第1に、彼らの多くには西部に行けるだけの資力がなかったし、第2に、彼らは西部に着いたときに土地を耕す何の道具もっていない……。もし彼らが牛や馬や農具なしに土地を耕せたり、最初の年の作物が成長している間、草や灌木や野生の果実で生活できるなら、西部に行くことは検討に値する有効な提案かもしれない」。結局のところ、労働者は最初の謝礼と手数料として14から16ドル、500から

1000マイルの輸送費、牽引動物と農具の価格、そして、家族を養い、諸費用を賄いうる十分な食料が栽培されるまでの、最初の数年間の生活費をどこかで確保できたのであろうか。フレッド・A・シャノン教授は、「5人家族の運搬費だけでも、半年分の賃金に相当する」と推計されている。

労働者のなかには不況期に西部に行った者もいた。フィラデルフィアの絨毯織り職人は、その地域に仕事があると告げられると、カンザス州レヴンワースに大挙移住した。西部への移住を計画していた他の人々は、シカゴ、デトロイト、セントルイスの労働組合指導者が労働新聞に訴えたことで思い留まった。彼らは西部に来るなと忠告した。西部の都市は「職を求める職工やその他の人々で溢れかえっていた」からである。仕事を探す西部への旅から戻った労働者が、1875年9月7日付のナショナル・レイバー・トリビューン紙〔同紙は労働騎士団のお先棒担ぎの新聞であった〕に次のように書いている。

「12カ月前、不運にも無一文のまま、私は職を求めてニューヨークから出発しました。私は職工で、仕事では有能と見られていました。この1年間に17の州を横断し、その間の6週間で仕事を得ました。私は飢餓にも直面しました。何カ月もベッドがなく、温度計は零下30度を指していました。去年の冬、私は森で寝ました。正直なところ、仕事を探している間、2、3日食い物がありませんでした。神の名において、私が肉体と魂を一緒に保つために何かを求めたとき、私は『浮浪者や無宿者』として拒絶されました」。

西部に行く代わりに、多くの労働者が東部にやって来て、さらに多くの労働者がヨーロッパや南米に向かった。1876年8月、ニューヨーク・サン紙に、渡航費を払って2年間スコットランドに出稼ぎに行く準備ができている100人の石切り工と石工を募集する広告が掲載された。あまりにも多くの労働者がその募集に応じたので、秩序を保つために警察を呼ばなければならなかった。1年半後の78年2月、同紙はS・S・メトロポリス号がアメリカから船いっぱいの労働者を積んで南米に向かう途中で沈没したという記事を掲載した。ニューヨーク・トリビューン紙は、「同号が沈没したというニュースがフィラデルフィアに届いた1時間後、コリンズ氏の事務所には、溺死した労働者の身代わりになりたいと懇願する、飢えに苦しむ何百人もの見苦しくない格好をした男たちが押し寄せた」と報じた。

労働者が西部で農民になることに興味がなかったと結論づけるべきではない。「不況下の労働者と景気」を調査するために任命された1878年の議会委員会に対して労働者が行ったすべての提議のなかで、もっとも頻繁になされたものは、失業者が自営農地法のもとで請求権を取得し、農業を始められるように議会が融資または補助金を与えることを要求する提議であった。同じ年にベンジャミン・F・バトラーによって下院に提出された法案ほど、労働者から大きな支持を得た提議はなかった。この法案は、西部で農業を始めたいとの意志を表明した家族が、公有地への輸送費に加えて、「入植地の初年度に1250ドルを超えない金額を彼らの利益になるよう支出すること」を認めるものであった。この法案は共産主義的な提案とのレッテルを貼られ、すぐに忘れ去られた。ニューヨーク・

トリビューン紙でさえ、ホームレスと飢えた人々を扶養するのは議会の責任であることを認めざるを得なかった。2月7日の同紙は、「辻ごとに我々の目の前にあるこの悲惨で醜い事実を無視しても無駄である。それは、一方では安食堂によって、他方では浮浪者に対する組織的な予防措置によっても、もはや一掃されるべきではない……。失業した職工と一般労働者がこの冬をどのように乗り越えてきたかは、神のみぞ知るところである……。彼らは皆、永遠に浮浪者と貧者のなかに沈み込んで、浮き上がってこないのであろうか」と記していた。

ニューヨーク・ワールド紙は、失業者のための計画概要を、「アメリカの労働者は今後、ヨーロッパの労働者よりも裕福になれないと覚悟しなければならない。労働者はこれまでよりも少ない賃金でも働けることに満足しているに違いない……。このようにして、労働者は神が彼を召すことを望まれた身分により近づくであろう」と説明している。

しかし、アメリカの労働者は、神が働く者は皆飢えると定められたとは得心しておらず、大規模な失業者のデモは彼らの信念の証左であった。

失業者のデモ

失業者の闘争における結集力は国際労働者協会のアメリカ支部によってもたらされた(*)。1873年10月末にかけて、アメリカの同協会の全支部を統合した同協会の北アメリカ連合の連合評議会は、リーフレット形式のマニフェストを発表し、労働者階級の失業と苦しみの程度を説明した後、以下の綱領を提案した。

(*) 1873年9月の暴落の前でさえ、国際労働者協会は救済を要求するために失業者の結集に積極的に取り組んでいた。72年3月、同協会のニューヨーク支部によって招集された失業者の大規模な集会がトンプキンズ広場で開催された。デモ参加者の横断幕には、「失業者は政府の仕事を要求する」、「8時間労働は我々の第1の権利」、「8時間労働、できれば平和的に、さもなくば力づくで」というスローガンが書かれていた。集会で採択された決議の1つには、「我々はここに、有用な産業の種々の部門をすべて設立し、(1日8時間を超えない)時間と報酬の公平な原則に基づいて、他では就職先を見つけられないすべての人に雇用を保証することと、製品を原価で人々に販売することを目的とした、国立労働局の設立を政府に要求する」と書かれていた。この決議は、完全雇用法案の支持者によって提唱されていた基本原則を具体化していた。

「我々は、ドイツの同僚労働者によってすでに成功裏に実施された、以下の組織計画をあなた方に提出し、勧告する」。

「1つか2つ、またはそれ以上のブロックの労働者が地域クラブを形成し、地域クラブが結合して区委員会を形成し、区委員会はすべての区委員会から3人ずつ代議員を代理に任命することで中央機関を形成する」。

「こうして組織され団結した労働者は、それぞれの当局に対して次のような要求をする。(1)労働は、労働する意思があり、かつ、労働することができるすべての者に対し、通常の賃金で、なおかつ8時間労働制に基づいて提供されること。(2)実際に困窮している労働者およびその家族に対する、1週間の生計に十分な金銭または生産物での前払いが行われること。（3）1873年12月1日から翌年5月1日までの間、賃貸料の不払いでの宿泊施設からの退去がないこと」。

ニューヨーク市の第10区では、ドイツ人労働者が1873年11月初旬に失業者協議会を結成し、失業の程度と困窮している家族が必要とするものの情報収集に取りかかった。その少し後に、ドイツ人労働者の大規模な集合が開催され、市のすべての失業者の活動を調整する目的で中央委員会が選出された。同時に、同市の労働組合が活動を開始した。11月15日に労働組合の代表者の会議が開催され、公共事業における職工と肉体労働者の雇用を要求した。同市に対して、「労働者を支援するために中央政府から」1000万ドルの融資を要請するよう求める決議が採択され、「すべての無一文で、ホームレスで、不本意であるが仕事のない者はすべて国の被保護者であり、放置され、世話をされずに通りを徘徊するといった目に会うべきではない」と主張する請願書が議会に送付された。さらに、政府が「管轄権を有するすべての産業を運営し、……労働者階級の全構成員を雇用する」よう勧告した。こうした事業のすべての収益は減税に充てられることになっていた。

ニューヨークの労働組合と国際労働者協会の各支部が招集し、1873年12月11日にクーパー・ユニオン〔原文のCooper Instituteは間違いと思われる〕で開催された集会は混雑し、溢れんばかりの聴衆がその決定を聞くために外で待っていた。会場のなかには、「失業者は慈善ではなく、仕事を求める」、「労働者が考え始めれば独占はびくびくし始める」、「労働者のための平等な法律と住居」と書かれた横断幕が掲げられた。ニューヨーク・タイムズ紙は、これらのスローガンを「明らかに共産主義的」と非難した。

この集会では、組織委員会からの以下の提案が承認された。（1）すべての法案が法制化される前に国民の承認を得ること、（2）いかなる個人も3万ドル以上をもつことを許されないこと、（3）8時間を労働日とすること。さらに、以下のことを宣言する決議が全会一致で採択された。

「我々は勤勉で、法を遵守する市民であり、すべての税金を支払い、政府を支持し、忠誠を尽くしてきた」。

「我々は、この必要なときに、我々と我々の家族に適切な食料と住居を供給し、我々が仕事を得て、我々の仕事が支払われるまで、我々の請求書を清算するために、それを市の財務局に送ることを決議した」。

閉会前に、集会は国際労働者協会および労働組合主義者が代表を務める公安委員会を選出した。ドイツ人労働者の大規模集会で任命された中央委員会と公安委員会は協力することで合意した。

失業者の大規模集会は他の都市でも開かれ、そのほとんどで国際労働者協会のアメリカ支部が主導的な役割を果たした。シカゴでは、5000人の労働者が、1873年12月21日に同協会と労働組合が主催した集会で、働く意思と能力のあるすべての人に1日8時間での雇用と生活賃金を要求する請願書を作成し、労働者によって任命された委員会を通じて失業者への食料と金銭の提供を求めた。

翌日、2万人の失業者がシカゴの街路を市庁舎まで行進した。彼らの代表団は、当局に呼びかけ、「困窮者のためのパン、裸体の人のための衣服、ホームレスのための家」を要求した。数年前には、シカゴ大火の犠牲者のための救済・援助協会に100万ドル以上が寄付されていた。代表団は、援助を必要としている家族を支援するためにこの寄付金の残り約70万ドルを引き渡すこと、そして、誰が飢えているかを知っているので、支援を受ける家族を選ぶ委員会を自分たち代表団が代表することを要請した。

1873年12月26日、シカゴ市長、市議会の委員会、労働者の代表、救済・援助協会の会議が開かれたが、この協会は寄付金の残りを市の財務局に引き渡すことを拒否した。その後、労働者を代表する委員会は別の大規模デモを呼びかけ、デモ行進で同協会に救援を訴えた。当初、同協会はこの代表委員会との公式会見を拒否したが、1000人の労働者が建物への入場を求めたときに考えを変えた。労働者は無知で迷信深いと信じて、同協会は予防接種を受けた者のみが救済を受けられると裁定した。あまりに多くの労働者が同協会の医師の前に現れたので、警察を呼ばなければならなくなった。最終的に同協会は抵抗するのを諦め、翌74年の第1週に失業者の家族に救済を提供すると発表した。9719世帯が何らかの形で生活の糧を提供された。しかし、市議会は失業者を支援するという約束を守らなかった。

一方ニューヨーク市では、労働組合と国際労働者協会の各支部を代表する中央委員会と公安委員会によって結成された合同委員会が失業者を組織し、大規模な集会とデモを呼びかけた。この活動は、1874年1月13日の失業者デモに結実した。当初は市庁前でパレードを締め括る予定であったが、これが禁止されたとき、代わりにトンプキンズ広場が選ばれた。最初の行進者が広場に入る頃には、ニューヨーク市民は市内でこれまでに行われたなかで最大級の労働者デモを目にしていた。デモで演説すると予想されていた市長は考えを変え、土壇場になって警察は集会を禁止した。しかし、労働者には何の警告も与えておらず、男性も女性も子供たちも、ハヴェマイヤー市長の失業者に向けた救済策の発表を聞くのを期待しつつ同広場まで行進した。デモ参加者が広場を埋め尽くしたとき、彼らは警官に襲われた。ある調査によると、「警官の棍棒が上下にうねっていた。女性と子供は悲鳴を上げながら、四方八方に走った。多くが門に向かって殺到し、足で踏みつけられた。通りでは見物人が追い詰められ、騎馬警官に棍棒で容赦なく殴打された」。数百人の労働者が重傷を負い、数人は警官を襲ったとして逮捕され、禁固刑を言い渡された。

公安委員会は、警官の残虐行為に抗議し、トンプキンズ広場で警官を襲った罪で投獄されていたクリスチャン・モイヤーの釈放を目的とする大規模デモを呼びかけた。

しかし、失業者の運動はこの厳しい苦境に耐えられず、勢いを失い始めた。多くの区では、タマニー・ホールの代表者が大衆行動の企てを鎮圧するために運動の指揮権を引き継ぎ、すぐにその影響が公安委員会で感じられるようになった。1874年秋までに、公安委員会内の留め処のない口論が、失業者の興味を失なわせるという結果を招いた。

ラサール派とマルクス主義者

国際労働者協会のアメリカの各支部が統合されていれば、失業者運動の崩壊は防げたかもしれないが、アメリカの社会主義運動は統合された組織とはほど遠いものであった。不況期のアメリカでは、ラサール派とマルクス主義者との間の対立が再発し、普仏戦争後のドイツでの反動から逃れてきた数千人のドイツ人労働者の合衆国への移住によって激化した。彼らがアメリカに到着した瞬間、ドイツの労働者階級を分断していたイデオロギー上の対立がこの国に移植された。

この対立は、解放のために労働者階級を組織する際に従うべき戦略のなかで明らかになった。ラサール派にとって、労働組合の崩壊は、不況期に労働者階級に奉仕するのは政治活動だけであることを示す証拠であった。彼らはまた、失業者のデモは労働者政党の結党につながらない限り価値がないとし、これが達成されれば、失業者の大規模集会やデモにこれ以上集中する必要はないと主張した。

マルクス主義者は政治活動を拒絶することはなかった。彼らはすべての階級闘争は政治闘争であると信じていたが、選挙に影響を与えるほど強力な労働者政党を結党する機は、まだ熟していないと考えていた。彼らは、組合は労働運動の揺りかごであり、既存の組合を復活させ、新しい労働組合の結成を支援するのが国際労働者協会のアメリカ支部の責務であると主張した。失業者のデモは、ホームレスや飢えた家族の救済を確保し、労働者に社会主義的に考えることを促すとともに、組合の結成の重要性を労働者に認識させる機会を提供したことから、労働者政党につながるか否かにかかわらず継続されるべきであった。

1873年以降、ラサール派の影響力は、西部ではイリノイ労働者党、東部では北アメリカ社会民主党の結党に現れた。同年12月のシカゴの失業者の大規模デモが失敗に終わった後に設立されたイリノイ労働者党は、空虚な約束に直面していた。翌74年2月には、ラサール派のカール・クリーゲが編集した週刊機関紙フォルボーテ《先駆者》を出版した。同紙は、基本的なラサール派の要求、すなわち協同組合への国家の支援に大きな重点を置いていた。ラサール派の原則に従い、イリノイ労働者党は労働組合主義とは何の関係もないと発表した。なぜなら、「それはいくつかの職業の労働者の永続的な改善につながらなかった」からである。

1874年にラサール派によって結党された北アメリカ社会民主党は、当初の綱領で、労働者は政治活動に全力を集中しなければならないと強調していたが、運動内には、労働組合と政治活動の連携の重要性を常に強調していた多くのマルクス主義者がいた。彼らの影響の結果、同党は徐々に国際労働者協会の考え方に近づいていった。

西部と東部のラサール派が労働者政党の結党に注力している間に、マルクス主義の原則を遵守した国際労働者協会の各支部は、アメリカの労働運動と一体化しようとしていた。そうした支部は、J・P・マクドネル率いるアイルランド人労働者の組織であるアメリカ労働者連合が同協会に加盟した1875年に一応の成果を収めた。アイルランド人労働者の同協会への加盟が労働運動の大きな潮流に進展しなかったのは、少なからずアメリカの多くのマルクス主義者の欠点によるものであった。フリードリヒ・A・ゾルゲがよく言っていたように、彼らは2つの労働運動の違いを理解しようとせずに、ドイツで学んだことをアメリカにただ単に丸写しすることがあまりにも多かった。彼らの多くは英語を学ぶ努力をせず、ドイツ語を話す労働者に活動を限定した。なかには、アメリカ生まれの労働者を理論的に遅れていると軽蔑する者さえいた。

10年後にフリードリヒ・エンゲルスはこう書いている。「ドイツ人は、アメリカの大衆を行動に駆り立てる梃子としての自分たちの理論の使い方を理解していない。彼らは、自分でもその理論をまるで理解しないで、それを空論的・教条的に取り扱い、暗記すべきもの、その代わり暗記してしまえば、後は苦もなくすべての必要を満たしてくれるものと考えている。彼らにとって、それは信条であって、行動の指針ではない。それに加えて、彼らは原則として英語を学ばない。だからアメリカの大衆は自分たちの独自のやり方を探し出さねばならなかった……」。

しばらくの間、ラサール派とマルクス主義者との間の分裂は修復されるかに見えた。イリノイ労働者党と北アメリカ社会民主党は選挙で完敗し、労働者が組合に組織される前の時期尚早な政治活動は無益であるというマルクス主義者の主張を正当化した。この経験から得た種々の教訓を活かして、社会民主党内の組合運動擁護派は影響力を強めた。1875年の党大会では、「現在の状況では労働者の組合への組織化は不可欠であり、各党員は自分の職業における組合の組合員になるか、組合が存在しない場合には結成を支援する責務がある」と主張する決議が採択された。社会民主党の英字機関紙ソシャリストはこの決議を歓迎し、「社会の再編成が迅速に達成されるよう、労働組合とその原則をあらゆる機会を捉えて擁護すること」を求めた。

社会主義運動の統合

1875年から翌年にかけて、社会主義運動の統合を求める訴えが労働新聞に殺到した。75年9月25日のナショナル・レイバー・トリビューン紙に掲載された以下の記事はその典型である。

「合衆国中に、現在の政治・社会的体制は誤りであり、その基盤そのものを変える必要があると宣言する労働者の組織化された団体が数多く存在している。すなわち、現在の生活手段を資本家に依存していることが、社会を苦しめている知的・道徳的・経済的劣化のほとんどの原因であり、すべての政治運動は最初の大きな社会的目的、すなわち労働者階級の経済的解放に取り組まなければならないと宣言している。大まかに言えば、これは膨大な数の労働者の信条であり、上記の組織化された団体に共通する行動規範であるが、我々には異なる小さな点がある。これらの相違点を明らかにし、さまざまな団体を1つの壮大で無敵の組織に統合することは、しばらく前から我々全員の切実な願いであったが、今ではこの願いが実現しようとしているように見える。あらゆる方面から団結を求める声が上がっている。共通の行動計画を決定するために、どこか都合の良い場所で会議を開催することが提案されているが、会議の時間と場所はまだ決まっていない。労働者の大義に敵対する多くの人々、とくに相場師新聞の編集者は、この過激な労働運動がフランス、ドイツ、ロシアのものであると執拗に主張することによって、この過激な労働運動の評判を落とそうとしたが、それほど真実からかけ離れた話はない。こうしたことが罷り通れば、これらの悪徳作家たちは、『万有引力の法則』は、ニュートンによって発見されたので、したがってイギリスの運動法則であると主張するかもしれない。それというのも、社会科学について何かを知っている人は全員、労働者の解放は地域的なものでも国家的なものでもなく、現代社会が存在するすべての国を包含する社会問題であることを知っているからである。我々は合衆国で生まれたか帰化した労働者なので、我々を異邦人にしようとするそのような試みは、我々の敵がどの程度の悪行を進めるかを示すだけである。『分割して統治せよ』は抑圧者の叫びであり、あらゆる時代を通じて成功してきたが、今では労働者階級が常識の声のもとに結集している……」。

社会主義運動の統合が正式に確定したのは、1876年7月、国際労働者協会のアメリカの19支部の代表がフィラデルフィアで会合を開き、〔1872年に実質的に解散していた〕同協会を〔公式に〕解散させたときであった(*)。その数日後、社会主義組織の集会がフィラデルフィアで開かれ、挙党態勢を整えた。合衆国労働者党〔翌77年には社会主義労働党と名称変更。第24章432ページを参照のこと〕と呼ばれる新党の綱領は、同協会の労働組合政策を採用したが、国際組織ではなく国内組織の設立を求めるラサール派の要請も受け入れたものであった。綱領は、「我々は、働いている人々の経済状況を改善するために、国内的および国際的な基盤に立つ労働組合の結成のために活動する」としている。経済的自立を伴わない政治的自由は空虚な言葉であったので、同党はまず経済問題に注力することになった。政治への参加は、同党が「目に見える影響力を行使するのに十分な強さ」を発揮するまで延期され、その場合でも、同党の綱領と原則に反しない純粋に地域的な性格の要求が提示された町や都市でのみ延期されることになった。

(*) 解散前に、代議員は次の宣言を採択した。

「仲間の労働者諸君に」。

「フィラデルフィアでの国際大会は、国際労働者協会の総評議会を廃止し、組織の外部との絆はもはや存在しません」。

『国際労働者協会は死んだ』と、すべての国のブルジョアジーは叫び、嘲笑と喜びをもって、この大会の手続きを世界の労働運動の歴史的敗北として指摘するでしょう。敵の叫び声に影響されないようにしましょう。私たちは、ヨーロッパの現在の政治状況から生じた諸々の理由のせいで同協会を放棄しましたが、その代償として私たちは、文明世界全体の進歩的な労働者によって認められ、擁護されている組織の原則を目にすることになります。ヨーロッパの我々の仲間の労働者に、彼らの国政を強化するための時間を少し与えましょう。そうすれば、彼らは間違いなく、彼ら自身と世界の他の地域の労働者との間の障壁を取り除く立場にしっかりと立つことになるでしょう」。

「同志の皆さん、あなた方は心と愛をもって国際労働者協会の原則を受け入れてこられました。組織がなくても、その信奉者の輪を広げる手段を見つけられるでしょう。私たちの協会の目的の実現のために働く新たな支持者を見つけられることでしょう。アメリカの同志たちは、より有利な条件が整うまで、この国で同協会が獲得したものを忠実に守り、大切にすることを約束します。すべての国の労働者を再び共通の闘争に集め、その叫びはかつてないほど再び大きく鳴り響くでありましょう」。

「『万国のプロレタリアよ、団結せよ』」。

統合会議の計画はゾルゲ率いる国際労働者協会派の勝利であったが、合衆国労働者党の影響力を弱めるいくつかの欠点があった。シカゴに設置される予定の全国執行委員会は、ラサール派に支配された。さらに、社会民主党の代議員を率いたピーター・J・マクガイアは、可能な限り地方選挙運動を許可する権限を執行委員会に与える提案を通すことに成功した。執行委員会は、労働者を労働組合に組織することに関する綱領の命令に従うのをしばしば拒否したが、代わりに労働者を無駄に投票に導いた。

合衆国労働者党が機能し始めた途端、ラサール派とマルクス主義者との間の旧来の紛争が新たに生じた(*)。マクガイアは、ラサール派を代表して、政治活動がアメリカ人労働者を解放するために組織するもっとも重要な方法であると主張した。彼は、「我々は、この困難な時代に労働組合主義をうまく説き勧めることはできない。我々の党の党員である労働者は、党を維持するために月に10セントを支払うことさえ困難であると感じている。では、彼らは、我々の党の党費の3倍の費用がかかる組合をどのように支援できるのか。この困難な時代における労働団体の一方の形態は、他方の形態を犠牲にしてのみ存在できる」と主張した。そして、もし組合が本当に労働者の問題解決を助けられるのであれば、合衆国労働者党は何の役に立つのかと彼は結論づけた。

マルクス主義者はマクガイアに異議を唱えた。彼らは労働組合がすべての労働者を含むほど広範でない点は認めたが、組合の拡張は社会主義者の責務であると主張した。組合が成功しているのに、なぜ労働者党があるのかという質問に対して、彼らは次のように答えた。

「我々の党にはあらゆる使い道がある。それは、労働組合が現時点では達成できない仕事ができる。経済的な問題に関して扇動し、情報を創造できる。過去の誤りと戦える。組合と行動の必要性を国民に喚起できる。すべての組合を助け、労働団体からしか影響を受けられない労働者の徹底的な進歩のために働き、扇動することによって、知性と知恵の党であることを示せる。我々の党は、大衆を組合に急き立て、後者は中央集権的な行動をとれる。我々がより良い未来の誕生を急ぐのであれば、我々は健全な現在を求めて努力しなければならない。我々の党は労働運動全体ではないので、愚かにも利己的にならないようにしよう。我々の党は、ただの前衛部隊にすぎないのであるから」。

合衆国労働者党の英字機関紙レイバー・スタンダード《労働者の旗》は、アメリカ人の生活において同党が果たすべき役割を理解しており、次から

（＊）しかし、マルクス主義者は、派閥闘争が社会主義運動を弱体化させただけである点をラサール派に思い出させ、合衆国労働者党の結束を維持するためにあらゆる努力をした。アドルフ・ドゥエーは、「我々の共通の憎い敵が、社会主義労働者の2つの党派が共通の敵の代わりに、たがいに闘うのを見るのは、何と不快な光景であろうか」と訴えた。

次へと、組合員に対して組合に留まるよう訴え、組合員でない者には労働団体に加入するよう呼びかけ、同党の党員には仲間の労働者を組織するよう説得した。同紙の編集者であるマクドネルは、労働組合主義を強調し、労働組合活動のために紙面を割いたことで、ラサール派が支配する全国執行委員会によって検閲された後も、労働組合の復活を呼びかけ続けた。エンゲルスと、国際労働者協会のイギリスの協会員であるジョージ・エカリアスの筆になる記事は、レイバー・スタンダード紙の読者に、ヨーロッパにおける労働組合活動と労働争議のニュースを伝えた。そして、同党のこの機関紙ほど効果的にアメリカで起こった大規模なストライキ闘争を忠実に描写した新聞はなかった。

第23章　大不況への挑戦

アメリカの労働者は、失業や賃金の削減を温和《おとな》しくに受け入れるのではなく、自分たちの利益を守るために組織的かつ過激な闘争を行った。繊維産業、炭鉱業、運輸業では、この混乱期に労働者が雇用主の攻撃に対して大規模なストライキを行った。

繊維産業でのストライキ

１８７４年までにニューイングランドの繊維産業の一大中心地となったフォールリヴァーは、この産業でもっとも過激なストライキの舞台となった。同年秋に賃金が10％削減され、数カ月後に再度削減された。最初の削減後、ミュール紡績工は組合を復活させ、書記を雇い、すべての紡績工、織機工、紋紙部屋《カード》〔紋紙はジャガードの縦針を上下させるための柄穴を空けたカード〕の労働者の大規模集会を招集した。紋紙部屋の労働者はほとんどが女性であり、織機工が織機工保護協会〔組合〕を設立したのと同時に独自の組合を結成した。

マサチューセッツ州ニューベッドフォードとローレンスの紡績工の地方組合による支援の約束に勇気づけられたフォールリヴァーの労働者は、賃金削減が取り消されなければストライキを行うことを決断した。紡績工と織機工と紋紙部屋の労働者の組合の代表が製造業者を訪れ、賃金削減の取り消しを求めた。雇用主は拒否し、仲裁は非アメリカ的であるとの理由で当該問題の仲裁についての討議も拒否した。

紋紙部屋の女性工員は、この拒否を耳にすると、別途会合し、男性工員がそうするかどうかにかかわらず、ストライキに賛成票を投じた。すぐに男性工員も加わり、１８７５年2月までに３０００人以上の労働者が仕事を止めた。ストライキの影響を受けていないすべての労働者は、ストライキ中の労働者を支援するための費用を負担した。1カ月に及ぶ闘争後、雇用主は4月1日に賃金削減の撤回に同意し、ストライキは中止された。

しかし、夏が深まるにつれ、製造業者は再度10％の賃金削減を復活させようとした。労働者も再度ストライキを呼びかけ、8月までには市内のほぼすべての工場が閉鎖され、ストライキは繊維業界のゼネストの様相を帯びるものとなった。「すばらしい休暇」と呼ばれたこのストライキは8週間続き、労働者の敗北に終わった。ストライキが3週目に突入したとき、落胆した労働者はストライキの中止を決定した。しかし、雇用主が10％以上の削減を要求しているのを察知すると、彼らは抵抗を続けた。9月27日、スト参加者は飢えた子供のためにパンを要求する目的で市庁舎まで行進した。彼らは民兵の3部隊と警察の非常線に迎えられ、要求を提示するのを阻止された。その後何年もの間、毎年9月27日には、これらの繊維ストライキ参加者を顕彰する大規模な集会がフォールリヴァーで開催された。

10月下旬、労働者は賃金削減を受け入れて工場に戻り、〔雇用の条件として組合に加入しないことを労働者に要求する〕「黄犬」契約とか「装甲の誓約」と当時呼ばれていたものに署名した。公開の会合で演説したり、何らかの形でストライキを主導したりした労働者は全員ブラックリストに載せられた。

この敗北により、織機工と紋紙部屋労働者の組合は一掃された(*)。しかし、紡績工は自分たちの組織を存続させた。彼らは「黄犬」契約に署名したが、個人としては、子供の飢えによって強制された協定は認めないと宣言していた。

（＊）組織を解散する前に、織機工は他のコミュニティに移れるよう、わずかな資金を彼らのリーダーに譲渡した。

１８７５年の長期ストライキ

繊維労働者の敗北は、「１８７５年の長期ストライキ」で炭鉱夫が同様に壊滅的な敗北を喫した直後に起こった。68年にジョン・シーニーを委員長とする労働者慈善協会〔組合〕が設立された。翌69年までに、同協会には無煙炭鉱山の労働者の約85％に当たる3万人の協会員〔組合員〕がいた。まさに同年、賃金削減に反対した長期ストライキの後、無煙炭地区の鉱山所有者は、同協会を炭鉱夫の交渉機関として認め、石炭の実勢価格に基づく賃金スライド制を規定する協定に署名した(**)。石炭の価格に左右されない最低賃金も合意されていた。それ以降75年まで、炭鉱経営者は賃金削減を無理強いした。70年7月29日に無煙炭取引委員会と同協会によって署名された協定は、アメリカの炭鉱夫と炭鉱経営者との間で作成された最初の書面による契約であったが、炭鉱夫には悲惨な結果をもたらした。同協会は、石炭価格が25セント変動するごとに賃金を8％増減させ、最低基準は1トン当たり2ドルとする提案を受け入れた。この契約はまた、賃金が高い契約炭鉱夫の基本給削減も規定しており、その削減幅は純利益が１００ドルの労働者の10％から月収が２００ドルを超える労働者の40％までであった。一方、同協会は、炭鉱経営者が協定で、「同協会によって課された行為または義務のせいで、いかなる人または役員も解雇しない」ことに同意した時点で勝利を収めた。

（＊＊）〔ペンシルヴェニア州東部の〕リーハイ地区では、炭鉱夫はニュージャージー州エリザベスポートとニューヨーク市場での石炭価格に準じて支払われることになっていた。この市場で石炭が1トン当たり5ドルで販売された場合、炭鉱夫は最低賃金を受け取り、この価格を1ドル上回るごとに15％の昇給が与えられることになっていた。石炭がニューヨークではなくフィラデルフィアに出荷されていた〔ペンシルヴェニア州東部の〕スクールキル地区では、賃金はポートカーボンでの石炭価格によって決定されることになっていた。ポートカーボンで石炭が1トン当たり3ドルで販売された場合、スクールキル地区の炭鉱夫は最低賃金を受け取り、この価格を25セント上回る毎に5％の賃上げを確保することになっていた。

石炭価格が上がった場合、新しい協定のもとで賃金が上がるとの見通しに組合が驚愕したことは間違いない。残念ながら価格は急激に下がり、新しい協定が受け入れられた最初の月に、炭鉱夫の賃金は8%削減された。1870年12月までに、彼らの賃金は24・75%削減された。71年、72年、73年に採択されたその後の協定では、賃金は石炭価格に対して上下にスライドするという原則は維持されたが、労働者慈善協会は最低賃金の引き上げに成功した。そのため、石炭価格はここ数年下落していたにもかかわらず、炭鉱夫は少なくとも一定の最低賃金は維持できた。そこで、炭鉱経営者は同協会と最低賃金の原則を粉砕する決意を固めた。

組合嫌いで有名なフランクリン・B・ガウエンが炭鉱経営者のリーダーであった。彼はフィラデルフィア・アンド・レディング鉄道の社長であった。この鉄道は、その子会社であるフィラデルフィア・アンド・レディング・コール・アンド・アイアン社を通じて、無煙炭地区最大の炭鉱を支配していた。スクールキルとマホーニングの炭田は、同鉄道に販路を依存していたので、彼は他の炭鉱経営者に対して労働政策を指示できた。この石炭男爵《コール・バロン》は、闘争的な労働者慈善協会（この時点で炭鉱夫・労働者慈善協会と称していた）を粉砕するために、あらゆる犯罪を犯す準備を整えていた。彼は契約労働者を導入し、私設警察と労働スパイを雇った。同時に、彼は労働者の友人のふりをして、組合を専制的な組織であると非難し、「その前では、貧しい労働者は、鞭打たれた猟犬のように鞭の前で蹲り、自分が完全に他の人たちに支配されているとは言えない」と非難した。労組幹部は外国の扇動者であり、「コミューンの擁護者であり、国際労働者協会の使者である」と彼は語っていた。

ガウエンは3年かけて反撃の準備を整えた。炭鉱夫・労働者慈善協会の政策が業界を安定させる効果があるのを知っていたので、すべての炭鉱経営者が同協会に反対する彼の運動に参加する準備を整えていたわけではなかった。しかし、彼がこの少数派を業界から排除するまでにはそれほど時間はかからなかった。1874年12月、炭鉱経営者は反攻を開始し、〔熟練工の〕契約炭鉱夫に対しては20%、労働者に対しては10%の賃金削減を発表し、最低基準の撤廃を要求し、石炭価格が2・50ドルを25セント下回るごとに賃金をさらに8%削減すると主張した。しかし、この発表が同協会を刺激してストライキを打たせ、その間に炭鉱経営者が同協会を粉砕しようとしたのは明らかであった。同協会の幹部の1人は、フィラデルフィア・タイムズ紙の記者に、闘いは賃金云々ではなく、「我々の組織に直接対するもの」であったと語った。マホーニー市の特派員は、マイナーズ・ジャーナル紙に、「石炭市場が昨年の価格を支払う余裕があることはよく知られているが、賃金の問題は問題ではなく、問題は炭鉱夫・労働者慈善協会の解体にあるようである」と書いていた。

イギリスの炭鉱夫で連邦軍〔北軍〕で3年間戦ったジョン・F・ウォルシュが直後に続いたストライキを指揮した。影響力のある無煙炭取引委員会の会長でもあった冷酷なガウエンは、後に株主への報告書で、ストライキを打破するのに400万ドル費やしたことを認め、それは「無責任な労働組合の恣意的な支配から」会社を守ったので正しく使われた、と語って自身の行動を正当化した。彼は、ストライキを打破するためにペンシルヴェニア州知事の支援を受け、知事は軍隊をすぐさま派遣した。

炭鉱夫に資金はほとんどなかったが、全国の労働者の同情を得ていた。産業会議は、「現在ロックアウトされている炭鉱夫に心から同情し、全国の労働者の組織された団体に対して、その状況が許す限り、寛大な財政援助を産業会議の財務官に申し出るよう真剣に要請する」という決議を採択した。その後、産業会議の議長はアメリカの労働者に対して、炭鉱夫は「この国でこれまでに結成されたなかでもっとも強力な反労働組合連合体と抗争しており」、「彼ら炭鉱夫はこの国で労働者の闘いを戦っている」との別の訴えを出した。同様の訴えは、国際労働者協会の各支部からも出された。(*)

（＊）マルクス主義者は炭鉱夫のストライキを熱烈に支持したが、同時にスト参加者に対して、彼らが「賃金や労働時間の制限のために」闘っている限り、基本的には彼らの労働条件を変えられないと念を押した。マルクス主義者は、「土地を我々のものにしよう。すべての機械を備えた工場を我々のものにしよう。これらの手段を手に入れたとき、それらによって生産されたものも我々のものになる。そうすれば、我々の労働からの収入を増やすためにストライキをする必要はなくなり、我々の労働の主人が今はしぶしぶ我々に引き渡しているが、すべての人は彼または彼女の労働の完全な収入と彼らの完全な天産物（鉱産物・林産物・海産物など）の分け前を得ることになる。それゆえ、我々の旗に『賃金のための労働を打倒せよ。立ち上がって、生産手段の所有のために闘え』と刻むことにしよう」と訴えた。

わずかな金額しか集められなかったので、炭鉱夫は自分たちの少ない資金とその壮大な精神に頼らなければならなかった。その精神は、闘争中に書かれた次の詩に表現されている。

１８７５年、俺らの主人は共謀し／男も女も子供も、食物も火もない状態にし／奴らは俺らを飢えと寒さで服従させようと考えた／だが俺ら炭鉱夫は奴らを恐れず、しかも勇敢で大胆であった
今や、２カ月がほぼ終わり、それは誰も否定できない／さらにもう１カ月持ち堪えるために、俺らは喜んで努力する／俺らの賃金は、貧困が支配する限り、減らされることはない／俺らが再び仕事をする前に、俺らは75年の基準をもとう

何週間も経たないうちに、北部の無煙炭田の炭鉱夫は賃金削減を受け入れて仕事に戻ったが(*)、南部と中部の炭鉱夫はストライキを続けた。ストライキ中のある炭鉱夫は、「この前あなたに会ってから末っ子を埋葬したが、その死の前日には６人の子供がいる我が家には食べる物が何もなかった」と書いている。

（＊）２つの炭鉱夫組合の存在がスト参加者の敗北の要因であった。炭鉱夫・労働者慈善協会は全国的な組織と友好的な関係にあり、全国鉱夫協会と会員証を交換したことさえあった。しかし、その協会員、特にスクールキルとリーハイ両地区の協会員は、旧来の組合を放棄して新しい全国的な組織に入るのを拒否した。その結果、両協会の地方組織は同じ地域に併存し、それぞれは協力し合ったものの、無煙炭鉱夫の結束はかなり弱まった。

後にオハイオ州の鉱山検査官となったアンドリュー・ロイは、

「炭鉱夫は、ストライキに勝つために、これまでにしたことのないような英雄的な犠牲を払った。争議の最後の数週間には、苦難と欠乏の醜態が露わになり、愚痴をこぼせない苦しみは他に類を見ないものであった。何百もの家族が朝、パンの皮とコップ1杯の水という朝食を摂ろうと起きたが、彼らは夕食の一口がどこから来るのか知らなかった。来る日も来る日も、男も女も子供も、露命をつなぐために隣接する森に行って根を掘り起こし、ハーブを摘み集めた……」と書いている。

炭鉱夫の一部が石炭を補充していたので、炭鉱経営者は飢餓が残りの炭鉱夫を降伏させるまで持ち堪えられた。炭鉱夫・労働者慈善協会は賃金削減に同意したが、賃金率を決定する権限を認めるよう要求した。炭鉱経営者はこれを拒否し、ストライキは6月まで続き、ついに飢餓が現実のものとなった。ウォルシュは、「我々は打ち負かされた。すでに石炭取引所や一般の人々に話したように、我々の妻子の弛まぬ要求によって、他のいかなる状況においても受け入れることを強制されなかった条件の受け入れを余儀なくされている」ことを認めた。賃金は20%削減され、署名された協定は石炭の計量に関する規定を廃止し、同協会は崩壊し、彼と他の協会幹部はこの地域を離れることを余儀なくされた。「長期ストライキ」が終わって7カ月後、同協会の会長は、「この組織はかつてないほど衰退している。ほとんどの場所で脆弱で不安定であり、多くの場所では完全に消滅している」と涙ながらに認めた。炭鉱夫たちは悲しげにこう歌った。

俺らは打ち負かされ、粉砕された／そして今、俺らは非難され始めた／巨大な会社に操られ／それは州を支配し、国を崩壊させる

「長期ストライキ」は、かつては有望視された全国鉱夫協会の未来にも終止符を打った。シーニーをはじめとする同協会の幹部はストライキに反対しており、ストライキが進行中に、彼は執行委員会に対して、ストライキは「我々の問題の大部分の原因」を提供し、「我々自身の階級を堕落させる原因」であると語っていた。調停と仲裁が労資の紛争を解決する最善の手段であった。彼は、彼が組合に断固として反対している雇用主と取引しているという事実を見過ごし、組合がどんなに妥協しようと、労働者は政府の支援を受けた産業界の連合に直面した。

ストライキでのシーニー自身の経験は、この根本的な誤りを彼に納得させるはずであった。ペンシルヴェニア州クリアフィールド郡でのストライキが3週間続いた後、炭鉱経営者はスト破りを導入した。この行動に抗議するために大規模な集会が開かれ、彼は議論に参加しなかったものの、その場にはいた。1875年5月12日、彼は共謀罪で逮捕された。全国鉱夫協会の現場オルグであるゼノ・パークスを含む26人の別の労組幹部が翌日逮捕された。

彼らの裁判は再び、慣習法《コモン・ロー》が依然として裁判所によって国民に使用されていることを証明した。ジョン・ホールデン・オウズ判事は陪審に対する責任において、「労働であれ、商品であれ、その他のいかなるものであれ、販売可能な商品の価格を上げたり下げたりするためのいかなる合意、結合、連合も、ペンシルヴェニア州の法律

のもとでは共謀として起訴される」と判示した。この法律は、「我々の先祖が母国から持ち込んだ慣習法の一部であり、この州の人々がウィリアム・ペン〔第1章4ページを参照のこと〕の時代から生きてきたのと同じ法律」であった。

ジョイス・マロニー事件にかかわった男たちが暴動と共謀で有罪判決を受けた後、オウズ判事は判決を宣告する際に、「ジョイス、私はあなたが組合の委員長であり、マロニー、あなたが書記だと思うので、私はあなた方に1年の禁固刑を宣告する」(＊)と言った。

（＊）労働者の憤りと政治的圧力の結果、ペンシルヴェニア州議会の次の会期で、労働組合を共謀罪から免除する法律が制定された。

全国鉱夫協会を存続させる必死の努力のなかで、シーニーは生産者協同組合という万能薬に目を向けた。しかし、協会員には資金がなく、生産者協同組合が労資を調和させるという指導部にも同意しなかった。１８７６年、同協会は独自の鉱山を１つも開発せずに崩壊し、協会員は労働騎士団の指導を仰ぎ始めた。

ガウエンとその同僚は、炭鉱夫・労働者慈善協会だけの粉砕で満足しなかった。彼らは炭鉱夫の組織された活動をすべて壊滅させようとした。それというのも、これらの労働者は、まだ次のような自分たちの詩《うた》を歌っていたからである。

労働者が仕事に戻ったら、彼らは皆決意しなければならない／これから先の闘いに備えることを

モリー・マグワイアズ

賃金の削減に次ぐ削減が行われると、炭鉱夫はアイルランドの友愛的愛国団体である古ヒバーニアンズ騎士団に率いられて反撃した。彼らは、自分たちの組合が強かった頃は同騎士団に属していたが、今では同騎士団が秘密組織の中心となった。アメリカの労働史に関するほとんどの研究では、１８７５年のストライキ後の炭鉱夫の隠密活動は、62年に始まり20年間続いたペンシルヴェニア州東部での暴力行為と関連づけられている。これらの犯罪は、秘密結社モリー・マグワイアズ〔ペンシルヴェニア州の無煙炭地帯で南北戦争後の十数年間活動した。労働争議の解決に脅迫や殺人といった手段をとった〕によって行われたと言われている。

最近の研究では別の話が明らかになった。現在では、アメリカにはモリー・マグワイアズと名乗る結社は存在せず、この名称は、炭鉱経営者が鉱業界のすべての組織を粉砕するのを助けることを目的とした商業新聞が古ヒバーニアンズ騎士団に渾名をつけたこと、フィラデルフィア・アンド・レディング鉄道がピンカートン探偵社を雇ったのはテロリスト集団から社会を守るためではなく、テロを広めるためであったこと、１８６０年代から70年代初頭にかけて、炭鉱経営者がペンシルヴェニア州の秘密武装自警団に補助金を出して炭鉱夫を殺害し、恐怖に陥れたこと、などが立証されている。鉱山の鉱夫長や現場主任が炭鉱夫に殺されたのと同じくらい多くの炭鉱夫がこれら悪漢《ギャング》によって殺された。

長い不況の間の労働者に対する攻撃の説明は、炭鉱地帯での殺人とテロで告発されたいわゆる「モリー」の裁判の検討なしには完結しないであろう。ガウエンは多くの事件で州検察官を務めた。彼

は、もしモリー・マグワイアズが根絶されれば、「私たちは国全体の前に立ってこう言うことができる。『今、この国ではすべての人が安全です。あなた方のお金をもってここに来てください。あなた方の家族と一緒にここに来て、この国をあなた方の住居にしてください。私たちがこれらの人々を育てるのを助けてください。そうすれば、あなた方はより安全になるでしょう』」と語っている。

起訴された男たちに対する証拠は、モリー・マグワイアズの殺人計画を発見したと証言したピンカートン探偵社の密偵ジェームズ・マクパーランによって提供された。彼の証言は、彼ら自身の犯罪に対して免責を確保した評判の悪い人物によって裏づけられた。起訴された炭鉱夫のために証言した数人の証人が偽証罪で起訴され、すぐに郡刑務所で2年半の服役を言い渡された。その結果、被告人の親しい友人でさえ、彼らのために証言したがらなかった。

マクパーランの裏づけとなる目撃者はあまりにも頻繁に矛盾し、信じられないような話をしたので、正当な裁判では、彼ら目撃者の証言で誰も有罪判決を受けるなどあり得ないことは、一般に報道で認められていた。ヨストという名の男を殺害した裁判に数人の男と一緒に加わったと証言した証人ジョン・ケリガンは、彼自身がその男を殺害し、その後「罪のない男たちが彼の罪のために苦しんでいる」と非難したとして、妻から告発された。検察側の別の証人は、鉱夫長のトマス・サンガーを殺害した男たちの顔を見たと宣言し、彼は犯罪を犯した男が間違いなくトマス・マンリーであると宣言した。なぜなら、マンリーは、殺人のあった朝に500フィート離れたフェンスの上で見られた5人の男と同じ「奇妙で制約された方法」で法廷に座っていたからである。ガウエンは彼の事件概要の略述のなかで、証人がマンリーを彼の顔で認識したかどうか尋ねられなかったことを認めた。

別の証人が、殺人犯の横顔しか見ていなくて、裁判では「横顔がその男に似ている」と証言したとき、ガウエンは陪審員に、「瞬時に身元を確認する機械器具がある。写真家の技術は、一瞬かそれ以下の瞬間、心臓の拍動、瞬きのなかで、目の前を全速力で動いている男の写真を撮る方法を発見した。なぜこの証人の目は同じことができないのか」と述べた。

別の目撃者は、殺人犯は口ひげを少し生やしていたが、髪や目の色を思い出せなかったと回想した。彼の証言は彼の仲間の証言と同じくらい信頼できるものであった。

問：以前、その男と会ったことがありますか。
答：その朝まで会ったことがありません。
問：そもそも彼を知っていましたか。
答：いいえ、彼をまったく知りませんでした。
問：それ以来、彼に会ったことがありますか。
答：はい、あります。
問：マンリー、立ってください。その男はこの人ですか。
答：その人は、まったく見覚えのない人です。

だが、マンリーは有罪判決を受けた。

実質的にすべての証拠はマクパーランの供述に基づいており、弁護側が指摘したように、犯罪が始まったのは「死の使者ジェームズ・マクパーランがこの国にやって来てから」の話であった。彼は、その後の経歴ではさほど成功しなかった。彼は、1906年にピンカートン探偵社のデンヴァー支局長として、フランク・スタウレンバーグ元州知事の殺人犯を捜査するためにアイダホ州で雇われた。彼の証言の結果、西部鉱夫連盟の幹部であったウィリアム・D・ヘイウッド、チャールズ・モイヤー、ジョージ・ペティボーンがコロラド州デンヴァーで逮捕され、掠われてアイダホ州〔州都の〕ボイシに連行され、殺人罪で起訴された。ビッグ・ビル・ヘイウッドの裁判で、ハリー・オーチャードは、彼が組合幹部の扇動で前州知事を殺害し、マクパーランの影響を受けて州の証拠を変えたと証言した。クラレンス・ダローの見事な反対尋問のもとで、オーチャードはマクパーランから入念に入れ知恵されたことを明らかにした。ダローは、マクパーランがモリー・マグワイアズ事件でケリガンを使ったように、オーチャードを使って鉄道労働者の指導者を死に至らしめたことを証明した。

　モイヤー、ヘイウッド、ペティボーンを擁護する大衆運動は、彼らの自由を確保するのに役立った。モリー・マグワイアズ裁判にはそのような大衆運動がなかったことは、リンチ判決の執行を可能にした。レイバー・スタンダード紙とアイリッシュ・ワールド紙は、炭鉱経営者の陰謀を暴露したが、これらの新聞は死刑囚を救う運動を組織するほどの影響力はなかった(*)。マイナーズ・ナショナル・レコード紙は、裁判中の男たちの支援を拒否し、ナショナル・レイバー・トリビューン紙〔同紙は労働騎士団のお先棒担ぎの新聞であった〕は、もし労働運動が告発された男たちを非難することに加わったら、商業新聞は組織化された労働者が暴力を認めていない、と確信するであろうと主張した。

(*)多くの工業中心地で抗議集会が開催された。レイバー・スタンダード紙によると、フィラデルフィアで開かれた大衆集会では、「いわゆる『モリー・マグワイアズ』が死刑判決を受けた性急で非人道的なやり方に反対する」と腹蔵なく意見が述べられた。1877年1月13日、合衆国労働者党によって招集されたニューヨークの労働者の大規模集会は、死刑囚に対する起訴は「おもに鉱山所有者のために積極的に働いてきたマクパーランという悪名高き人物の証言に基づいている」と主張する一連の決議を採択し、鉱山会社が「労働者に対する自社の残虐で言語道断な強盗行為から注意を逸らす目的で、ペンシルヴェニア州の労働者を汚名をもって覆い隠そうと努力した」と同紙は非難した。

　1877年6月21日、死刑囚の最初のグループが処刑のために2人1組で連れ出された。ロアリティ、キャロル、ダフィー、マンリーが連続して処刑された。キャロルは陳述するよう求められたとき、「諸君、私には何も言うことはありません。ただ、私は起訴された犯罪については無実です」と断言した。その後1年以内に他の死刑が執行され、79年1月14日にシャープとマクドネルが絞首刑に処せられて法的な殺人は終わった。この2人は、ハートランフト知事から執行猶予を知らせる電報をもった使者が到着したそのときに処刑された。使者は処刑現場に入ることを許されず、執行猶予が当局の手に渡るまでに2人は亡くなった。記者たちは、知事が石炭会社によって彼のために用意された仕事をしている間に労働者の支援を得られるようにするには、執行猶予が到着するタイミングが遅すぎたようである、と述べた。

　１８７７年６月にアイリッシュ・ワールド紙が報じたところによると、労働スパイや偽証者によって命を「落とした」男たちは、「おもに指導的な立場にある知的な人物であり、その指示は、賃金の非人道的な削減に対する炭鉱夫の抵抗に力を与えていた」。１週間後、炭鉱経営者の機関紙であるマイナーズ・ジャーナルはこの声明を裏付け、陰謀を暴露した。同紙は、前日に処刑された男たちに言及して、「彼らは何をしたのか。労働の代価に彼らが満足していないときはいつでも、彼らはストライキを組織し、宣言した」と断言した。(*)

(*) モリー・マグワイアズに関する最新の研究は、１９３６年に出版されたJ・ウォルター・コールマンによる『モリー・マグワイアズ騒動』である。これはある意味で奇妙な本である。著者は、事件の記録と地方紙の綴じ込みを慎重に調べたと述べているが、この研究に基づいて著者が提示した証拠から論理的な結論を導き出すことを躊躇しているとも述べている。著者は、ピンカートン公文書館が研究者にアクセスできないという事実が、フィラデルフィア・アンド・レディング鉄道とピンカートン職員との間で、過激な労働運動の指導者の一派を有罪にするための証拠を作成する陰謀が行われた、という告発を却下するのを困難にしている点を認めており、マクパーランのその後の活動、特にヘイウッド、モイヤー、ペティボーンのでっち上げ《フレーム・アップ》における活動が、ピンカートン社の探偵がそのような陰謀に加担する準備ができていたのを示している点に同意している。彼はまた、起訴された男たちが「無煙炭地帯の労働運動と密接に関係しており、この運動の指導者として彼らは労働者の雇用主の利害にとって不快なものであった」こと、そして「この理由で」彼らは「ペンシルヴェニア州東部の主要な鉱山会社と鉄道会社から提供された資金によって根絶された」ことを認めている。さらに、著者は裁判が司法の茶番であったことに同意しているが、「労働争議の一局面として行われた多くの暴力行為に対する責任は、地上の裁判官によって定められるべきではない」という結論に達している。

　著者にとって、自身が「真正な文書によって実証されている」ことを認める、１９３２年に出版されたアンソニー・ビンバの『モリー・マグワイアズ』が、その証拠によって、この事件全体が過激な労働運動に対する反動的な雇用主の陰謀であった点を、「地上の裁判官」が理解できると結論づけることで、真実に近づいたことは明らかである。

１８７７年の大ストライキ

アメリカ中の雇用主がペンシルヴェニア州の鉱山会社や鉄道会社の歓喜を分かち合った。繊維労働者や炭鉱夫が深刻な打撃を受けていた時期に、南部の進歩的な政府は打倒され、プランターと実業家に支配された政府に取って代わられつつあった。コマーシャル・アンド・ファイナンシャル・クロニクル紙が、南部への投資を切望している北部の資本家に、「今年［１８７７年］、労働者は南北戦争以来初めて統制されている」ため、条件は理想的であると報告できたのには十分な理由があった。

　すべての産業・貿易報告書は、「労働者は統制下にある」という言葉を繰り返し、雇用主は労働者がもはや賃金削減に抵抗せず、より良い労働条件を求めたりすることはないであろうとの期待に駆られている、とした。しかし、ペンシルヴェニア州で最初の死刑囚が処刑されてからわずか1カ月後の1877年夏、アメリカはその歴史上もっとも広範で過激なストライキを経験することになる。

鉄道労働者は、この国の他の労働者と同じように不況の影響を痛感していた。彼らの賃金は着実に削減され、平均所得は週5から10ドルになった。不規則な雇用がさらに賃金を下げた。家族もちの男性は週に3から4日しか働くことが許されず、そのほとんどは自費で家を離れて過ごさなければならなかった。会社の宿泊施設に1日1ドルを払った後、彼らはしばしばわずか35か40セントを手にして家に帰った。さらに悪いことに、彼らは毎月支払われるはずの賃金を2カ月、3カ月、さらには4カ月も待たなければならなかった(*)。

(*) 機関士友愛会の保守的な機関紙でさえ、鉄道労働者が自分たちの状態に文句を言う正当な理由があることを認めた。恐慌の数カ月前に、同紙は、「1873年のこの恩寵の年に鉄道労働者は、植民地時代のイギリスの課税が何もなかったのと比べて、そして、奴隷の鞭の音が有望な予徴にすぎないのと比べて、暴政に耐えているのではないか」と問いかけた。

鉄道労働者の従順で友愛的な組織である鉄道車掌友愛会や機関車火夫〔罐焚き〕・機関士友愛会でさえ、会社は容認しなかった。労働組合員はブラックリストに載せられ、苦情処理委員会は公聴会を拒否され、ピンカートン探偵社の密偵はあまりにも活発だったので、労働者はたがいに話すのも恐れていた。

爆発の契機となったのは、6月1日にペンシルヴェニア鉄道で、その1カ月後には他の多くの路線で、さらなる10%の賃金削減が実施されるという通知であった。鉄道会社の役員が、労働者には彼らを率いる武装組織がなく、何千人もの失業者が仕事を懇願しているのを知っていたので、この賃金削減は臆面もなく発表された。しかし、これら役員は闘争の伝統とアメリカ人労働者の気質を侮っていた。

ボルティモア・サン紙の記者は、ボルティモア・アンド・オハイオ鉄道でのストライキに関する記事で、スト参加者とその家族の気質を次のように記述している。

「騒動の特異な部分は、火夫の妻や母親である女性たちが非常に活発に活動していたことである。彼女らは飢えて荒っぽく見え、人々を引き下げられた賃金のために働かせるよりも餓死を宣言した。彼女らは、飢餓でゆっくりと死ぬよりも、すぐさま餓死した方が良いと言っている」。

鉄道経営者が見落としていたもう1つの点は、非常に多くのアメリカ人が鉄道をひどく憎んでいたという事実であった。個人、企業、コミュニティ全体に対する料金差別、株価操作、贈収賄、汚職、公有財産の大規模な強奪などが人々を激怒させ、彼らはスト参加者を支援する機会が訪れたことを歓迎した。前例のない怒りをもってスト参加者を攻撃した商業新聞でさえ、ストライキの勢いは、鉄道会社に対する憎悪を共有する農民、炭鉱夫、小規模実業家が鉄道労働者に加わったという事実に少なからず起因している点を認めざるを得なかった。

ニューヨーク・トリビューン紙は、「世論の表明が、ほとんどすべての場所で、暴動に同情しているという事実に目を瞑るのは愚かなことである」と宣言した。「暴動」は、7月16日の早朝にボルティモア・アンド・オハイオ鉄道で始まった。その時点で、貨物列車に乗っていた40人の同鉄道の火夫と制動手が仕事を止めた。貨物列車はボルティモア郊外のカムデン連絡駅で停止した。警察が突入してスト参加者を解散させた。

突然、ストライキは路線網全体に広がった。ウェストヴァージニア州マーティンズバーグでは、1200人の制動手と火夫が車庫を占拠し、すべての貨物列車を停止させ、旅客列車と郵便列車のみ運行できるようにした。市長がストライキの指導者を逮捕したとき、大勢の群衆が行動を起こし、この指導者はすぐに釈放された。さらなる逮捕を阻止するために、周辺の町から炭鉱夫の代表団が同市に押し寄せた。

ストライキはウェストヴァージニア州の他の地点にも広がった。カイザーでは、白人と黒人の鉄道労働者が集まってストライキに参加することを投票で決めた。彼らは「この措置を冷静に検討し」、最終的に「鉄道会社が我々に課した現状の賃金では、我々は生活できず、妻子の生活必需品を賄えない」と判断した。

ボルティモア・アンド・オハイオ鉄道のキング副社長は、ウェストヴァージニア州のマシューズ知事にストライキを終わらせるよう訴え、知事は州兵を派遣した。労働者と農民で構成された民兵は、貨物列車を脱線させようとしている労働者に向けて発砲するのを拒否しただけでなく、鉄道労働者と親しく交わり、彼らに武器を提供した。民兵に頼れなかった知事は、ヘイズ〔第19代〕大統領に連邦軍の派遣を要請する電報を打った。大統領は要請を受けた翌日の7月19日、フレンチ将軍の指揮のもと、ウェストヴァージニア州に軍隊を派遣した。これは、平時のスト鎮圧に連邦軍が使用されたアメリカ史上初の出来事であった。

ニューヨーク・ワールド紙の記者は、マーティンズバーグからの記事に、「もし鉄道会社の権利ではなくスト参加者の権利が侵害されていたなら、マシューズ知事は大統領に援助を求めることが彼の義務であると考える前に長い間躊躇していたであろうことは、おおいに有りそうである」と書いている。

フレンチ将軍はストライキの指導者を逮捕し、すべてが沈静したとアメリカ政府に報告した。しかし、ストライキは鎮圧されたわけではなかった。それはウェストヴァージニア州の他の地域に広がり、オハイオとケンタッキー両州にも広がった。運河船の乗組員や炭鉱夫、その他の労働者は、鉄道労働者を支援するためだけでなく、自分たちの不満を解消するためにストライキに入った。ケンタッキー州ルイヴィルでは、黒人溝掘り人の一団が仕事を止め、つるはしやシャベルや鍬を肩に担いで通りを行進し、他のすべての労働者に加わるよう促した。ルイヴィルの特派員は、「日暮れ前には、数人の白人を含む数百人がいた」と書いている。

一方、メリーランド州カンバーランドでは、マーティンズバーグからの列車を止めた鉄道作業員や炭鉱夫に対抗するために、ボルティモアに軍隊が召集された。軍隊が駅に向かって行進すると、カンバーランドへの民兵派遣に抗議する数千人のボルティモアの労働者が続いた。これらの労働者が軍隊の出陣を阻止しようとしたとき、民兵は群衆に向けて発砲し、12人が死亡し、18人が負傷した。ニューヨーク・タイムズ紙の特派員は、「兵士が殺害の意図をもって発砲したことは、殺された男たち全員が頭か心臓を撃たれていたという状況証拠によって証明されている」と書いている。

メリーランド州知事がヘイズ大統領に連邦軍を要請したことにも即座に応答があり、鉄道会社は軍の支援を得て列車の運行を再開した。スト破りに抗弁した労働者はただちに逮捕され、列車の運行を阻止しようとした一団のスト参加者は時を移さず砲火を浴びた。ニューヨーク・タイムズ紙は、このような戦術が「暴徒を落胆させ、鎮圧した」と報じた。7月22日までに、大規模な殺害と逮捕、正規軍、民兵、警察、自警団、そして商業新聞によって引き起こされたテロ行為が、ボルティモア・アンド・オハイオ鉄道でのストライキを打破した。

メリーランド州とウェストヴァージニア州のボルティモア・アンド・オハイオ鉄道で始まったストライキは、ペンシルヴェニア、ニューヨーク、ニュージャージー、オハイオ、イリノイ、ミズーリ、カリフォルニア各州の路線に広がった。ピッツバーグでは、市内のすべての階層が支持していたため、ストライキは非常に激しいものになった。ピッツバーグとニューヨーク間の唯一の鉄道は法外な運賃を課していたので、小規模実業家だけでなく他の人々も鉄道会社に相当腹を立てていた。

賃金削減は、ペンシルヴェニア鉄道労働者がもつ多くの不満の1つでしかなかった。新しい賃金表を発表した数日後、同鉄道は1人の乗務員が担当する車輛の数を18から36輛に増やすよう命じた。この重連命令は、より少ない賃金での2倍の仕事を意味しただけでなく、乗務員の半分が解雇されることも意味した。

労働者が新たな賃金削減の通知を受けた直後、機関士委員会がペンシルヴェニア鉄道のトム・スコット社長を訪問し、業績が回復した折りに賃金削減が撤回されるのであれば、それを受け入れることに同意した。この合意は、若き制動手R・H・アモンの指導のもと、秘密裏に組織化を開始した労働者には受け入れられなかった。彼らは、機関士、車掌、制動手、火夫で構成される乗務員組合として知られる産業別組合《インダストリアル・ユニオン》を極秘に組織した。ストライキは7月27日に予定されていたが、その日が近づくにつれて機関士が脱落し、運動全体が崩壊するかのように見えた。その後、ボルティモア・アンド・オハイオ鉄道でのストライキのニュースとペンシルヴェニア鉄道の重連命令のニュースが入り、乗務員組合はストライキ計画を進めた。

ピッツバーグでは、スト参加者はボルティモア・アンド・オハイオ鉄道のスト参加者が開発したのと同じ戦術を用いた。ウィルケンズバーグのストライキ中の炭鉱夫やピッツバーグの失業者を含む大人数の一団が線路脇に集まり、貨物列車の移動を阻止し、旅客列車と郵便列車だけが通過できるようにした。7月21日、ピッツバーグの民兵の支援を受けたファイフ保安官は、ペンシルヴェニア鉄道の線路脇にいたスト参加者に暴動法を読み上げた。民兵がスト参加者を解散させるのを拒否したので、労働者が譲歩を拒否したときには、保安官にはなす術がなかった。

乗務員組合が招集した大規模集会では、賃金削減が取り消され、重連命令が撤回され、スト参加者全員が再雇用されるまで仕事に戻らないことが決議された。ピッツバーグの実業家や近隣の鉱山町からの代表団がスト参加者への支援を約束した。ピッツバーグの状況は緊迫していたが、ニューヨーク・タイムズ紙の記者でさえ、スト参加者は「整然」と行動し、貨物列車だけが止まっていたことを認めた。鉄道会社は組合と会う代わりに軍隊の増強を要求した。州知事はフィラデルフィアの民兵をピッツバーグに派遣するよう命じた。スコット社長は州知事を賞賛し、「この仕事をフィラデルフィアの民兵とともに」解決すると人前で自慢した。

スコット社長は、銀行の中心地や商業的な影響を受けたばかりの民兵が「暴徒」と親しく交わることはないと確信していた。ピッツバーグに向かう途中、民兵は街を大掃除するつもりであると自慢した。アーミー・ジャーナル紙でさえ、フィラデルフィアの住民が「喧嘩をふっかけたくて、うずうずしている」ことを認めた。民兵にはすぐにチャンスがあった。彼らが指導者を逮捕しようとしたとき、住民は抵抗した。彼らはライバル関係にある大都市から来た民兵を、うめき声、歓声、シューッという音で迎えた。数人の少年が民兵に2、3個の石を投げつけた。軍隊は群衆に向けて発砲することで応え、男女と子供20人を殺害し、29人が負傷した。大陪審の調査では、この行為は「無許可で、故意で、理不尽な殺害であり、……検死では殺人以外の名で呼べない」とされた。

コミュニティは激怒した。圧延工場、炭鉱、工場の何千人もの労働者が殺害現場に駆けつけた。群衆が民兵を取り囲み、彼らを鉄道の扇形機関車庫に追い込んだ。一晩中、部隊は、労働者殺害の復讐をしようと身構える興奮した市民に包囲された。同車庫は炎上し、部隊は撤退を余儀なくされた。ピッツバーグのユニオン車庫とペンシルヴェニア鉄道のターミナルも炎上した。誰が火をつけたのかは依然不明であるが、ナショナル・レイバー・トリビューン紙は9月15日、スト参加者と部隊の双方が、「老朽化した鉄道車輌などを交換し、公費で大企業を破産から救うために狙いを定め、命中させたように見えた」陰謀者の手に落ちたと非難した。

商業新聞の恐怖に満ちた見出しで国民の懸念は深まった。7月22日、ニューヨーク・ワールド紙はピッツバーグについて、「ピ、ッ、ツ、バ、ー、グ、は略奪され、吠える暴徒勢力に完全に支配されている」と報じた。同紙のニュース欄は、ピッツバーグは「共産主義の邪悪な精神に支配された男たちの手中にある」と読者に伝えた。ヘイズ大統領は兵士にワシントンを守るように命じた。閣議でペンシルヴェニア州の暴動を宣言し、7万5000人の志願兵を募る提案がなされた。

新聞、聖職者、公務員は、このストライキはもう1つのパリ・コミューンであり、「暴動、革命、共産主義者と浮浪者が社会を思いのままに動かそうとする試み、アメリカの社会制度を弱体化させようとする試み」であると怒りを込めて宣言した。彼ら自身の見出しに反応して、新聞はさらなる流血を呼びかけた。ニューヨーク・トリビューン紙によると、スト参加者は力の論理しか知らなかった。「飢えた口をもつ無知な暴徒」に情をかけるのは無駄であった。ニューヨーク・ヘラルド紙にとって、暴徒は「野獣であり、射殺する必要があった」。ニューヨーク・サン紙は、飢えたスト参加者に鉛の食事を推奨し、ネイション紙は連邦政府の狙撃兵を募った。

ニューヨーク州のエリー鉄道ストライキは、賃金削減の撤回を求めて経営者と会談した労働者が解雇されたことに、火夫と制動手が抗議した7月20日に始まった。削減前の同鉄道の平均賃金は月約23ドルであった。ストライキが招集されたとき、同鉄道はストライキの指導者であるドナヒューを「共産主義的な見解をもち、それを広める危険な人物」と非難した。ストライキは、ニューヨーク州のホーネルスヴィル、ジャーヴィス、コーニング、トロイ、バッファロー、さらにペンシルヴェニア州エリーに広がり、最終的にニューヨーク・セントラル鉄道とレイク・ショア鉄道も巻き込まれた。

民兵は召集されるたびに、スト参加者と親しく交わった。バッファローでは民兵のある中隊がスト参加者側に身を投じ、エルマイラでは地元の部隊が「明けっ広げにスト参加者に同情している」と報道された。ニューヨーク第69連隊の将校はレイバー・スタンダード紙に対して、連隊の多くの隊員は「アイルランドの労働者で構成されており、抑圧された仲間の労働者に完全に同情している」と報じた。将校は続けて、「我々の多くは、長時間労働と低賃金が何を意味するのかを知る理由があり、どちらかを目的としたいかなる運動も、我々の同情と支持を得るであろう。我々は民兵かもしれないが、まずは労働者である」と語った。

ニューヨーク・セントラル鉄道のウィリアム・ヴァンダービルト社長は、彼の鉄道での賃金削減を撤回するよう命じ、バッファローのスト参加者に対して、彼らが仕事に復帰した場合には25％の賃上げを約束した。彼は同時に、同鉄道のスト参加者と失業者に10万ドルを分配した。だが、労働者は賃上げを手にすることはなかった。

大きな水溜まりのなかの波紋のように、ストライキは1時間ごとに広がり、さらに西へと進んで太平洋岸に達した。ストライキを防ぐために、サンフランシスコのセントラル・パシフィック鉄道は、6月1日に発効した10％の賃金削減を取り消した。いくつかの海運会社も同じ理由で譲歩した。残念なことに、扇動家はストライキを本筋から脱線させて、反中国人暴動にしてしまった。

ストライキの波が大西洋から太平洋へ、カナダ国境からメイソン・ディクソン線へと広がるにつれて、共産主義を求める叫び声はますます大きくなった。鉄道ストライキは、「旧世界の社会主義者の指導者から」教訓を学んだ合衆国労働者党のために活動していた工作員の仕業と言われていた。彼らは、このストライキを、政府を転覆させ、アメリカでコミューンを樹立するための革命蜂起の合図として利用した。実際、効果的な組合活動を阻止するためのラサール主義者の破壊的な活動のせいで、新たに組織された同党はストライキ前に鉄道労働者とほとんど接触していなかった。レイバー・スタンダード紙に掲載されているような党指導者や社会主義指導者は、鉄道業での激変を予測していたので、１８７７年夏の大規模なストライキ行動に不意を突かれることはなかった。ストライキが招集されるとすぐに、同党の全国執行委員会は、すべての部門に対して大衆集会を呼びかけ、「連邦全体で8時間労働法を制定し、すべての共謀法を廃止し、連邦政府が鉄道と電信線を購入するための決議」を提案するよう命じた。フィラデルフィア、ニューアーク、パターソン、ブルックリン、ニューヨーク、その他の東部の都市では、同党が大衆集会を主催し、スト参加者への支持を表明し、鉄道会社がストライキを阻止するのを支援したとして政府を非難した。サンフランシスコで同党が招集した大衆集会には1万人が参加し、「抑圧された労働者の戦いで射殺された人々の家族と友人に」同情の意を表明した。集会が終わる前に、暴漢の一団がそれを反中国人デモに変えようとして解散させた。

シンシナティでは、合衆国労働者党が鉄道労働者と接触する委員会を任命し、スト参加者と緊密に協力したが、シカゴとセントルイスでは、同党がストライキを主導した。シカゴでは、他の西部の都市と同様に、ゼネストの様相を呈した。7月24日、ミシガン・セントラル鉄道の貨物操車場の労働者が仕事を放棄した。すぐに他の操車場の労働者も仕事を止め、日中は市内のほとんどの工場や店舗が閉鎖された。翌日、警察は銃と棍棒で武装した同鉄道の操車場のスト参加者を告発し、指導者を逮捕した。しかし、テロ行為は拡大するストライキの波を止められなかった。セントクレア郡とマディソン郡の800人の炭鉱夫が、賃上げ、8時間労働、月2回の賃金支払いを要求していることが明らかになった。彼らはシカゴの鉄道ストライキ参加者に同情の意を表明し、彼らが提供するように求められた支援は何であれ提供すると約束した。イリノイ州カイロでは、多くの黒人港湾労働者が時給20から30セントの賃金の引き上げを求めてストライキを行った。彼らの要求は認められたが、仕事に戻る前に、彼らは州の他地域のスト参加者に全面的な協力を約束した。

7月25日、ニューヨーク・タイムズ紙は「ニューヨークは共産主義者の支配下にある」と宣言した。

合衆国労働者党はシカゴの労働者を目覚めさせる手助けをした。ミシガン・セントラル鉄道でストライキが始まる2日前に同党は緊急会議を開き、翌日に大規模な集会を開催するよう呼びかけた。約2万人の労働者がその呼びかけに応え、その多くは「慈善ではなく仕事が欲しい」、「なぜ過剰生産は飢餓を引き起こすのか」、「労働による生活か闘争による死か」と書かれた横断幕を掲げてデモ行進した。

この集会で演説したジョージ・シリングとアルバート・R・パーソンズは合衆国労働者党の幹部であった。パーソンズは、東部諸州でストライキをしている鉄道労働者への支援を求めたが、シカゴでのストライキについては何も言わなかった。また、同党がミシガン・セントラル鉄道の転轍手のストライキと何の関係もなかったという証拠もなかった。しかし、ストライキが始まると、同党はゼネストを支援する執行委員会を任命した。この委員会はただちに、市内のすべての店舗、製造所、製粉所、製材会社を閉鎖して、鉄道労働者と団結するようすべての労働者に呼びかける通達を出した。葉巻労働者と家具労働者のなかにいた党員が率先してストライキを広めた。この激動の日々を通して、社会主義の指導者、特にパーソンズはスト参加者と交わり、彼らに平和的ではあるが断固とした立場を保つよう伝え、同党への入党を希望する何百人もの労働者を集めた。

シカゴ市長と警察は労働者への警告を停止し、7月26日、ハルゼー通りの高架橋で警官とスト参加者との間で銃撃戦が行われたが、これは騎兵隊が群衆に抜刀で突撃し、12人が死亡、数十人が負傷させたことで終結した。シカゴは第2のピッツバーグとなった。商業会議所は「市民パトロール」を結成し、連発銃で武装した連邦軍がスー郡からシカゴにやってきた。スト参加者のパレードは解散させられ、合衆国労働者党の幹部は逮捕され、労働者の本営は破壊された。市街戦で30から50人が死亡し、100人近くが負傷した。徐々にシカゴのストライキは鎮圧され、7月28日に貨物列車は軍の警備下で運行された。

一方、セントルイスでは事態があまりにも急速に進んでいたので、同市の有力紙であるリパブリカンは、「これをストライキと呼ぶのは間違っている。これは労働者による革命のようなものである」と声を大にして主張した。当地で合衆国労働者党は、「我々は、鉄道労働者の正当な要求に対して、資本家と彼らの財産を守るために軍隊を派遣した、政府の行為を非難するよう国民に求めている」として、7月22日に大衆集会を招集するとの声明を発表した。数千人の労働者がこの集会に出席し、政府が資本家と手を結び、「労働に対する公正で公平な報酬を確保しようとしている」労働者に対峙していると非難した。集会では、「我々は、強盗と抑圧に対するこのもっとも正義に適う労働闘争において、善と悪との報告を通じて、闘争の終わりまで彼らを支持する」ことが合意された。

イーストセントルイス（ミシシッピ州を挟んでミズーリ州セントルイスに対峙するイリノイ州南西部の都市）で鉄道労働者が開催する会議を訪問するために、大規模な代表団が結成された。代表団が街を分断する川に来たとき、橋が独占企業によって運営されていたので、フェリーで渡ることにした。合衆国労働者党の代表団に触発されて、鉄道労働者は翌日仕事を止めることを投票で決めた。各鉄道から1人ずつの代表で構成される執行委員会が任命され、鉄道業界の各部門（制動手、火夫、転轍手、線路敷設員、保線員、掃除夫、鍛冶工）ごとに小委員会を設置する権限が与えられた。閉会前に、会議はストライキ中はアルコール飲料を口にしないように求める決議を採択し、もし誰かが酔ったら友人が彼を家に連れて帰るべしと提案した。

ミズーリ・パシフィック鉄道は5月15日時点で存在していた賃金率の復活を提案したが、スト参加者は1877年1月1日以前に支払われていた賃金を要求した。7月23日、貨物列車の運行停止が命じられ、旅客列車の運行は許可され、郵便列車はすべて通過させる特別な配慮がなされた。執行委員会は、同鉄道の労働者が要求を受けて仕事に戻るのを決定したのを知ると、彼らのもとを訪れ、和解が成立するまで外泊するよう促したが、彼らは拒否した。その後、執行委員会は退去したが、翌日、数百人のスト参加者を乗せた機関車と2台の無蓋貨車を伴って戻ってきた。労働者は列を作り、横笛とドラムを鳴らしながら同鉄道の工場に向かって行進した。これがもっとも効果的で、労働者は仕事を止めてスト参加者に加わった。デモは市全体で組織され、鉄道スト参加者は工場から工場へと移動し、労働者に参加するよう促した。これらのデモで重要な役割を果たしたのは、波止場で働いていた黒人労働者であった。7月26日、ある記者はセントルイスから次のように報じている。

「今日の午後、スト参加者の大群衆と波止場で働く約300人の黒人労働者が、市の南部にある多数の製造施設を訪れ、すべての従業員に仕事を止めるよう強制し、機関室の火をすべて消し、建物を閉鎖した……。群衆のなかにいた黒人は波止場を行進し、すべての蒸気船会社と独立系蒸気船会社の役員に、蒸気船と波止場の労働者全員の賃金を60から100％引き上げるという誓約に署名するよう迫った」。

ストライキが市内全域に広がると、1500人の労働者を動員したパレードを最初に後援した合衆国労働者党がストライキを指揮した。行進が終わると、大規模な集会が開かれ、ストライキへの支持を表明する決議が採択され、スト参加者に治安紊乱と暴力を防ぎ、セントルイスの労働者の8時間労働と生活賃金が確保されるまでストライキを放棄しないよう求めた。その後、ゼネストを組織するための委員会が設置された。この委員会は正式にはセントルイス労働者連合執行委員会として知られ、同党の党員の指導下にあった。

執行委員会の最初の行動は、賃上げ、8時間労働、14歳未満の児童の労働を禁止する法律を要求するためのゼネストを要求することであった。多くの企業は即座に労働者の賃上げを認めたが、それだけでは十分ではなく、ストライキは激化した。7月29日までに、市内のすべての事業所が閉鎖された。当初、市当局は事実上執行委員会に市の管理を任せていた。セントルイス・アンド・サウスイースタン鉄道の管財人がオウバーシュトールツ市長にスト参加者の逮捕を要請すると、市長は「それはできない」として拒否した。しかしすぐに、市当局はストライキを鎮圧するために著名な商人によって組織された委員会に加わった。セントルイス銃クラブはショットガンを提供し、5000丁のマスケット銃が他の供給源から提供された。約2万ドルが商人の委員会によって集められ、1000人の軍隊を武装させた。

フェルプス州知事が戒厳令を宣言すると脅したとき、執行委員会は彼に議会を召集し、8時間労働法の可決と14歳未満の児童の雇用を禁止する法案について発言するよう求めた。執行委員会は、「上記の正当な要求を遵守すること以外に、革命の津波を阻止するものはない」と宣言した。民兵、警察騎馬隊、武装した自警団、連邦軍が市を制圧した。スト参加者の司令部が襲撃され、73人が逮捕され、49人が起訴されずに投獄された。執行委員会の委員は共謀罪で逮捕され、1人当たり3000ドルという高額保釈金が課されたため、刑務所に留まることを余儀なくされた。大衆の運動は崩壊し、ストライキは即座に鎮圧された。執行委員会の4人の委員は5年の禁固刑とそれぞれ2000ドルの罰金を言い渡された。8月2日までにストライキは終わった。そこここで、企業はいくつかの不満を解決したが、仕事に復帰した労働者は賃金削減が依然として有効であるのに気づいていた。多くは2週間の闘争から何も得られなかったと感じて仕事に復帰したが、なかには「白人と有色人種の男性がともに立ち上がり、すべての国籍の男性が労働者の権利のための1つの最高の闘いに参加している」という光景を非常に満足して覚えている者もいた。

アメリカの資本家は、全国的なストライキの波から教訓を得た。彼らは、裕福な人々によって支配された民兵、より大きな常備軍、そしてより多くのより優れた軍需工場の重要性を理解した。その後数年間、複数の州の民兵は中央集権化され、より多くの軍需工場が戦略的に建設され、労働組合に対しては共謀法が制定された。

労働者は、この鉄道ストライキから2つの基本的な教訓を得た。第1に、将来の成功は労働組合と政治路線に沿った効果的な全国的な組織に掛かっているということである。ストライキを鎮圧する上で地方、州、中央政府が果たした役割は、労働者に主要政党のいずれにも依存できないことを確信させた。第2に、労働者は闘争中に設置された執行委員会と散発的な大衆集会だけでは十分でないことを認識した。急遽設置された委員会は、この必要性を満たせなかった。飢えた家族を抱えたスト参加者は、迅速な救済金を必要とした。鉄道ストライキは、ストライキ費用を賄うための適切な組合費制度を備えた強力な組合の必要性を立証した(*)。

(*) 本書が1947年に出版されて以来、ペンシルヴェニア州東部の炭鉱夫の労働組合とモリー・マグワイアズに関する多くの新しい著作が発表された。そのなかで最重要なものは、マーヴィン・W・シュレーゲルの『レディング鉄道の支配者—フランクリン・B・ガウエンの生涯』(1947年)、クリフトン・K・イアリーの『企業と無煙炭』(1961年)、ウェイン・G・ブローエルの『モリー・マグワイアズ』(1964年)、およびハロルド・W・オーランドの『モリー・マグワイアズから合同鉱山労働者組合へ』(1971年)である。これらの著作の多くは、古ヒバーニアンズ騎士団のなかにモリー・マグワイアズとして知られるテロリストの要素があり、この要素が実際に72年の前後に多くの殺人を共謀したと主張してきた人々の証言を受け入れている。しかし、一般的には、彼らはモリー・マグワイアズが炭鉱業での労働組合主義と密接に関係していたという見解を否定している。私自身の見解では、炭鉱地域には組織化されたテロリスト集団は実際には存在せず、個々のテロリストでさえ炭鉱夫の労働組合主義とは関係がなく、基本的にモリー・マグワイアズ問題全体はガウエンによって仕組まれたフレームアップであったというものである。いずれにしても、オーランド博士の指摘の1つは引用する価値がある。博士は、「モリー・マグワイアズの捜査と裁判は、アメリカ史上もっとも驚くべき主権放棄の1つであった。民間企業が民間の探偵機関を通じて捜査を開始し、民間の警察が容疑者を逮捕し、石炭会社の弁護士が彼らを起訴した。州は法廷と絞首刑執行人だけを提供した」と述べておられる。

第24章　独自の政治活動、1873～1878年

全国労働組合《NLU》の指導下で結党された政党の急激な崩壊は、多くの労働者が独自の政治活動への関心を失う原因となった。一方、1873年恐慌後の困難な時期に、労働組合には労働者の不満を解消するだけの力量がなく、独自の政治活動だけで賃金労働者を助けられるという意識が労働運動のなかで高まっていた。75年6月、アイアン・モルダーズ・ジャーナルは、「［労働］運動のもっとも有能な何百人もの人間が、労働組合として知られる組織を通じて、資本家と最後まで闘う労働者の力と意欲に関して希望を失った……。それゆえ、我々は、彼らがもはや職業別組合《トレード・ユニオン》や労働組合《レイバー・ユニオン》への労働者の組織化を促すのではなく、政治的な目的のための組織化を促すようになったのを見いだした……」ことを認めた。

グリーンバック党の台頭

不況期の独自の政治活動の指導者は、賃金労働者ではなく農民からもたらされた。1873年から75年にかけて、西部諸州で複数の独立政党が出現した。労働者との団結した行動を求めるそうした政党の訴えが歓迎されたことは、ピッツバーグで発行され、ペンシルヴェニア州西部の労働騎士団の幹部であるジョン・P・デイヴィスによって編集されたナショナル・レイバー・トリビューン紙の記事に見ることができる。75年に彼は、「西部の農民の皆さん、我々はあなた方と手を握れるときが来たことを歓迎します。東部の労働者の大軍である職工は、あなた方とともに立ち上がり、この国とこの政府を所有できたときの警鐘が鳴るのを待っています[*]」と書いている。

（＊）1870年代の農民と労働者との団結は、農民のための教育的、社会的、相互扶助的な団体である農業保護者連盟（グレンジャー）から発展した産業主権者騎士団の活動によって強化された。同騎士団は、おもに賃金労働者の間で生活必需品を分配するための消費者協同組合の設立に関係しており、「労働者階級、とくに働く男女のために考案された」ものであった。同騎士団は、いくつかの事例で農業保護者連盟と協力し、さらに同連盟と団結して協力的な店舗を維持した。この騎士団によって発行された通達によれば、「農民と主権者は、実行可能な限りすべての購入において1つの単位として行動する。一言で言えば、彼らは手を組んで両組織の力を集中させる。この単純な事実は、契約を結ぶことに関して、産業主権者騎士団に他のすべての組織よりも大きな利益を与える。これは、他の方法では確保できない貯蓄を働く人々の家庭に直接もたらす」ものであった。別の通達は、「この［騎士団］は、農業保護者連盟との完全な同情と心からの協力のもとに、現在も存在し、これからも存在

し続ける。両者とも1つの偉大な全体の一部であり、その宿命はこの国の労働者階級のためにより良い未来を作ることである」と宣言した。

1875年から翌年の産業主権者騎士団の総団員数は4万人と言われており、そのうち75％がニューイングランド、43％がマサチューセッツ州にいた。その衰退は75年に始まり、78年には消滅してしまった。

不況が深刻化し、労働組合が壊滅するにつれて、労働組合の指導者や労働専門誌は、労働者に対し、農民と協力して金権勢力を打ち倒すための独自の政治運動に参加するよう呼びかけた。政府が、銀行が請求する12ではなく3％で信用を供与することによって、グリーンバック紙幣〔第20章369ページを参照のこと〕を発行し、労働者の協同組合を援助することを余儀なくされれば、すべてがうまくいくであろう。グリーンバック紙幣の発行は不況をすぐに終わらせるであろう。ナショナル・レイバー・トリビューン紙は、「政府が自らお金を印刷し、そして……、それで飢えた人々、労働者に実際に支払い、企業での労働者の労働が、雇われた代理人を通じて一般の人々によって運営され、所有されるようにしよう」、「鉄道が民間企業によって建設され、所有され、管理される必要はない。政府に鉄道を建設させよう……。そのためにグリーンバック紙幣を発行し、遊休労働力を雇用しよう」との見解を表明した。

一部の労働者階級にとって、グリーンバック運動は単なるインフレ対策の運動とは見られていなかった。本質的には、それは産業民主主義の拡大とより良い社会秩序に向けた突破口と見られていた。しかし、グリーンバック党では、労働者はこの運動にほとんど影響を与えなかったので、これらの原則は強調されなかった。同党の主たる関心は、より高い価格を保証するための発行紙幣量の増大にあり、社会秩序を変えることには関心はなかった。

グリーンバック党は1875年の一連の大会から誕生した。これら大会の代表者のほとんどは農民と弁護士であったが、不況の間に壊滅してしまった労働組合の指導者が常に何人か出席していた。同年3月にクリーヴランドで開催された大会には、ジョン・シーニー、リチャード・F・トレヴェリック、全国樽製造工組合のロバート・シリング、アンドリュー・C・キャメロン、そしてヴァージニア州リッチモンドのタバコ労働者組合の黒人労働組合指導者C・W・トムソンが出席していた。

この大会では、金融改革を基盤とした綱領を採択し、新党が結党された。貨幣問題は、「国民の前で問題となっている他のどの問題よりも、国民の物質的利益に深く影響する」と主張した。グリーンバック紙幣による国家債務の支払いと、年3・65％以下の相互転換可能な法定通貨建て債券の発行が要求された。新しい独立政党はすぐにグリーンバック党として知られるようになった。

1875年9月、シンシナティで、NLUで活動していた裕福な慈善家ホレス・H・デイが率いる運動を代表する会議が開催された。彼は、労働者を代表する者ではないという理由でクリーヴランド大会への出席を辞退していた。彼の反対にもかかわらず、シンシナティ会議は独立政党との融合を投票で決めた。同会議の進言は、6月に可決された正貨兌換法再開の撤回という、79年までのグリーンバック党のすべての綱領に現れる要求であった。

1876年5月にインディアナポリスで開催されたグリーンバック党の第1回全国大会では、労働者はトレヴェリック、アレグザンダー・C・トゥループ、ジョン・ヒンチクリフの名で代表されたが、この大会は農民、弁護士、実業家、政治家によって支配されていた。委員会の代表としても綱領においても、労働者はほとんど評価されていなかった。なぜなら、正貨兌換法再開の撤回とグリーンバック紙幣の発行は自動的に失業を終わらせるものではなかったからである。

グリーンバック党は、農村地域での支持を得るために大規模な運動を展開した。ナショナル・レイバー・トリビューン紙やワーキングマンズ・アドヴォケイト紙などのいくつかの労働新聞は、全国および州の候補者を獲得するための運動を行った。ペンシルヴェニア州の鉱業地区では、トレヴェリック、デイヴィス、ドルーリー、その他の労働騎士団の幹部がグリーンバック・クラブを組織し、グリーンバック党の候補者のための集会を後援した。労働者階級の支援を組織する仕事のほとんどは、アメリカ鉱夫全国協会の書記であるジョン・P・ジェームズによって行われた。彼は社会主義者を説得しようと懸命に努力し、合衆国労働者党の党員と労働者にとってグリーンバック運動が重要であることについて精力的に議論した。1876年7月、合衆国労働者党は、来るべき運動で政治活動を控えるよう、また、資本家やいかさま師に支配されているので、この分野の政党を支持しないよう、彼らの部門に求める決議を採択した(*)。彼は、グリーンバック党を他の政党と統合することは不当であると主張して、社会主義者に立場を修正するよう求めた。彼はレイバー・スタンダード紙に、「これは純粋に権力に対する権利の闘争であり、資本に対する労働の闘争である。有権者であるこの国のすべての労働者は、無党派のリストに自分の居場所をもつべきである」と書いている。

(*) 合衆国労働者党は、1874年4月にフィラデルフィアで開催された国際労働者協会のアメリカ支部の会議で採択された政策に従っていた。政治活動に関する決議は、「共和党員、民主党員、無党派、リベラル派、農業保護者連盟（グレンジャー）、改革派、あるいは彼らが採用するどんな名称であろうと、所有者階級によって結党された政党とのすべての協力と関係」を拒否した。

何人かの社会主義者がジェームズの提案を支持し、そのすべての制限にもかかわらず、グリーンバック党は「独占と監視された専制主義への憎悪を植え付け、彼らの卑劣な行為と略奪を暴露し、古い政党政治家を見捨て、新しい人間と新しいアイディアを委ね、労働者の最終的な勝利のための道を準備している」と主張した。ほとんどの社会主義者はこの立場に反対し、同党の綱領は労働者階級よりも不動産投機家や政治家の要求に利益をもたらしたと主張した。同党の財政上の要求は、法律として制定されても労働者の問題を解決するものではない。それというのも、グリーンバック党員はグリーンバック紙幣の発行による国家債務の消滅にしか関心がなかったからである。同党の大統領候補ピーター・クーパー（1791〜1883。実業家、発明家、慈善家。1859年にマンハッタンに私立大学クーパー・ユニオンを設立した）は、確かに人道主義者ではあったが、彼は労働者階級を代表していなかった。社会主義者は、同党がクー・クラックス・クラン（KKK。南北戦争直後の1866年5月に結成された秘密結社。当初は南部軍人の社交クラブであったが、翌年のナッシュビル大会後は、共和党員と自由黒人に暴力を振るうテロ集団になった）が黒人の選挙権を強く否定し、彼らを半奴隷状態に追い込んだ南部の恐怖政治を無視していると主張した。レイバー・スタンダード紙は、労働者階級の一部の問題を見過ごした政党はいかなるものであれ、労働者の支持を受けるに値しないと述べた。

1876年に社会主義者がグリーンバック運動を支持するのを拒否したのは正解であった。当時、新党は労働者にほとんど何も提供せず、労働者を党員としてほとんど受け入れなかった。同じ年の選挙での投票は、労働者がグリーンバック党の政治運動から遠く離れていることを証明した。シカゴはクーパーに6万2258票以上のうち251票、シンシナティでは4万7000票のうち21票を与えた。フィラデルフィアでは10票、ピッツバーグでは93票、ニューヨーク市では289票、ブルックリンでは50票が彼に投じられた。彼に対する最多の労働者票は、75年の「長期ストライキ」の舞台であったペンシルヴェニア州の複数の郡に由来するものであった。スクールキル郡では彼に1238票、ルツェルン郡では600票、ドーファン郡では397票、マーサー郡では400票を与えた。「労働者票における政治革命」を予測していたナショナル・レイバー・トリビューン紙がひどく失望したのも不思議ではない。同紙は、「選挙の結果にはうんざりする」と書いた。

労働者政党とグリーンバック党

1877年の大規模ストライキを打ち破ったテロ行為は、政府の軍隊を使って労働運動を鎮圧しても生活条件は改善できないことを労働者に教えた。労働者階級を支持する人物を指名し選出することを決意した賃金労働者は、独自の政治活動に目を向けた。全米各地、ニューヨークとサンフランシスコ間のほとんどすべての工業中心地で結党された労働者政党は、当初はグリーンバック運動とは距離を置いていた。ストライキ中に労働者、農民、小規模実業家の間に緊密な関係が構築されたので、労働者政党の多くはすぐにグリーンバック党と融合した。農民は、憎むべき鉄道会社との闘いでスト参加者との連帯を示した。スクラントンのスト参加者が救援用の店舗を設立したとき、彼らは農民から食料を提供された。スクラントン・リパブリカン紙は、「周辺の郡の農民は非常に寛大であることを証明し、多くの場合、その大義のためにジャガイモの束を寄贈した。それらは、その目的のために任命された委員会によって掘り起こして店舗に運ばれ、その後必要な場所に配布された」と報じた。

1877年7月23日、ニューヨーク稼ぎ手連盟は、労働組合員、労働改革者、グレンジャー（1867年の農業保護者連盟を発端に中西部と一部の南部に広がり、協同組合運動、鉄道運賃と倉庫料の規制などを求めた）、グリーンバック党の支持者に対し、独立政党の結党に向けて団結するよう呼びかけた。稼ぎ手連盟は、新しい政党の綱領として、4つの要求を提案した。第1に、政府が「ただちに鉄道を管理し、所有し、運営する」こと、第2に、労働者保護のための労働法を制定すること、第3に、失業中の労働者に雇用を提供するための「政府資金による」公共事業を即刻再開すること、第4に、すべての国立銀行設立認可状を取り消し、それに代わってグリーンバック紙幣を発行することである。

呼びかけは、「市民の皆さん、団結してください。私たちと団結してください。そうすれば、私たちはこの広大で、豊かで、活動停止中のこの国のすべての都市を活気ある作業場に変え、その広大な土地のすべてを農場に、すべての鉱山を労働者のための共同墓地ではなく生命の源に変えることによって、国を債券、銀行、鉄道の独占から救います」と締め括られていた。

この訴えは、その後2年間に、多くのアメリカのコミュニティで政治活動が行われる際の原則を述べたものであった。この活動は、金融改革の要求と労働法の要求という2つの綱領を融合させたものであった。

最初のグリーンバック党と労働者政党との融合は、鉄道ストライキがもっとも広範かつ暴力的であった地域の中心部にあるペンシルヴェニア州で生じた。１８７７年8月13日、ピッツバーグで開かれた労働組合主催の集会で統一労働党が結党された。その綱領には、グリーンバック党の典型的な要求が盛り込まれていた。保護関税法、州政府と中央政府の労働局、囚人の契約労働の廃止、労働者災害補償法、児童労働法、労働団体に適用される共謀法の廃止、入植者のみへの公有地の分配、労資の紛争を解決するための仲裁裁判所の設置などである。

8月下旬、ペンシルヴェニア州のグリーンバック党と統一労働党は、統一運動を組織し、共通の綱領を作成する目的で合同委員会を任命した。この委員会から生まれた綱領は、グリーンバック党の当初の金融上の要求を維持しつつ、統一労働党によって提起された多くの労働者の要求を追加した。2つの政党はその時点で融合した。公職に指名された候補者のほとんどは数週間前にグリーンバック党によって指名されていたが、多くの労働者が候補者名簿に追加された。グリーンバック党と統一労働党の紋章《エンブレム》のもとで公職に立候補した労働者は全員、労働騎士団の有力な指導者であった。

１８７７年秋の選挙では、労働者候補に対する国民の支持を得て、支持票を掘り起こすための効果的な組織が設立された。この活動は、鉄道ストライキが行われた地区や労働騎士団が影響力をもつ中心地に生まれたグリーンバック・クラブによって行われた。ニューヨーク・トリビューン紙は、同年8月13日に「ここ数日間にピッツバーグの周辺とポッツヴィル〔ペンシルヴェニア州中東部の都市〕の周辺に20の新規のグリーンバック・クラブが組織された」と報じている。

同様の融合運動がオハイオ州でも起きていた。9月13日、同州のコロンバス労働者党の執行委員会が招集した大会が同市で開催された。大会では、党員が一定の条件に同意すれば、グリーンバック党と融合して全国的な政党を結党することが決議された。前年6月に指名された同党の候補者は白紙撤回され、この大会で新たな候補者が選出され、労働者の要求が同党の綱領に追加されることになっていた。同党はこれらの条件を受け入れ、新たな大会が開催された。同党が知事に指名したスティーヴン・ジョンソンが再度指名されたが、他の候補は労働者階級から選出された。正貨兌換法と国法銀行法の廃止、政府に対する貨幣発行の制限、累進所得税、政府によるすべての法人の完全な管理、店舗スクリップ〔代用紙幣〕での賃金支払いの廃止などを主張する新たな綱領が起草された。

シンシナティ労働者党は、グリーンバック運動とは一線を画したままであった。8月12日の党大会では、グリーンバック党への加盟を拒否し、州職員のための正式な候補者を指名した。学校委員には、黒人地区の教育長である黒人を指名した。鉄道ストライキの間、クラーク教育長はスト参加者を支援し、何度か鉄道関係者によって組織された大規模な集会で講演した。

ニューヨークでは、鉄道ストライキ中に出された稼ぎ手連盟の訴えを受けて、10月9日にトロイで労働改革会議が開催された。この会議では、州職員のための独自の候補者が指名され、労働改革の綱領が作成された。葉巻工で労組幹部であるシラキュース（425ページではエルマイラ）のジョン・J・フニオが州務長官に指名され、労働騎士団の幹部であるニューヨーク市のジョージ・A・ブレアが州の監査役に、製靴工のラルフ・ボーモントが州上院議員にそれぞれ指名された。綱領の労働者の要求は、労働時間の短縮、刑務所の契約労働制度の廃止、共同住宅《テネメント・ハウス》（以下では苦汗作業場といった意味ももつ）での製造の禁止、労働統計局の設置、鉄道の国有化と管理が含まれていた。金融政策は、「金、銀、米国財務省証券の通貨で、公私を問わずすべての債務の完全な法定通貨とすべきであり、国法銀行手形の償還」を支持した。

このような穏やかな通貨改革案は、グリーンバック党員が融合を提案するのを妨げたが、党大会では労働改革派の候補者の何人かを公認した。選挙の数週間前、労働改革党は、商店や鉄道操作場で多数の労働者が雇用されている州北部の郡に完全な選挙組織を創設した（労働改革党については第20章を参照のこと）。

ニューヨーク・タイムズ紙の記者は、「ここエルマイラ（ニューヨーク州中西部の都市。開拓史上有名なチェモング川の戦いの地）では、すべての区に『労働改革本部』があり、そこでは毎晩多くの人が集まる集会が開かれている。州のこの地域でもっとも有名な共和党員の1人の言葉を借りれば、ノー・ナッシング党の時代以来、これほど完全で徹底した政治団体は存在しなかった。各郡は地区に分割され、地区はさらに区と選挙区に細分化されている。このようにして作られた各区には定期的に任命され、承認された指導者がいて、その任務は、彼らに割り当てられた区と近くの区の票固めをできる限り行うことである。……この運動に関係するほとんどすべての人間は、商店や工場の労働者である」と書いている。

党の機関紙エルマイラ・デイリー・バズー《駄法螺》は、この地域の労働者1人ひとりに署名を求め、労働改革党の候補者に投票することを約束する誓約書を日々印刷した。すべての候補者への質問の1つは、鉄道ストライキ中にその候補者がとった態度についてであった。

1877年の選挙結果を分析すると、鉄道ストライキが独自の政治活動を求める運動に弾みをつけたことが明らかになる。グリーンバック労働党のオハイオ州知事候補であるスティーヴン・ジョンソンの得票は約1万7000票で、前年のグリーンバック党の得票の5倍以上であった。得票の半分以上はトレド、クリーヴランド、ヤングスタウン、カントン、コロンバスの工業都市を網羅する郡で、得票の別の4分の1は州の北東部の鉄道町と工業郡でそれぞれ投じられていた。トレドでは、市の候補者と郡の候補者の一部が公職に任命された。トレドは2人のグリーンバック労働党の党員を議会下院に送った。

ペンシルヴェニア州では、グリーンバック労働党が前年の得票の

7倍に当たる5万2854票を獲得し、総投票数の10％近くを占めた。得票は主として、ペンシルヴェニア鉄道が通っていた無煙炭郡と瀝青炭郡、エリー鉄道の管轄区域であるニューヨークに隣接する郡からのものであった。これらの郡は総投票数の約25％を占めた。ニューヨーク・トリビューン紙は投票について、「炭鉱夫やその他のがさつで共産主義的な人物が、秘密結社の幹部の指導のもと投票所に行き、3000票という多数の票を獲得した」とコメントした。

ニューヨーク労働改革党の得票数は2万票を超え、1876年のグリーンバック党の10倍に達した。そのうち、エリー鉄道ストライキの中心地であったホーネスヴィルがあるスチューベン郡とエルマイラのあるケムング郡では4666票を獲得したが、これは総投票数の4分の1弱に過ぎず、もう1つの高度に工業化された地域であるロチェスターが総投票数の23％に貢献していた。

全国グリーンバック労働党

1877年の選挙結果は、独立した全国規模の政治運動の組織化を加速させた。選挙期間中、特に重工業化された州では、グリーンバック党と労働者の各政党勢力との間の合体がすでに形成されていた。ペンシルヴェニア州とオハイオ州では、2つの党派が合体し、地域のグリーンバック労働党組織が形成された。ケンタッキー州のボルティモアとルイヴィルでは、労働者党がグリーンバック党との合体を支持した。ニュージャージー州とマサチューセッツ州では、両政治グループが同じ候補者を支持し、ニューヨーク州では労働改革党がすでに選挙でグリーンバック勢力と連携していた。

これらの選挙から間もなくして、1878年2月にオハイオ州トレドで開催される「労働者と通貨改革者の全国会議」の呼びかけが出された。この呼びかけは、同地の国民党の州執行委員会議長であるD・B・スタージョンによって発信され、著名なグリーンバック党員によって署名された。農民、小規模実業家、労働者は、来るべき会議について議論し、庶民のために発言し行動してくれる新しい政党を期待した。

ペンシルヴェニア、オハイオ、インディアナ、イリノイ各州を中心とした150人の代議員が会議に出席した。シリング、ウリヤ・S・スティーヴンズ、トレヴェリック、ボーモントといった労働運動指導者が代議員であったが、会議は裕福な製造業者E・P・アリスとE・A・ボイントン、そしてマーカンタイル・ジャーナルの編集者であり、ニューヨーク商業会議所事務局長のウォルター・P・グルームのような人たちによって運営された。トレヴェリックが臨時議長を務めたが、常任議長はペンシルヴェニア州のグリーンバック勢力のリーダーのフランシス・W・ヒューズであった。

新しい国民党の綱領は、「企業の収入と賃金が減少し、我々の国民の貧困層と中間層に加えられた比類のない苦痛、詐欺、横領、破産、犯罪、苦難、貧困、飢餓に満ちた土地」という国家の状況についての生き生きとした記述で始まった。これらの状況は、「貸金業者、銀行家、債券保有者の利益のために、また彼らによって指示された法律」によって引き起こされたと述べられている。賃金を削減し、労働者に「黄犬」契約に署名させた産業資本家については何も語られていなかった。相互転換可能な3・65%年債が言及されなかったことを除いて、通常のグリーンバック紙幣の要求があった。労働者の要求は、労働時間の短縮、国および州の労働局ならびに産業統計局の設置、刑務所の契約労働制の廃止、労働力の輸入禁止を求めた。この穏やかな綱領は、ニューヨーク・トリビューン紙によって、「もちろん、一般人なら誰でも、トレド決議が共産主義を意味することを理解できる。来る政党は完全な社会・金融革命に傾倒している」と攻撃された。

1878年の冬から春にかけて、党内の異なるグループ間の統合が強化された。労働者階級と農村地区でグリーンバック・クラブが組織され、グリーンバック新聞が大量に発行され、グリーンバック党のパンフレットが全国の労働者によって熟読され、議論された。

1878年春、ニューヨーク・トリビューン紙のペンシルヴェニア州特派員は、「ポッツヴィルやタマークアの街角で、失業中の炭鉱夫たちが通貨や政治一般について話している光景を目にするのは珍しいことではない。字が読める1人が、新聞や通貨パンフレットを取り上げ、聞き手の小さな群衆にその内容を明らかにし、彼が読み終えると、聴衆は皆、自由な野外討論に参加する」と書いている。

いくつかの州では、労働団体がグリーンバック・クラブとなり、労働組合が新しい運動のメンバーを募るために参加した。労働騎士団の地区会議《ローカル・アセンブリー》がどこにあっても、多くのグリーンバック・クラブがあるのは確かであった。ニューヨーク市では、労働組合の幹部が新しい政党の教義を積極的に広めた。

多くのボランティアの協力を得た党の組織活動が奏功したことは、1878年春の選挙に見て取れる。同年2月、直後に労働騎士団の「労働者の大いなる主《グランド・マスター・ワークマン》」になるテレンス・V・パウダリーがスクラントン市長に選出された。民主党と共和党は、彼の「労働改革党もしくはモリー・マグワイアズの候補者」を破るための共同市民候補者名簿を作成した。スクラントン・リパブリカン紙は「この共産主義的な寡頭政治を打倒せよ」と叫んだ。同紙は、「市長執務室でのパウダリー派の継承と、税金を払わない無責任な権力の暴徒によるスクラントンの未来を恐れた。彼の敗北は、「我々が日の入りを期待するのと同じくらい確実」であった。彼の選出後、同紙は、「何百人もの労働者が共産主義の網に誘致された」と説明した。

ニューヨーク州の春の選挙では、「労働者とグリーンバック党連合」と呼ばれる新党が、エルマイラ、オーバーン、ユーティカ、オスウェゴの市長を選出し、ロチェスターとシラキュースの民主党よりも多くの票を集め、17の郡で郡政執行官を選出した。これらの勝利は、州北部のコミュニティの労働者が行った丹念な組織活動の成果であった。エルマイラ、オーバーン、ロチェスター、ユーティカ、オスウェゴから「グリーンバック労働者党の宣伝者が近くの郡に」やって来て、独立政党の候補者を支援する必要性について農民たちに講義した。

ニューヨーク・トリビューン紙の記者がエルマイラから書いたところによると、「講演者は、この街の靴工場や機械工場で働いていた職工にほぼ限られていた。作業場で1日に8から10時間働いた後、彼らは十数マイル離れた田舎に行き、校舎や屋外で演説し、真夜中かそれ以降に戻ってきて、翌朝のいつもの時間に作業場に出勤した。このようにして、この郡のすべての学区で集会が開かれ、多くの町でグリーンバック・クラブが結成された」。

前進していたにもかかわらず、グリーンバック労働党運動は分裂していた。早くも1878年5月には、党内の基本的な対立が危機的な状況にまで高じた。同月に開催されたペンシルヴェニア州党大会で、分裂はかろうじて回避された。大会の議長選挙でパウダリーがデイヴィッド・カークに敗れたとき、グリーンバック労働党の代議員は躓いた。彼らの大きな敗北は、大会が知事候補としてナショナル・レイバー・トリビューン紙の発行人トマス・アームストロングを拒否し、労働運動とは無関係の法律家サミュエル・メーソンを指名したときに起こった。後に彼がペンシルヴェニア鉄道の顧問弁護士であったことが判明した。

さらに悪いことに、綱領は、前年に党が推進したよりも労働者の要求が少なかった。労働時間の短縮と刑務所の契約労働制の廃止を求めただけであった。しかし、シーニーが窮地を救った。もし彼がいなかったら、大会は分裂していたであろう。彼は、「この分野には2つの政党しかない。皮を剥く者と皮を剥かれる者の政党、強盗と強盗にあった者の政党である。さあ、労働者として、グリーンバック党員として、共和党か民主党のどちらかの政治家の支配に反対する者として、一緒に働こう」と訴えた。

ペンシルヴェニア州の対立は、ニューヨーク州のそれに比べて穏やかであった。1878年7月下旬、グリーンバック労働党を州全体で強固にし、州の公認候補の指名を目的とした大会がシラキュースで開催された。この運動を代表すると主張する4つの別の代表団がニューヨーク市から来た。それぞれ3つの代表団がブルックリンとトロイとオールバニーから、2つの代表団がバッファローから来た。ニューヨーク市の代表団の議席をめぐる激しい議論は、同市のすべての代表団を排除して終わった。ネイション紙は、この対立は「都市と田舎、おもに『労働改革』を代表する都市と、新しい党の『グリーンバック』派を代表する田舎」の対立であると報じた。この大会で設置された州執行委員会の構成は、グリーンバック党員がグリーンバック労働党を支配していることを明らかにした。構成員の3分の2は通貨改革者で、労働者の代表は3分の1しかいなかった。また、労働者自体も統一されていなかった。エルマイラのフニオのような労組幹部は、「グリーンバック問題の解決は労働問題の解決である」と考えていると公然と述べた。大会で指名された候補者のほとんどは、労働運動にほとんど影響力のないグリーンバック党の政治家であり、ここでもペンシルヴェニア州と同様に、綱領には1年前よりも少ない労働者の要求しか盛り込まれていなかった。

ニューヨーク州のグリーンバック労働党の綱領は、一般的に運動における労働者階級の強さを示していた。メイン州では労働者の支援がほとんど、あるいはまったくなく、綱領は金融と農地に関するものであり、インディアナ州では、唯一の労働者の決議は、鉱山の換気と企業の資産に対する第1先取特権《リーエン》（留置権）（リーエンに関しては第8章102ページを参照のこと）としての賃金の設定を求めるものであった。労働者の参加率が高かったオハイオ、ミズーリ、イリノイ、マサチューセッツ各州では金融改革が綱領を際立たせていたにもかかわらず、労働者の要求にかなりの注意が払われた。オハイオ州では、炭鉱夫団体の中心人物であるアンドリュー・ロイが、最重要なポストである州務長官に指名された。マサチューセッツ州で労働者のかなりの支援を得ていたベンジャミン・F・バトラーが州知事候補となった。彼は後に民主党からも指名された。

労働者の要求を含む多くの綱領には、「財産の平等な分割を求めるヨーロッパから輸入された共産主義の赤旗」への非難も含まれていた。労働者がこの赤狩りを信じていなかったことは、労働者階級のグリーンバック・クラブによってリーフレットの形で配布された教理問答集に見られる。『賢者ナタンの手紙』と題されたこのリーフレットには、次のような内容が含まれていた。

「そのとき民衆は賢者に言った、共産主義とは何ですか」。

「すると、賢者は一言も彼らに答えず、ただ紙の上に頭をかがめて、その上に書いた」。

「群衆はさらに彼に質問して言った、この共産主義と呼ばれるものは何ですか。私たちがあなたに懇願していることを私たちに教えてください」。

「すると、賢者は彼らに答えて言った。私の兄弟がパンくずのために気を失ったとき、上等のパン、上等の肉、ぶどう酒、果物、金や銀の宝物、私が必要としない宝石、細工で作られた狡猾な衣服を集めて、私の倉庫に保管してはならない。これが共産主義である」。

「ある女が呟いた。それはキリスト教ではないのか」。

「そして、年老いたラビが話し、モーセと預言者たちに最初からそのように教えた」。

「そして、天の国から来た1人が、6000年前に孔子を教えたと呟いた」。

「そして、賢者は言った。平安あれ。言葉のためにあなた方の心を少しも悩ませてはならない。それは人間である」。

1878年秋の投票は運動の到達点を示していた。連邦議会のグリーンバック労働党候補に約106万票が投じられ、東部から6人、中西部から6人、南部から3人の計15人の議員が連邦議会に送り出された。ペンシルヴェニア州の投票数は約10万票で、総投票数の約14%を占めた。無煙炭地帯が最大の票を占めたが、投票数は77年のそれを3000票下回った。ルツェルン郡では国民党の票が1万4538から9674票に、ドーファン郡では3923から1468票に減少した。候補者の選考に対する不満がこの減少の原因であった。

基本的に、労働者政党とグリーンバック党との同盟は不安定であった。同党の支持者にとって、労働者の要求は取るに足らないものであった。なぜなら、同党の理論は金融改革がすべての問題を解決すると述べていたからである。多くの同党員は、「共産主義や労働者の一種の株式会社である労働組合」とは何の関係もないという、ばかげた発言によって同盟を弱体化させた。同党員の最大の要求は、グリーンバック労働党大会のある代表者によって、「我々が望むのはグリーンバック紙幣と国民のお金と誠実な政府だけである」と正確に表現されていた。

しかし、労働者はもっと多くのことを望んでいた。アトランティック・マンスリー紙の記者が1878年秋に調査を行い、労働者がグリーンバック労働党運動を通じて何を得るのを期待しているかを明らかにした。彼がペンシルヴェニア、ニューヨーク、ニュージャージー各州の労働者に話を聞いたところ、これらの労働者は『絶対貨幣』への信念に全員が同意していること、……政府が大規模な公共建設工事をすることで国民の雇用主になるのを望んでいること、そして、政府が国民の利益のために鉄道、運河、電信を所有し運営すべきであると考えていること、政府による土地の所有を支持していること、個人による富の大規模な蓄積を法的に禁止すること、さらには、毎年（または毎日）表明される国民の意思を、憲法の定められた規定や制約に大きく置き換える点に同意していること」を見いだした。その他の共通の要求は、労働時間の短縮、すべての公務員の直接選挙での選出、累進所得税、公共事業、比例代表制であった。

1879年までに、かつては強力であった労働者と中産階級の組み合わせが残っていた唯一のグループは農民であった。翌年には、グリーンバック党の幹部が大会を招集し、そこには労働騎士団、グリーンバック労働党、カルフォルニア労働者党、カンザス労働者党、シカゴ8時間労働同盟、労働組合の代表が参加した。社会主義者の参加は、「通貨のごまかし」にもかかわらず、グリーンバック労働党連合の労働者の要求が重要であると主張したアドルフ・ドゥエーが率いる長い闘争の後に行われた。多くのアメリカの労働者が運動に参加していたので、社会主義者は善人を守り、その欠点と闘うために運動に参加する必要があった。彼は、「もし私たちがクローゼットに閉じ籠もっていたら、彼らはどうやって私たちの声を聞くことができるのか。もし彼らが私たちの宣言を理解できないなら、彼らはどうやって私たちの宣言を読むことができるのか。そして彼らがそれを読むとき、彼らがそれを完全に理解する前に私たちからの説明を必要としないのか」と問うた。皮肉なことに、社会主義者がグリーンバック労働党連合と協力することを決意したときには、労働者はすでに運動を離れていた。

大会で社会主義者は孤立し、彼らが独占に対して導入した穏健な政策は、議会の策略によって巧みに脇に追いやられた。綱領の労働政策は、全国での8時間労働法の施行、刑務所の契約労働制の規制、14歳未満の児童労働の禁止、現金による賃金の支払いを要求した。

グリーンバック労働党連合が実施した〔1880年の〕大統領選挙では、その候補者であるジェームズ・B・ウィーヴァー〔1833〜1912。南北戦争後に准将、オハイオ州選出の下院議員。2度大統領候補となる〕は、鉄道の規制と実際の入植者への公有地の確保の要求で、とくに農民に訴えた。農村部では広範な組織的支援があったにもかかわらず、彼は30万票しか得票できなかった〔1892年の人民党の大統領候補としては、一般投票で100万票、22州で選挙人の票を得た〕。労働者の間で選挙運動は組織されておらず、彼はそのほとんどを南部で行っていた。1882年までに連合は崩壊し、彼は党の幹部に対して、都市は絶望的であるため、演説は農村部でのみ行うよう助言した。

中国人の排斥

グリーンバック労働党運動がニューヨーク、ペンシルヴェニア、オハイオの各州、その他の東部や中西部の州の労働者の活気を捉えている間に、カリフォルニア州の労働者はアメリカ人の生活から中国人を排除することを目的とした独立政党に入党した。ほとんどのアメリカ人は、1849年のゴールドラッシュ時に中国人が初めて大勢でアメリカにやってきた折りには彼らを歓迎した。52年、カリフォルニア州知事は中国人を「我々の養子縁組された市民のなかでもっとも望ましい」と評価し、「さらなる定住を促すために」彼らに土地を与えるよう示唆した。しかし、移住が刺激されたのは、中国人労働者の移住が非常に収益性が高いことを知った蒸気船会社と、ストライキを打破するために安価な労働者をアメリカの雇用主に供給できた契約会社によってであった。

1870年、75人の中国人がマサチューセッツ州ノースアダムズの聖クリスピン騎士団のストライキ阻止を目的に雇われた。雇用主は、「アメリカの最悪の労働組合である聖クリスピン騎士団の過酷な暴政から解放するために」、「クーリー（苦力：中国の下層労働者）」労働者を使い続けると脅した。フィラデルフィア・ノース・アメリカン紙は雇用主に、ノースアダムズの同僚を見倣って、月6ドル未満のこの安価な労働力を使うよう説いた。ボストン・コモンウェルス紙は、「これらの『中国人』は、いかなるストライキ組織にも属していない――夜に外出することを気にしない――彼らの給料について気に病まない――雇用主に口出しする気もない」点に同意した。

労働運動における中国人に対する受け止め方には2つあった。1つは、「国家の富は、おもにその資本である労働にある」ので、アメリカの労働者は「中国人、アフリカ人、あるいはこの地に自発的にやって来る、あらゆる国の出身者」を歓迎すべきであるという見解であった。労働者階級を分断してまで中国人に敵対するのは、雇用主の利益にしかならなかった。アメリカの労働者は、いわゆる「黄色の脅威」を非難するのではなく、中国人を組織し、雇用主が中国人を利用して賃金水準を下げるのを防ぐべきであった。彼らは、不公正な移民労働者との競争を反外国人的偏見と一瞬たりとも混同すべきではないというのがもう1つの見解であった。

この問題に対して正しいアプローチを提案した人は、ほとんどいなかった。黒人労働者と白人労働者は団結すべきであるという信念で他の労働運動指導者よりもはるかに先を行っていたキャメロンでさえ、東洋人移民問題に関して間違った立場をとった。彼は1869年6月12日付のワーキングマンズ・アドヴォケイト紙で、「中国人、日本人、マレー人、猿を連れてきて、彼ら全員を有権者にし、彼らを人間、労働者として認め、彼ら全員を混ぜ合わせて、古い白人人種を水で割れ」と書いている。ドゥエーの編集が行き届いていたアルバイター・ウニオン紙は、人種憎悪のこうした表現を批判したが、中国人の生活水準が非常に低く、西洋文明を吸収するのに100年かかるため、中国人移民を止めるべきであるという点には同意した。

労働運動の進歩的な指導者のこのような意識からすれば、米中両国が自国民の相手国への移住権を認めた1868年のバーリンゲーム条約（これにより、合衆国が中国の国内問題に干渉しないという原則と中国移民の合衆国における諸権利が確認された）に反対する労働者が非常に多かったのも不思議ではない。同条約が批准されるやいなや、労働運動は同条約を廃止する運動を始めた。この要求は同年以降の全国労働組合《NLU》の各大会で進められ、全国労働改革党の綱領の1つとなった。同党は、アメリカにおける中国人労働者の存在は、「貧困とそれに伴う悲惨と犯罪の連鎖を伴う悪であり、禁止されるべきである……」と決めつけた。

カリフォルニア州での扇動家の一時的な影響

アメリカに連れてこられた中国人労働者のほとんどはカリフォルニア州に住んでいた。同州で巨大鉄道が完成すると、彼らはさまざまな職業に参入し、未熟練職種から熟練職種へと徐々に移行した。鉄道が完成したことで、何千人もが失業したが、同州では国内の他の地域で深刻化するのに先駆けて失業が問題視された。扇動家は同州の多くの労働者に、失業は「クーリーとの競争」によるものであると説得し、信じられないほど低賃金で働く中国人労働者はこれらの議論に信憑性を与えた。アメリカで中国人実業家との競争の影響を感じ始めた多くの製造業者や商人は、「黄色の脅威」という迷信を作り上げた。

１８７７年7月22日、サンフランシスコの労働者は、鉄道スト参加者への同情を表明するために合衆国労働者党が主催した集会に参集した。演説も集会で採択された決議も、中国人問題には言及していなかったが、集会が終わる前に、暴漢が講演者に「中国人の脅威」について何か発言するよう求めて集会を妨害した。集会が虚仮威《こけおど》しに乗らないのがはっきりすると、暴漢は立ち去り、中華街を標的にした。数日間、暴漢は市内を彷徨い歩き、中国人労働者を攻撃し、中国人の洗濯屋を取り壊した。暴動は、「鶴嘴の取っ手《ピックハンドル》隊」を組織した公安委員会によって最終的に鎮圧された。

「ピックハンドル隊」のメンバーの1人はアイルランド人の荷馬車屋デニス・カーニーで、彼は雇用主への同情、労働者階級への攻撃、投機的事業で富を得たとの自慢で有名な人物であった。彼は、労働運動に加わることが自分の政治家としての将来を前進させる最善の方法であると判断していた。彼は合衆国労働者党に入党しようとしたが、労働者階級の敵として拒否された。その後、自分の組織を創ることを決断し、少数の支持者とともに１８７７年8月にサンフランシスコ労働者職業・労働組合を結成した。２カ月後の10月、彼は自身を党首としてカリフォルニア労働者党を結党した。

カーニーの党は、「政府を富裕層の手から奪い、政府が本来帰属すべき国民の手に委ねる」ことを提案し、国の土地独占を粉砕し、「貧しく不幸な人々に適切に」提供することを目指し、「将来の莫大な富を不可能にする税制によって、富裕層の莫大な金権勢力を粉砕する」意図を宣言した。これらの綱領は党の撹乱目的を隠す仮面であった。「我々は、安価な中国人労働力をできるだけ早く、全力でこの国から排除することを提案する。なぜなら、中国人労働者は依然として労働を劣化させ、資本を増強する傾向があるからである」。

カーニーの党は急速に前進し、サンフランシスコ中で区クラブが組織され、毎週日曜日の夜に空き地での集会が開かれ、何千人もの組織化されていない労働者がカリフォルニア労働者党に加わった。合衆国社会主義労働者党の幹部の何人かがこの彼の党と合体すると、労働者の間での威信が高まった。まもなく、サンフランシスコの社会主義運動の賛同者のほとんどが彼の党に加わり、かなりの力を得た。

レイバー・スタンダード紙は、すべての社会主義者に対して、「中国人は出て行かなければならない」というスローガンに反対し、カーニーを中国人問題の適切な解決を妨げている扇動者として正体を暴くよう求めた。同紙は、反労働者活動のための中国人労働者の移入には反対しなければならないが、アメリカの中国人労働者は労働組合活動を通じて他の労働者と協力し、賃金を引き上げるべきであると続けた。東部の社会主義者の指導者ケイレブ・ティリーは、カリフォルニア州の党に宛てた手紙で、「靴屋を覗いてみればわかる。中国人によってではなく、より強力な敵、心も魂もなく、あなた方の瀕死のうめき声をけっして聞かない敵、資本によって踏みにじられた人たちのために」と書いている。

1878年1月上旬、カーニーとその仲間は、「治安紊乱を引き起こす傾向がある」という表現を使ったとして逮捕され投獄された。短期間の投獄で「殉教者」となった彼は、今では誰も彼の統率力《リーダーシップ》に逆らう勇気はないと確信していた。しかし、彼の高圧的で独裁的な戦術は、彼自身の支持者の間でも怒りを買っていた。カリフォルニア労働者党の党員は、彼が体格がよくて騒々しい手下を伴って区クラブの集会を訪れ、彼が不快と感じた集会をすぐに妨害しようとするやり方に激怒した。彼は、鍛えられた暴漢の助けを借りて、彼の戦術を批判した区クラブの役員を追放し、彼に従う幹部を任命した。彼は、「私の声は民衆の声である。民衆が他の誰かを私の代わりにするまで、私は独裁者である。私は民衆に何の借りもないが、民衆は私に多くの借りがある」と言ったと伝えられている。

「民衆の声」が反労働勢力によって「認知され、広まっている」という噂や、彼がサンフランシスコの実業家が5000ドルを渡せば運動を止めると約束したという噂も、カーニーと彼の側近への反感の原因となっていた。さらに、地方の労働組合は徐々に彼に敵対するようになった。それというのも、彼は組織化された労働者に敵対し、労働組合に党の代表権を与えなかったからである。

カーニーは、彼の政策に反対する多くの社会主義者を含むすべての党員を追放することで、しばらくの間は党の支配権を維持できた。彼は、1878年1月21日にサンフランシスコで開催されたカリフォルニア労働者党の第1回党大会で支配権を握ったが、彼の攪乱的な政治から逸脱した綱領の採用を止められなかった。綱領には、合衆国政府は資本家によって支配されているので、人民の権利が無視されていると述べていた。「クーリー」労働は土地への呪いとして非難され、その制限と廃止を求める要求が提起された。その他の要求は、土地の所有権は入植者にのみ与えられるべきであること、金融制度は農業、製造業、商工業のニーズと一致すべきであって、銀行家、商人、ブローカーのそれと一致すべきでないこと、1日8時間が法定労働日であること、囚人労働による農業は中止されるべきであり、公共事業のすべての労働はそれぞれの作業で一般的な賃金で支払われるべきであることを求めた。また、課税を通じて億万長者や独占者の成長に終止符を打つべきであり、合衆国大統領、副大統領、上院議員は国民によって直接選出されるべきであることも主張した。最後に、非宗教的な性格をもつ義務教育制度を全国的に確立することを求めた。それは、「我々のすべての公立学校では、定期的に講義が行われるべきであり、その第1の目的は、人生の他のすべての職業にとって最重要なものとして、労働と機械的職業の尊厳を維持することである」とした。

1878年の年初の数カ月間、カリフォルニア労働者党は州全体で急速に成長し、地方選挙で一大勢力となった。2月19日にサンタクララ郡で行われた補欠選挙では、民主党と共和党が支持する候補者を破って、カリフォルニア労働者党の議会候補者が選出された。1カ月後、同党はサクラメントの市長と市検事を選出した。

グリーンバック労働党運動と同様、カリフォルニア労働者党も最大の勝利を収めた後に衰退した。1878年3月以降、同党はカーニー派と反カーニー派に分裂し、両派が地方選挙で別々の候補者を指名したところで敗北を喫した。その他の要因も同党の分裂を加速させた。同党によって選出された多くの候補者は、旧態依然とした政治家や製造業者であり、彼らは一度政権を握ると、組織の原則を無視し、労働者によって非難された法案に投票した。

1878年5月までに、2つの執行委員会が設置された。反カーニー勢力は、その多くが労働組合員であったが、カルフォルニア州の民衆に演説を行い、カーニーが独裁者であり、「敵側に寝返り」、「抑制できない組織破壊者として、また党の敵として行動し、愚かさ、暴動、混乱を引き起こすように人々を説得し、クラブを解散させ、その他の方法で党に損害を与え、中傷した」と非難した。

この点から見ると、カリフォルニア労働者党の物語は、おもに内部の不和と些細な争いの物語である。この不和の時期にいくつかの勝利が得られた。おもに同党とグレンジャーとの同盟によって新しい州憲法が採択され、1879年に同党はアイザック・S・カーローホをサンフランシスコ市長に選出した。しかし、80年に同党は候補者を選出できず、その直後に衰退しつつあったグリーンバック労働者党と融合した。

不正行為に手を染めたカリフォルニア労働者党と、製造業者や政治家によって支配されていたグリーンバック労働党運動は、広範囲に及ぶ結果をもたらした。どちらも独占の問題を前面に押し出し、多くの重要な労働者の要求に対する国民の支持を喚起するのに影響を与えた。どちらの運動も、旧来の既成政党に民衆の要求により注意深く耳を傾けるよう促す役割を果たした。その結果、諸州に労働統計局が設置され、囚人労働による農業を終わらせ、義務教育制度を確立し、法定貨幣以外での賃金支払いを廃止する法律が成立した。

社会主義者の運動

1876年の社会主義諸派統一会議は、ラサール派とマルクス主義者との間の紛争を終わらせることはできなかった。ラサール派は、政治運動は政党が「目に見える影響力を行使するのに十分な強さを有する」場合にのみ組織されるべきである、という同会議の権限を無視することを決意した。翌77年の大規模ストライキの敗北は、ラサール派によって、投票箱が資本家階級と闘うための唯一の効果的な武器であることの証拠として捉えられた。ストライキと失業者のデモはけっして成功しないと彼らは主張した。なぜなら、それらが成功し始めた瞬間、政府は警察、民兵、軍隊を派遣して運動を鎮圧するからである。政府職員は労働組合の行動によって排除できなかったので、搾取された大衆を代表する独立した政党だけが状況を変えることができた。投票によって国が掌握されれば、社会主義社会は目前に迫ってくる。

鉄道ストライキ後の政治活動に対する世間の大勢に助けられて、ラサール派、または「政治活動型」社会主義者は、社会主義諸派統一会議の決定を無視して政治に突入するよう、多くの党派を説得できた。当初の結果は非常に好意的であった。１８７７年秋の地方選挙と州選挙では、社会主義者の票が大幅に増加した。シカゴでは７０００票、シンシナティでは９０００票、バッファローでは６０００票、ミルウォーキーでは１５００票、ニューヨークでは１８００票、ブルックリンでは２００票、ニューヘヴンでは１６００票であった。

１８７７年12月26日にニューアークで開催された合衆国労働者党の大会では、「政治活動型」社会主義者が運動を完全に掌握した(＊)。その名称は社会主義労働党〔１８７６年の国際労働者協会解散直後、いくつかのアメリカ支部から北アメリカ社会民主主義勤労者党ができ、翌年同党が名称変更したもの〕に変更され、規約と原則宣言が全面的に改正された。差し迫った選挙運動に対するすべての障害が取り除かれ、党の主たる目的は、政治活動のための労働者階級の動員であると強調された。補足声明では、党は「労働組合との友好関係を維持し、社会主義原則に基づいて労働組合の結成を促進すべきである」と確認されたが、同党の主たる機能は政治運動の組織化であることが明確にされた。その指導原則は、「科学は兵器工場、理性は兵器、投票は飛び道具」となった。

（＊）レイバー・スタンダード紙のＪ・Ｐ・マクドネルと彼の支持者は、この大会には参加しなかった。

１８７８年春と秋の選挙では、新党はかなりの成功を収めた。春の選挙でのシカゴの得票は約８０００票で、２人の社会主義者の市会議員が選出された。続く秋、シカゴの社会主義者から４人の議員、１人の上院議員、３人の州議会下院議員が選出された。セントルイスでは３人の社会主義者が州議会に選出され、ニューヨークでは社会主義者への投票は前回選挙の２倍の４０００票であった。

当然のことながら、「政治活動型」社会主義者は選挙結果を自分たちの立場の正当性を証明するものとみなした。しかし、実際には、これらの勝利は、ラサール派ではなく、政治活動のみにラサール派が集中することに反対していたマルクス主義者や「労働組合型」社会主義者のおかげであった。ラサール派との意見の相違を我慢し、シカゴ(＊)、セントルイス、ニューヨークのマルクス主義者は、社会主義候補者の背後で労働組合を動員し、選挙当日にリーフレットを配布し、あらゆる方法で労働組合と政治活動団体を一体化した。しかし、ラサール派が支配していたシンシナティでは、労働組合と連絡はつかなかった。その結果、１８７７年秋以降、社会主義者の票は予測に反して減少した。

（＊）シカゴで労働組合と社会主義労働党の連合を実現させた立役者は、アルバート・Ｒ・パーソンズであった。彼は、活動的な社会主義者であると同時に過激な労働組合主義者でもあった。彼は、シカゴとその周辺の合同同業者・労働組合の委員長に選出された。マルクス主義を徹底的に研究したわけではないが、当時の彼は経済的行動と政治的行動の両方を支持していた。労働組合を結成し、投票所で主体的に投票することによって、労働者は「我々の公正なアメリカを貧者、浮浪者、扶養家族の国に変えつつある、集約された富の力の増大にまもなく終止符を打つであろう」と彼は宣言した。

その後の選挙では、事前の入念な準備や労働組合の支援なしに投票箱に殺到しても、けっして永続する結果は得られない、と警告したマルクス主義者が正しかったことが証明された。1879年秋の選挙での社会主義者の得票は期待外れで、1万2000票から4800票に後退した。「政治活動型」社会主義者は、「良き時代」の復活は社会主義の成功を必然的に終わらせ、「労働者は依然として盲目で軽率である」との声明で結果を一蹴した。「良き時代」の復活は「収奪された労働者を急速に古い道に戻す」ものであり、社会主義労働党の票を減少させた。しかし、ラサール派の社会主義労働党の党首フィリップ・ヴァン・パッテンでさえ、当面はマルクス主義者の立場の正しさを認めざるを得なかった。

ヴァン・パッテンは、「今日、唯一信頼できる基盤は労働組合組織であり、散発的な性格をもつ政治上の努力が一時的な成功を収めることはよくあるが、政治的強さの唯一の試金石は、労働組合組織が政治運動をどの程度支援するかにかかっている」と書いている。

1880年までに、組織化された社会主義運動は、相容れない派閥に大きく分裂した。「政治活動型」社会主義者とはかけ離れたこの傾向は、同年に起こった2つの出来事によって加速された。春のシカゴの選挙では、第14区の市会議員に立候補していた社会主義者フランク・A・シュタウバーが勝利したが、選挙判事によって不正に議席を奪われた。彼は最終的に議席を得ることを許されたが、この事件は多くの社会主義者に、新しい社会秩序を達成する方法として投票に信頼を置くことはほとんどできないと確信させた。なぜなら、当選した社会主義者の候補者は単に就任を阻止されるだけだからである。

この事件の直後、社会主義労働党は1880年の大統領選挙への参加方法をめぐって分裂した。大多数はグリーンバック党との融合を支持しており、党はウィーヴァーを指名したグリーンバック党大会に正式に参加したことが思い起こされるであろう。しかし、一方の陣営は無党派の社会主義者の候補者の指名を主張し、シカゴではパーソンズが率いるこの一派が独自の地元候補者を指名した。

政治活動に幻滅し、社会主義社会を実現するための武器としての投票への信頼を失った社会主義運動の指導者のなかには、党を離脱した者もいた。ある一派は急激に右傾化し、政治とは何の関係のない一種の労働組合主義を主張し始めた。別の一派は、投票の放棄、教育的な「言葉によるプロパガンダ」、労働組合を通じた現下の要求のための闘争、腕力の代替、労働者の武装、「行動によるプロパガンダ」を主張した。(*) 1878年10月に反社会主義例外法が可決された後、ドイツからの逃亡を余儀なくされた社会主義者の到来によって、進化する無政府運動の隊列は膨れ上がった。

（＊）1875年までさかのぼると、シカゴのドイツ社会主義者の小さな一派が武装クラブを結成し、自由民主主義運動として知られるようになった。77年の大規模ストライキの際の警察、民兵、軍隊による労働者への攻撃は、このクラブによって始められた運動の拡大をもたらした。これらの武装集団の構成員のほとんどは社会主義労働党に所属していたが、同党の全国執行委員会は、社会主義運動の目的と政策について誤ったイメージを与えているとして、これらの組織を非難した。78年には、同党の全党員がこれらのクラブから脱退するよう命じられたが、この命令はシカゴの社会主義者の憤慨するところとなり、党内の分裂をより一層激化させた。

まもなく、社会革命クラブがニューヨーク、ボストン、フィラデルフィア、ミルウォーキー、シカゴに出現した。これらのクラブは、社会主義労働党に所属していたか、最近ドイツからやって来た外国生まれの労働者で構成されていた。最終的には、この新しい組織が連合して革命社会党を結党することになる。1881年の党大会で採択されたこの党の綱領は、「共産主義的な」原則に基づいて労働組合を結成することを求め、援助は「進歩的な」性格の労働組合にのみ与えられるべきであると主張した。綱領はまた、投票を「労働者を騙すためのブルジョアジーの発明」と非難し、労働者に「我々の政治制度の不正と投票によって社会を再建しようとすることの無益さ」を証明するための独自の政治活動を推奨した。資本主義体制と闘うために使用される主たる武器は、「彼らの権利の侵害に抵抗するために銃をもって立つ労働者の武装組織……」であった。

アメリカの労働者のなかには、生粋の無政府主義者はほとんどいなかった。無政府主義の哲学に影響を受けた人々の多くは、階級意識のある闘争的な労働組合員であった。彼らは、ストライキを鎮圧するための軍隊や地元警察の利用の増加、広範囲に及ぶ政治腐敗、そして、労働者側候補者が当選したとしても議場で席を得られなかったことから、投票の効果に対する信頼を失った。

1880年の選挙後、社会主義運動はいくつかの派に分裂した。ある一派は滅茶苦茶に掻き乱された社会主義労働党を再建しようとした。別の一派は82年にイギリスからこの国にやってきたヨハン・モスト｛第2巻では、モストがアメリカに来て初めて「社会革命運動は真にその階級を団結させ、活発な勢力となった」と評価されている｝の指導のもと、ニューヨークやその他の東部の都市で純粋な無政府主義を進化させた。シカゴやその他の中西部の都市では、パーソンズとオーガスト・スピーズが労働組合主義と無政府主義を組み合わせた一派を率いていた。ロッキー山脈と太平洋沿岸の労働運動では、自分の職業を憎んでいた弁護士のバーネット・G・ハスケルと労働騎士団の幹部ジョゼフ・R・ブキャナンが、「新世界が生まれる苦しみからの万国共通の革命」を達成する手段として、教育と労働組合主義を重要視するプロパガンダを提案した。ほとんど気づかれないうちに、もう1つの派が、アメリカの労働者階級の運命に強力に影響する原理、純粋で単純な労働組合主義、つまりアメリカ労働総同盟の「新しい労働組合主義」を展開し始めていた。

第25章　現代労働運動の始まり、１８７８～１８８１年

　１８７０年代の長期不況の間に、多くの産業の労働組合は組合員の過半数を失ったが、労働組合主義が一度も消滅したことはなかった。アイアン・モルダーズ・ジャーナルは、労働運動は疲弊したものの、「労働が個人または法律によって不当に扱われる可能性がある間は、不正に対する抵抗の精神、すなわち労働組合主義の精神はけっして死ぬことはない」ことを雇用主に思い出させた。

労働組合主義の復活

　景気は１８７８年半ばまでに回復し始め、その1年後には国内のほとんどの地域で産業の回復が本格化した。その後の数年間、国の経済生活がますますトラストや独占の手に集中するにつれて、カーネギー家、ロックフェラー家、グールド家、モルガン家に莫大な利益をもたらすことになった。しかし、労働者に関しては、産業の復活は賃金の上昇、労働時間の短縮、労働条件の改善を自動的にもたらしたわけではなかった。組織化された彼らの闘争の結果、1日の労働時間は19世紀初頭に一般的であった14時間や15時間から短縮された。いくつかのまれな例では、80年代初頭に労働者は8時間労働を勝ち取っていたが、ほとんどの労働者は60年代と同じように8時間労働からは程遠い状態にあった。83年のニューイングランドの繊維労働者の平均労働時間は、ほぼ10時間強であった。同じ年のパン屋は週80から１２０時間、組織化された葉巻工は週55から60時間、未組織の葉巻工は週66から90時間、ほとんどの都市部の運輸労働者は週90から１００時間働いていた。

　合衆国およびカナダ職業同盟・労働組合総連合〔川田教授は「合衆国カナダ組織労働組合連盟」、津田教授は「合衆国カナダ組織労働組合連盟」、長沼教授は「合衆国・カナダ職工および労働者組合連合」とされている〕の会長サミュエル・ゴンパーズは、１８８３年の賃金は70年よりも低いと推定した。彼は、５つの最重要製造業州、ニューヨーク、マサチューセッツ、オハイオ、ペンシルヴェニア、イリノイの産業労働者の平均年間賃金は４００ドル未満になったと主張した。この期間に収集された賃金統計は、彼の推定と完全には一致しないが、かなりの数のアメリカ人労働者が貧困のなかで生活しているという彼の結論を実証している。83年の労働者階級世帯の平均年間生活費は７５４・42ドル、労働者の平均所得は５５８・68ドルであった。

　１８７０年代の不況を経験した労働組合は、現代の労働運動の基盤を形成した。80年には18の全国的な組合があり、その半数は経済危機以前に結成されていた。79年以降、４つの労働組合は次の表のように組合員数を増やした。

　全国的な組合の組合員数の増加と同様に重要なのは、79年以降、

すべての重要な工業中心地に都市中央団体が増加したことである。翌80年9月の報告によれば、「すべての主要都市において、労働組合は中央協議会または職業会議と相互援助のために同盟していた」。ニュージャージー州エセックス郡とパセーイク郡、ペンシルヴェニア州アレゲーニー郡の職業会議のように、郡全体に及ぶ職業会議がいくつかあった。建設業界の地方中央協議会はいくつかの都市で組織され、ニューヨークの協議会には25の組合があった。別のタイプの都市連合体は、ニューヨーク、シカゴ、ミルウォーキー、セントルイス、その他のドイツ人労働者階級が多い都市で結成されたドイツ人職業組合連合であった。

	1880	1881	1882	1883
煉瓦積み工	303	1,558	6,848	9,193
印刷工	6,520	7,931	10,439	12,273
葉巻工	4,409	12,000	11,430	13,214
大工・建具工		2,042	3,780	3,293

ドイツ人職業組合連合は、社会主義労働党と密接に関係しており、同党の候補者を支持し、社会主義系新聞の販売を助けた。職業会議における社会主義者の影響はドイツ系の中央労働団体だけに限られたものではなかった。職業会議の多くは社会主義者である労働組合主義者によって組織されており、社会主義労働党の党報《ブレティン》は、１８８０年9月に全国の都市中央労働団体の結成は「これらの職業会議に影響力を行使し、一部の場所ではこれらの職業会議を支配し、すべての職業会議で尊重されている社会主義者の努力によって達成された」と述べているが、誇張ではなかった。また、ニューヨーク州の同党の党首リューシャン・サニアル〔１８３５〜１９２７。フランス系アメリカ人の新聞編集者、政治活動家。マルクス主義の概念である帝国主義を論じた経済理論家〕は、79年9月に次のように書いたとき、誤った絵を描いた。

「あえて言えば、自由人である社会主義者が、それぞれの組合の活動的な組合員として、そうした組合が時に驚くべき形跡を示す生気と気迫を注入しなければ、アメリカの大都市の多くにおける労働組合主義は……、実際には取るに足りないものであろう」(*)。

(*) 以前はラサール派社会主義者であったが、当時は「労働組合型」社会主義者であることが確認されているピーター・J・マクガイアが、社会主義労働党の党首フィリップ・ヴァン・パッテンに送った次の手紙は、サニアルの主張を鮮明に示し、全国大工組合の起源を示している。１８８１年4月15日にセントルイスから送られた手紙にはこう書かれていた。「私たち大工のストライキは輝かしい成功です。リーブカイトと私がそれを巧く操りました。私は彼をこの運動に積極的に参加させました。私たちは賃金を1日3ドルに引き上げ、2週間のストライキの後、現在ストライキにかかわっているのは82人だけですが、この日は週に８００人以上がかかわっていました。次の月曜日に私たちは仕事に行きます。私たちは彼らを拘束するために2週間の無償資金を提供しましたので、大工たちは私たちのために何でもしてくれるでしょう。先週の日曜日、私たちは１０００人以上の大工の大規模集会を開きました。セントルイスではこれほど大規模な職業集会は一度も開催されたことはありませんでした。私たちの組合には多くの新しい組合員がいます。昨夜、イーストセントルイスで70人の大工組合を結成しました。私は、すべての都市から情報を求め、全国大工組合を結成するよう求める手紙を受け取りました。私は結成するつもりです」。

ニューオーリンズ、ガルベストン、ヒューストン、サヴァンナの労働組合の社会主義者のおかげで、これらの都市の職業会議は他の組合と対等の立場で黒人労働者の組合を認めた。同じ都市では、連合体は、黒人労働者と白人労働者が平等に資格を得た、港湾労働者、荷馬車屋、構内作業員、綿花の分類者と標識者、秤師、秤量師と再秤量師、報道関係者、乗組員の組合で組織された。南部中央職業会議と波止場地区の連合体が採用したこの民主的政策は、白人労働者と黒人労働者の対立を解消するのにおおいに役立った。1883年11月、ニューオーリンズで中央職業・労働者会議を構成する組合のパレードが行われた。すべての国、肌の色、産業を代表する1万人の労働者が列をなして行進し、デモは84年と翌年にも繰り返されるほど大成功を収めた。

職業会議は、雇用主とストライキ中の組合との協定交渉やボイコットの実施において主導的役割を演じた。職業会議はいずれも政治面で活動しており、そのなかには独自の政治活動を通じたものもあれば、労働法制の推進を通じたものもあった。1つだけ例を挙げると、1882年にサンフランシスコ職業会議は立法委員会を設置し、労働対策を提案し、公職候補者を尋問し、州議会で立法を求めるロビー活動を行った。立法委員会は、すべての公職候補者に提出された、使用者責任、工場検査、郵便貯金銀行、鉄道の政府所有、無料の教科書、週ごとの賃金支払い、児童労働の廃止などの問題を網羅した質問リストを作成した。組合員は、アンケートに好意的に回答した候補者のみを支持するよう要請された。

職業会議は政治活動を通じて、州議会による反労働法の制定を頻繁に阻止し、組織化された労働者が要求する法律を無理やり通過させた。このように、いくつかの職業会議は反労働共謀法の成立を阻止するのに成功し、多くは労働統計局の設置と労働法の制定を確保する運動で成功した。

おそらく、職業会議のもっとも重要な活動は、コミュニティの労働者の間で組織運動を推進することにあった。サンフランシスコ職業会議の尽力を通じて、80年代初頭には次のような職業が組織化された。つまり、煉瓦職人の下働き、雛形製作工、ボイラー工、鋳物工、機械工、ビール瓶製造工、注文服裁断工、屋根葺き工、蛇腹工、車夫、石炭運搬人、鍛冶屋、鞄製造工、家屋移動工、樽製造工、真鍮成形・仕上げ工、船塗装工、配管工、ガス取付工、大理石裁断工、ニス塗り工、大理石研磨工、階段工、波止場工、時計工、塗装工、貨物集配運転手などである。同様の成果は他の都市の職業会議でも得られた。

労働組合の多くがまだ全国的な団体に加盟しておらず、効果的な労働者の全国的な連合体がまだ存在していなかった時代に、地方の労働組合を統合することによって、職業会議は、労働者の連帯を強固にし、それに加えて、労働者階級を組織し、より良い生活水準を確保し、労働法の成立を達成する多くの運動の成功を保証した。

国際労働組合

職業会議の活動は重要であったが、その活動の大部分を熟練労働者に限定していた。熟練労働者と未熟練労働者の組織化は、この時期には国際労働組合《ILU》と労働騎士団の2つの組織によって行われた。

ＩＬＵの存続期間はわずか5年で、1882年には消滅してしまったが、ＩＬＵはそれが何を代表し、何をしようとしたかという点で重要である。ＩＬＵは、すべての未熟練労働者を1つの組合に組織し、そうした組合を熟練労働者の労働組合と合体して、国籍、性別、人種、信条、肌の色、宗教に関係なく、全国的な労働者の連帯を確保するための最初の大きな取り組みを主導した。

ＩＬＵは1878年初頭に組織された。ＩＬＵは、この頃に何人かの国際労働者協会《第1インタナショナル》と8時間労働運動のかつての指導者との間で設立された統一戦線から派生した。フリードリヒ・Ａ・ゾルゲ、Ｊ・Ｐ・マクドネル、アドルフ・ドゥエー、ヨーゼフ・ヴァイデマイヤーの息子オットー・ヴァイデマイヤーは、ラサール主義者の「政治勢力」による合衆国労働者党の支配に嫌悪感を抱き、アイラ・スチュワード、ジョージ・Ｅ・マクニール、ジョージ・ガントンとともに、「より短い時間とより高い賃金」というスローガンを中心とした「現下の要求」を求める運動を行った。彼らの戦略は、賃金制度の廃止を目的とした労働者階級の大規模な組織の構築にあった。

1878年初頭の会議で、マクドネルとマクニールは、18の州のメンバーで構成されるＩＬＵの暫定中央委員会を組織した。そのなかには、シカゴのアルバート・Ｒ・パーソンズとジョージ・シリング、ピッツバーグのオットー・ヴァイデマイヤー、ニュージャージー州ホーボーケンのゾルゲ、マサチューセッツ州のガントンとスチュワードがいた。マクニールを議長とする7人の執行委員会は、暫定中央委員会が会期中でないときに、その機能を果たした。中央委員会は原則宣言を作成したが、この綱領は、組織を形成するために結合した2つのグループの妥協の産物であった。原則と最終的な目的を扱う部分は、スチュワード派の産物であった。それは次のように宣言した。

「賃金制度は専制であり、そのもとで賃金労働者は雇用主が命じる代価と条件で労働力を売ることを強制される……。世界の富が賃金制度を通じて分配されるにつれて、そのより望ましい分配は、賃金が労働者の必需品ではなく収入を表すようになるまで、より高い賃金とより良好な機会を通じてもたらされなければならない……。こうして存在する利益を消滅させ、協力または自営労働を賃金奴隷から自由労働への自然で論理的な一歩にする……。労働者の解放に向けた最初の一歩は労働時間の短縮であり、それによって生み出される追加の余暇時間は、人々の風俗習慣に影響を及ぼす自然の要因に作用し、欲求を増大させ、野心を刺激し、怠惰を減らし、賃金を増加する……」。

要求を扱う綱領の一部は、暫定委員会の両グループの共同の産物であった。

「したがって、我々は、以下の法案の確保を目的とする、ＩＬＵの暫定中央委員会として知られる委員会を設立することにそれぞれ合意する。その法案とは、労働時間の短縮、賃金の引き上げ、工場・鉱山・作業場の検査、囚人の契約労働制およびトラック制度〔現物給与制度〕の廃止、安全無策の機械による事故の責任を雇用主が負うこと、児童労働の禁止、労働局の設置、労働新聞による労働プロパガンダ、労働講演会、総合オルグの雇用、賃金制度の最終的な廃止……」である。

戦術はゾルゲ、マクドネル、その他の暫定委員会の国際労働者協会の元協会員の影響を明らかに受けていた。

「これらの法案を確保するために我々が提案する方法は、以下のとおりである」。

「第1に、労働者の合同連合体を結成し、いかなる職業の構成員も中央の長のもとに団結し、合同労働組合の一部を形成できるようにすること」。

「第2に、給付および保護のための一般基金の設立」。

「第3に、労働組合におけるすべての労働者の組織化および労働組合が存在しない場合には、それの創設」。

「第4に、すべての労働組合の国内的および国際的な統合」。

マルクス主義者が、原則と最終的な目的を扱う綱領のこの部分を受け入れる用意があったのは驚きかもしれない。たしかに、ゾルゲと彼の同僚は、賃金制度が8時間労働を通じて自動的に廃止されるという幻想を抱いていなかった。スチュワードとは異なり、彼らは、資本家が自発的に生産手段の所有権を放棄し、彼らの利益が8時間労働の運用を通じて労働者の賃金に吸収されると、彼らの工場をすぐに労働者に引き渡すとは信じていなかった。しかし、マルクス主義者と8時間労働の指導者は、この綱領の賃金制度は専制であり、「労働者の解放に向けた第一歩は労働時間の短縮である」という2つの主要な点で合意した。

ゾルゲと彼の同僚は、スチュワードが主導した8時間労働を求める運動を「通貨改革の愚か者の砂漠のオアシス」とみなしていたので、譲歩する用意があった。さらに、マルクス主義者は、ILUが、熟練労働者であれ未熟練労働者であれ、大多数のアメリカ人労働者を労働組合に組織する手段を提供し、彼らの闘争を通じて社会主義の必要性をより明確に理解するようになった、と信じていた。

ILUの目的は大規模労働団体の構築にあった。マクニール議長は、「ILUは、未組織の大衆と地方の労働組合が提携できる計画を提示している」と述べた。その目的は、「ユダヤ人、ギリシャ人、アイルランド人、アメリカ人、イギリス人、ドイツ人、そしてすべての国籍の人々を雄大な労働者同胞団に団結させること」であると彼は述べた。それを通じて、労働組合は「刺激されて新しく、より活発な日々を送るようになり」、そのなかで、いかなる国籍、信条、肌の色の労働者も「すべての人に自由が達成されるまで」力を合わせることになるであろう、とも述べた。ドゥエーは、マクニール議長の声明を歓迎し、ILUの原則を南部の黒人労働者に伝える必要性をことさら強調した。

「南部の黒人は、私たちのもっとも寛大かつ細心の注意を払われて然るべき人々である。彼らはそこで働くほぼ唯一の人間で、賃金奴隷でない者は彼らのなかには1人もいない。彼らが私たちの団体に加わらなければ、この国の半分は私たちの運動に敵意をもったり、無関心なままである。ボルティモア、ワシントン、ルイヴィル、セントルイス、そして、私たちの労働組合《レイバー・ユニオン》が手を広げたところではどこでも、私たちの目的のために彼らを啓蒙することから始めることで、私たちは他の方法ではできないことを達成できるし、私たちは彼らを白人雇用主から解放できる」。

この運動の創始者は、アメリカのすべての未熟練労働者を団結させる団体を意図していたが[*]、ＩＬＵは繊維労働者によって支配されていた。その多くは働く女性であった。不況の時代に繊維産業で繰り返された賃金の引き下げと長時間労働によって、繊維労働者は組織化の準備を整えていた。マクニール、マクドネル、ガントン、その他のＩＬＵの幹部がＩＬＵのメッセージを繊維労働者に伝えるやいなや、ヴァーモント州からニュージャージー州までのすべての繊維産業の中心地で組合が結成され、すぐにストライキが続いた。これらストライキの多くは自発的なもので、他の団体が主導したものもあったが、すべてＩＬＵの影響を受けていた。

（＊）ＩＬＵの書記長であるカール・スパイアーは、ＩＬＵが組織された2年後に、「ＩＬＵの目的は、おもに未熟練労働者を組織することである。彼らはしばしば職工にとって危険な競争相手であり、その結果、労働組合はＩＬＵの存在によって利益を受け、我々に完全に共感し、可能な場合には我々を支援する。職工を参加させることは、ＩＬＵを仲間とみなす労働組合に干渉することになる」と書いている。

１８７８年から80年にかけて、ニュージャージー州のパターソンとパセイック、ニューヨーク州のクリントンとコーホーズ、そしてフォールリヴァーやその他の都市で行われた繊維労働者の大規模ストライキは、ＩＬＵの短く輝かしい経歴のなかで構築された労働者の偉大な連帯を示している。ニューヨーク州コーホーズで80年に行われたストライキは完全な勝利に終わり、スト参加者は10％の賃上げと50分の夕食時間を獲得した。５０００人以上の労働者がストライキを行い、そのほとんどはＩＬＵの組合員であった。ＩＬＵが主導した78年から翌年にかけてのフォールリヴァーでのストライキは、アメリカ史上最大のものの1つであった。それは地方の支部によって数カ月にわたって慎重に準備され、より高い賃金と9時間労働の確保を目的とするストライキの時点までに、ＩＬＵは５０００人以上の労働者を獲得した。78年5月、労働者がＩＬＵの後援のもとで行われたパレードで行進し、彼らのスローガンとして次のものを掲げた。

「我々は仕事を減らし、給料を上げたい。我々は1日に9時間働けば十分だ。我々は昼食に正味1時間割きたい。我々は以上を望んでおり、今すぐ実現するのを望んでいる。平和。平和はない。我々の15％が仕事に復帰するまで平和はない。団結には強さがある。ＩＬＵに参加しよう」。

しかし、多くのストライキの失敗で、ＩＬＵの組合員数は急減した。１８８０年2月まで、ＩＬＵの組合員数は１５００人に留まり、1年後には崩壊した。81年には、ゾルゲが住んでいたニュージャージー州ホーボーケンに支部が1つだけ残っていたという始末であった[*]。83年に彼は当該支部をホーボーケンＩＬＵとして再編成し、「ニュージャージー州の労働組合が有望な労働法を獲得するのを支援する目的でＩＬＵの組合員を結びつけた」。4年後、彼がニューヨーク州ロチェスターに向けてホーボーケンを離れたとき、支部は解散した。

（＊）１８８０年2月、スパイアーは、ＩＬＵの次の支部を列挙した。ネブラスカ州オマハ（英語の支部）、ペンシルヴェニア州カウンシル・ブラフ（英語の支部）、ミズーリ州セントルイス（英語の支部）、イリノイ州カーターヴィル（英語の支部）、ペンシルヴェニア州ピッツバーグ（ドイツ語の支部）、ニュージャージ州ホーボーケン（ドイツ語の支部）、ニュージャージー州パターソン（英語の支部）、ニュージャージー州パターソン（絹織物工第14号支部）。

ＩＬＵに８０００人以上の組合員がいたことは一度もなかったが、その多くは短期間しか所属しなかったにもかかわらず、ＩＬＵの原則の影響を受けた。これらの労働者は、労働者の連帯と階級意識とを労働騎士団に持ち込むことになる。

労働騎士団

南北戦争直後、労働騎士団は労働運動の重要な勢力ではなかった。その影響力は不況期に感じられるようになった。１８７３年後半には、既存の地区会議《ローカル・アセンブリー》を連携させようとする試みがなされた。第1地区会議は、地域会議《ディストリクト・アセンブリー》を設立するための大会への代議員を選出するよう、すべての地区会議に呼びかけた。この大会では、フィラデルフィアに31の地区会議で構成される第1地域会議が設置され、儀式が書面に纏められた。常設の中央機関を設置した後、これまでフィラデルフィアに限定されていた騎士団は、ニュージャージー州とペンシルヴェニア州西部に拡大し始めた。ナショナル・レイバー・トリビューン紙〔同紙は騎士団のお先棒担ぎの新聞であった〕は、75年初頭、読者に「騎士団は西に向かっている」と伝えた。その少し後に、「秘密組織である騎士団はこの国の労働者の心を深く捉えている……。騎士団は潮の満ち引きのように静かに広がっている……。それは労働の救済者の到来である……。その門戸はすべての善良な人たちに開かれており、彼らは騎士団の崇高さをその信条とする労働者の同胞団によって、兄弟として歓迎されている」と発表した。

１８７４年にはニュージャージー州カムデンに第2地域会議が設置され、75年8月にはピッツバーグで第3地域会議が組織された。オルグは、ピッツバーグからウェストヴァージニア州を含む周辺地域を巡回した。

その後数年間の労働騎士団の成長は一様ではなかった。賃金を上げるのにほとんど何も貢献していないのを知ったとき、複数のグループが入団したり退団したりした。ほとんどの新入団員は、全国的な労働組合の傘下に一度も入ったことのない独立した地方組合や、不況期に活動を中断した全国的な労働組合の地方組合の出身であった。こうして、鉱夫全国協会、機械工・鍛冶工全国組合、聖クリスピン騎士団の多くの地方組合が騎士団に入団したり退団した。誰でも団員になれるという騎士団の考え方は、常に産業のラインに沿って組織されてきた鉱業によく適合しており、その初期の秘密主義によって、鉱夫は１８７５年の「長期ストライキ」の敗北後も労働運動を継続できた。

労働騎士団には綱領（１８７８年以前）も規約も原則宣言もなかったので、導師《プリセプター》と呼ばれたオルグが、入団すれば直面するすべての問題は解決されると労働者に約束した。当然、約束された結果が得られないと、労働者は幻滅して去っていった。したがって、「混沌から秩序を創り出し、社会に広範に散在している才能を統合し、明確に定義された調和のとれた方針に沿って運動を指揮する」全国的な組織の設立を求める声が高まるのは避けられなかった。

労働騎士団内の中央集権化に向けた非常に重要な推進力は、秘密保持の問題によってもたらされた。商業新聞はすぐに秘密の労働団体をモリー・マグワイアズと結びつけ、「モリー」の分派である騎士団が合衆国政府を転覆させようと企てているという叫び声が上がった。これに加えて、カトリック教会はすべての秘密結社、とくに告解と衝突する可能性のある儀式や誓いをもつ団体に対して敵対的であることを明確にしたという事実があった。騎士団はプロテスタントによって設立されたが、ペンシルヴェニア州の鉱業地帯に移転すると、多くのカトリック教徒を獲得した。これらの郡における聖職者の騎士団に対する敵対的な態度は、その成長に影響を与え、秘密保持の問題を急速に表面化させた。

前述の１８７６年のピッツバーグ大会では、既存の労働団体を統合した全国的な組織の結成ができなかったため、労働騎士団は独自の独立した全国規模の組織の設立を決定した。この目的のために、第1地域会議によって招集された大会が同年7月にフィラデルフィアで開催された。この大会には35人の代議員が出席したが、そのうち22人はフィラデルフィアとレディングから来た。フィラデルフィアではなく、ピッツバーグが騎士団の真の中心であると考えられていたピッツバーグには代議員さえいなかった。大会では、秘密保持を含む騎士団の方針を変更する問題は取り上げられなかったが、部外者には全米労働連盟として知られる全国的な組織のための規約が採択された。同連盟は秘密の儀式を管理する権限を与えられ、3分の2の投票によって修正が可能であった。他のすべての権限は地域会議に残った。

第3地域会議によって招集され、その支持者だけが出席した第2回大会が１８７７年5月にピッツバーグで開催された。この大会でとられたもっとも重要な行動は、労働騎士団の名称と目的を公表すべきであるという宣言と、新しいカトリック教徒が「それを自分の義務と考えるなら」、聴罪司祭〔信徒の罪の告白を聴き、赦しの秘跡を授ける司祭〕に告白できるという規定であった。

労働騎士団の中央集権化の必要性を証明したのが１８７７年の大ストライキであった。団員は個人としてストライキに参加したが、テレンス・V・パウダリーは、騎士団が公式に行使した唯一の影響力は、節度、平和的な方法、過激派との接触の回避を助言することだけであったと主張した。ストライキ後、ますます多くの労働者が騎士団に入団するにつれ、中央集権化の必要性が高まった。１８７７年末までに、11の新しい地域会議が設立され、合計14となった。この時点で騎士団は、ニューヨーク、マサチューセッツ、ウェストヴァージニア、オハイオ、イリノイ、インディアナ、ペンシルヴェニア、ニュージャージーの各州にまで〔その勢力範囲を〕拡張していた。

第3地域会議の同意を得て、第1地域会議は１８７８年1月1日にペンシルヴェニア州レディングで会議を招集した。その目的は、「中央会議を結成すること……、また、中央抵抗基金、統計局、組織活動用の歳入の提供、公式登録簿の作成、各会議の番号と会合場所の提供などを行うこと、また、名称を公表すること」にあった。

レディング大会は、労働騎士団のための全国的な中央組織を設立し、いくつかのわずかな変更を加えて、騎士団の規約として機能する一連の原則を採択した。それは、「巨大資本家と企業の警戒心を抱かせる成長と攻撃性は、［それが］抑制されなければ、労働大衆の貧困化と絶望的な堕落につながる」ことに注意を喚起した。もし労働者が「人生の恩恵を十分に享受する」のであれば、彼らは「不当な蓄積と、集約された資本の悪の力を……抑制しなければならない」。これは労働者が組織されたときにのみ可能であった。騎士団の目標は、「製造業のすべての部門を組織のなかに取り込むこと」と、「製造業が生み出す富の適切な分け前を労働者に確保すること」にあった。

この綱領は、労働統計局、生産と分配の両方の協同機関、実際の入植者のための公有地の確保、従業員の週給、職人の先取特権《リーエン》（留置権）（第8章102ページを参照のこと）、公共事業における請負制度の廃止、労働争議の仲裁、鉱業・製造業・建設業に従事する者の健康と安全を規定する法律の採択、法人格付与による労働組合の承認、14歳未満の児童の雇用禁止、男女の同一労働同一賃金、外国契約労働者の移入の禁止、政府による「銀行会社のいかなる制度の介入もなく国民に直接発行され、その通貨は公私を問わずすべての債務の支払いにおいて法定通貨となる」国家通貨の設定、郵便貯金銀行の政府による編成、政府による「すべての電信、電話、鉄道」の所有、そして最後に「労働時間を1日8時間に短縮することで、労働者は社会的享楽と知的向上のためにより多くの時間を手にすることができ、彼らの頭脳が創り出した省力化機械によってもたらされた利益を享受できるようにすること」を提唱した。

労働騎士団の規約前文は、恐慌期に組織された産業友愛会（第22章386ページを参照のこと）の前文と綱領に忠実に従っていた。ストライキ行動は非難され、前文には、綱領の目的のほとんどは「法律によってのみ得ることができる」と述べられている。騎士団は独占を悪とみなし、それの廃止を望んでいた。その方法は、鉄道、電信、電話を政府が所有し、民間銀行制度を排除し、その代わりに郵便貯金銀行を編成することにある、と騎士団は確信していた。協同組合が賃金制度に取って代わって初めて、独占への避けられない動向が止まるであろう。騎士団は、「企業の専制と賃金奴隷制から世界の労働者の金融的および産業的解放を時間どおりに達成するための」手段でなければならなかった。

混乱していたにもかかわらず、労働騎士団の綱領は、労働者階級全体の組織化と「賃金奴隷制」の廃止を目的とするプログラムを推進したが、その構造と方法はこれらの目的の達成には適しておらず、他の特定の要求を満たす上で、しばしば有害であった。

レディング大会で採択された規約は、「北アメリカ労働騎士団総会」と呼ばれる全国的な組織（全国大会）を設置した。この総会《ジェネラル・アセンブリー》の年次会合では、さまざまな地域会議と無所属の地区会議の代議員が役員を選出し、一般方針について討議すべき問題を決定した。総会は騎士団に対して「完全かつ最終的な管轄権」を有していた。総会だけが、騎士団の規約および規則を制定、修正または廃止する権限、騎士団内で生じるすべての論争を決定する権限、すべての設立勅許状、旅行証明書、譲渡及び最終団員証を発行する権限を有していた。また、同団の維持のために団員に賦課金を課す権限も有していた。

規約の上では、労働騎士団は高度に中央集権化された組織形態をもっているように見えるが、実際には、地区会議と地域会議は事実上自律的であり、それぞれが好きなように行動した。原則として、上級役員《グランド・オフィサー》は全国的な労働組合、地区会議および地域会議によって迫られた通りに行動した。中央集権化は現実的というよりも形式的なものであった。

理論と実践の違いは、基本的には指導部と団員の対立に由来していた。団員はストライキとボイコットを通じて労働者の重要な利益を確保できることを見出していたが、指導部はストライキの無益さを強調し、自営業を通じてのみ労働者は永続的な勝利を得られると主張した。1882年にパウダリーは、ストライキは労働者の問題を解決できないと述べた。その理由は、「ストライキは徒弟制度を変えられず、ストライキは法の施行における不当な技術的問題を取り除けず、ストライキは需要と供給の法則を規制できないからである。なぜなら、ストライキが供給を遮断すれば、消費者を失業させ、それによって消費者の購買力も低下し、需要も減退するからである」。同年、労働騎士団の書記長ロバート・D・レイトンは次のように誇らしげに書いた。「ストライキに関しては、私は務めを果たしました。私は以前、心に誓い、何人かの上級役員とも約束しました。つまり、胃の近くのどこかにレフトブローを見舞うと。もし（素っ気ないが）迫力ある言葉が、騎士団がその団内にもっている大魔王を追放するか、権威ある地位から引きずり落とすという結果につながったのなら、その目的のために少しは役に立ったと思います」。79年にウリヤ・S・スティーヴンズに代わって「労働者の大いなる主《グランド・マスター・ワークマン》」になったパウダリーとレイトンは、団員に仕事を続け、ストライキで消費される資金を協同組合を設立するために使うよう何度も促した。それゆえ、70年代のストライキの失敗により、騎士団の幹部は最後の手段としての武器以外はストライキを拒否するようになった。

1878年の第1回総会では、ストライキ中の抵抗基金として一定の資金が確保された。2年後、総会は基金の10％を教育に、60％を協同組合目的に、残りの30％をストライキに使用することを決議した。この総会はまた、ストライキ手続きの概要を説明した。最初の段階で、ストライキに関与した地区会議による調停〔仲裁〕委員会の選出が求められた。この委員会が問題を調停できなかった場合、地区会議が所属していた地域会議が調停〔仲裁〕に関する地域委員会を任命することになっていた。紛争が依然解決されない場合には、別の委員会が、もっとも近い2つの地域会議からそれぞれ1人と、当該地域から1人の計3人の委員で構成されることになっていた。この委員会が問題を調停〔仲裁〕できなかった場合、紛争全体を執行委員会、「労働者の大いなる主」、および書記長に付託し、その決定が最終的なものとなる。総会は、「いかなるストライキも、この総会役員の合同機関の制裁と命令なしに行われることはなく、……この労働騎士団のストライキ基金から支援されないものとする」と裁定した。騎士団の指導部は、この規約がストライキに財政援助を与えられなくなることによって、団員の考えを協同組合事業と調停〔仲裁〕に変えることを望んでいた。しかし団員は、ストライキを利用しなければ、彼らの状況を改善しようとする努力が無駄になるのを知っていた。

秘密主義の主たる擁護者であったスティーヴンズが１８７９年９月に「労働者の大いなる主」の地位を辞したとき(*)、労働騎士団が公的な組織になるのはそう遠くなかった。「労働者の大いなる主」と書記長は、81年の規約によって、82年1月1日にアメリカの労働者に対して、騎士団の存在と目的を知らせる布告を出す権限を与えられた。規約はまた、就任の誓約から宣誓を削除し、それを単純な約束に置き換え、儀式からすべての精神的な文章と言語の削除を投票で決めた。

（*）１８７８年、スティーヴンズは、グリーンバック労働党によって、ペンシルヴェニア第5地域会議の連邦議会議員に指名された。彼は選挙運動に時間を割くために労働騎士団の「労働者の大いなる主」を辞任した。選挙で敗北した後、彼は再選されたが、翌79年に辞任し、「実業界と金融界が一緒になって、私がシカゴにいることを不可能にしている。私はこれ以上負担に耐えられないと感じている。それは他の誰かの肩にかかっていなければならない」と説明した。

パウダリーは、誰もが労働騎士団の存在と目的を知っていると決めつけ、わざわざ宣言を出さなかった。騎士団の真の成長は、１８８１年のデトロイト大会に端を発している。この大会では、秘密の儀式によって組織の秘密主義が取り消されたが、実際には続いていた。団員数は、78年には９２８７人、79年には2万１５１人、80年には2万８１３６人、83年には5万１９１４人であった。もっとも成長した時期は85年から86年で、団員は60万人以上を数えた(**)。

（**）１８８０年5月、労働騎士団には38の地域会議（そのうち７つは機能していなかった）と８６８の地区会議があった。地域会議は次のように配分されていた。ペンシルヴェニア8、ニュージャージー1、ウェストヴァージニア4、オハイオ3、イリノイ4、インディアナ1、ニューヨーク1、ミズーリ1、ケンタッキー2、メリーランド1、アイオワ1、アラバマ2、マサチューセッツ1、コロラド1。

以下は地区会議である。アラバマ19、カリフォルニア2、コネティカット2、コロラド17、デラウェア5、ジョージア1、イリノイ58、インディアン準州1、インディアナ23、アイオワ13、カンザス15、ケンタッキー36、ミネソタ2、マサチューセッツ11、メリーランド18、ミズーリ35、ミシガン2、ニューヨーク23、ニュージャージー56、オハイオ51、オンタリオ1、オレゴン12、ペンシルヴェニア３９６、ワイオミング準州1、ウェストヴァージニア67、ウィスコンシン1。

１８８３年2月、レイトンは、労資関係を調査する上院委員会で証言し、労働騎士団の団員はウェストヴァージニア、イリノイ、オハイオ、ペンシルヴェニア、ニューヨーク、カリフォルニア各州とカナダにいると述べた。彼は、18歳以上で、「賃金を得るために働いているか、かつて賃金を得るために働いたことのある者」は誰でも団員になれると言った。しかし、「アルコール飲料を販売したり、これを製造して生計を立てたりしている者は、何人といえども入団を許されず、さらに弁護士や、医師や、銀行家も入団を認められない」と言った。それは、製造業者が団員になれることを意味しているのかと尋ねられた彼は、「団員になれる」と答えた。「製造業者は会員になれる」が、地区会議は「10人以上の団員で構成され、そのうち少なくともその4分の3は賃金労働者でなければならない」とも答えた。騎士団の指導部が労資の利害の同一性を宣言しているので、雇用主が団員になる資格があったことは驚くにあたらない。

労働騎士団が種々の組合が失敗した場所で地区・地域会議を組織するのに成功した理由の1つは、組合を支えるのに十分な数の労働者が1つの職業に従事していなかったからであり、騎士団の混合会議〔会議は職業に基づくものと、職業横断的な混合形態のものがあった〕は、複数の職業を代表できたからである。多くのコミュニティ、特に農村地帯では、団員数とほぼ同じ数の職業が代表される地区会議が誕生した。混合会議は、半熟練労働者、未熟練労働者、日雇い労働者の組織に適していた(*)。労働組合が彼らを組織できなかったので、騎士団が1880年代に主として訴えたのはこうした労働者であった。「1人に対する危害は、すべての者の関心事」という労働騎士団の偉大なスローガンは、国中の何千人もの労働者を奮起させるものとなった。

(*)〔ジャーナル・オブ・ユナイテッド・レイバー紙によると〕「単一の職業に基づくすべての労働組合が経験した大きな困難の1つは、そのような職業で雇用された労働者の数が彼ら自身の地方組織を形成するのに十分でなかった地方で孤立した労働者の組織化であった。労働騎士団のもとではこの困難は回避される。なぜなら、労働者は混合地区会議に加入でき、それはいかなる職業も1人の長のもとで徹底的に組織化するのを可能にするからである」。

1880年8月15日、〔労働騎士団の公式機関紙である〕ジャーナル・オブ・ユナイテッド・レイバー紙は、多くの地区会議と地域会議に黒人の団員がいたという事実を誇りをもって指摘した。彼ら黒人の団員は、「自らの義務の厳守、毎回の会合への出席、団費の即時払い、善行、そして善良な団員と善良な市民を創出するすべてのことに関して……、騎士団内の他のどの階級の人間よりも秀でていた(**)」。同紙は、この展開は79年9月に発表された「労働者の大いなる主」の決定に示された騎士団の基本原則に沿ったものであると断言した。この決定は、「志願者の（外観上の）肌の色は、その人の入団を妨げるものではなく、むしろその人の精神と心の色が試金石となる」と公表していた。

(**)労働騎士団の書記長ジョン・W・ヘイズは、1886年に、騎士団には6万人以上の黒人がいたと推定している。

ジャーナル・オブ・ユナイテッド・レイバー紙は、「我々は、我が労働騎士団のすべての原則に対して不実であるべきである」と結論づけた。「我々は、その肌の色や信条を理由に、骨身を惜しまず誠実に仕事をすることで生計を立てている者を団員から除外すべきであろうか。我々の綱領は、すべての人を受け入れるのに十分な雅量がある」。

労働騎士団は、「産業の発展は労働組合が設立された職人の段階を超えた」と信じていたが、熟練労働者が特別な問題を抱えていることを認識し、しばらくの間はその解決に取り組んでいた。騎士団の組合に対する最初の公式表明は、1879年1月の第2回定期総会の前に、「労働者の大いなる主」であるスティーヴンズから出された。彼は、アメリカ大陸の組合に対して、「孤立した努力または結社の弱点と弊害、およびそれから生じる無益で壊滅的な競争は、組合自身および一般大衆にとって有益ではない」と指摘する声明を出すよう促した。彼は、組合が「我々の偉大な同胞団との融合と提携の利益」を想起し、「すべての労働団体を1つの大きな統合された組織に統一する」ために特別な努力がなされることを提案した。

「職業として組織された同業者は、その組織を担当できる自らの執行役員を選出し、国内のいかなる地域においても当該職業の地区会議を組織し、当該職業を管理する地域会議に所属させることができる」のを規定した決議が採択された。これらの地域会議は事実上全国的な労働組合であり、独自の役員をもち、独自の大会を開催することになっていた。しかし、１８７９年9月の次の総会では、労働組合に対して反対の方針が表明された。そこでは、労働騎士団の幹部が「ストライキや別個の職業または天職の組織に時間を費やしたり、資金を費やすべきではない。そこから生じる利益は部分的で一過性のものにすぎない……。我々の第1の義務は、生産的な労働のすべての部門をコンパクトな全体に統合することである」と発言するのが聞かれた[*]。労働組合の問題に関して採択された2つの決議があった。1つは、「1つの職業の利益のためにのみに結成され、運営される地区会議の設立は、騎士団の創設時の精神に反するものである。我々は、地区会議がすべての職業の労働者を受け入れるべきであり……。また、そのような排他的な組織を許可するすべての規定を取り消すことを勧告する」と述べている。もう1つは、「特別な職業の利益のために運営される」地区会議は、「いかなる場合にも、それらが所在する地域の地域会議に従属しなければならず、職業別の地域会議が当該地域のいかなる地区会議に対する他の地区会議の支配を妨害するのを認める、すべての規定は取り消される」と主張した。

（*）パウダリーは、不況期の経験を、職業別組合《クラフト・ユニオン》に対する反論として利用した。彼は、恐慌は熟練労働者と未熟練労働者の区別が架空のものであることを証明したと主張した。なぜなら、熟練した職工は、まともな条件で雇用を確保することに関しては、「ツルハシとシャベルをもった人と同じである」と見ていたからである。したがって彼は、「働くすべての人は、困難な時代によって1つのレベルに引き上げられ、そのレベルに留まる良識をもつべきである。ほとんどの組合は壁にぶつかった。教訓は何か。我々は組合を望んでいない」と結論づけた。

１８８２年、総会は労働組合に関する当初の方針に戻った。その時点で職業別の地区会議が奨励されるようになった。ジャーナル・オブ・ユナイテッド・レイバー紙は、「職業別の地区会議と地域会議の結成は、当初から労働騎士団の構想の一部であり、これまでも常にそうであったこと」を証明するために尽力した。窓ガラス工組合は、職業別の地区会議でさえも騎士団の規定で禁止されていた時代に強力な全国的な会議を組織し、第３００地区会議の名称のもとで全国的な組合として組織する権利を付与された。当時、騎士団はこの動向を奨励し、組合に対して「地区会議は同じようにその職業上の利益を守ることができ……、同時に、他のすべての産業部門の団体や協会との提携がもたらす、すべての利益を受けられる」ことを保証した。

既存の混合地域会議に対する不満が、労働騎士団の組合に対する、より友好的な態度を創り出すのに役立ったことは疑いない。この考え方の変化の重要な要因の1つは、1881年に、アメリカ労働総同盟《AFL》の礎石となった合衆国およびカナダ職業同盟・労働組合総連合というライバル組織が出現したことにあった。

1870年代の「新しい労働組合主義」

合衆国およびカナダ職業同盟・労働組合総連合を創設した勢力を理解するには、1873年恐慌後の悲惨な時代に立ち返り、職業別組合で「新しい労働組合主義」のモデルを構築していた葉巻工のささやかなグループの活動を検証する必要がある。そうした葉巻工には、アドルフ・シュトラッサー、ゴンパーズ、フェルディナンド・ラウレル、コンラッド・カールなどがいた。ゴンパーズは自叙伝で、「このささやかなグループから生まれた目標と着想が、現在のアメリカの労働運動〔フォーナーは同格である「世界でもっとも能率的な経済上の組織」を省略している〕となって結実した。我々がアメリカの労働組合を創設したというのではなく、それは諸力と諸条件の産物である。しかし我々は、組合運動の技術を創り出し、労働組合主義に建設的な方針を与えて成果に導いた基本原則を定式化した」と書いている。

ゴンパーズは、1850年にロンドンのイースト・エンドで、オランダ系ユダヤ人の両親のもとに生まれた。父親は自宅を仕事場にしていた葉巻工であった。63年夏、一家はロンドンのイースト・エンドからニューヨークのイースト・サイドに移住した。ここで彼は父親が自宅で葉巻を作るのを手伝い、クーパー・ユニオン〔ニューヨーク市イースト・ヴィレッジにある私立大学〕の講義や講義やクラスでの学習に出席し、討論クラブやオッドフェローズ〔フリーメーソンに倣った相互扶助団体〕、自身の職業の組合に加わった。

1873年から78年にかけて、ゴンパーズの親密な仲間はマルクス主義社会主義者であった。ニューヨークの葉巻工組合には、ヨーロッパの革命運動で活躍し、国際労働者協会のアメリカの協会員であった多くの人がいた。彼は自叙伝で、同協会の原則は「強固で実用的なものとして」彼に訴えかけたと書いており、マルクス主義者の影響の結果として、「労働組合は賃金労働者により良い生活をもたらすことができる、中間的で実用的な機関である」という原則に対するより明確な理解が深まったと認めている。

ゴンパーズが取り上げた社会主義思想は、社会主義運動に幻滅した社会主義者からもたらされたものであった。スカンジナビア諸国のために国際労働者協会の書記を務めたスウェーデン人のラウレルに対して、ゴンパーズは労組幹部としての彼の功績を評価した。ラウレルは、ゴンパーズが1873年から78年まで働いていた葉巻工房で討論グループを主催していた。この工房は、ドイツ人亡命者デイヴィッド・ヒルシュが所有するニューヨークで唯一の組合葉巻工房であった。ラウレルは、ゴンパーズに対して、社会主義者の会合に出席し、「彼らの言うことに耳を傾け、彼らを理解するが、党には入党しない」よう助言した。また、「狂信者や非現実的な夢想家」に警告し、労働組合が労働運動の要であることを何度も思い出させた。ラウレルはゴンパーズに、「サム君、君の組合員証を研究してみるんだね。その思想が君の組合員証に書いてあることと一致しないなら、その思想は本物じゃないよ」と告げたと言われている。

ゴンパーズが恩義を受けたもう1人の幻滅した社会主義者は、1877年に国際葉巻工組合の委員長を務めたシュトラッサーであった。彼は一時、ラサール派の影響下にあり、北アメリカ社会民主党で活動していた。彼は合衆国労働者党を結党することになる統合の責任者の1人であった。その後、彼は社会主義と完全に決別し、労働組合の要求のみを擁護し始めた。

アメリカのブルジョアジーの残虐さは、AFLで非常に顕著になった1870年代の急進派の右傾化とおおいに関係があった。たとえば、ゴンパーズは74年のトンプキンズ広場での暴動を目撃し、地下室への入り口に隠れて警察の残虐行為から身を守った。この事件は彼の憎しみを呼び起こすどころか、革命運動に参加するのは危険すぎると確信させた。77年の大規模ストライキの波に続く反動的な騒動は、多くの「社会主義者」を怖じ気づかせた。鉄道ストライキ後の数カ月間、報道機関が「労働組合の革命的な要求」、「労働組合の狂った共産主義者」、「アメリカ社会を破壊しようとする共産主義的労働組合運動」の取り組みに言及しない日は1日たりともなかった。その典型が、78年5月11日付のニューヨーク・ヘラルド紙の「労働同盟や共産主義社会として多かれ少なかれ組織された労働者による、あらゆるものを転覆させるための運動、プロジェクト、プログラムに関するさらなる報告が、本日付の本紙のコラムに掲載されている」との記事であった。

負けじと、ニューヨーク・トリビューン紙は「この国における共産主義者の力の増大」というテーマのもとで一連の記事を掲載した。ある有力な記事で、1人の記者は、共産主義者はこの国を支配する大規模なゼネストに備えて、この国の強力な労働組合を占領し、自分たちの目的に目を向けさせたと報じた。この記者は、労働組合主義は今では共産主義と同一視されているので、すべての労働組合の活動を抑圧する必要があると結論づけた。同紙は、この記事が全国的に注目され、他の新聞に転載されることの希望を表明した。同紙は、「秩序を愛する人たち、あるいは失う財産をもっている人たちは、この国における共産主義の着実な前進を傍観する余裕はない」と続けた。

シュトラッサーやマクガイアのような元社会主義者は、秩序を愛する人たちに、「新しい労働組合主義」を恐れることは何もないと説得しようとした。よく引用される、1883年の上院の「教育と労働に関する委員会」での証言で、シュトラッサーは、この10年間に政治的にどこまで進んだかをを次のように示した。

問い：「あなたはまず家庭の問題を改善しようとしていますか」。

答え：「はい、閣下。私はまず自分が代表する職業に目を向けます。まず葉巻に目を向けてください。葉巻は、自分の利益を代表するために私を雇っている人たちの利益です」。

議長：「私はあなたの究極の目的に関してお尋ねしただけです」。

証人：「私たちには究極の目的はありません。私たちはその日暮らしをしています。私たちは、当面の目的、つまり数年で実現できる目的のためだけに闘います」。

葉巻工

シュトラッサーとゴンパーズは、１８７７年の葉巻工の大規模ストライキで一緒に活動した。不況のさなか、ニューヨークの葉巻製造業の雇用主は、仕事を大きな作業場から、賃金が作業場の半分の共同住宅《テネメント・ハウス》（第24章４２２ページを参照のこと）に移し始めた。1日の労働時間が16時間というのも珍しくはなかった。75年半ばまでに、市内で作られた葉巻の半分以上がテネメント・ハウスで生産されるようになった。この生産の変化で組合は、ほぼ壊滅した。73年冬には１７００人近くの組合員がいたが、2年後には一握りの組合員にまで減少した。シュトラッサー、ラウレル、ゴンパーズ、そして彼らの仲間は、75年夏に組合を再編成し、ゴンパーズは再編されたローカル１４４の初代委員長に選出された。

不況の前でさえ、ニューヨークの組合は、未熟練労働者を締め出した国際組合とは異なり、産業ベースで組織され、より熟練した労働者だけでなく葉巻巻き工なども受け入れていた。この産業形態は組合が再編された後も続いた。１８７６年には組合員はわずか５００人であったが、そのなかには合衆国労働者党の最高幹部もいた。77年秋には、テネメント・ハウス制度を廃止するために葉巻工のゼネストが招集された。テネメント・ハウス労働者のほとんどを含む７０００人から1万人の葉巻工が、飢餓賃金とテネメント・ハウス型搾取工場の耐え難い状況に反対して立ち上がった。

スト参加者を支援するための資金が国中から集まってきた。サンフランシスコの労働者からの電報には、「元気を出して。頑張って。毎週お金を送る」と書かれていた。葉巻工の公式機関紙は、他の労働者からの支援を歓迎し、「もし貧困と実際の飢餓が我々に敗北をもたらすことを強いるのであれば、それは我々だけのものでなく、労働者階級全般のものである」と述べた。１０７日間の激しい闘争の後、ストライキは中止された。旧来の条件のもとで仕事が再開され、スラム街のテネメント・ハウス型搾取工場は続いた。シガー・メーカーズ・ジャーナル紙は、「長年の弊害は1日では是正できない」と書いている。

ストライキの失敗により、ゴンパーズ、ラウレル、シュトラッサーは葉巻工国際組合を再建する決意を強めた。彼らは、アメリカの労働組合が不況やストライキでの敗北のショックに耐えられないのは、組合がビジネス原則に基づいて運営されていないからであると確信していた。イギリスの労働組合に倣って、彼らは葉巻工国際組合を纏まりのある財政的に安定した組織として再建することを決意した。彼らは国際組合の役員に地方組合に対する完全な権限を与えること、高い組合費を設定して積立金を貯え、疾病手当と死亡手当を確立し、仕事を求めて移動する職人《ジャーニメン》に金を貸す制度の創設を提案した。

これらの変更は１８７９年8月に開催された大会で導入され、組合の規約に組み込まれた。また、資金の均等化というイギリスの原則を採用し、十分な資金を有する地方組合に対し、財政的に困窮している他の地方組合に資金の一部を移管するよう命じる権限を国際組合の役員に与えた。こうして、多くのアメリカ労働組合のモデルとなり、ＡＦＬ自体も基盤とすべき原則を定めた、新しい葉巻工国際組合が生まれた。

多くの点で、「新しい労働組合主義」は新しいものではなかった。ウィリアム・H・シルヴィスは1860年代に鋳型工国際組合に中央集権的な支配を確立し、当時の他の多くの全国的な労働組合の幹部はこの特質を組織に取り入れようとした。彼は行政の効率性、ストライキ基金、保険の特典を強調していたが、シュトラッサーやゴンパーズとは異なり、シルヴィスは労働者の連帯を犠牲にしてまでそうしたことは行わなかった。しかし、60年代と70年代の組合のほとんどは、とくにストライキに関して中央集権的な支配を欠いており、財政的に安定していなかったのは事実である。

葉巻工組合の「新しい労働組合主義」の本当に新しいところは、不況期にすでに多くの組合員が労働運動における中央集権化、財政的安定性、効率性の重要性を確信していたときに導入された点にある。1870年代の困難な時期を通して、労働新聞ではイギリスの労働組合組織に関する研究から学び得た教訓について、たえず議論が交わされていた。(*) 不況期に国を揺るがした大闘争の失敗は、不況期が終わったときに出現する組合が、イギリスの組合の型に従わなければならないという意識を強めるだけであった。葉巻工組合はこの信念を最初に実践に移した。

(*) ジャクソン・H・ロルストンは、1877年と翌年にアメリカの都市を巡回し、労働組合に対して「イギリスの労働組合」に関する講義を行った。

新しい葉巻工国際組合は、ゴンパーズが述べているように、「最初の建設的で効率的なアメリカの労働組合組織」ではなかった。その名誉に浴していたのは、シルヴィスの指揮下にあった鋳型工国際組合であった。しかし、葉巻工組合は、鋳型工組合とは異なり、協同組合を通じた自営業という究極の目的とは完全に決別していた。強調されたのは、「実際的な方法」と「現下の要求」だけであった。秘密の儀式、合言葉、神秘的な儀式のような馬鹿げたものはない。そして何よりも、一夜にして労働者階級の不満を終わらせるような金融改革のためのユートピア的な計画もなかった。葉巻工組合は、「必要性が労働運動にもっとも実際的な方法を採用させた。彼らはより高い賃金とより短い労働時間を求めて奮闘しており、それがより高い文明状態につながっている。いかなるものであれ財政計画や課税計画が労働時間を短縮することはない」と断言した。

ゴンパーズ、シュトラッサー、ラウレルらの「新しい組合主義」の基本概念はマルクス主義の労働組合原則に基づいていると主張されてきた。(**) カール・マルクスとフリードリヒ・エンゲルスが労働組合をもっとも重視し、労働組合が労働運動にとって不可欠なものであると信じていたのは事実である。しかし2人は、労働組合が重要であると信じていた。なぜなら、労働組合は「広範な労働大衆のための組織的中心」として機能するからで、それゆえ「すべての労働者を彼らの階級に引き入れる」ことを求めた。2人はまた、組織化された労働者の使命は社会主義に向けた闘争を主導することにあると信じていた。しかし、「新しい組合主義」の創始者にとって、労働組合は熟練した労働貴族のための「組織的中心」であり、職人《クラフツメン》が未熟練労働者や半熟練労働者を犠牲にして仕事の独占を守れるものにすることを意図していた。さらに、ゴンパーズにとって、高い会費と莫大な資産、「苦情処理委員会」、「交渉委員《ビジネス・エージェント》」、徒弟制度の規則が組合主義の本質であった。この組合主義は、まもなくAFLに引き継がれる実用的で効率的なものであった。疑いもなく、アメリカの労働組合は効率性を非常に必要としていた。しかし、彼らの組合に効率性を導入するにあたって、ゴンパーズと彼の同僚は同時に労働者の連帯の原則と方向感覚を組合から奪った。

（＊＊）たとえば、ジョン・R・コモンズ教授は〔その論文「カール・マルクスとサミュエル・ゴンパーズ」で〕、葉巻工組合の政策は「アメリカの状況に合わせて修正されたマルクス主義」に基づいており、「ゴンパーズはマルクス自身よりも階級意識をさらに強めた」と主張されている。

1881年、ゴンパーズとシュトラッサーは労働組合民主主義に対する軽蔑を見せ始めた。進歩派と呼ばれる葉巻工国際組合のローカル144内の一派は、国際派として知られるゴンパーズと彼の仲間を地方組合の執行部から追放する運動を開始した。進歩派（依然として社会主義者）は、シュトラッサーとゴンパーズが葉巻工組合を熟練した職人のための純粋で単純な労働組合に強引に転換するのを阻止しようとした。しかし、当面の問題は、テネメント・ハウスのシステム〔苦汗搾取工場による生産体制〕に対する政治闘争の実践であった。進歩派は、大規模な闘争、デモ、扇動、そして必要であれば独自の労働者候補を提案した。国際派は、「あらゆる色合いの政党に所属してきた」「詐欺師」弁護士を支持したかったと進歩派は非難した

1881年4月、進歩派はローカル144の役員候補者を選出するのに成功した。しかし、ゴンパーズと彼の同僚である既存の役員は、自分たちの敗北を認めるのを拒否し、役員とローカルの基金を引き渡すというすべての要求を単に拒否した。後に進歩派を「無政府主義者」で「テネメント・ハウスのクズ」と表現した葉巻工国際組合委員長のシュトラッサーは、ゴンパーズ派を支持した。ゴンパーズ自身も、後にAFLの会長として同様の行動方針を弁護したのと同じ理由で、自身の非民主的な行動を正当化した。彼は、社会主義者である反対勢力は、単にAFLの問題を処理するのに不適切であると非難した。彼は自叙伝で、「我々労働組合主義者は、勝手気ままな社会主義分子がその数を増すにつれて、将来にやや不安を感じるようになった」と書いている。

進歩派は葉巻工国際組合を脱退し、労働騎士団の第49地域会議の支援を得てニューヨークに二重組合を設立するという、労働運動内の社会主義者が残念ながらあまりにも頻繁に行っていた慣行を開始した。彼らはすぐにニューヨークの葉巻工国際組合を数で上回り、葉巻巻き工や葉巻包装工、そしてシュトラッサーが「テネメント・ハウスのクズ」と呼んだ労働者を組織した。

ニューヨークの葉巻製造業界での進歩派と国際派の間の激しい闘争、進歩派と国際派が相互に相手をスト破りとレッテル貼りしたことの結果として起こった激しい闘争は、労働組合と労働騎士団との関係に広範な影響を及ぼしたアメリカ労働運動史における残念なエピソードである。しかし、それは後の時代の話である。一方、ゴンパーズとシュトラッサーが他の全国的な労働組合の幹部に従って騎士団に入団するのを拒否したのは、第49地域会議との彼らの争いがある程度の原因であったことは注目に値する。(＊) 同様に、葉巻工の階

級内の闘争は、ＡＦＬの結成に部分的に責任があった。

（＊）ゴンパーズは短期間労働騎士団に属していた。彼は１８９１年に、「私は他の労働組合主義者とともに、騎士団に入団した。その目的は、騎士団を理論的な教育活動に限定し、労働組合が弱体化されたり破壊されたりしないように保護することにあった。これは早くも75年のことであった」と書いている。

職業同盟・労働組合総連合

１８８１年4月、社会主義系新聞パターソン・ホームジャーナルは、結成された労働組合に対して、「夏の間にこの国で労働者の会議を招集し、未組織の人々の組織化に向けて積極的な措置を講じる」よう求めた。さらに、この新しい連合体では、労働者階級の生活条件改善に向けた効果的な闘争のために、未組織の人々を労働組合に組織化することに主たる重点を置くべきであるとされた。そして、「過去における労働者の会議の失敗は、それらが産業問題ではなく、金融問題のプロパガンダに時間とお金を費やした点にある。6年ほど前の前回の会議で、我々は危険に対する抗議を表明したが、何の役にも立たなかった。金融の問題には重要な場所があるが、労働者の経済的組織化の問題が最重要である」と結論づけた。

組合の連合体を設立する第一歩は、ゴンパーズや葉巻工組合ではなく、インディアナ州の「産業の騎士」と呼ばれる秘密結社によって踏み出された。別の秘密結社である合同労働同盟とともに、１８８１年8月2日にインディアナ州テレホートで「国際的な労働組合の連合体の予備的な組織を実現するための」会議を招集するよう呼びかけた。全国的な労働組合の連合体を設立しようとする動きを注視していた印刷工は、提案された会議を歓迎し、代議員を派遣した。葉巻工は会議の支持は決議したが、代議員を派遣するのを忘れていた。会議には、全国的な労働組合よりも職業会議の方が多く、労働組合員よりもグリーンバック党員の方が多かった。会議に提出された組織に関する提案の1つは、労働組合組織に対する宣言を求めていた。労働組合主義者は、より多くの全国的な労働組合が代表される東部で別の会議を招集するために、早期の延期を確保するのに成功した。この会議は、最終的に同年11月15日にピッツバーグで開催されることが決定された。この呼びかけの冒頭の段落は、労働者階級のより大きな統一の必要性を説明するものであった。

「仲間の労働者諸氏へ。今こそ、労働者のより完璧な団結、すなわち、集中した資本によりうまく対処するために我々の勢力を集中させる団結のときが訪れた」。

「我々には無数の労働組合、職業会議や職業協議会、労働騎士団、その他さまざまな地方的、全国的、国際的な組合がある。しかし、これらの団体が行ってきた活動は目を見張るものであったが、労働組合の連合体のなかにこれらすべての組織を組み込むことで、はるかに多くのことができる」。

イギリスとアイルランドでは、こうした呼びかけが続き、毎年労働組合会議が開催され、これら労働者の集会によって行われた活動は、「そのような組織においてのみ、労働者階級の一般的な福利を促進するための適切な行動がとれる」ことを明らかにした。アメリカにおける全国的な労働組合会議といったものは、連邦議会による法制化のための法案を準備し、「議会労働委員会を組織して、ワシントンで望まれている法案の法制化を促し、推進し、さまざまな業界に報告し」、「労働組合の原則を広め、保護的な同業者・労働者団体の必要性を印象づけ、そのような労働組合の結成とそれによる職業会議への融合を奨励するための組織的な運動」を組織することができた。このような活動によって、「我々は労働組合主義を鼓舞することができ、労働者階級が正当に与えられている権利を尊重するのを広めることができる」。

ピッツバーグ大会には107人の代議員が出席し、当時の報道では、大会で代表された労働者の数は約50万人と推定された。印刷工は14人の代議員を有する最大の全国的な労働組合を代表し、合同鉄鋼労働者協会は10人、鋳型工組合は8人、ガラス工組合は6人、葉巻工組合は5人、大工組合は5人であった。残りの代議員は労働騎士団の46の地区会議から来た〔社会主義労働党から8人、労働騎士団からは47人であった〕。

合同鉄鋼労働者協会の会長ジョン・ジャレットが委員長に選出され、ゴンパーズが組織委員会議長に就任した。この委員会は、労働組合のみで構成される「合衆国およびカナダ職業労働組合総連合」〔これが仮称であることに注意〕として知られる純粋な職業協会《トレイド・アソシエーション》を支持すると報告し、大会でもっとも活発な議論を巻き起こした。ゴンパーズの提案が争われたのは、提案された労働者の連合体《レイバー・フェデレイション》が熟達した職人のみを組織し、未熟練労働者も熟練労働者も、黒人も白人も、外国生まれもアメリカ生まれも、労働者階級全体を組織しないことを意味していたからである。以下は、フロアでの議論の一部の例である。

「ウェーバー氏は、職業同盟・労働組合総連合という名称がすべての労働者を含むものとして読まれることを望んでいた」。

「キニア氏：私は、この組織が、私たちの港町の港湾労働者のような、すべての労働者に届くことを望んでいます。そのため、私は規約の条項が『職業別組合と労働組合の総連合』と読めるように修正されることを望んでいます」。

「ピッツバーグのグランデソン氏〔黒人の代議員〕：ピッツバーグ市には、私たちの組織のなかに、特定の職業をもたないが、職業同盟・労働組合総連合から排除されるべきではない多くの人間がいます。私たちの目的は、私が理解しているところでは、アメリカの労働分子全体を連合させることです。私はとくに自国民について話し、熟練した職人にとって、この組織から一般労働者を排除することは危険であると宣言します。一般労働者は、緊急時には、彼らが容易に満たすことができる地位に雇用される可能性があります」。

「ポリンガー氏：私たちは信条も肌の色も国籍も認識していませんが、何と呼ぼうとも、この国の労働分子全体をこの組織のなかに取り込みたいと思っています。そのため、名称は『職業別組合と労働組合の総連合』と読むべきです」。

「デューイ氏：私は提案通りに修正します」。

「ブラント氏：それは私にぴったりです。私は、この職業同盟・労働組合総連合が、そのなかのすべての労働者を包含するのに十分な寛大さをもつことを願っています」。

投票の結果、改正案は全会一致で採択され、名称は合衆国およびカナダ職業同盟・労働組合総連合〔以下、総連合〕に変更された。これは

１８８６年にアメリカ労働総同盟《AFL》に変更されるまで存続することになる。

連合体の名称が決定された後、代議員団は綱領委員会の報告書を取り上げた。報告書の冒頭の部分は、労働組合の連合体を必要とした理由を概説した前文であった。それは、労働騎士団のほとんどの幹部がもっている、労資の利害の同一性の理論ときわめて対照的なものであった。

「一方、文明世界の国々では、すべての国の抑圧者と被抑圧者との間で闘争が生じており、労資の闘争は、年々激しさを増し、相互の保護と利益のために結合しなければ、すべての国の何百万もの労働者に悲惨な結果をもたらすに違いない。すべての国の賃金労働者のこの歴史は、無知と不和によって引き起こされた絶え間ない闘争と悲惨の歴史にすぎない。一方、すべての時代の非生産者の歴史は、完全に組織化された少数派が良きにつけ悪しきにつけ、驚くほど素晴らしい力を発揮するかもしれないことを証明している……。古い格言『団結は力なり』に従って、北アメリカ大陸のすべての職業団体と労働団体を包含する総連合《フェデレーション》の結成、我々が住んでいる土地と同じくらい広い基盤に基づいて設立された結合体《ユニオン》が、我々の唯一の希望である」。

階級意識に満ちた前文の性格は、当時の報道機関からのコメントを免れなかった。ピッツバーグ・テレグラフ紙は、前文が「講和ではなく紛争の精神を吹き込んでいる」とし、「資本との調和の精神」という新しい精神に置き換えられることへの希望を表明した。

綱領委員会が提案した決議は、労働組合への法人格付与、子供の義務教育、14歳未満の児童労働の禁止、一律の徒弟制度法、全国８時間労働法の施行、囚人契約労働の禁止、店舗用金券制度《ストアー・オーダーズ》（第7章79ページを参照のこと）の廃止、職人の先取特権（留置権）に関する法律、共謀法の廃止、国家労働統計局の設立、「郵便事業と同様、その業務がフランチャイズを確保した人々の利益のためになることを視野に入れた」国の鉄道会社と電信会社の監督、契約不履行のために没収された鉄道用地の政府による再利用と、今後は実際の入植者のためだけに公有財産を留保すること、アメリカ産業の保護、外国人契約労働者の移入の防止、そして最後に、「投票によってすべての立法機関における適切な代表を確保する」ための、すべての職業団体および労働団体による行動を求めていた。

児童労働の廃止に対しては、その施行が個人の権利を侵害することになるとして反対する意見もあった。児童労働が社会に及ぼす悲惨な影響をまざまざと描写した決議を擁護するために、代議員が次々と立ち上がった。ある代議員は、「この巨大な悪について私がこれまで見てきたことを見てほしい。もしあなたが１００票もっていたら、あなたはこの決議にそれらを投じたでしょう」と言って擁護した。ゴンパーズは、テネメント・ハウスにあった葉巻工房での子供たちの退廃を振り返り、「そのような犯罪に恥あれ。もし私たちがそれに反対する声を上げなければ、私たちに恥あれ」と言って演説を終えた。決議は全会一致で可決された。

保護関税を支持する決議に対してかなりの反対が生じた。ある代議員は、「私は自由貿易に賛成である。保護関税は当事者の問題であり、国全体にとって重要ではない。保護関税とは、外国の安価な製品の輸入からアメリカの製造業者を保護することを意味するが、外国の安価な労働者の移入からアメリカの労働者を保護することを意味するものではない」と述べた。鉄鋼労働者の代議員は、彼らの主張によって最終的に採択された関税決議に賛成した。

綱領委員会によって提案された2つの決議は、会議の目的にそぐわないものとしてジャレット委員長に裁定された。(*) それらは鉄道会社と電信会社に対する監督と、実際の入植者のためだけの公有財産の留保を要求するものであった。議場から提出されたいくつかの決議が採択された。それらは、鉱山、工場、作業場の検査と換気のための法律、すべての食料品と住居の衛生管理、雇用主の過失または無能に起因するすべての事故に対して雇用主に責任を負わせる法律、そして「中国人の合衆国への移民を完全に禁止する」議会の行動を要求するものであった。中国人移民の決議に反対したのはボストンのカミン氏だけで、彼の弁護は盲目的愛国心からなされたものであった。彼は、この国は「全世界の抑圧された人々のための避難所」であり、あり続けるべきであると主張し、「私は国家を代表して、合衆国憲法に反対するいかなる決議にも投票できない。ここは自由な国であり、我々は中国人がここに来るのを許可すべきである。彼らが我々を飲み込むとは思えない」と語った。

(*) ジャレットの議事運営は、ゴンパーズが後年にAFLの官僚主義の反対派を打ち負かすために効果的に使用する範となるものであった。ピッツバーグ・コマーシャル・ガゼット紙は、「言論統制法の適用」という見出しのもとで、次のようにコメントした。「質問が述べられるとすぐに、彼は『質問の準備はできていますか』と尋ねるであろう。すぐに、その質問は、質問することによって議論のための動議を適切な形にすると考えていた多くの代議員によって要求されるであろう。しかし、ジャレット氏は同じ考えではなく、『計画』の最後の3つのセクションは、氏の規則の概念［以前に採用されたもので、7人のメンバーが『質問』に賛成したときにはかならず投票が行われることを義務づけた］は、下院に提出されたすべての質問について意見を述べることを許可されるべきである、と考えていた代表団にとってはまったく満足できるものではなかった」。

多くの議論は、イギリスの抑圧から自らを解放しようとするアイルランドの人々への同情を表明するために議場から提出された決議を中心に行われた。決議は、アイルランドの土地はその土地の耕作者によって所有されるべきであり、誰も自分が耕作できる以上の土地を所有することを許されるべきではないと述べた。ゴンパーズは、土地の考え方は間違っていると述べ、会議がそのような原則に言質を与えないよう求めて、決議への反対を主導した。一部の代議員は、ゴンパーズが議会で社会主義勢力を代表しており、「社会主義的」な土地決議に反対することによって彼の一般的立場を明確にしているという報道に動揺したものと推測した。

決議は最終的に特別委員会に付託され、「過去にアイルランド人に対して施行された不当な土地法」と、「抑圧された人々の状態を改善しようとする英雄的な試みの結果として」数百人のアイルランド人が苦しんでいる、「不当な投獄」を非難する代替提案が報告された。声明は、国際主義について次のように結論づけた。

「我々は、人間の自由のために戦っているこれらの擁護者に対して、我々の心からの同情を表明するとともに、自由と権利のために奮闘している、すべての国の抑圧された人々に対しても、同様の同情と励ましの言葉を表明する」。

決議は採択された。

この会議は、農民が直面している問題に対する代議員団の関心を表明したという点で重要な別の決議を可決した。この決議は、１８８０年2月に議会に提出された公有地法案を非難した。この法案が法制化されれば、公有地は「西部の家畜王や他の資本家」に引き渡され、農民は「大地主」から土地を借りることを余儀なくされることになる。決議はさらに、「議会のいかなる議員による賛成票も労働者の利益に対する反逆罪となる」とし、この法案に賛成票を投じた者はすべて「有権者の労働者階級の政治的敵意によって罰せられる」とした。

この綱領は労働騎士団のそれと比較される。どちらの文書も、資本主義のもとでは、労働者の運命は組織化されなければ悪化するという点で一致していた。どちらも、労働者階級を組織し、投票箱を使用する必要性を強調していた。さらに、２つの団体の綱領には多くの共通点があった。どちらの団体も、労働統計局の設置、安全衛生・雇用者責任法、職人の先取特権（留置権）法、労働組合の合法的な設立、児童労働の禁止、囚人契約労働制の廃止、移民の制限を支持していた。

重要な違いもあった。労働騎士団は運輸・通信網の政府所有を要求したが、新たに誕生した総連合は要求しなかった。また、総連合は騎士団の通貨綱領を受け入れなかった。これは、総連合が銀行家よりは産業資本家を賃金労働者の主要な敵と明確にみなしていたことを示している。そして、騎士団と違って、金融万能薬に対する信念をほとんど排除していた。また、総連合が生産者協同組合もしくは消費者協同組合に何ら言及するところがなく、騎士団が支持した強制調停（仲裁）を推奨しなかったのも重要であった。総連合は、徒弟法の問題と給与支払いの「店舗用金券制度」に関心をもっていたが、どちらも騎士団の綱領には見られないものであった。

両組織の要求の多くは同じものであったが、総連合が自営業による労働問題の解決よりも、資本主義のもとでの目前の利に関心をもっていたことは明らかである。テレホート大会の一般委員会の事務局長マーク・W・ムーアは、ピッツバーグ大会の代議員への報告書で、「ひとつのアイディアを理解せよ。第1原則として、より少ない労働時間とより高い賃金、そしてそれをすべての仕事に持ち込むこと」と述べている。この原則の受容は、１８６０年代と70年代の中産階級の改革派の構想と袂を分かち、金融万能薬を一蹴し、労働運動を生活条件を改善するための現実的な闘争へと導いた。

綱領委員会の報告の後、会議に提出される次の重要な議題は、総連合の将来の大会における代表に関する手順を扱うものであった。かなりの議論の後、全国的な労働組合に最大の代表を与える案が採択された。地方の職業会議や協議会はそれぞれ1人の代議員しか派遣できなかったが、全国的または国際的な労働組合は１０００人以下の組合員に対して1人、４０００人に対して2人、８０００人に対して3人の代議員を派遣できることになった。

ピッツバーグ大会は、ゴンパーズ、リチャード・パワーズ、C・F・バーグマン、A・C・ランキン、W・H・フォスターの5人からなる立法委員会を選出し、労働者に有利な保護法やその他の法律を確保するための運動を組織するよう指示した。新たに設立された総連合の目的は、大会によって以下のように列挙された。

「1、職業別組合と労働組合の奨励および結成」。

「2、職業・労働会議または職業・労働協議会の奨励および結成」。

「3、全国的および国際的な職業別組合の奨励および結成」。

「4、労働者階級の利益に有利な法律の確保」。

総連合の第1書記フランク・K・フォスターは、煉瓦積み工全国組合のH・A・コールに宛てた手紙で、これらの目的の意味を、「結合した資本の増大する力は、結合した労働者によって対抗されなければならないのは間違いない。総連合は将来の座右銘《モットー》である」と要約した。

訳者紹介

伊藤　健市（いとう　けんいち）

1952（昭和 27）年　兵庫県姫路市に生まれる
1976（昭和 51）年　大阪市立大学商学部卒業
1983（昭和 58）年　同志社大学大学院商学研究科博士課程後期課程中退
　　　　　　　　　大阪産業大学専任講師
1992（平成 4）年　経営学博士（中央大学）
1998（平成 10）年　関西大学商学部教授
2018（平成 30）年　関西大学退職
現在　　関西大学名誉教授

業績（翻訳書のみ）

単訳書
『アメリカ労使関係の一系譜』（関西大学出版部、2002 年）
『労働者が闘う時』（関西大学出版部、2004 年）
『アメリカン・ウェルフェア・キャピタリズム』（関西大学出版部、2005 年）
『経営コンサルタルトのパイオニア―クラレンス・J・ヒックス伝―』（関西大学出版部、2006 年）
『全国市民連盟の研究―アメリカ革新主義期における活動―』（関西大学出版部、2016 年）

共訳書
『科学的管理の展開』（税務経理協会、1994 年）
『現代ビジネスの革新者たち』（ミネルヴァ書房、2000 年）
『ヒューマン・リソース・マネジメント』（税務経理協会、2000 年）
『アメリカ・新たなる繁栄へのシナリオ』（ミネルヴァ書房、2003 年）
『ワーキング・イン・アメリカ』（ミネルヴァ書房、2004 年）
『日本の人事部・アメリカの人事部』（東洋経済新報社、2005 年）
『最高の職場』（ミネルヴァ書房、2012 年）
『ビジネス・ヒストリー』（ミネルヴァ書房、2014 年）
『働きがいのある会社とは何か』（晃洋書房、2022 年）

合衆国労働運動史 1

2025年 3 月15日　発行

著　　者　フィリップ・S・フォーナー

訳　　者　伊藤健市

発 行 所　関西大学出版部
〒564-8680 大阪府吹田市山手町 3-3-35
TEL 06-6368-1121（代）/ FAX 06-6389-5162

印 刷 所　協和印刷株式会社
〒615-0052 京都府京都市右京区西院清水町 13

ISBN978-4-87354-793-0 C3022　落丁・乱丁はお取替えいたします

人名索引

〈ア〉

アダムズ、サミュエル（Adams, Samuel） 21
アダムズ、ジョン・クィンシー（Adams, John Quincy） 36, 78, 119, 146
アップルガース、R（Applegarth, R.） 360
アモン、R・H（Ammon, R. H.） 410
アレン、サミュエル・C（Allen, Samuel C.） 122
アンソニー、スーザン・B（Anthony, Susan B.） 338-40
アンドルーズ、ジョン・B（Andrews, John B.） vii-viii

イーリ、リチャード・T（Ely, Richard T.） vii
インガソル、ジャレド（Ingersoll, Jared） 60-61
イングリッシュ、ウィリアム（English, William） 133

ヴァイデマイヤー、オットー（Weydemeyer, Otto） 322, 438
ヴァイデマイヤー、ヨーゼフ（Weydemeyer, Joseph） 46, 161, 198-202, 243, 245, 252, 257, 270-71, 322, 438
ヴァイトリング、ヴィルヘルム（Weitling, Wilhelm） 197-98, 200, 201, 229, 242
ヴァンダービルト、ウィリアム（Vanderbilt, William） 412
ヴァン・パッテン、フィリップ（Van Patten, Phillip） 433, 436
ヴァン・ビューレン、マーティン（Van Buren, Martin） 132, 134-36, 173, 331
ウィーヴァー、ジェームズ・B（Weaver, James B.） 427, 433
ウィーヴァー、ダニエル（Weaver, Daniel） 196
ヴィージー、デンマーク（Vesey, Denmark） 221
ヴィリヒ、アウグスト（Willich, August） 197-98, 270-71
ウェア、ノーマン・J（Ware, Norman J.） i, 147, 164, 177, 381
ウェイリー、J・C（Whaley, J. C.） 303, 329
ウェード、ベン（Wade, Ben） 255
ウェルド、セオドア（Weld, Theodore） 218
ウォルシュ、ジョン・F（Walsh, John F.） 401, 403
ウッドハル、ヴィクトリア（Woodhull, Victoria） 364
ウルストンクラフト、メアリー（Wollstonecraft, Mary） 88

エヴァーツ、ウィリアム・M（Evarts, William M.） 247, 331
エヴァンズ、ジョージ・ヘンリー（Evans, George Henry） 106, 109, 111-12, 116, 124, 126, 155-58, 160, 176, 197, 202, 237-42, 246, 258, 285
エマソン、ラルフ・ウォルドー（Emerson, Ralph Waldo） 150
エンゲルス、フリードリヒ（Engels, Frederick） 36-37, 144, 196-98, 276, 322, 363, 381, 394, 397, 451

オーエン、ロバート（Owen, Robert） 106, 144-47, 151, 155
オーエン、ロバート・デール（Owen, Robert Dale） 106, 108-09, 112-13, 116, 135, 146, 237
オバークライン、フレッド（Oberkleine, Fred） 263
オコンネル、ダニエル（O'Connell, Daniel） 234
オトリー、W・C（Otley, W. C.） 326

〈カ〉

カーニー、デニス（Kearney, Denis） 429-31
カール、コンラッド（Carl, Conrad） 362,

448
ガウエン、フランクリン・B（Gowen, Franklin B.） 401, 404-05, 416
ガウジ、ウィリアム・M（Gouge, William M.） 83
カシン、I・S（Cassin, I. S.） 297
ガズデン、クリストファー（Gadsden, Christopher） 21, 27-8
ガットマン、ハーバート（Gutman, Herbert） ii, iv
カミングズ、サミュエル・P（Cummings, Samuel P.） 353, 355, 374
ガン、ルイス・G（Gunn, Lewis G.） 232
ガントン、ジョージ（Gunton, George） 438, 440

キーン、ロバート・ウィリアムソン（Keen, Robert Williamson） 270
ギブソン、C・W（Gibson, C. W.） 329
キャメロン、アンドリュー・C（Cameron, Andrew C.） 303, 307-08, 318, 326-27, 347, 359, 361-62, 370, 375-77, 418, 428
ギャリソン、ウィリアム・ロイド（Garrison, William Lloyd） 234-36, 239
ギャロウェイ、ジョセフ（Galloway, Joseph） 25
ギルクリスト、ロバート（Gilchrist, Robert） 317
ギルピン、ヘンリー・D（Gilpin, Henry D.） 135
キンケル、ゲラーク（Kinkel, Gehrach） 197-98

クィンシー、ジョサイア（Quincy, Josiah） 15, 49
クーパー、ピーター（Cooper, Peter） 419-20
クラーク、トマス（Clark, Thomas） 323
クラフリン、テネシー（Claflin, Tennessee） 364
グラント、ユリセス・S（Grant Ulysses S.） 332
クリーゲ、ヘルマン（Kriege, Herman） 197, 242
グリーリー、ホレス（Greeley, Horace） 147-48, 152, 157, 189, 230, 235, 237, 328, 375
クルーア、ジョン・C（Cluer, John C.） 172, 179
クレイ、ヘンリー（Clay, Henry） 36, 115, 119, 121, 242

ケアリー、マシュー（Carey, Matthew） 77, 79
ゲージ、トマス（Gage, Thomas） 23, 26
ケナディ、アレグザンダー・M（Kennady, Alexander M.） 333-34
ケロッグ、エドワード（Kellogg, Edward） 369-70

ゴール、サミュエル（Gaul Samuel） 309
コマーフォード、ジョン（Commerford, John） 106, 126, 143, 158
コモンズ、ジョン・R（Commons, John R.） i, vii-ix, 14, 147, 201, 452
コリンズ、ジョン（Collins, John） 303
ゴンパーズ、サミュエル（Gompers, Samuel） viii, x, 386, 435, 448-56, 458

〈サ〉

サヴェージ州最高裁判所長官（Savage, Chief Justice） 129-30
サニアル、リューシャン（Sanial, Lucien） 436
サムナー、ヘレン・L（Sumner, Helen L.） vii-viii
サムナー、チャールズ（Sumner, Charles） 319
サポス、デイヴィッド・J（Saposs, David J.） vii

シーニー、ジョン（Siney, John） 371, 375, 386, 400, 403-04, 418, 425
ジェイ、ジョン（Jay, John） 50, 65
ジェイ、ピーター（Jay, Peter） 75
ジェークィーズ、モーゼズ（Jaques, Moses） 132
ジェサップ、ウィリアム・J（Jessup, William J.） 351, 360, 376
ジェファソン、トマス（Jefferson, Thomas） 4, 27, 34-35, 64-66, 68-72, 75, 81, 103-04, 108,

119, 121-22, 147, 251
シャーマン、ジョン（Sherman, John） 247
シャイナー、マイケル（Shiner, Michael） 136, 233
ジャクソン、アンドリュー（Jackson, Andrew） 69, 74, 105, 116-17, 119-25, 128, 132-33, 136, 138-39, 213, 251, 289
ジャコービィ、サンフォード・M（Jacoby, Sanford M.） iii-iv
ジャレット、ジョン（Jarrett, John） 454, 456
シューアド、ウィリアム・H（Seward, William H.） 223-24, 253, 361
シューラー、ウィリアム（Schouler, William） 166, 168
シュトラッサー、アドルフ（Strasser, Adolph） 448-52
シュルツ、カール（Schurz, Carl） 255, 341
シュレーゲル、エドワード（Schlegel, Edward） 327
シュレジンジャー・ジュニア、アーサー・M（Schlesinger, Jr., Arthur M.） 137, 147
ショー州最高裁判所長官（Shaw, Lemuel, Chief Justice） 136-37
ジョンソン、アンドリュー（Johnson, Andrew） 331, 342-45
ジョンソン、リチャード・M（Johnson, Richard M.） 119, 132
シリング、ジョージ（Schilling, George） 413, 438
シリング、ロバート（Schilling, Robert） 303, 418, 423
シルヴィス、ウィリアム・H（Sylvis, William H.） 47, 204, 257, 265, 269-71, 281, 287, 289-90, 294, 303-07, 309, 311, 313-14, 316, 318, 325, 329-32, 338-39, 345-47, 349, 360-62, 366-68, 370, 451
シンプソン、スティーヴン（Simpson, Stephen） 59, 104

スキッドモア、トマス（Skidmore, Thomas） 107-08, 110-11, 113-15, 143
スコット、トム（Scott, Tom） 410-11
スタントン、エリザベス・キャディ（Stanton, Elizabeth Cady） 305, 338-39
スチュワード、アイラ（Steward, Ira） 303, 319-23, 333-34, 370, 373, 438-39
スティーヴンズ、ウリヤ・S（Stephens, Uriah S.） 343, 379-83, 423, 444-46
スティーヴンズ、サディアス（Stevens, Thaddeus） 247
スパイアー、カール（Speyer, Carl） 440
スピーズ、オーガスト（Spies, August） 434
スミス、アダム（Smith, Adam） 3, 11, 306
スミス、ジョン（Smith, John） 1
スモールズ、ロバート（Smalls, Robert） 276
スラム、レヴィ・D（Slamm, Levi D.） 106-07, 126
スレーター、サミュエル（Slater, Samuel） 35, 37-8, 45, 49, 123

ゼンガー、ジョン・ピーター（Zenger, John Peter） 17

ゾルゲ、フリードリヒ・A（Sorge, Friedrich A.） 228, 322, 359, 362-65, 375, 394, 396, 438-40
ソロー、ヘンリー・デイヴィッド（Thoreau, Henry David） 190

〈タ〉

ターナー、ナット（Turner, Nat） 220, 222
ダウニング、ジョージ・T（Downing, George T.） 354
タウンゼンド・ジュニア、ロバート（Townsend, Robert, Jr.） 126
ダグラス、スティーヴン・A（Douglas, Stephen A.） 257
ダグラス、フレデリック（Douglass, Frederick） v, 235, 277, 351, 356
ダグラス、チャールズ（Douglas, Charles） 84, 133
タッチストーン、ジェームズ（Touchstone, James） 261, 264-65
タフト、フィリップ（Taft, Philip） i, viii
タブマン、ハリエット（Tubman, Harriet） 219, 278
ダブリン、トマス（Dublin, Thomas） iv

ダロー、クラレンス（Darrow, Clarence） 406

チャニング、ウィリアム・E（Channing, William E.） 150, 172

デイ、ホレス・H（Day, Horace H.） 349, 361, 375, 418
ティエール、ルイ・アドルフ（Thiers, Louis A·dolph） 165
デイヴィス、ジェファソン（Davis, Jefferson） 229, 259, 267
デイヴィス、ジョン・P（Davis, John P.） 417, 419
ディケンズ、チャールズ（Dickens, Charles） 165
デヴィアー、トマス（Devyr, Thomas） 142, 176, 238
デ・ボウ、ジェームズ・D・B（De Bow, James D. B.） 217, 224

ドア、トマス・W（Dorr, Thomas W.） 134
ドゥエー、アドルフ（Douai, Adolph） 228-29, 252, 359, 396, 427, 428, 438-39
トゥック、ジョン・H（John H. Tooke） 23
ドゥボフスキー、メルヴィン（Dubofsky, Melvyn ）ii
トゥループ、アレグザンダー・C（Troup, Alexander C.） 303, 355, 419
トムソン、エドワード・P（Thompson, Edward P.）ii
トレヴェリック、リチャード・F（Trevellick, Richard F.） 299, 303, 313, 330, 339, 347, 360-61, 370, 374, 376-77, 418-19, 423

〈ナ〉

ニール、アイザック・J（Neall, Isaac J.） 270

ネヴィンズ、アラン（Nevins, Allan）iv
ネルソン、ダニエル（Nelson, Daniel）iii-iv

〈ハ〉

バー、アーロン（Burr, Aaron） 64, 71
パーソンズ、アルバート・R（Parsons, Albert R.） 413, 432-34, 438
ハーディング、ウィリアム（Harding, William） 302, 325-26
パールマン、セリグ（Perlman, Selig）i-ii, vii-viii
バーンスタイン、アーヴィング（Bernstein, Irving）ii
パウダリー、テレンス・V（Powderly, Terence V.） 382-83, 386, 424-25, 442, 444-45, 447
バグリー、サラ・G（Bagley, Sarah G.） 168-70, 236
パトナム、メアリー・ケロッグ（Putnam, Mary Kellogg） 338
バトラー、ベンジャミン・F（Butler, Benjamin F.） 183, 287-88, 389, 426
ハミルトン、アレグザンダー（Hamilton, Alexander） 33, 50, 64-65, 68-69, 371
ハリソン、ウィリアム・ヘンリー（Harrison, William Henry） 136
バリット、エリヒュー（Burritt, Elihu） 171-72, 240-41, 266
バンクス、ナサニエル（Banks, Nathaniel） 247
バンクロフト、ジョージ（Bancroft, George） 133

ヒギンソン、トマス・ウェントワース（Higginson, Thomas Wentworth） 220, 231, 278
ビドル、ニコラス（Biddle, Nicholas） 120-24
ヒューイット、S・C（Hewitt, S. C.） 174-75
ヒューム、R・W（Hume, R. W.） 339-40
ヒンチクリフ、ジョン（Hinchcliffe, John） 307, 329, 331, 419
ビンバ、アンソニー（Bimba, Anthony） 407

ファーカー、ジョン・M（Farquahr, John M.） 270
フィスク、テオフィルス（Fisk, Theophilus） 133
フィッツヒュー、ジョージ（Fitzhugh, George） 238

フィリップス、ウェンデル（Phillips, Wendell） 234-35, 345, 372-73
フィンチャー、ジョナサン（Fincher, Jonathan） 262, 297-99, 302-03, 307-09, 312, 318, 326
フーリエ、シャルル（Fourier, Charles） 144-45, 147-51, 154
フェラル、ジョン（Ferral, John） 95, 133, 135, 158
フェルプス、A・W（Phelps, A. W.） 347, 351
フォード、エベネーザー（Ford, Ebenezer） 106, 110, 126
フォーナー、エリック（Foner, Eric） v
フォーナー、フィリップ・S（Foner, Philip S.） i, iii-v, 378
フォラン、マーティン・A（Foran, Martin A.） 377
ブキャナン、ジョセフ・R（Buchanan, Joseph R.） 434
ブキャナン、ジェームズ（Buchanan, James） 251, 259
フニオ、ジョン・J（Junio, John J.） 422, 425
フラー、マーガレット（Fuller, Margaret） 150
ブライアント、ウィリアム・カレン（Bryant, William Cullen） 130
ブラウン、ジョン（Brown, John） 248, 251-52
ブラウニング、ジョン・W（Browning, John W.） 360
ブラウンソン、オレステス・A（Brownson, Orestes A.） 133, 136
ブラン、ルイ（Blanc, Louis） 151-52
フランクリン、ベンジャミン（Franklin, Benjamin） 8
ブランダイス、エリザベス（Brandeis, Elizabeth） viii
ブリズベン、アーサー（Brisbane, Arthur） 147
ブリズベン、アルバート（Brisbane, Albert） 147-51, 154-55, 157, 237
ブリッグス、サム（Briggs, Sam） 200
フリーモント、ジョン・C（Fremont, John C.） 249, 271, 274, 381
ブルーアム、ヘンリー（Brougham, Henry） 35
ブレイヴァマン、ハリー（Braverman, Harry） iii
ブロディ、デイヴィッド（Brody, David） ii

ヘイウッド、ウィリアム・D（Haywood, William D.） 406-07
ヘイズ、ジョン・W（Hayes, John W.） 446
ヘイズ、ルサーフォード・B（Hayes, Rutherford B.） 409-11
ベイツ、ジョン（Bates, John） 196, 253
ペイン、トマス（Paine, Thomas） 27, 30, 67, 85
ベーコン、ナサニエル（Bacon, Nathaniel） 16
ペティボーン、ジョージ（Pettibone, George） 406-07
ヘルパー、ヒントン・ローワン（Helper, Hinton Rowan） 257
ペン、ウィリアム（Penn, William） 4, 10, 404
ヘンリー、パトリック（Henrry, Patrick） 20

ホイッティア、ジョン・グリーンリーフ（Whittier, John Greenleaf） 104, 130, 150
ボイル、マーティン（Boyle, Martin） 270
ボヴァイ、アルヴァン・E（Bovay, Alvan E.） 176, 246
ホーグランド、H・E（Hoagland, H. E.） vii
ホーソン、ナサニエル（Hawthorne, Nathaniel） 150
ボーモント、ラルフ（Beaumont, Ralph） 422-23
ポヤス、ピーター（Poyas, Peter） 222

〈マ〉

マーティン、セラ（Martin, Sella） 354
マイヤー、ジークフリート（Meyer, Siegfried） 362
マイヤーズ、アイザック（Meyers, Isaac） 348-50, 353-57
マクガイア、ピーター・J（McGuire, Peter J.） 396, 436, 449

マクドナルド、メアリー（MacDonald, Mary） 338
マクドネル、J・P（McDonnell, J. P.） 393, 397, 432, 438-40
マクニール、ジョージ・E（McNeill, George E.）vii, 240, 373, 438-40
マクパーラン、ジェームズ（McParlan, James） 405-07
マクレラン、ジョージ・B（McClellan, George B.） 272, 274, 293-94
マコーミック、サイラス・H（McCormick, Cyrus H.） 284
マッケンシー、ロバート（McKenchie, Robert） 337
マディソン、ジェームズ（Madison, James） 50, 65, 70, 73
マニング、ウィリアム（Manning, William） 67
マルクス、カール（Marx, Karl） 41, 43, 107, 147, 151, 161, 196-99, 228, 239, 243, 270, 272-73, 276, 294, 322, 324, 328, 335, 337, 359, 361-64, 375, 381, 451

ミッテルマン、E・B（Mittleman, E. B.） vii
ミング・ジュニア、アレグザンダー（Ming Jr., Alexander） 126

ムーア、イーリ（Moore, Ely） 126-27, 141, 233
ムラニー、ケイト（Mullaney, Kate） 337

メミンガー、C・G（Memminger C. G.） 227
メロン、トマス（Mellon, Thomas） 281

モイヤー、チャールズ（Moyer, Charles） 406-07
モスト、ヨハン（Most, Johann） 434
モリス、ガヴァヌーア（Morris, Gouverneur） 20
モリス、ロバート（Morris, Robert） 30
モンゴメリー、デイヴィッド（Montgomery, David）ii, 377-78
モンロー、ジェームズ（Monroe, James） 146

〈ラ〉

ライスラー、ジェイコブ（Leisler, Jacob） 17
ライト、キャロル・D（Wright, Carrol D.） 79
ライト、ジェームズ・L（Wright, James L.） 379
ライト、フランシス（ファニー）（Wright, Frances） 106, 108-09, 112, 116, 135, 232
ラウレル、フェルディナンド（Laurrell, Ferdinand） 448, 450-51
ラサール、フェルディナンド（Lassalle, Ferdinand） 363, 369
ラッセル、ベンジャミン（Russell, Benjamin） 64
ラングストン、J・M（Langston, J. M.） 353, 355
ラントール・ジュニア、ロバート（Rantoul Jr., Robert） 133, 137

リー、リチャード・ヘンリー（Lee, Richard Henry） 27
リープクネヒト、ヴィルヘルム（Liebknecht, Wilhelm） 359
リヴィア、ポール（Revere, Paul） 21, 23, 26, 64
リヴィングストン、エドワード（Livingston, Edward） 69, 77
リックマン、L・W（Ryckman, L. W.） 176-77
リプリー、ジョージ（Ripley, George） 150-51, 176
リンカン、エイブラハム（Lincoln, Abraham） 46, 253-59, 261, 263, 267, 269-72, 274-75, 277-78, 282, 284, 289-94, 311, 381

ルーサー、セス（Luther, Seth） 84-86, 89, 94, 133-34, 158
ルイス、グッシー（Lewis, Gussie） 337
ルヴェルチュール、トゥーサン（L'Ouverture, Toussaint） 220

レイトン、ロバート・D（Layton, Robert D.） 444-45
レゲット、ウィリアム（Leggett, William）

120, 128, 232

レスコーヒャー、ドン・D(Lescohier, Don D.) viii

レッドストーン、ジェームズ（Redstone, James） 310

レッフィングウェル、サミュエル・ラングデール（Leffingwell, Samuel Langdale） 270

レーニン、V・I（Lenin, V. I.） 363-64

ロイ、アンドリュー（Roy, Andrew） 402, 426

ローズクランズ、ウィリアム（Rosecrans, William） 287, 290

ローレンス、コーネリアス（Lawrence, Cornelius） 125-26, 128

ロジャーズ、アーノルド・T（Rogers, Arnold T.） 3

ロッシュ、フランシス（Rosche, Francis） 270

ロドニー、シーザー・A（Rodney, Caeser A.） 60-61

ロビンソン、フレデリック（Robinson, Frederick） 133

〈ワ〉

ワシントン、ジョージ（Washington, George） 29, 208, 220, 251

事項索引

〈ア〉

アイルランド（Ireland）
　—の自由の息子　23
　—の独立を支援する労働者　456-57
アイルランド人労働者（Irish workers）
　1860年大統領選挙における—　257
　南北戦争前南部における—　215-16
　—と1850年代の労働運動　195
　—と奴隷制問題　232-34
　—の労働条件　79
　連邦派による—の非難　69
「新しい労働組合主義」("New Unionism") 448-49
アボリショニスト（奴隷制即時廃止論者、Abolitionists）
　—の労働運動に対する姿勢　234-36, 345
アメリカ移民会社（American Emigrant Company）　286, 360
アメリカ鉱夫協会（American Miners' Association）　196, 307
アメリカ鉱夫全国協会（Mainers' National Association of America）　386, 419
アメリカ独立革命（American Revolution）
　—の大義　19-20
　労働者と—　31
アメリカ労働者同盟（American Labor Union）　199-200
アメリカ労働者連合（United Workers of America）　393
アメリカ労働総同盟（American Federation of Labor, AFL）
　—の設立大会（founding conventio）　453-58

〈イ〉

イギリス（England, Great Britain）
　南北戦争中の—の経済不況　272-76
イギリス人労働者（English workers）
　—と1850年代の労働運動　196
　奴隷解放宣言を求める—　274
　南北戦争における—の役割　272-76
イギリス労働者協会（Working Man's Association of England）　232
『イギリスにおける労働者階級の状態（*Die Lage der arbeitenden Klasse in England*)』　36
一般労働者連盟（General Workingmen's League）　198
移動証明書（Traveling cards）
　—と初期の労働組合　58
一時的な労働団体（Temporary labor association）　52-3
移民（Immigration）
　1840年代と50年代の—　193-95
　—と労働者の態度　193-95, 372-73, 375, 427-31
イングランド（England）
　16世紀の—における労働条件　1-4
印紙法（Stamp Act）　20
インディアン（Indians）
　労働力供給源としての—　1

〈ウ〉

『ヴァージニア覚書（*Notes on Virginia*)』　34
ヴァルカンの息子（United Sons of Vulcan）　386-87
ウィルモット条項（Wilmot Proviso）　241-42
ウッドハル・アンド・クラフリンズ・ウィークリー（*Woodhull & Claffin's Weekly*）　364

〈オ〉

黄犬契約（Yellow dog contract）　80, 311, 386, 400, 423
オーエン主義（Owenism）　146
オールバニー鋳物業者協会（Albany Foundry Association）　310
汚職（Corruption）
　南北戦争中の—　285-86
親方・奉公人法（Master and Servant Acts）　3

〈カ〉

外国人・治安諸法（Alien, Sedition and Naturalization Acts） 68
解放黒人局（Freedman's Bureau） 342
価格統制（Price control）
アメリカ独立革命期の― 29-30
革命社会党（Revolutionary Socialistic Party） 434
カッパーヘッズ（Copperheads）
労働者と― 281-95
労働者に直接向けられた―のプロパガンダ 272, 282-84, 288
カトリック教会（Catholic church）
―と奴隷制問題 233-34
―と労働騎士団 442
合衆国印刷職人組合（Journeymen Printers of United States） 203
合衆国およびカナダ職業同盟・労働組合総連合（Federation of Organized Trades and Labor Unions of the United States and Canada）
―の設立大会 453-58
合衆国憲法（Constitution）
―が産業に及ぼした影響 33-4
―の批准を支持する労働者 64-5
合衆国産業委員会（United States Industrial Commission） 385
合衆国労働者協議会（Workingmen's Council of the United States） 332
合衆国労働者党（Working Men's Party of the United States） 395-96, 406, 412-15, 429, 450
株式会社（Corporation）
―の台頭 40
カリフォルニア労働者党（Working Men's Party of California） 429-31
カンザス・ネブラスカ法案（Kansas-Nebraska Bill）
労働者の―への反対 243, 245-46
関税（Tariff） 248, 257-58

〈キ〉

機械（Machinery）
―に対する労働者の態度 142-43, 298-99, 302-03
―の普及 38-9, 42-3, 142-43
議会（Congress）
―における労働組合の擁護 127
―への労組幹部の選出 126
機械工・鍛冶工全国組合（Machinists and Blacksmiths National Union） 441
議会労働委員会（Congressional Labor Committee） 454
帰化法（Naturalization Act） 68-9, 194
機関車火夫・機関士友愛会（Brotherhood of Locomotive Firemen and Enginemen） 408
北アメリカ鋳型工国際保護協同組合（Iron Molders' International Protective and Cooperative Union of North America） 368
北アメリカ国際産業会議（International Industrial Assembly of North America） 317-18, 325
北アメリカ社会民主主義勤労者党（Social Democratic Workingmen's Party of North America） 432
北アメリカ社会民主党（Social Democratic Party of North America） 393-94
教育（Education）
公―を要請する労働者 66-7, 101, 185-86, 213
国の後見制度と― 112-14
教会と国家（Church and state）
―の分離を求める労働者 103
『共産党宣言（*The Communist Manifesto*）』 381
共産主義者（Communists）
1850年代の労働運動における― 198-202
奴隷制をめぐる闘争における― 243, 279, 282, 289-90
南北戦争後の労働運動における― 362-65
南北戦争前南部の― 228-29
→マルクス主義者、社会主義者も参照のこと。
共産主義者クラブ（Communist Clubs） 200-01, 243, 269-70, 363
協同組合主義
→フーリエ主義を参照のこと。
共同謀議（共謀）（conspiracy cases）
1820年代と30年代における― 128-31

1875年ストライキ中の―　403-04
―と初期の労働組合　59-62
―の起源　60
ジェファソン派と連邦派の―との関係　60-1
共和党（Republican Party）
―でのドイツ系アメリカ人の役割　252-53
―内保守派の影響力　251-53
―の再建に対する立場　345-46
―の出現　246-49
―の分裂　374-75
―への労働者の支持　248-58
共和党急進派（Radical Republicans）345-46
共和党リベラル派（Liberal Republican Party）375
ギルド（Guilds）
植民地時代アメリカにおける―　13-4
銀行（Banks）
―に反対する労働者　102-03, 138-39
銀行券（Bank notes）
―での賃金支払いに反対する労働者　102-03

〈ク〉

クー・クラックス・クラン（Ku Klux Klan）420
9時間労働（9時間労働制）（Nine-hour day）90, 440
空想的社会改良家（Utopians）
―と労働組合主義　160-61, 175-78
―の信条（credo）143-46
空想的社会改良主義（Utopianism）
―の時代　141-61
→フーリエ主義、オーエン主義、協同組合、土地改良も参照のこと。
クック・ギュイヨン派（Cook-Guyon faction）113-15
グリーンバック紙幣
→通貨制度改革を参照のこと。
グリーンバック党（Greenback Party）417-28
グリーンバック労働党（Greenback-Labor Party）422-23, 425-27
全国―　423-29
クリッテンデン妥協案（Crittenden Compromise）
労働者による―の支持　260-62, 264
クローズド・ショップ（Closed shop）57, 59, 87, 212, 306, 386

〈ケ〉

経済危機（不況）（Crises）
1819～22年の―　77
1829年の―　78
1834年の―　122-24
1837年の―　141-42
1854年の―　191
1857年の―　204-07
1873年の―　385-97
―の拡大　45-7
―への労働者の応答　45-6
契約労働法（Contract Labor Law）286
権利章典（Bill of Rights）
―を求める労働者　65

〈コ〉

公共図書館（Libraries, public）93
工場制度（Factory system）
南北戦争前の―の台頭　37-9
工場労働者（Factory workers）
1820・30年代の―の状況　79-81
アメリカ独立革命後の―の状況　49-51
―の構成（composition）184
―のストライキ　87-9
―のなかでの労働組合の結成　163-64
熟練職人と―との協力　89-90
合同アメリカ人団（Order of United Americans）194
合同協会（Amalgamated Society, New York）200
→労働者全国協会も参照のこと。
合同職業組合中央委員会（ニューヨーク）（Central Committee of the United Trades）197
合同鉄鋼労働者協会（Amalgamated Iron and Steel Workers）386, 454
合同ミュール紡績工協会（Amalgamated Mulespinners Association）195
合同労働同盟（Amalgamated Labor Union）

453
鉱夫全国協会（Miners' National Association） 441
公立学校（Public schools）
→教育を参照のこと。
国際機械工・鍛冶工組合（International Machinists and Black-smiths Union） 269, 310
国際的な労働者の団結（International labor unity）
1830年代の― 86-7, 125
1840年代の― 176-78
1850年代の― 201
アメリカ独立革命期の― 22-5
南北戦争後の― 359-65
南北戦争中の― 270-77
国際労働組合（International Labor Union） 437-41
国際労働者協会（International Workingmen's Association、第1インタナショナル）
1873年恐慌期の― 390-92
―とガウエン 401
―と国際労働組合 438-39
―と全国有色人種労働同盟 353-57
―と全国労働組合（NLU） 328, 360-62
―と労働者の国際的な連帯 359-60
―のアメリカ支部 359, 362-65, 393
―の解体（dissolution） 395-97
南北戦争期の― 272, 276, 294
黒人（Negroes）
1812年戦争での― 74
アメリカ独立革命期の― 28-9
―と合衆国およびカナダ職業同盟・労働組合総連合 456-57
―と国際労働組合 437-41
―と全国労働組合（NLU） 329, 341, 346-57
―と労働騎士団 447-49
―によって開催された労働者の大会 351-53
―の奴隷化 7-9
再建期における―の状況 341-42, 352-53
独立革命軍における― 28-29
―と労働組合 346-57, 439
―によって行われたストライキ 348-49, 409-10, 414-15
―の奴隷制反対闘争 217-23
南北戦争前南部における―の取り扱い 215-17
南北戦争前南部における産業での―の活用 223-26
白人労働者の―に対する態度 346-52
黒人取締法（Black Codes） 342
国民党（National Party） 423
古ヒバーニアンズ騎士団（Ancient Order of Hibernians） 404, 416
50人委員会（ニューヨーク）（Committee of Fifty） 107
51人委員会（ニューヨーク）（Committee of Fifty-One） 24
互助会（Mutual Aid Societies） 52
『コモン・センス（常識、*Common Sense*）』
―の影響 27
雇用主の攻勢（Employers' offensive）
1873年経済不況下の― 385-86, 399-416
―と初期の労働組合 60
南北戦争中の― 309-12, 315-16

〈サ〉

再建（Reconstruction）
―期の黒人の状況 341-42, 352-53
―に対する全国労働組合（NLU）の立場 329
―を求める闘争での労働者の役割 341-46
最高裁（Supreme Court）
8時間労働法に対する―の裁定 332
『財産に対する人間の権利（*Right of Man to Property*）』 143
債務不履行による禁固刑（Imprisonment for debt） 101-02
ザ・マン紙（*The Man*） 124-25
産業（Industry）
1812年戦争中の―の成長 35-6
―成長の障害 33-6
―における奴隷の活用 224-26
―の集中 142
南北戦争前南部における―への敵対 227-30
産業会議（Industrial Congress） 202, 242, 246, 386

産業主権者騎士団（Order of the Sovereigns of Industry）　417-18
産業の騎士（Knights of Industry）　453
産業友愛会（Industrial Brotherhood）　386, 443
参政権・選挙権・投票権（Suffrage）
　アメリカ独立革命後の―　63-4
　植民地時代アメリカにおける―　15-6
　女性の―　104
　緩められた―　70-1, 74-5
サンフランシスコ職業会議（San Francisco Trades Assembly）　437
サンフランシスコ労働者職業・労働組合（Workingmen's Trade and Labor Union of San Francisco）　429

〈シ〉

シカゴ商業会議所（Board of Trade）　414
市職員（City employees）
　―のストライキ 95
慈善団体（Benevolent societies）　14-5
7月4日（July Fourth）　32
失業（Unemployment）
　1819～22年不況期の―　77-8
　1837年恐慌期の―　141-42
　1857年恐慌期の―　204-07
　1873年不況期の―　385-86
　―者のデモ（demonstrations）　134-35, 204-06, 390-92
児童労働（Child labor）　49-51
紙幣（Paper money）
　植民地時代アメリカにおける―　18
『資本論（*Das Kapital, The Capital*）』　322
社会主義者（Socialists）
　1873年恐慌後の―　435-37
　―と中国人移民　428-31
　―と徴兵暴動　282-83
　―内の対立　393-94
　―の統合運動　394-97
　―の分裂　433-34
　連邦軍内の―　269-70
　→マルクス主義者も参照のこと。
社会主義諸派統一会議（Unity Congress of the Socialist）　431-32
社会主義労働党（Socialist Labor Party）　432-34, 436, 454
社会主義労働党の党報（*Bulletin of the Socialist Labor Party*）　436
ジャクソニアン・デモクラシー（Jacksonian democracy）
　―と労働者　119-39
『ジャクソンの時代（*The Age of Jackson*）』　137
『自由の鍵（*Key of Liberty*）』　67
自由の息子（Sons of Liberty）　20-3, 31
自由の娘（Daughters of Liberty）　22, 173
自由人の娘（Daughters of Freemen）　88
自由労働者（Free labor）　10-1
10時間労働（10時間労働制）（Ten-hour day）
　1790年代の―　53, 81
　1820年代と30年代の―　81-4, 87, 90, 93-5, 104, 107, 111, 134-36, 231
　1840年代と50年代の―　160, 167-68, 170-86
　―の哲学　170-73
　―への公的支援　131-32
　―を求めるストライキ　84, 177-79
　政府職員の―　134, 136
10時間労働共和主義者協会（Ten-Hour Republican Association）　173
10時間労働法（Ten-hour laws）　180-85
出港禁止法（Embargo）
　―が製造業に及ぼした影響　34-6
　労働者と―　71-3
囚人労働（Convict labor）　103
ジェイ・クック商会（Jay Cooke and Company）　385
ジェファソン信奉者（Jeffersonians）
　産業に対する―の態度　34
　―と共謀　70-71
ジェファソニアン・デモクラシー（Jeffersonian Democracy）
　―への回帰を望む労働者　149
　―の起源　63-6
消費者協同組合（Consumers' Cooperatives）　153-55
商人資本家（Merchant capitalist）　51-2
乗務員組合（Trainmen's Union）　410
職人（工）協会（Mechanics' Association）
　ニューヨーク市―　64

フォールリヴァー— 174
職工・労働者統一会議（Assembly of Associated Mechanics and Workingmen） 319
職人の先取特権（留置権）（Mechanics' liens） 102
職人図書社（Mechanics' Library Company） 100
女性襟ぐり労働者協会（Collar Working women's Association） 336-37
女性産業協会（Female Industrial Association, New York City） 169
女性の権利（Woman's rights） 88, 335-40
女性の参政権（Woman's suffrage） 103, 338-40
女性労働者（Women workers）
1820年代と30年代の—の労働情勢 79-80
初期の工場における— 49-51
南北戦争期の—の労働情勢 299-302, 335-40
—と全国労働組合（NLU） 329
—に対する男性の態度 79-80, 88-90, 174, 335-40
—によって結成された労働組合 87, 301-02, 336-37
ニューイングランド製靴工ストライキにおける— 209-11
女性労働者改革協会（Female Labor Reform Association） 168-70, 181
女性労働者保護組合（Working Women's Protective Union） 300-01
織機工保護協会（Weavers' Protective Association） 399
人口（Population）
—の増加 41
シンシナティ社会労働者協会（Social Working Men's Association of Cincinnati） 252
シンシナティ労働者党（Working Men's Party of Cincinnati） 421
人民党（People's Party） 251

〈ス〉

ストライキ（Strikes）
1830年代の— 87-90, 93-6
1837年恐慌期の— 399-404, 407-16
1850年代の— 207-11, 215
1875年の長期— 400-04
8時間労働を求める— 333-35
10時間労働を求める— 81-4, 93-5, 177-83
アメリカ最初の本格的な— 53
アメリカ独立革命期の— 30
国際労働組合による— 440-41
黒人と白人労働者による— 233, 347-48, 409, 414-15
黒人労働者の— 347-48
植民地時代アメリカにおける— 14-5
—に対する全国労働組合（NLU）の立場 328-29
—に対する労働騎士団の態度 443-45
—への反感 366
「すべて女性による」最初の— 81
政府を利用した—の粉砕 286-88, 310-12, 409-16
賃金水準の引き上げを求める— 190-91
奴隷制に反対する黒人による— 217-23
南北戦争中の— 286-88
南北戦争前南部での— 215, 226

〈セ〉

製靴工ストライキ（Shoemakers' strike）
ニューイングランドにおける— 207-11
正貨兌換法（Resunption Act） 419, 421
生活費（Cost of living）
1790年代の— 50-1
1830年代の— 86
1837年恐慌中の— 134-35
1850年代の— 189-90
南北戦争中の— 285
→労働情勢・条件、賃金も参照のこと。
聖クリスピン騎士団（Knights of St. Crispin） 303, 336, 353, 355, 368, 372-73, 387, 428
生産者協同組合（Producers Co-operatives）
1840年代の— 151-53
—と労働騎士団 381-82
南北戦争後の— 366-68
政治活動（Political action）
1840年代と50年代の— 179-86, 211-13
アメリカ独立革命期の— 23-5
植民地時代アメリカにおける— 17-8
—と労働組合主義との関係 138-39

全国労働組合（NLU）と―　326-28
南北戦争期の―　292-94, 314-16
南北戦争前南部における―　227-28
マルクス主義者の―に対する姿勢　393-94
労働組合の―に対する姿勢　371-72
聖タマニー協会（Order of St. Tammany）68-9
製鉄業（Iron industry）39-40
西部鉱夫連盟（Western Federation of Miners）406
西部への移動・入植（西漸運動）（Westward movement）
労働者と―　158-59, 388-90
世界同胞連盟（League of Universal Brotherhood）266
ゼネスト（General strike）93, 95, 399, 413, 415, 449
10時間労働を求める―　93-6, 173, 179
選挙（大統領選を含む）（Election）
1734年の―　17
1800年の―　69-71
1808年の―　72-3
1828年の―　120, 122
1834年の―　126
1836年の―　128
1840年の―　136
1852年の―　184
1856年の―　249-51
1860年の―　255-58
1864年の―　293-94
1869年の―　372
1870年の―　372
1871年の―　374
1872年の―　375
1876年の―　420
1877年の―　422-23, 432
1879年の―　433
全国鋳型工組合（National Molders' Union）204, 207
全国鋳物業者連盟（National Founders League）310
全国改革協会（National Reform Association）197
全国活版印刷工組合（National Typographical Union）203, 377
全国規模の労働組合の連合体（National labor federation）
1830年代の―　92-3
1850年代の―　203-04
1873年恐慌後の―の復活　438
南北戦争期における―結成の試み　302-04, 315-18, 325-26
→合衆国およびカナダ職業同盟・労働組合総連合、北アメリカ国際産業会議、国際労働組合、労働騎士団、全国労働組合（NLU）、全国労働組合（NTU）も参照のこと。
全国グリーンバック労働党（National Greenback-Labor Party）
→グリーンバック党を参照のこと。
全国鉱夫協会（Miners' National Association of America）402-04
全国産業会議（National Industrial Congress）242, 377
全国ストーヴ製造業者・鉄鋳物業者協会（American National Stove Manufacturers' and Iron Founders' Association）310
全国大工組合（Carpenters National Union）436
全国的な労働組合会議（National Trades Union Congress in America）453
全国鉄鋳型工組合（National Union of Iron Molders）204
全国労働改革党（National Labor Reform Party）374, 429
全国有色人種労働同盟（National Colored Labor Union）353-57
全国労働組合（National Trades' Union, NTU）92-3, 141
全国労働組合（National Labor Union, NLU）
―と8時間労働　326, 328, 331-35
―と協同組合　328, 366-68
―と国際労働者協会　328, 360-71
―と黒人（Negroes）329, 346-52
―と再建（Reconstruction）329
―と女性の権利　335-40
―と女性労働者　335-40
―とストライキ　329
―と政治活動　326-31, 371-75
―と通貨制度改革（Monetary reform）

368-71
—の規約（Constitution） 330
—の結成 325-26
—の重要性 377-78
—の衰退 376-78
—の第1回大会 326-29
—の第2回大会 329-30
—の第3回大会 330-31
全国労働事務局（National Bureau of Labor） 354
全国労働党（National Labor Party） 327, 355, 374
セントルイス労働者連合執行委員会（Executive Committee, United Working Men of St. Louis） 415
1812年戦争（War of 1812）
—の産業への影響 35
労働者と— 73-4
全米労働連盟（National Labor League of America） 442

〈ソ〉
「装甲の誓約（iron-clad oaths）」 400

〈タ〉
第1インタナショナル
→国際労働者協会を参照のこと。
大工・建具工全国組合（Carpenters and Joiners' National Union） 376
第2合衆国銀行（Bank of the United States）
—と1834年恐慌 122-24
—とジャクソン 119-24
—に対する闘いにおける労働組合 123
—に対する労働者の反対 120-25
大陸会議（Continental Congress） 27
タマニー派（Tammany） 126, 128, 132, 138
タマニー・ホール（Tammany Hall） 128, 202, 392
樽製造工国際組合（Coopers' International Union） 377
炭鉱警察と鉄警察（coal and iron police） 311
炭鉱夫・労働者慈善協会（Miners and Laborers Benevolent Association） 371, 401-04
団体交渉（Collective bargaining）
1850年代の— 192-93
—と初期の労働組合 57

〈チ〉
地下鉄道（Underground railroad） 219-20
チャーティスト（Chartists） 196, 367
茶法（Tea Act） 20
中央労働者委員会（フィラデルフィア）（Central Workingmen's Committee） 205-06
中国人移民（労働者）（Chinese immigration） 372-73, 375, 428-31
徴兵法（Conscription Act） 281-82, 284
徴兵暴動（Draft riots） 281-84
賃金（Wages）
1820年代と30年代の— 78-81
1850年代の— 189-90
1873年恐慌期の— 387-88
アメリカ独立革命後の— 50-1
イングランドにおける— 2-3
組合活動による—の上昇 95-6
初期の工場における— 80-1
—の銀行券での支払いに対する労働者の反対 102-03
南北戦争中の— 300

〈ツ〉
通貨制度改革（Currency or monetary reforms） 368-71
—と全国労働組合（NLU）の衰退 376-77
—と8時間労働の擁護 373-74
『通貨、その弊害と救済策（*Currency, the Evil and the Remedy*）』 369
通信連絡委員会（Committee of Correspondent） 24, 31, 66, 131, 293

〈テ〉
ディ・レヴォリューツィオン紙（*Die Revolution*） 198
ディ・レフォルム紙（*Die Reform*） 198
テキサス（Texas）
労働者の—併合への反対 240-42
鉄鋳物業者・機械製造業者協会（Iron Founders' and Machine Builders' Association） 310

鉄道（Railroads）
—建設での汚職　45
—独占に向かう傾向　43-5
—への反感　408-09
鉄道車掌友愛会（Brotherhood of Railway Conductors）　408
デ・ボウズ評論（*De Bow's Review*）　217, 223
デモクラティック・リパブリカン協会（Democratic-Republican Societies）　66-7
デモクラティック・リパブリカン党（Democratic-Republican Party）　68-9

〈ト〉

ドアの反乱（Dorr's Rebellion）　134
「ドイツ人の家（Deutsches Haus）」
—での全国会議　252
ドイツ一般労働者連合（German General Working Men's Union）　363
ドイツ系アメリカ人（German-Americans）
1850年代の労働運動における—　196-202
1860年選挙における—　256-58
奴隷制反対闘争における—　242-46, 251-53
連邦からの分離独立の危機における—　262-63, 266-67
ドイツ人職業組合連合（United German Trades）　436
ドイツ労働者協会（シンシナティ）（German Workingmen's Society）　263
トーリー党（Tories）
—と労働者　30
統一労働党（United Labor Party）　421
同一労働同一賃金（Equal pay for equal work）　209, 337, 340, 377, 387, 443
投機（Speculation）　29
同業者連合職人組合（Mechanics' Union of Trade Associations）　81-4, 104-05, 138
逃亡奴隷（Fugitive slaves）　218-20
独占（Monopoly）　40-1, 43-5, 102, 213
独立戦争（War for Independence）
—の産業への影響　33
労働者と—　28-31
都市中央労働組合（City central labor unions）
1820年代と30年代の—　81-4, 90-1
1880年代の—　436-37
南北戦争期の—　312-14
都市産業会議（City Industrial Congress）　202
土地改革（Land Reform）　155-59, 213, 237
土地改革者（Land Reformers）
—と奴隷制の問題　237
土地均分主義（Agrarianism）　111
特許（Patents）　37
特権付き独占特許状（Chartered monopolies）
労働者の—への反対 102
徒弟（Apprenticeship）　8, 55-6
奴隷制（Slavery）
アメリカ独立革命が—に及ぼした影響　31
—が南部白人労働者に及ぼした影響　223-29
—の拡張　240-43
—の起源　7-9
—への南部白人労働者の反対　227-30
産業における—の活用　224-28
北部の労働者と—　231-58
奴隷解放宣言（Emancipation Proclamation）　270-72, 274-76
奴隷所有者の計画　243-49
奴隷所有者の権力（Slave power）　242, 245, 262
—に対抗する労働者　212-13
産業の成長を遅らせる—　36
奴隷の反乱（Slave revolts）　220-23
ドレッド・スコット判決（Dred Scott decision）　241, 251
トレント号事件（*Trent* affair）　274
トレントン（Trenton）
—での労働運動　185-86, 212-13
—労働者同盟（Workingmen's union）　212-13
トンプキンズ広場（Tompkins Square）　206, 392, 449

〈ナ〉

ナショナル・レイバラー紙（*National Laborer*）　130, 133
南部（South）

南北戦争前―における労働者　215-30
『南部の諸資源（*Resources of the South*）』 217
南北戦争（Civil War）
―期のイギリスの労働者　272-76
―期の8時間労働を求める運動　318-24
―期の汚職　284-86
―期の雇用主の攻勢　309-12, 315-16
―期の産業の成長　42-3
―期の女性労働者　335-36
―期のストライキ　298
―期の全国的な労働組合の結成　302-07
―期の全国的な労働組合の連合体を結成する試み　315-18
―期の労働組合の復活　297-99
―期の労働新聞　292-93
―初期の労働組合の衰退　297
―前夜の産業の拡張　39-41, 163
―を支持する労働者　267-70

〈ニ〉

ニューアムステルダム（New Amsterdam） 1
ニューイングランド（New England）
―における労働者政党　115
ニューイングランド産業連盟（New England Industrial League）183
ニューイングランド農民・職人・労働者協会（New England Association of Farmers, Mechanics and other Workingmen）83-5, 115, 122, 138
ニューイングランド労働者協会（New England Workingmen's Association）170, 173-77, 179, 181, 239, 242
『ニューイングランドの労働者への呼びかけ（*Address to the Workingmen of New England*）』 85-6
ニューオーリンズ（New Orleans）
―における労働組合　81
ニュージャージー州（New Jersey）
―における政治活動　184-86
ニューヨーク（New York）
1830年代―における政治闘争　125-27
―における労働者政党　106-15
ニューヨーク一般労働組合（General Trades' Union of New York）90-91, 126, 130, 138, 143, 233
ニューヨークおよび近郊社会党（Social Party of New York and Vicinity）363-64
ニューヨーク家屋塗装工協会（New York Practical House Painters Association） 283
ニューヨーク稼ぎ手連盟（Breadwinners League of New York）420, 422
ニューヨーク活版印刷工協会（New York Typographical Society）54-8, 73-4
ニューヨーク技術者協会（Association of Engineers of New York）310
ニューヨーク市・郡労働者政治協会（Workingmen's United Political Association of the City and County of New York）294
ニューヨーク市産業会議（New York Industrial Congress）242
ニューヨーク州労働者会議（Workingmen's Assembly of New York (State)）333, 376
ニューヨーク植民地の職人委員会（Committee of Mechanics）24, 27
ニューヨーク製靴職人協会（Journeymen Cordwainers Society of New York）54-5
ニューヨーク貧困層健康状態改善協会（New York Association for the Improvement of the Condition of the Poor）385
ニューヨーク船大工職人組合（New York Society of Journeymen Shipwrights）54
ニューヨーク・プロレタリア連盟（Proletarian League, New York）199
ニューヨーク民主・共和労働者協会（Democratic-Republican Workingmen's Association, New York）293-94
徴兵暴動での―　283
『人間の権利（*Rights of Man*）』 67
『人間の社会的運命、あるいは産業の連合と再編成（*Social Destiny of Man, or Association and Reorganization of Industry*）』 147

〈ネ〉

ネプチューンの息子（Sons of Neptune） 21

年季契約奉公人（Indentured servants）
　アメリカ独立革命が—に及ぼした影響　31
　アメリカ独立戦争軍における—　28-9
　—を取り巻く状況　4-9

〈ノ〉

農業保護者連盟（Patrons of Husbandry）　417, 419-20
農民（Farmers）
　—と労働者との連帯　83, 110-11, 417-29
ノー・ナッシング運動（Know-Nothing Movement）　246, 248, 252-53
ノー・ナッシング主義（Know-Nothingism）　253
ノー・ナッシング党（Know-Nothing Party）　194, 253, 422

〈ハ〉

馬車製造工国際組合（Coach Makers' International Union）　325
8時間労働（8時間労働制）（Eight-hour day）
　—と全国労働組合（NLU）　325-26, 328, 331-35
　—を求める運動　318-24, 334-35
　—を求める州法　332-35
　—を求める法律の議会通過　331-35
8時間労働（中央）同盟（Eight-hour leagues）　323, 326, 331
8時間労働制（Eight-hour day）
　→8時間労働を参照のこと。
8時間労働法（Eight-hour laws）　331-35
8時間労働法施行連盟（Eight-Hour Enforcement League）　365

〈ヒ〉

棺が描かれたチラシ（Coffin handbill）　131
ピッツバーグ（Pittsburgh）
　—統一労働党（United Labor Party, Pittsburgh）　421
平等権党（Equal Rights Party）　131-34, 138
平等権民主主義派（"Equal Rights Democracy"）　128
ピンカートン探偵社（Pinkertons）　404-07
貧乏人党（Poor Man's Party）　111

〈フ〉

フィラデルフィア（Philadelphia）
　—市職員のストライキ　95-6
　—でのゼネスト　94-6
　—における労働者政党　104-06
フィラデルフィア愛国者協会（Patriotic Society, Philadelphia）　25
フィラデルフィア・アンド・レディング鉄道（Philadelphia and Reading Railroad）　401, 404
フィラデルフィア活版印刷工協会（Philadelphia Typographical Society）　62, 74
フィラデルフィア市労働者共和党政治協会（Republican Political Association of the Working Men of the City of Philadelphia）　105
フィラデルフィア労働組合（Philadelphia Trades' Union）　91, 231
フィンチャーズ・トレイズ・レヴュー紙（*Fincher's Trades' Review*）　307-09
フーリエ主義（Fourierism）　144-51
フォールリヴァー職工協会（Fall River Mechanics' Association）　174
フォールリヴァー女性職工協会（Ladies Mechanic Association of Fall River）　174
不買同盟（Non-importation agreements）　21-5
ブラックリスト（Blacklist）　80, 92, 128, 167, 169-70, 180, 287, 309, 311, 386, 400, 408
フランス革命（French Revolution）
　1789年の—　65-6
　1830年の—　86
　1848年の—　151
　—のアメリカ人労働者への影響　151-52
　アメリカでの—の支持　239
ブルック・ファーム（Brook Farm）　150, 176-77
プロレタリア同盟（Proletarian League）　199

〈ヘ〉

兵役制（Militia system）　101
ベーコンの反乱（Bacon's Rebellion）　16
ヘースティングス・フォルジャー反ストライキ法案（Hastings-Folger anti-strike bill）

314-16
平等権党（Equal Rights Party） 132-34, 138

〈ホ〉

ボイコット（Boycott） 91, 313, 328
ホイッグ党（Whig Party）
—の労働者の支持を得る試み 136-37
—の結党 121-22
ポーランド委員会（Poland Committee） 45
ボストン印刷工保護組合（Boston Printers' Protective Union） 152
ボストン仕立工連合組合（Boston Tailors' Associative Union） 152
ボストン大虐殺（Boston massacre） 26
ボストン長靴職人協会（Boston Journeymen's Bootmakers' Society） 137
ボストン通達（Boston circular）
10時間労働を求める— 94
ボストン労働者保護組合（Boston Working Mens' Protective Union） 154

〈マ〉

マルクス主義者（Marxists） iii-iv, 46, 198-99, 201-02, 228, 243, 322, 335, 359, 364, 381, 396, 402, 432-33, 439
1875年長期ストライキ中の— 402
—と国際労働組合 437-41
—と独自の政治活動 431-43
—と奴隷制 243-44
—とラサール主義者との対立 393-94, 431-34
—の労働組合に対する態度 451-52
→社会主義者も参照のこと。
マサチューセッツ州修正案（Massachusetts Amendment） 252, 254
マサチューセッツ州対ハント事件（Commonwealth v. Hunt） 136-37

〈ミ〉

ミシガン州雇用主総協会（Employers' General Association of Michigan） 310
未熟練労働者（Unskilled labor）
1820年代と30年代の— 79
ミズーリ妥協（Missouri Compromise）
—の廃止 246
民主主義（Democracy）
植民地時代アメリカでの—を求める闘争 15-8
—がアメリカ独立革命に及ぼした効果 31-2
—の伸展 74-5
民主・共和労働者協会（Workingmen's Democratic - Republican Association） 293-94
民主党（Democratic Party）
1830年代の—内の分裂 121-22, 128-31
1830年代の—における労働者の役割 125-27
移民排斥運動に反対する— 233
民主労働者一般委員会（ニューヨーク）（Democratic Working Men's General Committee） 126
民兵（Militia） 410-12, 415

〈ム〉

無政府主義者（Anarchists） 434

〈メ〉

メカニックス・フリー・プレス紙（*Mechanics' Free Press*） 82, 100, 105
メキシコ戦争（Mexican War） 242

〈モ〉

モリー・マグワイアズ（Molly Maguires） 404-07

〈ヤ〉

ヤング・アメリカ紙（*Young America*） 157

〈ユ〉

ユーティカ（Utica）
—での労働者の大会 131-32
輸送（Transportation）
—が産業に及ぼす影響 36-7

〈ラ〉

ラサール派（Lassalleans） 363, 376, 393-94, 431-34
ラ・サール・ブラック法（La Salle Black Laws） 311

〈レ〉

レイバー・スタンダード紙（*Labor Standard*） 397
レキシントンとコンコードの戦い（Battle of Lexington and Concord） 23, 26
煉瓦積み工全国組合（Bricklayers' National Union） 309
連合規約（Articles of Confederation） 33
連邦からの独立分離（Secession）
　―への労働者の反対 259-67
連邦軍（北軍）（Union army）
　―における社会主義者の役割 269-70
連邦派（Federalists）
　アイルランド人労働者を非難する― 68-9
　―と共同謀議 60-1
　―と民主主義 65
　労働者に敵対する― 60-1

〈ロ〉

労働オルグ（Labor organizers） 172, 303, 306, 318, 441
労働改革協会（Labor Reform Association） 322
労働改革党（Labor Reform Party）
　全国― 374-75, 429
　マサチューセッツ― 353, 372-74
　ニューヨーク― 423
労働騎士団（Knights of Labor）
　―とカトリック教会 442
　―と協同組合 381-82
　―とグリーンバック党 419, 421-22, 424-25
　―と黒人労働者 446-47
　―とストライキ 444-45
　―と労働組合 447-48
　―における教育 381
　―の儀式 379-80
　―の規約 441-45
　―の初期の構成 383
　―の成長 383, 441-42, 445-46
　―の全国規模化 444-46
　―の団員 445-46
　―の誕生 379-83
　―の目的 381-83
労働協約（trade agreement） 57, 193
労働交換銀行（Labor exchange bank） 197
労働時間（Working hours）
　1820年代と30年代の― 78-81, 96
　1840年代と50年代の― 96, 116-17, 184-87
労働時間の短縮（Shorter hours）
　→8時間労働、9時間労働、10時間労働を参照のこと。
労働者階級知識普及協会（Society for the Diffusion of Knowledge among the Working Classes） 93
労働者慈善協会（スクールキル郡）（Workingmen's Benevolent Association） 334, 400-01
労働者全国協会（Workingmen's National Association） 200
労働者総同盟（Allgemine Arbeiterbund） 200
「労働者対策」("Working Men's Measures,") 101-04, 116
労働者党（Workingmen's Party）
　イリノイ― 393-94
　カリフォルニア― 429-31
　カンザス― 427
　ニューヨーク― 107-10, 112-15, 125, 136
　マサチューセッツ― 115
労働者同盟（シカゴ）（Arbeiter-Bund） 257
『労働者の過ちと労働者の救済（*Labor's Wrongs and Labor's Remedy*）』 148
労働者の独自の政治活動（Independent political action）
　1820年代と30年代の― 99
　1873年から78年の― 417-34
　アメリカ独立革命後の― 64
　―と全国労働組合（NLU） 371-75
　―とラサール主義 432-34
労働者の連帯（Labor solidarity） 23, 58-9, 381-82, 439-40, 446-47
『労働者便覧（*Working Man's Manual*）』 104
労働者保護組合（Working Men's Protective Union） 154-55
労働情勢・条件（Labor conditions）
　1820年代と30年代の― 77-81
　1840年代と50年代の― 189-90
　1873年恐慌期の― 387-90

1880年代の―　435-36
アメリカ独立革命後の―　49-52
植民地時代アメリカにおける―　7-9, 12-5
南北戦争期の―　299-300
ヨーロッパの―　2-4
労働新聞（Labor press）
1790年代の―　67
1820年代と30年代の―　82-4, 90-2, 99-100
1840年代の―　163-70
全国労働組合（NLU）によって支援を推奨された―　327-28
南北戦争期の―　307-09
南北戦争期の―の役割　291-93
ヨーロッパの労働運動の活動を報道した―　359-60
『労働とその他の資本（*Labor and Other Capital*）』　369
労働立法（Labor legislation）　371-73
→8時間労働法、労働者の独自の政治活動、政治活動、10時間労働法も参照のこと。
ローウェル女性労働者改革協会（Lowell Female Labor Reform Association）　168-70, 181
『ローウェル便り（*Lowell Offering*）』　165-66
ロコ・フォコ党（Loco-Focos）
1837年恐慌期の―　134-35
ドアの反乱における―　134
ニューヨークにおける―　127-33
労働運動を率いる―　131, 133-39
―による国家と銀行の分離の擁護　134-35
―の拡散　133-35
―の台頭　127-33
ロサンゼルス職工連盟（Mechanics' League of Los Angeles）　332
ロッチデール協会（Rochdale Society）　367